中国社会科学院创新工程学术出版资助项目

中国社会科学院马克思主义理论
学科建设与理论研究系列丛书

中国社会科学院
马克思主义研究文集

（第1辑·2010）

王伟光　李慎明　程恩富●主编

中国社会科学出版社

图书在版编目(CIP)数据

中国社会科学院马克思主义研究文集（第1辑·2010）/王伟光，李慎明，程恩富主编.—北京：中国社会科学出版社，2011.11

（中国社会科学院马克思主义理论学科建设与理论研究系列丛书）

ISBN 978-7-5161-0237-4

Ⅰ.①中… Ⅱ.①王…②李…③程… Ⅲ.①马克思主义—研究—文集 Ⅳ.①A81-53

中国版本图书馆 CIP 数据核字（2011）第 218458 号

责任编辑　马　言
责任校对　王兰馨
封面设计　郭蕾蕾
技术编辑　李　建

出版发行　**中国社会科学出版社**
社　　址　北京鼓楼西大街甲 158 号　　邮　编　100720
电　　话　010—84029450(邮购)
网　　址　http://www.csspw.cn
经　　销　新华书店
印刷装订　北京一二零一印刷厂
版　　次　2011 年 11 月第 1 版　　印　次　2011 年 11 月第 1 次印刷
开　　本　710×1000　1/16
印　　张　38　　插　页　2
字　　数　638 千字
定　　价　76.00 元

前　　言

　　以毛泽东、邓小平、江泽民为核心的党的三代领导集体和以胡锦涛同志为总书记的党中央始终高度重视党的理论工作，重视全党对马克思主义理论的学习和研究工作。

　　2004年1月，《中共中央关于进一步繁荣发展哲学社会科学的意见》下发，并决定实施马克思主义理论研究和建设工程。

　　为贯彻落实党中央关于把中国社会科学院努力建设成为马克思主义坚强阵地、党和国家的思想库智囊团、哲学社会科学的最高殿堂的要求，中国社会科学院采取了一系列重要举施。2009年初决定把加强马克思主义理论学科建设与理论研究作为一项重要工作来抓，并成立中国社会科学院马克思主义理论学科建设与理论研究工作领导小组。小组成立后，一方面注重抓好马克思主义理论学科组织机构的建设，设立马克思主义理论类别的研究室和中心等；同时又注重马克思主义基础理论研究。

　　为推进马克思主义基础理论研究，院马工程领导小组决定编辑出版《中国社会科学院马克思主义研究文集》，收录本年度全院范围内马克思主义研究具有代表性的文章，以集中反映中国社会科学院马克思主义研究的最新成果。

《中国社会科学院马克思主义研究文集》编委会

2011年9月

目　　录

第一编　马克思主义与当代资本主义研究

第二编　马克思主义与当代社会主义研究

第三编　马克思主义经典作家和领袖思想研究

第四编　马克思主义基本理论研究

第 一 编

马克思主义与当代
资本主义研究

国际金融危机与社会主义、马克思主义的历史命运

王伟光*

2007 年由美国次贷危机所引发的世界金融危机，进而诱使资本主义世界发生的全面危机，已经持续两年多了，尽管人们采取了种种救市措施，但它仍在顽强地发挥着负面影响，强烈地冲击整个世界经济并改变着世界格局。以此为时间节点，以世界性危机现象为反光镜，往前追溯到 19 世纪中叶，马克思恩格斯创立科学社会主义至今一个半世纪以来，社会主义与资本主义两大力量、两种历史走势生死博弈的风风雨雨，充分印证了马克思主义经典作家关于资本主义必然灭亡、社会主义必然胜利的历史发展大趋势的科学论断是颠扑不灭的真理，雄辩地证明了社会主义、马克思主义的旺盛生命力，昭示了社会主义与马克思主义的历史命运。

一 纵观一个半世纪世界历史进程，雄辩证明 社会主义的必然性和马克思主义的真理性

辩证法告诉我们：任何事物的发展都不是直线上升式发展，而是波浪式地前进、螺旋式地上升、曲折式地发展，社会历史发展也是如此。世界历史进程就是这一历史辩证法的铁定案例。社会主义运动正是遵循这一历史辩证法的逻辑在曲折中前进，虽有挫折与失败，但总体上是循时前行的，这一历史进程恰恰从实践角度检验了马克思主义颠扑不灭的真理性。

对社会历史规律的观察，历时越久、跨度越大，也就越看得明白，其判断也就越经得起实践检验。世界历史进入资本主义社会形态的发展阶

---

* 王伟光，中国社会科学院党组副书记、常务副院长，哲学博士、博士生导师、教授。

段，即伴随着工人阶级与资产阶级、社会主义与资本主义两个阶级、两种社会制度、两大历史前途的博弈，其历史较量的线索、特点、规律与趋势，随着历史的发展、空间的变换、时间的推移，越发清晰，人们也看得越发清楚，其历史必然性越发显现，越发显示马克思主义的科学性。

进入 21 世纪以来，回眸一观，可以清楚地看到，世界历史进程已经发生了四次重大转折，社会主义呈由低到高、到低、再从低起步之势，标志着社会主义在斗争中、在逆境中顽强地生长。这一历史进程尽管曲折，有高潮，也有低潮；有前进，也有倒退；有成功，也有失败，但在总体上印证了马克思主义关于社会主义必然胜利的历史发展总趋势的判断是正确的，同时也说明社会主义战胜资本主义的历史进程不会是一帆风顺的，也绝不可能在短时间内实现，必须经过一个相当长的历史跨度、经过几十代甚至上百代人千辛万苦、甚至抛头颅洒热血的献身奋斗才能到来。既要看到历史发展的总趋势，坚信社会主义必然要取代资本主义，这是一个不可抗拒的、也不可改变的历史趋势；同时又要看到，社会主义代替资本主义是一个漫长的历史进程，充满曲折，充满斗争，甚至有可能出现暂时的倒退与挫折。既要反对社会主义"渺茫论"，又要反对社会主义"速胜论"。不能因为挫折和失败，对实现社会主义丧失信念和信心，也不能因为顺利和成功，对实现社会主义心存侥幸和性急。

四次世界性历史转折可以分前两次和后两次。前两次转折是发生在 20 世纪中叶，即第二次世界大战结束前后。社会主义运动从兴起到发展，资本主义则由资本主义革命兴起的上升期，经过 19 世纪矛盾四起的自由竞争资本主义时期和垄断资本主义时期，经过一系列经济危机和两次世界大战的折腾，逐步走向下降期。

第一次世界性历史转折发生在 20 世纪初叶，其标志是 1917 年爆发的十月社会主义革命。19 世纪中叶，马克思主义经典作家创建科学社会主义，替代了空想社会主义，工人运动从此有了正确的指南，开创了世界工人运动和社会主义运动的新篇章。进入 20 世纪初叶，科学社会主义理论指导的社会主义运动由轰轰烈烈的工人运动实践变成了社会主义制度实践。列宁成功地领导了十月社会主义革命，建立了第一个社会主义制度国家，这是 20 世纪初叶最重大的世界性事件，从此开启了人类历史的新纪元，社会主义运动开始走向阶段性高潮。

第二次世界性历史转折发生在 20 世纪中叶，其标志是 1945 年第二次世界大战之后一系列国家社会主义革命成功，形成了一个社会主义阵营。矛盾激化引发危机，危机造成革命机遇。20 世纪初叶爆发的第一次世界大战、20 世纪中叶爆发的第二次世界大战，都是资本主义不可克服的内在矛盾激化的结果。自由竞争资本主义由于其不可克服的内在矛盾而导致垄断，垄断资本主义代替自由竞争资本主义，不仅没有克服自由竞争资本主义愈演愈烈的固有矛盾，反而加剧了矛盾。早在自由竞争资本主义阶段，其固有矛盾不断激化，导致从 1825 年开始，每隔 10 年爆发一次经济危机，危机的累加演变成 1873 年的资本主义空前激烈的世界总危机，这次总危机及之后不断叠加的危机，如 1900 年、1903 年、1907 年的经济危机，最终导致第一次世界大战的爆发。战争只能恶化危机、加重危机，"一战"之后旋即爆发了 1929—1933 年资本主义世界大危机，资本主义步入严重的衰退。面对这场空前的资本主义世界危机，世人惊呼"末日来临"、"资本主义已经走到尽头"。危机的结果又要依靠战争来解决问题。战争是缓解资本主义内在矛盾、转嫁危机的外部冲突解决方式，但不能从根本上克服资本主义内在矛盾。垄断资本主义内在矛盾的进一步激化导致第二次世界大战爆发。第二次世界大战仍然是在帝国主义国家之间的争斗中始发的，西方资本主义制度是无法遏制战争的。当时只有苏联靠社会主义制度的优越性动员全体人民、联合世界上一切反法西斯的力量，战胜德国法西斯，赢得了战争。两次大战，标志着资本主义逐步走向衰落，资本主义败象显见。危机与战争给革命带来前所未有的机遇，第一次世界大战期间，俄国率先从资本主义统治的薄弱环节突破，建立了社会主义制度。第二次世界大战前后，中国等一系列落后国家革命成功，从东方站立起来了，建立了一系列社会主义国家，形成了社会主义阵营。相反，战后，资本主义社会矛盾和总危机进一步加深，美国 1948 年、1953 年、1957 年、1960 年、1969 年、1973 年……连续爆发危机，并波及北美、日本和西欧主要国家，成为世界性危机。资本主义整体实力下降，遭受重大打击。当然，在西欧资本主义国家衰落时期，优越的国际环境和国内条件，致使美国这一后发资本主义国家抓住了战争机遇迅速兴起，代替了老牌资本主义国家。第二次世界大战后的一段时间，资本主义发展处于低迷状态，而社会主义发展却处于上升状态，社会主义运动出现阶段性高潮。

从国际走势来看，20 世纪八九十年代至今的 20 余年中，又接连发生了两次重大的世界性历史转折。社会主义运动由高潮到低潮，然而以中国特色社会主义为重要标志的世界社会主义却开始走出低谷。资本主义由低迷困境进入高速发展时期，美国金融危机却诱使现代资本主义濒入险境，呈进一步衰退之势。

第三次世界性历史转折发生在 20 世纪末叶，其标志是 20 世纪 80 年代末 90 年代初的苏东剧变、社会主义阵营解体。社会主义进入低谷，这使世界形势发生了自第二次世界大战以来最为重大的变化与转折。第二次世界大战之后，20 世纪上半叶，社会主义走上坡，资本主义走下坡。但世界进入 20 世纪下半叶，社会主义诸国却放慢了发展速度，甚至出现了停滞和负增长，导致社会主义诸国经济社会发展受挫，特别是苏东剧变，社会主义面临举步维艰的境遇。现代资本主义吸取资本主义发展进程中的经验教训，同时也吸取社会主义国家发展的经验教训，展开资本主义改良，现代资本主义进入相对和缓发展时期。当然在资本主义相对和缓发展时期，危机并没有中断，1980 年到 1990 年间美国就多次爆发波及世界的危机。这次转折表明，社会主义处于发展的低潮，现代资本主义处于相对缓和稳定的发展期。伴随着这个历史性转折，我国及国际上出现了一系列新情况、新问题，这对中国 20 世纪末叶以来至 21 世纪以来很长一段时间的社会主义发展进程产生着深远影响。中国艰难起步，坚定不移地推进 1978 年启动的改革开放，成功地开辟了中国特色社会主义发展道路。

第四次世界性历史转折发生在 21 世纪初叶，其标志是 2008 年爆发的世界金融危机。这对世界发展格局和中国特色社会主义建设将产生的影响仍无法估量。有句俗话"三十年河东，三十年河西"，短短二三十年时间，中国特色社会主义的成功使世界社会主义运动呈低潮中起步之势。而美国金融危机却使美国以及其他西方发达资本主义国家陷入危险困境，美国独霸势态逆转下滑，资本主义整体实力呈下降态势。二三十年前的世界性历史事件爆发是此消彼长，社会主义力量暂时下降，资本主义力量暂时上升；二三十年后的今天，又是此长彼消，社会主义力量始升，资本主义力量始降。金融危机的爆发使世界力量对比发生戏剧性变化。

美国金融危机是资本主义制度性危机，具体的救市措施只能使危机得到暂时的缓解，但最终是无法克服的。当今资本主义金融危机与中国特色社会主义成功并存。社会主义市场经济与资本主义市场经济的本质区别是生产资料占有方式的不同。资本主义生产资料私有制决定了商品经济二重矛盾引发的危机最终是无法避免的。社会主义市场经济决定了商品二重性矛盾可能会产生危机，而为主体的社会主义生产资料公有制又决定了危机是可以规避和防范的，一旦发生是可以治理和化解的。社会主义市场经济具有市场经济的特性，在社会主义制度条件下，商品内在矛盾是不可改变的，但可改变的只是它的不可克服性。市场经济与社会主义制度相结合，使中国特色社会主义规避和战胜世界性金融危机成为可能。

中国人民在中国共产党的正确领导下，成功地顶住了金融风暴的冲击，不仅实现了预定的稳定发展的目标，而且取得了显著成绩，这既要归功于党的正确的领导和果断决策，更根本的是彰显了社会主义制度的政治优势，愈加证明了社会主义的生命力、中国特色社会主义的生命力、马克思主义的生命力。

二　中国特色社会主义道路的成功开创,中国改革开放对国际金融风险的有效抵御,彰显了社会主义的顽强生命力

马克思主义经典作家创立了科学社会主义，开创了工人运动和社会主义运动的新格局。当时，他们把注意力和着眼点主要放在西方发达资本主义国家，根据当时的实际，曾设想社会主义革命将首先在生产力比较发达、工人阶级人数占多的资本主义国家发生，至少是几个主要发达资本主义国家同时发生才能胜利。而后的实践发展却超出了他们的具体判断，新的实践促使科学社会主义创始人开始注意并研究东方国家走社会主义道路的不同情况。19 世纪末到 20 世纪初，当东方落后国家出现了社会主义革命的主客观条件时，马克思恩格斯及时研究了东方社会主义革命的可能性问题，提出非资本主义国家走社会主义道路的可能性问题。他们认为，东方非资本主义国家走向社会主义，在特定条件下，能够不通过资本主义制度的"卡夫丁峡谷"，而吸收资本主义制度所创造的一切积极成果，实现社会形态的跨越式发展。他们认为，社会主义力量有可能抓住这一历史性的机遇，走出一条"非资本主义"的发展道路。他们的设想为落后国家进行社会主义革命、走社会主义道路提供了理论依据。

马克思恩格斯最初关于社会主义革命在西方诸国同时胜利的结论，是建立在对社会历史一般发展规律的判断上。就一般发展规律来说，社会主义革命应当在资本主义生产力高度成熟，资本主义生产关系再也不能容纳

其生产力发展的条件下爆发，也就是说，走社会主义道路的国家，先要经过资本主义的成熟发展，然后经过社会主义革命，再进入社会主义。而现实是，社会主义革命的成功、社会主义制度的建立不是在西方发达资本主义国家，而是在资本主义尚不成熟，但具备一定历史条件的东方落后国家。马克思恩格斯经过科学研究，分析了社会历史发展的特殊性，提出社会主义发展的非资本主义道路问题。列宁分析了帝国主义历史阶段经济政治发展不平衡的规律，提出社会主义革命可以率先在资本主义统治的薄弱环节突破的科学论断，成功地发动了俄国社会主义十月革命。俄国革命的成功也从实践上证明了马克思主义经典作家关于非资本主义道路的设想是科学的。然而，继列宁之后，斯大林建立的社会主义制度的苏联模式，所走的社会主义建设的苏联道路，尽管取得了伟大的成就，却忽略了苏联相对于西方诸发达资本主义国家落后的生产力，忽略了市场经济的必经性，超越国情，逐渐形成了高度僵化、高度集中的经济政治体制，束缚了生产力的发展，束缚了人民积极性的发挥，束缚了社会主义制度优越性的发挥。一系列革命成功的社会主义国家在社会主义建设实践中，在某种程度上忽略了更为落后的本国生产力实际，犯了照抄照搬别国模式的错误。在几十年的发展中，社会主义制度的优越性逐渐地被僵化的、不适当的经济政治体制所消耗，加之客观原因和主观错误，致使社会主义诸国陷入了发展困局，中国的"文化大革命"和东欧剧变就是这一历史演变结果。20世纪90年代苏东剧变，既有资本主义西化、分化社会主义国家的外因，同时又有社会主义模式僵化、脱离本国实际、主观上犯错误致使生产力发展上不去的内因。

社会主义革命成功之后，落后的国家到底怎样建设社会主义，必须从实践和理论上给予回答，中国特色社会主义道路的成功开创，破解了这一重大课题，走出了一条社会主义建设的成功道路。

按照马克思主义经典作家的"非资本主义"道路的理论设想，落后国家可以不经过资本主义充分发展而跳跃式地推进社会主义革命，建立社会主义制度。但是资本主义已历经的市场经济发展、生产力高度成熟的自然历史过程却是不可逾越的。中国共产党人总结了社会主义诸国建设的成功经验和失败的教训，将社会主义制度与市场经济相结合，改革开放，建立与中国社会主义现阶段生产力状况相适应的、与发展市场经济相协调的经济—政治体制，回答了"在落后的国家，什么是社会主义，怎样建设社会主义"的问题，一切从实际出发，不照抄照搬别国模式，走自己的道路，成功地开创了中国特色社会主义建设道路。在国际金融风暴的冲击下，西方资本主义一片混乱，前景暗淡，至今尚未走出困境，而中国特色社会主义在中国共产党的领导下，同仇敌忾，顶住了金融风险，再次显示了社会主义制度的强大动员力和战斗力。历史发展的现实辩证法再次证明了社会主义的必然趋势，可以有曲折、有低潮、有失败、有逆转，但总的历史趋势是不可以为人的主观意志所改变的。

三　中国特色社会主义理论体系的创新，给马克思主义注入了新鲜的内容，显示了马克思主义的强劲创造力

中国共产党人在中国特色社会主义伟大实践中创新了马克思主义，赋予马克思主义以新的生命。

当今世界正在发生全面而深刻的变化，当代中国也在发生广泛而深远的变革。国际上，美国次贷危机引发的全球性经济危机，既是一场严重的金融危机，又是一场深度的资本主义经济危机、意识形态危机、政治危机和全面社会危机，已经并正在给全世界发展带来严重和持续的影响。在国内，中国特色社会主义取得了伟大成就，中国发展道路与中国发展经验，已然成为当今世界的时代性标志，为人类文明的进步开辟了新的发展路径。一方面，当代资本主义面临重大挫折，给当代社会主义、马克思主义的发展提供了难得机遇；另一方面，当代社会主义、马克思主义又面临着前所未有的挑战，面临着严峻的局面。机遇与挑战并存，机遇大于挑战。

世界局势乃至格局发生重大变化，世界发展进程和历史也会发生重大转折。当前世界正处于前所未有的巨大变动之中，资本主义和社会主义两种历史趋势、两大力量、两种意识形态的较量出现了新的变数，剧烈的社会变动给当代社会主义、马克思主义意识形态提供了新的发展时空，提供了新的需求动力。回顾20世纪八九十年代第三次世界性历史转折，社会主义处于前所未有的低谷，而资本主义处于暂时的优势，反社会主义、反共产党执政的思潮甚嚣尘上，鼓噪一时，不可一世，新自由主义应运而生，西方资本主义到处推销新自由主义。20年过去了，这场金融危机一方面使资本主义受到前所未有的打击，新自由主义破产，资本主义意识形态

再次受到严重质疑；另一方面，中国特色社会主义通过改革开放取得成功并顶住了金融风险，社会主义从低谷中走出，批评资本主义、批评新自由主义的声音不绝于耳，为当代社会主义、马克思主义意识形态发展，为我们党加强意识形态工作提供了极为有利的条件。当然，这种局势的变幻，也使西方资本主义更加运用两手策略，一方面在经济上利用我们、捧杀我们，另一方面在军事上包围我们，在意识形态领域加紧进攻，使我们面对更加严峻的考验。国际风云变幻，透过世界金融危机和世界各种力量交锋的纷繁复杂的现象，我们可以认清，金融资本不过是资本的当代形态，我们所处的时代仍然没有超出马克思主义的理论视野，社会主义具有后发的生命力，当代资本主义无论采取何种形态，仍然逃脱不了马克思主义科学预见的命运。能否抓住机遇，克服困难，有所作为，有所发明，有所创新，有所发展，这一重大历史使命就摆在中国共产党面前。

马克思主义是不是过时了，马克思主义是不是没有生命力了？不是的，马克思主义是科学，是具有旺盛生命的。马克思主义之所以永不枯竭，永远具有蓬勃的生命力，根本在于它的实践性。实践是理论的源泉，是理论正确与否的检验标准，是推动理论不断发展的动力。马克思主义始终与不断发展的实践相结合，才能永葆蓬勃的生机和活力。马克思主义同中国实际相结合，实现中国化，产生两次历史性飞跃，形成了马克思主义中国化的两大理论成果。第一次飞跃的理论成果是被实践证明了的关于中国革命的正确的理论原则和经验总结，当然也包括关于中国社会主义建设道路探索的正确的理论成果，即毛泽东思想。第二次飞跃的理论成果是中国特色社会主义理论体系。中国特色社会主义理论体系在新的历史条件下回答了新的课题，开拓了马克思主义新境界。中国特色社会主义理论体系集中回答中国特色社会主义这个主题。在回答该主题的历史进程中，在改革开放三十多年过程中，我们党始终面临并依次科学地回答了四个大问题——"什么是社会主义，怎样建设社会主义"、"建设一个什么样的党，怎样建设党"、"实现什么样的发展，怎样发展"。最后归结为回答一个总题目，"什么是马克思主义，怎样坚持和发展马克思主义"，从而深化了对"三大规律"，即社会主义建设规律、执政党执政规律、人类社会发展规律的认识，赋予马克思主义以崭新的内容和旺盛的生命力。

（原载《求是》2010 年第 21 期）

国际金融危机现状、趋势及
对策的相关思考

李慎明[*]

　　由美国次贷危机蔓延至全球的国际金融危机已经给世界各国人民造成巨大灾难，这是没有异议的。但是，这场危机的直接和根本的原因是什么？答案依然是众说纷纭的。

　　我个人认为，这场危机的直接和根本的原因，绝不仅仅是金融家的贪婪、银行监管制度的缺失和公众消费信心不足等，更不是诺贝尔经济学奖获得者、美国普林斯顿大学教授保罗·克鲁格曼所说的美国消费方式和中国汇率与外贸政策的联姻。

　　这场国际金融危机的直接原因，是 20 世纪 80 年代末至 90 年代初东欧剧变、苏联解体后，美国为首的西方世界主导的以新自由主义为主要推力的新一轮经济全球化。江泽民同志在 2000 年 11 月就明确指出，这一轮经济全球化是"发达国家的主导"①。以发达国家为主导的这新一轮经济全球化无疑是一柄"双刃剑"。它的正面效应是有力地推动了发展中国家 GDP 的高速增长等。但也要看到，冷战结束后，美国一家独大，以美国为首的西方强国才能够和敢于利用其在全球的经济、政治、文化以及军事、科技等强权，特别是其中的金融霸权，放手、放肆地掠夺他国财富，张着大嘴"巧吃"、"白吃"世界。正因为如此，美国国内生活必需品的价格才长期出奇地低廉，加上美国文化霸权的大肆渲染，其所谓"民主制度"才能够在美国国内得到较多数民众的认可并得到较为稳定的维系，在国际上才能

---

　　* 李慎明，中国社会科学院党组副书记、副院长，研究员、博士生导师。
　　① 江泽民：《在 2000 年亚太经合组织工商界峰会午餐会上的讲话》，《人民日报》2000 年 11 月 16 日。

得到更多人的追捧。这反过来又进一步助长新自由主义价值观念和一系列政策在全球范围内的泛滥和推行。从一定意义上说，目前这场正在深化的国际金融危机，不仅是对美国这种强权政治和霸权主义特别是其中金融霸权肆意泛滥的绝地"报复"，是对新自由主义政策、理论的有力清算，更是对美国所谓"民主制度"的根本挑战。

这场国际金融危机的根本原因是什么呢？马克思在《资本论》中说："一切真正的危机的最根本的原因，总不外乎群众的贫困和他们的有限的消费，资本主义生产却不顾这种情况而力图发展生产力，好象只有社会的绝对的消费能力才是生产力发展的界限。"① 也正如列宁所说："不是生产食物更加困难，而是工人取得食物更加困难了。"② 这就是说，这场国际金融危机的根本原因是生产社会化甚至生产全球化与生产资料私人占有之间的矛盾、生产无限扩张与社会有限需求之间的矛盾在经济全球化条件下深入发展的必然结果。

如果说20世纪30年代的那场大危机和大萧条，迫使西方国家由自由放任的理论政策转向凯恩斯主义，推动国家垄断资本主义的兴起，并由此显现了以苏联为代表的社会主义制度及体制的优越性，促进了社会主义由一国到多国的发展。那么，这次国际金融危机也必然对西方国家的思想理论产生巨大的冲击，对资本主义社会的生存发展产生深刻的影响。如果我们对新的挑战应对得当，同时也必然会显现以中国为代表的社会主义制度及体制的优越性，给世界社会主义运动提供新的机遇。在国际金融危机仍未见底之时，我们运用马克思主义的基本原理，从宏观、战略、全局、前瞻的高度，进一步加强对国际金融危机现状、发展趋势以及危机对西方思想理论的冲击与资本主义走向等问题的研究，探讨正确应对的战略、策略和相关政策，无疑具有重要的理论意义和现实意义。目前这场国际金融危机，已经给西方的经济社会生活造成巨大的困难，并对西方思想理论界以及资本主义走向和世界社会主义及左翼思潮都已经并正在产生着深刻的影响。可以说，从这次金融危机爆发直到21世纪前二三十年，乃至21世纪上半叶的世界格局，都可能处于一种激烈动荡、变动甚至跳跃的状态。从这个意义上讲，无论在国际还是在国内，

---

① 《马克思恩格斯全集》第25卷，人民出版社1974年版，第548页。
② 《列宁全集》第5卷，人民出版社1986年版，第90页。

我们都有着前所未有的机遇与世所罕见的挑战。抓住机遇、应对挑战，是时代赋予我们党、国家、民族的光荣而又艰巨的任务。

我们可以着重从以下五个方面进行研究。

一 国际金融危机的现状和发展的趋势

这是我们研究的重中之重。因为，存在决定意识。我们只有首先把国际金融危机的现状及其发展趋势研究清楚，才有可能对客观存在的种种派生物——各种思潮研究清楚，并对可能出现的各种思潮及应对的举措作出科学正确的预见与规划。关于国际金融危机的发展趋势，国际国内的看法很不一致，甚至相左。国内外很多政要与学者认为，世界经济已开始出现复苏迹象；尽管复苏的步履缓慢，但其前景看好，不会出现第二次探底。也有人认为，目前国际金融危机已大体得到控制，受其涉及和拖累的世界经济也已经显露各种复苏的迹象；但断言世界经济全面摆脱衰退、进入周期性复苏还为时过早。我个人认为，经济全球化正在深入发展，当前世界性的金融危机仍未见底，世界经济看似走出低谷，但新一轮更大的金融乃至经济危机极有可能就在这看似走出低谷中酝酿与积聚。这主要因为，世界各资本主义大国都在急遽降息、恶性增发货币，试图增加新的产能；而世界范围内的穷国穷人愈来愈穷、富国富人愈来愈富的两极分化局面非但没有缩小，反呈日趋加大之势；穷国穷人的相对需求仍在急剧下降。因此，生产社会化与生产资料私人占有之间的矛盾、生产无限扩张与社会有限需求之间的矛盾非但没有缓解，反而在加剧。从根本上说，这正是在为下一轮更大的金融乃至经济危机积蓄能量。2008 年 12 月 16 日，美联储公开市场委员会（FOMC）将联邦基金利率降到 0—0.25% 的区间。至此，美联储的这一目标利率已降至历史最低水平。现在世界各大国甚至各个国家仍都不敢轻言低利率退出政策，仅凭这一点，就足以证明当前世界经济复苏的脆弱性。因此，从辩证唯物主义和历史唯物主义更广阔的时空来看，从历史学和政治经济学的更广阔的视野来看，这场灾难并未结束，还在演进中，甚至极可能是刚刚开始，在世界范围内的更深刻更全面的经济社会危机极可能还在后头。正因为由"发达国家的主导"的经济全球化的灾难还没有"终结"，甚至是刚刚开始，所以，我们才面临着进一步说明科学社会主义其中包括中国特色社会主义有着光辉灿烂的希望和前景的绝佳机遇。这就如同有了公元 33 年犹太历尼散月十四日耶稣殉难日，也才有了其后第三天耶稣的复活节一样。列宁所说的革命死了，革命才能万岁，也是同样的辩证法。

我们说，世界经济目前的这轮复苏是脆弱的，再看看以下两组数据与两则报道有助于加深对此问题的认识。两组数据：（1）美国高财政赤字、高额债务、高外贸逆差愈演愈烈。据清华大学中美关系研究中心高级研究员周世俭提供的数据，2010 年美国前 3 个月的财政赤字达 3886 亿美元，全年可达 1.55 万亿美元，将占当年 GDP 的 11%。从 2007 年 9 月底以来，美国国债以每天 40 亿美元的速度增加，2010 年将达到 15.67 万亿美元，将占 GDP 的 101%。现在美国国民人均财政赤字与国债均分别多达 4 万美元左右。而按照 20 世纪 90 年代欧共体成员国加入欧洲经济货币联盟的标准，即《欧洲联盟条约》规定，成员国财政不应有"过度赤字"，当年政府财政赤字不应超过当年国内生产总值的 3%，政府债务总额不应超过国内生产总值的 60%。这就是经常被有关人士称为政府财政赤字和政府债务总额的"国际安全线"或"国际警戒线"。而美国 2010 年的财政赤字可能超出国际安全线的近 4 倍；政府债务总额可能超出国际安全线的近 1 倍。美国这两年的贸易赤字虽有所下降，但 2009 年仍为 3807 亿美元；现在的累计贸易赤字总额已达近 10 万亿美元。这是历史上任何时期任何国家从来没有过的。（2）现在全球共有黄金储备约 2.4 万吨，美、德、法、意、英五国的储备即占 72%，而其他国家只占 20% 多。国际大宗商品的资源与价格也被西方大国和强国所控制。2007 年，全球货币外汇储备约为 6.5 万亿美元，而日本、欧美发达国家的货币外汇储备仅占 8.7%，发展中国家却占 76.6%。两则报道：一则是 2010 年 1 月，美国锐联资产管理公司主席罗伯特·阿诺德对我国《第一财经日报》记者说："现在美国政府认为政府减少支出才是应对危机的办法。我非常担心的是政府通过过多地借债来应对经济的状况。如果我们要还，这需要数十年；如果我们违约，那可能造成巨大的地缘政治动荡。"他又说："我认为从政治上可行的选择是通货再膨胀，这意味着那些借给我们钱的人只能得到部分的偿还，这实际上是一种盗窃的行为，而这可能成为事实。"① 另一则是《文汇报》驻巴

---

① 林纯洁：《通货再膨胀：美国"技术性违约"的可能》，《第一财经日报》2010 年 1 月 13 日。

黎首席记者郑若麟在 2010 年 3 月 6 日的报道中称：曾成功预警次贷危机的位于法国尼斯的"欧洲政治预测实验室"的智库提出警告，2010 年西方发达国家从家庭到企业，一直到国家，都面临巨额债务的偿还问题。而其中最主要的问题是主权国家债务违约现象的上升：目前西方发达国家正面临归还 2005 年至 2007 年债务的高峰期，当时世界各国认为存在着"免费的午餐"而大幅举债，到今天因利润不足（仅 2%—5%，远非当年估计的10%），要归还本金的时候却资不抵债。美国国债已达到天文数字的 14.3万亿美元。该报告在分析了美国目前房地产状况和经济现状后认为，美国很有可能在未来 8 个月中出现高达 500 家中等规模的银行倒闭（而 2009年危机最严重的时候也只有 140 家倒闭）[①]。当然，我们也应看到，在微观经济运行层面，美国经济也正在传来，今后仍会传来经济复苏的好消息；但是，美国这些微观经济运行层面的好消息根本上无助于宏观经济层面窘境的改善。全球经济在近三两年内稍有反弹之后有可能步入更大的低谷。此类情况在历史上并不鲜见。1920 年，美国经济增长达 - 8.7%，出现严重衰退，1921 年 7 月曾出现复苏，但在 1923 年的 6 月即 23 个月之后，又再次步入新的衰退。美国在 1980—1982 年间又曾经历复发性衰退，日本亦在 90 年代有同一情况。

在世界格局中，一般来说，在两种情况下最危险：一是世界大国之间力量过分悬殊时，"弱肉强食"的"丛林法则"讲的就是此时的情势。二是超级大国处境极端困难时，"困兽犹斗"的"垂死挣扎"讲的就是这种情况。我个人认为，当前仍未见底的自 20 世纪 30 年代以来的最为严重的国际金融危机，是被以美国为首的资本主义强国推迟多年和推迟多次不得不爆发的经济危机。美国这个超级大国正面临着 20 世纪 30 年代以来最为困难的时期。正因为如此，在今后一些年内，各种国际力量特别是世界上一些大国和强国，将会围绕金融、能源、粮食与主权等根本性问题，既有合作与竞争，更有博弈和较量。世界的经济格局、政治格局和文化格局正处在波诡云谲的剧烈变动的前夜。实践已经并将继续证明，党的十七大报告关于"当今世界正处在大变革大调整之中"的判断是完全正确的。

对资本主义发展的总趋势，从战略上看，我们要坚定这样的信心：资

---

① 郑若麟：《报告悲观预测引争议 主权债务危机二季度大爆发?》，《文汇报》2010 年 3 月 7 日。

本主义社会和其他社会形态一样，必然有一个从产生、发展到衰亡的历史过程，社会主义必然要取得最终的胜利。对目前这场仍未见底的国际金融危机，我们要从战术上认真审慎研究对策。我们要充分认识到：在经济全球化深入发展的情况下，资本主义为了延缓其灭亡的命运，总要不断调整其对内对外政策，从而使国际垄断资本主义的剥削和统治形式发生不同程度的变化，进而缓解其周期性的经济危机和社会冲突。这次金融危机，是不是美国式的资本主义模式的总危机呢？我还是原来的看法，有两种可能：一是以美国为首的西方国家必将利用其在经济、政治、文化和科技、军事等方面的优势，设法在其国内生产关系的范畴中进行各种最大的改良与调节，在世界经济、政治秩序和各大国之间做文章，以谋取最大的经济、政治利益。而广大发展中国家在各方面还都处于相当的弱势地位，特别是由于这些年来新自由主义在全球的泛滥，世界各国特别是广大发展中国家的人民在理论上的准备还远远不足，人们认识真理还有一个相当长的过程。因此，绝不能排除美国式的资本主义模式经过成功调整，获得新的生机与活力。若如是，美国经济就会有新的强劲反弹，霸权主义和强权政治将会在世界范围内得到进一步巩固和加强，世界社会主义思潮和运动也可能会陷入新的更大的低潮。二是如果世界上其他大国强国应对正确，美国的经济危机就会进一步深化，从而从根本上动摇美国式资本主义模式和美国世界霸主地位，也必然会引发全球经济秩序的深刻变化和全球政治格局的深刻变动。若如是，21 世纪前二三十年乃至上半个世纪，政治多极化和国际关系民主化将会得到真正的展示和彰显。

二　国际金融危机对西方国家的新自由主义、　社会民主主义等思潮的冲击

对国际金融危机爆发以来资本主义可能发生的变化及其未来走向，我们马克思主义理论工作者应及时作跟踪研究和科学分析。这场金融危机首先引起西方国家的政治动荡和思想震动，促使不同阶级阶层和不同政治派别的人们在认识金融危机的原因、性质和后果的过程中，对西方的各种社会思潮进行反思和批判。西方国家一些左翼学者批判了新自由主义理论和政策，认为新自由主义是导致金融危机的主要原因，金融危机给新自由主义特别是其集中体现的"华盛顿共识"以沉重打击，暴露了新自由主义意

识形态和体制模式的局限，使其"在很大程度上失去了合法性"（美国学者大卫·科茨语）。在此情势下，西方思想界和西方政要分别提出用凯恩斯主义或社会民主主义拯救自由资本主义的口号，试图通过一些改良资本主义的理论和政策，实现凯恩斯主义或社会民主主义的复兴。实践已经并将继续证明，不论是资产阶级右翼奉行的新自由主义或是凯恩斯主义，还是资产阶级中左翼所奉行的社会民主主义，都不能从根本上消除资本主义社会所固有的矛盾和危机，都不能改变资本主义衰颓的历史大趋势。及时了解国际金融危机对新自由主义、社会民主主义等西方思潮的影响和冲击，有助于我们把握西方思想理论的最新动向，划清马克思主义与西方各种社会思潮的界限，更好地坚持以马克思主义中国化的理论成果武装头脑、指导实践。

三 国际金融危机爆发以来马克思主义在西方"复兴"的现状和前景

马克思主义是指导人们批判资本主义旧世界，实现人类解放和每个人自由全面发展的科学理论。"它给人们提供了决不同任何迷信、任何反动势力、任何为资产阶级压迫所作的辩护相妥协的完整的世界观"，"它把伟大的认识工具给了人类，特别是给了工人阶级"[①]。金融危机爆发后，马克思的《资本论》在西方国家热销，马克思主义成为西方学术界研究的热点，越来越多的人希望通过马克思主义认识金融危机产生的原因，寻找克服这场危机乃至消除资本主义罪恶的现实途径和办法。例如，德国法兰克福的卡尔·马克思书店的顾客及销量大增，2009 年《资本论》第 1 册的销量比 2008 年多 5 倍以上，该书店还将《马克思选集》等录成 CD 大量出售。据德国柏林专门出版马克思著作的卡尔迪次出版社总经理施特隆普夫介绍，2004 年以前该社每年平均售出《马克思全集》100 余套，但 2009 年的一天就销售《马克思全集》89 套，而且征订数量直线上升。这位总经理谈道，马克思的《资本论》等著作重新热起来，反映了德国社会当前所面临的状况，"社会遇到的问题越多，就会有更多的人试图从马克思的著作中寻找答案"。英国的《泰晤士报》还以"马克思

---

① 《列宁专题文集（论马克思主义）》，人民出版社 2009 年版，第 67、68 页。

重新回到了欧洲"为标题发表评论说，金融危机使西方人突然重视马克思的《资本论》了。法国前总统密特朗的经济顾问雅克·阿塔利对马克思撰写《资本论》的情况作了详细的介绍，并指出："马克思预见到了全球化的到来，预见到了世界金融危机的实质。"一些欧洲学者还认为，"今天马克思又成时尚了，比30年前的马克思热还热"。① 更加值得注意的是，马克思不仅在他生活和流亡的欧洲大陆再次"热"起来，而且他在大西洋彼岸的美国也成了不少媒体关注的焦点。2009年4月，美国《大西洋月报》发表了一篇题为《卡尔·马克思的复仇》的文章，明确提出现在的危机是由资本主义固有的缺陷造成的。2009年5月，美国《外交政策》杂志刊登了印有马克思生前画像的封面文章，加拿大约克大学政治学教授利奥·帕尼奇在《十分时髦的马克思》一文中说，当美国的房地产泡沫崩溃时，对世界的影响是如此深远和惨烈；马克思会以此作为"资本主义像一个魔法师，无力控制自己召唤出来的魔鬼"的生动例证。

仅从技术经济学、经济管理学或公众心理学的角度，只能认识金融危机的某些现象，但都无法讲清它的实质和根源。只有从马克思主义政治经济学的角度，才能解释清楚这件大事的本质特征和根本原因。这也是《资本论》和马克思主义学说在西方重新获得青睐的主要缘由。我国的马克思主义理论工作者应该从中得到启示和鼓舞，增强运用马克思主义的立场、观点和方法分析解决重大理论和现实问题的自觉性和坚定性。

有同志认为，现在西方的"马克思热"仅仅局限在学术界与学术层面，鲜有政治与社会层面。我认为，这种看法不无道理。但是，我们也应看到，事物的发展和人们的认识都有一个必要、必需的过程。没有革命的理论，便没有革命的运动。而正确的理论是正确行动的先导。先进的理论一旦被人们所认识和掌握，正确的行动是或早或晚的事。现在，一些西方的主要国家，工人动辄就进行上百万人的大罢工，强烈谴责资本主义特别是新自由主义，呼唤公平与公正，这也是过去鲜见的现象。从一定意义上讲，西方国家的社会主义和左翼思想及其运动，决定于这次国际金融危机发展的广度与深度。如果广大发展中国家能正确应对，使以美国为首的西方国家无法大规模地从根本上向国外特别是发展中国家转嫁其危机，那

---

① 参见王德春《近期国外马克思主义研究的几个特点》，《学术研究》2010年第1期。

么，这必将有助于世界社会主义和左翼思潮的复兴。世界社会主义和左翼思潮的复兴，必将有助于中国特色社会主义进一步发展壮大。

四 以美国为首的西方国家在国际金融危机条件下生存发展的举措

人们常常说，迄今为止，在我们这个地球上已经发生了两次世界大战。20 世纪 80 年代末至 90 年代初的苏东剧变后，也有不少人说，实质上，第三次世界大战已经发生过。这次世界大战，以美国为首的西方世界取得胜利，以苏联为首的苏东社会主义国家以失败而告终。现在，有人说，第四次世界大战正在进行。主要对手是美国与中东的伊斯兰世界，目的是争夺对石油的控制权。

2010 年 3 月 10 日的美国《时代》周刊刊登的一篇文章中说："尽管寻求得到中东石油以及在伊拉克和阿富汗的战事耗费华盛顿外交政策机构大部分精力，但在未来十年里，美国关注的重点将更多转移到'新中东'——中国身上。"[1] 文章还列举了美国如此关注中国的原因：中国现在已经是世界最大的商品制造国、最大的汽车市场、最大的水泥生产国和最大的环境污染国。中国的军事实力和海上作战能力正在迅速提升。诺贝尔经济学奖获得者罗伯特·福格尔甚至预言，2040 年中国的 GDP 将占全球的 40%。由于生产规模的扩张，其自身对自然资源特别是能源与木材的需求会急遽上升。因此，《当中国统治世界》的作者马丁·雅克认为中国的崛起会动摇西方的价值观念体系。西方不少政要与学者，坚持把正在崛起的中国看作是当年的苏联，并坚持把美中之间的合作、竞争与博弈看成是"新冷战"。

因此，能否可以说，苏东剧变前，美国关注的着重点在欧洲即大西洋；苏东剧变后，美国关注的着重点将逐渐转移到亚洲即太平洋地区呢？奥巴马就自称要做美国的首位太平洋总统。

美国自诩自己是全球各国的有能力的领导者。那么，什么是领导能力呢？美国前总统德怀特·艾森豪威尔曾说：领导能力是指让人做事，"不

---

① 克里斯蒂娜·拉森：《中国和美国：不可或缺的轴心》，美国《时代》周刊 2010 年 3 月 10 日。

仅因为你让他们这样做，你在强制推行你的命令，而且还因为他们本能地想要为你做事"①。美国哈佛大学肯尼迪政府学院教授约瑟夫·奈认为，一个国家软实力的主要因素包括文化（如果令人愉悦）、价值观（如果有吸引力和始终如一地遵循）和政策（如果人们认为它是包容和合理的）。他还明确而坚定地批评了"美国的军费开支大约是广播和交流项目开支的500倍"的现象，主张"通过向软实力投入更多资本来补充军事和经济力量，美国可以重建它应对一些全球严峻挑战所需的框架。这就是真正的巧实力。"②

可以说，现在美国有点像《红楼梦》中的贾府，表面上繁花似锦，但内囊已经空虚起来。在20世纪30年代以来最为严重的国际金融危机面前，美国当局深知"不战而屈人之兵"之奥妙，它要摆脱自己的危机并生存、发展，当然首要的是运用自己的"软实力"和"巧实力"。这个"软实力"和"巧实力"表现在什么方面呢？我们可以试列举如下。

一是运用金融手段企图使我国大量失业。金融是现代经济的命脉和血液。美国仍然是当今世界上唯一的金融霸权国家。美国运用金融对发展中国家其中包括我国展开"进攻"的手段很多。它最近逼迫我们进行人民币汇率升值，仅仅是其手法的一种。让人民币升值，至少可以造成我们出口锐减、使我们的外汇储备大幅缩水，从而使我国企业倒闭，工人失业，进而企图引发我国的社会动乱。二是利用互联网企图改变我们的价值观念。美国国务卿希拉里2010年1月21日在华盛顿发表的一次演讲中多次谈论所谓的"网络自由"，对中国依法进行的网络信息管理说三道四，声称"限制自由获取信息或侵犯互联网用户基本权利的国家面临着自己与下一个世纪的进步隔绝的风险"，并说这"最终还关系到我们希望有一个什么样的世界以及我们将会生活于一个什么样的世界"。③但谁都知道，互联网仅仅是各种信息甚至是意识形态的载体。据统计，在国际互联网的信息流量中，有超过2/3来自美国，而网民人数达3亿多的中国，在整个互联网的信息输入流量中仅占0.1%，输出流量更只占0.05%。负责控制互联网流量的世界13台根域名服务器中有10台都在美国。美国利用自己的技术

---

① 《美国成为"高明大国"途径：巧实力》，转引自《参考消息》2009年7月5日，原文见约瑟夫·奈《变高明》，美国《外交》双月刊7—8月号。

② 同上。

③ 《参考资料》2010年1月25日。

和市场优势，实质上充当着全球互联网信息高速公路的警察，企图只让符合美国价值观的东西上路。正因为如此，时任美国国务卿的奥尔布赖特当年曾说："中国不会拒绝互联网这种技术，因为它要现代化。这是我们的可乘之机。我们要利用互联网把美国的价值观送到中国去。"三是组建网络战司令部企图对我展开网络战。美国约有 8.8 万名 IT 专家，其中包括多达 5000 名电子战专家，在五角大楼网络战司令部下属机构工作。尽管奥巴马政府减少了在 F - 22 战斗机等尖端武器上的开支，却大幅度提高了网络战的预算。在必要时，他们不仅可以通过网络直接攻击我军的武器装备，而且可以攻击我们的银行、民航、发电等国民经济的核心部门。四是在我国策划制造动乱。西藏的 "3·14" 事件与新疆的 "7·5" 事件的背后，不都是以美国为首的西方国家为背景吗？五是运用基因和转基因武器。六是培植持不同政见者。七是对台军售。八是利用我国的东海、钓鱼岛、南沙群岛、中印边界等我国主权问题牵制我国并从中谋利。

毫无疑问，在国际金融危机的条件下，美国为求其生存和发展，首推的是其 "软实力" 和 "巧实力"，但决不会放弃其 "硬实力"。

历史的经验值得重视，帝国主义不仅依靠战争直接掠夺财富，在特定条件下，它还会企图通过战争摆脱其无法转嫁的经济危机。第一次世界大战与经济危机有关，第二次世界大战也是由资本主义深刻的经济危机引起的。从 1929 年 10 月下旬开始，西方发达国家发生了有史以来最严重的一次经济危机。这次持续五年之久的经济危机，使资本主义世界遭受 2600 多亿美元的损失（第一次世界大战造成的损失也只有 1700 多亿美元）。这次经济危机中，资本主义世界的工业生产下降了 37.2%，其中美国下降了 46.2%，居各帝国主义国家之冠；大批企业破产，美国有 14 万家以上，德国为 6 万家；国际贸易急剧萎缩，1933 年资本主义世界的贸易额比 1929 年缩小了 2/3，其中德国下降了 76%，美国为 70%，成千上万工人失业，处于饥寒交迫之中。美国采用 "罗斯福新政"，清理、整顿银行，防止挤兑风潮；停止金币流通，防止黄金大量外流，并宣布美元大幅贬值；兴建 "公共工程"，调节劳资关系；对 7 种主要农产品生产实行控制，"消灭" 农产品过剩，其中 2300 多万头牛羊被宰杀，而成千上万的普通百姓却挣扎在死亡线上。除此以外，还出台了一系列城市政策和社会政策等等。"罗斯福新政" 先后共支出了约 350 亿美元的巨额款项，这使联邦政府的预算赤字每年都新增数十亿美元。但是 "新政" 中得到好处的是大垄断资本，国内贫富差距却进一步扩大，200 家美国的工业大公司，在全部资产中所占的比重，1930 年为 47.9%，到 1939 年已提高到 55%。美国的公共工程，每年临时吸收就业者不过为 200 万—360 万人，但其工资每个月却仅有 70—80 美元，略高于失业救济金。余下的 1000 多万失业人员只能靠政府的微薄救济。1934—1937 年，美国开工率仅为 50.5%—73.8%。1936 年资本主义世界的生产才勉强恢复到 1928 年的水平。1937 年，美国、英国、法国又陷入经济危机之中。"罗斯福新政"并未能消除美国的经济危机，第二次世界大战给美国提供了绝佳的发展机遇。1941—1945年，美国军工生产平均占工业总产值的 60.6%。在第二次世界大战中，美国除两面大做军火生意直接赚钱外，还凭借"租借法案"，扩大军火销路，为其过剩的农产品打开市场。美国的出口在战时非但未减少，反而增加了近两倍；在战争高潮的 1943—1944 年，其工业生产比战前增长了两倍以上。第二次世界大战后，资本主义世界的工业生产已有一半以上被美国一国掌握，当时的美国还控制了国际贸易的 1/3，并把世界黄金储备的 3/4 搜刮到了自己的金库之中。[①]

美国前总统罗斯福曾说，美国必须一边外交"说软话"，一边挥舞着"大棒"。[②] 集理想主义与现实主义、多边主义与单边主义于一身的奥巴马，早在当选总统之前的 2006 年发表的《无畏的希望》一书中说："即使遭到反对，美国必须一再充当世界警长。""美国有权利对那些准备破坏其目标的国家采取单方面行动。"美国传统基金会负责外交与国防政策研究的副会长金·R. 霍姆斯 2009 年 6 月在其发表的文章中明确指出了美国"软实力"的局限性和维护军事实力的重要性，他说："硬实力萎缩症的后果将是美国外交影响力的明显减退"，"美国安抚朋友、遏制对手、压制好战国、击败敌人的能力并不取决于我们政治领导人的外交承诺；而是取决于强大的军事基础。只有保住'大棒'，美国才能成功实现外交目标。只有建立一支具有综合能力的军队，美国才能让许多朋友和盟友放心，才能指望这些朋友和盟友在未来给予美国支持。"[③] 因此，可以断言，美国在其经

---

① 樊亢主编：《资本主义兴衰史》，人民出版社 1984 年版，第 227、250、279、284、286 页。

② 金·R. 霍姆斯：《利用军事实力维护美国的领导地位》，美国传统基金会网站，2009 年 6 月 1 日。

③ 同上。

济危机向其他国家转嫁不顺利时，军事霸权主义就可能会明显抬头，绝不能排除其首先策动代理人的战争。比如，在伊朗、朝鲜以及其他可能的地方。

五 我国对国际金融危机的应对之策

（一）一定要有坚定坚强的信心，同时又要有强烈的忧患意识

我们这个国家，我们这个民族，我们这个党，经历了多少坎坷、曲折与苦难，但从中国共产党诞生后，我们党相信人民、依靠人民、为着人民，领导人民群众一次又一次渡过难关，取得了辉煌的胜利。这正应了《荀子·儒效》中所说的："天不能死，地不能埋。"现在，我们有马克思主义中国化，即毛泽东思想和中国特色社会主义理论体系为指导，有新中国成立以来特别是改革开放三十多年来创造的强大的物质基础，有以胡锦涛同志为总书记的党中央的正确领导，我们就一定能够抓住前所未有的机遇、应对世所罕见的挑战。与此同时，我们也一定要有强烈的忧患意识。毛泽东说："世界上的事情就是这样，要走弯路，就是 S 形。"[1] 胡锦涛同志曾在一次讲话中指出，宁可把风险、困难估计得足一些，也千万不要因为估计不足而在风险发生时手足无措，陷于被动。忧患兴国，多难兴邦。我个人认为，现在有"四大安全问题"摆在我们面前：经济安全特别是金融安全、社会安全特别是就业与分配问题、周边安全和意识形态安全。在未来三至五年乃至十年左右，应对这"四个安全问题"十分重要。假若我们及时抓住了机遇，正确应对了挑战，我国的改革开放和社会主义现代化建设就必然出现一个崭新的局面。

（二）高度重视党的理论工作

理论十分重要。理论正确，党就坚强，政策就正确，思想就统一，经济就发展，社会就稳定。反之，党便涣散，政策便失误，思想便混乱，经济就会停滞甚至倒退，社会就会动荡。没有革命的理论，便没有革命的运动。从另一角度来说，错误的理论必然产生错误的行动。2011 年是苏共亡党、苏联解体 20 周年。从一定意义上讲，苏共亡党、苏联解体肇始于苏

---

[1] 《建国以来毛泽东文稿》第 13 册，中央文献出版社 1998 年版，第 181 页。

共的理论出了问题。以上所讲的"四个安全问题"中，其中最重要的是意识形态亦即理论安全最重要。坚持和创新了正确的理论，经济、社会和周边安全就有了可靠的前提与保证。我们应充分看到，改革开放以来，由于各种所有制的共同发展和我国收入分配差距的拉大，人们思想之间的认知差距也在急遽拉大。我们应当充分肯定我国宣传思想战线这些年来所取得的十分重要的巨大成就，同时我们也要正视近年来出现的各种杂音、噪音。这种杂音、噪音也往往不是仅凭宣传思想战线所能解决的，如同社会稳定不能仅凭宣传教育与政法战线所能解决的一样。实践已经并将继续证明，各级领导干部仅忙于 GDP 及社会稳定不行，必须同时注重提高自己的理论素养。这就是党的十七届四中全会要把我们党建设成为学习型政党的深意所在。

（三）必须坚持公有制为主体、多种所有制经济共同发展的基本经济制度

我认为，邓小平和邓小平理论的最大贡献，就是确立当代中国正处于并将长期处于社会主义初级阶段的基本国情，并依据对这一国情的准确判定，制定了"以经济建设为中心，坚持四项基本原则，坚持改革开放"的"一个中心、两个基本点"的基本路线。我国宪法规定："中华人民共和国的社会主义经济制度的基础是生产资料的社会主义公有制"，"在社会主义初级阶段，坚持公有制为主体、多种所有制经济共同发展的基本经济制度"。我国这种经济基础的社会主义性质，决定了我国坚持中国共产党的领导，坚持社会主义道路。在社会主义初级阶段，走社会主义道路的根本体现和实质标志，就是坚持公有制为主体、多种所有制经济共同发展的基本经济制度。否则绝不是社会主义道路。坚持公有制为主体、多种所有制经济共同发展的基本经济制度，才能坚持和完善按劳分配为主体、多种分配方式并存的分配制度，鼓励一部分地区和一部分人合法致富，并逐步缩小收入分配差距，逐步消灭贫穷，最终达到共同富裕。坚持公有制为主体、多种所有制经济共同发展的基本经济制度，才能有效地遏制腐败，始终保持与人民群众的血肉联系，不断提高党的执政能力，使我们党能够长期执政。坚持公有制为主体、多种所有制经济共同发展的基本经济制度，才能为社会主义核心价值体系建设提供坚实的物质基础，为正确处理改革、发展和稳定的关系以及应对国际国内的风险提供根本的前提和可靠的

保证。

（四）统筹国际国内两个大局，加强对宏观性、战略性、全局性、前瞻性重大问题的研究

随着经济全球化的深入发展，随着国际金融危机的不断演进，随着世界上各个大国合作博弈的不断加强，随着国际问题与国内问题日益紧密地交错交织，新情况与新问题将不断显现。以美国为首的西方世界为了自己的生存和发展，必然会不断采取新的形式与新的举措。因此，我们必须把马克思主义的基本原理和当今时代的发展变化与国际国内最新实际相结合，抛弃任何形式的教条主义，坚持一切从实际出发，果断地与时俱进、勇于创新，并要准备采取许多与过去不同的国际合作方式与斗争形式。只有这样，我们才能始终掌握主动权，在任何时候和任何情况下，都能立于不败之地，从而真正使中国特色社会主义道路越走越宽广，真正实现中华民族的伟大复兴。

（原载《马克思主义研究》2010 年第 6 期）

美国金融危机与国际金融垄断资本主义

何秉孟[*]

当前席卷全球的金融危机的策源地、肇始者是当代头号资本主义国家——美国。自 2007 年 7 月美国发生所谓"次贷危机",到 2008 年激化为全面的金融危机;紧接着,金融危机迅速传递至美国的实体经济,从 2008 年下半年开始,美国经济全面衰退;至 2009 年,美国的全面金融危机、经济危机,像瘟疫一样蔓延至全世界:各国金融机构接二连三陷入困境或破产,股市纷纷暴跌,全球贸易量急剧萎缩,各类公司、企业成批倒闭,数千万乃至数以亿计的劳动者加入失业大军,各国实体经济先后陷入深度衰退,全球经济遭受的损失将达数万亿甚至十多万亿美元;而且,危机持续两年,至今仍未见底!⋯⋯可见,这是一场二战以来,甚至是 20世纪 30 年代的大萧条以来最为严重的经济灾难!

面对这场严重经济灾难,学术界、理论界乃至经济、政治各界的许多人都在反思:为什么一贯吹嘘其"经济基本面健全",并据此动辄对他国的经济体制、经济运行机制指手画脚、发号施令的美国,成为这场严重经济灾难的制造者?由于立足点不同,答案自然见仁见智。我们认为,深层原因或病根,还是在于以美国为代表的国际金融垄断资本主义制度的腐朽性。

一 美国本次金融危机的重要特征和当代资本主义的新发展

冰冻三尺,非一日之寒。美国这场严重的金融危机、经济危机之所以

---

* 何秉孟,中国社会科学院原副秘书长,研究员。

会发生，是美国国际金融垄断资本主义制度沉疴经年、病入膏肓的集中表现。

根据马克思在《资本论》中阐发的基本原理，资本主义社会之所以会发生周期性经济危机，是由其生产社会化和生产资料私人占有这一基本矛盾，以及由此派生的各个企业内部生产的有计划同整个社会生产的无政府状态，社会生产可无限扩张的趋势同广大劳动者有支付能力的需求相对不足这样两对矛盾所决定的。从一般意义上讲，对当前这场肇始于美国、迅速蔓延至全球的严重金融危机和经济危机的发生原因，作上述归纳当然是不错的。但深入研究，就感到这种解读似乎还不够。这是因为，当代发达资本主义国家，特别是美国的资本主义制度，经过近一个半世纪的发展、演变，较之《资本论》所分析、研究的资本主义，已具有诸多新特点。即使仅就危机本身而言，此次国际性金融危机、经济危机，同20世纪30年代的大萧条相比较，就至少具有以下三个方面的显著特征或重要不同点：

其一，20世纪30年代的大萧条始发于工业生产领域。当时世界上第一大工业经济体美国，1927年工业陷入衰退，1928年虽曾短暂反弹，很快，于1929年6月再次大幅下降，至1932年，工业生产下降一半以上，退回到1905—1906年的水平；美国工业生产的剧烈下降，很快波及当时世界第二工业经济体德国，至1932年，工业生产下降也超过一半，退回到1896年的水平，失业人数大幅上升；随后英、法、日等资本主义国家的工业生产纷纷下降①。工业生产危机爆发两年多之后，也即1931年才爆发全球性的货币、金融危机。而此次危机，从一开始，就具有金融危机的性质，2007年7月美国发生的所谓"次贷危机"，从本质上看，已经是金融危机，所谓"次贷危机"不过是美国的国际金融资本垄断寡头及其"看门人"企图继续误导广大投资者、消费者的一种欺人之谈而已。

其二，20世纪30年代的大萧条，一开始便鲜明地暴露出是资本主义生产相对过剩引起的经济危机。而此次危机，虽然从本质上看、从深层原因看仍同资本主义生产相对过剩有很大关联，但同时，在很大程度上同经

①　参见宋则行、樊亢主编《世界经济史》中卷,经济科学出版社1994年版，第136—137页。

济金融化、金融虚拟化和金融衍生产品毒化、泡沫化，以及金融监管缺失即金融自由化等具有更为密切的关联。

其三，20世纪30年代的大萧条，受重创的主要是资本主义国家，广大不发达国家所受影响并不严重。从表1可以看出，自1928年至1937年的10年之内，欧洲、北美（主要是美国、加拿大）在世界贸易中的比重下降，而拉丁美洲、非洲、亚洲、大洋洲所占比重上升；特别是社会主义国家苏联，在整个20世纪30年代，经济持续发展，顺利完成了第二、第三个"五年建设计划"，到第二次世界大战前夕，苏联已发展成为仅次于美国的世界第二工业强国，充分显示了社会主义制度的优越性。而这次危机，虽肇始于美国，但席卷全球，世界各国无一幸免。

表1　　　　　　　　　　1928—1937 年世界贸易的地理分布　　　　　　　　　（%）

	1928 年		1937 年	
	出口	进口	出口	进口
欧　洲	48.0	56.2	47.0	55.8
北　美	19.8	15.2	17.1	13.9
拉丁美洲	9.8	7.6	10.2	7.2
亚　洲	15.5	13.8	16.9	14.1
非　洲	4.0	4.6	5.3	6.2
大洋洲	2.9	2.6	3.5	2.8
世　界	100.0	100.0	100.0	100.0

资料来源：P. 耶茨：《对外贸易四十年》，转引自宋则行、樊亢《世界经济史》中卷，经济科学出版社1993年版，第211页。

此次国际性金融危机所具有的上述三个显著特征，是由当代资本主义的新发展及其基本矛盾在运行形式上显示的基本特征所决定的。

同宇宙间的其他事物一样，资本主义每时每刻都在发展、变化；但作为阶段性的新发展，从历史的角度观察，则始于20世纪70年代。

20世纪中叶，人类从第二次世界大战的废墟中爬了出来，饱受战乱摧残的各国人民，面对饥寒交迫，强烈渴望和平、企盼发展。亿万人民群众的这种强烈意愿和呼声，推动20世纪的五六十年代，成为凯恩斯主义主导下的国家垄断资本主义恢复、发展的"黄金期"。但凯恩斯主义也不能改变资本主义经济的周期性规律。进入 70 年代，资本主义即陷入长达 10 年之久的"滞胀"。所谓"滞胀"，就是高失业、经济停滞或低增长与高通胀同时存在。比如，在 1973—1982 年间，美国的失业率最高达 9.1%（1975 年），1982 年失业人数达 1220 万人，创历史高峰。欧洲共同体的失业率达 10%，英国甚至高达 13.4%（1982 年），整个"经合组织"失业人数达到 3050 万人，接近 30 年代大萧条失业4000 万人的水平。在此期间，经济增长速度大幅下降，美、英、法、德、意大利及日本等国 1975—1979 年间工业生产的年均增长率仅为2.6%，比 60 年代的 6.6% 的增幅下降 60% 多；从 1979—1982 年，美国工业生产持续下降或停滞了 44 个月，欧共体各国则下降或停滞了 30多个月。与此同时，物价却飞涨，消费品物价年均上涨率 60 年代为3.7%，1970—1974 年年均上涨 7.9%，1975—1979 年更达 10.1%。①一般说来，经济停滞或萎缩、高失业、高通胀等现象是在资本主义经济周期运行的不同阶段交替出现的现象，前两者多发生在经济周期的萧条——危机阶段，高通胀多出现在经济复苏——高涨阶段。此次出现的经济停滞或下降、高失业与高通胀同时存在的所谓"两高一低"现象，是资本主义经济运行过程中的一种新的社会经济现象。

深入剖析 20 世纪 70 年代"滞胀期间""两高一低"同时存在的这一新的社会经济现象，我们不难发现，马克思在《资本论》中所揭示的资本主义生产利润率下降趋势的规律，是导致这场长达 10 年的"滞胀"危机的重要的直接原因。二战之后，经过 50 年代和 60 年代相对平稳的发展，资本主义积累不断增长，科学技术日益进步，资本的技术构成，从而资本的有机构成不断提高；在劳动生产率提高的同时，资本利润率也趋于下降，资本利润率的下降，又导致固定资本投资疲软（参见表 2、表 3）；为维持较高资本利润率，国家垄断资本利用其垄断地位，扭曲市场法则，强行推高物价；驱动经济复苏的另一只轮子——社会消费，因为劳动者大量失业及高通胀而持续低迷。正是这诸多因素的综合作用，使资本主义经济只能在"两高一低"的"滞胀"中挣扎、爬行。

---

① 参见宋则行、樊亢《世界经济史》下卷，经济科学出版社 1994 年版，第 55—59 页。

表2　　　60年代、70年代美国、西德、日本固定资本投资增长率①　　（%）

年代	国别		
	美国	联邦德国	日本
60年代	4.5	8.5	17.9
70年代	2.1	3.4	2.1

表3　　　　　　　美国资本主义各发展阶段资本平均利润率②　　（%）

阶段（时段）	自由竞争资本主义（1869—1897）	私人垄断资本主义（1898—1940）	国家垄断资本主义（1941—1982）	国际金融垄断资本主义（1983— ）
资本平均利润率	17.5	13（14）*	11.9	12.7
最高的十年或（其中最后一年）	24.2（1882）	14.1（1913，1929）	13.1（1949，1968）	13.2（1998）

* 1898—1929年的平均利润率。

从以上的分析，关于20世纪70年代的"滞胀"危机，我们至少可以得出以下几点结论。

第一，在20世纪70年代长达10年的"滞胀"危机中，尽管出现了一些新的社会经济现象，但它仍然是由生产社会化与生产资料私人占有这一资本主义社会的基本矛盾引发的资本主义周期性经济危机，而且，由这一基本矛盾所决定的资本利润率的下降趋势，是导致长达10年的经济"滞胀"的直接原因。

第二，经过战后五六十年代长达20多年的恢复、发展的"黄金期"，以美、英为代表的国家垄断资本集团的垄断资本、特别是金融垄断资本大幅扩张，加上科学技术的进步，生产社会化的程度进一步提高，国内市场已满足不了国家垄断资本、特别是金融垄断资本的需要。也就是说，国家垄断资本力图突破国界，寻求在更广阔的空间、市场上攫取更高额的利润。因此，这场"滞胀"危机，在一定意义上是主导国家垄断资本主义近40年的凯恩斯主义的危机——它已经适应不了国家垄断资本、特别是金融

① 宋则行、樊亢：《世界经济史》下卷，经济科学出版社1994年版，第57页。
② 根据李民骐、朱安东提供的资料编制。

垄断资本全球扩张的需要。

第三，从表3我们可以看到，随着科学技术的进步，以及资本为提高竞争力以获取超额利润这一内在动力的驱动，实体经济资本的技术构成不断提高，从而资本的有机构成也不断提高，导致资本的利润率趋于下降。从1965—1973年，美国制造业的利润率下降了43.5%，1978年又比1973年降低了23%①。而资本的本性是追求利润的最大化。在市场这只"看不见的手"的推动下，什么领域利润率高，资本就会向什么领域流动。金融领域、资本市场虽然风险大，但存在着通过高杠杆操作、通过投机获取高额回报的机遇，于是吸引具有冒险天性的资本纷纷向金融领域、资本市场集中，使金融垄断资本迅速扩张、膨胀，并开始了由"圈地"（办实体企业）向直接"圈钱"的蜕变。

毋庸置疑，对于20世纪70年代"滞胀"危机发生的原因，由于立足点不同，看法迥异、甚至完全相反。例如，新自由主义学派的掌门人哈耶克及其在英国伦敦学派、美国芝加哥学派中的弟子们认为，"滞胀"危机之所以发生，是因为凯恩斯主义主导的国家对经济实行干预，以及政府开支过大所致。他们在对凯恩斯主义进行口诛笔伐的同时，大肆鼓吹他们一贯主张的"市场化、私有化、自由化"和"全球一体化"。正是在这种情况下，代表美英金融垄断资本集团利益的美国共和党里根和英国保守党撒切尔先后上台执政，将凯恩斯主义扔进了历史博物馆，把新自由主义捧上了美英主流经济学的宝座。

所谓"危机"，乃"困局＋机遇"。纵观历史，每当"重大危机"，人类发展皆处于十字路口：代表进步的力量如果把握住了"机遇"，将推动人类社会进步；代表没落的力量如果抓住了"机遇"，将把人类社会拖向倒退。20世纪30年代的大萧条、70年代的"滞胀"危机，均属此类"重大危机"。70多年前，苏联共产党人把握住了"机遇"，身陷资本主义包围的社会主义苏联逆势而上，在大萧条的十来年间，一跃而成为世界第二大工业强国，为随后战胜德、意、日法西斯准备了物质基础，催生了后来的社会主义阵营；30多年前，由于赫鲁晓夫集团挑起内争，世界社会主义阵营分裂、力量受损，再加上苏联忙于经营霸权，出兵阿富汗，而我们中国又深陷十年动乱，均错过了资本主义陷入"滞胀"危机的历史性"机

①　张宇：《金融危机、新自由主义与中国道路》，《经济学动态》2009年第4期。

遇"。而美、英的国际金融垄断资本集团则抓住了凯恩斯主义对"滞胀危机"束手无策之机,用新自由主义取代凯恩斯主义,开始了全球扩张的灾难性远征。

20世纪70年代末80年代初,各主要资本主义国家先后走出了"滞胀"危机的漫长坠道。人类社会在经历长达近10年的"滞胀"危机劫难的过程中,催生了对人类社会后来的发展颇具影响力的三件大事:其一是信息技术和网络技术的发明与广泛应用;其二是我们在前面已经提及的以私有化、市场化、自由化(尤其是金融自由化)和全球一体化这"四化"为核心内容的新自由主义理论,逐步取代凯恩斯主义而成为美英的主流经济学理论,至20世纪90年代初,以"华盛顿共识"出笼为标志,新自由主义最终蜕变为美国国际金融垄断资本集团的意识形态和政策;其三是布雷顿森林国际金融货币体系的崩溃,取而代之的是要求汇率形成机制"市场化"、资本流动及资本运作"自由化",加上美元霸权为主要内容的当代国际金融货币体系。信息技术和网络技术的发明与广泛应用,既大幅提高了社会生产力,同时又为国际金融垄断资本的全球扩张,以及金融与资本市场的虚拟化和病态膨胀提供了技术支撑;新自由主义则成为国际金融垄断资本向全球扩张及其制度安排的理论依据;当代国际金融货币体系为美英国际金融垄断资本全球扩张提供了最重要的杠杆或平台。这三者的媾和,成为拉动美国为代表的发达资本主义由国家垄断向国际金融资本垄断过渡的"三驾马车"。

正是在这样一种非常奇特的"三驾马车"的拉动下,20世纪70年代的"滞胀"危机,不断加剧资本向大垄断资本、特别是国际金融垄断资本集中的趋势。以美国为例,资产超过50亿美元的工业大公司,1955年只有8家,到1970年增加到22家,15年增加了14家,增加了将近2倍;到1980年更增至52家,同1970年相比,10年之内增加了30家,翻了一番多。100亿美元以上的巨型公司,1955年有2家,1975年增加到11家,20年增加了9家;1980年增至19家,5年增加了8家。在"滞胀"后期,资本聚集速度明显加快(见表4)。与此同时,银行资本也在加速集中,不仅大银行兼并中小银行,还出现强强合并,产生了一批空前巨大的国际金融垄断资本集团(见表5)。到1977年,美国最大的50家商业银行资产达6684亿美元,存款为5212亿美元,分别占全美国1万多家大小银行总资产的56.8%和总存款的55%;其中美洲银行、第一花旗银行、大通曼哈顿银行、制造商汉诺威信托银行、摩根保证信托银行等 5 家最大银行的资产和存款量，分别为 3224 亿美元和 2464 亿美元，占 50 家大银行的总资产和总存款的比重均超过 42%；而雄踞首位的美洲银行，拥有资产 949 亿美元和存款 758 亿美元，占 5 家最大银行资产和存款总量的 30% 左右。①

表4　　　　1955—1980 年美国资产额超过 10 亿美元的工业公司数②

资产数额 年份	100 亿美元 以上	50 亿美元 以上	20 亿美元 以上	10 亿美元 以上
1955	2	8	23	65
1960	2	11	30	80
1965	5	16	46	101
1970	10	22	84	152
1975	11	26	86	179
1980	19	52	150	249

表5　　　　1972—1978 年美国按合并银行资产额分组的银行合并情况表③

按合并银行 资产额分组	被合并银行数			
	1972 年	1974 年	1976 年	1978 年
1000 万美元以下	2	5	3	—
1000 万—2500 万美元	4	7	5	4
2500 万—5000 万美元	5	8	10	3
5000 万—1 亿美元	12	11	13	11
1 亿美元以上	34	39	44	44

尤其引人注目的是，正是在 20 世纪 70 年代的"滞胀"期间，美国金融垄断资本的国际化步伐大大加快。在"滞胀"期间，由于美国国内经济长期萎缩低迷，固定资产投资不振，迫使金融寡头把闲置的、过剩的金融资本输往国外，并在海外设立分支机构，致使美国跨国银行在海外的势力迅速增强。1954 年，20 个资本主义国家的 99 家银行控制的国外分行共 1200 家，美国占 10%；到 1977 年，世界最大的 50 家银行共在海外设分支

---

① 参见宋则行、樊亢《世界经济史》下卷，经济科学出版社 1994 年版，第 77 页。
② 参见龚维敬《美国垄断资本集中》，人民出版社 1986 年版，第 183 页。
③ 根据龚维敬《美国垄断资本集中》表 31 编制，人民出版社 1986 年版，第 102 页。

机构 3000 家左右, 美国占 37%, 所占比重增长近 2 倍, 分支机构数由 120 家左右增至 1100 余家, 增长近 10 倍; 1979 年美国在海外投资新建和合并企业资产总额中, 银行所占比重为 43.3%, 比制造业的资产额要高出两倍多。美国的许多大商业银行都是在 70 年代的"滞胀"期间发展成为庞大的跨国银行的,[①] 也就是说, 美国的金融垄断资本在 70 年代的"滞胀"期间加速蜕变为国际金融垄断资本。

进入 20 世纪 80 年代后, 美国、英国等国的国际金融垄断资本及其控制的跨国公司获空前扩张, 至 20 世纪末, 全球跨国母公司已多达 6 万余家, 它们控制的海外分支机构有 50 多万家; 这些跨国公司控制着世界生产的 40%, 国际贸易的 50%—60%, 国际技术贸易的 70%, 对外直接投资的 90% 以上。由此可见, 以跨国公司为代表的国际垄断资本、尤其是国际金融垄断资本已经成为经济全球化的深厚基础, 超级国际金融垄断资本集团已经具备足够的实力把全世界作为其运作的舞台。[②] 这表明, 从 20 世纪 70 年代开始, 当代资本主义发展已进入一个新的阶段: 由国家垄断向国际金融资本垄断转变。

任何历史进程的新阶段除了有其本身特定的指标特征之外, 还必然有某些重大事件作为其标志。

没有标志性事件就不会有历史分期。资本主义由国家垄断阶段向国际金融资本垄断阶段转变也不例外。标志着资本主义向国际金融资本垄断阶段转变的重大事件, 先后发生在 20 世纪 70 年代到 21 世纪初的 20 多年间, 这些标志性重大事件有:

1. 以"滞胀"为特点的 1973—1975 年资本主义世界经济危机, 标志着国家垄断资本主义发展到了极致, "滞胀"成为资本主义向国际金融资本垄断阶段大转弯的第一个历史拐点。"滞胀"既是对国家垄断资本主义发展的历史总结, 又是资本主义进入国际金融资本垄断阶段的历史序幕。

2. 新自由主义的勃兴适应了当代国际金融垄断资本发展的需要。1990 年"华盛顿共识"出笼后, 新自由主义更成为国际金融垄断资本向全球扩张及其制度安排的理论依据。

---

① 参见龚维敬《美国垄断资本集中》, 人民出版社 1986 年版, 第 132—133 页。
② 参见中国社会科学院研究室《世界沧桑 150 年——〈共产党宣言〉发表以来世界发生的主要变化》, 社会科学文献出版社 2002 年版, 第 56—57 页。

3. 跨国公司的崛起使全球市场同时又成为全球工厂，从而为资本主义进入国际金融资本垄断阶段奠定了最深厚的物质基础。

4. 长期以来缺乏可贸易性的"服务"实现了贸易国际化，使国际金融垄断资本对全球经济实现了全产业控制，从而把资本主义在产业层面上推向了国际金融资本垄断阶段。

5. 因特网作为国际金融垄断资本控制全球的技术和经济密网，成为资本主义发展到一个新阶段的标志性技术。

6. "9·11"事件为全面建立国际金融垄断资本全球体系提供了历史借口，使美国掀起了一场实现"政治全球化"或"全球一体化"的乌托邦浪潮。

7. 2007年爆发于美国并很快蔓延、祸害全球的近百年最严重的金融危机，表明国际金融垄断资本的寄生性、腐朽性已达于极点，它可能标志着国际金融资本垄断既是资本主义发展的最高阶段，也是国际金融垄断资本主义的"收官"阶段。

二 国际金融垄断资本主义必然导致全球性金融危机

资本主义由国家垄断加速向国际金融资本垄断过渡，不仅提高了生产社会化的程度，同时在更大的范围内实现了生产资料的私人占有，无疑进一步加剧了资本主义制度所固有的基本矛盾及其他主要矛盾。从美国近二三十年的历史进程来看，国际金融垄断资本在运作过程中，已逐步呈现出了同国家垄断资本既有某种联系、继承，又有显著差别的若干基本特征：

其一，经济加速金融化，金融资本成为经济乃至政治的主宰。所谓经济金融化，用美国著名左翼学者威廉·K.塔布的话说，既是经济上的，又是政治上的。[①] 集中表现在：社会资本创造的利润越来越多地被金融资本所占有，因此推动金融资本（金融企业资本＋虚拟资本）相对于实体经济企业资本迅速膨胀。20世纪六七十年代后，由于实体经济企业的资本利

---

① 参见威廉·K.塔布《当代世界资本主义体系面临四大危机》，唐科译，《国外理论动态》2009年第6期。

润率趋于下降，面对激烈竞争，实体经济企业不得不通过并购等手段"做大"自己。而实体经济企业要完成"并购"行为，必须向银行贷款融资。金融资本垄断寡头正是利用金融作为现代经济运行血液和命脉的特殊地位，逐步实现了对实体经济企业的操控，并越来越多地占有实体经济企业资本在生产过程中所攫取的剩余。据学者研究，20 世纪 70 年代，美国金融部门所获得的利润仅仅是非金融部门所获利润的五分之一，到了 20 世纪末，这一比例上升到了 70% 左右。① 另据美国学者统计，整个美国金融行业在 2004 年所"创造"的利润约为 3000 亿美元左右，而美国国内所有非金融行业所"创造"的利润则为 5340 亿美元，也就是说，美国金融行业"创造"了美国所有国内企业利润的 40% 左右。而在 40 年前，也就是 20 世纪 60 年代，金融行业所"创造"的利润不到国内所有企业所"创造"的利润的 2%。② 仅仅 40 年，这一比重就增长了 19 倍！

在自由竞争资本主义阶段，借贷职能的资本从社会资本中独立出来形成金融资本，是提高为实体经济服务的效率，其收入—利息，来自生产资本所攫取的剩余价值，也就是从实体企业的剩余价值中分割出来的一部分。当资本主义发展到 20 世纪八九十年代之后，国际金融垄断资本再也不满足于对生产资本的"从属"、"配角"地位，逐步与实体经济脱节，完成了由服务于生产资本向主宰生产资本的异化，完成了"协助"生产资本"圈地"（办实体经济企业），并分割其部分剩余价值向直接"圈钱"的演化。正如威廉·K. 塔布所说，"金融体系似乎已产生了一种新的、魔术般的'货币—货币'循环，在此循环中，仅用货币本身就能制造出货币来，而无需实际生产的介入。"③ 所谓"货币—货币"（G—G'）或者"货币 < 货币"（G < G'）循环中的"魔术"，除了金融寡头凭借其对实体经济企业的操控向实体经济分割尽可能多的"企业剩余"外，更主要的，是以各种手段、包括打着"金融创新"的旗号，推出名目繁多、令人眼花缭乱的金融衍生品，并通过高杠杆，或者相互间、甚或对广大中小投资者进行诈骗，将全球股市、基金债券市场变成同实体经济完全不相关的大赌场，不仅使经济关系越来越表现为债权股权等金融关系，甚至使社会资产

---

① 参见张宇《金融危机、新自由主义与中国的道路》，《经济学动态》2009 年第 1 期。

② 参见威·K. 塔布《当代世界资本主义体系面临四大危机》，唐科译，《国外理论动态》2009 年第 6 期。

③ 同上。

也因金融化而异化为金融资产。

其二，金融虚拟化、泡沫化。资本的本性就是要在循环中尽快增值。既然无须经过实体经济生产运作、仅仅货币自身循环就能生出更多的货币（G＜G'），加上美国自 20 世纪六七十年代以后实体经济领域资本利润率持续下降，导致大量的社会资本涌入金融领域。据有关统计，20 世纪 50 年代至 70 年代，美国金融资产流量对 GDP 之比平均为 257 倍，1980—2007 年这一比例迅速上升到 418 倍；不仅如此，近一二十年来，即使是非金融公司，其资产总额中金融资产也在迅速增长、所占比重越来越高。20 世纪 70 年代，非金融公司的金融资产与实体经济资产之比为 40% 多，到 90 年代，这一比例已接近 90%。[①]

金融资本本身并不创造剩余价值，货币循环（G＜G'）之所以能生出更多货币，全靠投机诈骗、高杠杆运作。正是这种在高杠杆运作中的投机诈骗能带来高额回报，给极具冒险性的资本以强烈刺激，不惜举借高于自身资产数倍、数十倍、成百倍的银行贷款去购买美国的金融资产、股票债券及其他形形色色的金融衍生品。在这种完全脱离实体经济的货币循环中，出现一个十分奇特的现象："债务"成为重要的"发酵剂"：美国的各种所谓"金融创新产品"或金融衍生品，大都由美国政府债务、公司债务以至普通消费者的消费抵押债务等包装而成；同时，要高杠杆运作，购买这些金融衍生产品，又需要举借新的债务。正是在这种"举债"购买由各类债券包装成的金融衍生产品的恶性循环中，导致美国经济中由金融衍生产品（其中相当部分是"有毒"的）所形成的虚假财富如脱缰之马急剧膨胀。据国际货币基金组织（IMF）最近的报告，目前全球的金融衍生产品总值已达 596 万亿美元，是全球股市总值 65 万亿美元的 9 倍，是全球 GDP 总量 54.5 万亿美元的 11 倍。[②] 其中美国的金融衍生产品总值占全球的 50% 以上，已高达 300 多万亿美元，是美国号称的 13 万亿美元 GDP 的 25 倍。[③] 日本学者的上述估算应该说还是比较保守的，据 2008 年 10 月 7 日出版的《东方日报》所载之文称：美国市场的金融衍生产品的总值高达 455 万亿美元，占全球金融衍生产品总值的 76%，相当于美国号称的年

---

① 参见张宇《金融危机、新自由主义及与中国道路》，《经济学动态》2009 年第 4 期。
② 参见《金融海啸的〈祸根〉和〈灾底〉》，《信报财经新闻》2008 年 12 月 30 日。
③ 参见刘海藩《当前金融危机的原因与应对》，《马克思主义研究》2009 年第 2 期。

GDP 总量 13 万亿美元的 35 倍。文章援引美国前总统布什的哀叹："华尔街醉了，什么时候不再搞这么多花巧得令人头昏脑胀的金融产品，才算醉醒了!"但布什哪里知道，在新自由主义金融自由化的主导之下，华尔街是不可能"醉醒"的! 因为，美国的众多金融机构，都是由这种虚拟的、泡沫化的有毒金融衍生产品撑起来的。以美国最大的房产抵押金融机构房利美、房地美为例，其核心资产总共为 750 亿美元，但它们所发出的衍生金融债券竟高达 52000 亿美元，是其核心资产的近 70 倍，泡沫之大令人瞠目结舌。① 可见，被有些人视为天堂的美国，就是建筑在这种虚拟的、有毒的金融衍生产品泡沫之上的。如果把这些泡沫都挤掉，美国还剩下什么？当然，不论是共和党的布什当政也好，还是民主党的奥巴马当政也好，都不可能动真格的去挤掉这些有毒的泡沫!

其三，金融资本流动、金融运作自由化。金融行业是一个具有战略意义的、非常特殊的行业。这首先是因为，现代金融是现代经济的中心，是一个国家的整个经济体的血液和命脉。其次，还因为金融产品是一种特殊商品：作为商品一般，金融产品的流动，要求以市场为基础并自由流动；但作为一般等价物，也即作为商品交换结算工具的货币市场工具，以及作为资产储备或转移资金、安排资产风险结构等的资本市场工具，它必须在国家计划的调控下，在国家有关法律的框架内，在国家有关部门的严密监控之下流动，以确保金融体系健康运行。最后，随着现代金融衍生产品的增多和金融产品的虚拟化，其流动性进一步增强，尤其是现代金融产品同当代高新技术——信息技术、网络技术结合之后，其流动之迅速、流动量之大，从而形成的对一个国家的金融系统乃至整个国民经济的冲击力之大，常常出乎人们的想象。正因为如此，迄今为止，世界上还没有哪一个国家实行金融自由化的金融体制而未遭受金融货币危机打击的成功范例!

对此，美国的国际金融垄断资本集团及其守门人——美国执政当局心里十分清楚。也正因为如此，为实现其尽快增值的目标，美国国际金融垄断资本不满足于仅仅主宰美国经济，而且要掌控整个世界经济体系，实现"全球一体化"即"美国化"，其重要杠杆之一，就是"金融自由化"。关于这一点，威廉·K. 塔布在对美国国际金融垄断资本的嬗变过程进行跟踪分析时指出："因为金融部门已经取得了对（美国）其他经济部门的操

---

① 参见《指点江山：金融市场异化》，《东方日报》2008 年 10 月 7 日。

控，实际上也取得了指挥债务人、弱势公司和（美国）政府的权力。由于它的权力增长，它可以要求在更大程度上不受管制，从而使得它进一步膨胀，并危及更大的经济系统的稳定性。"①

美国国际金融资本垄断集团及其守门人美国当局推行的"金融自由化"，主要有两个方面的含义：其一是金融资本流动自由化。20 世纪八九十年代以来，美国国际金融垄断资本集团加大在全球推行金融自由化的力度，要求各国改变境内外金融市场的分离状态，对外开放金融市场，实行外汇交易自由化等；1990 年出笼的"华盛顿共识"明确要求"放松对外资的限制"，这一切的要害在于，削弱他国的经济主权、金融主权，为其国际金融垄断资本自由进出他国"圈钱"、进而控制他国经济扫清道路。

还应该指出的是，在推行"金融资本流动自由化"方面，美国当局历来实行双重标准：他们鼓吹的"金融自由化"，仅适用于美国的金融垄断资本及其豢养的大大小小金融巨鳄进入其他国家的金融、资本市场，如果其他国家的资本进入美国市场，将会遇到法律的甚至行政的种种壁垒，受到严格的限制、审查甚至被拒之门外。近几十年来，美国当局在维护其"国家安全"的名义下，通过立法或发布行政条例，对其他国家的金融资本进入美国进行严格限制和严密金融监管，其法律的或行政法规的条款多达一千余条。②

美国当局推行的"金融自由化"的第二个方面的含义，就是主张金融运作自由化，取消金融运作中必不可少的监管环节。监管环节的缺失，使大大小小在货币循环中运用欺诈手段"圈钱"的金融巨鳄获得空前"解放"，近二三十年来，"金融创新"被亵渎，成了"金融诈骗"；金融衍生产品大多被毒化，成了美国产的另类"摇头丸"。正是在美国这样一个充满欺诈、剧毒的金融、资本市场上演的一幕幕"圈钱"大比拼过程中，孵化出了一批又一批麦道夫、斯坦福之流的超级欺诈骗子，甚至连号称美国金融市场看门人的穆迪、标准普尔、惠誉等信用评级机构，在美国的充满尔虞我诈的金融大染缸里也被熏陶为专事出卖灵魂（穆迪高管："我们为了赚钱，把灵魂出卖给了魔鬼。"）、同金融巨鳄们沆瀣一气、将大批"有

---

① 参见威廉·K. 塔布《当代世界资本主义体系面临四大危机》，唐科译，《国外理论动态》2009 年第 6 期。

② 参见何秉孟、李千《金融改革与经济安全——警惕"金融自由化"对中国金融改革的干扰》，《马克思主义研究》2007 年第 6 期。

毒债券"贴上"优质"、"3A"标记，去坑蒙全球投资者的制度性毒瘤。①
所有这一切，都是对美国推行的"金融自由化"的经典注释！

其四，实体经济逐步空心化。近二三十年来，美国经济金融化、金融
虚拟化、金融衍生产品泡沫化，仅仅是美国经济畸形发展的一个方面。美
国经济畸形发展的另一个方面，是实体经济逐步萎缩、国民经济空心化。
实体经济的主体制造业也就是第二产业在 GDP 中的比重，1990 年仅为
24%，2007 年进一步下降至 18%；制造业投资的增长率 2006 年仅为
2.7%，投资额仅相当于 GDP 的 2.1%。② 20 世纪八九十年代，美国的服
务性行业（主要是金融行业），已占 GDP 的 70% 左右，在实体经济领域，
除军事工业仍为全球之冠外，其余仅石油、IT、房产、汽车、飞机制造以
及农业等产业还能称雄于全世界。但自进入 21 世纪后，先是 IT 产业泡沫
破灭受沉重打击，继而因"9·11"事件使飞机制造业遭重创；21 世纪初
为摆脱经济衰退，实行 30 年期购房贷款 60 年来最低利率以刺激住宅销
售，营造了房地产业的巨大泡沫。2007 年房地产因泡沫破灭而一蹶不振；
在由此引发的金融危机中，美国所剩为数不多的实体支柱产业汽车行业又
遭重创，克莱斯勒、通用、福特三大汽车巨头因汽车销量骤降、经营出现
巨额亏损——仅 2008 年第三季度这三家公司亏损共达 240 多亿美元、债务
负担过重、股价暴跌至垃圾股边缘而深陷困境，克莱斯勒、通用两公司不
得不先后申请破产保护，福特公司亦在考虑出卖所持马自达的股份以维持
运转。至此，美国这个庞然大物稍有竞争力的实体经济产业已经所剩无几
了，扳起指头数了数，仅军工、石油、农业而已！

顺便指出，近几年来，美国号称其年 GDP 已达 13 万亿美元左右。现
在看来，这也是一个为维持美元霸主地位而被注水稀释了的数字。进入 21
世纪后，在美国经济中，金融业占半壁江山。然而美国的金融业除美钞印
制外，毕竟是虚拟的、泡沫化的，今年虚拟资产估值 10 万亿，明年金融
市场、资本市场一旦动荡，马上会缩水至 6 万亿甚至更少。比如，据私募
基金百仕通集团执行长史瓦兹曼统计，此次金融危机在不到一年半的时间
即毁掉 45% 的世界财富。另据美联储 2009 年 3 月 12 日公布的资料，美国
家庭的财富（房产、银行存款、股票资产减去债务）2007 年第二季度为

---

① 参见《世界抨击美国三大评级机构》，《环球时报》2008 年 10 月 27 日。
② 参见何国勇《国际金融危机的成因、前景及启示》，《南方论丛》2009 年第 2 期。

64.4 万亿美元，至 2008 年年底剩下 51.5 万亿美元，一年多缩水 20%，仅 2008 年第四季度即缩水 9%。① 到目前为止，美国的金融危机和全面经济危机还在发展，其金融系统近乎腐烂，信誉也丧失殆尽，金融企业大都亏损、缩水，美国的年 GDP 到底剩下几何，这可能是一个美国政府不愿正视的数字。关于这个问题，头顶"商品大王"桂冠的罗杰斯（JimRoqtrs）曾有一段精彩的点评："我不会相信政府公布的任何数据，美国政府无论通胀数据或经济增长都讲了十多年的大话……我不会在意政府公布的数据。"②

其五，在所谓"效率优先"的新自由主义政策主导下，美国劳动大众日益贫困化。以自由化特别是金融自由化、私有化、市场化或市场原教旨主义为灵魂的新自由主义，是为国际金融垄断资本榨取尽可能多劳动者血汗服务的。所谓"效率优先"本质是"资本效率优先"、"资本增值效率优先"。私有化、市场化、自由化之于"资本增值效率"，犹如水之于鱼；只有在不受制约的市场里，资本尽快增值的"效率"才能得以彰显或实现。然而，满足资本尽快增值的"效率"，是以牺牲社会公平、以广大劳动者的日益贫困为代价的。对于这一点，新自由主义者们向来讳莫如深，足见其虚伪性。但客观事实充分证明"效率优先"是一种经典的"劫贫济富"政策：近二三十年来，随着科学技术的进步，工人素质的提高，劳动生产率也大大提高，工人在单位时间内创造的价值也在增加，工人的工资本应相应提高，而事实是美国工人的工资不仅没有上升，反而不断下降。1971 年美国企业工人平均工资每小时 17.6 美元，至 2007 年每小时工资下降到 10 美元，降幅达 43%③；如果将通货膨胀因素考虑进去，工人的实际工资降幅更大。

正是在所谓"效率优先"政策的主导下，美国社会的两极分化进一步加剧。近二三十年来，美国企业高管与普通员工的工资差距，从 40∶1 扩大到了 357∶1。④ 20 世纪 70 年代之后的 30 年中，美国普通劳动者家庭的收入没有明显增加，而占人口 0.1% 的富有者的收入增长了四倍，占人口

---

① 参见《信用危机　全球财富腰斩》，《联合报》2009 年 3 月 14 日。
② 参见《罗杰斯：美国将破产》，《东方日报》2009 年 1 月 1 日。
③ 参见何国勇《国际金融危机的成因、前景及启示》，《南方论丛》2009 年第 2 期。
④ 同上。

0.01%的最富有者家庭的财富增加了七倍。① 从2000年到2006年，美国1.5万个高收入家庭的年收入从1500万美元增加至3000万美元，6年翻了一番；而占美国劳动力70%的普通员工家庭的年收入从25800美元增至26350美元，仅增长550美元，6年仅增2%。前者的家庭年收入为后者的1150倍，在这6年中前者年收入的增加额为后者年收入增加额的近3万倍。②

美国政客及一些资产阶级经济学家常常津津乐道：美国普通民众均持有股票，"人人都是资本家"。其实，这也是一个大骗局，真相是，占人口10%的富人持有美国股票市值的89.3%、全部债券的90%，而普通员工持股之和仅占全部股票市值的0.1%。③ 贫者愈贫，富者愈富，且后者建筑在前者之上。这就是"效率优先"所构建的今天美国的社会现实。

其六，美国经济乃至国家运行的基础债务化。有关统计资料显示，2006年前后，美国居民消费已经占到美国GDP的73%。④ 根据这一统计口径，如果再按美国声称的年GDP总量13万亿美元计算，2006年美国居民人均消费3万美元左右。而占劳动力70%的普通员工家庭的平均年收入为2.6万美元，一个家庭按4口人计，人年均可支配收入当不足万元，远远不足以支付人年均3万美元的消费支出。这里的可能解读只能有二：一是正如罗杰斯所言，美国发布的数据有极大水分，其年GDP根本不足13万亿美元。即使按人年均消费支出高出年人均可支配收入（1万元）一倍进行匡算，美国的年GDP也只能在8万亿美元之下；二是即使按2006年美国年GDP 8万亿美元计算，是年美国人均消费支出（8万亿×0.73÷3亿人）2万美元，人均可支配收入1万美元，消费资金缺口人均还达1万美元。这笔巨大的消费资金缺口靠什么填补呢？只能依靠借贷！

资本主义经济在生产社会化与生产资料私人占有这一基本矛盾的支配下，一方面是生产、物资供给具有无限制增长的趋势，另一方面是因资本盘剥的加重广大劳动者的贫困加深，有支付能力的社会购买力增长缓慢，导致相对过剩的经济危机周期性发生。当资本主义发展到国际金融垄断资本攫取主导地位之后，仅仅从生产资本那里分割更大一块"企业剩余"已

---

① 参见张宇《金融危机、新自由主义与中国道路》，《经济学动态》2009年第4期。
② 参见刘海藩《当前金融危机的原因与应对》，《马克思主义研究》2009年第2期。
③ 同上。
④ 参见张宇《金融危机、新自由主义与中国道路》，《经济学动态》2009年第4期。

无法满足其深不见底的欲壑，在"金融创新"的旗帜下，"G＜G'"的"圈钱"魔术式"经营"皇而堂之地登上了资本主义经济的最高殿堂：股票、股市以及各种基金逐步去集资之功能，与经济基本面脱钩，蜕变成了高杠杆运作以"圈钱"的大赌场；债券，对于国际金融寡头来说，成了资本市场上可以"一箭三雕"的新宠：一是鼓动借贷消费可暂时缓解因劳动大众贫困加深、社会购买力不足导致的生产相对过剩经济危机；二是可从借贷消费的劳动大众身上进行再次榨取；三是通过将各种债券（包括坏账、死账债券）包装成形形色色的金融衍生品可对美国乃至全球投资者进行坑蒙诈骗，以转嫁损失。

正是在美国国际金融垄断资本集团的主导、推动之下，近一二十年来，在美国逐步形成了一种"负债经济模式"：普通民众靠借贷维持日常消费。有学者据此责难美国人是超前消费，其实，这是一种误读。美国民众靠借贷消费，不过是为了维持一种较为体面的生活而已，是不得已而为之。据有关资料（见图 1、图 2），美国家庭债务占其可支配收入的比重，1983 年为 75% 左右，2000 年上升为 125%；美国家庭债务占其税后收入的比重，1980 年为 60%，2000 年为 110%。

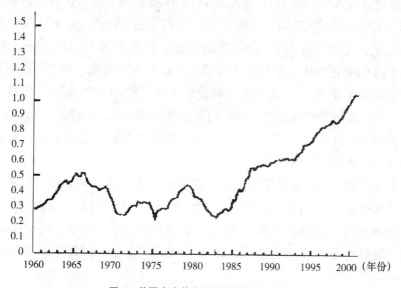

图 1　美国家庭债务与可支配收入比例

资料来源：NIPA and Flow of Funds。

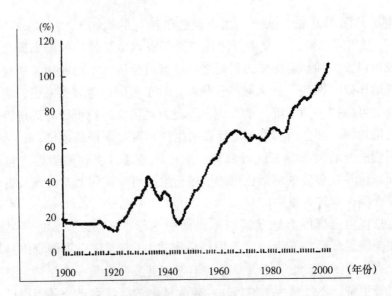

图2 美国家庭债务占税后收入比重

资料来源：NIPA and Flow of Funds。

从 20 世纪八九十年代开始，美国民众家庭已经是入不敷出了。所以，消费信贷急剧增长，从 1971 年到 2007 年的 26 年间，美国民众的消费信贷从 1200 亿美元激增至 2.5 万亿美元，增加了近 20 倍。这还不包含高达 11.5 万亿美元的住房负债，如将两者相加，总共负债 14 万亿美元，比美国一年的 GDP 还要多，平均每个美国人负债近 5 万美元，当然，负债最重的还是低收入者。[1] 所以，当前美国普通民众工资的 40% 要用于偿还住房贷款，15% 要用于偿还上学贷款，11% 要用于缴纳社会保障基金，15% 要用于缴纳个人所得税，剩下用于日常生活消费的不足工资的 19%。要维持较为体面的消费，不得不举借新债![2]

不仅美国广大民众靠借贷维持日常消费，美国企业甚至政府也靠举债维持经营或运转。2007 年美国国债余额为 10.35 万亿美元。金融危机爆发后，2008 年布什政府推出 8500 亿美元救市国债计划，为此国会不得不将国债上限提高至 11.3 万亿美元；2009 年奥巴马上任后，又推出 7870 亿美

① 参见何国勇《国际金融危机的成因、前景及启示》，《南方论丛》2009 年第 2 期。
② 迈克尔·赫德森（《金融帝国：美国金融霸权的来源和基础》的作者）来华访问讲演提供的资料。

元国债救市计划，国会又不得不为此将国债上限提高到12.1万亿美元。近期，也就是8月7日，美财长盖特纳再一次向国会申请突破12.1万亿美元的国债上限，看来美国国债余额将直逼13万亿美元。这相对于美国政府发布的大大注了水的年GDP 13万亿美元来说，美国国债率已高达100%，远远高于国际公认的安全债务率60%的上限。问题的严重性还远不止如此：如果把美国政府对国民的社会保障欠账等内债加在一起，2009年美国的债务余额已高达55万亿美元；如果再把诸如"两房债券"之类的抵押债券、美国各大财团所发行的说不清是公司债还是政府债务等共计20万亿美元（2007年年末美国国债协会SIFMA统计）债务统计进来，美国政府的债务总额将高达75万亿美元。而按2007年的市场公允价格计算，美国的全部资产总市值约76万亿美元。① 近两年，美国爆发严重金融危机和全面经济危机，部分资产大幅缩水，其资产总市值已远在其国家债务总额75万亿美元之下。这就是说，美国已经资不抵债，从一定意义上，美国比沦落到破产边缘的冰岛还要糟得多！

以上六个方面的基本特征，是美国为代表的国际金融垄断资本主义的基本矛盾在运行中的基本表现。它反映在资本主义的国际金融资本垄断阶段，生产社会化同生产资料私人占有之间的矛盾在进一步发展，企业内部尤其是金融企业内部的有组织性、计划性同超越国界的全球性的无政府状态间的矛盾空前尖锐，生产无限制扩大的趋势同劳动大众相对贫困导致有支付能力的社会购买力不足的矛盾在进一步激化，国际金融垄断资本的寄生性、腐朽性在日益加深。这一切表明，美国当前爆发这一场近百年来最严重的金融危机，并很快席卷全球，绝非偶然，是美国国际金融垄断资本的寄生性和腐朽性日益加深、国际金融垄断资本主义的基本矛盾日益激化的必然结果。

三 国际金融危机的发展趋势及其对世界经济政治格局的影响

此次肇始于美国、祸害全世界的金融危机和全面经济危机，留给人类一系列值得反思和研究的问题。从我国未来的发展、特别是未来发展战略

---

① 参见何国勇《国际金融危机的成因、前景及启示》，《南方论丛》2009年第2期。

的角度出发，当前至少有以下几个问题亟须深入思考和研究。

（一）关于美国金融危机、经济危机的发展趋势：实体经济衰退2010年上半年可望探底，金融危机和动荡将持续数年

从2007年7月美国发生所谓"次贷危机"算起，此次金融危机已持续两年有余。近一个时期以来，国内外各界对这场危机的发展趋势均在分析、研究，诸子百家，见仁见智。以美联储主席伯南克为代表的一部分人士认为，美国经济、全球经济"已经走出衰退的低谷"，"短期经济增长前景乐观"。8月21日在堪萨斯城联邦储备银行于杰克逊市的"年度经济研讨会"上，伯南克在说这番话时，还特别强调了美联储的贡献，说什么"若非美联储对危机及时作出回应，全球经济将面临灭顶之灾"。真乃纵火者参与灭火，摇身一变成了救火大英雄！唯其如此，其乐观论调的科学性就不免要大打折扣。包括美国在内的西方主流经济学派大多持谨慎的乐观看法，认为美国经济、全球经济虽出现探底复苏征兆，但好转势头不稳固。有少数人士不认同上述乐观估计，认为美国经济呈 V 形反转的可能性很小，"经济复苏可能呈 W 形"，亨斯曼公司的高管即持此看法。应该指出的是，美国各界的上述各种看法，其依据大都是美国政府发布的相互矛盾、且经过"修正"的经济运行数据。

我们曾经指出，分析美国当前爆发金融危机、经济危机的原因，不能仅仅从经济运作层面、技术操作层面去寻找[①]；同样，分析、研究美国金融危机和全面经济危机的发展趋势，也不能仅仅着眼于美国经济的运作层面或技术操作层面。而且，美国乃至世界当前正在演进的危机，是一次复合性危机，它本身就包含两个层面：一是实体经济衰退，二是金融危机。两者间虽有关联，但由于在美国为代表的资本主义由国家垄断向国际金融资本垄断过渡的过程中，经济金融化、金融虚拟化和泡沫化、金融资本流动和金融运作自由化，发生金融危机的原因及发展趋势同实体经济衰退发生的原因及发展趋势是有很大差别的。

实体经济衰退一般说来，均具有生产相对过剩的性质，其自身发展规律是，在"看不见的手"的操控下，调整产业结构以及生产与消费结构；

---

① 参见何秉孟《美国爆发金融危机的深刻背景和制度根源》，《马克思主义研究》2009年第3期。

当然，这种结构的调整，以生产力的巨大破坏和广大劳动者的苦难为代价。就当前美国的实体经济衰退而论，房地产业、汽车产业及相关产业的相对过剩的生产能力，均将通过大批企业、公司的破产倒闭而破坏掉，破坏"彻底"了，也就是"探底"；待产业结构、生产与消费结构在低位上取得新的平衡后，衰退中的实体经济才有可能告别衰退，自"低谷"逐渐爬升。根据美国商务部发布的信息，从2008年下半年至2009年年中，美国实体经济已连续四个季度衰退，累计萎缩幅度已逾14%，其萎缩幅度之大并不多见，也就是说，对相对过剩的生产力的破坏已经相当"彻底"，实体经济再进一步下探的余地有限，今年第二季度实体经济萎缩1%，较第一季度的衰退6.4%大幅收窄也说明了这一点。只要不出现新的"地震"，实体经济衰退有望于2009年底或2010年上半年结束。衰退触底后是在低谷徘徊还是反弹，取决于两个因素：一是实体经济能否找到新的经济增长点，二是金融危机的走势。

至于当前正在折腾的金融危机，尽管同生产相对过剩有联系，如2007年7月发生的"次贷危机"，在一定意义上也可说是生产相对过剩引起的；但深入分析，这不过是爆发金融危机的"导火索"而已。真正引发近百年最为严重的金融危机的深层原因，正如我们在前面已经指出的，是近二三十年来，美国的国际金融资本垄断集团为"圈钱"，在新自由主义理论、政策主导之下，构建的以经济金融化、金融虚拟化和泡沫化、金融资本流动及金融运作自由化为基本特征的掠夺性金融体制。只要这种集骗（诈骗）、赌（高杠杆操作，将资本、债券市场变为脱离实体经济的大赌场）、毒（泡沫化的有毒金融衍生产品）于一身的制度性、体制性弊端不革除，金融危机就不可能从根本上得到治理。具体地说，要从根本上治理金融危机，至少要解决以下三个方面的问题：一是摒弃新自由主义的理论，特别是摒弃金融自由化理念、政策，结束国际金融资本垄断集团对美国经济、政治权力的垄断；二是彻底改变美国国民经济金融化的畸形经济结构，终结"G—G'"这种"圈钱"的货币循环体制；三是从根本上改革现有金融运行机制，加强对金融资本流动和金融运作的监管，废止金融虚拟化，逐步挤掉金融衍生产品泡沫，特别是剔除巨额有毒的金融衍生产品及其他有毒的金融资产。解决上述3个问题，对于美国当局来说，要"难于上青天"，可以说是不可能的。美国金融危机发生后，布什政府以及近期上台的奥巴马政府采取的办法主要是向金融机构注资，这不是要革除弊端，而是在给危机肇事者颁奖！金融危机持续两年多，金融系统已经暴露出的问题根本没有触动，新的问题仍在层出不穷，真所谓"旧债未了，又添新债"。如，据美国联邦存款保险公司（FDIC）8月27日公布，该公司仅2009年第二季度就将111家贷款商纳入到"问题银行"之中，使其旗下的"问题银行"增至416家，涉及资产总额近3000亿美元，总数创15年以来之新高！其实，这也仅是"问题"冰山下的九牛之一毛，美国金融系统的坏账、呆账、死账，以及有毒的金融衍生产品到底有多少，可能谁都心中无数！有的学者最近指出：引发"次贷危机"的"问题债"规模大概13万亿美元左右，另外还有美国的地方债券、企业债券、金融债、信用卡债和一系列消费类债务，其总规模是"次级贷"规模的2倍左右，也就是达25万亿美元左右。如果这方面潜在的问题爆发，其震波将远大于房屋次级贷所引发的金融"地震"。① 此外，近二三十年来，美国国际金融资本垄断集团为获取巨额铸币收益，充分发挥印钞机功能，滥发美元；此次金融危机中，更是开足印钞机马力印制美元，向金融系统输血注资。据7月20日美国财政部"不良资产援助计划"特别督察长卡巴洛夫斯基称，目前联邦政府2万多亿美元的援助计划，仅仅是挽救银行行动的开始，未来救助银行的总金额可能高达23.7万亿美元。美国当局如此无节制地印发美元，潜伏着美元大幅贬值的通货膨胀风险，美元"货币危机"已呈一触即发之势。

总之，治理美国的金融危机，且不说根治，就是大致理顺、稳定，较之治理美国的实体经济衰退，难度要大得多，所需时间自然要长得多。或者我们可以说，从2007年的所谓"次贷危机"开始，美国的金融系统才真正踏入了"问题期"，这个"问题期"持续的时间会有多长，乐观地估计，可能至少需要两三个总统任期。

（二）此次金融危机对美国的影响：综合实力受到重创，"一超独大"进入尾期

美国2007年爆发的金融危机，祸害全球，但遭创最重的还是美国，主要反映在三个方面：首先是本已"空心化"的美国实体经济再遭重创；其次是美国金融体系的腐朽性暴露无遗，在全球投资者中信誉丧失殆尽，

---

① 参见《第二轮金融危机 中国能否幸免》，《中国财富》2009年4月。

改革美元为霸主的当代世界金融货币体系的呼声不断，美元的霸主地位岌岌可危；最后，美国引为自豪的"软实力"——以新自由主义为核心的意识形态在全球的影响力急剧下降。关于前两个方面，我们在前面的行文中已有探讨，在此，着重分析第三个方面的问题。

以私有化、市场化、自由化（特别是金融自由化）和全球一体化（美国化）为核心内容，以及以"华盛顿共识"为"完成形态"的新自由主义，是美英国际垄断资本（主要是国际金融垄断资本）全球扩张的理论体系。20世纪70年代末80年代初，随着代表国际金融垄断集团和石油、军工集团的利益的美国共和党里根及英国保守党撒切尔夫人的上台，新自由主义被捧上了主流经济学宝座。近20多年来，国际金融垄断集团诱导甚至以贷款、援助的附加条件等软硬兼施手段，在全球推行新自由主义、特别是金融自由化，为在竞争中具有绝对优势的国际金融垄断资本构建自由进出各国并确保其套利套汇收益的操作平台，其结果是导致金融频繁动荡，金融危机和货币危机不断发生。据世界银行统计，20世纪八九十年代，全球共发生大大小小的金融货币危机108次，其中，80年代45次，90年代63次，90年代的频次比80年代多40%。八九十年代的金融货币危机，绝大多数发生在新兴工业国家、发展中国家等经济弱势国家，美国的金融体系没有发生大的动荡，不仅如此，美国的金融寡头还落井下石，大发他国国难财。这首先说明，美英国际金融垄断资本所推行的新自由主义、特别是金融自由化，对经济弱势国家而言，绝非福音，而是祸水。但由于在此期间，美国的金融相对稳定，导致有些人对新自由主义、对金融自由化尚存在一些幻想：既然信奉新自由主义、金融自由化的美国没有发生金融危机，这是否表明，不是新自由主义、金融自由化本身不好，而是这些国家推行新自由主义、金融自由化力度不够？笔者2006年访问拉美，同巴西学者座谈时，有些巴西学者就持这种看法。其实，一个时期以来，我们国内持类似观点的也大有人在，他们反对批判新自由主义，主张照搬美国人的理念，移植美国的经济体制、金融体制以实现中国的"崛起"，做起了"美国梦"。然而，历史多多少少有点无情：正当美国的国际金融资本垄断寡头们在津津乐道美国的"经济、金融基本面健康"、"华盛顿共识"具有"广泛适用性"的时候，正当包括我国在内的发展中国家的某些人沉溺在"美国梦"中的时候，美国爆发了近百年来最为严重的金融危机。这不啻为当头棒喝或一瓢冷水！美国哥伦比亚大学教授、诺贝尔经济学奖获得者约瑟夫·斯蒂格利茨对这种现象进行了精彩点评，认为当前的金融危机和经济危机使华盛顿奉行的理论与实践遭遇前所未有的尴尬。危机结束之时，美国式资本主义将受到沉重打击，发展中国家将会越来越相信："美国所倡导的一切经济理念只能远离，不可亲近。世界对美国式的资本主义模式感到失望，我们提倡的意识形态已经失去昔日的光环，它锈蚀得已经不需要再进行修补。"[①] 斯蒂格利茨从美国内部透视美国所得出的上述判断，虽然浸透着伤感，也足以让至今仍沉溺于"美国梦"的人士清醒！这不仅仅因为斯氏是一位美国人，而且是一位得过诺贝尔奖的较少偏见的严肃学者。

我们知道，苏联解体、冷战结束后，美国"一超独大"，主要靠庞大的军事机器、美元霸主和新自由主义为灵魂的意识形态"软实力"这三足支撑。美国被严重金融危机、全面经济衰退折腾两年之后，支撑"一超独大"的三"足"之中，一"足"——以私有化、市场化、自由化（主要是金融自由化）和全球"一体化"为核心内容的新自由主义意识形态"软实力"，虽然不大可能立即退出历史舞台，甚至有可能经过某些"修补"后继续招摇撞骗，但因其过于腐朽，完全违背经济社会发展的客观规律，几十年来给人类带来了太多的灾难，在全球已成过街老鼠，甚至连美国国际金融资本垄断集团一手扶植起来的、长期唯美国国际金融垄断资本之马首是瞻的世界银行和国际货币基金组织，也在开始批判金融自由化、呼吁加强金融监管，看来，这一只"足"是土崩瓦解了。另一"足"——美元霸权，其根基也已动摇。由于美国的国际金融垄断资本贪得无厌，几十年来凭借美元在国际金融货币体系中的特殊地位，利用印钞机疯狂盘剥全世界，积怨太深；在此次危机中，美国当局为拯救华尔街的一批金融大亨，开足印钞机印制"绿纸片"，美元危机、美元大幅贬值迟早会发生，使其货币市场工具功能和资本市场工具功能大打折扣。所以，全球要求改革现有国际金融货币体系的呼声此起彼伏。所谓改革现有国际金融货币体系，集中在两个方面，一是摒弃所谓"金融自由化"，加强金融监管；二是终止美元的霸主地位。可以预期，美元的霸主地位的时日屈指可数了。

现在我们可以看到，曾经支撑美国"一超独大"的三"足"之中，一"足"已经坍塌，一"足"受创致残，剩下的一"足"——庞大的军事机

[①] 约瑟夫·斯蒂格利茨：《华尔街的"遗毒"》，美国《名利场》2009 年 7 月。

器，虽仍在发挥支撑作用，但也并非是无往而不胜。比如，2003 年在谎言的掩饰下美军气势汹汹入侵伊拉克，几年来耗费数以万亿美元计，死伤成千上万将士，仍然如陷泥潭，最近不得不部署撤离伊拉克，足以说明，如果师出无名，军事机器再强大，也逃脱不了举着白旗从战壕爬出的结局。当然，正如俗话所说，"瘦死的骆驼比马大"，由于实力不对称，美国的军事机器在伊拉克尚未伤筋动骨，在弱小者面前仍可张牙舞爪，但要支撑"一超独大"局面，毕竟"独木难支"。这一切似乎表明，美国"一超独大"已近尾声，世界或许真正开启了进入"多级格局"之门。

（三）国际金融危机对资本主义历史进程的影响：由国家垄断向国际金融资本垄断过渡的进程将被中断，社会市场资本主义经济模式的影响将增强

"祸兮福之所倚，福兮祸之所伏。"虽然这次国际性金融危机对人类的社会生产力造成巨大破坏，加剧了数以亿计的普通老百姓的贫困和苦难；但另一方面，这场危机充分暴露了美国新自由主义经济模式的极端寄生性和腐朽性，宣告了以"私有化、市场化、自由化（尤其是金融自由化）和'全球一体化'"为核心内容的新自由主义理论的破产，重创了美国金融垄断资本的实力，资本主义由国家垄断向国际金融资本垄断过渡的进程将因此而中断；同时，美国"一超独大"的世界格局也将因此而步入尾期，为"终结"美国"人类灾难制造者"历史提供了难得的机遇。这一切，对于包括美国人民在内的世界人民来说，是不可多得的福音。

然而，我们必须清醒看到，即使当代资本主义由国家垄断向国际金融资本垄断过渡的进程被中断，即使"终结"美国"人类灾难制造者"历史的机遇能够成为现实，也并不意味着是世界资本主义的末日会立即来临。自 20 世纪八九十年代苏东剧变后，世界社会主义遭受严重挫折而陷入低谷，此次国际性金融危机和全面经济危机并没有改变资本主义仍具有一定的发展空间，因而在今后相当长的一段历史时期内还会处于绝对优势地位这一基本态势；何况时至今日，世界工人阶级也并没有为改变这一基本态势做好思想上、组织上的准备。所以，美国新自由主义经济模式的破产，仅仅是寄生性和腐朽性达到极点的一种资本主义模式的破产。

三年以前，我们曾撰文指出过，当今世界，在资本主义这个总的范畴下，有 3 种主要的市场经济模式：其一是，美国和英国的以新自由主义为理论基础的自由市场经济模式或市场原教旨主义经济模式；其二是，德国、法国和北欧瑞典等国的以社会民主主义为理论基础的社会市场经济模式；其三是，日本、新加坡、韩国等亚洲国家的"政府主导"的市场经济模式。① 近20多年来，世界上不仅存在社会主义同资本主义两条道路之间的尖锐对立与激烈斗争，而且还存在资本主义体系内各种经济模式之间的激烈竞争。20世纪80年代后，美国的国际金融垄断资本集团为实现"全球一体化"也即"全球美国化"的野心，控制全球金融和世界市场，不仅采取各种手段，向拉美、东亚等新兴市场经济国家以及前苏东地区推销新自由主义及其完成形态——"华盛顿共识"，而且对其盟友欧洲大陆诸国也进行渗透。其间，欧洲学界、政界如资产阶级中左翼政党也以各种方式对美国的新自由主义渗透进行反制，以维护社会市场经济模式。20世纪90年代，由布莱尔、克林顿、施罗德以及英国工党的著名理论家吉登斯等人推出的"第三条道路"理论或模式，就是一种渗透与反渗透的复合体。由此也可看出，在这一期间，欧洲大陆的社会市场经济模式同美国的新自由主义经济模式间的竞争与较量的激烈程度。此次爆发自美国的严重金融危机和全面经济危机，宣告了美国新自由主义经济模式的破产，对于与之竞争的欧洲大陆的社会市场经济模式而言，当然可以视作是这场竞争与较量的圆满句号。

德国、法国和北欧瑞典等国的社会市场经济模式，以实体经济为主、以混合经济体制为主，国有和集体、合作经济成分比重较大；它虽然也强调市场机制的作用，主张自由竞争，但反对自由放任的市场经济，主张市场机制与国家的有限干预（或计划）相结合，注重社会公平、社会福利和社会保障；它一般以西方的社会民主主义为理论基础，同马克思主义有思想渊源，在一定程度上受欧洲大陆历史悠久的工人运动和社会主义运动的影响。所以，它虽然没有跳出资本主义的窠臼，但是一种改良的资本主义。在一定意义上，美国的新自由主义经济模式的破产，为这种改良的资本主义——社会市场资本主义经济模式腾出了生存、发展空间，也就是说，在可以预见的将来，社会市场资本主义经济模式的影响将会有所增强。这一发展趋势，给我国学术界、理论界提供了十分紧迫的任务：在继

---

① 参见何秉孟、姜辉《同英国学者关于市场经济不同发展模式讨论的报告》，《马克思主义研究》2006年第4期。

续深入揭露、批判新自由主义的同时，加强对欧洲大陆的社会市场经济模式的分析、研究，实事求是地揭示其历史局限性及其发展趋势，批判性地借鉴其对我有用的经验，以服务于拓展、完善、深化中国特色社会主义理论的时代使命。

（原载《中国社会科学》2010 年第 2 期）

坚持和发展马克思主义理论
剖析当前重大国际问题

杨　斌[*]

一　美国对华政策多变背后的国际战略根源

2009 年 11 月，奥巴马访华后不久就骤然改变了友好姿态，发动了逐步升级的全方位挑战中国核心利益的攻势，包括军事领域中启动向台湾大规模出售先进武器的计划，将美国的反导系统直接延伸至中国的大门口，外交领域中通过会见达赖喇嘛支持威胁中国主权的分裂势力，经济领域中采取强硬态度逼迫中国提高人民币汇率，进一步出台贸易保护主义措施打击中国的出口，等等。

美国政府的对华政策如此频繁出现戏剧性变化，其主要原因不是某个政治家情绪变化无常，也不是为应对政治选举形势暂时采取的政策调整，而是隐藏着美国一贯采取的对华战略的深层原因。美国在越南战争惨败后被迫放弃了"冷战遏制"，转而采取基辛格等国际战略家提出的"缓和"战略，扩大同社会主义国家的接触和经济文化交流，目的正是通过培育战略依赖性获得政治、经济、外交等政策筹码，以便运用比军事冲突代价小的制裁手段推动美国的国际战略。尼克松明确提出要将经济联系变成捆住国际对手的绳索，将贸易、先进技术等当作武器而不是礼物，不仅在商品上印有经济价码而且还有政治价码。[①] 正因为如此，美国对华政策才会反复出现戏剧性的变化，当友好接触气氛渐浓时往往出人意料发生敌对事件，如朱镕基总理访美后不久便发生的轰炸中国大使馆事件，奥运会前夕

---

　* 杨斌，中国社会科学院马克思主义研究院研究员。

　① 尼克松：《真正的和平》，钟伟云译，新华出版社 1979 年版，第 47—48、249 页。

美国在全球各地策划的支持藏独分裂活动，奥巴马访华后不久便采取一系列行动挑战中国核心战略利益，等等。

人们普遍认为美国的冷战遏制战略一直持续到前苏联解体，忽略了美国在越战失败后进行的国际战略重大调整。十年前，笔者撰写的专著《威胁中国的隐蔽战争》指出，"20 世纪 60 年代末，美国统治阶层鉴于越南战争的惨败，意识到了美国的'冷战'政策已遭到失败，被迫开始酝酿一系列国际战略的重大调整，主动放弃'冷战'转向了'缓和'战略。但是，70 年代初美国开始实施的'缓和'战略，并不是'放弃对抗'或采取'防守战略'，而是采取的一种隐蔽的攻击性'软战争'策略"。① 笔者的分析推论主要依据 1983 年留学日本研修国际关系时，接触到的美国高层智囊提出的"缓和"战略构想。美国国际战略专家明确提出"冷战"遏制政策效果不好，越南战争的军事冒险付出的代价更大，主张利用经济杠杆培育战略依赖性，通过软政策筹码作为美国支配世界格局的新式武器。随着对此问题进行深入研究，笔者发现历史事实证明美国高层领导人确实采纳了这种战略构想。尼克松曾明确指出，"从冷战开始直至 1969 年，美国的政策是遏制，企图以一系列联盟组织包围苏联，这一政策使美国疲于奔命并陷入极其被动境地，从长远来说，遏制是个失败的政策"，"从 1969 年开始，美国奉行的是讲究实际的缓和政策"，"讲求实际的缓和要求胡萝卜和大棒两手并用"②。美国从"冷战遏制"转向"缓和"战略，重视利用各种经济杠杆培育战略依赖性，通过经济、金融、贷款、能源、粮食等筹码，形成维护美国全球霸权的新政策武器网络。在这种历史背景下，基辛格提出，"如果你控制了石油，你就控制了所有国家，如果你控制了粮食，你就控制了所有的人，如果你控制了货币，你就控制了全世界"，清楚表明尼克松政府已开始将经济金融政策筹码，视为影响、控制别国和维护美国霸权的重要战略手段。③

笔者所论述的运用谋略攻击国际对手的"软战争"，虽然超出了狭义的经济学和军事学的研究范围，但完全可以涵盖在马克思主义政治经济学的广阔视野。列宁曾作出了帝国主义就意味着战争的著名论断，他指出：

---

① 杨斌：《威胁中国的隐蔽战争》，经济管理出版社 2000 年版，第 34 页。

② 尼克松：《1999 年，不战而胜》，王观声等译，世界知识出版社 1989 年版，第 46—47 页。

③ 参见尼克松《真正的和平》，钟伟云译，新华出版社 1979 年版，第 47—48、249 页。

"帝国主义战争，即争夺世界霸权、争夺银行资本的市场和扼杀弱小民族的战争是不可避免的。"① 帝国主义政治是垄断资本经济利益的集中体现，其特点是垄断资本操纵国家机器追求超额垄断利润，利用经济军事手段扩大势力范围并获取世界霸权，为垄断资本控制别国市场和经济金融命脉创造条件。由于谋求世界霸权寻租和超额垄断利润具有排他性，帝国主义为获得世界霸权必然采取各种攻击性手段，遏制、削弱国际对手的崛起和经济军事实力，在拥有军事优势时就会选择战争作为攻击手段，倘若国际均衡格局发生变化导致军事冲突代价高昂，垄断资本贪婪本性也会驱使帝国主义进行战争形式创新，运用各种谋略武器作为攻击国际对手的手段。马克思、列宁虽然没有直接论述运用谋略攻击的战争，但是，根据马列主义政治经济学的基本观点和方法，却可以推导出在特定历史条件下必然出现这种战争形式的创新。美国在越南战争失败后实施的"缓和"战略，其本质是国际格局发生不利变化的新形势下，帝国主义为维护世界霸权进行的战争形式创新，即以政治、经济、外交政策筹码作为武器进行的"软战争"。

　　两千年前诞生的世界权威军事经典《孙子兵法》，也是从广义谋略角度而不是狭义军事角度来看待战争。孙子将谋略博弈、外交博弈均纳入广义战争范畴，提出"上兵伐谋，其次伐交，其次伐兵，其下攻城"，将广义谋略博弈列在比狭义军事博弈更为重要的位置，将其称之为"国之大事，死生之地，存亡之道，不可不察也"。孙子之所以如此强调国家谋略博弈而非攻城略地，很大程度上是因为春秋时期各诸侯国实力接近，这种实力均衡格局条件下的战争代价特别残酷。春秋时期各诸侯国所掌握的军事技术差距，不像列宁所处的帝国主义时代那样悬殊，西方列强通过工业革命获得的先进军事技术，相对于亚非拉民族的落后武器拥有压倒性优势，亚非拉民族的长矛弓箭在西方坚船利炮面前不堪一击，西方进行军事侵略的风险代价很小而掠夺财富巨大，因而西方列强总是优先选择军事侵略进行殖民扩张，没有太大必要考虑非军事的谋略攻击手段，特别是军工垄断财团获利同发动战争存在着密切联系，更不愿意考虑战争给国家和民众带来的残酷代价，直到社会主义阵营和核武器出现才改变这种局面，大规模军事战争逐步降温为冷战、局部战争和软战争。

----

① 《列宁全集》第29卷，人民出版社1985年版，第474页。

春秋时期各诸侯国为避免战争两败俱伤的残酷代价，普遍重视运用谋略作为争取生存和攻击对手的手段，管仲曾辅佐齐桓公运用粮食武器征服了鲁国、梁国。因此，孙子强调"攻城之法，为不得已"，"久暴师则国用不足"，"夫钝兵、挫锐、屈力、殚货，则诸侯乘其弊而起"，意思就是发动战争攻城略地是不得已的办法，长期战争消耗国力会导致财政困难，军队装备损耗、锐气挫伤、物资匮乏、资金短缺，实力对比就会发生不利于本国的变化。美国发动越南战争遭到失败后陷入的困境，同孙子所论述滥用军事手段招致的困境极为相似，恰恰是因为社会主义崛起改变了世界格局，世界人民运用列宁的帝国主义理论作为武器，弥补军事装备劣势并成功抵抗了帝国主义侵略。但是，美国垄断资本的贪婪本性不会因此而改变，为维护世界霸权不会放弃攻击国际对手，必然寻求运用谋略攻击并进行战争形式创新，这就意味着在新国际形势下帝国主义的战争形式，必然依照孙子所论述的受经济因素制约的战争规律，发生从赤裸裸军事侵略转向谋略攻击的战争形式变化。尼克松显然重视孙子"不战而屈人之兵"的谋略思想，才能在《1999 年，不战而胜》等政治著作中，提出要将经济联系变成捆住国际对手的绳索，将贸易、先进技术等当作武器而不是礼物，这些由美国总统亲自构想并付诸实施的国际博弈谋略，无疑符合孙子所论述的广义谋略战争博弈的范畴。

二　美国"缓和"战略制造马列主义失效假象

美国在越战失败后从"冷战遏制"转向"缓和"战略，放弃经济贸易封锁转而扩大经济文化交流，是一种"不战而屈人之兵"的"软战争"谋略，其重要的战略目标之一就是动摇社会主义国家的意识形态，让人们误认为马列主义理论特别是帝国主义理论已经失效，进而推动社会主义国家走资本主义改革道路并发生制度解体，丧失社会、民族凝聚力并出现社会动荡和民族分裂主义。尼克松的重要政治著作《1999 年，不战而胜》明确表述了美国政府推动"缓和"政策的战略目的，他称"紧张局势的缓和破坏了共产党政府的理论，这无情地推动共产党人通过实行改革或获得更大的民族独立性来寻求合法化"①。由此可见，尼克松特别重视利用经济文

① 尼克松：《1999 年，不战而胜》，王观声等译，世界知识出版社 1989 年版，第 158 页。

化交流促使紧张局势缓和的表象，来动摇马克思主义理论作为共产党政府指导思想的重要地位，抛弃马列主义理论难以继续认清当代美帝国主义的本质，从而迷失方向无法制定有效政策应对美国的"缓和"战略。尼克松提出要将经济文化交流变成捆住国际对手绳索的政策，经济金融往来中不仅有明确的经济价码，背后还有暗藏的推动美国国际战略的政治价码，包括实施经济制裁并最终推动社会主义国家分裂解体。戈尔巴乔夫不清楚美国越战后的重大战略转变，抛弃了马克思的科学社会主义理论转向民主社会主义，抛弃了马克思的国家、阶级理论转而追求所谓全人类的"普世价值"，为此付出了制度解体、经济崩溃和国家分裂的代价。苏联解体时戈尔巴乔夫对布什沮丧地宣称美国"赢得了冷战"，他全然不知道美国早就输掉了"冷战"并转向"缓和"战略，导致前苏联解体的是美国策划的软硬兼施的"软战争"。

戈尔巴乔夫抛弃了马列主义理论并非仅仅出于信仰动摇，还在于没有认清美国实施"缓和"战略给外交政策带来的新变化，制造出掩盖当代帝国主义本质的种种烟幕假象。美国从"冷战遏制"转向实施"缓和"战略，改变了对社会主义国家一贯采取的敌视威胁态度，容易给人们形成帝国主义已经弃恶从善的假象；美国实施"缓和"战略放弃了"冷战"时期经济封锁政策，主动扩大同社会主义国家的贸易往来和经济文化交流，社会主义国家获得了比以前更有利的经济发展条件，也容易让人们误认为美国已经放弃冷战思维转向和平共处；美国利用经济、贸易、贷款等手段培育战略依赖性，随时可能利用经济金融筹码进行制裁或谈判施压，促使社会主义国家感受到丧失经济利益的损失代价，从而比冷战遏制时期更容易屈服于美国的政治压力；尼克松提出将贸易、贷款、先进技术作为武器而不是礼物，但经济政策武器同传统战争武器相比具有很大迷惑性，这种美国在越战失败后进行的政策武器和战争形式创新，致使人们容易仅仅看到获得经济贸易利益的一面，而忽视美国利用经济筹码作为隐蔽软战争政策武器的一面，容易促使人们将这些本应证明帝国主义本质未变的证据，误认为是证明列宁的帝国主义理论已经失效的证据；美国通过扩大经济文化交流展示其聚敛的物质财富，容易促使人们忽视造成东西方经济差距的复杂历史原因，羡慕资本主义模式并误认为马列主义理论失效、过时了；美国还操纵国际组织将贷款附加条件同新自由主义经济政策挂钩，同美国鼓吹的西方价值体系和政治制度改革挂钩，诱导、胁迫符合美国意愿的大规模私有化改革，通过削弱国有经济基础动摇社会主义的意识形态等。

三　美英鼓吹新帝国主义证明列宁的帝国主义理论并未失效

　　列宁的帝国主义理论是全世界人民斗争的有力理论武器，曾经有效帮助过世界各国人民抵抗帝国主义的侵略战争。但是，人们容易认清推行殖民扩张和战争侵略的帝国主义，容易认清推行经济封锁和"冷战遏制"的帝国主义，却很容易被扩大经济文化交流和实施"缓和"战略的帝国主义所迷惑。有些人将西方展示扩大经济文化交流的友好姿态，视为列宁的帝国主义理论已经失效、过时的证据，但是，美国通过"缓和"战略策划隐蔽攻击的"软战争"，摧毁前苏联的经济军事实力并改变世界格局之后，又重新暴露出了赤裸裸的帝国主义强硬扩张姿态，美英政府高官甚至重新鼓吹实行新帝国主义政策，证明了列宁的帝国主义理论事实上从未失效、过时。当前中国应对非常复杂的国际环境和美国霸权的挑战，迫切需要坚持并与时俱进地发展马列主义理论，深刻认识当代资本主义和帝国主义的新特点。

　　英国首相布莱尔执政时期的外交政策顾问罗伯特·库柏，公开撰文鼓吹西方国家应该推行新帝国主义政策，他于 2002 年在英国《观察家报》发表了题为《我们为什么仍然需要帝国》的文章。库柏重新沿用帝国主义殖民扩张时代的语言，公开鼓吹运用包括欺诈在内的丛林规则对付包括中国在内的大多数发展中国家。他明确提出，当我们与后现代欧洲大陆以外的老式国家打交道时，我们需要采取比旧时代更强硬的方式——武力、先发制人的进攻、欺诈以及一切必要的手段。我们遵守法律，但当我们生活在丛林中时，我们必须运用丛林规则。库柏还认为新帝国主义在现实中已经存在，如国际货币基金和世界贸易组织等，就是所谓"全球经济帝国主义"的实例。布什政府的一些高层智囊也发出了类似的新帝国主义鼓噪。

　　值得指出，库柏并不是西方传统的右翼政治家，他是布莱尔领导的英国工党政府的资深外交顾问，科索沃战争期间提出了"人权高于主权"等新干涉主义理论。倡导"人权至上"的英国工党政治家公开主张新帝国主义，更加充分说明垄断资本利益始终需要推行帝国主义政策，动辄以人权、民主、普世价值为借口攻击别国，本质上是以政治和意识形态筹码作为软战争武器，以达到通过制造政治经济混乱伺机控制别国的目的。但是，一旦这种软战争谋略成功改变了实力均衡格局，时机成熟后甚至不屑于继续沿用人权、民主的虚伪包装，迫不及待地赤裸裸地暴露出帝国主义的真面目。

布什政府的一些高层智囊也发出了类似的新帝国主义鼓噪。2002 年，美国颇有影响的《外交事务》杂志 3—4 月号，刊登了美国国际智囊巴斯蒂安的文章，题为"不得不帝国主义"。布什政府的副总统切尼领导的新保守主义"美国新世纪"高层智囊机构（PNAC），大胆地发展了原先的谋求全球霸权设想，甚至赤裸裸地提出要建立新罗马帝国，为美国享有"永续世界霸权"提供各种理论依据。美国副总统切尼领导的高层智囊机构，明确提出"21 世纪美国的对外政策基本方针，是谋求建立在全球的永久绝对优势地位，威慑企图发挥更大全球或地区性作用的潜在竞争者，先发制人打击被怀疑发展大规模毁灭性武器的国家……"，"阻止发达的工业国家挑战我们的领导地位，甚至不要让它们有发挥更大的地区或全球作用的野心"。美国副总统切尼领导的高层智囊机构，还特别强调重视中国的"政权更迭"问题，主张增加美国在亚洲地区的军事部署以遏制中国①。

奥巴马表面上是主张改革的美国民主党总统，声称反对布什政府奉行的单边主义国际政策，但是，无论是中国善良愿望还是美国民主选举都无法改变帝国主义本质。因此，奥巴马也必然继承美国右翼政府一贯奉行的对华战略，继续支持威胁分裂中国的"台独"、"藏独"和"疆独"势力，继续施压中国推行曾导致大批中小企业破产的汇率政策，这样我们就不会对奥巴马访华不久后采取一系列政策感到困惑不解。美国对华政策多变的根源在于"冷战"转向"缓和"战略，仅仅意味着帝国主义的攻击手段变化而不是本质改变，美国不能容忍任何国家崛起对其世界霸权构成威胁，因此必然不断变换软硬手腕对国际对手进行攻击。2010 年 1 月 27 日，奥巴马在发表国情咨文演说时誓言捍卫美国全球第一的地位，美国高层智库首脑甚至警告美国将会通过战争手段来阻止全球

① Donald Kagan, Gary Schmitt and Thomas Donnelly, "Rebuilding American Defenses : Strategy, Forces and Resources For A New Century", A Report of The Project for the New American Century (Washington, D. C. : The Project for the New American Century, 2000), http : //www. newamericancentury. Org/iraqclintonletter. html.

权力向中国转移。2010 年 4 月 22 日，美国不顾国际社会反对太空军事化的舆论压力，进行了具有全球攻击潜力的"宇宙战机"试飞，表明美国在拥有核武器和常规武器优势的情况下，仍在争取获得当年大英帝国享有的绝对军事技术优势，其目的显然不是为了防御和保障美国自身安全，而是为了列宁论述的垄断资本贪婪决定的攻击性需要，通过世界霸权获取源源不断的寻租利益和超额垄断利润。当前美国正竭力开展高科技和太空武器的军备竞赛，一旦获得军事技术绝对优势就随时可能选择硬战争，在此之前为避免军事冲突代价太大则会更多选择软战争，一旦实施软战争严重削弱国际对手实力时又会再次选择硬战争。这就意味着中国为维护国家安全和和平发展的国际环境，必须随时做好准备应对新帝国主义在软、硬两条战线上的威胁。

深刻认识美国实施"缓和"战略的理论渊源，就能发现美国政府对华政策多变背后隐藏的规律，中国就能知己知彼、处之泰然并从容应对。实际上，美国实施"缓和"战略根本不意味着放弃冷战思维，而是用友好姿态和扩大经济文化交流作为掩护，替代冷战遏制时期赤裸裸的军事威胁和经济封锁，为运用政治、经济、外交等软政策筹码发动攻击创造条件，这就是为何冷战结束而冷战思维始终挥之不去的原因。不管美国总统个人是否真诚希望保持对华友好关系，美国垄断资本从全球霸权战略角度必然施加压力，迫使中美关系改善到一定程度时出现恶化趋势，但是，美国政府表现强硬姿态时也会谨慎掌握尺度，以免紧张局势失控影响美国实施的"缓和"战略。美国运用"缓和"战略打击国际对手，其厉害之处恰恰是软硬兼施、灵活多变，时而"友好亲善"，时而"强硬恫吓"，"忽软忽硬"令对手捉摸不定、无所适从，出其不意攻击对手的薄弱、要害环节。中国对付美国"软硬兼施"的两面攻势，也不能采取单纯"软"或"硬"的办法，而应采取"刚柔并济"的巧妙应对策略，避实就虚闪过对手的攻击锋芒，头脑清醒、认清形势、站稳脚跟，继承并发展马列主义国际政治理论，认清帝国主义的不变本质和政策手腕创新，维护国家安全要害不给对手可乘之机，灵活应变、借力打力、趁势反击。当美国对中国表示比较友好的姿态时，中国也应冷静认识到美国的长期对华战略，当美国突然再次对中国进行硬恫吓时，中国也应处变不惊、毫不畏惧、沉着应对，有理、有利、有节地进行反击。

四 从软战争视角看预测和抵御国际金融危机

从隐蔽战争的视角考察当前国际政治经济问题具有重要的理论和现实意义，能够帮助我们更加深刻地认识当代垄断资本主义的经济规律，预测爆发金融和经济危机的危险并且防范其产生的强烈冲击。2008 年爆发的全球危机同马克思所处的时代相比具有新特点，危机首先从金融领域爆发并逐步向实体经济领域扩散，而不是像 19 世纪那样由工业生产过剩逐步扩展为金融信用危机。当前美国金融垄断财团具有一定程度的人为操控危机的能力，能够通过借贷杠杆、金融衍生品和宏观货币政策，蓄意制造各种经济泡沫的膨胀并控制泡沫引爆过程，能够暂时缓解、推迟危机并促使其合并成更大的危机，这样就能将具有巨大破坏威力的危机作为武器，有选择地定向攻击国际对手以谋求世界霸权寻租利益，掠夺各国广大民众财富并通过各种途径转嫁危机损失。

这次国际金融和经济危机的起因是美国次贷危机，但是，欧洲遭受危机冲击的程度反而超过了危机发源地美国。2009 年年末，美元遭遇信誉危机出现大幅度贬值之时，美国金融垄断财团不失时机发动了金融战争攻势，大肆炒作自己参与孕育的迪拜和希腊债务泡沫，美国权威金融评级机构也骤然调高了迪拜和希腊的风险评级，促使迪拜和希腊借贷成本大幅度上升并引爆了债务危机，扭转了美元大幅度贬值的势头并出现了强劲反弹，美国虽然是金融危机的发源地但经济形势反而好于欧洲，将一度威胁美元霸权的欧元经济拖入了困难重重的境地，显示了美国有能力通过金融战争向别国转嫁巨大危机损失。

由此可见，倘若人们从金融战争的独特视角进行深入考察，就能更加清晰地发现当代资本主义危机与马克思所处时代的不同特点，识破美国金融垄断资本为制造泡沫和提前出货套利，蓄意散布的种种虚假理论、统计数据和媒体舆论的误导，认清其制造泡沫性经济复苏和繁荣的种种假象，预见到危机爆发危险并采取措施防范冲击避免财富损失。2010 年 4 月 16 日，美国证券交易委员会以欺诈罪名起诉高盛财团，揭露的大量证据清楚表明高盛财团曾积极参与制造次贷泡沫，推动泡沫性经济复苏和繁荣以挽救网络泡沫破裂衰退，许多次贷金融衍生产品都是高盛财团首先设计和推广的，高盛财团显然清楚地知道次贷蕴涵巨大危险并迟早爆发危机。但是，高盛大肆制造舆论宣扬次贷泡沫刺激的复苏和繁荣，串通美国的权威金融评级机构将次贷衍生品包装成 3A 级债券，积极向美国养老基金、投资基金和欧洲、亚洲的金融机构兜售，还操纵政府施压人民币汇率改革和大幅度浮动升值，通过中美高层战略会谈施压金融自由化改革和大中型国企私有化，诱骗中国购买了数千亿美元"两房"债券和次贷衍生债券。与此同时，高盛财团却悄悄为次贷危机爆发定向转嫁损失作准备，购买大量信用违约保险蓄意做空其兜售的次贷衍生债券，操纵垄断财团控制的主流媒体压制关于危机的预测，等待其周密布局并顺利抛售持有的高风险次贷债券后，再选择时机利用其竞争对手雷曼的破产最终引爆次贷危机。值得指出，美国垄断财团还蓄意操纵政府制造假象掩盖危机，甚至在次贷危机的各种迹象日趋明显后仍歪曲统计数据，压低通货膨胀数据将能源、食品涨价排除在物价指数之外，制造出 2008 年头两个季度的实际国内生产总值增长的假象，直到 2008 年 9 月金融危机全面爆发后才修改了统计数据，宣布早在 2007 年第四季度美国实际上已经步入了经济衰退。2009 年 1 月 26 日，英国《卫报》曾撰文指出美国次贷危机是一场人为制造的灾难，美联储前主席格林斯潘、花旗、高盛等华尔街大银行的高管都是核心参与者。

马克思曾预见到资本主义金融制度将会演变为巨大的赌博欺诈制度[①]，列宁也指出金融垄断资本必然贪婪追求垄断利润和世界霸权，其重要手段就是使全世界的竞争者在金融上处于依附地位，从事投机欺诈活动的金融天才将获得大部分利润，并且破坏实体经济作为国民经济基础的作用。这就意味着马克思、列宁已经预见到在特定条件下，帝国主义将会采取金融欺诈作为攻击国际对手的手段。西方自由市场经济理论以不现实假设为前提，完全不考虑包括欺诈在内等任何道德风险，还将考虑到现实存在各种欺诈的理论，统统贬低为不符合所谓学术规范的"阴谋论"。因此，无法预见华尔街大量欺诈行为诱发的金融危机，更无法揭示美国施压背后隐藏的软战争谋略，究其深层根源在于维护资本利益有意回避客观弊端。马克思主义理论从维护广大人民利益的立场出发，深刻揭示资本主义基本矛盾必然导致帝国主义战争，当然更不应该回避研究在世界格局改变的条件下，金融资本操纵国家运用欺诈手段进行的金融战争。只有这样，马克思

---

① 《马克思恩格斯全集》第 46 卷，人民出版社 2003 年版，第 500 页。

主义才能提供一个科学的理论框架，客观考察垄断资本贪婪所诱发的种种道德风险，包括运用暴力手段发动战争谋求世界霸权，通过欺诈谋略掠夺财富并攻击国际对手等，为中国维护国家利益和金融安全提供有力的理论武器。

在马克思所处的时代，资产阶级尚不拥有操控经济的垄断力量，从事生产的工业资本同金融投机资本相比具有更大先进性。但是，在列宁所处的帝国主义时代，金融资本拥有了垄断力量，具有寄生性和腐朽性的金融投机逐步占有统治地位，同国家垄断日益交织、融合并具有更大操纵政府的能力，特别是私有中央银行使金融垄断资本控制了货币发行之后，意味着金融垄断资本主义的统治进入了一个新阶段，能够通过人为制造泡沫经济膨胀并控制泡沫引爆过程，改变经济危机的周期规律并促使其合并成威力更大的危机，操控危机发动大规模掠夺社会财富并攻击国际对手的金融战争。列宁考察垄断资本主义的新特点并发展了马克思主义，认识到垄断资本贪婪瓜分世界必然引发帝国主义战争，促使世界各国人民拥有了抵御侵略的强大理论武器。当前形势要求人们继承并发展列宁的帝国主义理论，这样才能透过债务泡沫膨胀缓解资本主义基本矛盾的假象，更加清楚地认识当代金融垄断资本主义呈现的新特点，认清掩盖的基本矛盾并未消失而是正在激化、合并成更大危机，并被用作掠夺社会财富和攻击别国的金融武器，这样才能更好地抵御当代帝国主义发动的隐蔽经济金融战争，维护中国经济金融安全并捍卫广大民众财富不受掠夺。

五 坚持马列主义理论剖析美国汇率战本质

列宁曾作出了帝国主义就意味着战争的著名论断，他指出："帝国主义战争，即争夺世界霸权、争夺银行资本的市场和扼杀弱小民族的战争是不可避免的。"[①] 帝国主义的特点是金融垄断资本取代工业资本占有统治地位，金融垄断资本为攫取最大经济利益必然采取一切可能手段，包括操纵国家机器发动谋求世界霸权和征服别国的战争。帝国主义政治是垄断资本经济利益的集中体现，帝国主义战争则是垄断资本不择手段谋求最大利益的攻击性表现。在列宁所处的时代，西方列强拥有军事上的压倒性优势，

---

① 《列宁全集》第29卷，人民出版社1985年版，第474页。

因而优先选择运用坚船利炮发动征服弱小民族的战争。但是，由于世界各国人民运用列宁关于帝国主义的有力理论武器，推动社会主义革命和民族解放运动改变了世界格局，20世纪60年代，美国在越南战场遭受惨重失败，美国发现通过军事手段发动战争的代价越来越大，而掠夺财富和攫取垄断利润的收益正日益缩小，国际局势的变化迫使美国在战争手段和形式上进行了创新，采取更加隐蔽的政策武器和战争形式攻击国际对手。越战失败后尼克松提出放弃"冷战遏制"战略，转向运用政治经济手段进行谋略的"缓和"战略，将经济贸易不是作为礼物而是作为武器，基辛格也提出通过能源、粮食和货币来控制世界格局，以扭转当时美国经济军事霸权全面衰落的局面。这种帝国主义在不利形势下被迫采取的战争形式变化，一方面说明垄断资本和帝国主义的贪婪本性没有改变，另一方面说明列宁的帝国主义理论不仅没有过时、失效，而且具有改变世界历史进程的强大生命力，迫使帝国主义采取新的伪装掩盖掠夺财富的战争，需要根据新的形势变化进行理论创新以揭露其伪装。

2009年11月，奥巴马访华后不久就骤然改变了友好姿态，采取强硬态度逼迫我们提高人民币汇率。2010年3月，美国国会一百多名议员联名呼吁将中国定为汇率操纵国，美国民主党议员舒默还提出一份对中国采取惩罚措施的议案，再次重弹数年前美国参议院通过议案指责中国操纵汇率的老调，威胁要对从中国进口的商品全面征收27.5%的惩罚性关税。[①] 这意味着美国对中国核心利益的挑战正迅速升级，发展为通过金融手段实施全面的贸易保护主义，严重威胁到我国出口经历大幅度下跌后脆弱的恢复势头。

据英国《每日电讯报》披露，在美国爆发金融危机前夜，美国华尔街重要金融机构曾在华盛顿召开了会议，主要议题是利用金融战争遏制中国经济崛起，谋划金融战争的幕后力量包括美国政界和金融财团，充分证实了列宁论述的金融垄断资本与国家垄断的勾结，策划对华实施金融战争攻击的幕后力量，就是美国国会下属的美中经济安全审查委员会，以及该委员会的掌舵人——凯洛琳·巴塞洛缪。这次会议提出由金融机构与对冲基金组建所谓的"金融快速反应部队"，针对中国发动一场"没有硝烟的金融战争"。美国金融界专家认为，一个国家金融市场逐步开放

---

① 新华社：《美议员群起攻击中国货币政策》，《参考消息》2010年3月17日。

的 5 年到 8 年时间内，实施金融袭击相对脆弱的金融体系的成功可能性最大，因而未来 3 年到 5 年内是争取"延缓中国崛起"的机会。美国策划对华金融战的重点是通过施加压力和政策误导，迫使中国实行汇率自由浮动和开放资本账户政策，为美国金融投机热钱进入中国创造有利条件，同时诱迫中国实行刺激泡沫经济的宏观货币政策，向西方资本开放银行领域和商品期货、金融期货等市场，通过炒作股市、楼市暴涨暴跌攫取投机暴利，然后趁泡沫破裂之机控制中国的银行和战略行业。① 当时美国施压中国实施人民币升值和金融开放已初见成效，国际热钱涌入中国利用人民币升值套利收益颇丰，而且成功操纵股市暴涨暴跌获取了巨额暴利，中国沿海出口中小企业陷入困境并纷纷停产倒闭，华尔街垄断财团踌躇满志采取半公开会议的形式进行谋划，准备乘胜追击扩大战果加快中国金融自由化进程。

美国向中国施压经常顽固坚持不符合现实的理由，如人民币升值有利于消除美中贸易逆差，引入各种金融衍生产品有利于规避金融系统风险，中国为了顾全中美关系大局已多次对美让步，多年来实践已证明其带来了截然相反的严重危害，为何美国依然乐此不疲坚持施压令许多中国人困惑不解。对于通过常识和逻辑难以解释的复杂国际政治经济现象，唯有继承并发展马克思主义理论和中国传统军事智慧，将其视为美国的软战争谋略才能清晰地洞察其中奥秘。孙子云："兵者，诡道也。近而示之远，远而示之近。利而诱之，乱而取之。攻其不备，出其不意，此兵家之胜"，就是说战争必须运用诡诈的谋略，必须用种种借口来掩盖真实的战争目标，近的要说成是远的，远的要说成是近的，有害的要说成是有利的，这样才能趁对手陷入混乱之机，攻其不备，出其不意，运用谋略成功地战胜对手。倘若人们不从金融战争谋略的角度，来剖析美国施压人民币升值的种种借口，就会对其顽固不顾客观事实感到困惑不解，就难以理解美国为何采取粗暴强硬的施压办法，来推行美国声称对中国非常有利的金融改革措施。但是，倘若将其视为诱骗、逼迫国际对手的金融战争诡计，就能透过种种令人困惑不解的烟幕假象洞察其本质。孙子还曰："夫未战而庙算胜者，得算多也；多算胜，少算不胜，而何况无算乎"。就是说必须充分认识对手谋略并制定相应对策，进行周密策划先

① 张莺：《美"金融快速反应部队"密谋对华出手》，《上海译报》2007 年 11 月 8 日。

赢得谋略上的优势，才能够增加战胜对手并赢得战争胜利的机会，反之识不破对手谋略并缺少周密策划必然陷于失败，特别是当代新帝国主义运用欺诈谋略发动的金融战争。

当前美国施压人民币升值提出了种种冠冕堂皇的理由，如市场决定人民币自由浮动有利于提高效率，有利于消除全球经济失衡、贸易逆差、抑制通货膨胀等。但是，既然这些政策措施有利于中国改革开放为何强硬粗暴施压，甚至挥舞着必然导致两败俱伤的加征全面关税大棒，为何这些措施同一系列挑战中国核心利益的政策同时出台，这暴露出冠冕堂皇的理由不过是掩盖软战争攻击的借口。中国必须坚持马列主义理论剖析美国发动汇率战的本质，清楚地识破美国施压人民币升值的种种诱骗借口，识破美国不同政客装扮黑脸、白脸的软硬兼施伎俩，识破美国利用汇率操纵国和惩罚性关税作恫吓武器，逼迫中国在一系列重大领域作出妥协让步的战略企图，包括美国在多年双边战略会谈曾反复提出的要求，如金融改革推行"华盛顿共识"的金融自由化政策，以控制风险为由引入股指、外汇期货等金融衍生品，加快国有大中型企业特别是垄断行业的私有化进程，推行西方普世价值观并改善西藏、新疆的人权状况，配合美国的国际地缘战略对朝鲜、伊朗进行经济制裁等。中国应清醒地认识到美国声称对中国有利的政策措施，其实都是有利于美国霸权利益而不利于中国崛起的，美国施压中国推行的金融改革开放政策措施，基本上都是来自新自由主义的"华盛顿共识"，诺贝尔奖获得者美国著名经济学家斯蒂格利茨，严厉抨击"华盛顿共识"诱发了一百多次严重经济危机，实际上是"让发展中国家下地狱"的灾难政策。因此，中国应该推行与"华盛顿共识"截然相反的经济政策，中国应该坚定拒绝美国诱骗、施压并采取反击措施，有效维护本国核心战略利益和国家经济金融安全，避免美国软战争策略得逞后继续施加更大的压力。

美国顽固坚持施压中国推行人民币汇率升值政策，不是为了获得实践证明无效的消除贸易逆差结果，而是为了获得实践证明非常有效的诱发泡沫经济效果。20世纪80年代，美国施压日元升值未能消除日美贸易逆差，但却成功诱发日本泡沫经济并打击实体经济，导致日本陷入20多年停滞至今无法康复，从而成功挫败了日本经济崛起对美国霸权形成的威胁。前几年，美国施压人民币升值也没有消除中美贸易逆差，但是，却打击了中国沿海出口工业并导致大批中小企业破产，迫使大量资金从实体经济流入投机领域催生各种资产泡沫，同时向国际热钱发出谋利信号大量涌入中国，通过人民币升值套利和炒作股市楼市攫取了巨额暴利，推动原材料、食品价格大幅度上涨干扰了中国宏观调控，大大加剧了国际金融危机给中国经济造成的冲击和困难。尽管美国深知施压国际对手实施汇率升值无助于解决贸易逆差，但实践证明能够产生破坏国际对手经济的实实在在效果，因此，美国政界才不厌其烦地以消除中美贸易失衡为借口，顽固坚持毫无消除逆差成效的汇率升值政策，以实现其维护世界霸权和遏制中国经济崛起的国际战略。

六 "华盛顿共识"是美国全球霸权战略工具

20 世纪 70 年代初，美国实施"缓和"战略之后，新自由主义思潮开始逐渐在全球范围流行，并在美国政府和国际货币基金组织的支持下，具体化为"华盛顿共识"的结构调整和改革方案，作为提供经济援助和贷款的重要附加条件，向发展中国家和苏联东欧等转轨国家推荐，其核心内容包括金融、贸易、投资领域的自由化，在战略行业、自然垄断行业推行国企私有化等。十年前，笔者撰写的专著《威胁中国的隐蔽战争》，曾指出美国倡导新自由主义的"华盛顿共识"政策，其实就是酿造金融和经济危机，作为攻击国际对手的厉害暗器，中国应谨防"华盛顿共识"误导中国金融改革和国企改革。①

随着深入研究，笔者发现了越来越多的确凿证据，表明新自由主义流行同美国奉行的国际战略之间也存在着密切的联系。冷战时期迫于来自社会主义国家的压力，美国对社会主义阵营的周边国家和地区实行特殊政策，允许韩国、中国台湾等战略盟友推行国有化，通过政府干预措施保护民族工业发展。但是，美国为维护垄断财团在全球范围的经济利益，限制其他发展中国家实行政府干预政策，不少拉美国家一搞国有化就被中情局策划的政变推翻。为了遏制社会改良思潮对发展中国家的影响，早在 20 世纪 50 年代，美国政府就将传播新自由主义作为对拉美国家进行经济文化渗透的重点，如被称为新自由主义堡垒的芝加哥大学，1957—1970 年，在美国政府资助下为智利培训了数百名经济学家，智利前外交部长瓦尔蒂

---

① 杨斌：《威胁中国的隐蔽战争》，经济管理出版社 2000 年版，第 46 页。

斯称此为"有组织输出美国意识形态影响别国的惊人例子"。①

　　根据福特执政时期美国参议院调查披露的事实，为了阻止智利社会民主党的阿连德执政，美国政府、中情局和大公司卷入了策划军事政变活动。早在根本没有石油危机滞胀和"凯恩斯失灵"的 1971 年，中情局就资助芝加哥培养的经济学家协助密谋政变的智利军方，拟定军事政变成功后按新自由主义改造经济的详细计划，有意将智利扶植成第一个推行新自由主义模式的样板。1975 年，美国参议院的调查报告披露，"中情局合作者参与了一项全面经济计划的初步制订，该计划成为智利军政府最重要的经济决策的基础。这份长达 500 页计划的作者有 80% 曾在芝加哥大学接受培训，75% 以上的资助资金来自中央情报局"。② 20 世纪 70 年代，美国在拉美推行新自由主义初期遇到很大抵抗，在智利、阿根廷等国都是由中情局策划军事政变开路，通过被称为"肮脏战争"的大规模暗杀清除社会抵抗，然后在军事独裁政权支持下推行新自由主义，充分表明新自由主义根本不是中性的学术理论，实质上是美国谋求全球利益的国际战略工具。③西方经济学的其他学派或多或少承认市场失灵，唯有新自由主义顽固拒绝承认任何市场失灵或缺陷，反对实施任何形式的政府监管和经济干预政策，可以为华尔街游说取消金融管制提供理论依据。由此可见，新自由主义在诱发拉美、亚洲和俄罗斯的金融危机，酝酿美国金融衍生品和次贷泡沫膨胀的过程中发挥着关键作用。

　　金融自由化是新自由主义的核心内容和主要政策武器，多年来国内学者的大量科研成果揭露了新自由主义和金融自由化的本质，倘若这些重要研究成果受到有关方面重视必然影响美国实施对华国际战略。2005 年，美国大金融财团深知次贷泡沫繁荣正逐步走向破灭，就加紧施压中国推行金融自由化并推销各种有毒资产，通过施压中国金融开放打开输出、转嫁金融危机的大门。时任美国财长的前高盛总裁保尔森指责中国存在"反金融改革力量"，策动公关力量压制中国反对金融自由化的声音。美联储主席伯南克当年就制造了中国高储蓄影响美国经济的论调，为今后美国爆发次

---

　　① 诺米·克莱因：《休克原则：灾难资本主义的兴起》，都市图书出版社 2007 年版，第 62 页。

　　② 美国参议院：《1963—1973 年在智利的秘密行动》，美国政府出版社 1975 年版，第 30 页。

　　③ 1973 年，美国一边策划智利军事政变并屠杀民主人士，一边对社会主义国家实施人权战略，专门维护少数"持不同政见者的人权"，充分暴露了其人权双重标准的虚伪性。

贷危机后将罪责推脱给中国埋下伏笔。国内某些经济学家不知内情也配合推动金融自由化，指责反对"华盛顿共识"就会干扰改革开放大方向。某些经济学家还表示根本不知道什么是新自由主义，但是赞成"华盛顿共识"的非国有化、全球化和自由化政策，中国应"坚定不移地推进金融自由化改革"。他们根本不知道"华盛顿共识"政策的理论基础就是新自由主义，美国著名经济学家斯蒂格利茨曾深刻指出，"华盛顿共识的政策有时也被称为'新自由主义'政策"，"华盛顿共识"的私有化政策和金融自由化政策，实质上是美国和国际货币基金组织"让发展中国家下地狱"的误导政策。他们对新自由主义给拉美、俄罗斯造成的灾难视而不见，还竭力阻挠国内了解新自由主义在全球实践失败的真实情况。

值得关注的是，某些学者在主张推行"华盛顿共识"的金融自由化的同时，也提出应该在中国推行"普世价值"和多党制，中国政治改革应该走"民主社会主义"道路，自觉不自觉地扮演了美国对华舆论攻势的配角。他们不知道新自由主义是靠独裁军事政变才在拉美推行开来，即使崇尚民主社会主义的西方社会党国际，也认为新自由主义是代表大资本的极右政策，深感"正面临着新自由主义、个人主义和原教旨主义的威胁"[1]，2005 年，社会党国际发表的圣保罗宣言中明确提出"社会民主主义的原则要求反对新自由主义市场意识形态、新保守主义和单边主义的道路"。倘若中国的学者和官员对新自由主义的威胁毫不知晓，对其危害采取一种视而不见、麻木不仁的态度，那么中国改革开放可能像俄罗斯一样滑向权贵资本主义的邪路。从这种意义上说，深入批判新自由主义和"华盛顿共识"的经济政策，恰恰有利于继承和发扬中国改革开放的成功经验，维护受到举世赞扬的"北京共识"的成功改革道路，捍卫中国改革开放的成果不受新自由主义侵蚀、威胁，防止中国重蹈俄罗斯等经济转轨国家的灾难覆辙。

由于受到"华盛顿共识"的金融自由化政策的误导，有关方面完全忽视了美国金融泡沫趋于破灭的大量迹象和预警，甚至在危机迹象日趋明显后还大量购买两房债券，花费巨资收购濒临破产的美国投行、基金的股份，蒙受了不必要的损失。由于在美国施压下人民币汇率浮动升值过快，

---

① 龚加成：《社会党国际纲领和政策的新变化——社会党国际二十二大述评》，《国外理论动态》2004 年第 1 期。

数万家中小型出口企业因难以适应纷纷停产，同时吸引大量国际热钱通过各种途径潜入中国，在中国的股票、房地产、期货等各种市场上兴风作浪，通过制造各种投机泡沫和大涨大跌掠夺了大量财富，令广大股民、基民在沪深股指遭受暴跌中损失惨重，大大增加了政府进行宏观经济调控的难度。直到美国金融危机猛烈爆发后的今天，美国政府高官还竭力将金融危机的责任推脱给中国，警告中国不要背离金融自由化的改革道路，指责中国操纵汇率并继续施压迫使人民币升值，高盛亚洲区总裁还公开撰文表示中国不应放弃金融自由化和资本主义改革道路。

自由主义是代表 19 世纪统治阶层利益的经济政策，与之对应的是政治领域的保守主义政策，国际领域中奉行的帝国主义政策，对亚非拉民族实行的殖民主义政策。新自由主义经济思潮在全球范围流行，同样伴随着右翼的新保守主义政治潮流崛起，臭名昭著的帝国主义政策死灰复燃，摇身变为英美右翼政客公开鼓噪的"新帝国主义"，以及对亚非拉国家实施的隐蔽新殖民主义。中国有些经济学家对新自由主义的极右本质茫然不知，误认为"批判新自由主义就是搞极左回潮"，殊不知新自由主义与旧自由主义同属"极右"，旧自由主义是昔日帝国主义国家推崇的经济政策，新自由主义则是今日新帝国主义谋求经济利益的工具，无论新的还是旧的自由主义经济政策，都代表昔日和今天帝国主义经济利益，倘若我们为了纠正以前"极左"的错误，将新自由主义误当作改革开放的指导思想，其所犯荒谬错误的"极右"程度，就好像为了纠正王明的"极左"错误，干脆追随汪精卫投靠日本帝国主义，出现这种错误倾向的主要原因是受西方的影响和误导，放弃了马克思主义经济理论和列宁的帝国主义理论。

2004 年年底，美国出版了一本引起轰动的畅销书《一个经济杀手的自白》，清晰地揭露了美国策划经济金融战争破坏别国的内幕。该书作者约翰·珀金斯的公开身份是经济学家、国际金融顾问，但他实际上是美国国家安全局的秘密雇员。美国国家安全局（NSA）是比中央情报局（CIA）规模更大、更秘密的庞大情报机构。CIA 和 NSA 招募经济学家来充当"经济杀手"，然后把他们派遣到跨国银行、金融咨询公司、国际贸易公司、跨国制造企业等。约翰·珀金斯以国际金融顾问的冠冕堂皇身份，穿梭往来于亚洲、非洲、拉丁美洲国家，向当地的政府、银行和民间企业提供金融咨询，暗地里却是扮演着美国"经济杀手"的角色。珀金斯揭露，"经济杀手"的目标和任务就是采取一切手段，千方百计建立和维护美国的霸主地位。为了这个目的，"我们尽力让更多的资源和资金流入美国，进入我们的大公司。我们以最少的军事力量投入，做到了最成功。只有到了万不得已的时候，政府才考虑动用武力，比如伊拉克。我们现在的'美帝国'，不同于历史上的强大帝国，主要是以经济操纵别国，而非武力。'经济杀手'无所不做，通过制造虚假财务报告、操纵选举、贿赂、敲诈、色情和暗杀等手段，拉拢别国的精英"。经济杀手大量渗透厄瓜多尔、巴拿马等拉美小国，当然更不会放过中国这样实行社会主义制度的大国。①

约翰·珀金斯揭露的关于美国经济杀手的大量事实，表明列宁关于垄断资本主义和帝国主义的论述没有过时，由大银行和跨国公司融合而成的金融工业垄断财团，仍然背后操纵美国政府和国际权威金融机构，通过扩大势力范围和建立全球帝国来谋求垄断利润。但是，随着核武器的出现，大大增加了发动战争的风险成本，传统军事战争越来越多为隐蔽的经济金融战争所替代，采用武器越来越多地从坚船利炮变成了误导性的经济金融手段，包括经济杀手惯用的经济模型骗术、游说公关、贿赂等，世界银行、国际货币基金组织提供的经济援助和贷款，美国政府和国际权威机构达成并竭力推荐的"华盛顿共识"，特别主张取消政府金融监管的金融自由化政策，诱迫发展中国家盲目开放为国际热钱进入敞开大门，通过培育泡沫经济蓄意酝酿金融危机，趁机打击和控制发展中国家的经济金融命脉等。由于美国花费大量金钱作为隐蔽经济金融战争的伪装，通过各种基金会慷慨资助文化交流和经济研究项目，人们很容易误以为当代资本主义已改邪归正发生本质性变化，列宁关于帝国主义、金融寡头和战争的理论已过时了。实际上，倘若人们揭开经济杀手和国际货币基金组织提供贷款援助的伪装，认识到国际货币基金组织推荐的所谓规范改革方案和贷款援助，其实就是当代美国谋求全球霸权的软战争武器，隐蔽的经济金融战争乃是当代帝国主义谋求霸权的新战争形式，也是垄断资本谋求超额利润和掠夺财富的新剥削形式，就会更加体会到马列主义理论仍然具有强烈的现实意义。

（原载《马克思主义研究》2010 年第 7 期）

---

① 参见约翰·珀金斯《一个经济杀手的自白》，杨文策译，广东经济出版社 2006 年版。

马克思主义经济理论与当前的
国际金融危机

裴小革*

2008 年 9 月随着美国第四大投资银行雷曼兄弟公司破产，发生于 2007 年的美国次贷危机演变为金融危机并迅速向全球扩散。两年多来，虽经各国政府和央行前所未有的干预，避免了世界经济出现更严重的萧条，但是金融危机和由此导致的经济衰退仍在困扰着全球经济。目前全球经济复苏的基础并不稳固，无论是近期发生的迪拜公司债务危机，还是欧洲希腊等国的主权债务危机，都表明世界经济仍然充满各种不确定性。

从操作层面来描述当前国际金融危机产生的技术性失误和政策性弊端是必要的，但更需要的是从生产方式的矛盾、虚拟资本和实体资本的关系、经济周期的形成机制等方面，认识当前国际金融危机产生的深刻根源和实质，研究当前国际金融危机对各国经济的影响，探索应对当前国际金融危机诸多经济问题的科学方法。这就需要创新发展马克思主义经济理论。

一种比较流行的观点，把马克思主义经济理论称为激进的经济学，把新古典等经济学称为建设的经济学，认为对于国际金融危机问题，马克思主义经济理论最多只是"病理学"，新古典等经济学才既是"病理学"又是"治疗学"，所以我们在对当前国际金融危机的研究中，只应用新古典等经济学或只创新发展新古典等经济学就可以了，马克思主义经济理论只讲了金融危机的危害和后果，与应对和克服当前国际金融危机引发的诸多问题无关，它的一套话语体系应该完全放弃不用。这种说法是不符合实际的，也是不利于全面深入研究当前国际金融危机及其引发的诸多问题的。

---

* 裴小革，中国社会科学院经济研究所研究员。

一 马克思主义经济理论研究国际金融
危机的独特视角

此次国际金融危机中的一个突出表现，是虚拟资本过度膨胀，脱离了实体资本的发展。这种现象的出现，又与西方经济理论界长期无视马克思主义经济理论研究国际金融危机的独特视角有关。目前在各国经济理论界，对实体资本和虚拟资本关系的看法十分混乱。有人只把股票、债券及各种金融衍生品等划为虚拟资本，把货币资本与实体资本混为一谈；有人只把金融活动中与实体资本偏离的那一部分划为虚拟资本，把仍可以代表实体资本的一切有价证券和货币等都划归实体资本；还有人不承认有虚拟资本的存在，把一切金融资本都等同于其他服务业资本。

与这些看法不同，在马克思主义经济理论看来，只有用于可以直接生产增加人类使用价值、效用和福利的产品或服务的生产要素资本，才应划入实体资本，其他用于为实体资本积累服务的货币①和各种金融工具等都应划入虚拟资本。经营虚拟资本的金融业不同于其他服务业，其本身不创造独立的使用价值（纸币、证券纸张的使用价值在此可以忽略不计），既有其他服务业资本不具备的方便实体经济运行发展的独特推动作用，又有其他服务业资本不具备的对社会资本虚拟放大传导以至引致危机的潜在功能。

马克思主义经济理论的这种观点，是建立在对社会资本再生产循环周转过程科学分析的基础上的。在市场经济条件下，经济发展过程也是资本循环周转的过程。资本循环周转过程是流通和生产过程的统一。生产过程产生价值和剩余价值，流通过程实现价值和剩余价值。G—W—G'是直接在流通领域内表现出来的资本的总公式，这个总公式又可以简化为G—G'即生息资本的形式。但预付货币资本的增值额来源于生产过程，即来源于产业资本的运动，而产业资本运动的一般形式是：G—W…P…W'—G'（P代表生产过程）。生息资本带来的增值额来源于产业资本循环中产生的剩余价值。生息资本运动以产业资本运动作基础，它的完整的运动形式是：G—G—W…P…W'（W+ΔW）—G'（G+ΔG）—G'（G＋Δg）。

---

① 本文中的货币均指作为价值符号的纸币。

　　根据马克思主义经济理论，可以把整个社会资本划分为两大行业：产业资本和商业资本，而商业资本又分为两个亚种：商品经营资本和货币经营资本，金融业则是在货币经营资本的基础上发展起来的。产业资本形成价值与剩余价值，商业资本实现价值与剩余价值，因此把它们称为职能资本，即执行着产生和实现剩余价值这一职能的资本。剩余价值产生于产业资本的循环，而产业资本循环采取货币资本、生产资本、商品资本三种形式，经历货币转化为生产资料与劳动力、生产、增值的商品转化为货币三个阶段。产业资本循环中的生产资本和商品资本是现实资本，即构成现实生产要素的资本，它们不同于货币资本，货币资本本身不是现实的生产要素。

　　在区分货币资本与现实资本的前提下，把股权融资凭证和债权融资凭证都包括进来，就可以把这些作为价值符号的非现实资本都称为虚拟资本，将构成现实生产要素的资本则称为实体资本。实体资本与虚拟资本是市场经济赖以发展前进的两个轮子，它们相互依赖，是市场经济这个整体中的有机构成部分。没有虚拟资本，实体资本就无法运转，但是实体资本积累是经济发展的基础。

　　虚拟资本活动中的交易对象是货币资本等特殊商品，金融交易直接表现为货币资本等特殊商品的交换关系。在市场经济条件下，经济发展过程包括生产、分配、交换、消费四个环节：生产创造适合需要的对象；分配依照以市场交换为基础的社会条件把生产出的东西分配给不同的主体；交换依照个人需要把已经分配的东西再分配；最后，在消费中，产品脱离这种社会运动，直接变成个人的需要对象。因此，生产表现为起点，消费表现为终点，分配和交换表现为中间环节。

　　在虚拟资本的运动中，人们是以货币资本等特殊商品为经营对象，它直接表现为分配和交换关系，虚拟资本并未直接进入生产领域，也未直接用来消费，它处于生产与消费之间的中间环节。所以它的量和运动方式要被实体资本的运动所决定。由于价值和剩余价值都是直接由实体资本创造的，所以经济发展必须以实体资本的发展为基础。光是货币和有价证券的增多不能反映经济的发展，只有当它们所代表的实体资本增长时，才表明经济确实在发展。现行国民经济核算中 GNP 和 GDP 指标，并不包含股票等有价证券的价格。如果我们把手持现金 1 万元存入银行或用它由某证券公司购买股票，这时社会资本并没有增长，只是个人资产结构发生了变化，只有当某种物质资本形成时，才会出现社会资本的增多和经济的发展。

从马克思主义经济学的上述理论视角可以看到，当前国际金融危机产生的一个重要原因，就在于苏东剧变以后，产业工人在经济社会中的影响受到削弱，导致虚拟资本过度膨胀，脱离了实体经济的发展。在资本主义社会，生产资料所有制明确规定了谁是统治阶级。这种所有制可以表现为各种各样的制度安排。在19世纪和20世纪之交，传统的生产资料个人所有制和家庭所有制受到削弱，居于支配地位的所有制出现了一种新结构。

在这种结构中，狭义上的所有权已经与管理相分离。所有权只存在于公司之外，以持有证券如股票或债券的形式表现出来。在这个意义上，它可以被看作一种"金融所有权"。管理是经理人员在员工的协助下得以实现的。他们的集体行为不只是进行生产（像在车间里），而是与资本循环有关的各项工作。所有者与生产及管理的分离形成了对资本所有者控制权的威胁，但是资本所有者的权力是可以通过金融机构行使的，正是在这一领域具有垄断力的资本所有者实现了对管理的控制和资本的分配。这样，就可能将资本所有者与他们的金融机构（银行、基金等）联系起来，即由资本所有者的上层和金融机构联合组成对工人阶级和实体经济的新统治。

同过去传统企业内部把工资与利润分开处理相比，现在西方发达国家的独立业主、合伙人和股份公司的问题更显示出社会关系类型的错综复杂。20世纪80年代后期以来，西方发达国家多数合伙人收入都用于投资某一金融部门，富裕家庭将其财富集中并从事金融运营；这样，利息和股息就转变为合伙的收益。这些群体是避税大户。将上述三个群体的收入在总体上加以考察，可以看到，来自金融和不动产的收入大约占到总收入的1/3。商业服务的利润大约占到总收入的1/4，它们对应的是管理工作，这些管理工作分包给了企业，这些企业中专业人员处于主导地位，他们出售服务并且是企业的所有者。在收入最高1%人群的收入中，非工资收入所占比例巨大，这一资本主义生产关系的重要标志在近20年得到了强化。据统计，1999年，在美国和法国，非工资性收入占到收入最高1%家庭收入的一半，占到收入最高0.01%家庭收入的58%，财经资料还未能反映尚未变现的资本收益，这部分收益可能占到每一个富裕家庭不断上升的"虚拟"财富的大部分。在这一水平，收入是如此之高，任何人达到这一高位，实际上就必然是大量证券资产的持有者。①

在不断增强的金融资本势力推动下，20 世纪 70 年代中期美国金融当局把利率大大提高之后，大量国内外资本急剧地转向金融领域，因为在这里资本的回报率十分高。美国金融当局知道在实体经济领域产业比较萧条的情况下，资本家的问题不是货币资本太少，而是在资本过剩的危机中投资获利的机会太少了。而货币资本一旦进入金融领域就不会闲置了。在随后的三十年里，美国在其不断扩张的内在本质和外在竞争压力（要么增长，要么灭亡）的驱动下，资本的金融代理人（银行，投资公司，对冲基金，私人产权公司等）飞速地进行大量买卖、借贷和消费，导致金融领域（包括就业、交易、工具、参与者和盈利）的急剧膨胀。换句话说，金融产业疯狂地发展。

生产资本是通过在生产领域创造剩余价值和利润来实现扩大再生产，而货币资本则是不同的，它更加自由自往、可以在流通领域通过各种对生产生活有利和不利的财富转移短期行为获利。货币资本可以借助于网络在全球流动。如果金融资本能够进入工厂、设备和新技术的长期投资中，则可以创造新的就业岗位，促进增长。然而这些并不是金融资本最喜爱的投资行为，因为它更愿意仅在流通领域通过自我膨胀来获取短期暴利。于是，导致美国等国的实体经济向发展中国家的转移、失业增多和大多数人工资福利的停滞和削减。这个过程在成功地把财富由实体经济中物质财富的创造者工人身上转移到物质财富占有者——金融资本的上流社会手中的同时，并不能增强这些国家物质财富的创造能力和有效需求。为了增加有效需求和物质财富的供应，这些国家依靠金融市场吸引了大量的流动资本，依赖于本国消费者和外国投资者的债务大量增加。由于本国实体经济没有足够的发展，支撑消费的广大劳动者的收入没有足够的增加，也就出现了因各种债务无法偿还而爆发的美国次贷危机和全球性国际金融危机。

所以，虽然虚拟资本积累对于实体资本积累的效率有着巨大的影响，它在适应实体资本积累时，能够使市场交易更加方便，从而加速资源的配

---

① 上述事实和数据参阅［法］热拉尔·杜梅尼尔和多米尼克·莱维《新自由主义与当代资本主义中金融资本势力的上升》，载刘元琪主编《资本主义经济金融化与国际金融危机》，丁为民、王熙译，经济科学出版社 2009 年版，第 172 页。

置和财富的创造，但是归根结底，是不能脱离实体资本积累而单独发展的。它本身的发展还不是生产力的发展，它脱离实体资本积累的发展，不仅不能促进经济的发展和人类福利的增加，还会给经济和人类带来很多不良后果。以适度的货币政策与金融工具创新，使虚拟资本的积累服务于实体资本的积累而不是脱离实体资本的积累，是防范国际金融危机的重要前提。

二　马克思主义经济理论克服国际金融危机的历史作用

当前国际金融危机不是一种新的经济现象，自从资本主义生产方式占统治地位以后就不断出现，只不过在马克思主义经济理论得到广泛传播和社会主义运动在世界范围蓬勃兴起的推动下，自 20 世纪 30 年代的大萧条以来，一些资本主义发达国家的生产分配关系发生了一系列变化，使危机的形式有所不同，危机的程度有所缓和而已。

在相当长的一段时间里，国际金融危机问题是被西方主流经济学竭力回避的。19 世纪后期产生的西方经济学的基本理论——边际效用论和均衡价格论，都是在撇开国际金融危机问题的条件下来从事经济研究的。20 世纪 30 年代后期以来出现并被西方经济学界普遍接受的凯恩斯主义经济学等，虽然把国际金融危机问题引入了经济学领域，但又只把国际金融危机看成是人们主观心理因素造成的后果，虽然提出了一些缓解危机的政策措施，仍然无法从根本上说明国际金融危机的产生与治理。

与西方经济学不同，马克思主义经济理论始终高度重视国际金融危机问题。任何社会现象只有作为问题才能成为对象，而对以问题（或批判）眼光看待资本主义社会现实的马克思主义经典作家来说，资本主义经济制度所特有的问题性使得国际金融危机现象一开始就成了他们关注的焦点。与很多西方经济学家只关注国际金融危机政策和技术层面问题不同，马克思主义经济理论同时关注了国际金融危机的"政治"方面，以及作为制度基础的权力结构（人们以对"物"即生产资料的占有为中介所形成的统治——服从命令——服从关系结构）。

所以研究国际金融危机问题，如果不能遵循马克思主义的研究方法和基本原理，就很可能走向片面。这种片面的一种表现，就是有些西方经济学家认为，马克思主义经济理论与克服国际金融危机问题无关，只有新古典经济学，最多再加上凯恩斯的理论，才是可以治理国际金融危机的理论。并且每次国际金融危机都只是在新古典经济学和凯恩斯主义经济学等西方经济学理论起作用的条件下得到了克服。这是不符合实际的。

新古典经济学和凯恩斯主义经济学只是讲了市场交换机制和政府干预在克服国际金融危机中的作用，都没有论述生产分配关系中工人阶级地位提高和实体经济发展在其中可以起到的根本作用。在历史上，历次国际金融危机之所以能够得到缓解，在有些时期和阶段，还能使经济得以复苏和发展，根本原因并不像西方经济学界宣传的那样，只是遵循凯恩斯主义经济学等理论扩大了财政支出和加强了对经济的管制，或只是遵循新古典经济学等理论稳定了货币供给和放松了对经济的管制，而是在于马克思主义经济理论广泛传播以后，资本主义国家阶级力量对比在相当长的一段时间里发生了有利于工人阶级和实体经济发展的变化。

尽管马克思主义经济理论诞生之后遭到了资本主义社会统治阶层的百般抵制和歪曲攻击，还是影响了人们对资本主义制度的认识。在马克思主义经济理论广泛传播之前，雇主和工人大都信奉西方古典自由主义的理论，把各自已有财产的产权看成是不可改变的"天赋人权"，把社会的两极分化看成是理应如此的自然现象。以为按照自然规律（人们把市场经济运作看成是自然规律），个人的财产权利不可能由劳动贡献决定。按照市场交换形成的自然法则，没有非劳动生产要素的劳动者即使劳动贡献很大，也只能得到维持最低基本生活费用的工资；有资本的人即使劳动贡献小，也有权按照资本的贡献得到全部利润；有土地的人即使不劳动，也有权按照土地的贡献得到全部地租。这些都是自然的、不应调节、不可改变的。于是，在对资产者的非劳动生产要素产权的优先保护下，西方社会的不平等发展到了极端的程度。轰轰烈烈的工业革命所带来的好处，绝大部分为少数资本家和暴发户所获得。封建社会制度固有的不自由、不平等以及贵族的特权被消除后，新的特权、不平等、不自由和人身依附现象又出现了，实体经济出现了停滞不前的状态。

马克思主义理论诞生以后，不管人们公开如何表白，实际上都广泛认识到了这一理论所阐明的如下道理：（1）社会和经济的发展最终要依赖于生产力的发展，在生产力的诸因素中，劳动者的劳动是"主体"和"财富的一般可能性"。（2）资本主义私有制使广大劳动者的劳动成果产权与他们本人发生了"异化"。（3）广大劳动者劳动成果的异化，不能适应社会化大生产发展的要求，必然要被某种可以使广大劳动者的劳动成果产权回归他们的社会主义制度所取代。于是人们不再把市场交换单一机制形成的资本主义经济关系看成不可改变的"天赋人权"或自然规律的结果，工人运动汹涌澎湃，社会主义思想也得到了广泛的传播，要求革命和改良的历史浪潮形成对当时的原始资本主义私有制的猛烈冲击，使这种经济关系全面崩溃。

在20世纪，从世纪之初到四五十年代，首先在俄国，接着在欧亚两洲一些国家的无产阶级和劳动人民争得了革命的胜利，掌握了国家政权，其中也包括我们中国，建立起了社会主义制度。它们改变了世界上社会和政治力量对比，改变了世界的总面貌，为社会主义制度的推广——反对剥削和压迫、反对垄断和强权、反对殖民主义、反对帝国主义，提供了强有力的推动力。这些国家社会主义制度的建立，不仅在当时的历史环境下推动了这些国家的经济发展和人民富裕，也为资本主义国家劳动人民争取自身权益、民主地改造资产阶级社会、提高资本主义社会中人们的福利水平及其社会保障质量，在资本主义生产分配关系中注入社会主义因素，创造了必要的国际环境。

在西方资本主义发达国家，自由放任的市场经济被政府干预的混合市场经济（以美国为典型）所取代，欧洲战后建立了福利市场经济或社会市场经济。19世纪后期至苏东国家剧变之前，尽管很多国家还没有建成社会主义，有些国家的社会主义运动出现了较大的错误和波折，但总的来看，各国的阶级力量对比都发生了变化，多数劳动者拥有和可以控制的财产在增多，工人阶级受压迫、受剥削的状况有了缓解，工人阶级的政治地位和平等权利有所改善，社会各阶层之间的平等协商和利益分享有所增加，多数劳动者劳动所得产权的壮大确实促进了各国的实体经济发展。

在新的经济关系下，自由放任原始资本主义私有制被打破，劳动成果产权出现了向劳动者本人回归的趋势，其具体表现就是，在一个相当长的历史时期内，尽管现在世界各国都在越来越多地用资本替代劳力、用机器替代人工，国家和个人财产越来越多，劳动收入却在国民收入中占约75%，且有比例上升趋势，用西蒙·库兹涅茨的话说就是："人们可以在上述现代经济增长的一个世纪中（这个时间可持续一个半世纪而不致使历史趋势有大的变更），劳动收入的份额上升了，大约从 55% 上升为 75%；而资产收入则下降了，大约从 45% 降为大约 25%。"①

因此，第二次世界大战以后的某些时期，一些资本主义国家的金融危机有了相当程度的缓解。例如，从 1991 年 3 月至 2000 年年底，美国经济出现了罕见的连续繁荣，持续增长 117 个月。尤其是 1995 年以后的一段时间，美国 GDP 年均增长 4.2%，出乎所有经济学家的意料，他们预测美国只有每年 2% 的增长速度。还不仅仅是 GDP，美国的劳动生产率年增长率由 1% 左右提升到 4% 以上；失业率低于 6% 正常界限；年通胀率保持在 2% 左右的低水平；财政赤字大幅降低，财政收支出现极为少见的连年盈余②。按照西方经济学的某些理论来说，经济的快速增长必然伴随着通货膨胀；投资额不断增加，必然导致投资收益递减。但是美国 20 世纪 90 年代那种高增长、低通胀、低失业的经济现象却是这些经济理论难以解释的。

美国经济那时之所以出现这种强劲势头，根本原因在于在第二次世界大战初期社会主义运动兴起效应的持续影响下，劳资矛盾缓和的效应还在起作用，真正从事生产的实体经济出现了新的、足以支持经济进行高速持续发展的增长点——以"信息高速公路"计划等高科技为代表的新经济。在美国经济高速发展的这段时期，美国正好处于信息技术高速发展的时期，经历了个人电脑普及、互联网普遍应用，再到电子商务蓬勃发展的三个阶段。这和美国经济增长的节律完全符合。

然而，由于苏联解体后世界社会主义运动步入低潮，强调实体经济生产活动对经济发展基础作用和维护工人阶级利益的马克思主义经济理论更被忽视，金融业本身被人们直接当成了经济发展的财富标志，信息产业出现了网络泡沫。信息技术的突破和高速发展导致了信息领域内的企业创新浪潮，于是，大量的资本从传统产业抽出，投入到信息产业领域，形形色色的网络公司一夜之间充斥纳斯达克。各种风险资金的不断投入，使网络公司的股票不断上涨，股市财富效应又使得股民的收入不断"增加"，这样相互促进，循环往复，风险资金就越来越集中到 IT 领域，同时也增加了

① 西蒙·库兹涅茨：《各国的经济增长——总产值和生产结构》，商务印书馆 1985 年版，第 76—78 页。

② 以上数据来自吴振兴、袁野《危机与转机》，新世界出版社 2009 年版，第 9—10 页。

对人才、设备等的需求，从而传导到社会各个角落，刺激了整个经济的发展，产生了所谓"新经济"的神话，同时也为网络泡沫的产生埋下了伏笔。

风险投资的过度介入，造成了虚假繁荣。纳斯达克股票的不断攀升不仅使股民们为之疯狂，网络公司本身也开始失去理智。这些公司以"资本增值"为公司的主要发展目标，一切都为资本市场服务，只要能够使公司上市融得更多的资金，可以不择手段。于是公司的业务不再是面向实体经济的需求，而是转向资本市场，公司目标不再是创造价值获得剩余价值，而是追捧股市上的各种指标。同时为了吸引股民的注意力，许多虚无缥缈的新概念开始被大肆炒作。这一切都造就了一个网络经济时代的虚假繁荣。

财富创造的基本原则和基本规律是，企业只有创造价值才能够为市场带来财富。作为网络公司，只有把网络技术渗透到实体经济的各个领域，使得实体经济因此获得更高的生产效率，才能创造价值。然而当大量的资本流入到网络公司，但网络公司并不把钱花在针对实体经济的需求进行的新技术的研发与应用上，而是把重点放在吸引股民的眼球上，放在概念的炒作上，这就必然无益于实体经济的发展和人民福利的提高。当投资者最终发现网络公司并不能创造盈利之后，就大大调低对其盈利前景的预期，从而导致了股票的大幅下跌，网络泡沫就这样破灭了。

所以，只有微软、苹果、IBM、英特尔这样真正能做出实际有用的商品的高科技公司，才最终生存下来，并发展壮大，而那些仅仅靠概念"忽悠"股民的公司，一到退潮的时候，他们的尴尬就暴露无遗了。到了21世纪初，小布什总统上台之后，经济形势已经发生了巨大变化，所谓的"新经济"神话已经破灭，美国经济进入到一个调整时期。就在这个时候，又发生了"9·11"事件，使得美国经济雪上加霜。新经济的神话已经破灭，人民对国家安全的信心又遭受重创，在这样的情况下，美国政府把房地产当作了新的经济增长点。

但是，由于苏联解体后马克思主义经济理论的影响下降，美国和一些西方国家出现了新的收入差距拉大，房地产业的发展受到了有支付能力的需求不足的困扰。在相当长的时期内美国收入增长而产生的大部分利益没有为大批薪酬丰厚的工人获得，而是落入了一小群薪酬极其丰厚者的腰包。一般而言，得到庞大收入的人也受过良好的教育，但他们的收益并不代表教育较好的工人整体的收益。CEO 与教师一般都有硕士学位，但教师收入自 1973 年来仅有轻度的增长，而 CEO 的收入却大涨，在 1970 年只相当于一般工人的三十倍左右，现在已经超过了三百倍。①

可以发现，就连受过高等教育的美国人，其收入也大都落到了平均水平之下，而一小群人的境况却好得离谱。这一现象大大削弱了技能偏向型科技变化在解释收入不均时的说服力。相反，这一现象支持了另一个论断，即收入不均拉大的主因是制度与规范的变化。制度变化的例子是工会力量的变弱，规范变化的例子是，"老板收入大大超过普通工人则不利于士气"这一想法一度曾很流行，后来却又不被主流舆论认可了。②

当前国际金融危机爆发的导火索是美国的次贷危机，它发生在金融领域，根源却在生产领域。在美国，由于马克思主义经济理论在苏东剧变后影响削弱，资本主义基本矛盾重新加深，社会实际有支付能力的需求日趋无法跟上国内外联合组成的实体经济的发展速度，只不过在现代金融高度发达的条件下，其表现形式不是生产出来的住房卖不掉，而是通过贷款已经得到住房的穷人无力现实地支付房款。因此，尽管表面上看，生产出来的住房已经卖掉了，但实际上在实体经济生产领域中的生产过剩已经存在。当过度发展金融业催生的房地产泡沫一旦破灭，其隐含的总供给大于总需求的矛盾就显现为经济运行的现实矛盾。作为此次国际金融危机先兆的次贷危机，并不是此次国际金融危机的根源，相反，它只是生产过剩的结果和危机的另一种表现形式。

由于周期性的国际金融危机反复出现，世界各国已从最初的放任不管转变为积极采取各种措施来试图克服，但有的时候取得了比较明显的效果，有的时候则效果并不明显，有的甚至还导致了经济衰退。这些都是和马克思主义经济理论起作用的程度密切相关的。西方经济学的凯恩斯主义理论等只是关于克服金融危机治标方面的理论，马克思主义经济理论则是主张对于国际金融危机标本兼治的理论。只注意国际金融危机体制、政策层面上的原因而忽视制度层面上的原因，是无法从根本上克服国际金融危机的。细节在一定条件下决定全局，只注意制度层面上的原因而不注意体制、政策层面上的原因，也会因小失大。对于金融危机

①　［美］保罗·克鲁格曼：《美国怎么了？》，刘波译，中信出版社 2008 年版，第 104 页。
②　同上。

只治标不治本，危机只能缓解而不能化解，要在危机中求发展在治标的同时必须治本。

在 18 世纪到 19 世纪期间，资本主义经济曾经有过前所未有的增长，但是那时资本主义的经济增长是以牺牲人的全面发展为代价的，是物对人的统治，人仅仅成为创造物质财富的手段，人成为物的奴隶，于是导致了国际金融危机的周期性爆发，阻碍了经济社会的科学发展。马克思主义创始人强烈地批判了资本主义经济增长非人道的社会弊端，提出要建立以每个人的自由、平等和全面发展为基本原则的社会主义社会，科学论证了在未来社会主义社会，不是物对人的统治，而是物为人的全面发展这一目的服务。当各国经济向马克思主义指明的方向调整以后，才使金融危机的危害有了缓解，继续有了增长。

战后各资本主义国家依据凯恩斯主义经济学等理论所采取的应对措施，一方面在一定时期和一定程度上可以缓解国际金融危机，另一方面又因没有解决生产分配领域的基本矛盾有阻碍经济发展的效应，为以后的更大危机埋下了种子。马克思主义经济理论推动社会主义运动兴起所引发的工人阶级地位提高和实体经济发展，对 20 世纪以来历次国际金融危机的克服，都起到了其他学说无法起到的标本兼治作用。

三 运用中国化的马克思主义经济理论 应对国际金融危机

自此次国际金融危机爆发以来，美国、欧元区和日本经济受金融危机的冲击，发展迟缓，失业率长时间居于历史高位。国际上针对中国的贸易摩擦频仍，强压人民币升值的呼声日涨。进入 2010 年以来，美国采取对华贸易保护措施更是有增无减，贸易保护频率、强度、手段、内容全面升级，中国外贸形势之严峻由此可见一斑。当前国际金融危机从时间上看，恰好又发生在中国经济经过一段高速增长后周期性地出现回落并进入调整的阶段，这就使中国过去较多依靠出口和资源投入的经济发展方式面临更大的挑战，转变经济发展方式已成为中国经济工作必须强调的最紧迫任务。中国化的马克思主义经济理论为转变经济发展方式，标本兼治地应对当前的国际金融危机，提供了最重要的理论基础。按照这种理论，应对当前国际金融危机必须做好以下三个方面的工作。

（一）推进社会主义的制度创新

20 世纪 90 年代苏东剧变以后，新自由主义思潮不仅在西方发达国家取得了在经济学领域的支配地位，而且也对中国如何应对当前国际金融危机产生了很大的影响，其主要表现就是一些学者借新自由主义的经济理论反对在应对当前国际金融危机中进行社会主义制度创新，认为只有用激进改革推翻社会主义制度才能转变经济发展方式，成功地应对当前的国际金融危机。

他们在这样做的时候，常常把一切好的东西、切合中国实际的东西、有利于生产力发展和人民富裕的东西，都说成是资本主义的；把一切坏的东西、不切合中国实际的东西、不利于生产力发展和人民富裕的东西，都说成是社会主义的，用以论证资本主义制度的现代性、永恒性和普适性。

其中一种流行的说法是把资本主义与市场经济相等同，把资本主义说成是一种市场关系，在这种关系中，所有的人都以私人交易者的身份出现，交易双方都是平等的、自由的，都能自主选择、自主决策，而不是像在前资本主义之下，使用劳动力的人同劳动者本人之间存在依附关系，是不平等的，都不能自由选择，于是也就不存在市场关系、资本主义制度。

这种说法的错误在于，虽然资本主义存在于市场经济之中，但恰恰是资本主义的生产方式和政治制度，形成了劳动对资本的新的依附关系，用劳资之间交易关系的平等自由掩盖了他们之间生产关系的不平等不自由，阻碍了个人的自由选择和个人之间的交易平等关系的进一步发展，形成了不断导致国际金融危机的社会化生产同资本主义占有形式之间的基本矛盾。所以应该在资本主义和市场经济之间做出明确区分。

马克思主义经济理论认为，资本主义制度的最基本特点表现在其生产方式中，即一个阶级独占地拥有作为社会劳动产品的生产资料。这种某一阶级独占的拥有，虽然在历史上采取了生产资料个人所有制的形式，但也可能采取公有的形式。当社会劳动所生产的生产资料不被社会整体所掌握而被社会的一部分人所掌握（然后这一部分变成了统治社会的"资产阶级"），他们在市场交易的掩盖下剥削、压迫无产阶级，那里就存在着资本主义。所以，把资本主义仅仅看成一种市场关系是不全面的，它是建立在一种特定生产方式上的社会经济制度，在这种社会经济制度下，资本家占有生产资料和国家政权，雇佣工人进行生产，独占剩余价值，并在此基础上构成一整套与此相适应的政治法律制度和社会意识形态。运用这种理论，才能科学说明资本主义制度与转变经济发展方式应对当前国际金融危机的关系。

中国特色社会主义理论体系是马克思主义中国化的最新成果。在当代中国，坚持中国特色社会主义理论体系，就是真正坚持马克思主义。中国特色社会主义理论体系包括邓小平理论、"三个代表"重要思想以及科学发展观等，其中，科学发展观是中国化马克思主义经济理论关于发展的理论的集中体现，也是中国应对此次国际金融危机必须贯彻落实的重大战略思想。在中国共产党十六届三中全会上，科学发展观被正式写进了党的文件，这次会议通过的《中共中央关于完善社会主义市场经济体制若干问题的决定》，将科学发展观的要点表述为："坚持以人为本，树立全面、协调、可持续的发展观，促进经济社会和人的全面发展。"① 按照中国化马克思主义经济理论科学发展观，广大劳动者都是经济活动的主体，经济发展是广大劳动者共同创造的，我国的社会主义制度，比资本主义制度更有利于化解生产领域里的矛盾，应对当前国际金融危机不必先用激进改革推翻这种制度，而是要在社会主义的制度创新中转变经济发展方式。

这些有利于转变经济发展方式的制度创新包括，完善公有制为主体，多种所有制共同发展的基本经济制度，使国有经济、合作经济、职工股份所有制经济、利害攸关者经济、私人经济等都有更加充分的发展空间。在企业生产规模已扩大到相当程度的情况下，要吸取早期资本主义国家整个社会生产的无协调性的教训，强化政府对经济的宏观调控体制，通过征税、补贴和政府支出等措施，使各个企业生产的剩余价值都部分地由社会所有和支配。同时，适应研制、开发新技术、新产品的创造性劳动已成为主要劳动方式的新情况，建立不同于资本主义的劳动者在剩余价值生产和分配中的地位以及劳动者同资产者的关系。因为，在科学技术革命连续发生的新生产力条件下，用社会主义制度提高劳动者的政治经济地位是转变经济发展方式和应对国际金融危机所要求的。资本主义那种把劳动者当成雇佣奴隶的做法，不仅会激化劳资矛盾，更会扼杀劳动者的主动性和创造性，使企业及国家的技术创新能力和科技竞争实力下降，使生产过程难以

---

① 转引自赵可铭等编《国防和军队建设树立落实科学发展观学习读本》，国防大学出版社2006 年版，第 4 页。

为继，企业和国家逐步陷于经济停滞状态，经济危机此伏彼起。

（二）重塑人的主体地位

虽然马克思主义经济理论早在100多年前，便旗帜鲜明地提出未来社会的目标是人的全面而自由的发展，并认为真正的财富就是所有个人的发达的生产力，但这种以人为本的经济理论在其后的100多年里并没有引起很多国家决策者的高度重视。长期被人们广泛接受的有关人力地位的经济理论，是一种西方经济学倡导的以物为本理论。它认为财富就是物质收入，经济发展必须以物质收入的增长为核心，物质收入是唯一财富，人力只是资本、只是增加收入的手段。因此，追求物质收入的无限增加是至高无上的目标。当前的国际金融危机正是少数人在这种理论指导下，为追求金钱收入牺牲最广大劳动人民利益所造成的恶果。

与西方经济学这种以物为本的理论不同，在中国化马克思主义经济理论的科学发展观看来，经济发展方式的一切转变既依赖人的发展又为了人的发展，人力既是转变经济发展方式的手段，更是转变经济发展方式的目的；既是资本，更是财富。要转变经济发展方式，标本兼治地应对当前的国际金融危机，必须重塑人的主体地位。这种观点的科学性表现在，第一，它对转变经济发展方式目标的设置反映了社会经济发展的实质。它把人的全面发展作为转变经济发展方式的目标，把社会的经济、政治、文化发展，归于满足人的发展需要。这代表了广大人民群众的根本利益，体现了立党为公、执政为民的宗旨，可以使转变经济发展方式给中国最广大人民群众带来利益和实惠。

第二，它在转变经济发展方式的手段中，强调了人的发展对于转变经济发展方式其他手段的决定性作用。把人的发展作为转变经济发展方式的基础，坚持了人民群众是社会发展主体和历史发展动力的唯物史观，重视广泛动员群众，充分发动群众的积极性与首创精神，推进我国社会主义现代化建设，继承和弘扬了党的一切依靠群众，从群众中来到群众中去的优良传统。承认人力资源是第一资源，把人力资源作为最重要的战略资源来认识、开发和管理，有利于促使我国由传统的人口大国转化为人力资源强国，把人口压力转化为人力优势，符合转变经济发展方式的客观需要。

这就需要摒弃片面追求GDP产出而不计资源环境成本投入、只重视物质财富积累而忽视人的全面发展、只考虑当代人不顾及后代人的发展理念，把转变经济发展方式应对国际金融危机与扩大内需保民生结合起来，改善社会各阶层特别是低收入阶层的生活状况：处于二元经济结构转型中的几亿农民，特别是失去土地而生计又没有完全落实的农民；人数在 1 亿人以上而且还在不断增加的作为工人阶级尚不稳定部分的农民工；下岗失业工人；新的社会阶层；各类所有制企业的弱势群体，等等。较大幅度增加公共支出，实行结构性减税，继续加大对"三农"、就业、社会保障、教育、医疗等重大改革方面的支持力度，加大对低收入家庭的补贴和救助力度，全方位促进就业增长，加快完善城乡社会保障体系，扩大城镇职工基本养老保险、基本医疗保险和城镇居民基本医疗保险覆盖面，积极开展农村养老保险试点，增加保障性住房供给，减轻居民合理购买自住普通商品住房负担等措施。转变经济发展方式应对国际金融危机归根结底要依靠全国人民齐心协力的参与和支持，可以说，这些措施既是扩大内需保民生的，也是从根本上应对国际金融危机转变经济发展方式的。

（三）支持劳动的创造发明

当前国际金融危机爆发的一个重要原因在于，在西方国家居于支配地位的经济学理论，长期无视最广大劳动人民具有认识世界和改造世界的创造发明主体力量，将劳动等同于物质生产要素，认为劳动是工具而不是其自身的目的，所以它们的各种政策主张都是想方设法减少劳动者的收入，要使剩余价值率达到最大限度，并把这种做法伸展到经济学领域以外——伸展到企业"外部储蓄"的范围——这被它们描述为"社会成本"或"人力成本"（教育、保健等），这里有关的经济异化反映在西方经济学理论上，就是选择"成本"这个名称来表示劳动者的收入。正是在这种理论的指导下，近 20 年来西方一些发达国家劳资关系重新走向紧张，收入分配差距拉大，压制了劳动的创造发明和实体经济的发展。

在研究如何支持劳动的创造发明方面，马克思主义经济理论为我们提供了一个比西方经济学广阔得多的理论框架。正如马克思所说"劳动不是一切财富的源泉。自然界和劳动一样也是使用价值（而物质财富本来就是由使用价值构成的!）的源泉，劳动本身不过是一种自然力的表现，即人的劳动力的表现。"[1] "劳动是财富之父，土地是财富之母"，人和自然界

---

① 《马克思恩格斯选集》第 3 卷，人民出版社 1972 年版，第 5 页。

都是人类财富的源泉。马克思主义经济理论像西方经济学理论一样，承认人的劳动有与自然界相同的一面，也可以表现为"一种自然力"，但是，和西方经济学理论不同的地方是，马克思主义经济理论同时还认为人的劳动有与物不同的一面，马克思指出："劳动是非原料，非劳动工具，非原产品……劳动不是作为对象，而是作为活动存在；不是作为**价值**本身，而是作为价值的**活的源泉**存在。……劳动作为主体，作为活动是财富的**一般可能性**。"①

诚然，应对当前国际金融危机转变经济发展方式，必须尽可能向劳动者的劳动注入更多的科技含量，以不断增加劳动者利用高科技手段创造发明的能力。面对这种情况，一些学者常常依据西方经济学的概念把马克思主义经济理论的劳动价值论理解为体力劳动价值论，把科学技术与劳动割裂开来、对立起来，认为既然应对当前国际金融危机转变经济发展方式要更多地依赖于科学技术，劳动就越来越不重要了，马克思主义经济理论的劳动价值论已经过时。其实，他们把马克思主义经济理论的劳动价值论理解为体力劳动价值论是毫无根据的。马克思指出："我们把劳动力或劳动能力，理解为人的身体即活的人体中存在的、每当人生产某种使用价值时就运用的体力和智力的总和。"② 又说"单个人如果不在自己的头脑支配下使自己的肌肉活动起来，就不能对自然发生作用。正如在自然机体中头和手组成一体一样，劳动过程把脑力劳动和体力劳动结合在一起了。"③ 他还充分肯定了科技在财富增长中的作用，把科技看作是财富的最可靠形式，是人的生产力的发展的一个方面④。

1997 年 6 月，世界银行的研究报告《财富测度的扩展：环境可持续发展指标》把财富归纳为一国拥有的人造资产（produced assets）、自然资本（natural capital）、人力资源（human resources）和社会资本（social capital）的总和⑤。我们看到，在这四种财富中，人造资产、人力资源和社会资本三种都是人用劳动改造自然形成的，自然资本中也将有越来越大的部分受

---

① 《马克思恩格斯全集》第46卷上册，人民出版社1979年版，第252—253页。
② 《马克思恩格斯全集》第23卷，人民出版社1972年版，第190页。
③ 同上书，第555页。
④ 参阅《马克思恩格斯全集》第46卷下册，人民出版社1979年版，第34—35页。
⑤ 参阅世界银行环境局 J. 迪克逊等《扩展衡量财富的手段——环境可持续发展的指标》，中国环境科学出版社1998年版，第1页。

到人类劳动的改造。在当今世界，一个地区的经济发展水平同其自然资源的丰富并没有显著的相关性。有些自然资源丰富的地区却是经济上落后的地区，而有些经济发达地区却原本自然资源贫乏，存在着人们通常所说的"富饶的贫困"和"贫乏的富裕"。应对当前国际金融危机转变经济发展方式，必须运用中国化马克思主义经济理论，调动最广大人民群众的积极性和创造性，发展科学和教育，用复杂劳动代替简单劳动，用包含尽可能多的具有创新因素的劳动去创造知识、运用知识改造自然、保护自然。

在中国化马克思主义经济理论看来，社会主义经济发展的目的是满足人民群众日益增长的物质文化生活的需要。这种需要，不仅是不断提高收入水平，获得更多的物质产品和服务，也包括获得清洁的水、清新的空气、绿色的空间、惬意的环境等。改革开放以来，随着我国经济的快速增长，生态环境的压力越来越大。由于一些地区不顾自然规律竭泽而渔式的开发，导致生态系统整体功能退化，越来越多的区域成为不适宜人类生存的空间。由于一些地区超出资源环境承载能力的过度开发，导致水资源短缺，绿色空间锐减，环境污染加剧。这些问题，在一定程度上抵消了经济快速增长和收入增加带来的生活水平提高。

这就需要在应对当前国际金融危机转变经济发展方式的过程中，从多方面支持劳动的创造发明，鼓励劳动者在上一代劳动者留下来的生产方式和科技水平的基础上从事创新劳动，改变过去劳动的运行轨道，带动经济的更好更快发展。这种创造发明或者是生产了能满足人类新需要的新产品、新服务；或者是开辟了发展的新领域、新途径；或者是创办了协作的新企业、新组织；或者是提出了科学的新原理、新方法；或者是做出了研究的新发现、新发明；或者是制定了制度的新规则、新法律；或者是创造了更有效率的新工具、新手段。以这种劳动的创造发明增强人类驾驭自然和改造社会的能力，不仅以尽可能少的资源投入实现经济增长，而且也要以尽可能少的污染物排放实现经济增长。在充分发挥虚拟资本积累服务于实体资本积累积极作用的同时，避免其消极影响。虚拟资本积累的发展和开放，应该以是否能推动实体资本积累的持续健康发展为基本准绳，严格控制其中的非理性泡沫成分，在虚拟资本和实体资本的良性互动中，寻求我国实体经济的快速发展。

（原载《广西经济管理干部学院学报》2010 年第 4 期）

民主社会主义的流变及其与中国特色社会主义的本质区别

吕薇洲[*]

在当代诸多国外理论流派中，民主社会主义的历史比较悠久，影响比较广泛，是最具影响力的全球性政治思潮之一。主张民主社会主义的西方社会（民主）党，是欧洲政治舞台上与右翼、极右翼势力相抗衡的一支重要的左翼政治力量，他们常以西方社会广大民众政治代表的身份进行活动，对欧洲乃至整个世界历史的进程都产生了深远影响。冷战期间，曾有30多个欧洲社会（民主）党上台执政或参政，有的执政时间甚至长达半个世纪以上。目前的社会党国际已发展成为遍布世界五大洲、拥有近170个成员党和4000多万党员的重要政治力量。基于民主社会主义在整个世界社会主义运动中已经产生并将继续产生不可忽视的作用，鉴于民主社会主义思潮近年来在我国不断蔓延的趋势，本文拟探讨民主社会主义的嬗变、实质和影响，并在此基础上分析民主社会主义与中国特色社会主义的本质区别。

一　民主社会主义的嬗变

民主社会主义萌发于19世纪40年代。作为欧美发达国家工人运动和社会主义运动的直接产物，民主社会主义在第二国际晚期之前，与科学社会主义有着相近的思想内容和目标战略，几乎是科学社会主义的同义语，马克思恩格斯一度自称为社会民主主义者或社会民主党人，列宁也曾直接把社会民主主义与科学社会主义等同起来，指出"俄国社会民主党人的社

* 吕薇洲，中国社会科学院马克思主义研究院研究员、博士生导师。

会主义工作，就是在工人中间宣传科学社会主义学说……"①。随着 19 世纪末 20 世纪初欧洲工人运动和社会主义运动中以伯恩施坦等人为代表的修正主义思潮的出现和扩大，民主社会主义开始与科学社会主义分道扬镳并在日后的发展演进中逐步拉大了距离。

当代民主社会主义的基本理论是在伯恩施坦修正主义出现后最终确立起来的。从 1899 年伯恩施坦明确提出用社会改良主义取代马克思主义，积极鼓吹通过合法的、改良的、阶级合作的途径实现社会主义至今，作为西方社会（民主）党思想体系与意识形态统称的民主社会主义经历了三大阶段的演变并在不同的历史时期有着不同的理论内容和表现形式：

（一）民主社会主义改良主义基本理论的构建时期（19 世纪末期到 20 世纪中叶）

19 世纪末 20 世纪初，伯恩施坦等人全面修正了马克思主义理论，公然反对根据客观的历史必然性论证社会主义，提出要把社会民主党变成"民主社会主义的改良的党"②，主张用"民主改良和经济改良"对资本主义社会进行"社会主义"改造，以实现社会平等和分配公正。社会民主主义逐步演变为一种在资本主义范围内通过议会道路来改良资本主义的思想主张，成为一股与科学社会主义有着明显区别的社会思潮。相应地，奉行民主社会主义的社会（民主）党也蜕化为资产阶级、小资产阶级政党，他们普遍放弃了暴力革命理论，确立了"和平长入社会主义"的观念，希望"促成和保证现代社会制度在不发生痉挛性爆发的情况下转移为一个更高级的制度"③。在这种情况下，列宁号召各国社会（民主）党的左派"脱掉那件'穿惯了的'、'可爱的'脏衬衫"，"穿上整洁的衣服"，④ 把社会（民主）党改名为共产党。在他的号召下，各国社会（民主）党中的左派普遍成立了共产党并于 1919 年 3 月组建了共产党的世界组织——共产国际（也即第三国际），原第二国际各党的右派和中派，则继续用社会民主主义的概念明确表述自己的改良主义观点。

---

① 《列宁全集》第 2 卷，人民出版社 1984 年版，第 430 页。
② 伯恩施坦：《社会主义的前提与社会民主党的任务》，生活·读书·新知三联书店 1965 年版，第 112 页。
③ 同上书，第 195 页。
④ 《列宁选集》第 3 卷，人民出版社 1995 年版，第 68 页。

从总体上说，这一时期民主社会主义与科学社会主义之间在建立公有制，推行国有化以及实现社会主义对资本主义的替代等方面并没有太大分歧，各国社会（民主）党仍秉持"国有化"纲领和"推翻资本主义代之以社会主义"目标，认为生产资料的公有制或社会所有制是社会主义的主要标志。它们之间的差异主要表现在对实现社会主义的道路和方式问题的认识方面：科学社会主义强调要通过无产阶级反对资产阶级的阶级斗争，废除资产阶级国家机器，建立无产阶级专政，而民主社会主义则主张通过和平、民主和改良的方式对资本主义逐步进行改造，反对暴力革命和无产阶级专政。

（二）民主社会主义进一步放弃传统马克思主义，倡导改良主义时期（20 世纪中叶到冷战结束）

第二次世界大战结束尤其是 20 世纪 50 年代以后，民主社会主义指导下的社会（民主）党对其基本理论和政策纲领进行了新一轮调整，并在调整中进一步放弃了传统马克思主义。

1951 年 6 月 30 日—7 月 9 日，社会党国际成立并在德国法兰克福召开了社会党国际第一次代表大会，会议通过了《民主社会主义的目标和任务》（通称《法兰克福声明》），该声明第一次以"民主社会主义"表述了社会党国际的思想体系，正式将实现"民主社会主义"，即"为一个社会公正、生活美好自由与世界和平的制度而奋斗"确定为自己的奋斗目标，并对共产党及其领导下的共产主义进行了批判，认为共产党人"只是为了建立一党专政"，共产主义"是建立了一种僵化的、同马克思主义的批判精神不相符合的神学"。1959 年 11 月 13—15 日德国社会民主党在哥德斯堡通过了《德国社会民主党基本纲领》，即著名的《哥德斯堡纲领》，首次提出自由、公正、互助三项社会主义的基本价值，明确宣称"社会主义是一项持久的任务，即争取、捍卫自由和公正，而且它本身在自由和公正中经受检验"。① 同时指出民主社会主义"在欧洲根植于基督教伦理学、人道主义和古典哲学"，把马克思主义排除在了其"三大理论来源"之外。这两个纲领构成了社会民主主义战后几十年的基本理论框架并逐步衍生为各国社会（民主）党的思想体系和政治纲领。"从此以后，民主社会主义

---

① 苏姗·米勒等：《德国社会民主党简史》，求实出版社 1984 年版，第 344 页。

成为当代各国（主要是欧洲发达资本主义国家）的社会民主党、社会党和工党（三者也可以通称为社会党或社会民主党）的思想理论体系的总称。"①

这一时期，奉行民主社会主义的社会（民主）党在其纲领中，明确放弃了对社会主义的制度追求，转而追求伦理社会主义，并日渐放弃了实现生产资料社会化的目标，致力于建立社会福利国家。同时，为了凸显自己"崇尚民主"的特性，显示自身与苏联等国无产阶级专政的不同，社会民主党人将其思想体系的名称由"社会民主主义"改为"民主社会主义"。

（三）"第三条道路"的兴起与衰落，也即民主社会主义的变革与转型时期（冷战结束至今）

冷战结束后，社会（民主）党为了应对西方社会在政治、经济、文化领域发生的剧烈变化以及新自由主义的强烈攻势，对其理论政策进行了一系列重大调整，提出了一套全方位（包括政治、经济、文化、社会等）、多层次（即从微观公司改革到宏观福利改制）、多角度（即从公民社会到世界主义的民族国家）的改革方案和政治策略，即"超越左与右"的新激进政治框架②，也即介于传统自由主义和传统社会民主主义之间的"新的第三条道路"。在政治上，明确以"中左"身份标明自己的政治立场，以一种超越阶级、"超然左右"的姿态出现在世人的面前；在经济方面：主张建立一种"新的混合经济"；在福利制度方面，主张变"消极的福利制度为积极的福利制度"，力图建立一个"社会投资国家"，以便有效地消除旧福利制度所存在的负面作用。③

"第三条道路"的提出和推行，虽使欧洲出现了短暂的"粉红色欧洲"的盛况。但它并没有能够有效应对西方社会民主党面临的困境，实现其复兴社会民主主义的初衷。非但如此，其为应对全球化而采取的一些政策措施，还导致各国社会（民主）党程度不同地丧失了自身特性，遭到了传统支持群体特别是党内左翼的强烈反对。国际金融危机爆发后，西方国家发生了多次上百万人的游行示威活动。在这一背景下，社会民主党人开始反

---

① 殷叙彝：《民主社会主义论》，中央编译出版社2007年版，第17页。
② 安东尼·吉登斯：《超越左与右——激进政治的未来》，社会科学文献出版社2000年版，第12—19页。
③ 参见吕薇洲《中左派及其第三条道路评析》，《郑州大学学报》2000年第3期。

思"第三条道路",并结合新的历史条件对社会民主主义的纲领进行了重新定位,将其出路定格在超越和摒弃"第三条道路"、回归社会民主主义的传统政策上。譬如德国社民党工会领袖马德赫斯·马林强调:如果社会民主主义要重新活跃,它就必须代替"第三条道路"重新确定左翼政治的新方向。① 德国社民党副主席安德丽亚·纳勒斯和英国工党政治家乔恩·克鲁达斯也毫不掩饰地亮明了其旨在替代"第三条道路"的主张。②

值得注意的是,这一时期,社会民主党人在意识形态上进一步放弃了对社会主义制度的目标追求,为了与苏联东欧的"现实社会主义划清界限",他们又把其思想体系的名称重新改成了"社会民主主义",意在表明它并不是一种(民主)"社会主义",而是一种(社会)"民主主义"。也即是说,他们不再把社会主义视为一种社会制度,而只是把它看作通过对现存社会的不断调整,以实现自由、公正、互助等价值。正如法国社会党领袖若斯潘指出的:"本世纪的一个教训是:毫无疑问,已不再能把社会民主主义作为一种'制度'。我认为,现在再按照制度的概念——资本主义制度、计划经济制度——来行动已不是绝对必要的了。我们也没有必要来界定一种制度。我不知道作为制度的社会主义将会是什么样的。但是我知道作为价值总和、作为社会运动、作为政治实践的社会主义是什么样的。它是一种思想启示,一种生活方式,一种行动方法,它要坚定不移地参照那些既是民主的、又是社会的价值。"③ 1989 年召开的社会党国际十八大和 2003 年召开的社会党国际二十二大上,分别把"和平"以及"民主、人权、可持续发展"纳入了社会民主主义的基本价值之中,这就进一步凸显了民主社会主义放弃对社会主义制度的目标追求,把伦理社会主义作为自己奋斗目标的特点。

二 民主社会主义的实质和影响

从民主社会主义的嬗变可以看出,随着时代的变迁和形势的变化,民

---

① 参见马德赫斯·马林《代替中间的方向》,《新社会》2009 年第 6 期。
② 参见张文红《德国社民党和英国工党超越"第三条道路"》,《国外理论动态》2009 年第 6 期。
③ 列昂内尔·若斯潘:《现代社会主义》,转引自殷叙彝《民主社会主义论》,中央编译出版社 2007 年版,第 68 页。

主社会主义思潮进行了由左向右、从社会民主主义到民主社会主义再到社会民主主义的不断自我修正，并在演进中离社会主义越来越远，成为了今天与科学社会主义完全不同的一种"永恒的修正主义"。正如"第三条道路"的扛旗人物托尼·布莱尔明确指出的："我们的方式是'永恒的修正主义'，是在认清了发达工业国家社会所发生的变化的基础上，不断寻求实现我们目标的更好的途径。"①

就其实质来说，民主社会主义是一种与科学社会主义完全不同的非马克思主义的社会改良主义思潮，是以唯心主义的多元论和实用主义的方法论为指导，是为改良资本主义制度服务的。它与科学社会主义的性质和功能泾渭分明，根本不同。尽管民主社会主义同科学社会主义有着本质的区别，并对世界社会主义运动造成过一定消极负面的影响。但该流派在批判资本主义，分析现实问题，预设社会主义的过程中，也提出过许多积极合理的思想观点，并在资本主义国家的社会主义运动中发挥着重要作用。

（一）民主社会主义的积极正面影响

尽管民主社会主义在100多年的演变过程中，不断放弃了社会主义的制度目标，但是它却在理论和实践两个层面，对现代资本主义的发展演进，对世界社会主义的历史进程产生了一些积极正面的影响：

一是揭露和批判了资本主义的弊端，尤其是资本主义制度下的贫富不均、阶级对立、劳动者无权、失业、危机、战争等一系列不合理的状况。尽管是一种改良主义思潮，但民主社会主义对资本主义的批判一直都没有停止和改变。民主社会主义明确提出"不受约束的资本主义重新把人们划成阶级：无财产的阶级和有财产的阶级，社会广大基层上的处于依附状态和被剥夺权利的阶级与在金字塔狭窄间断的自由和有特权阶级"②，并宣布要按照社会主义原则来克服资本主义的弊端，达到改造资本主义的目的。民主社会主义把"自由、平等、互助"等一系列理想作为其试图建立的未来社会的基本原则和目标，就是其对资本主义的批判精神的一种反映。各国社会（民主）党在执政和参政的过程中，一直把改造资本主义制度，矫

---

① 陈林、林德山主编：《第三条道路——世纪之交的西方政治变革》，当代世界出版社2000年版，第10页。

② 托马斯·迈尔：《社会民主主义的转型——走向21世纪的社会民主党》，北京大学出版社2001年版，第10页。

正资本主义制度的弊病作为自己的工作重点，为改革资本主义采取了一系列重大措施，包括扩大政治民主和公民参与权，加强国家对经济发展的宏观调控，增加社会福利减少分配不公等，对发达资本主义国家的经济政治生活产生了重要的影响。

二是迫使资本主义在某些方面做出了一些让步，在一定程度上维护了人民群众的利益。奉行民主社会主义的各国社会（民主）党，无论是执政还是在野，都在其纲领中提出了改善劳动人民生活状况的主张。在实践中，各国社会（民主）党在谋求私有经济发展的同时，力图减轻由此带来的工人失业，贫富分化、社会不公的消极后果，缓解效率与公平之间的矛盾等。尽管这些政策措施不能从根本上触动资本主义制度，无法从根本上改变资本主义的权力结构和阶级差别，消灭各种资本主义社会固有的弊病，但是却不同程度地提高了工人的政治经济地位，扩大了他们的民主权利，改善了他们的劳动条件和物质生活待遇。

三是对资本主义国家尤其是欧洲国家的工人运动产生了极大影响，是工人运动中一支重要力量。如前所述，民主社会主义是欧美发达资本主义国家工人运动和社会主义运动的直接产物，并一直同工会和工人运动保持着密切联系，是影响世界社会主义运动的一股重要潮流。作为民主社会主义实践者的各国社会（民主）党及其国际组织——社会党国际，控制了大多数资本主义国家的工会，已发展成为在国际上具有举足轻重影响的政治力量。在当代资本主义国家中，既有共产党领导的工会和工人运动，也有社会（民主）党领导的工会和工人运动，相比较而言，社会（民主）党领导的工会运动更为普遍和重要。可以说，作为一种政治运动，社会（民主）党在大多数资本主义国家的工人运动中都是一支巨大的力量。同时，社会（民主）党也是发达资本主义国家尤其是欧洲许多国家中与右翼政党相互竞争、轮流执政的主要力量之一，在许多国家，社会民主党人都曾单独或联合执政，并在执政期间大力推行福利国家政策，维护了广大民众的利益，使部分社会主义政治经济主张得以在资本主义制度框架内出现。

（二）民主社会主义的消极负面作用

作为与科学社会主义根本对立的一种思想体系，民主社会主义在意识形态上是反对马克思主义的，在实践中则是反对从根本上变革资本主义制度的。民主社会主义的这一性质特征决定了其对世界社会主义运动的消极负面作用还是相当大的。

一是淡化资本主义基本矛盾，局限于在资本主义体制内做文章。民主社会主义只是在资本主义体制内做文章，大都是对资本主义的完善与补充，而不能从根本上触动资本主义赖以生存的根基。对于工人阶级的历史地位和作用没有明确的认识，对于暴力革命夺取政权更是持反对态度。它们将实现社会主义的途径局限于议会民主手段或和平手段，有的还把社会主义看作一个社会自然发展的过程，认为社会主义不是通过外在的力量用革命或改良的方式实现，而是在资本主义发展过程中逐步成熟起来的。自一战以来，所有奉行民主社会主义的政党所主张和确定的社会主义，都根本不同于或者说是反对马克思主义。他们不是要建立一种崭新的社会制度，而是只对现行的资本主义社会制度进行改良。对于这一点，社会民主党人毫不掩饰，他们宣称自己由"变革资本主义"转变成"照顾资本主义"，是资本主义"病床旁"的"医生"，不是"掘墓人"。① 目前在原东欧一些国家上台执政的社会民主党更是毫不讳言地表示，他们决不奉行马克思主义、恢复共产主义，而要继续沿着使这些国家发生剧变的路线走下去，经济上完成私有化目标，只是在速度和方法上作些调整。

二是在理论上反对科学社会主义，在实践中反对共产党和社会主义制度，并直接促成了苏东地区共产党的社会民主党化。作为一种改良主义思潮，民主社会主义不仅有一套反对科学社会主义的系统理论，而且在实践中长期与社会主义制度相抗争，对共产党采取敌对态度。民主社会主义与科学社会主义的对立，在苏东国家剧变中体现得淋漓尽致。正是在"人道的民主社会主义"指引下，原苏东地区执政几十年的各国共产党相继放弃共产党的领导，主张实行多党制；颠覆无产阶级专政，鼓吹"全民民主"；放弃马克思主义的指导地位，主张意识形态多元化；否定生产资料公有制，主张推行私有化。它们不约而同地、非强制性地完成了从共产党向社会"民主"党的改建，从固守马克思主义的理论教条转而信奉民主社会主义的价值纲领，从而丢失了政权、改变了制度性质，甚至造成了亡党亡国的悲剧。正如有学者所言："在东欧剧变过程中民主社会主义思潮呈现了令人瞩目的政治现象，而且起了旗帜的作用。"②

---

① 勃兰特、克赖斯基、帕尔梅：《社会民主与未来》，重庆出版社 1990 年版，第 113 页。
② 姜琦：《东欧民主社会主义思潮》，《马克思主义研究》2002 年第 5 期。

三是调和了资本主义国家的阶级对立，推迟了社会主义革命形势的到来。奉行民主社会主义的各国社会（民主）党在执政和参政过程中，通过一系列改良主义的理论政策和措施主张，促使资本主义由极端贪婪和自私变得比较"文明"和"人道"，并在一定程度上改善了广大劳动人民的物质生活状况。但同时，社会（民主）党推行的政策措施及其后果，也在工人阶级中造成了一种只要通过议会选举和政策调整就可以解决社会矛盾的表象，使工人阶级把经济利益的满足作为斗争的最高目标，把通过工会与资方谈判、示威游行和罢工作为主要斗争手段，逐渐丧失了自身革命意识和历史使命感，完全忽视了工人阶级根本利益的一致性，削弱了工人阶级的整体力量，一定程度上延缓了资本主义经济危机的周期和资本主义制度的灭亡过程。

三 民主社会主义与中国特色社会主义的本质区别

民主社会主义在苏东社会主义国家的推行及其所导致的灾难性后果，理应引起社会主义国家的高度警惕。然而，近年来，尤其自 2006 年下半年开始，民主社会主义思潮又在我国蔓延起来，有人甚至公然提出"马克思主义的正统是民主社会主义"，"只有民主社会主义才能救中国"。① 在这种情况下，只有划清民主社会主义与中国特色社会主义的理论对立和实践区别，才能保证中国的改革沿着社会主义方向前进。

通过对民主社会主义嬗变和实质影响的考察，可以清楚地看出它与中国特色社会主义的原则性分歧：

（一）民主社会主义主张指导思想多元化，中国特色社会主义坚持马克思主义的指导地位

民主社会主义一贯强调自身思想来源的多元性和指导思想的多元化，认为社会主义不应当以某一种固定的思想为其理论基础，而应当兼容并收所有符合伦理主义和改良主义的思想材料，因此，他们反对把马克思主义作为唯一的指导思想，主张世界观和指导思想的多元化，提倡社会主义思想构成和来源的多样性，认为"基督教教义、法国大革命的口号、康德的

---

① 谢韬：《民主社会主义模式与中国前途》，《炎黄春秋》2007 年第 2 期。

伦理学与新康德主义、黑格尔的辩证历史哲学、马克思的批判分析方法、E. 伯恩施坦的修正主义和工人运动的经验等都可以作为自己的理论基础。同时，它还广泛吸取资产阶级的经济学和政治学理论，如凯恩斯主义、福利经济学、自由市场经济等等"①。从其自身发展演进的情况看，民主社会主义及各国社会（民主）党的思想来源确实是多元化的，《哥德斯堡纲领》就非常明确地声明：社会民主党是一个思想自由的党，它是不同信仰和不同理想的人们的共同组织。

中国特色社会主义则始终坚持马克思主义在意识形态中的指导地位，认为马克思主义作为科学的世界观和方法论，是社会主义运动的理论基础，应该在中国特色社会主义实践中占指导地位。在实践中，中国特色社会主义坚持把马克思主义普遍原理与时代特征以及中国现阶段的客观实际结合起来，使马克思主义随着科学和实践的发展不断开拓创新、与时俱进，使马克思主义中国化的最新理论成果成为推动中国社会不断发展的强大思想先导。

（二）民主社会主义主张把社会主义看成是一种道德需要，中国特色社会主义坚持把共产主义作为自己的奋斗目标

民主社会主义在其后来的发展演进中，逐步放弃了社会主义的制度目标，转而强调一些基本的伦理价值，声称社会主义是一种道德价值，是某些基本原则或基本价值的实现，他们坚持把"自由、民主、公正、互助"等伦理道德原则看作社会主义的基本特点，提出民主社会主义的目标是为一个社会公正、自由民主、世界和平的制度而奋斗，认为资本主义社会各种弊病和矛盾产生的根源不在于资本主义根本经济和政治制度本身，也不在于阶级剥削和压迫的存在，而是违背了所谓人类一般的理性、伦理原则，只要按照上述原则不断对其改良就能够解决资本主义的问题。正如有文章所深刻揭示的："民主社会主义把社会主义看成是一种道德需要、道德抗议，否认其历史必然性。社会民主党人认为社会主义的本质不是政治、社会和经济的联系，而是一种道德价值，这种道德价值旨在消除资本主义社会关系中的矛盾，实现人和人之间的超阶级

---

① 徐觉哉：《社会主义流派史》，上海人民出版社 2007 年版，第 340—341 页。

团结。"①

中国特色社会主义坚持把社会主义视为一个与资本主义制度相对立的独特的社会形态，认为社会主义有着区别于资本主义制度的本质特征，坚持把"解放生产力、发展生产力，消灭剥削，消除两极分化，最终实现共同富裕"作为社会主义本质，并确立了在生产力极大发展的社会主义基础上实现共产主义的奋斗目标。

（三）民主社会主义主张实行"混合所有制"，中国特色社会主义强调坚持公有制占主体

民主社会主义最初也主张废除私有制，实行公有制，许多国家的社会（民主）党在其建党之初，就把国有化既看作是促使经济发展的改良措施，又看作是实现其"社会主义目标"的重要手段，甚至把它当作社会主义目的本身。但在后来的发展演进中，民主社会主义开始放弃其对公有制的传统立场，转向主张实行"混合所有制"。当代民主社会主义认为，生产资料社会化仅仅是实现社会主义的手段而非社会主义的基础。他们声称生产资料主体结构不是衡量社会性质的标准，社会主义可以在不改变生产资料资本主义私有制的条件下实现。他们主张实行国有企业、私人企业和其他经济成分并存的"混合经济"制度，以对经济的民主监督取代消灭私有制。在实践中，各国社会（民主）党也逐步放弃了有关公有制的主张。英国工党经过长期的讨论，也最终在 1995 年 4 月 29 日通过的新党章中，取消了体现英国工党国有化思想的 1918 年通过的《党章》第四条规定，放弃对生产、分配、交换手段实行公有制，主张在国有企业和私有企业之间建立一种合作伙伴关系。

中国特色社会主义坚持把生产资料社会所有制结构视为社会主义与资本主义在基本经济制度上具有的根本差别，认为生产资料公有制为主体、国有经济为主导对建设社会主义具有举足轻重的作用。在建立和完善社会主义市场经济体制的过程中，中国特色社会主义改变了过去那种盲目追求纯之又纯的单一公有制的做法，鼓励个体、私营、外资等其他经济成分的发展。但同时，也一直坚持强调公有制的主体地位，并将之视为社会主义

---

① 《正确认识民主社会主义　坚定不移地走中国特色社会主义道路》，《光明日报》2007 年 5 月 11 日。

市场经济与资本主义市场经济的本质区别，强调要"始终保持公有制经济在国民经济中的主体地位，充分发挥国有经济的主导作用"①。

（四）民主社会主义公开宣称自己是"全民党"，中国特色社会主义坚持党的工人阶级性质

信息技术革命和经济全球化的发展导致了资本主义生产组织形式和企业管理模式的变化，加剧了社会结构和阶级结构的变迁。传统产业工人队伍缩小，新中间阶层急剧膨胀，社会（民主）党传统的社会基础遭到了削弱。为寻找适应社会和文化多样性环境下的新的社会认同，社会民主党摒弃阶级政治，淡化自己的传统阶级定位，抹杀党的工人阶级性质，公开宣称自己不是某一个阶级和集团的组织，而是由具有不同信仰和思想的人组成的一个共同体，明确提出"在包含许多不同集团的人民群众中，社会主义政党只有成为人民的党，才能赢得多数人的支持。"② 譬如，英国新工党宣布其不再是"工会党"，而是"人民党"、"选民党"，要求把传统工党塑造成为"商业界和企业界的党"；瑞典社民党表示要成为一个跨越阶级与集团利益的多元化的"现代政党"，积极争取中产阶级成员入党。

中国特色社会主义坚持认为，任何政党都有其阶级基础，代表着一定阶级的意志和利益，是这个阶级的组织者和领导者。在实践中，中国共产党始终坚持以中国工人阶级为基础，集中体现了中国工人阶级的特性，是中国工人阶级的先锋队，同时是中国人民和中华民族的先锋队，是中国各族人民利益的忠实代表，是中国社会主义事业的领导核心。在新的科学技术革命面前，工人阶级依然是推翻资本主义，建设社会主义、共产主义历史使命的承担者。在多种社会阶层出现和并存的新格局下，共产党仍然必须保持工人阶级先锋队的性质，全心全意依靠工人阶级。

（五）民主社会主义主张资产阶级民主宪政，中国特色社会主义坚持社会主义民主政治

民主观在民主社会主义思潮中占有非常重要的地位，民主社会主义把社会主义当作"民主的最高形式"，认为民主主要包括政治民主、经济民

---

① 《江泽民论有中国特色社会主义（专题摘编）》，中央文献出版社 2002 年版，第 48 页。
② 托马斯·迈尔：《论民主社会主义》，东方出版社 1987 年版，第 76 页。

主、社会民主与文化进步以及国际民主。但是，民主社会主义从抽象的、超阶级的视角看待民主，他们把无产阶级争取社会主义的斗争，完全局限在资产阶级民主的框框内，认为民主制是社会主义的前提和基础，社会主义只有通过民主制才能实现，它们鼓吹阶级调和，主张走多党议会制道路。譬如，《法兰克福声明》明确指出："社会主义只有通过民主制才能完成，而民主制也只有通过社会主义才能完全得到实现。"《哥德斯堡纲领》也强调指出："社会主义只有通过民主制才能实现"，社会党国际第十八次代表大会再次申明，"民主不仅仅是实现社会主义目的的政治手段，而且是社会主义目的（建立民主的经济和民主的社会）的根本实质"①。因此，民主社会主义主张实行多党制、三权分立等西方式民主，把社会主义国家共产党执政看作是一党专制和极权统治，认为在资本主义社会条件下通过民主、改良的办法就可以实现社会主义，根本无须阶级斗争和社会主义革命。这其实也是民主社会主义不敢触动资本主义政治统治秩序的改良主义基本立场的体现。

中国特色社会主义也强调民主的重要性，邓小平曾明确提出："没有民主就没有社会主义，就没有社会主义的现代化。"② 党的十六大报告提出要发展民主，建设社会主义民主政治，党的十七大报告更是把"发展社会主义民主政治"作为我们党始终不渝的奋斗目标提了出来。但是，中国特色社会主义坚持认为，任何民主本质上都表现为一定阶级的专政和民主，主张建立无产阶级专政的政体，实现专政与民主的辩证统一。在实践中，中国特色社会主义始终拒绝实行西方多党制和三权分立，并逐步形成了一整套符合中国国情的社会主义民主政治模式：实行在人民当家作主的基础上，发展社会主义民主政治；坚持和完善工人阶级领导的、以工农联盟为基础的人民民主专政；坚持和完善人民代表大会制度和共产党领导的多党合作、政治协商制度。

综观民主社会主义的发展演变和本质影响，其改良主义性质和特点可谓昭然若揭。对于这种与科学社会主义截然不同的思想体系，我们一定要全面、客观、实事求是地进行区分利弊的批判性分析，既要充分肯定其在世界社会主义运动中曾经起到的积极正面作用，又要坚决否定其对世界社

---

① 转引自徐崇温《民主社会主义评析》，重庆出版社 1995 年版，第 67 页。
② 《邓小平文选》第 2 卷，人民出版社 1983 年版，第 168 页。

会主义运动造成的消极负面影响。当前，面对民主社会主义思潮对我国主流意识形态造成的挑战，我们要旗帜鲜明地反对"只有民主社会主义才能救中国"等错误论调，坚定不移地走中国特色社会主义道路。因为中国特色社会主义是科学社会主义在当代中国的继承和发展，"在当代中国，坚持中国特色社会主义道路，就是真正坚持社会主义"。

（原载《红旗文稿》2010 年第 4 期）

从赛义德的思想来源试析后马克思
思潮的理论定位

郑　飞 *

　　赛义德的《东方学》一书，以独特的视角开启了一个崭新的问题域——后殖民理论。该书不仅提供了一种跨学科的理论话语模式，更是展示了一种意识形态分析和政治权力批评的范本，从而使赛义德成为后殖民理论最主要的代表人物。正如约瑟夫·布里斯托在《帝国男儿》中所言，有关后殖民性的争论肇始于赛义德。后殖民理论的另外两位代表人物霍米·巴巴和加亚特里·斯皮瓦克也都深受其影响。巴巴在《后殖民批评》一文中说，"《东方学》开创了后殖民领域"，斯皮瓦克则评价该书是"我们学科的基藏读本"。① 寻溯赛义德的思想来源，不仅有助于把握后殖民理论的渊源流变，而且为我们分析后马克思思潮的理论定位提供了某种可能。

一

　　不可否认，在《东方学》声名大噪的背后，一方面固然是缘自学术性本身，另一方面也离不开"东方学"现实的政治旨归。"东方学"的概念不只是一个"在文化、学术或研究机构中所被动反映出来的政治性对象或领域"，不是"有关东方的文本的庞杂集合"，作为一种跨学科的言说方式，它是"地域政治意识向美学、经济学、社会学、历史学和哲学文本的一种分配"；不仅作为"对基本的地域划分（世界有东方和西方两大不平

　　* 郑飞，中国社会科学院《中国社会科学》杂志社哲学室编辑。
　　① 巴特·穆尔—吉尔伯特：《后殖民理论——语境　实践　政治》，陈仲丹译，南京大学出版社 2001 年版，第 39 页。

等的部分组成)"，更是"对整个'利益'体系的一种精心谋划"，成为"现代政治/学术文化一个至关重要的组成部分"。赛义德指出，"制造出'东方人'的形象并且在某种意义上剥夺了其作为人的权利的知识与权力之间的联结并不纯然是一个学术性的问题。然而，却是一个有着某种显而易见的重要性的智识性问题"，"我心中总是存有某种合理的期望：东方学不要总是像以前那样几乎不受任何质疑，不管是从学术的角度而言，还是从意识形态和政治的角度而言。"①

在当代知识界，讨论知识——权力关系无论如何也绕不开福柯。实际上，《东方学》与现实政治实践的紧密关联，在很大程度上正是得益于福柯的"权力"理论。在福柯看来，知识总是与权力的运作紧密地联系在一起，权力通过知识发挥作用，知识根植于权力之中。他强调历史是人类从一种统治到另一种统治前进的权力仪式的戏剧，是一部没完没了重复进行的关于统治的戏剧，整个西方的历史是偶然的，只是不同权力与知识的结合。知识与权力的密切联系在于：一方面，知识来源于权力，被权力所驱动；另一方面，知识又是一个生产、规范、循环、操作权力的系统。因此，福柯反对作为阐释现代权力来源及其本质的经济模式和法权模式，认为尽管革命砍去了现实政治社会中世俗专制国王的头颅，但现代性知识系统仍延续着权力的压迫，他要用系谱学的断头台砍去理论王国中的国王的头颅。福柯认为，现代理性知识话语通过话语霸权、行为方式形成了一整套的规诫系统，它以对社会的"合理"设计，压制个体的意愿与行为，成为权力的工具，它不但成为理性压抑非理性的借口，而且成为权力压制不同思想观念、不同文化与种族的借口。"现代性的建构给许多人带来了难以计数的苦难和不幸，这些受害者包括受资本主义工业化压迫的农民、无产者和工匠，被排斥在公共生活圈之外的妇女，以及在帝国主义的殖民过程中被灭绝了的那些种族。现代性还产生了一套规诫性制度、实践和话语，从而使它的统治合法化。"②福柯揭露出知识与权力之间的关系，正是这种"同盟"使得以西方为中心的现代性知识话语体系获得合法性。

赛义德的"东方学"致力于揭示西方是如何为了自身利益而构造出一

---

① 赛义德：《东方学》，王宇根译，生活·读书·新知三联书店1999年版，第16、36、419页。

② 贝斯特、凯尔纳：《后现代理论——批判性的质疑》，张志斌译，中央编译出版社1999版，第3页。

个关于东方的知识——权力的关系体系。赛义德自述:"米歇尔·福柯在其《知识考古学》和《规诫与惩罚》中所描述的话语观念对我们确认东方学的身份很有用……如果不将东方学作为一种话语来考察的话,我们就不可能很好地理解这一具有庞大体系的科学……欧洲文化正是通过这一学科以政治的、社会学的、军事的、意识形态的、科学的以及想象的方式来处理——甚至创造——东方的。"①"东方学"在赛义德那里基本上有三重含义:一种学术研究学科,一种思维方式,一种权力话语方式。赛义德通过这种跨学科的思维方式,试图揭示隐含在传统的东方研究中的权力话语及其运行机制,力图实现对作为一个学科的东方学的发展和演变进行基本的描述。有学者指出,《东方学》在至少两个方面受到福柯影响。首先,"什么是权力以及权力如何行使的观念上……权力最主要的工具是'知识',以致权力问题首先被等同于看它是否'离经叛道',再将其用于'重组'……要把所有形式'求真的意志'、所有'他者'或边缘区域的文化表现模式,较为明确地与权力的操作联系在一起"。福柯将知识与权力的运作联系起来,致力于反思现代性的话语系统所隐喻的知识与权力的联结,赛义德则考察东方学话语传统暗含的霸权本质。其次,"赛义德不同意把人文科学当作围绕着追求'纯粹'或'不带感情'知识而展开的学问这样传统自由主义的理解……他认为这样的实践都深深卷入了权力运作和技术操作之中,这是因为所有的学者(和艺术家)都受到特定历史、文化和制度依附关系的制约……赛义德认为:'如果不研究思想、文化和历史的影响力,更正确地说研究其权力的配置,也就不能认真地研究思想、文化和历史本身'。"②

赛义德自己也承认,"福柯的体系和东方学间的平行关系非常显著"。③在某种意义上甚至可以说,赛义德"东方学"的提出,是将福柯的知识——权力关系理论具体运用于考察西方中心主义知识话语体系下的东西方关系问题。

---

① 赛义德:《东方学》,王宇根译,生活·读书·新知三联书店 1999 年版,第 4、5 页。

② 巴特·穆尔-吉尔伯特:《后殖民理论——语境 实践 政治》,陈仲丹译,南京大学出版社 2001 年版,第 40、41 页。

③ 赛义德:《赛义德自选集》,谢少波、韩刚等译,中国社会科学出版社 1999 年版,第 133 页。

二

虽然《东方学》受惠于"权力"理论颇多，但赛义德还是与作为后现代主义思想家的福柯刻意地保持着一定的距离。赛义德的《东方学》是福柯"权力"理论在特定语境中的一种具体化，更确切地说是一种深化，但他对福柯的借鉴只是选取了其中一个特定的断面——后殖民文化批判。赛义德将福柯的知识——权力构架具体运用于分析东方学这一特定语境，从而使福柯的"权力"理论更具有现实的文化批判意义。无怪乎有学者指出，"赛义德改写了福柯关于'话语''建构'知识目的的论点，此处的'话语'被认为是建构权力的媒体，通过'话语'权力才得以实施……内涵在东方主义中的惩戒政权体系把'真实的'东方（East）改造成了一个推论的'东方'（Orient），更确切地说是用此代替彼"。① 赛义德虽然得益于福柯的知识—权力分析构架，但他并不像福柯那样抽象地考察两者之间的关系，只是从中抽取了"东方—西方"的特定视角来解析西方文化对东方文化的压制。

正是由于赛义德选取的这种特定的后殖民文化批判视角，使得福柯的"权力"理论本身也沦为批判的对象。在赛义德看来，福柯的"权力"理论虽不至于完全归结为一种"东方主义"的共谋，但也难逃西方中心主义的窠臼。于是，赛义德与福柯的观点之间发生了根本性的"断裂"。赛义德所批判的"东方学"主要是一种思维方式，在大部分时间里，"the Orient"是与"the Occident"相对而言的，而不同于在地理学意义上的"the East"与"the West"。在东方学的话语传统中，是西方的知识系谱塑造出东方的形象，西方知识臆构的东方（"the Orient"）取代了地理学意义上的真实的东方（"the West"）。正是西方的东方学知识传统形成了如下的观念："东方是非理性的，堕落的，幼稚的，'不正常的'；而欧洲则是理性的，贞洁的，成熟的，'正常的'"，"东方学的思维方式即以二者之间这一本体论和认识论意义上的区分为基础"，② 这在本质上是一种西方中心主

---

① 巴特·穆尔—吉尔伯特：《后殖民理论——语境　实践　政治》，陈仲丹译，南京大学出版社 2001 年版，第 40、41 页。

② 赛义德：《东方学》，王宇根译，生活·读书·新知三联书店 1999 年版，第 3、49 页。

义的认知模式，造成了西方这一"中心"对东方这一"边缘"的压制。赛义德认为，即便是福柯的作品也难以摆脱这种西方中心主义的认知模式。虽然福柯"所作的大量研究最主要的意义不是权力如何在现代社会中施展的种族中心主义模式，而是一个大得多的画幅的一部分"，但"福柯似乎没有意识到，在这个范围内，话语和规则的观点是十分武断的欧洲式的，他也没有意识到规训——它同运用大量细节（和人类）的规训的使用一道——如何也曾被用来统治、研究和重构——接下来就是占领、统治、开采——几乎整个非欧洲世界的"。①

此外，与《东方学》同时发表的《文本问题：两种典型位置》一文也表明，赛义德对福柯方法论的不满；在《文化与制度之间的批评》一文的修订稿中，赛义德对"权力"理论的拒绝更加坚定；在后来的《对东方主义的再思考》、《福柯和对权力的想象》和《文化帝国主义》等著作中，赛义德也离福柯越来越远。②

三

既然不是作为后现代主义思想家的福柯，那么究竟是何种思想资源构成了赛义德理论建构的支援背景？在思想深处，赛义德更多地受到葛兰西"霸权"理论的影响，从而与西方马克思主义的话语传统建立起某种内在关联。我们可以从赛义德对葛兰西"霸权"理论的推崇中找到直接的证据。他说："要理解工业化西方的文化生活，霸权这一概念是必不可少的。正是霸权，或者说文化霸权，赋予东方学以我一直在谈论的那种持久的耐力和力量。"③ 赛义德的一些重要观点，直接来源于葛兰西的"霸权"理论和知识分子理论。

《东方学》后殖民文化批判这一特定视角的选取，在很大程度上是受到葛兰西"霸权"理论的启发。作为西方马克思主义创始人之一的葛兰西认为，无产阶级政治实践的核心问题不仅包括经济和政治层面的武力斗

---

① 赛义德：《赛义德自选集》，谢少波、韩刚等译，中国社会科学出版社 1999 年版，第 132 页。

② 巴特·穆尔—吉尔伯特：《后殖民理论——语境 实践 政治》，陈仲丹译，南京大学出版社 2001 年版，第 47 页。

③ 赛义德：《东方学》，王宇根译，生活·读书·新知三联书店 1999 年版，第 10 页。

争，而且还包括在精神和道德层面上夺取文化霸权的非暴力形式的革命。无产阶级要建立和巩固自己的领导权，仅仅依靠暴力革命是远远不够的，还必须重视文化领域的革命，因为在现代资本主义条件下，随着市民社会的壮大，文化在维系统治秩序中发挥着越来越重要的作用，这就决定了在文化领域关于意识形态领导权的争夺，是夺取领导权不可或缺的前提。葛兰西理论家和政治家的双重身份，使"霸权"理论有着强烈的政治实践旨归。但在国际共产主义运动内部，葛兰西"霸权"理论并没有得到过多地关注，只是随着西方马克思主义、后现代主义、后马克思主义、后殖民主义的兴盛，葛兰西才日益唤起人们的理论兴趣。①

赛义德以文化批判作为关注对象，在很大程度上是受到了葛兰西的影响。在赛义德看来，"东方学不是欧洲对东方的纯粹虚构或奇想，而是一套被人为创造出来的理论和实践体系，蕴含着几个世代沉积下来的物质层面的内容。与传统的殖民主义批判理论不同，后殖民理论这一物质层面的积淀使作为与东方有关的知识体系的东方学成为一种得到普遍接受的过滤框架，东方即通过此框架进入西方的意识之中，正如同样的物质积淀使源自东方学的观念不断扩散到一般的文化之中并且不断从中生成新的观念一样"，"它不仅是对基本的地域划分（世界有东方和西方两大不平等的部分组成），而且是对整个'利益'体系的一种精心谋划——它通过学术发现、语言重构、心理分析、自然描述或社会描述将这些利益体系创造出来，并且使其得以维持下去……东方学本身就是——而不只是表达了——现代政治/学术文化一个至关重要的组成部分"。② 不可否认，殖民主义是伴随着西方资本主义兴起的一个共生物。虽然二战以后随着民族解放运动的兴起，殖民主义正逐渐解体，但殖民国家与被殖民国家之间的支配与依附的关系却并未就此终结。不仅在传统的经济政治层面上，发达国家对发展中国家保持着国际贸易和国际事务的控制；而且在文化层面上，更是出现了西方资本主义国家通过科学技术、传媒手段和文化产品等方式对第三世界进行价值观和意识形态的渗透，形成了一种全球化背景下的文化霸权。赛义德作为一个身处"西方"的具有"东方"血统的知识分子，力图解构这

---

① 如以霍尔为代表的文化研究学派、阿尔都塞的"意识形态国家机器"理论、拉克劳和墨菲的"新领导权"理论以及本文所涉及的以赛义德为代表的后殖民理论，都在很大程度上受到葛兰西"霸权"理论的启发。

② 赛义德：《东方学》，王宇根译，生活·读书·新知三联书店 1999 年版，第 9、16 页。

种权力话语深层的西方中心主义文化心态和历史目的论，从全新的视角审视殖民主义解体之后民族间的文化差异和文化身份问题，倡导一种平等的、对话式的国际文化关系。在某种意义上，《东方学》一书构成葛兰西文化"霸权"理论的诠释。

赛义德提供的"革命策略"显然是受到葛兰西的影响，主要体现在对知识分子问题的关注上。葛兰西强调，从历史和现实的情况看，改变现实的批判意识的产生离不开知识分子的杰出人物，任何力图夺取和巩固领导权的集团必须拥有一个强大的知识分子集团，只有当知识分子在意识形态领域积极进行斗争，同时主动地同化和征服传统知识分子，该集团才能够逐步瓦解敌对力量的领导权，并发展他自己的有机知识分子。一旦传统知识分子被同化了，有机知识分子力量得到壮大，那么改变现实的历史主体潜能就能得到发挥。沿着葛兰西对知识分子历史主体地位的探索路径，赛义德指出，在东方社会里，东方民族利用民族主义，作为非殖民化中的文化抵抗的一种有效的方式。这种文化抵抗方式与独立意识在 20 世纪已成为一种全球性事实，在绝大部分情况下，人们同仇敌忾，反抗他们眼里的不公正行为。知识分子揭露现存文化中霸权的方式，就是通过溯因来显示群体不是自然或天赋的实体，而是被建构出、制造出、甚至在某些情况中是被捏造出的客体，这个客体的背后是一段奋斗与征服的历史。[①] 消解西方文化霸权虽然也需要东方人敢于说话，但更需要东方知识分子强有力的斗争。

在赛义德看来，被西方人作为一种学科的"东方学"并不是一种纯粹的知识，而是具有一种葛兰西所说的具有权力特征的意识形态。作为意识形态的东方学就是文化霸权主义，它的目的不是要向人们传播知识，而是谋求西方对东方的支配权。这样，赛义德就把意识形态与夺取领导权的政治实践活动联系起来，充分认识到意识形态和夺取领导权的政治实践活动之间的密切关系。既然意识形态与领导权密不可分，那么谁占有了知识，谁就拥有了权力。知识历来是掌握在知识分子手中，资产阶级之所以能够行使文化霸权，就是因为它拥有自己的知识分子。正如葛兰西所言，无产阶级要想获得解放，它就必须加强教育，大力培养无产阶级自己的知识分子；如果无产阶级有了自己强大的知识分子集团，那么它就能占领文化阵

---

① 赛义德：《知识分子论》，单德兴译，生活·读书·新知三联书店 2002 年版，第 33 页。

地，就能动摇乃至推翻资产阶级在文化上的统治地位。受此影响，赛义德认为消解西方文化霸权的使命必须由知识分子来完成，他在《文化与帝国主义》中详细探讨了东方知识分子对西方文化霸权的反抗。他考察后殖民理论的先驱人物塞萨尔、法侬等知识分子对帝国主义邪恶本质的揭露，分析了文化民族主义三剑客——钦维祖、杰米和马杜比克等知识分子对西方文化霸权的批判。

四

以上，我们分析了后殖民理论的代表人物赛义德的思想来源。不难发现，赛义德的思想异常的复杂，似乎是徘徊在福柯与葛兰西之间。一方面，赛义德受惠于"权力"理论之处颇多，甚至可以将《东方学》视为福柯的知识—权力关系理论在东西方关系问题上的一种具体的运用。另一方面，赛义德本人却刻意地与福柯保持着一定的距离，他并没有像福柯那样抽象地考察知识与权力二者之间的关系，只是从中抽取了"东方—西方"的特定视角来审视西方文化对东方文化的压制，而恰恰是由于这种特定的后殖民文化批判视角的选取，使得福柯的"权力"理论本身也沦为批判的对象。最终，赛义德与作为后现代主义思想家的福柯走向决裂。

诚然，赛义德对葛兰西"霸权"理论推崇有加，但我们却不能据此来夸大以葛兰西为代表的西方马克思主义哲学对赛义德的影响。众所周知，葛兰西继承了马克思的实践哲学传统，把理论与实践之间的关系作为哲学的根本性问题来对待，并将其具体化为哲学与政治之间的关系，创造性地提出了意识形态领导权概念，发展了马克思主义的意识形态理论。正是在这种意义上，葛兰西可以归入马克思哲学的传统之中。姑且说赛义德的后殖民理论可以算作广义的资本主义批判，但如同面对福柯一样，他还是小心翼翼地同马克思保持着距离，甚至从根本上来否定马克思的现代性超越机制。德里克清楚地意识到这一点，他指出："后殖民批评认识论的矛头所向，就是为了超越从前的革命意识形态中的对立和认同"，他们将对欧洲中心主义的批判作为自己的中心任务，首当其冲的便是"现代化叙事"——"无论是资产阶级的表现方式，还是马克思主义的表现形式"。在后殖民理论看来，马克思的学说"不仅无助于解放，反而会造成新的强制与压迫"。后殖民理论强调过去是"建构出来的"，无法指导未来，并排斥了"基础"结构、二元对立、本质化身份以及"人本"主体性等概念，从而"把革命活动扫地出门，除非革命作为偶发的可能性"。①

与拒绝马克思的"现代化叙事"一样，赛义德认为后现代主义中存在着更为严重的欧洲中心论倾向，这也是他为什么要同福柯划清界限的根本原因。在他看来，马克思主义与后现代主义都不能彻底摆脱欧洲中心主义的"梦魇"。后殖民理论急迫的政治历史要求，与后现代主义对此类问题的冷漠态度之间存在的差异，使得二者采用截然不同的方法，并产生迥异的后果。就总体方法论倾向而言，后殖民理论家研究的所有问题都与民族解放、对历史和文化进行重新审视有关，他们不遗余力地对欧洲中心论和西方霸权展开批判。②

最终，我们发现后殖民理论虽然在很大程度上受到西方马克思主义与后现代主义的影响，却竭力地与二者保持着距离。在西方马克思主义的创始人卢卡奇、葛兰西、柯尔施那里，马克思的现代性批判绝不仅仅表现为一种认知层面上的现代性批判话语，更是包含着本体层面上的某种超越机制，其中蕴涵着主客体统一下的主体对历史进程的实际参与过程。在法兰克福学派那里，由于对"总体性"的背弃而陷入一种主观立场上的大拒绝，最终他们与无产阶级革命实践脱节，批判理论也沦为一种话语批判，从而远离了马克思批判资本主义和探索无产阶级革命策略的本意。面对后现代主义的兴起，西方马克思主义势必会渗入新的理论成分，出现理论结构上的变异。这种变化主要体现在两个方面：一方面要与后现代主义划清界限，刻意保持着理论的独立性，甚至在一定条件下激化为对后现代主义思想家的"抗拒"；另一方面更加远离马克思主义的话语传统，不承认以至于批判马克思的基本立场，不再是传统意义上的马克思主义者，但却始终保持着马克思的"批判精神"。后殖民理论正是上述的这样一种所谓后马克思思潮的重要流派。因此，包括后殖民理论在内的后马克思思潮，不过是西方马克思主义在后现代语境中的一种理论变式。

---

① 德里克：《后革命氛围》，王宁等译，中国社会科学出版社 1999 年版，第 100、101、116 页。

② 赛义德：《东方学》，王宇根译，生活·读书·新知三联书店 1999 年版，第 450、451 页。

帝国主义的新变化与社会主义的新发展

李潇潇[*]

《共产党宣言》的任务，是宣告现代资产阶级所有制必然灭亡。[①] 但自 1847 年马克思恩格斯加入"共产主义者同盟"至今，这个预言并没有在世界范围内实现，社会主义，包括思想理论与现实制度一直与资本主义处于同一时代，并在彼此消长和艰难斗争中曲折前进。在垄断资本的本性驱动下，通过不断地调整，帝国主义经历了由私人垄断资本主义，经过国家垄断资本主义，发展到国际垄断资本主义的演进过程。为摆脱从初级阶段到高级阶段都如影随形的经济危机，冷战后兴起的国际垄断资本主义把基本矛盾向全球扩张以图转嫁危机，反而在全球范围内加深并扩大了资本主义的各种矛盾和危机。源于美国次贷危机引发的金融危机以及波及全球的经济危机就是鲜明的例证。当今时代，在和平与发展的主题下，社会主义与资本主义的竞争与斗争并没有消失，有时还很尖锐。列宁曾经指出："马克思的全部理论，就是运用最彻底、最完整、最周密、内容最丰富的发展论去考察现代资本主义。"[②] 运用马克思主义的立场、观点和方法，透过"普世价值"所遮蔽的意识形态的虚幻性，深刻认识帝国主义的本质特征和发展规律，是正确应对来自帝国主义的压力和挑战的重要前提。

一　世界社会主义发展态势对帝国主义的制约

在冷战后的经济全球化时代，世界社会主义与垄断资本主义是相互并

---

* 李潇潇，中国社会科学院《中国社会科学》杂志社编辑。
① 《马克思恩格斯选集》第 1 卷，人民出版社 1995 年版，第 251 页。
② 《列宁选集》第 3 卷，人民出版社 1995 年版，第 186 页。

存的、相互影响的两种社会制度。从这两种制度在冷战后的力量对比来看，当今帝国主义处于相对强势的地位，而社会主义则暂时处于低潮。这不仅表现在苏东剧变扩大了资本主义阵营的地盘，增加了资本主义国家的数量，而且体现在国际垄断资本主义在经济、政治、军事甚至意识形态领域对社会主义的渗透和冲击。但是，这种强势并不意味着帝国主义对社会主义的"全面胜利"。因为在经历了冷战结束初期的低潮之后，世界社会主义正在走出低谷，正在迎来发展的新潮。正如邓小平同志所说："一些国家出现严重曲折，社会主义好像被削弱了，但人民经受锻炼，从中吸收教训，将促使社会主义向着更加健康的方向发展。"[①] 这一论断在冷战后的社会主义发展中得到了证明：现存的社会主义国家顶住了苏东剧变的影响，坚守了社会主义阵地；中国的改革开放、越南和老挝的革新开放都取得了巨大的进展；资本主义国家的共产党也重新崛起，有了新的发展。正在走出低潮的世界社会主义运动，对处于强势的帝国主义是一种不可忽视的批判和制约力量。

第一，当今社会主义国家的经济发展和实力增强，对垄断资本主义造成了极大的压力和影响。20 世纪 90 年代以来，社会主义国家坚持将马克思主义基本原理与本国具体实际相结合，建立了开放的市场经济体制，使社会主义经济获得了恢复和振兴。中国经济实现了持续高速增长，产业结构不断提升，形成了以公有制为主体、多种所有制经济共同发展的经济格局。人民生活得到改善，经济实力不断增强。

第二，社会主义运动依然对垄断资本主义构成了最直接和最有力的制约。苏联解体之后，地区性的共产党或左派政党的国际会议相继召开，这成为了各国共产党进行国际联系、交流经验和谋求发展的重要形式。比如，1990 年在巴西劳工党的倡议下召开的圣保罗论坛会议，首次召开时共有 13 个国家、48 个左派政党参加。到了 2005 年的第 13 次会议，已有来自拉美、欧洲、亚洲 30 多个国家的 150 个左派政党及组织的 364 名代表和观察员参加。经过 15 年的发展，圣保罗论坛已发展到了 100 多个成员党。在这些政党和组织中，既有信仰马克思主义的共产党如古巴共产党，还有左派民主主义政党如巴西劳工党、墨西哥民主党，也有由游击队演变而成的组织如危地马拉全国革命联盟等。可见，社会主义的国际联系正日益加

---

① 《邓小平文选》第 3 卷，人民出版社 1993 年版，第 383 页。

强，其影响也在加深，有力地促进了社会主义运动的复兴。社会主义运动在资本主义世界恢复和发展的同时，社会主义国家也在警惕和抵制垄断资本主义"民主输出"。民主化不应是全盘照搬西方民主的模式，当今的社会主义注意吸取第三次"民主化浪潮"中出现失误的教训，正在用"以发展促民主"的道路来取代所谓"以民主促发展"的错误策略。各社会主义国家已经把经济增长、发展科技和生产力放在了第一位。因为只有优先解决了经济问题，解决了人民的生存权问题，才能真正扩大和实现人民的民主权利。这种"以发展促民主"的政治理念，对西方垄断资本主义的政治扩张形成了有力的抵制。

第三，冷战后，各种社会主义思想流派日趋活跃，马克思列宁主义得到继承和发展，对垄断资本主义形成了有力的批判。马克思主义理论始终是批判垄断资本主义的强大武器。随着世界格局的改变、社会主义的演进、帝国主义的调整，马克思主义理论也在实践中得到了丰富和发展。尤其是面对20世纪90年代初发生的苏东剧变，世界各国共产党和社会主义国家对发展道路和发展前景重新认识，认真总结经验教训，进行了深刻反思和积极探索。市场社会主义、生态社会主义、西方马克思主义理论等理论流派获得了创新和发展。这对于坚定社会主义信念、制约垄断资本主义的思想渗透具有积极影响。同时，广大的左翼学者也关注社会主义发展，批判帝国主义扩张。尤其是"9·11"事件后，西方左翼对"新帝国主义"的批判和抨击达到了高潮。如美国学者约翰·贝拉米·福斯特在《每月评论》上撰文，批评"新帝国主义论"是美国和欧洲的"阴谋集团"理论。美国政治自由主义者迈克尔·赫什尖锐地指出，多边主义只是"很好地伪装成多极性的单极性"①。21世纪初，社会主义者国际学术会议也逐渐增多。其中，影响较大的有法国的"马克思园地协会"举办的"世界马克思大会"，俄罗斯莫斯科大学主持召开的"争取民主与社会主义学者国际学术会议"，德国的"马克思主义学者国际学术会议"、英国左翼学者在伦敦召开的"社会主义者国际大会"、还有美国左翼学者在纽约召开的"世界社会主义者国际大会"等。这些学术会议的召开促进了马克思主义的交流和传播，对扩大社会主义的影响有积极作用。

第四，面对垄断资本主义的威胁，社会主义者和左翼力量表现出更

---

① Hirsh, Michael, quoted from Foster, John Bellamy, *The new age of imperialism*, 2003, p. 1.

强的反抗性和革命性。冷战结束后，古巴和朝鲜由于地缘政治关系，面临更加恶劣的国际环境。美国对古巴的政策是经济封锁和政治颠覆。20世纪90年代后，美国一直试图在古巴国内寻找并扶植反对共产党的反对派组织。2005年1月布什连任总统以来，美国进一步加强了对古巴的封锁。在这种形势下，古巴共产党加强经济建设、稳定国内政局、同时改善外交。古巴和委内瑞拉签署了一体化计划，建立了"美洲玻利瓦尔替代方案"的战略联盟。各方面的发展表明，古巴共产党没有屈服于垄断资本主义的封锁，而是在反抗中寻求发展。与之相比，朝鲜的反抗性更为突出，甚至走向了极端化。2006年10月9日，朝鲜进行地下核试验，对美国为首的垄断资本主义进行了激烈反抗。应该说，朝鲜核危机在很大程度上是美国"新帝国主义"全球战略中对朝政策的产物。

第五，在国际垄断资本主义时代，西方工人阶级重新意识到了自己的历史使命，世界工人运动有了新发展。近年来，垄断资本主义国家内部的工人运动不断出现。2005年12月20日，美国纽约公交工人进行了持续3日、共有3.3万人参加的公交系统大罢工。这次罢工给垄断资产阶级造成了十多亿美元的经济损失，取得了一定的成果，给陷于低潮的国际工人运动发展提供了有益的经验和启示。这表明工人阶级的革命意识正在觉醒，工人阶级仍是革命的主体，承担着反对垄断资产阶级压迫和剥削的重要历史使命。由于国际垄断资本主义所造成的全球范围的两极分化，使承担这一历史使命的工人阶级力量正在迅速壮大，对帝国主义的制约作用也在不断加强。

二　帝国主义的新变化对社会主义发展的影响

作为相互并存的、相互竞争的两种制度，在社会主义对垄断资本主义形成制约的同时，帝国主义的新变化也对社会主义的发展进程产生了巨大的影响。

马克思曾经指出，无产阶级解放所必需的物质条件是在资本主义生产发展过程中自发地产生的[①]。进入国际垄断资本主义阶段后，帝国主义为社会主义新社会所创造的生产力、所提供的物质条件，比以前一切时代所

---

① 参见《马克思恩格斯全集》第34卷，人民出版社1972年版，第358页。

创造的都要多。不仅如此，国际垄断资本主义还使生产的社会化、资本的国际化和全球化达到了前所未有的高度。它不止自发地为无产阶级解放提供了所需的物质技术基础，而且在更大程度上为社会主义和共产主义的实现准备了社会组织形式。

首先，国际垄断资本主义时期生产力和生产全球化的巨大发展，为社会主义新社会提供了物质前提和技术基础。20世纪90年代以来，资本主义生产力在新科技革命和经济全球化的影响下，取得了极大的进步。这种日新月异的发展既表现为劳动生产率、国家经济水平的提高、生产组织规模的扩大，也表现为人的生产能力、生产方式及其在生产中的地位发生了质的改变。电子信息、计算机技术的广泛应用，使劳动者日益从体力劳动中获得解放，提高了人在生产中的主体地位，使人成为对本身的一般生产力的占有者，从而作为社会的存在来对自然界进行统治。在这样的社会历史条件下，科学社会主义所追求的人的全面自由发展的理想社会最终将变为现实。

其次，国际垄断资本主义使生产和资本日益全球化，逐渐形成全球规模的生产和销售体系。冷战结束后，随着跨国公司的进一步发展，生产日益国际化，垄断资本主义的市场经济体制也越来越完善，世界市场得到了前所未有的拓展。资本主义生产和销售都实现了全球化，全球生产体系、金融体系、市场体系和管理体制逐渐形成，使世界范围内有效配置资源成为可能。这为社会主义社会发展生产力、参与世界经济和贸易提供了便利，也为社会主义快速发展和最终实现共产主义准备了社会组织形式。

再次，当代垄断资本主义内部的新社会因素不断增长，为其向社会主义的过渡提供了条件。由于资本主义在对生产关系的现实形式和体制模式进行调整的过程中，产生了一系列促使旧的资本主义生产方式解体的各种新因素，创造了扬弃资本主义的"新的经济制度因素"，这为社会主义的最终胜利提供了社会历史条件。总的来看，国际垄断资本主义内部的新社会因素大致分为三种：一是合作经济。当前，西方发达国家内部出现的合作经济，总数已高达64万个。除农业合作经济外，工业中的合作工厂也在快速发展。这种由劳动者集体所有和共同管理的合作经济对于社会主义运动的意义"不论给予多么高的估价都不算过分的"①。二是社会保障制

---

① 参见《未来学家》（双月刊）1994年第5期。

度。在分配方面，社会主义因素表现为福利保障制度在发达资本主义国家的建立和发展。二战后，西方发达国家通过税收杠杆和福利保障，对社会收入进行调节，形成了包括最低工资限额、低收入补贴、失业救济、医疗保险、养老保险等在内的社会保障体系。随着这种福利保障制度的发展，西方发达国家的工人及其他劳动者的地位发生了一些变化，一定程度上促进了社会公平。例如，瑞典产业工人的税率一般为35%，资本家的税率是70%，普通工人同资本家税后收入的平均差距降到了1∶5[①]。三是职工参与企业管理的制度。西方发达国家在战后普遍实行了多种层次、多种形式的"共同决定制度"，允许职工参与企业管理，保证工人在工作和生活等方面的权利。工人参与企业管理是社会主义新社会赖以产生的一个肯定性因素。

当然，国际垄断资本主义自发地为社会主义所准备的历史条件，并不表示它已经趋同于社会主义。从垄断资本主义本质来看，这些历史条件都是垄断资本为解决自身矛盾而采取调节措施所带来的必然的"附属"产物。事实上，帝国主义的新发展对社会主义构成了压力和挑战。

众所周知，经济全球化是当今世界经济的潮流，社会主义与垄断资本主义都处于经济全球化的进程之中。但是在当代，由于世界经济体系处于国际垄断资本的支配之下，垄断资本国际化与经济全球化交织进行。垄断资本的全球扩张性，是经济全球化的主要推动力和主导力量。因此，从本质上说，经济全球化是国际垄断资本支配下的全球化。社会主义在参与经济全球化的过程中，必然会受到垄断资本主义在经济、政治、文化等方面构成的挑战。尤其是"新帝国主义"这一国际垄断资本主义的特殊形式对社会主义国家的安全形成了巨大的威胁。

第一，在垄断资本主导的经济全球化时代，社会主义的经济安全和高新技术发展都面临着严峻挑战。冷战结束以后，垄断资本主义经济虽早已度过了"黄金时代"，但由于新技术的支撑，相对于遭受严重挫折的社会主义经济来讲，仍保持着领先优势。20世纪90年代初，美国、日本、联邦德国等国家的人均国内生产总值大多在2万美元以上，而社会主义国家最高的也不过六七千美元，低的只有几百美元。在这样的对比下，融入经济全球化进程、逐步开放了贸易和金融的社会主义经济，必然受到来自资

---

① 靳辉明、罗文东主编：《当代资本主义新论》，四川人民出版社2006年版，第563页。

本主义经济的直接挑战。从外贸安全来看，社会主义国家的外贸依存度在提高，这反映了开放度提高的同时，社会主义经济的对外依赖程度也在加深，潜存着一定的外部风险。以中国经济为例。2002 年中国的外贸依存度为 49%，到了 2003 年猛升到 60.8%，2004 年更是达到了 70.1%①。一旦贸易伙伴国的经济、政策等出现波动，就会直接对社会主义国家的经济产生负面影响。从金融安全来看，国际金融对社会主义国家金融的影响正在日益加大，经济全球化会使一国的金融动荡迅速传播到其他国家，相对薄弱的社会主义经济更容易受到冲击和破坏。此外，垄断组织、大型跨国公司不断扩大，在全球化进程中对社会主义经济进行渗透，使社会主义国家对一部分产业的控制力减弱。例如，进入中国不久的 AT&T 通过合资，已经成为中国通信行业的骨干企业，其产品占中国市场份额的 1/4。瑞士的讯达和德国的奥的斯基本上垄断了中国的电梯市场②。这些国际垄断资本的扩张，都对社会主义经济、尤其是产业结构优化产生了不利的影响。从高新技术的发展来看，社会主义国家没有及时抓住新科技革命所提供的机遇，在高新科技领域处于相对落后的地位。目前，虽然社会主义国家的新科技产业有了较快发展，但总体还处于起步阶段，在发展水平、研究和开发能力上比西方发达国家还有很大差距。近年来，中国的高新技术产业对 GDP 的贡献率一直在 1.5%—2% 之间徘徊，这是一个相对较低的水平。据有关资料显示，20 世纪五六十年代，西方发达国家的科学技术在经济增长中的贡献率就达到了 50% 左右，80 年代以来则高达 60%—80%。因此，面对垄断资本主义经济和科技优势所造成的巨大压力，制定切实可行、行之有效的高新技术发展战略，以科技进步促经济发展，是社会主义发挥优越性、增强吸引力的必然选择。

第二，西方发达国家主导的经济全球化，为帝国主义对社会主义实施政治和文化渗透提供了便利条件。以东欧剧变、苏联解体为缺口，垄断资本主义企图借助于经济和科技的优势，对社会主义国家继续实施"和平演变"战略，通过政治和文化的全面渗透，诱使社会主义国家脱离轨道，归附于垄断资本主义的世界体系。西方"文化的传播正改变着民族认同的政

① 根据《中国统计年鉴》（2004）中的相关数据统计。
② 参见赵桂芝《经济全球化对我国经济安全的影响及对策研究》，《财经问题研究》2002 年第 5 期。

治立场，以及更一般性的认同的政治立场"①。此种"文化的传播"，一定程度上体现为帝国主义向社会主义国家大力宣扬"西方文明"、向社会主义国家传播"自由的种子"、利用人权等问题干涉别国内政，妄图由此逐渐改变社会主义国家的政治立场，认同资本主义的政治制度。帝国主义以颠覆共产党的领导和社会主义制度为目的的政治渗透，是对社会主义国家稳定和发展的一个重大考验。此外，随着信息技术的发展，西方文化也以跨国界的形式影响社会主义国家人民的思维方式和生活方式。以美国为核心，垄断资本主义正利用互联网等技术的强大力量，开辟了一个"思想战场"。德国的纳粹主义法理学者施米特，在《政治理念》一书中将政治范畴定义为一种敌人与朋友间的真正的意识形态的博弈。这种纳粹主义反映了帝国主义的诉求，他们要以西方的价值观统治世界，对社会主义国家实行文化征服。具体表现为极力推销帝国主义意识形态和个人主义价值观，大力宣扬新自由主义理论和政策，攻击威胁垄断资本利益的社会改良思潮，并以摇滚乐、唱片、好莱坞电影等流行文化为利器，潜移默化地影响社会主义国家的文化思想，甚至是政治思想。面对这样严峻的挑战，社会主义国家只有在积极开展对外交流与合作的同时，始终把国家的主权和安全放在首位，有效抵制西方文化的威胁和渗透，才能保证社会主义的健康发展。

第三，新殖民主义的发展和"新帝国主义"的兴起，对社会主义国家安全造成了严重的威胁。"新帝国主义"是国际垄断资本主义的一个特殊形式，它的出现既是美英企图建立统治全球的帝国体系的产物，也是对新殖民主义受到抵制后的一个补充。"新帝国主义"利用国际垄断资本的垄断地位，不仅以经济制裁和经济封锁为手段，而且重提军事打击和武力威胁，加强对社会主义国家的盘剥和掠夺。目前，以美英为中心的"新帝国主义"的战略重点还在中东和欧洲，但推翻社会主义制度、实现垄断资本全球统治，始终是帝国主义的终极战略目标。冷战结束后的十年里，美国已经在国防安全上花费了 2 万亿美元，超过了所有对手花费的总额。如今，"美国的国防支出相当于世界 189 个国家总和的 40% 至 45%"②。这个

---

① ［英］戴维·赫尔德、安东尼·麦克格鲁：《全球化与反全球化》，陈志刚译，社会科学文献出版社 2004 年版，第 32 页。

② ［英］瓦西利斯·福斯卡斯、比伦特·格卡伊：《新美帝国主义：布什的反恐战争和以血换石油》，世界知识出版社 2006 年版，第 51—52 页。

用于攻击性的军费数字，对世界社会主义来说，绝不是一个安全的"系数"。同时，美国正在把军事基地变成为新的殖民地，逐步成为一个"基地帝国"。在阿富汗战争中，美国军方就在苏联边境建了 13 个新军事基地。根据美国国防部公布的《现役军人力量地区和国家分布》，美国至少在 135 个国家和地区部署了军队，占联合国成员国的 70%。其中，包括了古巴、越南、朝鲜、老挝甚至中国香港在内的所有社会主义国家。① 可见，"新帝国主义"已经对社会主义国家的安全构成了严重的挑战，必须加强社会主义国家的经济、科技和军事实力，以应对与帝国主义列强之间可能发生的竞争与冲突。

三 帝国主义的历史命运与社会主义的发展前景

纵观帝国主义从私人垄断资本主义到国际垄断资本主义的历史过程，帝国主义所进行的每一次局部调整，都将垄断资本主义推进到新的发展阶段。进入国际垄断资本主义阶段后，帝国主义又一次在资本主义范围内调整生产关系和上层建筑，使之暂时适应生产力的发展，这在一定程度上缓解了资本主义基本矛盾。但是，国际垄断资本主义并没有消除资本主义基本矛盾，而是使资本主义基本矛盾在全球范围内进一步扩展和加深，决定了帝国主义必将被社会主义所取代的历史命运。

（一）帝国主义的演进和发展始终伴随着危机和动荡

帝国主义进入国际垄断资本主义阶段，资本主义生产方式有了新的发展，推动资本主义基本矛盾进一步深化。一方面，生产力的进步是推动资本主义基本矛盾运动的主导因素。20 世纪 90 年代以后，新技术革命和全球化的兴起，使资本主义生产力获得巨大发展，掀起了垄断资本突破国界、全球扩张的新浪潮。在国际贸易、国际金融和跨国公司的推动下，资本主义生产的社会化程度迅速提高。同时，垄断资本的国际化运动、生产社会化的进一步发展，也必然引起了资本主义生产关系的新变化。冷战结束以后，资本主义生产资料所有制的社会性在增强，国际垄断资本实现了全面的高度的国际化。但是，追求利润的本性决定了资本主义生产的社会

---

① 参见 http：//www. dior. whs. mil/mmid/M05/hst0309. pdf。

化发展是无限的，而资本主义制度本身又决定了资本的社会化发展是有限的。它不可能改变资本主义私有制的主体地位，也没有突破私人占有生产关系的狭隘界限，相反，垄断资本的国际化使资本家占有了越来越多的生产资料和全球资源。可见，生产高度社会化与生产资料垄断资本所有制之间的基本矛盾没有消除，而是在国际垄断资本主义阶段进一步深化、变得更加尖锐起来。正如有的学者所说，"资本主义带着它自身的内在矛盾孤独地生活着，它在自身内在机制之外找不到任何帮助，来纠正或者补偿这些矛盾及其破坏作用。甚至被称作资本主义最后避难所的帝国主义也不像它当初那样了。在占领领土或殖民主义的帝国主义旧形式中，资本大国通常可以在非资本主义地区解决它的对抗和矛盾，而现在甚至这种纠正机制大部分也已被经济优势和金融帝国主义的露骨的资本主义机制所取代。"①

　　另一方面，资本主义基本矛盾在加深的同时，还随着垄断资本的国际化，不断地向全球扩张。帝国主义希望以此来缓解矛盾和转移危机，可结果如何呢？第一，垄断资本主义国家的经济危机加剧，并且影响范围更广、破坏力更强。冷战以后，美国的"新经济奇观"维持了10年，在2000年出现了转折，进入了"新经济"危机。到2002年，美国股市已损失8.2万亿美元的市场价值，缩水了48%。日本经济更是从90年代初就一落千丈，陷入"复合萧条"时期。1991年至2000年，日本经济的年平均增长率大约只有1%，失业率则由2%上升到4.9%。此外，1998年的东南亚金融危机表明，在国际垄断条件下，经济危机已被扩展到全球。第二，资本主义的基本矛盾已经扩展到世界范围。资本所有者有目的和有选择的投资，从世界经济整体的角度看，是无序的和盲目的。为追求利润最大化，大量资本不是流向生产领域而是流向证券市场，导致了远离物质生产领域的金融衍生物的恶性膨胀。金融资本投机性的增强，凸显了国际垄断资本的寄生性和腐朽性。第三，资本主义基本矛盾扩展为跨国公司内部的有序性和世界市场的无序性之间的矛盾。由于跨国公司拥有强大的实力和高度的内部组织性，其生产能力和规模的全球扩张十分迅猛，结果必然在全球范围导致生产发展的盲目性。而一旦市场上的产品过剩，往往会在一系列国家和地区引发经济动荡。第四，资本主义基本矛盾还扩展为国家生产的有组织性和全球生产的无序状态之间的矛盾。现阶段的国际垄断资

① 俞可平主编：《全球化时代的资本主义》，中央编译出版社1998年版，第277页。

本主义部分地保留了国家干预政策，资本主义国家在一国范围内的宏观调控，其出发点始终是为本国垄断资产阶级的利益而不是为全球经济的整体利益服务的。这种不一致性必然会使全球生产呈现出某种程度上的无序状态。第五，资本主义基本矛盾的扩展在阶级关系上体现为全球无产阶级和资产阶级的新的劳资矛盾。在国际垄断资本主义时期，面对全球"联合"的资本的剥削，西方国家出现了"新贫困阶层"，工人的实际贫困程度在加重。1973 年至 1994 年，美国实际人均国民生产总值提高了 33%，但一线工人的实际小时工资下降了 14%，实际工资回到 20 世纪 50 年代初的水平。

　　从资本主义基本矛盾发展的深度和广度看，帝国主义种种调整和改良是有限的，无法最终治愈资本主义固有的顽疾。而且，随着帝国主义的发展，资本主义对生产关系调整和改良的余地在缩小。19 世纪 70 年代帝国主义的产生，就是资本主义以垄断来调整生产关系的结果。二战以后的国家垄断资本主义同样是帝国主义局部调整生产关系，以缓解资本主义基本矛盾的产物。现阶段，国际垄断资本主义也没有从根本上消除资本主义基本矛盾和资本主义危机。随着资本主义基本矛盾的深化，帝国主义的调节和改良已接近了极限，其生产关系的外壳正快速趋于破裂。垄断资本主义使资本主义的一切矛盾尖锐化，帝国主义的演进和发展，始终伴随着危机和动荡。这充分说明帝国主义不是解决资本主义基本矛盾的良药，而是加剧危机、加速垄断资本主义走向历史性衰落的催化剂。

（二）社会主义在曲折中向着人类解放的道路前进

　　马克思指出："无论哪一个社会形态，在它所能容纳的全部生产力发挥出来以前，是决不会灭亡的；而新的更高的生产关系，在它的物质存在条件在旧社会的胎胞里成熟以前，是决不会出现的。"[①] 在现阶段，国际垄断资本主义还具有一定的发展空间，并且处于与社会主义对立中的暂时的强势地位。新科技革命浪潮中信息化的推进，冷战对峙中的"不战而胜"，垄断资本主义生产关系的内部调整，使当今帝国主义在与社会主义的竞争中取得了暂时的优势和强势。当代世界社会主义必须经过与资本主义的长期并存、相互竞争，经过长期的较量和发展才能摆脱弱势局面，逐步实现

---

① 《马克思恩格斯选集》第 2 卷，人民出版社 1995 年版，第 33 页。

人类社会向社会主义的历史性过渡。

我们应该坚信：社会主义、共产主义作为更高的社会形态，必将取代垄断资本主义获得最终的胜利。这不是出于痛恨帝国主义的道德义愤，也不是源于对社会主义、共产主义的简单向往，而是基于对当今帝国主义新变化及其基本矛盾的客观分析。垄断已经是资本主义向社会主义过渡的开始；垄断在资本主义国家内部发展到极致，加深一国内部生产资料少数人占有与生产社会化的矛盾；垄断在全球发展到极致，导致世界范围内生产资料少数人占有与生产社会化的矛盾。当垄断上升到全球范围，其发展已走到了顶点，资本主义基本矛盾也扩展到了极点，必然造成全球性的贫富分化、经济危机和社会动荡。当各种矛盾和危机被激化到一定程度，无产阶级革命将不可阻挡地在全球范围内兴起。国外学者已经认识到，"'以剥夺进行积累'将原先由公共部门提供的服务私有化以及从世界上一些最贫穷国家榨取贡金。'以剥夺进行积累'还涉及保持一支庞大的全球劳动力后备军队伍，以持续地维持劳动力的低成本，对于抵消一直存在的利润率下降趋势是非常必要的。但是，这一过程预示着将引发大规模的社会和阶级斗争，尤其是在已成为世界资本主义主要制造业中心的亚洲"。① 革命运动的兴起，将从根本上动摇帝国主义的经济秩序和政治统治。总的来看，资本主义的固有矛盾不可能在帝国主义体系内部得到解决。只有以社会主义体系将其取代，以公有制代替生产资料的私人占有制，才会消除资本主义基本矛盾，同时也消解了垄断资本主义制度。即使帝国主义向社会主义过渡是一个漫长的、曲折的历史进程，但帝国主义必然灭亡，社会主义和共产主义必然胜利，是不以人的主观意志为转移的客观规律和必然趋势。

马克思从未把西方现有的社会模式和这个模式赖以形成的社会发展道路作为人类的普遍道路，他关于社会形态演进和更替的理论从来都没有被他自己看作是人类社会的具体模式。马克思既不是一个历史机械进化的目的论者，也不能被简单看作是"复性历史"的开拓者；他所建立的唯物史观包含着历史和逻辑的统一、抽象和具体的统一、普遍和特殊的统一；他关于"世界历史"的精辟论述既是来自于对西方资本主义历史经验的总结，更是对西方中心主义的超越；他对共产主义大同世界的描述和展望，

---

① 参见［澳］尼克·比姆斯《帝国主义的历史性衰落和世界资本主义的发展趋势》，林小芳摘译，《国外理论动态》2005 年第 9 期。

是对人类前景的终极价值关怀。因此，马克思的唯物史观和所谓的"启蒙史观"是有本质上区别，后者所基于的西方社会的进化模式和道路在马克思的价值系统里从来都不具有普世性意义。

社会主义与资本主义的关系问题并没有随着社会主义陷入低潮而消失，社会主义的价值及其制度能否在全球化新一轮竞争中被连根拔起，不是西方思想家从观念上宣布历史的终结就能做到的。事实上，至今尚未走出阴影的经济危机，表明资本主义制度固有的矛盾并不能随着全球化向落后国家转化就能摆脱。透过现象看本质，还需要借助马克思主义唯物史观的分析方法。但是，在学术界盛行的新自由主义思潮遮蔽了问题的实质，西方的辩护性理论需要在有以客观事实为依据的批判性理论中揭示其虚假性。

帝国主义的命运与社会主义的命运不可分割。以中国特色社会主义为内涵的"中国模式"表明社会主义在世界的资本主义主导的体系中，通过改革开放，借助资本主义的一切优秀成果，是可以走出一条具有自己特色又不失方向的独特之路的，中国模式所具有的意义不仅是实践上的，也是理论上的，对人类的文明史将具有重大的贡献。

第 二 编

马克思主义与当代
社会主义研究

正确认识新中国两个 30 年的关系

朱佳木[*]

新中国即将迎来自己的第一个甲子——60 周年。在这 60 年里，如果以中共十一届三中全会的召开作为改革开放新时期的起点，刚好前后各占大体 30 年时间。如何认识这两个 30 年的关系，即把它们看成是相互割裂的、对立的，还是继承发展的、内在统一的关系，决定着对新中国 60 年历史的评价，也决定着对中国特色社会主义道路的认识。

一 前 30 年是后 30 年的基础

改革开放 30 年来，我国经济飞速发展，综合国力明显增强，人民生活大幅度提高，为世界经济发展和人类文明进步作出了重大贡献。但应当看到，这一切的起点并不是 1949 年旧中国留给新中国的那个满目疮痍的烂摊子，而是 1978 年新中国在经过近 30 年艰苦奋斗后建立起来的宏伟基业。正如胡锦涛总书记在党的十七大报告中所指出的："改革开放伟大事业，是在以毛泽东同志为核心的党的第一代中央领导集体创立毛泽东思想，带领全党全国各族人民建立新中国、取得社会主义革命和建设伟大成就以及艰辛探索社会主义建设规律取得宝贵经验的基础上进行的。新民主主义革命的胜利，社会主义基本制度的建立，为当代中国一切发展进步奠定了根本政治前提和制度基础。"[①]

为改革开放提供了根本的政治前提。新中国成立后，我国取得了民族

* 朱佳木，中国社会科学院党组成员、副院长，当代中国研究所党组书记、所长，研究员，博士生导师。

① 《中国共产党第十七次全国代表大会文件汇编》，人民出版社 2007 年版，第 7 页。

独立、主权和领土完整，实现了除台、港、澳地区之外的国家统一，铲除了帝国主义、封建势力统治的根基，建立了工人阶级领导的、以工农联盟为基础的人民民主专政的国家政权，以及以人民代表大会制度、中国共产党领导的多党合作和政治协商制度和民族区域自治制度为核心的社会主义基本政治制度，奠定了社会主义全民所有制和集体所有制的经济基础，使人民大众翻身做了国家主人，各民族实现了空前大团结，中国从此结束了蒙受屈辱、战乱频仍、四分五裂、民不聊生的黑暗历史。

为改革开放提供了基本的物质技术条件。新中国成立后，通过连续五个五年计划的建设，初步建立起独立的比较完整的工业体系和国民经济体系，一定程度改变了旧中国工业集中于沿海地区的不合理布局。同时，通过进行大规模农田水利基本建设和发展化肥、农药、农用机械等工业，以及县办、社办小工业，大幅度改善了农业和农村生产条件，提高了农作物单位面积产量。1949 年至 1978 年，我国基本建设投资共 6000 多亿元，新增固定资产为新中国刚成立时的 57.3 倍；陆续投产的大中型建设项目为 3000 多个。至 1978 年，我国经过近 30 年建设，钢、煤、石油、发电量、机床的年产量，分别比旧中国最高年产量增长 34.4 倍、10 倍、325 倍、42.8 倍、33.9 倍；粮食、棉花产量，分别比 1949 年增长 1.7 倍和 3.9 倍；汽车、拖拉机、飞机制造和电子、石油化工等工业部门，更是从无到有；铁路营运里程由 2.18 万公里增加到 5.17 万公里；高校毕业生累计 295 万人，超过旧中国 36 年累计总数的 14 倍；全国专业技术人员达到 559 万人，是新中国成立初期同类人员总数的 13.2 倍；形成了以人造卫星为标志的一批高科技成果。《历史决议》指出："我们现在赖以进行现代化建设的物质技术基础，很大一部分是这个时间建设起来的；全国经济文化建设等方面的骨干力量和他们的工作经验，大部分也是在这个时间培养和积累起来的。"[1]

为改革开放提供了一定的思想保证。胡锦涛总书记指出：毛泽东思想"是被实践证明了的关于中国革命和建设的正确的理论原则和经验总结"[2]。改革开放以来，毛泽东思想中关于实事求是、群众路线，关于独立自主、自力更生，关于全心全意为人民服务，关于要把我国建设成现代化社会主

---

① 《三中全会以来重要文献选编》（下），人民出版社 1982 年版，第 804 页。
② 《十六大以来重要文献选编》（上），中央文献出版社 2005 年版，第 641 页。

义强国、对人类作出较大贡献，关于不要机械搬用外国经验，关于社会主义时期仍然存在矛盾和要严格区分、正确处理敌我和人民内部两类不同性质矛盾，关于要调动一切积极因素、化消极因素为积极因素，关于两个"务必"和"双百"方针等思想，始终在各项工作中起着重要作用。改革开放前开展的一系列政治运动，尽管存在对形势判断过于严重、做法过于简单粗暴、打击面过宽等问题，但其中关于防止执政党脱离群众和国家改变颜色等正确思想，在党的建设中却一直发挥着重要影响。以邓小平、江泽民为核心的中共第二代、第三代中央领导集体反复强调，要防止党和国家"改变面貌"，警惕帝国主义搞"和平演变"、打"没有硝烟的战争"；以胡锦涛为总书记的党中央反复告诫全党，要坚决惩治和有效预防腐败，保持党同人民群众的血肉联系。我们党还从过去政治运动中吸取合理的地方加以继承和发扬，先后进行了 1980 年整党、1990 年党员重新登记、1999 年"三讲"教育、2004 年"党员先进性教育"，以及从 2008 年开始、目前仍在开展的深入学习实践科学发展观活动，而且每次都开门听取党外群众意见。这种连续不断的组织整顿和思想教育活动，在其他国家曾经执政过的共产党中是很少见的，但对于我们党在长期执政、实行市场经济和对外开放的条件下经受各种风浪的考验，却起到了十分积极的作用。

为改革开放提供了正反两方面的经验。新中国成立后，我们党在领导人民进行社会主义建设过程中，形成了许多反映中国国情、符合客观规律的认识，积累了一系列对于今天改革开放仍然具有重要价值的宝贵经验。例如，农业是基础、工业是主导，统筹兼顾，按比例发展等。另外，我们党也犯过不少错误，积累了很多教训。其中最大的教训，就是错误发动"文化大革命"。但正如邓小平所说："没有'文化大革命'的教训，就不可能制定十一届三中全会以来的思想、政治、组织路线和一系列政策。三中全会确定将工作重点由以阶级斗争为纲转到以发展生产力、建设四个现代化为中心，受到了全党和全国人民的拥护。为什么呢？就是因为有'文化大革命'作比较，'文化大革命'变成了我们的财富。"①

为改革开放提供了必要的国际环境。新中国成立后，结束了旧中国奴颜婢膝的外交史，打赢了抗美援朝战争，维护了国家安全，挫败了西方反华势力对新中国一系列孤立、封锁、干涉、挑衅行径，同时积极倡导了和

①《邓小平文选》第 3 卷，人民出版社 1993 年版，第 272 页。

平共处五项原则，支持了亚非拉民族解放和独立运动，发展了同中间地带国家的友好关系，为国内和平建设争取了较为有利的外部条件。20 世纪六七十年代，我国又在十分困难的情况下，研制成功了原子弹、氢弹、洲际导弹和核潜艇，打破了超级大国的核垄断和核讹诈。面对苏联霸权主义的军事威胁，毛泽东及时提出关于三个世界划分的理论，实现了中美和解，进而推动了中国同日本和西欧许多国家关系的改善。中国还在亚非拉等第三世界国家的支持下，恢复了在联合国的合法席位。邓小平讲过："毛泽东同志在世的时候，我们也想扩大中外经济技术交流，包括同一些资本主义国家发展经济贸易关系，甚至引进外资、合资经营等等。但是那时候没有条件，人家封锁我们。后来'四人帮'搞得什么都是'崇洋媚外'、'卖国主义'，把我们同世界隔绝了。毛泽东同志关于三个世界划分的战略思想，给我们开辟了道路。"① 所以，我国在前 30 年大大提高了自己的国际地位，并打开了同西方改善关系的大门。

二 后 30 年是对前 30 年的超越

改革开放 30 年的巨大发展，虽然建立在此前 30 年发展基础之上，但它并不是简单因袭前 30 年的道路，而是在继承中有超越。在这 30 年里，我们党顺应时代的潮流和人民的愿望，作出了改革开放的战略抉择，开辟了建设社会主义的新道路，形成了党在社会主义初级阶段的"一个中心、两个基本点"的基本路线，制定了指导改革开放的一整套方针政策。正是这一切，使社会主义和马克思主义在中国大地上焕发出勃勃生机，使中华民族大踏步赶上了时代前进的潮流。看不到这 30 年对前 30 年的巨大超越，混淆前后两个 30 年的区别，势必妨碍对改革开放正确性和必要性的认识，看不清中国特色社会主义道路究竟"特"在哪里。

在党的指导思想上的超越。改革开放前 30 年的很长时间内，我们党把阶级斗争作为社会主义社会的主要矛盾，提出"以阶级斗争为纲"的口号和"无产阶级专政下继续革命"的理论。粉碎"四人帮"后，虽然结束了"文化大革命"，但又提出"两个凡是"的方针（凡是毛主席作出的决策，都要坚决维护；凡是毛主席的指示，都要始终不渝地遵循），继续维

---

① 《邓小平文选》第 2 卷，人民出版社 1994 年版，第 127 页。

持不适合于社会主义社会的上述口号和理论。改革开放后，批判了"两个凡是"的方针，纠正了毛泽东的晚年错误，实现了党的工作中心的转移，先后形成了邓小平理论、"三个代表"重要思想和科学发展观等马克思主义中国化的最新成果。

在政治体制上的超越。改革开放前的 30 年，我们党和国家领导制度中一度存在权力过分集中、党政职能不分、机构层次过多、领导职务终身制等现象；对法制建设不重视，除少数几部法律外，基本上无法可依；民主缺少制度化、程序化，家长制、一言堂作风严重。邓小平在谈到这些问题时曾指出：过去，"在加强党的一元化领导的口号下，不适当地、不加分析地把一切权力集中于党委，党委的权力又往往集中于几个书记，特别是集中于第一书记，什么事都要第一书记挂帅、拍板。党的一元化领导，往往因此而变成了个人领导。全国各级都不同程度地存在这个问题"①。改革开放后，严格民主集中制，建立干部离退休制度，健全党和国家的领导体制，实行党政职能适当分开，改善党的领导方式和执政方式；推进政治体制改革，深化干部人事制度改革和机构改革，加强对权力的制约与监督。实施依法治国方略，完善中国特色社会主义法律体系，坚持公民在法律面前一律平等；扩大人民民主，丰富民主形式，拓宽民主渠道，发展基层民主，落实民主权利，支持民主党派和无党派人士参政议政，发挥社会组织在扩大群众参与、反映群众诉求方面的积极作用，增强社会自治功能。

在经济体制上的超越。改革开放前 30 年的后期，我国脱离生产力的实际水平，片面追求生产资料的公有程度和分配领域的"公平"、"公正"；企业缺少自主权，产销脱节，经济利益同经济效果不挂钩；流通体制渠道单一，环节繁杂；农村人民公社政企不分，生产队自主权得不到尊重，农民经营正当家庭副业的权利被剥夺；吸引国外投资和进口国外技术、设备，被当成"走资本主义道路"和"崇洋媚外"而受到批判。改革开放后，允许个体经商，鼓励发展私营经济，形成以公有制为主体、多种所有制经济共同发展的基本经济制度；提倡一部分人和一部分地区先富起来，允许和鼓励技术、管理、资本参与分配，形成以按劳分配为主体、多种分配方式并存的分配制度；扩大国有企业自主权，实行厂长经理负责

---

① 《邓小平文选》第 2 卷，人民出版社 1994 年版，第 328—329 页。

制、承包经营责任制，直至以股份制为主要形式的现代企业制度；实行计划经济与市场调节相结合，直至确立社会主义市场经济体制；废除人民公社，实行家庭联产承包责任制，稳定土地承包关系，并允许土地承包经营权依法流转；积极吸引外资，兴办合资或独资企业，建立经济特区，继而开放沿海、沿江、沿边城市，实施"走出去"战略，加入世界贸易组织和经济全球化进程。

在意识形态工作中的超越。改革开放之前30年的一段时间里，我们党在"左"的思想指导下，把已经相信共产党、愿意为人民服务和学习马克思主义的旧知识分子，以及新中国自己培养的知识分子，统统划入资产阶级的一部分；不尊重学术研究和艺术创作规律，进行不适当的行政干预；把许多学术和文艺思想上的问题当成政治问题，开展过火的批判；尤其在"文化大革命"中，"左"的思想恶性膨胀，使许多马克思主义的学术观点和歌颂社会主义的优秀作品遭受打击，只允许几个"样板戏"和几部"学术著作"存在。改革开放后，随着清理过去"左"的指导思想，改变了对知识分子的估计，认为他们是工人阶级的一部分，提倡尊重知识、尊重知识分子的社会风气；解除了在学术研究和文艺创作中许多不必要的框框和禁区，认真落实"百花齐放、百家争鸣"的方针；注意区分学术问题和政治问题，对思想认识问题采取说服引导方法，鼓励不同观点的切磋，提倡多样化，大量翻译出版国外学术著作和文艺作品；纠正轻视教育科学文化的错误观念，大力普及初等教育，发展高等教育和科技事业，积极改革文化体制，推动文化繁荣，并且培育文化市场，建设文化产业，丰富人民的精神文化生活，提高国家文化的软实力和国际竞争力。

在国际战略上的超越。改革开放前的30年，我们党对国际形势的判断，很长时间一直认为"战争不可避免，而且迫在眉睫"；"好多的决策，包括一、二、三线的建设布局（一线指处在战略前方的一些省区，三线指全国的战略大后方，二线指处于一线和三线之间的省区。——笔者注），'山、散、洞'的方针（靠山、分散、进洞的简称，指对国防尖端项目安排的方针。——笔者注）在内，都是从这个观点出发的"①。一段时间，"针对苏联霸权主义的威胁，我们搞了'一条线'的战略，就是从日本到

① 《邓小平文选》第3卷，人民出版社1993年版，第127页。

欧洲一直到美国这样的'一条线'。"① 在处理与外国政党的关系上，"往往根据的是已有的公式或者某些定型的方案"②，"犯了点随便指手画脚的错误"③。改革开放后，我们对国际形势作出了新的观察和判断，"改变了原来认为战争的危险很迫近的看法"，认为"在较长时间内不发生大规模的世界战争是有可能的"④，和平和发展是当今时代的两个主要问题。同时，改变了"一条线"的战略，"谁搞霸权就反对谁，谁搞战争就反对谁"；既"改善了同美国的关系，也改善了同苏联的关系"⑤；改变了同外国政党处理关系时的某些原则，主张"各国党的国内方针、路线是对还是错，应该由本国党和本国人民去判断"；"不应该要求其他发展中国家都按照中国的模式去进行革命，更不应该要求发达的资本主义国家也采取中国的模式"⑥。

三 前后两个30年是内在的统一整体

改革开放30年虽然在许多方面超越了前30年，使两个时期出现了明显区别，但这种区别并不是社会基本制度的区别、国家领导力量的区别、意识形态指导思想的区别，更不是执政党的宗旨和远大奋斗目标的区别。两个30年实行的都是社会主义制度，领导国家的核心力量都是中国共产党，居于意识形态领域指导地位的思想都是马克思主义，执政党的宗旨和远大目标都是为人民服务和共产主义。这说明，后30年并没有离开社会主义的轨道，而是社会主义的自我完善和发展。看不到它们之间的这种一致性、连续性，抹杀二者的相同之处，势必妨碍对选择社会主义道路的正确性、必要性的认识，难以懂得中国特色社会主义为什么是社会主义而不是别的什么"主义"。

坚持四项基本原则没有变。改革开放后，我们党在基本理论方面纠正了毛泽东的晚年错误，否定了"以阶级斗争为纲"的错误口号；但同时科

---

① 《邓小平文选》第3卷，人民出版社1993年版，第127页。
② 《邓小平文选》第2卷，人民出版社1994年版，第318页。
③ 《邓小平文选》第3卷，人民出版社1993年版，第237页。
④ 同上书，第127页。
⑤ 同上书，第128页。
⑥ 《邓小平文选》第2卷，人民出版社1994年版，第318页。

学评价了毛泽东，把毛泽东的晚年错误与毛泽东思想加以区别，确立毛泽东和毛泽东思想的历史地位，始终捍卫和高举毛泽东思想的伟大旗帜；仍然坚持阶级和阶级斗争的理论，认为在社会主义现阶段，"由于国内的因素和国际的影响，阶级斗争还在一定范围内长期存在，在某种条件下还有可能激化"①；并把坚持四项基本原则看作立国之本，当成党在社会主义初级阶段基本路线中两个基本点中的一个基本点。对于改革开放前后我们党在指导思想上的异同之处，邓小平曾作过一个精辟说明。他说：有的人"忽略了中国的政策基本上是两个方面，说不变不是一个方面不变，而是两个方面不变。人们忽略的一个方面，就是坚持四项基本原则，坚持社会主义制度，坚持共产党领导。人们只是说中国的开放政策是不是变了，但从来不提社会主义制度是不是变了，这也是不变的嘛！"②

坚持共产党的领导没有变。改革开放后，我们党在政治体制上不断深化改革，大力推进社会主义民主与法制；但同时始终坚持共产党在国家事务中总揽全局、协调各方的核心领导作用，坚持党的领导、人民当家作主、依法治国的有机统一，坚持全心全意依靠工人阶级，坚持党对军队的绝对领导，不搞西方的多党制和议会民主、三权鼎立。

坚持社会主义的基本经济制度没有变。改革开放后，我们党打破了公有制和按劳分配一统天下的局面，确立了社会主义市场经济体制，实行了全方位开放；但同时仍然坚持公有制和按劳分配为主体，把全民所有制和集体所有制作为社会主义经济制度的基础，把国有经济作为国民经济中的主导力量和支柱，把市场经济同社会主义基本制度结合在一起，把市场对资源配置的基础性作用放在国家的宏观调控之下；仍然坚持农村土地集体所有制的性质，既发挥农民家庭经营的积极性，又发挥集体经济的优越性；仍然坚持自力更生的方针，把着眼点放在发展壮大自己力量的基点上。

坚持马克思主义的指导地位没有变。改革开放后，我们党在意识形态工作中摒弃了以往"左"的做法，并推动社会组织建设；但同时仍然坚持马克思主义在意识形态领域的指导地位，要求共产党员做共产主义远大理

---

① 《中国共产党章程》，《中国共产党第十七次全国代表大会文件汇编》，人民出版社2007年版，第60页。

② 《邓小平文选》第3卷，人民出版社1993年版，第217页。

想的坚定信仰者，引导全体人民树立中国特色社会主义共同理想，把社会主义核心价值体系融入国民教育和精神文明建设的全过程，弘扬爱国主义、集体主义、社会主义思想，抵制各种错误和腐朽思想的影响；坚持社会主义先进文化的前进方向，全面贯彻党的教育方针，培养德智体美全面发展的社会主义建设者和接班人；健全党和政府主导的维护群众权益机制，警惕和防范国内外敌对势力的各种分裂、渗透、颠覆活动，切实维护国家意识形态安全。

坚持对外总方针总政策没有变。改革开放后，我们党改变了过去关于时代特征的判断，认为当今时代的主题是和平与发展，中国的前途命运日益同世界的前途命运联系在一起，并加强了同发达国家的战略对话，奉行互利共赢的开放战略；但同时认为，"世界仍然很不安宁"、"霸权主义和强权政治依然存在"①，仍然实行新中国成立之初所制定的独立自主的和平外交政策和所奉行的和平共处五项原则，加强同广大发展中国家的团结合作，反对各种形式的霸权主义和强权政治，重申永远不称霸，推动国际秩序朝着更加公正合理的方向发展。

改革开放前的 30 年，我们党在领导人民探索社会主义建设规律的过程中犯过不少错误，有的错误还是全局性、长时期的，给党、国家和人民的事业造成过严重损失，但这绝不表明那段历史可以从新中国 60 年的光辉历程中剔除。邓小平说得好："我们尽管犯过一些错误，但我们还是在三十年间取得了旧中国几百年、几千年所没有取得过的进步。"② 如同楼房一样，不能因为底层有不尽如人意的地方就把它拆掉，那样做，整座楼房也会崩坍。

改革开放前的 30 年，国家各项事业的发展和人民生活面貌的改变远没有改革开放后那么显著，但这绝不表明那段历史对于改革开放是无足轻重、可有可无的。如同盖楼一样，打地基时不容易让人看出成绩，但楼房盖得快盖得高，反过来说明地基打得牢。

毫无疑问，如果没有改革开放，新中国的历史将难以为继，只能是死路一条。但同样毫无疑问的是，如果没有当年对社会主义道路的选择，没有改革开放前 30 年打下的基础，改革开放和中国特色社会主义道路也是

① 《中国共产党第十七次全国代表大会文件汇编》，人民出版社 2007 年版，第 45 页。
② 《邓小平文选》第 2 卷，人民出版社 1994 年版，第 167 页。

难以起步、难以开辟的。因此，用后 30 年否定前 30 年，或者用前 30 年否定后 30 年，都是错误的。只有这样认识两个 30 年的关系，才能全面评价新中国 60 年的历史，才能准确把握中国特色社会主义道路的本质特征，从而增强在中国特色社会主义道路上实现中华民族伟大复兴的决心和信心。

（原载《前线》2010 年第 3 期）

中国马克思主义理论研究 60 年

程恩富　　胡乐明[*]

　　1840 年鸦片战争的爆发，使中国逐步沦为半殖民地半封建社会。自此，如何取得民族独立和人民解放，如何实现国家繁荣富强和人民共同富裕，便成为中华民族无数仁人志士不懈求解的两大历史性课题。19 世纪40 年代至建立新中国之前，中国人民掀起多次反帝反封建的革命浪潮，却大多以某种失败而告终；西方各种学说纷纷传入中国，却都未能改变中华民族的命运。19 世纪末，马克思主义开始传入中国。1921 年 7 月，中国共产党宣告成立，马克思主义成为指导中国革命的一面思想旗帜。自从有了马克思主义的指导，中国革命的面貌便焕然一新。在中国共产党的领导下，经过 28 年的浴血奋战，1949 年中华人民共和国宣告成立。

　　中华人民共和国的成立，使中国的历史从此开辟了一个新的时代。以马克思主义理论武装的中国共产党，开始为实现国家繁荣富强和人民共同富裕的百年目标而不懈努力。经过艰辛探索和成功实践，中国特色社会主义伟大事业取得了世人瞩目的巨大成就。在中国共产党的领导下，再经过今后 40 年左右的努力，我们一定能够充分实现国家的繁荣富强和人民的共同富裕，跻身世界强国之林。

　　中华民族争取民族独立和解放的百年历史，昭示着中国马克思主义理论研究的光辉前景；中国人民实现民族复兴和发展的百年征程，彰显了中国马克思主义理论研究的巨大力量。科学地总结、回顾中国马克思主义理论研究 60 年来的发展历程，展望中国马克思主义理论研究的未来发展，对于推进中国特色社会主义伟大事业，无疑具有十分重大的意义。

＊　程恩富，中国社会科学院学部委员，马克思主义研究院院长，教授、博士生导师。
　　胡乐明，中国社会科学院马克思主义研究院教授、博士生导师。

一 马克思主义理论研究60年发展概况

经过数十年国内外知识界对马克思主义定义的探讨和争论,我们认为,可以给出马克思主义四层面的新定义。马克思主义是由马克思、恩格斯创立和后继者不断发展的理论体系(从创立主体层面界定),是关于自然、社会和思维发展的一般规律的学术思想和科学体系(从学术内涵层面界定),是工人阶级及其政党进行社会主义革命和建设以及过渡到共产主义社会的指导思想和科学体系(从社会功能层面界定),是关于人生信仰和核心价值的社会思想和科学体系(从价值观念层面界定)。

60年来,新中国马克思主义理论研究走过了曲折的发展历程。依据研究主题、研究取向、研究方式以及总体格局等方面的差异,这一历程大致可以分为改革开放前后两个时期、四个阶段。

1949—1965年,是马克思主义理论研究的奠基起步阶段。这一阶段,适应学习、宣传和普及马克思主义的需要,马克思主义经典著作的翻译和出版事业全面推进,马克思主义基本原理和主要著作的研究也取得了一定进展。同时,马克思主义理论研究和教学机构不断设立,马克思主义理论研究队伍不断壮大,马克思主义学科体系开始建立。

马克思主义经典著作的翻译、出版和研究工作全面推进。1953年1月,中共中央马克思恩格斯列宁斯大林著作编译局成立,开始有计划有系统地翻译、编辑、出版马恩列斯的全部著作。1953年底《斯大林全集》中文版第1卷出版,开始了新中国马克思主义经典著作全集的出版。到1956年,《斯大林全集》中文版共出版13卷。作为全集的补充,《斯大林文选》(上下册)于1962年出版。《列宁全集》中文版第1卷于1955年12月出版,到1963年出齐了39卷,1960年还出版了《列宁选集》4卷本。1956年底,《马克思恩格斯全集》中文版第1卷出版,至1966年"文化大革命"前出版了21卷。1950年5月,中共中央专门成立了《毛泽东选集》出版委员会。从1951年10月到1960年9月,《毛泽东选集》1—4卷先后出版。此外,《资本论》、《剩余价值学说史》、《反杜林论》、《家庭、私有制和国家的起源》、《哲学笔记》等马克思主义经典著作单行本以及一些苏联的理论专著和教科书也在此期间翻译出版。与此同时,我国马克思主义理论工作者围绕社会主义改造、社会主义建设、社会主义发展的重大关系和问题，积极开展马克思主义经典著作和基本原理的研究，发表了一批重要的论著，如李达的《〈实践论〉解说》、《〈矛盾论〉解说》，艾思奇的《历史唯物论、社会发展史》，吴黎平的《社会主义史》等。

马克思主义理论研究和教学机构不断设立，研究队伍和学科体系不断壮大和充实。1950年8月，政务院发出《关于实施高等学校课程改革的决定》，要求开设新民主主义的政治课程。1952年10月，教育部发出《关于全国高等学校马克思列宁主义、毛泽东思想课程的指示》，要求高等学校开设"新民主主义理论"、"政治经济学"及"辩证唯物论与历史唯物论"。1953年2月，教育部确定"马列主义基础"为各类型高等学校及专修科（二年以上）二年级必修课程。1954年，全国高等院校普遍开设了"马克思主义哲学"、"政治经济学"、"联共（布）党史"、"中国革命史"四门课程。相应地，全国高等院校相继设立了马列主义教研室，负责马列主义基础课程的教学。1955年，中国科学院成立哲学社会科学学部，相继成立了文、史、哲、经、法等15个研究所，马克思主义理论研究贯穿其中。1956年，中国人民大学设立了马列主义基础系，为高等院校马列主义基础课程培养师资和研究人员。1957年之后，中国人民大学等高等院校陆续设立了国际共产主义运动史专业，高等院校马列主义基础课程"联共（布）党史"变更为"国际共运史"，"中国革命史"变更为"中共党史"。1964年经中共中央批准，中国人民大学成立了马列主义思想史研究所。

1966—1978年，是马克思主义理论研究的僵化停滞阶段。从1966年"文化大革命"开始到1978年党的十一届三中全会召开之前，我国马克思主义理论研究工作遭受严重挫折并基本陷入僵化停滞状态。"文化大革命"开始之后，马克思主义经典著作的编译出版工作被中断，马克思主义理论研究机构和研究队伍被破坏，正常的马克思主义研究教学工作几乎完全停滞。"无产阶级专政下继续革命的理论"被作为马克思主义理论的重大发展而广为宣传，所谓的马克思主义研究工作大都仅仅是从马恩列斯著作中为这一理论的合理性寻找依据和注解①。1970年11月中共中央发出通知，要求党的干部尤其是高级干部，必须认真学习《共产党宣言》、《法兰西内

---

① 靳辉明：《马克思主义研究50年》，中国社会科学院科研局编《中国社会科学五十年》，中国社会科学出版社2000年版。

战》、《哥达纲领批判》、《反杜林论》、《国家与革命》、《唯物主义和经验批判主义》6 部著作，以及《实践论》、《人的正确思想是从哪里来的?》等 5 部著作。之后，中断四年的马克思主义经典著作编译出版工作开始恢复。1972 年重编出版了《马克思恩格斯选集》4 卷本和《列宁选集》4 卷本；1974 年出齐了《马克思恩格斯全集》的正卷 39 卷；大量印行了马克思主义经典著作的单行本；组织重印了《列宁全集》39 卷，并从 1975 年开始组织编辑《列宁文稿》。与此同时，不少马克思主义理论工作者开始对"文化大革命"及其相应理论和现实问题进行冷静反思，并艰难地坚持着自己的研究工作。

　　1978—1992 年，是马克思主义理论研究的复兴发展阶段。1978 年党的十一届三中全会之后，我国的马克思主义理论研究从复兴走向大发展。这一阶段，马克思主义经典著作编译出版工作不断取得新的成果，一批马克思主义理论研究和教学机构得以恢复和新建，马克思主义理论研究领域逐步拓展，研究成果影响深远，学科体系恢复发展。

　　马克思主义经典著作编译、出版和研究工作成绩突出。这一阶段，该领域最突出的工作是我国开始自行编译出版《马克思恩格斯全集》和《列宁全集》的中文第 2 版。1982 年 5 月，中共中央决定我国自行编译出版《列宁全集》中文第 2 版，并于 1984 年起陆续出版，1990 年 12 月出齐共 60 卷。《马克思恩格斯全集》中文第 1 版的补卷共 11 卷于 1985 年出齐之后，1986 年 7 月中共中央决定我国自行编译出版《马克思恩格斯全集》中文第 2 版。同时，毛泽东、邓小平等我国老一辈革命家著作的编辑出版也硕果累累。1986 年《毛泽东著作选读》（上下册）出版；1991 年《毛泽东选集》第 2 版修订出版；1983 年《邓小平文选》（1975—1982 年）出版；1987 年《建设有中国特色社会主义》（增订本）出版；1989 年《邓小平文选》（1938—1965 年）出版。在此期间，马恩列斯生平事业研究、马克思主义经典著作版本比较、文本研究、名篇解读等领域均全面展开并取得重要进展，呈现出良好发展态势，《资本论》、《关于费尔巴哈的提纲》、《反杜林论》、《哲学笔记》、《帝国主义是资本主义的最高阶段》等经典名篇引起了广泛而深入的研究。

　　马克思主义理论研究和教学机构不断壮大，人才培养体系逐步完善。1978 年 5 月中国人民大学恢复重建了马列主义发展史研究所；1979 年 7 月中国社会科学院成立了马克思列宁主义毛泽东思想研究所；1980 年 6

月北京大学成立了马克思列宁主义毛泽东思想研究所；中央党校、国防大学等高等院校和地方社会科学院也相继成立了马克思主义研究所或毛泽东思想研究所，以及承担马克思主义理论教学和研究任务的教研室。随着马克思主义研究领域的扩展和新兴学科的崛起，一些新的研究和教学机构也不断建立和发展起来，如1989年国务院发展研究中心组建的世界社会主义研究所。与此同时，马克思主义理论人才培养体系也逐步完善。1984年4月，教育部发出《关于在十二所院校设置思想政治教育专业的意见》，决定在部分高等院校设置思想政治教育专业，开办本科班、第二学士学位班、大专起点本科班。1987年12月21日原国家教委颁布的《普通高等学校社会科学本科专科目录》，首次将"思想政治教育"列入本科专业目录。1987年，国务院学位委员会修订硕士、博士研究生专业目录，增设思想政治教育专业。同年9月国家教委印发了《关于思想政治教育专业培养硕士研究生实施意见》，决定从1988年开始培养思想政治教育专业硕士研究生。1988年，复旦大学、武汉大学、南开大学等10所院校招收首批思想政治教育专业硕士研究生。1990年，国务院学位委员会第九次会议通过了《授予博士、硕士学位和培养研究生的学科、专业目录》，在法学门类政治学一级学科下设马克思主义理论教育（含马克思主义原理、中国革命史、中国社会主义建设、世界政治经济和国际关系）和思想政治教育两个硕士学位授权点。此外，从1981年我国恢复学位制度起，一些高等院校和研究机构陆续设立了马克思主义哲学、政治经济学、科学社会主义、国际共运史等学科的硕士和博士学位授予点。

马克思主义理论研究领域逐步拓展，研究成果影响深远。党的十一届三中全会前夕，我国马克思主义理论工作者积极参与和推动真理标准问题大讨论，为促进思想解放，重新确立马克思主义思想路线，开启改革开放新时期发挥了思想先导作用。十一届三中全会以后，我国马克思主义理论工作者把马克思主义理论研究同总结历史经验教训结合起来，同当代社会主义理论与实践结合起来，同中国特色社会主义的伟大实践结合起来，不断拓展马克思主义理论研究领域，推动马克思主义理论研究向纵深发展。马克思主义经典作家思想史研究、斯大林和"苏东模式"研究、毛泽东思想研究、马克思主义发展史研究、国际共运史研究、社会主义思想史研究、"西方马克思主义"研究等领域及其相关重大问题研究，都取得了很大进展。这一时期，我国马克思主义理论发展取得的最大成果，是创立了邓小平理论。我国广大马克思主义理论工作者不仅以自己的创造性成果为这一理论的形成和发展作出了贡献，而且在学习、宣传、研究这一理论的基础上，围绕"什么是社会主义、如何建设社会主义"这一重大主题，深入研究社会主义初级阶段理论、社会主义本质、社会主义发展战略、社会主义市场经济和社会主义精神文明建设等重大问题，加深了对相对落后国家建设社会主义道路和规律的认识，开拓了马克思主义理论研究的新境界。

1993 年至今，是马克思主义理论研究的繁荣创新阶段。这一阶段，马克思主义理论研究空前繁荣，创新成果累累。尤其是党的十六大以来，在中央实施马克思主义理论研究和建设工程中，马克思主义经典著作编译、出版和研究工作继续稳步推进，马克思主义理论研究和教学队伍不断壮大，马克思主义理论研究领域和研究主题不断拓展和深化，以马克思主义理论一级学科为核心的整个学科体系趋于完善。

马克思主义经典著作编译、出版和研究工作大步推进。《马克思恩格斯全集》中文第 2 版从 1995 年起陆续问世，到 2007 年底已出版 20 卷，计划到 21 世纪 20 年代出齐，共 60—70 卷；《马克思恩格斯文集》（10 卷）、《列宁专题文集》（5 卷）即将完成编译出版；新版《马克思恩格斯选集》（4 卷）、《列宁选集》（4 卷），均于 1995 年出版；《邓小平文选》第 3 卷于 1993 年出版，《邓小平文选》第 1、2 卷第 2 版于 1994 年出版。与此同时，马克思主义经典著作研究更加全面、系统、深入。中央编译局 2004 年牵头承担的马克思主义经典著作基本观点研究课题，联合中国社会科学院、中央党校、教育部、国防大学、军事科学院等单位 200 多名专家学者参与研究，设置 18 个子课题，致力于科学阐释马克思主义经典著作的基本观点，出版了《马克思主义研究论丛》。《共产党宣言》、《资本论》、《德意志意识形态》、《1844 经济学哲学手稿》等经典名篇引起了研讨新高潮。此外，随着对外学术交流的深入开展，《马克思恩格斯全集》历史考证版第 2 版（MEGA2）等国外马克思主义经典著作文本的研究，也引起了国内学界的关注。

马克思主义理论研究和教学机构不断壮大，学科设置趋于完善。随着邓小平理论研究的深入，上海社会科学院于 1993 年 2 月 13 日成立全国首个邓小平理论研究中心之后，中央党校、中国社会科学院、国防大学、教育部分别成立了邓小平理论研究中心，许多省、市及其社会科学院和北京大学、复旦大学等高等院校也相继成立了邓小平理论研究机构。进入 21 世纪之后，中共中央启动实施了规模宏大的马克思主义理论研究与建设工程，极大地团结凝聚了马克思主义理论研究队伍。经党中央批准，2005 年 12 月 26 日中国社会科学院马克思主义研究院成立，全国数十所高等院校随后相继成立了马克思主义研究院、研究中心或学院。与此同时，马克思主义理论学科设置也趋于完善。1995 年，国务院学位委员会和国家教育委员会将"马克思主义理论教育"和"思想政治教育"两个学科整合为"马克思主义理论教育与思想政治教育"，隶属于法学门类，为政治学科下的一个二级学科。1996 年，武汉大学、中国人民大学、清华大学建立首批"马克思主义理论教育与思想政治教育"学科博士点。2005 年 12 月 23 日，国务院学位委员会和教育部颁布学位［2005］64 号文件即《关于调整增设马克思主义理论一级学科及所属二级学科的通知》。该《通知》指出，增设"马克思主义理论"一级学科及所属二级学科，"马克思主义理论"一级学科暂设置于"法学"门类内，下设"马克思主义基本原理"、"马克思主义发展史"、"马克思主义中国化研究"、"国外马克思主义研究"、"思想政治教育" 5 个二级学科。2008 年 4 月又增设"中国近现代史基本问题研究" 1 个二级学科。目前，马克思主义理论学科学位点拥有一级学科博士点 21 个、硕士点 73 个；二级学科博士点 213 个，二级学科硕士点 842 个。

马克思主义理论研究领域和研究主题不断深化，研究成果与时俱进。为解决我国改革开放和社会主义市场经济建设实践面临的重大问题，我国马克思主义理论工作者不断深化马克思主义基本原理、马克思主义发展史、马克思主义中国化、国外马克思主义等各个领域的研究，不断强化马克思主义理论体系整体性研究和中国特色社会主义理论体系研究，积极推动当代中国马克思主义大众化，努力用人民群众喜闻乐见的形式和通俗易懂的语言，宣传阐释中国特色社会主义理论体系。围绕"建设什么样的党、怎样建设党"这一重大问题，深入学习研究"三个代表"重要思想，认真探讨执政党执政能力建设和执政规律，科学总结苏东剧变、苏联解体的教训。围绕"实现什么样的发展、怎样发展"这一重大问题，深入研究阐释党中央提出的坚持以人为本、实现科学发展、构建社会主义和谐社会、完善社会主义市场经济、建设社会主义新农村、建设创新型国家、发展社会主义民主政治、建设社会主义核心价值体系等一系列重大战略思想。

二　马克思主义理论研究 60 年主要成就

60 年来，新中国马克思主义理论研究走过了不平凡的道路，也取得了不寻常的成就，充分发挥了认识世界、传承文明、创新理论、咨政育人、服务社会的作用，为中国特色社会主义伟大事业作出了重要贡献。下面，分别就马克思主义经典著作与基本原理研究、马克思主义发展史研究、马克思主义中国化研究、国外马克思主义研究等马克思主义理论重要研究领域取得的主要学术成就作一简要阐述。

（一）马克思主义经典著作研究

新中国成立之后，马克思主义经典著作的编译出版、宣传介绍、文本研究、版本比较、名篇解读等方面均取得重大进展，呈现出良好的发展态势。从 1953 年中央编译局成立到 2005 年中国社会科学院马克思主义研究院成立，马克思主义经典著作的研究力量不断增强；从介绍学习苏联对马克思主义经典著作的解读到自行编译解读马克思主义经典著作文本和原文本，马克思主义经典著作的研究方法更加科学；从自我封闭式研究到"请进来"与"走出去"相结合，马克思主义经典著作研究视野的国际性和开放性不断增强；从粗浅的宣传介绍到系统的文本挖掘和联系实际，马克思主义经典著作研究成果的学理性和现实性不断提升。

据不完全统计，仅从 1979 年到 2008 年，我国关于部分马克思主义经典著作的研究论文篇数分别为：《资本论》，2376 篇；《共产党宣言》，877篇；《1844 经济学哲学手稿》，396 篇；《德意志意识形态》，311 篇；《反杜林论》，157 篇；《关于费尔巴哈的提纲》，148 篇；《哲学笔记》，145篇[①]。诸如《马克思恩格斯列宁论意识形态》等专题摘编的出版物也不少。浩如烟海的马克思主义经典著作研究文献，围绕"什么是马克思主义、如何对待马克思主义"这一重大问题，几乎涉及了马克思主义经典作家理论

---

① 孙来斌：《改革开放以来马克思主义经典著作文本研究》，《思想理论教育》2009 年第 7期。

思想的方方面面，近年尤其注重马克思主义经典作家关于社会主义的思想、关于东方落后国家社会发展道路的思想、关于经济全球化和经济危机的思想、关于人的全面发展和社会、自然协调发展的思想、关于政治文明和执政党建设的思想等基本观点的研究，为坚持和发展马克思主义，不断推进马克思主义中国化作出了重要贡献。

（二）马克思主义基本原理研究

马克思主义基本原理与中国具体实际相结合是中国革命、建设和改革的根本指导原则，马克思主义基本原理研究一直是我国马克思主义理论研究的重要领域。新中国成立以来，受苏联模式的影响，我国的马克思主义基本原理研究一直按照马克思主义哲学、政治经济学和科学社会主义三个组成部分分别进行，学者们围绕马克思主义三个组成部分各自的基本理论问题进行了广泛而深入的研究，先后取得了许多有重要影响的理论成果，如《辩证唯物主义与历史唯物主义》、《辩证唯物主义原理》、《历史唯物主义原理》、《政治经济学教科书》、《政治经济学（资本主义部分)》、《科学社会主义概论》、《科学社会主义原理》、《科学社会主义》等。

改革开放以来，尤其是 1985 年国家教委提出在高等院校开设"马克思主义原理"课程之后，从整体上研究马克思主义基本原理趋于活跃。进入 21 世纪，随着马克思主义理论研究与建设工程的实施和"马克思主义基本原理"二级学科的正式设立，系统研究马克思主义基本原理日趋繁荣。学者们围绕"什么是马克思主义基本原理、如何对待马克思主义基本原理"这一重大问题，深入探讨了马克思主义基本原理的特点、内容和层次性，以及对待马克思主义基本原理的思想原则等理论问题，系统研究了物质决定意识、社会存在决定社会意识原理、客观世界相互联系永恒发展原理、人类社会形态由低级向高级演进和发展规律原理、剩余价值学说和资本主义基本矛盾与主要矛盾原理、现代马克思主义政治经济学基本原理和理论假设、社会主义历史必然性和工人阶级历史使命原理、阶级斗争与无产阶级革命原理、国家学说与无产阶级专政原理、人民群众是历史的创造者原理、无产阶级战略策略原理、无产阶级政党及其建设原理、科学社会主义本质特征原理、人的全面发展与共产主义原理等以及由这些原理构成的马克思主义理论体系，取得了一些较有影响的理论成果，如《马克思主义基本原理概论》等。

（三）马克思主义发展史研究

新中国成立之后，马克思主义发展史的研究也较为侧重从哲学、政治经济学、科学社会主义三个组成部分分别进行研究。为从整体上研究马克思主义的孕育、形成和发展的历史，20 世纪 80 年代初，全国哲学社会科学规划会议把编写马克思主义发展史列为国家的重点科研项目，推动了我国马克思主义发展史的研究，取得了许多重要的研究成果①。如中国人民大学马克思主义发展史研究所撰写的《马克思恩格斯思想史》、《列宁思想史》和《马克思主义发展史》（4 卷本）。除了一系列通史性的著作外，还出版了诸如《马克思主义诞生史》、《马克思主义形成史》、《马克思主义哲学史》（8 卷本）、《马克思主义哲学的历史与现状》、《马克思主义经济思想史》（5 卷本）、《马克思主义中国化理论创新 30 年》等专题史的研究著作。此外，部分国外学者关于马克思主义发展史方面的研究成果也被翻译成中文出版，如南斯拉夫学者弗兰尼茨基的《马克思主义史》、英国学者麦克莱伦的《马克思主义以前的马克思》和《马克思以后的马克思主义》。

江泽民同志在党的十六大报告中明确提出，必须"在全党深入进行马克思主义发展史的教育"，极大地促进了马克思主义发展史的研究。随着马克思主义理论研究与建设工程的实施，马克思主义发展史相关教材的编写工作陆续展开，国内马克思主义理论界对于马克思主义发展史的研究对象、历史分期以及时代主题等重大问题进行了深入研究，力求科学阐释马克思主义的发展阶段、发展趋势和基本规律。

（四）马克思主义中国化研究

中国共产党从诞生之日起就把马克思主义确立为自己的指导思想，坚持把马克思主义基本原理同中国具体实际相结合，先后创立了毛泽东思想和包括邓小平理论、"三个代表"重要思想以及科学发展观等重大战略思想在内的中国特色社会主义理论体系两大理论成果。同时，自 1938 年 10 月毛泽东于《论新阶段》首次提出马克思主义中国化的任务之后，这一问题便引起了中国马克思主义学者的广泛关注；改革开放以来尤其是进入 21

---

① 靳辉明：《马克思主义研究 50 年》，中国社会科学院科研局编《中国社会科学五十年》，中国社会科学出版社 2000 年版。

世纪之后，我国马克思主义学界围绕实现马克思主义中国化的历史必然性、实现马克思主义中国化的条件和必须坚持的原则与要求、马克思主义中国化的历史进程和基本规律、马克思主义中国化的基本历史经验等基本问题以及马克思主义中国化两大理论成果进行了深入研究，取得了丰硕成果，不仅为马克思主义中国化两大理论成果的形成和发展作出了贡献，而且不断推动了中国社会科学的马克思主义化。

毛泽东思想研究是马克思主义中国化研究的重要领域。60 年来，国内毛泽东思想研究经历了学习宣传、通俗解释到断章取义、教条主义盛行，再到公正评价、科学解读的不同发展时期，研究领域和内容不断拓展，研究视野和方法不断更新，取得了一批有重要价值和影响的研究成果。据不完全统计，从 1949 年到 1978 年，国内发表的毛泽东思想研究论文 1 万余篇，著作 1300 余种，1978 年以后的成果数量和质量远远超过前 30 年[①]，比较有影响和重要的论著有《毛泽东思想原理讲话》、《毛泽东思想史稿》、《毛泽东思想研究》、《毛泽东思想史》（4 卷本）、《毛泽东思想概论》以及《毛泽东研究》、《毛泽东思想的科学体系》、《毛泽东思想与实践》等大型丛书。众多的研究文献围绕毛泽东思想的科学体系和活的灵魂，毛泽东思想对马克思列宁主义的丰富与发展，周恩来、刘少奇和陈云等党内思想家、政治家对毛泽东思想的贡献以及毛泽东早期思想和晚期思想等方面，对毛泽东的哲学思想、经济思想、军事思想、教育思想以及毛泽东思想与当代中国特色社会主义实践等领域进行了深入研究，系统总结了马克思主义中国化的第一次历史性飞跃。

邓小平理论是中国特色社会主义理论体系的奠基者。自 20 世纪 70 年代末以来，伴随着邓小平理论的逐步形成和发展，我国的邓小平理论研究大致经历了三个阶段：1987 年党的十三大之前，围绕真理标准问题、战略重点转移问题、改革开放的必要性等问题和"走自己的路，建设有中国特色社会主义"这一科学命题进行了较为深入的研究；从党的十三大到十四大，围绕"建设有中国特色社会主义理论"深入系统地研究了社会主义初级阶段理论和党在社会主义初级阶段的基本路线等重大问题；党的十四大以来，邓小平理论研究在各个领域全方位、多层次、系统而整体地展开。

---

① 靳辉明：《马克思主义研究 50 年》，中国社会科学院科研局编《中国社会科学五十年》，中国社会科学出版社 2000 年版。

近30年来，我国邓小平理论研究围绕邓小平理论的形成与发展、科学体系和逻辑结构、基本特征和精神实质、与毛泽东思想的关系和比较、对马克思主义的历史贡献等方面，出版发表了一大批高质量有影响的综合性和专题性研究专著、研究丛书和研究论文，如《有中国特色社会主义——经济、政治、文化》、《邓小平建设有中国特色社会主义新论大纲》、《邓小平思想研究》、《邓小平思想发展概述》、《有中国特色社会主义理论体系研究》、《邓小平思想研究丛书》、《邓小平理论与实践研究丛书》等。

"三个代表"重要思想是在新的历史条件下对马克思主义政党的先进性理论和中国特色社会主义理论的丰富和发展。自2000年2月江泽民同志明确提出"三个代表"重要思想以来，理论界围绕"三个代表"重要思想产生的必然性、理论和实践基础、科学内涵、精神实质、历史地位等问题，深入阐释了它是在国际形势发生重大变化的条件下对党的建设面临的严峻考验的科学回应，明确界定了"三个代表"重要思想与马克思主义、毛泽东思想、邓小平理论之间源与流的关系，深入探讨了执政党的建设规律，出版发表了一批有影响的重要理论成果，如《党的性质与"三个代表"的科学内涵》、《"三个代表"重要思想学习纲要》、《与时俱进的理论新篇——"三个代表"重要思想解读》、《创新与超越："三个代表"重要思想与中国共产党保持先进性研究》、《"三个代表"与中国共产党执政规律》等。

党的十六大以来，以胡锦涛为总书记的党中央提出了科学发展观、构建社会主义和谐社会等重大战略思想，极大地推动了马克思主义中国化进程。理论界围绕着科学发展观的确立及其内涵、社会主义和谐社会的理论渊源与特征，以及如何落实科学发展观、构建社会主义和谐社会的路径选择等方面进行了全面研究，系统探索了中国特色社会主义发展理论的整体性创新，取得了一批重要而有影响的理论成果，如《科学发展观学习读本》、《中国和平发展与国家战略》、《构建社会主义和谐社会若干重大问题解析》、《马克思主义中国化最新成果读本》等。

（五）国外马克思主义研究

国外马克思主义研究发端于20世纪60年代为"反修防修"而内部发行的萨特、梅洛-庞蒂、布洛赫等人的著作，70年代末80年代初正式成为国内马克思主义理论研究的一个领域。80年代初期，国外马克思主义研究主要集中于综述介绍"西方马克思主义"的源流、法兰克福学派"否定的辩证法"、社会批判理论及其代表人物的思想。80 年代中后期，国外马克思主义研究围绕"西方马克思主义"的概念、起源、对象、特征、研究方法、现实意义及其在马克思主义哲学史上的地位等许多问题展开了广泛的讨论。90 年代以后，国外马克思主义研究集中于评述"西方马克思主义"开创者卢卡奇和葛兰西等人的思想、法兰克福学派及其代表人物哈贝马斯和马尔库塞等人的思想、存在主义的马克思主义及其代表人物萨特的思想以及结构主义的马克思主义及其代表人物阿尔都塞的思想等方面。进入 21 世纪，以柯亨、罗默、埃尔斯特等为代表的分析学派的马克思主义，以詹姆逊、哈维、德里达等为代表的后现代主义的马克思主义，以佩珀、奥康纳、福斯特等为代表的生态马克思主义等思潮，成为国外马克思主义研究的焦点。2005 年之后，随着"国外马克思主义研究"学科的设立，国外马克思主义研究在更加广泛的领域里展开，世界各国共产党的理论主张、国外左翼思想和中左翼思想也都已成为国外马克思主义研究关注的对象。

30 年来，国外马克思主义研究经历了从重点探讨"西方马克思主义"和"新马克思主义"，到自我创新"国外马克思主义研究"学科的研究范式转换，从分散研究和以哲学为主走向综合研究和多分支学科齐头并进的研究领域拓展，从重点探讨国外研究马克思主义的学者理论到同时重视国外共产党的马克思主义理论的研究界别拓宽，呈现出崭新的研究局面。在此期间，翻译出版了一大批有代表性的国外马克思主义著作，如卢卡奇的《历史与阶级意识》、《理性的毁灭》、《审美特征》，柯尔施的《马克思主义和哲学》、《卡尔·马克思》，葛兰西的《狱中札记》，柯亨的《卡尔·马克思的历史理论》等。同时，学术界已有一大批重要的研究专著和文献陆续面世，如《西方马克思主义》、《西方马克思主义理论研究》、《弗洛伊德的马克思主义》、《"西方马克思主义"的当代资本主义理论》、《法兰克福学派研究》、《分析学派的马克思主义》、《国外马克思主义哲学流派》、《"新马克思主义"析要》、《折断的理性翅膀》、《欧洲发达国家共产党的变革》、《当代资本主义国家共产党》等。

（六）其他理论领域的研究

新中国成立之后，一直十分重视研究国际共产主义运动的历史经验。

1958 年出版了我国学者撰写的第一部《国际共产主义运动史》之后，有关国际共运史的著作和文献日益增多，相关研究机构陆续建立。研究的主要问题有：第一国际、第二国际和共产国际研究；伯恩施坦、考茨基等历史人物研究；二战后国际共产主义运动包括苏南冲突、匈牙利事件、苏共二十大研究；南斯拉夫、匈牙利等社会主义国家改革的理论与实践研究；苏东剧变后的国际共产主义运动研究以及国际金融危机与各国共产党和工人运动研究等方面①。

新中国成立初期，马克思主义史学理论研究和建设的重要内容之一，是介绍、学习苏联史学理论，坚持唯物史观的指导作用，批判和清除资产阶级史学理论及封建主义传统史学的影响。大批苏联史学家的名著被译成中文出版，成为高校历史系的教材或教学参考用书。20 世纪 50 年代和 60 年代初，马克思主义史学理论研究的问题主要有：中国古代史分期、中国封建土地制度、中国古代农民战争、汉民族形成、中国资本主义萌芽等，《中国通史简编》3 编 4 册、多卷本《中国思想通史》等重要著作也在这一时期出版。改革开放以来，马克思主义史学理论研究进入新的发展阶段，研究的主要问题有：历史发展规律与五种生产方式、亚细亚生产方式、"地区历史"和"世界历史"的范畴、文明起源和早期国家形态、历史发展的统一性和多样性、历史发展和选择的必然性和偶然性等②。

新中国成立以来的前 30 年，是马克思主义宗教观的研究正式起步、初步发展，其后出现曲折，完全中断的时期。改革开放以来的 30 多年，通过拨乱反正，解放思想，恢复深化，创新发展，马克思主义宗教观研究逐步进入更为科学和成熟的时期。进入 21 世纪，我国马克思主义宗教观研究的视角更加开阔，观点不断创新，集中出版了一批专门研究马克思、恩格斯宗教观的著作，致使马克思主义宗教观的综合性研究得到了进一步拓展，马克思主义宗教观中国化的研究成为亮点，一大批论著集中探讨中国化马克思主义宗教观的理论建构，如《社会主义的宗教论》、《论"中国特色社会主义宗教观"》、《论马克思主义宗教观中国化的基本经验》、

---

① 奚洁人、余源培：《二十世纪中国社会科学·马克思主义卷》，上海人民出版社 2005 年版，第 313—359 页。
② 于沛：《马克思主义史学理论研究的丰硕成果》，《人民日报》2009 年 7 月 17 日。

《试论中国特色社会主义宗教理论体系》等①。

此外，马克思主义政治学、伦理学、社会学、文艺学、美学等领域也取得了十分丰硕的研究成果。以上概述显然难以全面详细地反映我国马克思主义理论研究 60 年各领域所取得的成就。

三 马克思主义理论研究的未来发展

总结历史，是为了开辟未来。"过去的成功是我们的财富，过去的错误也是我们的财富"②。展望未来，随着时代的变化和中国特色社会主义伟大事业的推进，马克思主义理论研究必将开创新的局面，取得更大成就。

（一）继续加强马克思主义经典著作编译出版研究工作，科学理解和对待马克思主义

加强马克思主义经典著作编译出版和研究，是坚持和发展马克思主义的必然要求。可以预见，随着《马克思恩格斯全集》中文第 2 版各卷的陆续推出、《马克思恩格斯文集》10 卷本和《列宁专题文集》5 卷本的问世、MEGA 2 新文献和相关资料的不断引进以及一些新发现的经典文献译文的不断面世，马克思主义经典著作和基本观点的研究必将取得更大进展。研究方法和研究路径作为马克思主义经典著作和基本观点研究的基础研究必将引起广大学者的广泛关注，马克思主义经典著作的文本研究、文本比较以及马克思主义经典作家的比较研究将会继续得到深化和提升，具有中国特色、中国气派和中国风格的"马克思主义学"作为马克思主义理论的新学科有望诞生。

马克思主义经典著作和基本观点的研究是科学理解和对待马克思主义的基础。围绕"什么是马克思主义、如何对待马克思主义"这一重大问题，我国马克思主义理论工作者已经进行了持久热烈的探讨，取得了重大进展。但是应该看到，如何以发展的观点认识马克思主义，如何以整体的视野理解马克思主义，如何以科学的态度对待马克思主义，科学阐释马克

---

① 龚学增：《新世纪我国马克思主义宗教观研究新进展》，《中国民族报》2009 年 6 月 23 日。

② 《邓小平文选》第 3 卷，人民出版社 1993 年版，第 288 页。

思主义的本质属性、发展历史、创新机制,努力分清哪些是必须长期坚持的马克思主义基本原理,哪些是需要结合新的实际加以丰富发展的理论判断,哪些是必须破除的对马克思主义的教条式理解,哪些是必须澄清的附加在马克思主义名下的错误观点,仍将是今后马克思主义经典著作研究的努力方向。

(二)科学总结马克思主义理论研究的发展规律,不断推进马克思主义中国化进程

坚持马克思主义的基本原理与中国的具体实际和世界的现实情况相结合,是中国革命和建设事业成功的要诀所在,也是中国马克思主义理论研究 60 年的宝贵经验。繁荣马克思主义理论研究,不断推进马克思主义的中国化,必须继续坚持马克思主义基本原理与中国和世界的具体实际相结合的原则,正确处理"马学"、"西学"和"国学"的关系,坚持马克思主义的指导地位,积极吸收借鉴西方哲学社会科学的有益成果和中国传统文化的精华,加强研究世界各国尤其是当代资本主义的各种变化和问题,科学总结新中国成立 60 年尤其是改革开放 30 年的伟大历程和历史经验,准确把握中国特色社会主义伟大实践的各种问题,实现马克思主义理论研究的综合创新,推动中国特色社会主义理论体系研究取得更大进展。简言之,要确立"马学为体、西学为用、国学为根,世情为鉴、国情为据,综合创新"的学术原则①。

同时,通过科学总结 160 年来马克思主义发展历史,探究马克思主义理论研究方法的演变规律,自觉更新马克思主义理论研究的思维方式和研究范式;探究马克思主义理论学科的建设规律,合理设置学科目录、学科边界、学科结构、学科功能和学科体系;探究马克思主义理论研究队伍和人才的成长规律,努力造就一批学贯中西的马克思主义理论大家、学科领军人物和较高素质的骨干人才;探究马克思主义学术精品的产出规律和机制,不断提升马克思主义研究的学术水平和思想境界,为继续推进马克思主义中国化历史进程提供有力的学理支撑,无疑也是马克思主义理论研究和学科发展的努力方向。

---

① 程恩富、何干强:《论推进中国经济学现代化的学术原则——主析"马学"、"西学"与"国学"之关系》,《马克思主义研究》2009 年第 4 期。

（三）不断拓展马克思主义理论研究的领域和深度，努力实现学术研究、理论宣传和政策探讨三者的有机结合

马克思主义是一种不断发展的学术体系，而不是僵化之学。作为开放性的科学体系，马克思主义只有在发展创新中才能展示其旺盛的学术生命力。当代中国马克思主义学者必须结合世界资本主义和社会主义的最新变化，不断创新马克思主义学术研究，并最终构建"马克思主义学"的理论体系和学科体系，以适应国务院学位委员会把马克思主义理论作为一级学科的客观需要。当今世界正在发生急剧而深刻的变化，马克思主义学术研究面临着许多新的课题和挑战。例如，如何看待当代世界资本主义各种变化和发展趋势，科学解释当代资本主义的发展潜力和生命周期；如何看待当代世界社会主义运动遭遇的挫折和低潮，科学阐释科学社会主义的未来命运和发展道路；如何看待当代世界科学技术发展引起的人类社会生活各个领域的深刻变化，科学阐明马克思主义理论体系的当代价值；如何看待中国特色社会主义实践的成功经验和现实问题，科学阐发社会主义建设规律、共产党执政规律、人类社会发展规律，等等。运用马克思主义立场、观点、方法来研究新情况、解决新问题、得出新结论，是当代中国马克思主义学者的学术使命。中国社会科学要以马克思主义为指导，中国需要繁荣马克思主义范式的社会科学。

马克思主义是一种不断大众化的生动理论，而不是"玄奥"① 之学。作为反映工人阶级和劳动人民根本利益的理论和意识形态，马克思主义只有真正为广大人民群众所掌握才能成为改造世界的强大力量。当代中国马克思主义学者必须积极宣传马克思主义理论尤其是中国特色社会主义理论体系，不断推进马克思主义大众化。应当紧紧围绕什么是马克思主义、怎样对待马克思主义，什么是社会主义、怎样建设社会主义，建设什么样的党、怎样建设党，实现什么样的发展、怎样发展等重大理论和实际问题，宣传阐释中国特色社会主义理论体系的历史地位和指导意义；应当结合中华民族争取民族独立的百年历史和实现民族复兴的百年征程，宣传阐释历史和人民是怎样选择了马克思主义、选择了中国共产党、选择了社会主义道路，引导人们深刻认识只有社会主义才能救中国、只有中国特色社会主

---

① 参见《邓小平文选》第 3 卷，人民出版社 1993 年版，第 382 页。

义才能发展中国，深刻认识中国共产党始终是我们事业发展的坚强领导核心；应当结合我们党开拓改革开放道路的艰辛历程和巨大成就，宣传阐释改革开放如何发展了中国、发展了社会主义、发展了马克思主义，引导人们深刻认识改革开放是决定当代中国命运的关键抉择；应当结合人民群众学习掌握马克思主义并转化为行动力量的途径方法，研究阐释马克思主义大众化的经验教训，不断推进当代中国马克思主义理论创新成果走向基层、深入群众。要构建主要研究马克思主义怎样有效传播的马克思主义传播学体系。人民大众要掌握马克思主义，马克思主义需要宣传而大众化。

马克思主义是一种不断应用的政策思路，而不是书斋之学。作为改造世界的理论工具，马克思主义只有在具体实践中才能体现其科学的应用价值。当代中国马克思主义学者必须适应国内外形势的发展和实践的要求，深入研究改革开放和现代化建设实践提出的重大问题，不断推出合乎马克思主义和中国特色社会主义内在要求和价值的应用性和政策性成果，更好地服务全面建设小康社会、加快推进社会主义现代化的历史任务。必须深入研究如何贯彻落实科学发展观，坚持社会主义初级阶段基本经济制度，进一步完善社会主义市场经济的体制和政策；深入研究如何把坚持党的领导、人民当家作主、依法治国有机统一起来，进一步深化政治体制改革，拓宽发展中国特色社会主义民主政治的体制和政策；深入研究如何坚持和巩固马克思主义在意识形态领域的指导地位，着力建设社会主义核心价值体系，巩固壮大主流思想舆论，推进文化创新，提高国家文化软实力的体制和政策；深入研究如何加快推进以改善民生为重点的社会建设，使全体人民共享改革发展成果的体制和政策；深入研究国际政治经济文化发展的变化，特别是当前国际金融和经济危机，完善应对国际形势变化的体制和政策；深入研究如何以执政能力建设和先进性建设为主线，全面推进党的建设的体制和政策。中国的智库要学会应用马克思主义，中国需要更多的马克思主义性质的智库。

（四）努力提升马克思主义理论研究的国际视野，大力构建全球马克思主义理论研究的"中国话语"

随着中国革命、建设和改革开放的巨大成功，中国马克思主义理论研究的国际影响也日趋扩大。60 年来，翻译出版了英、法、西、日等外文版《毛泽东选集》、《毛泽东著作选读》、《毛泽东军事文选》、《周恩来选集》、

《刘少奇选集》、《朱德选集》、《邓小平文选》、《陈云文选》和俄文版《江泽民文集》以及不少学者的论著，向世界展示了马克思主义中国化的理论成果。与此同时，一大批国外学者如施拉姆、魏斐德、沃马克、德里克、奈特、伊藤诚、大卫·科茨等人以马克思主义基本原理与中国具体实际的结合为主题，采用文本解读和理论透视两种主要方法，先后研究了马克思主义中国化和中国特色社会主义的经济、政治、文化、社会各个领域的理论和现实。

但是长期以来，我国马克思主义理论研究领域存在着"马克思主义的中国化"和"中国马克思主义的国际化"相互分离、相互割裂的不良状态①。中国马克思主义理论研究的未来发展必须加大"引进来、走出去"的双向交流，努力提升马克思主义理论研究的国际视野，大力构建全球马克思主义理论研究的"中国话语"。当代中国马克思主义学者必须透彻、全面了解国外马克思主义的历史和现状，展开与国外马克思主义学者的全方位、实质性的学术对话，同时积极地把马克思主义的中国社会科学和中国特色社会主义理论体系正确地介绍到世界各国，使之成为国际上最有生命力和影响力的理论思潮和学术前沿之一，不断增强中国马克思主义理论研究的国际话语权和国际影响力。我国必须大幅度提高作为高端"软实力"的学术思想影响力！

回顾和展望新中国马克思主义的理论研究，我们深刻地体会到，"理论在一个国家实现的程度，总是决定于理论满足这个国家的需要的程度"②。历史已经证明并还将证明，中国需要马克思主义，中国特色社会主义伟大事业需要中国化的马克思主义。以马列主义及其中国化理论为指导，深入贯彻落实科学发展观，实事求是、解放思想、与时俱进、求真务实，贴近实际、贴近生活、贴近群众，中国马克思主义研究一定会开辟新境界，呈现新气象。在中国特色社会主义理论体系研究方面、在马克思主义中国化最新成果的教育普及方面、在马克思主义经典著作编译出版和基本观点研究方面、在建设充分反映马克思主义中国化最新成果的学科体系和教材体系方面、在马克思主义理论队伍建设方面、在马

---

① 俞吾金：《马克思主义的中国化和中国马克思主义的国际化》，《现代哲学》2009 年第 1 期。

② 《马克思恩格斯选集》第 1 卷，人民出版社 1995 年版，第 11 页。

克思主义理论研究成果对外交流方面，均取得重大进展，从而为发展中国特色社会主义和复兴世界社会主义提供学术支持、宣传保证和创新动力。

（原载《马克思主义研究》2010 年第 1 期）

中国特色社会主义理论体系与
解决民族问题的基本制度

郝时远[*]

胡锦涛总书记在党的十七大报告中深刻指出："在当代中国，坚持中国特色社会主义理论体系，就是真正坚持马克思主义。"这一庄严的宣誓，不仅表明中国改革开放以来的伟大实践已经在指导思想上达到了一个新境界，而且表明了马克思主义在当代世界依然是推动社会主义运动的强大思想武器。

自《共产党宣言》发表以来，马克思主义关于全世界无产阶级联合起来、全世界被压迫民族联合起来，实现全人类解放的思想，为人类社会19—20世纪之交带来了巨大的希望，而"社会主义掌握了这种希望，并对其注入活力"[①]。在世界范围，无产阶级革命曾展现了风起云涌的波澜壮阔，社会主义建设也展现了交相辉映的伟大成就，成为与资本主义世界竞争、抗衡的最强大力量。在这一进程中，社会主义的实践虽然经历了潮起潮落的曲折，甚至在一些国家和地区出现了放弃马克思主义理论和社会主义道路的逆转，但是马克思主义的科学光芒依然是昭示世人走向未来的明灯。

曾几何时，冷战结束之际，随着苏联和东欧地区的政治演变，西方资本主义世界一度以"共产主义大失败"为代表的舆论纷至沓来、不胫而走。同时，西方世界提出了种种试图重新解释世界的理论——"历史终结论"、"文明冲突论"等，试图取代马克思主义对人类社会客观发展规律的阐释和影响。然而，正如一些西方学者冷静地意识到——"自马克思主义

* 郝时远，中国社会科学院学部委员，研究员。

① ［法］埃德加·莫林、安娜·布里吉特·凯恩：《地球　祖国》，马胜利译，生活·读书·新知三联书店1997年版，第8页。

陷入低潮后，任何政治思想都未能提出复杂的思维和远大的目标"。同时，鉴于苏联等社会主义运动的实践，他们也认识到："如果人们强调社会主义的目标是消灭人剥削人的现象，那么这一目标应该重新树立，而不应该停留在空洞的许诺上。"① 而这一点，恰恰是中国特色社会主义理论体系的基本着眼点：科学解读什么是社会主义和如何建设社会主义，通过改革开放实现各民族人民共同富裕，实现中华民族的伟大复兴。这正是避免社会主义制度优越性成为"空洞的许诺"的重新树立。

实践证明，在世界范围的社会主义运动中，教条主义地、脱离国情实际地理解和运用马克思主义，导致了社会主义建设事业的挫折和失败。而坚持把马克思主义与本国国情相结合、与时代发展同进步、与人民群众共命运，则取得了社会主义建设事业举世瞩目的伟大成就，从而使马克思主义焕发出强大的生命力、创造力和感召力，中国特色社会主义理论体系及其实践就是这方面的代表。其中，马克思主义民族理论在中国的丰富和发展即是中国特色社会主义理论体系的有机组成部分。这方面的理论成就，在毛泽东思想、邓小平理论、"三个代表"重要思想和科学发展观中体现了承前启后的继承和与时俱进的发展。

2005 年，以胡锦涛为总书记的党中央做出了《中共中央、国务院关于进一步加强民族工作，加快少数民族和民族地区经济社会发展的决定》，对中国特色社会主义的民族理论与基本政策从 12 个方面进行了新的概括和阐释，其中包括了我们党和国家在解决民族问题方面历来强调的重大基本原则——坚持和完善民族区域自治制度。中国实行民族区域自治制度是以马克思主义民族理论为指导、从中国统一的多民族国家的国情实际出发作出的选择。坚持这项基本制度，是因为它的实践维护了国家统一、民族团结的大局，保障了少数民族、自治地方各民族人民的平等权利和根本利益；完善这项基本制度，是因为它作为中国特色社会主义制度的组成部分，需要在改革开放的实践中不断自我完善。

一 民族区域自治制度符合中国的国情

在世界范围，联邦制、民族区域自治、民族自治是多民族国家协调

① ［法］埃德加·莫林、安娜·布里吉特·凯恩：《地球 祖国》，马胜利译，生活·读书·新知三联书店 1997 年版，第 96、111 页。

民族关系、解决民族问题通行的一些制度模式。当然，在有的国家还存在其他体制，如美国的印第安人保留地、加拿大魁北克"国中之国"的高度自治等。在多民族国家实行哪一种具有分权、自治特点的制度最有利于国家统一和社会和谐？这没有现成的答案。但是，中国选择民族区域自治而不是其他制度，则是立足本国历史与现实国情的结果。

中国是一个统一的多民族国家，这是最基本的国情之一。中国在历史上就是一个统一的多民族国家，中国各民族都是统一的多民族国家的缔造者、建设者。理解这一命题需要把握三个关键词，即"天下统一"、"因俗而治"、"和而不同"。这是中国古代思想中十分重要的几个观念。

所谓"天下统一"，这是中国封建王朝始终追求的政治目标，边疆少数民族入主中原建立的王朝也是如此。在中国统一的多民族国家形成和发展的历史进程中出现过四个阶段性的大统一，即秦汉统一、隋唐统一、元朝统一、清朝统一。其中，元朝、清朝作为中国历史地理意义上最大范围的统一王朝，是分别由蒙古族、满族入主中原建立的。吐蕃地区在元朝纳入国家行政区划治理，台湾地区在清朝实行省治。这两个朝代为奠定中国版图的历史基础，为稳定中国多民族的社会结构，为密切中国各个地区之间、各个民族之间的交流与合作作出了重要贡献。历史表明，中国在"华夏"中心与"四夷"边缘的互动关系中，从来没有封疆裂土的保守和分离。统一是中国历史的大趋势，国家统一对中国各民族人民来说，是根深蒂固的历史意识，也是不可变更的现实心理。

所谓"因俗而治"，是指中央王朝在治理不同地区、不同民族的事务时，从当地的实际出发，遵循当地社会文化传统、实行因地制宜的治理。这就是先秦时期形成的民族观："修其教不易其俗，齐其政不易其宜。"[①]就是说，以中原文化之礼仪观念教化四方，需随其风俗习惯；以中原文化之政令法律统一四方，需因地制宜。这种观念正是中国古代哲学思想中"和而不同"观念在族际关系方面的集中体现。这种"因俗而治"的实践，在历史上十分普遍。

所谓"和而不同"，是中国古代极富哲理的为人、处世、治世之道。"和"代表了统一性、一致性，而"不同"则是差异性、多样性。"和"对"不同"的尊重与包容，"不同"对"和"的认同和维护，这就是统一

---

① 《礼记·王制》，《十三经注疏》。

与多样的共生关系。中国形成统一的多民族国家的历史过程，就在于形成了"天下统一"的共识，实行了"因俗而治"的政策，达到了"和而不同"的结果。

因此，中国形成统一的多民族国家，就是"和而不同"的必然结果。这样的历史国情，在世界范围可以说是绝无仅有。

近代的中国，蒙受了帝国主义列强的侵略、殖民、掠夺和欺辱。1911年，孙中山领导的辛亥革命，结束了中国两千余年的封建王朝，中国走上了构建现代民族国家的道路。但是，如何在一个多民族结构的历史国家基础上建立现代民族国家，是摆在中国仁人志士面前的重大课题。孙中山探索的革命、建国之路，经历了从反清排满到"五族共和"的联邦制构想，以致中国有中华民族与少数民族之分、"中国本部"与"藩部"之别。这种包含效仿苏联联邦制的建国理念，当然不符合中国的国情。何况当时的中国边疆地区，基本都处于帝国主义染指、肢解、侵略的危机状态下，实行联邦建国也就意味着国家分裂。在这种形势下，中国共产党人把握住了中国的国情，毛泽东指出"十分之九以上为汉人。此外，还有蒙人、回人、藏人、维吾尔人、苗人、彝人、壮人、仲家人、朝鲜人等，共有数十种少数民族，虽然文化发展的程度不同，但是都已有长久的历史。中国是一个由多数民族结合而成的拥有广大人口的国家"①。这一符合中国历史国情的阐释，确立了"中国是一个多民族的国家，中华民族是代表中国境内各民族之总称"的现代民族观。② 中华民族（Chinese Nation）由此成为中国的国家民族（state nation）概念。③

中华民族概念的厘清，统一的多民族国家观念的奠定，中国共产党开始探索在统一国家内部实施民族区域自治的道路。这一探索，以 1947 年

① 毛泽东：《中国革命和中国共产党》，《毛泽东选集》第 2 卷，人民出版社 1991 年版，第 622 页。

② 《抗日战士政治课本》，中央统战部编《民族问题文献汇编》，中共中央党校出版社 1991 年版，第 808 页。

③ "民族"这种共同体现象由来已久，历经流变，在当今时代主要表现为四种类型。一是建构性的国家民族（nation），二是原生性的民族（ethnos/nationality），三是原住民（indigenous people/aborigine），四是离散型（diaspora）、移民性的族裔群体（ethnic group）。无论哪一种类型，都依托于国家、生存于社会并发生着相互之间的关系。这些共同体承载着不同的历史记忆，且具有聚居地、语言、文化、信仰、习俗等方面的特性，相互之间的人文差异构成了产生民族问题的自然因素；同时，由于这些共同体在经济生活方面的社会基础、发展程度不同，相互之间的发展差距构成了产生民族问题的社会因素。

内蒙古自治区人民政府成立为标志，确立了中国的民族区域自治制度。民族区域自治，是在国家集中统一的权力结构中，在少数民族聚居地区实行民族因素与区域因素相结合的自治制度。这项制度符合中国的历史国情，就在于它体现了中国"天下统一"、"因俗而治"、"和而不同"的传统政治智慧；这项制度符合中国的现实国情，就在于它有力地维护了国家统一、领土完整的原则和有效地保障了民族平等、共同发展的权利。

二　民族区域自治是我国的制度优势

中国解决民族问题的制度安排是民族区域自治制度，这是中国基本政治制度之一，是中国特色社会主义制度的有机组成部分。我国的《宪法》规定："中华人民共和国各民族一律平等"，"各少数民族聚居的地方实行区域自治，设立自治机关，行使自治权。各民族自治地方都是中华人民共和国不可分离的部分"。依据宪法制定的基本法——《中华人民共和国民族区域自治法》明确规定："中华人民共和国是全国各族人民共同缔造的统一的多民族国家。民族区域自治是中国共产党运用马克思列宁主义解决我国民族问题的基本政策，是国家的一项基本政治制度。"自 1947 年内蒙古自治区成立以来，我国的民族区域自治制度已经历了 63 年的实践，在保障少数民族平等权利、维护国家统一、巩固民族团结、实现各民族共同繁荣发展方面发挥了重要作用。实践证明："这是我们社会制度的优势，不能放弃。"①

中国民族区域自治地方的建立，遵循了国家统一的行政区划，与全国的省、市、县一致。即根据当地少数民族人口的规模设立自治区、自治州和自治县（旗）。由于中国各个民族几千年来的互动交流，各民族的分布也呈现出分散、杂处的格局，同一个少数民族分布在不同的地区、不同的少数民族聚居于一个地区，总体上又都与汉族居住在一起，这就使自治地方的设立形成了多样性。在自治区、自治州范围内也有一些聚居性少数民族，可以设立自治县（旗），或者在一定的行政区域内由两个以上的少数民族共同成立一个自治州、自治县，在中部、东部汉族聚居的省份成立少

① 邓小平：《我们干的事业是全新的事业》，《邓小平文选》第 3 卷，人民出版社 1993 年版，第 257 页。

数民族的自治州、自治县，以及在少数民族人口聚居规模更小的地域单元设立了数以千计的民族乡（镇）。从 1947 年建立内蒙古自治区以来，中国的民族区域自治制度已走过了 63 年的发展历程，形成了以 5 个自治区、30 个自治州、120 个自治县（旗）为行政区划的少数民族自治地方。此外，还有数以千计的民族乡（镇），以保障处于分散居住的少数民族权益。中国不同行政层级的 155 个民族自治地方，占国土面积的 64%，在全国范围内具有分布广泛的特点。

中国在全国统一行政区划内设立不同层级的自治地方，目的就是通过国家制度和法律来保障少数民族的平等权利。1984 年颁布的《中华人民共和国民族区域自治法》，对这项制度及其民族自治地方的权利与义务做出了法律规范。也就是将这一制度实施以来的经验、政策进行总结，结合中国改革开放的发展要求，从国家基本法的高度为民族区域自治制度的发展、完善提供了法律保障。根据民族区域自治法的规定，自治地方享有多方面的自主权，如政府首脑必须由实行区域自治的少数民族公民担任，自治地方的公务活动通用实行区域自治的少数民族语言，保障少数民族公民使用本民族语言文字进行诉讼的权利，根据本地区的实际制定经济、文化和社会事业的发展计划和政策，对不适合当地实际情况的国家政策和规定可以变通执行或停止执行，等等；同时，这项法律也对中央政府部门做出了规定，即在民族区域自治地方的经济、文化等社会各项事业发展方面，提供资金、技术、人力等支持和保障，在制定政策方面充分考虑民族区域自治地方的特殊情况，采取各种措施推进民族区域自治地方的发展，等等。总之，这项法律集中体现了对少数民族平等权利的维护和保障，全面反映了中国各民族共同发展、共同繁荣的路径与目标。

对中国来说，少数民族这一概念，就是指相对于人口众多的汉族而言的各个民族。少数民族的共同特征，不仅在人口方面显著少于汉族，而且他们的聚居地区主要在陆路边疆地区，这些地区由于自然地理、历史文化等特点，普遍存在着经济、文化和社会生活等多方面的发展落差，基本上属于中国经济社会的欠发达地区。所以，在这些地区实行民族区域自治制度的根本任务，就是通过国家法律、制度、政策的保障，实现各民族一律平等，尤其是保证少数民族在经济、文化和社会生活等方面的平等发展权利。

中国是由包括汉族在内的 56 个民族（56 nationalities）组成的统一的

多民族国家，中华民族是由 56 个平等成员组成的大家庭。这里所说的"平等成员"就是指各民族不论人口多少、经济社会发展水平如何，一律平等。也就是说，人口规模达到 12 亿的汉族，与人口上千万、逾百万、数十万、几万和仅有几千人的少数民族，都同样享有法律所保障的一切平等权利。他们虽然在身份证上标注了各自的族别名称，但是他们持有的国家"名片"——护照——只有一个共同的身份：作为中华民族成员的中国人（Chinese）。虽然在世界各国的《宪法》中都规定了包括民族平等在内的人人平等原则，但是以专门法律、制度规范对不论人口多少、经济社会发展水平如何的少数民族，通过不同行政层级赋予民族区域自治的权利，却并不多见。

20 世纪 90 年代初，苏联解体、东欧剧变掀起了世界范围的民族主义浪潮，前苏东地区在政治演变中激发了社会的各种矛盾，其中民族冲突引发的社会动荡尤为显著，甚至导致南斯拉夫式的残酷战争，最终造成了苏联、南斯拉夫、捷克斯洛伐克等前社会主义国家的裂变。在这种形势下，西方世界一度弹冠相庆，声称"民族主义战胜了共产主义"，"历史终结"于资本主义，甚至预言所有的多民族社会主义国家都将步苏联的后尘。然而，这种具有"多米诺骨牌"效应的"坍塌"，在中国的大门前却戛然而止。西方人作出这种判断的基本着眼点，是认为中国的社会主义及其所实行的民族区域自治制度都属于"苏联模式"。但是，他们忽视了中国共产党始终坚持把马克思主义的基本原理与本国的具体实际相结合的原则，他们忽视了中国探索符合国情实际的社会主义道路的伟大实践。

民族区域自治是马克思主义经典作家倡导的一种解决民族问题的制度形式。他们认为，在统一的社会主义多民族国家中，"我们要求国内各民族绝对平等，并要求无条件地保护一切少数民族的权利。我们要求广泛的自治并实行区域自治，自治区域也应当根据民族特征来划分"①。一个民主国家必须承认各区域的自治权，特别是居民的民族成分复杂的省和州的自治权。这种自治同民主的中央集中制一点也不矛盾。相反，一个民族成分复杂的大国只有通过区域自治才能够实现真正的民主的中央集中制。因此，"不彻底实行最广泛的地方自治和区域自治，不坚决贯彻必须根据多

---

① 列宁：《向拉脱维亚边疆区社会民主党第四次代表大会提出的纲领草案》，《列宁全集》第 23 卷，人民出版社 1990 年版，第 215 页。

数居民的意志去解决一切国家问题的原则（即彻底的民主主义的原则），就不能保护所有人免受民族压迫"①。所以，"区域自治是解决民族问题的一个必要条件"②。同时，民族区域自治也是统一的多民族国家政治民主的必要条件。这些思想，无疑对中国实行民族区域自治制度具有指导意义，但是中国的民族区域自治制度并没有照搬苏联以联邦制为主体的模式，而是坚持从中国的实际出发构建、实践这一制度。更重要的是，中国的民族区域自治制度和民族政策体系始终坚持马克思主义的立场、观点和方法，并结合中国的实践丰富和发展马克思主义。而苏联解决民族问题的失败，恰恰是在包括解决民族问题在内的社会主义实践中违背、甚至背弃了马克思主义基本原理的结果。因此，不能因为苏联联邦制的失败来比附中国民族区域自治制度的实践，更不能用背弃了马克思主义的实践来检验马克思主义理论本身。实践是检验真理的标准，违背真理的实践当然不能作为检验真理的标准。把苏联建设社会主义的实践错误（包括解决民族问题的错误）作为否定马克思主义民族理论的口实，至少是对苏联存在的问题缺乏认识的结果。苏联超越社会发展阶段地人为激进推进解决民族问题的进程，导致了对民族问题长期性、复杂性的忽略，也导致了对民族问题关系国家根本利益的重要性的忽视。在反省苏联解决民族问题失败的教训方面，雷日科夫的一段话值得深思："过去时代遗留的东西，以及屡屡未能克服的不顾客观情况超前行动的愿望，都对事业造成了根本的伤害。比方说，认为我国民族问题已经完全解决，在这种背景下对民族发展和民族间的相互关系实际过程的研究，就常常被简单的口号代替。"③

当然，确立一种制度、制定一个法律，并不意味着制度的优越性、法律的保障性就能够得到充分发挥。观察中国的事务，需要动态眼光。作为一个发展中国家，中国的社会制度、中国的民族区域自治制度、包括中国的人权实现程度，都处于一个不断发展完善的过程。世界上没有哪一种先进理念、制度模式一经提出或建立，就能够充分体现其优越性。发表或签

---

① 列宁：《尼孔主教是怎样维护乌克兰人的？》，《列宁全集》第 24 卷，人民出版社 1990 年版，第 10 页。

② 斯大林：《马克思主义与民族问题》，《斯大林选集》（上），人民出版社 1979 年版，第 114 页。

③ 伊·雷日科夫：《大国悲剧——苏联解体的前因后果》，徐昌翰等译，新华出版社 2008 年版，第 36 页。

署《人权宣言》，并不意味就实现了宣言的目标，而是表达了向实现这一目标努力的信念。因此，虽然在不同的国家，平等、自由、人权这些理念的实现程度并不相同，但是当今世界还没有哪一个国家可以宣称已经实现了完全的平等或充分的人权。中国的民族区域自治制度符合中国的基本国情，也取得了实践成就，但也需要不断发展和完善。

三　坚持和完善民族区域自治制度

民族问题具有长期性、复杂性等特点，与各种社会问题相交织。因此，马克思主义经典作家认为："民族问题不能认为是什么独立自在的、一成不变的问题。民族问题只是改造现存制度总问题的一部分，它完全是由社会环境的条件、国家政权的性质并且总的说来是由社会发展的全部进程决定的。"① 对当代中国来说，民族问题的主题是少数民族和民族自治地方迫切要求发展与自我发展能力不足的矛盾。这一矛盾是由我国社会、至少是在社会主义初级阶段的基本矛盾所决定的。它集中体现了人民日益增长的物质文化需求与社会生产不足的矛盾。因此，针对这一民族问题的主要矛盾，我们党确定了民族工作的主题——各民族共同团结奋斗、共同繁荣发展。实践这一工作主题，核心内容是"共同"，关键是"团结奋斗"，目的是"繁荣发展"。共同，既是各民族平等的内涵，也是各民族团结、互助、和谐的基本特征。在现阶段，推进西部大开发战略中形成的"共同"机制，就是国家对少数民族聚居地区的资金投入和政策扶持，东部发达地区对西部欠发达地区的人力、物力、财力、智力的支援，西部地区、少数民族和自治地方的自力更生。实现这种"共同"的制度保障就是民族区域自治。

马克思主义经典作家指出，"以具体历史条件为出发点，把辩证地提出问题当作唯一正确的提问题的方法，——这就是解决民族问题的关键"②。也就是说，在无产阶级革命和社会主义建设时期的不同阶段，无产阶级政党提出民族问题纲领和解决民族问题的政策，必须"以具体历史条

---

① 斯大林：《十月革命与民族问题》，《斯大林选集》（上），人民出版社 1979 年版，第 118 页。

② 斯大林：《马克思主义与民族问题》，《斯大林选集》（上），人民出版社 1979 年版，第 81 页。

件为出发点"。而不是脱离历史发展阶段、超越社会发展进程地去提出和解决问题。近年来,我国民族问题方面出现了一些国内外因素相交织的突出现象,如2008年西藏拉萨的"3·14"事件,2009年新疆乌鲁木齐的"7·5"事件。这些恶性事件的发生,都有十分复杂的背景和动因,需要认真地深入研究和分析。但是,由于这样的问题相继出现,也使国内一些学者对我国解决民族问题的制度、政策提出了种种质疑,有关"苏联模式"的比附再次成为这种质疑的主要出发点。而取消民族区域自治、取消民族身份、取消民族政策等一言概之的解决民族问题需"去政治化"的观点流行一时,提出美国自"民权运动"以来相当成功地协调了种族关系之类的观点。① 倡导民族融合的说法也随之出现。

这些出于善意的忧虑可以理解,但是善意的想象不能脱离本国的国情实际,而且也要对举证的"榜样性"或"值得学习"的国家有客观了解和深入研究。美国存在的民族分离主义主要是夏威夷的土著民族和某些崇尚"白人至上"种族主义的极端势力,的确不成气候。但是这并不意味着美国已经消除了由来已久的种族矛盾和族群冲突,只是来自世界各地的各色移民群体都是抱着"美国梦"去加入美国,而不是去分裂美国。即便如此,美国人自己也认为,虽然我们声称摆脱了"种族冲突和民族主义冲突而享有自由",但是也不得不承认"尽管这一自由比我们国家神话所说的自由要少得多"②。事实上,美国的一些著名学者,往往因拉美裔等各色移民人口增长、西班牙语流行而忧心忡忡,认为日益增多的非白人移民由于缺乏"共同的认识"为核心的"内在凝聚力"而使"美国的马赛克式社会就有可能变成各种族群体之间的竞技场"③。因此,重新回归已经为实践证明失败的"共冶一炉"的熔炉时代,批判多元文化主义带来的民族认同危机,重塑以盎格鲁—撒克逊的种族—民族主义"核心价值",也成为美国资深政治学家的"新经典"。④

---

① 参见马戎《理解民族关系的新思路——少数族群问题的"去政治化"》,载《北京大学学报》2004年第6期。

② 转自[美]塞缪尔·亨廷顿《我们是谁——美国国家特性面临的挑战》,程克雄译,新华出版社2005年版,第53页。

③ [美]兹比格涅夫·布热津斯基:《大抉择——美国站在十字路口》,王振西主译,新华出版社2005年版,第218页。

④ 参见拙文《民族认同危机还是民族主义宣示?——亨廷顿〈我们是谁〉一书中的族际政治理论困境》,《世界民族》2005年第3期。

对中国解决民族问题的制度、政策及其实践进行国际比较，首先要立足不同国家的国情实际，其中包括不同国家所处的社会发展阶段。否则，简单归结为"苏联模式"或不折不扣的"斯大林主义"产物，或者简单认定"美国模式"的成功性，都会导致脱离实际的后果。中国的改革开放事业本身就包含了吸收全人类优秀文明成就的取向，目的是中国特色社会主义制度的自我完善。中国的民族区域自治制度经历了历史的考验，经历了苏东剧变的考验，没有理由妄自菲薄地放弃。

同时，在民族区域自治方面，还面临着另一种挑战。流亡境外的达赖喇嘛声称放弃独立，要在中国宪法和民族区域自治法框架内实行"名副其实"的自治，并向中央政府提交了一份"名副其实自治"的"备忘录"。事实上，所谓"名副其实"就是对中国现行的民族区域自治制度真实性的否定，其立意就违反了中国的宪法和民族区域自治法。从内容上来说，这份"备忘录"的实质就是试图搞"藏人治藏"的"民族自治"，这同样违背宪法和民族区域自治法。达赖集团试图以"民族自治"取代民族区域自治的目的，就是试图把西藏等藏族聚居地区比照香港、澳门的特区模式，实行高度自治。这种比附隐含的内容就想确立"西藏是中国的殖民地"的历史地位，为其实行"全体藏人"未来的"民族自决"埋下伏笔。因此，中央政府接谈代表指出这份"备忘录"是企图搞"变相独立"，切中了其要害。

无论国际社会中对中国的民族区域自治制度存在什么评价，无论达赖喇嘛如何阐释其"名副其实的自治"，也无论国内学者怎样善意想象地提出质疑，实行民族区域自治制度不仅符合中国统一的多民族国家的基本国情，而且坚持这一制度是坚持中国特色社会主义道路的题中之义。胡锦涛总书记指出："民族区域自治制度是我国的一项基本政治制度，是发展社会主义民主、建设社会主义政治文明的重要内容，是党团结带领各族人民建设中国特色社会主义、实现中华民族伟大复兴的重要保证。在国家统一领导下实行民族区域自治，体现了国家尊重和保障少数民族自主管理本民族内部事务的权利，体现了民族平等、民族团结、各民族共同繁荣发展的原则，体现了民族因素与区域因素、政治因素与经济因素、历史因素与现实因素的统一。实践证明，这一制度符合我国国情和各族人民的根本利益，具有强大生命力。民族区域自治，作为党解决我国民族问题的一条基本经验不容置疑，作为我国的一项基本政治制度不容动摇，作为我国社会主义的一大政治优势不容削弱。"① 因此，坚持和完善民族区域自治制度，就是坚持和完善中国特色社会主义制度。

坚持和完善民族区域自治制度，全面落实民族区域自治法，属于政治文明建设范畴。正如我国物质文明、政治文明、精神文明建设的任务是我国社会主义社会的自我完善一样，坚持民族区域自治制度也需要通过自治制度的实践、自治法的实践来不断完善。坚持是前提，完善是与时俱进的发展，目的是为了更好、更有效地坚持和充分发挥其优越性。在民族区域自治制度的实践中，虽然取得了显著的成就，但是并不意味着没有问题。这既包括制度本身的完善问题，也包括制度实践的成效问题。例如，邓小平同志在 50 多年前指出的问题——"实行民族区域自治，不把经济搞好，那个自治就是空的"② ——还没有得到有效解决；民族区域自治法颁布 20 年来，在落实方面五个自治区依法制定的自治条例尚未出台；等等。这也正是党和国家启动西部大开发战略，把加快少数民族和民族地区经济文化发展作为全面建设小康社会重要任务的原因，也是在党的执政能力建设的要求中进一步提出——"坚持和完善民族区域自治制度，保证民族自治地方依法行使自治权"——的原因。

中国处于社会主义初级阶段，物质文明、政治文明、精神文明和社会和谐的建设的实现程度不可能超越这一发展阶段的基本特征。这也正是我们要坚持和完善民族区域自治制度的出发点，目的是充分实现这一制度真正立足于民族平等、切实保障各民族共同繁荣发展的作用。在这方面，制度本身的发展和完善必须立足于民族区域自治地方的经济社会基础。没有经济社会基础支撑的任何制度，都不可能发挥其应有的功能和作用。任何一种先进的制度设计及其优越性，只能在这项制度的实践成效不断积累中才能得到逐步发挥。

早在 20 世纪 50 年代，邓小平就指出："在世界上，马克思主义能够解决民族问题。在中国，马克思主义与中国具体实践相结合的毛泽东思想，也能够解决民族问题。"③ 之所以这样说，是因为马克思主义关于民族

---

① 胡锦涛：《在中央民族工作会议暨国务院第四次全国民族团结进步表彰大会上的讲话》，《人民日报》2005 年 5 月 28 日。
② 邓小平：《关于西南少数民族问题》，《邓小平文选》第 1 卷，人民出版社 1994 年版，第 167 页。
③ 同上书，第 163 页。

问题的理论，以辩证唯物主义和历史唯物主义的基本原理，对前资本主义时期、资本主义时期人类社会的民族过程进行了深入的研究，揭示了阶级社会民族压迫的根源和民族问题的发展趋势，论证了无产阶级革命与民族解放运动的关系，阐释了只有社会主义能够解决民族问题的基本理论，形成了马克思主义民族观，是科学社会主义的有机组成部分。因此，马克思主义关于人类社会民族现象及其发展规律的科学，是解决民族问题的科学思想体系。中国特色社会主义理论体系是建立在马克思主义基本原理与中国具体实践相结合基础上的当代马克思主义，其中包括了我们党在解决民族问题实践中对马克思主义民族理论的丰富和发展。中国解决民族问题的基本政治制度——民族区域自治，就是这一理论的实践载体，也是实现中华民族伟大复兴目标的制度和法律保障。

（原载《民族宗教研究动态》2010 年第 5 期）

中国特色反腐倡廉建设道路论要

高 波[*]

中国共产党的性质和宗旨，决定了我们党同腐败是水火不容的。我们党在党风廉政建设和反腐败斗争实践中，逐步走出一条中国特色反腐倡廉道路。这条道路是中国特色社会主义道路的重要组成部分，是把马克思主义反腐倡廉理论与中国反腐倡廉实际相结合的一大创举，是发展中国特色社会主义的重要保证。

一 从"三个三十年"看反腐倡廉建设的源流和历程

纵观党的反腐败斗争历程，可以分为三个大的历史阶段：

（一）第一个三十年：反对贪腐政治奠定立党基石

从20世纪20年代初建党到新中国成立前的近30年间，中国共产党作为革命党活跃于历史舞台。我们党从诞生伊始就宣告没有自己的特殊利益，党的先进性决定了与各种腐朽思想划清界限、同各种腐败现象坚决斗争的必然性。一是以反贪腐组织和制度建设凸显建党特色。1922年建立的中央监察委员会，是最早的纪律检查专门机关。1926年发布《关于坚决清洗贪污腐化分子的通告》，开创了制度反腐的滥觞。此后，相继颁行《关于惩治贪污浪费行为》第26号训令（1933年）、《惩治贪污条例》（1939年）等，彰显了红色政党和红色政权的清廉形象。二是以党员主观世界改造和党的思想作风建设为治党重点。多管齐下，防打结合，克服党内的非

　＊ 高波，中央纪委驻中国社会科学院纪检组三室主任，中国廉政研究中心副秘书长，法学博士。

无产阶级思想影响，如延安整风客观上增强了党员干部的腐败免疫力。根据地政府还规定"贪污数目在 500 元以上者可处死刑"等，严肃了党的纪律。三是以高级干部带头自律强化立党优势。以毛泽东同志为代表的广大党员领导干部率先垂范，使各级党组织、党领导的军队和根据地政府，与腐败的国民党政权形成了强烈对比，形成了凝聚人心的强大力量和推翻三座大山、建立新中国的巨大政治优势。

（二）第二个三十年：拒腐防变理念纳入建国方略

从新中国成立到 1979 年改革开放前的 30 年，我们党开始了由革命党向执政党的转型。从全国解放前夕到新中国建立初期，党中央和毛泽东同志倡导学习《甲申三百年祭》，教育全党"不当李自成"，并提出"坚持两个务必"、"警惕糖衣炮弹"等号召，把拒腐防变问题上升到政权建设和执政安全高度进行战略思考，奠定了新生无产阶级政权的建国方向。一是以健全制度为基础。如仅 1952 年就先后制定实施了《关于处理贪污、浪费及克服官僚主义错误的若干决定》、《关于追缴贪污分子赃物的规定》和《惩治贪污条例》等，显示出依法惩贪的坚定决心。二是以专项斗争为特色。在20 世纪五六十年代先后部署开展了整党整社、"三反"、"五反"、"四清"等运动，力求解决官僚主义等突出问题，防患于未然，治患于已然。三是以领导干部为重点。毛泽东同志亲自批准处决"地位高、功劳大"的刘青山、张子善等腐败分子，震慑作用巨大。中央还通过建立干部下放劳动锻炼制度，密切党群干群关系。四是以巩固政权为根本。不论是建国初期还是社会主义全面建设时期，反腐倡廉工作始终围绕党和国家工作中心，发挥了纯洁党的队伍、完善国家制度、巩固执政地位等重要作用。这些措施也使 20 世纪五六十年代成为党风政风民风最好的历史时期之一。

（三）第三个三十年：反腐倡廉建设夯实执政之基

1. 恢复重建阶段（1978—1989 年）：党的十一届三中全会后，恢复了中央和各级纪律检查委员会，成立了各级行政监察机构，奠定了新时期反腐败斗争的组织基础，反腐倡廉工作迅速走出"文化大革命"中阶级斗争扩大化、群众运动极端化等误区。一是调整反腐倡廉战略。随着党和国家工作中心转移到经济建设上来，以邓小平同志为核心的第二代中央领导集体坚持一手抓改革开放，一手抓惩治腐败，不断探索端正党风、反对腐蚀的新思路新途径。二是坚持从严治党方针。党中央制定了《关于党内政治生活的若干准则》、《关于高级干部生活待遇的若干规定》、《关于禁止党政机关和党政干部经商办企业的规定》等一系列加强自身建设的规章制度。党的十二大还部署了对党的作风和党的组织进行全面整顿。三是加强国家立法工作。如全国人大常委会通过了《关于严惩严重破坏经济的犯罪的决定》、《关于惩治贪污、受贿罪的补充规定》等专项惩腐法律，加快了法制化肃贪步伐。

2. 深化推进阶段（1989—2002 年底）：从 1989 年 6 月党的十三届四中全会召开到党的十六大前，以江泽民同志为核心的党中央把党风廉政建设和反腐败斗争作为关系党和国家生死存亡的大事来抓，党的纪律检查工作的制度化、规范化水平显著提高。一是明确了工作格局。反腐败从侧重遏制转到标本兼治、综合治理、逐步加大治本力度的轨道，确定了领导干部廉洁自律、查办案件、纠正不正之风的三项工作格局。二是健全了体制机制。"党委统一领导、党政齐抓共管、纪委组织协调、部门各负其责、依靠群众支持和参与"的反腐败领导体制和工作机制的形成，是这一时期的重要成果。三是加强了制度建设。初步建立起与社会主义市场经济体制相适应的领导干部廉洁从政行为规范，如《中国共产党纪律处分条例（试行）》、《中国共产党党员领导干部廉洁从政若干准则（试行）》等。四是加大了惩处力度。查处了陈希同、成克杰、王宝森、胡长清、李纪周等一批腐败分子，查办了湛江和厦门特大走私案等，取得了显著的政治社会效果。

3. 创新发展阶段（2002 年底至今）：党的十六大以来，以胡锦涛同志为总书记的党中央坚持以科学发展观统领经济社会发展全局，正确分析和判断反腐倡廉形势，统筹谋划，开拓创新，提出坚决惩治腐败是我们党执政能力的重要体现，有效预防腐败更是我们党执政能力的重要标志，确立了标本兼治、综合治理、惩防并举、注重预防的工作方针，把反腐倡廉建设列为党的五大建设之一，以完善惩治和预防腐败体系为重点加强反腐倡廉建设，采取了一系列全局性、前瞻性、战略性举措，在坚决惩治腐败的同时，更加注重治本，更加注重预防，更加注重制度建设，标志着我国反腐倡廉工作进入整体推进、系统治理、创新发展的新阶段。这也是我们党出台反腐倡廉法规制度最多、实施源头治理改革最多、采取维护群众利益措施最多、反腐败国际合作进展最快的时期之一。由于为时不远，不再一一赘述。

二　一个思想理论基础和两大执行保证体系

中国共产党人历来高度重视理论武装，在近 30 年的革命斗争和 60 年来的执政实践中形成了中国特色反腐倡廉建设理论。这一理论体系科学回答了"为什么要反腐倡廉，为谁反腐倡廉，怎样反腐倡廉"等重大问题，是马克思主义中国化特别是对执政规律和反腐倡廉规律不断深化的必然结果，是中国特色社会主义理论体系的重要组成部分。党的历代领导核心的反腐倡廉思想，在革命、建设和改革发展的各个阶段一脉相承，形成了中国特色反腐倡廉道路的思想基础。毛泽东反腐败思想是这一理论体系的起点，如"加强政治思想工作"以增强拒腐防变免疫力的治党原则，"让人民来监督政府"以跳出历史周期率的执政方略，"惩前毖后，治病救人"的斗争策略等，体现了高超的政治智慧。邓小平同志根据改革开放和经济建设的中心任务提出了一系列反腐败思想，如"一手抓改革开放，一手抓惩治腐败"的方针、"整顿党风，搞好民风，先要从我们高级干部整起"的策略以及反腐败"要靠法制"的方法等，构成了邓小平理论的重要组成部分。江泽民同志根据我们党建立健全社会主义市场经济体制的新形势新任务，提出了若干加强反腐倡廉工作的新论述，如反腐倡廉是关系党和国家生死存亡的严重政治斗争的战略地位，反腐败"教育是基础，法制是保证，监督是关键"的系统思路，通过改革铲除腐败产生土壤的关键举措等。以胡锦涛为总书记的新一代中央领导集体，进一步明确了反腐倡廉工作要"坚持方针、构建体系、拓展领域、持久建设"的总体战略，提出围绕发展第一要务反腐倡廉的新要求、建立健全惩防体系的新蓝图、保障和谐社会建设的新任务、把反腐倡廉建设列为党的五大建设的新定位以及推进反腐败国际合作的新目标等。

中国共产党也历来有着强大的战斗力和执行力，经过实践探索，形成了保证中国特色反腐倡廉建设理论落到实处的两大执行体系：一是以党风廉政建设责任制为基础，形成了长期执政主体加强和改进反腐倡廉建设的责任落实体系。党中央于 1998 年实行了党风廉政建设责任制。实践证明，随着反腐倡廉建设不断融入经济、政治、文化、社会和生态建设各个领域，涉及面日渐宽广，工作量日益繁重，外环境日趋复杂，党风廉政建设责任制成为强化各级领导干部主体责任、形成反腐倡廉工作合力的最有效抓手。二是以惩治和预防腐败体系为蓝图，形成了科学谋划、系统推进反腐倡廉建设的目标任务体系。党中央为统筹推进反腐倡廉的系统工程，在3年里先后下发了惩防体系建设《实施纲要》和《工作规划》两个文件，明确了近中长期工作目标，这在党的历史上还是第一次，既表明了对反腐倡廉建设的高度重视，也说明了惩防体系在党的建设新的伟大工程中的重要地位和作用。

三 从要素结构和关系结构看反腐倡廉建设的科学发展趋势

中国特色反腐倡廉建设道路是反腐倡廉政策资源要素、体制机制要素、组织制度要素等的总和。分析其内在要素结构和外部关系结构后可以看到，反腐倡廉建设要通过加强党内治理、提高法治水平、净化市场环境和扩大群众参与，为实现科学发展、和谐发展、廉洁发展作出更大贡献。

（一）从要素结构看，反腐倡廉建设承载长期执政党的系统建设功能和社会主义制度的自我完善功能，为长治久安提供政治和法治保证。一方面，现代执政党要兴党治国理政，需依靠相应的组织体制、管理模式等所形成的政党治理结构，实现政治领导、经济发展与社会整合。党的十七大要求"完善制约和监督机制"，"建立健全决策权、执行权、监督权既相互制约又相互协调的权力结构和运行机制"，并把反腐倡廉建设列为党的五大建设之一。这实质上指出了党的治理结构的改革方向，对基于监督权的反腐倡廉建设提出了更高要求。反腐倡廉建设作为完善党内治理结构的重要方面，既要为发展党内监督、实现党内民主开辟道路，也要为党的其他四大建设夯实基础。特别是建构与决策权、执行权相制约协调的政党监督结构和运行机制，对于形成不同于西方多党制和三权分立模式的中国特色监督体制，具有重要启示意义。另一方面，我们党的重要执政方式是使党的主张经过法定程序成为国家意志，将改革开放和社会主义建设的成功经验以法律形式固定下来，从而在建设社会主义法治国家的同时，直接或间接实现了社会主义制度的自我完善。中国特色国家反腐倡廉法律制度作为反腐倡廉建设的法治成果，也是依法治国的重要保证。当前及今后一个时期，在国家立法中充分体现反腐倡廉要求并借鉴国际反腐败经验，及时将反腐倡廉有效制度和做法上升为国家法律法规，特别是在建立健全科学的干部遴选、政绩评价、问责追责机制和信息公开机制等方面，必将直面人民群众的更大期待。

（二）从关系结构看，反腐倡廉建设承载对社会主义市场经济建设的净化功能及和谐社会建设的促进功能，为改革发展稳定保驾护航。胡锦涛同志在党的十七大报告中强调指出，"把推动经济基础变革同推动上层建筑改革结合起来"，是实现现代化、巩固和发展社会主义的宝贵经验之一。加强以完善惩防体系为重点的反腐倡廉建设，既要适应社会主义市场经济基础，也要通过净化发展环境、维护市场秩序、规范中介组织、健全诚信体系等有效举措，充分发挥上层建筑对经济基础的反作用力。如同经济社会发展从"又快又好"向"又好又快"的战略调整那样，我们应在不断完善社会主义市场经济体制的历史进程中，将反腐倡廉建设与改革发展及稳定和谐目标加以同步设计、协同构建并综合考评，使改革发展举措和社会政策本身就具备预防腐败功能。"又好又快发展"的"好"，一个重要方面就是改革发展要有助于从源头上减少腐败发生，防止官员腐败、官商勾结侵害公共利益，治理各种损害群众利益的不正之风，让人民群众从经济建设和反腐倡廉建设中普遍获得实实在在的利益，这样的廉洁发展才是维护社会稳定和谐的治本之策。特别是随着战略机遇期、体制完善期、开放提升期、社会转型加速期和政治参与活跃期的纷至沓来，我们党必须在党内治理、政府治理和社会治理之间找到最佳结合点，实现经济基础变革与上层建筑改革的良性互动，以应对社会利益主体多元化、复杂化的挑战，化解在经济转型时期维护社会稳定和谐的巨大压力。"依靠群众支持参与"既是中国特色反腐倡廉工作的重要机制，也具有成为群众合理利益诉求方式和有序政治参与平台的潜在优势。在维护人民群众切身利益中实现群众有序反腐、有效监督，防止公权力大、公益性强、公众关注程度高的领域和部门出现腐败易发高发现象，必将成为消弭不稳定因素、预防群体性事件和规避系统性风险的重要增长点。

总之，正如贺国强同志在纪念党的纪律检查机关恢复重建 30 周年暨反腐倡廉建设理论研讨会上所强调的那样，我们要坚持以科学发展观为指导，不断深化对反腐倡廉建设规律的认识，不断丰富中国特色反腐倡廉道路的理论和实践内涵，努力开创党风廉政建设和反腐败斗争的新局面。

（原载《党风廉政建设》2010 年第 2 期）

中国特色社会主义民主的特点与优势

房 宁 周少来[*]

民主是社会历史发展的产物，与一个国家的经济、社会、历史文化传统以及在发展中面临的主要问题和任务密切相关。中国特色社会主义民主的出发点和落脚点，是团结全体人民，调动人民群众的积极性、主动性和创造性，共同建设中国特色社会主义。这也是中国特色社会主义民主与西方资本主义民主的根本区别。

一 中国特色社会主义民主的主要特点

中国特色社会主义民主深深植根于中国大地。在中国共产党的领导下，中国人民经过长期实践和反复探索，建立了人民代表大会制度、中国共产党领导的多党合作和政治协商制度、民族区域自治制度和基层群众自治制度为基本框架的人民民主的制度体系。这是一个具有中国特色的民主体系，它符合中国最广大人民的根本利益，符合现阶段中国社会发展进步的要求，也体现了中华民族优秀的历史文化传统，是中华民族伟大复兴的重要政治保证。

中国特色社会主义民主是真实的民主、广泛的民主。中国特色社会主义民主的本质是人民当家作主，工人阶级和广大劳动人民在共产党领导下掌握国家政权并享有广泛而真实的民主权利。中国特色社会主义民主是建立在生产资料公有制为主体的经济基础之上的，这就决定了中国的民主不受资本的操纵，不是少数人的民主，而是最广大人民的民主。中国特色社

---

* 房 宁，中国社会科学院政治学研究所所长、研究员。
周少来，中国社会科学院政治学研究所副研究员。

会主义民主作为根源于、服务于公有制经济基础的上层建筑，必然是为了实现人民当家作主。

中国特色社会主义民主，必须反映现阶段社会主义经济基础发展的客观要求，必须更好地为解放和发展生产力，为保障和实现人民的根本利益服务。中国特色社会主义民主不仅要实现全体人民的政治平等，实现政治民主，还要实行经济民主、社会民主。这是中国民主的真实性、广泛性的一个重要体现。社会主义条件下的经济民主意味着：在坚持社会主义基本经济制度的前提下，广大人民群众对企业以及相关经济事务享有管理的权利。恩格斯明确指出：根据唯物史观，"历史过程中的决定性因素归根到底是现实生活的生产和再生产"。根据恩格斯的论述，社会主义社会的民主应当深入到经济领域，工人阶级和劳动群众只有在生产与再生产活动中拥有权利，其政治权利才有坚实的基础。毛泽东在 1959 年底至 1960 年初读苏联《政治经济学教科书》的谈话中，指出了当时苏联民主在理论上的一个缺陷。他提出：这里讲到苏联劳动者享受的各种权利时，没有讲劳动者管理国家、管理军队、管理各种企业、管理文化教育的权利。实际上，这是社会主义制度下劳动者最大的权利，最根本的权利。没有这种权利，劳动者的工作权、休息权、受教育权等等权利，就没有保证。毛泽东在这里提出了人民群众要直接参与国家、企业和社会事务的管理，拥有政治和社会权利，由此论及了经济民主和社会民主问题。社会主义民主不仅表现在人民群众利用各种政治制度以及通过共产党实现对于国家权力的掌握，实现人民主权，还要进一步表现为人民群众经济、社会权利的实现。

社会民主是中国社会主义民主建设的重要领域。在社会主义市场经济条件下，发展社会民主主要是在党的领导下，发展社会自治和基层民主，让人民群众自己组织起来维护自己的权益，管理经济社会文化事业。目前，我国社会主义市场经济体制尚不健全，各项社会事业发展还不平衡，有的领域相对落后，远不能担负应有的责任。因此，社会民主是我国社会主义民主建设相对薄弱的环节，是我国社会主义民主建设需要重点探索和发展的领域。

党的领导、人民当家作主和依法治国的有机统一是中国特色社会主义民主的根本特征。在长期的探索实践中，中国人民找到了一条适合中国历史和国情、能够满足当代中国社会发展需要的建设社会主义民主政治的道路，找到了在当代中国建设和发展社会主义民主的基本规律，这就是在中国政治制度的运行中以及一切民主政治实践中，把中国共产党的领导、人民当家作主和依法治国有机统一起来。实现这三者的有机统一，是中国特色社会主义民主政治的本质特征。

实行人民民主，首先要坚持共产党的领导。共产党领导就是领导和支持人民当家作主，是人民主权的集中体现，是人民当家作主和依法治国的根本保证。民主不是一个自发过程，人民群众要成为国家、社会和自己命运的主人，其基本前提是组织自己的力量，形成一个代表阶级自觉意识的、能够带领整个阶级前进的政党。尤其是在中国这样一个人口众多、经济文化相对落后且发展很不平衡的大国，人民利益具有广泛性和多样性，实现人民利益具有空前的复杂性、艰巨性，这就必然要求一个能够代表广大人民利益，集中反映和有效体现人民意愿的政治核心，来团结、凝聚和带领人民把革命、建设和改革事业不断推向前进。在当代中国，能担当这一任务的惟有中国共产党。党的领导使民主与集中相统一、民主与科学相统一，使社会发展既满足人民的愿望和要求，又合乎客观规律。党的领导保障了人民当家作主的民主实践沿着正确方向扎实有效地推进。

实现人民当家作主是实行中国特色社会主义民主的根本目的。人民当家作主，就是人民群众在党的领导下通过人民代表大会、共产党领导的多党合作和政治协商、民族区域自治以及基层群众自治等制度形式，掌握国家政权，行使民主权利，管理国家事务、经济文化事业和社会事务，实现人民利益和要求。具体来说，人民群众根据宪法和法律规定选举人民代表，反映和表达自己的愿望和要求，同时通过立法听证、行政听证等形式，直接有序地参与法律法规以及政策的制定；实行基层民主，广大人民在城乡基层群众性自治组织中，依法直接行使民主选举、民主决策、民主管理和民主监督等权利，对所在基层组织的公共事务和公益事业实行民主自治；实行民主监督，广大人民群众在社会生活的各个层次上，采取法律、舆论等多种手段对党和政府以及干部实施监督。

依法治国是党领导人民治理国家的基本方略。依法治国就是广大人民群众在党的领导下，依照宪法和法律规定，通过各种途径行使管理国家事务、经济文化事业和社会事务的权利，保证国家各项工作都依法进行，逐步实现社会主义民主的制度化、法律化。法代表了国家意志，而国家意志是统治阶级利益和意志的体现。在我国，从根本上讲，法是工人阶级和广大人民群众利益和意志的体现。法治具有稳定性、规范性、连续性的特点，使得治理国家和管理社会的活动，不会因领导人的改变或领导人看法和注意力的改变而改变。在当代中国，无论是党的领导，还是人民当家作主、行使民主权利，都必须严格依法办事，任何组织和个人都不允许有超越宪法和法律的特权。任何违反法治原则的权力意志和所谓的"民主"，都会对社会秩序和人民的权利与自由造成损害，进而危害社会主义政治文明。法制与民主的密切结合，实施民主的法制化和法制的民主化，依靠法制推行和保障民主，是中国特色社会主义民主的一个重要特色。

中国民主政治建设的历史经验表明，在中国建设社会主义民主政治，共产党领导、人民当家作主和依法治国缺一不可。离开共产党领导，人民当家作主和依法治国就会落空，中国就会退回到一盘散沙、四分五裂的境地。党的领导是人民组织起来、行使当家作主权利的不可或缺的必要环节；离开人民当家作主，不受人民监督，党的领导和依法治国就会失去方向和意义；离开依法治国，党的领导和人民当家作主就会失去有效的途径和可靠的保障。

随着经济社会文化事业发展，不断发展完善民主制度、健全民主机制。中国特色社会主义民主是一个不断发展完善的历史进程，随着中国经济社会文化事业的发展而不断发展完善。这是中国特色社会主义民主的又一个显著特色。

中国特色社会主义民主的建设和发展是以马克思主义为指导的。马克思主义认为，民主是历史的、具体的，世上从来就没有抽象的民主、"普世"的民主、一成不变的民主。对于一个国家的民主建设来说，关键问题之一就是要根据社会发展面临的主要任务和社会条件选择合适的民主形式。只有符合国情，适应特定社会发展阶段和发展要求的民主形式才能承载和表达民主的实质。适合于某一个国家的民主形式，未必适合其他国家；适合这个阶段的民主形式，未必适合另一个阶段。生搬硬套别国的民主形式常常是"水土不服"、南橘北枳。因此，在建设中国特色社会主义的过程中，中国共产党领导广大人民群众十分注意从实际出发，根据现阶段的国情和任务，决定民主政治建设的进程，使民主政治建设与国家的经济文化发展水平相适应，民主形式与现有的社会条件相适应，既不超前也不滞后，循序渐进地发展中国特色社会主义民主。

二 中国特色社会主义民主的显著优势

中国特色社会主义民主是动员、团结和组织全体人民进行社会主义建设，保持社会稳定，促进社会和谐，使社会充满创新活力的基本保障。社会主义民主是解放生产力，发展生产力，消灭剥削，消除两极分化，最终达到共同富裕的政治前提。中国特色社会主义民主在促进中国经济社会全面发展方面体现出了明显的制度优势。

有利于充分调动人民群众的积极性、主动性和创造性。中国特色社会主义民主是最真实、最广泛的民主，能够真正实现和落实人民当家作主的原则。西方的资本主义民主是由金钱与资本主宰的民主，是少数人的民主、形式上的民主。只有在社会主义制度下，才能真正实现人民当家作主，人民才能真正成为国家和社会的主人。在社会主义制度下，人人依法所享有的民主权利，是不受财产、职位、民族和性别差异限制的平等权利。在我国社会主义基本经济制度的基础之上，中国特色社会主义民主保障了我国人民的自由与权利，人民可以依法选举人民代表，依法对国家和社会事务实行民主管理、民主决策和民主监督，人民群众真正成为国家政治上的主人；在社会文化生活中，人民依法享有受教育的平等权利，享有信仰自由、文化创造与文化享受的多种、广泛的文化权利，人民群众真正成为文化上的主人。在经济、政治和文化上真实地享有主人翁的地位，广大人民群众的积极性、主动性和创造性就能够被充分地调动和发挥出来。这为新中国成立60多年来，特别是改革开放30多年来我们所取得的举世瞩目的伟大成就所证明。

有利于形成代表中国人民的整体利益、根本利益和长远利益的路线、方针和政策。在西方民主制度下，国家政策是各个利益集团博弈的结果，往往是势力大、实力强的资本集团占上风、获利多。作为一个社会主义国家，中国必须通过充分调动全体人民的积极性、主动性和创造性，来实现广大人民的根本利益。要完成这一任务，最根本的就是要使国家制定的路线、方针、政策，能够正确地反映全体人民的整体利益、长远利益和根本利益。在发展社会主义民主政治的实践中，处于领导地位的中国共产党并不是任何一个利益集团的代表，没有自己的一党之私，而是全中国各民族人民的代表。因此，中国共产党能够根据中国社会发展的客观条件和要求，正确地把握全中国人民的整体利益、长远利益、根本利益，制定出符合科学发展规律的路线、方针、政策，努力做到人民利益的最大化。

人民代表大会制度是中国的根本政治制度，中国的人大代表与西方议会的议员不同，他们不是某个利益集团的代表，在中国各级立法机关中他们既反映人民群众中各个不同群体的意见和呼声，同时又从全局出发将人民群众中各种意见集中综合起来，使国家的法律法规、政策措施能够统筹兼顾各方利益。共产党领导的多党合作和政治协商制度是中国的政党制度，政治协商是中国民主制度的一大特色，通过政治协商可以广泛反映人民的各种利益要求，可以妥善化解人民内部的各种矛盾，使人民群众的局部利益、个别利益与整体利益、根本利益相互协调。

中国是一个处于快速发展中的国家，在发展过程中也遇到了世界各国在实现工业化、现代化进程中普遍遇到的问题，如地区差别、城乡差别和社会差别扩大等。一个有效的民主制度，应当能够保证社会的公平正义，在现代化进程中维持社会处于基本均衡状态。近年来，党和国家针对发展中出现的新的问题和矛盾，提出了科学发展观、构建社会主义和谐社会的理念，并相继实施了"西部大开发"、"振兴东北老工业基地"、"中部崛起"、"新农村建设"和以改善民生为重点的社会建设等一系列重大战略，及时解决发展中出现的新问题，使广大人民群众共享社会发展的成果，使社会发展具有可持续性。中国通过自身调整解决了许多发展中国家无法解决或不能很好解决的障碍与问题，说明中国的政治制度具有代表广大人民群众根本利益、实现社会共同利益的优势。

有利于社会长期稳定、经济持续发展和人民生活水平不断提高。在中国特色社会主义民主制度下，国家政权具有高度的稳定性，国家政策具有明显的连续性。中国作为一个发展中国家，要在经济、文化上追赶发达国家，就必须制定科学周详的发展战略，并经过长期坚持不懈的努力，最终才有可能实现跨越式发展。中国的现行政治制度，使新中国自建立以来逐步形成的国家建设发展目标得到了坚持和贯彻执行；使得中国能够集中一切资源、力量和智慧，用于建设和发展，同时将内耗减到最低限度；使得中国的经济社会发展战略具有前瞻性，经济社会发展的政策得以长期实施。因此，有利于保持国家长期稳定发展，是中国民主制度的明显优点。

总之，人类政治文明发展的历史和现实情况说明，世界上并不存在唯一的、普遍适用的和绝对的民主模式。判断一种政治制度的优劣，最根本的是要看这种制度是否适合社会的经济基础，是否能够促进经济社会的发展进步；衡量一种政治制度是不是民主的，关键要看最广大人民的意愿是否得到了充分反映，最广大人民当家作主的权利是否得到了充分实现，最广大人民的合法权益是否得到了充分保障。

（原载《求是》2010 年第 6 期）

论《关于建国以来党的若干历史问题的决议》对国史研究的奠基和指导作用

陈东林[*]

　　1981 年 6 月 27 日，中共中央通过《关于建国以来党的若干历史问题的决议》[①]（以下简称《历史决议》），至今已经进入了第 30 个年头。30 年来的历史证明，《历史决议》提出的论断和原则，都是正确的，为统一全党全国的思想，齐心协力进行社会主义建设和改革开放，起到了重大的作用。本文的主题，是从史学史的角度，分析《历史决议》对中华人民共和国史（以下简称国史）学科和研究的重要奠基和指导作用。正如习近平同志 2010 年 7 月在全国党史工作会议上的讲话所指出："自己的经验，包括自己的失误，是最好的历史教科书。重要的是正视失误和曲折，总结经验、汲取教训，不断学习和增长本领。我们党正是这样做的，这可以从党中央作出的两个历史问题决议中得到生动的证明。"

一　《历史决议》的通过，标志着国史研究的起步和国史学科的创立

　　新中国成立不久，即出现了有关国史著作。1954 年 11 月人民教育出版社出版《三年解放战争和新中国五年简史》，第一次包含有"国史"内容，但还不是专门国史。1958 年 10 月人民出版社出版了河北师范学院（即今河北师范大学）历史系三年级集体编写的第一部国史——《中华人

---

　　* 陈东林，中国社会科学院当代中国研究所研究员。
　　① 《人民日报》1981 年 7 月 1 日。以下所引《关于建国以来党的若干历史问题的决议》引文均同，不再注明出处。

民共和国史稿》。该书于"大跃进"热潮中，由 63 名学生和 5 名青年教师仅经 20 天便写成，带有明显的草创色彩。因此，并不能代表国史研究的起步。此后，并没有其他国史著作问世。

"文化大革命"结束后，客观上建国以来历史已近 30 年，"三十而立"，可以成为一个历史阶段；主观上随着总结历史教训的迫切需要，国史研究引起了政治、经济、历史工作者的高度关注。特别是 1978 年中共十一届三中全会倡导的"解放思想，实事求是"原则，为研究建国以来历史打开了"禁区"，提供了思想上的保证。

对建国以来历史的评价提到中央议程，是 1979 年 9 月 29 日叶剑英代表中央对前 30 年历史做初步评价的国庆重要讲话。讲话在邓小平等直接领导下，经过四个月起草，由中央政治局会议和中共十一届四中全会讨论通过。其意义是："作为一个纲要，我们的国史也好，党史也好，有了一个轮廓了。在这个基础上继续前进、充实、丰富、发展，我们的国史就好写了，党史也好写了。"[①]

叶剑英讲话以后，党内有一种强烈的呼声，希望对建国以来的历史，特别是"文化大革命"作出明确和深化的结论。根据邓小平、陈云、胡耀邦的意见，由胡乔木、邓力群具体领导，1979 年 10 月 30 日成立了《历史决议》起草小组，经过一年零八个月的起草修改和四千人大讨论，提交中共十一届六中全会通过，对重大历史问题和人物作出了原则性的评价和总结。

为什么说《历史决议》的通过标志着国史研究的起步和国史学科的开创？我认为，这个标志包括以下六个方面：

1. 《历史决议》是中共中央对"建国以来"的历史第一次作出极为重要的中央决议。由此，中共党史的"建国以来"部分，成为时间上相对独立的研究范畴。以后，又逐渐从中分离出来一部分空间和形式上区别于党史的国史研究，形成国史学科的雏形。

2. 《历史决议》使党对建国以来历史形成了一致的看法和比较完整的评价理论体系。虽然是针对"党的若干历史问题"，但中国共产党作为执

---

① 邓力群 1979 年 11 月在军事科学院的报告《学习叶剑英同志的国庆讲话》。据笔者所见，这是第一次将中华人民共和国史简称为"国史"的说法。在此之前，"国史"曾被泛指为包括古代史的中国历史。

政党，党的重大历史问题，也是国家的重大历史问题，事实上构筑了国史学科的理论框架。

3. 通过起草和讨论、宣传《历史决议》，成长起一批专门研究建国后党史的学者，他们分布到国家部门和科研机构、大学，成为国史研究的早期骨干。

4. 1982 年 5 月，由胡乔木倡议，中国社会科学院开始组织编写《当代中国》的多卷本大型丛书。中宣部六次发出文件，转发《当代中国》丛书有关报告。1984 年新华社向全世界报道指出：它的编写，将为以后进一步修中华人民共和国史做好准备。

5. 《历史决议》发表后，掀起了学习宣传高潮，相继出版了一批辅助材料，在这个基础上，20 世纪 80 年代末出现了最早一批国史著作。如：郭彬蔚的《中华人民共和国史纲》、柏福临主编的《中华人民共和国史》（1988）、黄文安主编的《中华人民共和国词典》、焦春荣主编的《中华人民共和国史研究》、张广信主编的《中华人民共和国专题史研究》（1989）等。

6. 1990 年 6 月 28 日，党和国家主要领导人江泽民、李鹏等批准杨尚昆、胡乔木、薄一波的联名报告，同意成立以研究、编撰、宣传国史为主要任务的当代中国研究所。12 月，由当代中国研究所主办，国史编纂工作研讨会在西安召开。1991 年 3 月 2 日，中共中央办公厅、国务院办公厅转发西安研讨会纪要，指出："写出一部符合实际的中华人民共和国史，是一项十分重要而艰巨的工作，必须依靠全国各地区和各有关部门的通力协作。"至此，国史学科初步创立。

二 《历史决议》关于建国以来 32 年基本状况和重大事件、人物的论断，为国史研究提供了指导思想和基本原则

《历史决议》的论断中最基本和重要的是：

（一）建国以来我们取得的成就是巨大的，是主流；我们也犯过错误，甚至是全局性的长时期的严重错误，但与成就相比，只是支流

《历史决议》对 32 年作出的基本估计是："总的来说，是我们党在马

克思列宁主义、毛泽东思想指导下，领导全国各族人民进行社会主义革命和社会主义建设并取得巨大成就的历史。"并且将巨大成就分为 10 个方面：一、建立和巩固了人民民主专政的国家政权，它是建设社会主义富强民主文明的现代化国家的根本保证；二、实现和巩固了全国范围（除台湾等岛屿以外）的国家统一，根本改变了旧中国四分五裂的局面；三、维护了国家的安全和独立，胜利地进行了保卫祖国边疆的斗争；四、建立和发展了社会主义经济，基本上完成了社会主义改造；五、逐步建立了独立的比较完整的工业体系和国民经济体系；六、农业生产条件发生显著改变，生产水平有了很大提高；七、城乡商业和对外贸易都有很大增长；八、教育、科学、文化、卫生、体育事业有很大发展；九、人民解放军由单一的陆军发展成为包括海军、空军和其他技术兵种在内的合成军队；十、在国际上，始终不渝地奉行社会主义的独立自主的外交方针，倡导和坚持了和平共处五项原则。

关于成就与错误的关系，《历史决议》指出："忽视错误、掩盖错误是不允许的，这本身就是错误，而且将招致更大的错误。但是，三十二年来我们取得的成就还是主要的，忽视或否认我们的成就，忽视或否认取得这些成就的成功经验，同样是严重的错误。"

《历史决议》对共和国前 32 年的基本估计和阐述的巨大成就，对成就和错误分清主流、支流的论断，是我们研究和撰写国史的基本立场。当前，意识形态领域的斗争在国史研究中的集中表现，就是如何评价共和国的前 30 年。一方面，我们要坚持成就是巨大的、是主流的基本认识，警惕把前 30 年和改革开放后的 30 年割裂和对立起来的倾向，用充分的事实有理有据地批驳企图否定前 30 年的说法。另一方面，我们要牢记《历史决议》总结共和国前 30 年所犯错误而得出的宝贵认识和教训，坚持改革开放，坚持科学发展。《历史决议》的这些论断，不仅对于我们撰写国史前 30 年有着"定海神针"的作用，而且对于我们充分肯定改革开放以来 30 年，也有着重要保障作用。

（二）必须坚持确立毛泽东的历史地位和毛泽东思想

这个问题是《历史决议》的核心问题，因此专门用了一节来论述。指出："毛泽东同志是伟大的马克思主义者，是伟大的无产阶级革命家、战略家和理论家。他虽然在'文化大革命'中犯了严重错误，但是就他的一生来看，他对中国革命的功绩远远大于他的过失。他的功绩是第一位的，错误是第二位的。"这个论断，是在起草《历史决议》之前就提出来，并在起草、讨论中形成一致意见的。邓小平、陈云作出了重要贡献。

1980 年 3 月 19 日，邓小平第一次找胡耀邦等人谈起草提纲，就提出了三条总的原则："第一，确立毛泽东同志的历史地位，坚持和发展毛泽东思想。这是最核心的一条。不仅今天，而且今后，我们都要高举毛泽东思想的旗帜。"① 以后起草的过程证明，邓小平确实抓住了《历史决议》"最重要、最根本、最关键"、"最核心"的问题。围绕对毛泽东、毛泽东思想的评价，起草工作经过了几次反复。

1980 年 6 月 27 日，邓小平看了第一稿后找胡耀邦等谈话，一针见血地指出："决议草稿看了一遍。不行，要重新来。我们一开始就说，要确立毛泽东同志的历史地位，坚持和发展毛泽东思想，现在这个稿子没有很好体现原先的设想。"② 根据邓小平的意见，第二稿采取了主要讲正确方面的写法，大大加强了正确评价毛泽东、毛泽东思想的分量，起点得到了提高，再次修改后 10 月作为第三稿提交党内四千名高级干部讨论。

在讨论中，多数人同意充分肯定毛泽东的历史地位。也有人认为，毛泽东"功大、过大、罪大"，"过大于功"，有严重的个人品质问题，和封建帝王一样；毛泽东思想里有很多错误，不应当提。后者虽然是少数，但言辞激烈，慷慨激昂。受其影响，第四稿加重了写错误的分量，调子比较低沉。邓小平看了后，1981 年 3 月 9 日再次重申：现在稿子的调门不对头，好像错误都是毛泽东一个人的，别人都对。3 月 18 日，他再次坚定地指出：这个问题写不好，决议宁肯不写。这是中心，是关键。

这时，陈云提出了把中国共产党建国前后六十年历史联系起来写的意见，使邓小平长久思考的问题得到了圆满解决，最终形成了成熟的第七稿。5 月 19 日和 6 月 22 日，邓小平总结说：总的来说，这个决议是个好决议。我们原来设想，要举毛泽东思想的伟大旗帜，实事求是地、恰如其分地评价毛泽东的功过是非，起到总结经验，统一思想，团结一致向前看

---

① 《邓小平文选》第 2 卷，人民出版社 1994 年版，第 291 页。

② 同上书，第 297 页。

的作用。我想，现在的这个稿子能够实现这样的要求。

（三）党史、国史研究要有从党和国家最高利益、长远利益出发的政治大局观

在讨论《历史决议》时，一些人以完全"客观"地评价历史的立场出发，提出要对建国以来党、国家，尤其是毛泽东的错误，"写深写够"，"不要有任何框框"。对此，邓小平一开始就强调说，"是漆黑一团，还是光明是主要的？""这不只是个理论问题，尤其是个政治问题，是国际国内的很大的政治问题"。① 以后又更加尖锐地指出，千万注意，不要把三十多年的历史写成黑历史。如果这样，产生的效果就会是使人们痛恨我们的党、痛恨我们的决议、痛恨我们写决议的人②。

实际上，在如何认识历史问题上，从来就不存在超越人们认识和利益的纯粹客观反映。西方比较客观的史学家早有着清楚的认识。意大利史学家克罗齐和英国当代史学家汤因比都说过："所有的历史都是当代史。"③ 1929 年年鉴学派在法国开卷的《经济社会史年鉴》也指出：真实理应是历史的最高准则。但每个人对于历史真实性的理解却各不相同，个人总是不可避免地要站在今天功利的立场上，去评古论今或者借古讽今。即使就当事人而言，所谓的历史也只不过是他们"心目中的历史"。

作为上层建筑的历史，也从来是为一定的经济基础服务的。今天我们回顾起来，如果不是 30 年前《历史决议》坚持科学地肯定建国以来的历史，可以想见，片面夸大历史错误不仅会产生不符合事实的认识混乱，而且将导致否定党和国家、断送中国改革开放大好前程的严重后果。20 世纪 80 年代末期起苏联对历史的自我否定成为党和国家剧变的导火索，就是鲜明的例证。必须指出，《历史决议》坚持的政治大局观，也不是实用主义政治需要，而是建立在历史事实基础上的。邓小平、陈云都不是历史学家，但在中国革命建设几十年历史中的丰富实践和对历史唯物主义理论的高度掌握，使他们对当代历史能有比同时代人高得多的洞察力。邓小平指出："虽然我们党在历史上，包括建国以后的三十年中，犯过一些大的错

---

① 《邓小平文选》第 2 卷，人民出版社 1994 年版，第 299、298 页。
② 1981 年 3 月 9 日邓小平关于决议修改稿的谈话意见。
③ 克罗齐：《历史学的理论和实际》，商务印书馆 1982 年版，第 2 页。

误，甚至犯过'文化大革命'这样的大错误，但是我们党终究把革命搞成功了。中国在世界上的地位，是在中华人民共和国成立以后才大大提高的。"他列举了旧中国分裂贫弱的例子后说："没有中国共产党，不进行新民主主义革命和社会主义革命，不建立社会主义制度，今天我们的国家还会是旧中国的样子。"①

三　《历史决议》研究、评价建国以来历史的科学辩证方法，是国史研究的基本方法

（一）评价历史和历史人物，要全面评价，不能孤立、割裂地看

《历史决议》的这一重要贡献，突出表现在陈云提出的增加建国前28年历史的写作方法上。当时的难点是，既要纠正毛泽东建国后所犯的"左"倾错误特别是发动"文化大革命"的晚年严重错误，又要充分肯定毛泽东和毛泽东思想的历史地位。在一个"建国以来"的时间和空间里，似乎很难取得平衡，毕竟毛泽东直到逝世，还在坚持"文化大革命"的错误路线。

1981年3月，陈云在约见邓力群时，建议增加回顾建国以前28年历史的段落。他指出："《决议》要按照小平同志的意见，确立毛泽东同志的历史地位，坚持和发展毛泽东思想。要达到这个目的，使大家通过阅读《决议》很清楚地认识这个问题，就需要写上党成立以来六十年中间毛泽东同志的贡献，毛泽东思想的贡献。""有了党的整个历史，解放前解放后的历史，把毛泽东同志在六十年中间重要关头的作用写清楚，那末，毛泽东同志的功绩、贡献就会概括得更全面，确立毛泽东同志的历史地位，坚持和发展毛泽东思想，也就有了全面的根据；说毛泽东同志功绩是第一位的，错误是第二位的，说毛泽东思想指引我们取得了胜利，就更能说服人了。"②邓小平高度评价说："这个意见很好"，"陈云同志提出，前面要加建国以前的28年。这是一个很重要的意见"。③

陈云这一意见，不仅使《历史决议》的难题得到了豁然开朗的解决，

---

①《邓小平文选》第2卷，人民出版社1994年版，第299页。

②《陈云文选》第3卷，人民出版社1995年版，第284页。

③《邓小平文选》第2卷，人民出版社1993年版，第306页。

而且也给我们党史、国史工作者以极为重要的启示：评价历史和历史人物，要全面评价，不能孤立、割裂地看。这不仅是历史唯物主义的基本观点，也是我们写作党史、国史时要注意的一个重要原则。我们研究、撰写党史、国史时，常常需要有阶段、时期的分工。在历史和历史人物取得辉煌成就时期，评价很顺利。但是在遇到挫折和严重错误时期，常常会只见树木不见森林，或者写得阴暗，或者在肯定动机时不能理直气壮。按照陈云评价毛泽东的这一思路和回顾方法，问题就好解决了。

（二）"宜粗不宜细"

邓小平为起草《历史决议》确定的一个重要写作原则是："对历史问题，还是要粗一点，概括一点，不要搞得太细"；"大概我们的党史就要根据这个调子来写了，太细恐怕也不妥当。"① 邓小平所强调的这个方法十分符合当代史研究的特点。由于当代史与现实紧密相连，涉及仍然健在的许多当事人和仍然在执行的许多重要方针政策，对其作出的评价不可避免地要影响到当前的大局，因此必须慎重，宁可粗一些，一些分歧较大和尚待实践检验的评价，不妨留待后人总结。从认识论角度看，当代的许多历史事实过去还不久，有待于进一步弄清史实真相，不断完善认识。因此，对于一些还缺乏研究或史料的问题，不要急于下结论，以免匆忙断言后再出现反复。在这个意义上，"宜粗不宜细"并不是排斥对具体历史问题的研究，恰恰是给后人的研究留下空间。

（三）不能感情用事地过多追究个人的品质和责任，要放在当时的历史环境、制度、认识、经验上考虑问题

在过去的历次政治运动中，许多人遭受了不公正的对待，对历史的认识往往带有浓厚的感情色彩，甚至陷入个人恩怨的纠缠。邓小平曾经说过，"文化大革命"是他一生中最痛苦的时期，两次被打倒，长子致残。但他没有以个人的得失来评价这段历史和人物，而是从全党全国大局出发，从当时的历史环境来全面考察。他现身说法地指出："我们当然要承认个人的责任，但是更重要的是要分析历史的复杂的背景。只有这样，我们才是公正地、科学地、也就是马克思主义地对待历史，对待历史人物"；

---

① 《邓小平文选》第 2 卷，人民出版社 1994 年版，第 294、244 页。

"单单讲毛泽东同志本人的错误不能解决问题，最重要的是一个制度问题"。①

《历史决议》通过 30 年后，当我们已经能够更冷静地借鉴历史，从制度上对国家进行各项改革之时，我们更加感受到主持起草者邓小平的高瞻远瞩、博大胸怀，为我们国家的稳定、发展，奠定了一个稳固的思想基础，也为我们撰写和研究国史提供了一个科学的模式。

（四）用民主集中方法认识、研究历史

组织四千人对《历史决议》草稿进行大讨论，用这种方式研究敏感的当代史，不仅在中共党史上是空前的，而且在中国悠久修史传统上也是没有先例的。它一方面说明了中国共产党高度民主的作风，说明了中国共产党对党和国家所具有的强烈自信心，另一方面也体现了研究历史与现实结合的功用，大讨论实际上就是一个思想教育的过程，通过讨论、集中、再讨论、再集中，来统一全党全国人民的认识，真正做到团结一致向前看。这种方法值得以后修史时借鉴。

需要指出的是，发扬民主进行讨论，并不等于不需要集中，放任自流。在《历史决议》讨论中，也出现了不少人否定建国以来历史和毛泽东、毛泽东思想的错误倾向。1980 年 10 月 25 日，邓小平看了简报，立即找胡乔木等谈话，首先"博采众议"（这个"众"是"大众"），肯定了讨论中好的意见，然后"力排众议"（这个"众"是"小众"），反驳一些人的观点说：对毛泽东的错误，"一定要毫不含糊地进行批评，但是一定要实事求是，分析不同的情况，不能把所有的问题都归结到个人品质上……不能写过头。写过头，给毛泽东同志抹黑，也就是给我们党、我们国家抹黑。这是违背历史事实的。"②

1981 年 4 月，按照陈云建议修改的第七稿送党内几十位老同志审阅，大家普遍肯定了对毛泽东、毛泽东思想的评价，认为比较恰当。但是仍有个别同志坚持自己在四千人讨论时提的不正确意见。邓小平听了汇报后，不为所动地坚决说：有的同志不高兴，想不通，对这样一些意见我们就是要硬着头皮顶住，坚定不移地按原来的设想改好决议。邓小平的决心使

---

① 《邓小平文选》第 2 卷，人民出版社 1994 年版，第 172、297、300、301、296 页。

② 同上书，第 298、299、301、302 页。

《历史决议》的起草最后圆满地解决了评价毛泽东、毛泽东思想的关键问题。

四　在《历史决议》精神的指导下，对国史研究的继承、发展和创新

《历史决议》已经通过 30 年了。《历史决议》的精神是永存的。同时，马克思列宁主义是发展的科学，作为一个党的决议和 30 年前的决议，我们今天在国史研究中，可以在坚持原则的基础上，对一些具体判断，在继承中借鉴、创新、发展。举两个例子进行探讨。

（一）历史分期问题

《历史决议》是一个党的决议，其分期自然也按照党的历史标志来进行，将前 32 年历史划分为四段：1949 年新中国成立到 1956 年中共八大为"基本完成社会主义改造的七年"，其后到 1966 年 5 月中央政治局扩大会议为"开始全面建设社会主义的十年"，其后到 1976 年 10 月粉碎"四人帮"为"'文化大革命'的十年"，其后到 1981 年为"历史的伟大转折"（其中 1976 年 10 月到三中全会为"在徘徊中前进"，三中全会以后为"历史的伟大转折"）。

可以看出，上述划分，基本是以作出重大决策的党的会议为标志的。作为执政党的方针政策的重大变化，自然是国家重大变化的根本，这种划分是客观的。但是从区别于党史的国史研究和撰写角度，我们也可以国家和社会形态、制度的变化，作一些微调：如 1949 年至 1956 年，基本是新民主主义社会向社会主义社会过渡的时期。到 1956 年完成三大改造，才初步建立了社会主义制度。因此，1956 年到 1978 年，国家、社会形态和经济制度，基本上是计划经济为主的社会主义体制。从国家历史上将这 22 年视为一个阶段，更为合适。

（二）人民群众的作用问题

《历史决议》是党的决议，因此着重从党的层面总结经验教训。对人民群众的重要作用，采取了原则的叙述，没有具体展开论述。特别是在犯错误的历史时期，如"文化大革命"时期，讲到发生这场错误运动的原

因，着重从党的角度讲了两个方面：1. 我们党过去长期处于战争和激烈阶级斗争的环境中，对于迅速到来的新生的社会主义社会和全国规模的社会主义建设事业，缺乏充分的思想准备和科学研究；2. 毛泽东"逐渐骄傲起来，逐渐脱离实际和脱离群众，主观主义和个人专断作风日益严重，日益凌驾于党中央之上，使党和国家政治生活中的集体领导原则和民主集中制不断受到削弱以至破坏。这种现象是逐渐形成的，党中央对此也应负一定的责任"。而对于人民群众的原因，只用了"被卷入"的说法。

执政党总结错误教训时承担主要责任，是完全适当的。但是，从全民族总结教训的角度考察，群众在"文化大革命"中的地位，决不仅仅是被动的。至少在前三年，多数人是相当主动投身其中的。群众为什么会在运动之初以相当大的热情投身于这场损害人民利益、带来极大灾难的运动呢？笔者认为，这个原因过去是分析研究不够的。其原因，也和《历史决议》没有专门论述到这个问题有关。这在党史中，也许不需要特别论述，但在国史研究和撰写中，是一个不容忽视的方面。

以上所说，当然并非《历史决议》的问题。《历史决议》毕竟是党的政治决议，不是学术研究的具体论证，它的任务主要是对建国以来的历史从执政党的角度作出原则论断，没有必要从全社会和经济、历史等层面一一论及。随着时间的推移，经过改革开放 30 年的思想解放和实践，国情发生了很大变化，我们对国史又有了广泛的研究，积淀了更深层的认识，因此，在《历史决议》的基础上，我们可以得出更多的启发，作出更多层次的阐释。

在这个意义上，《历史决议》留给我们的，不仅仅是现成的结论，而且是勇于探索的精神。

（原载《毛泽东邓小平理论研究》2010 年第 9 期）

中国特色社会主义的学理
分析与实践检验

赵智奎[*]

　　时光飞逝，弹指一挥间。中国改革开放已经走过了 30 多年的风雨历程，这就是由改革开放的总设计师邓小平开辟出来的——中国特色社会主义道路。

　　1978 年 12 月召开的中国共产党十一届三中全会，是中华人民共和国建国以来，党的历史上具有深远意义的伟大转折。以十一届三中全会为标志，中国进入了社会主义事业发展的新时期。

　　2008 年 12 月在纪念党的十一届三中全会召开 30 周年大会上，胡锦涛总书记发表讲话："实践充分证明，党的十一届三中全会以来我们党团结带领人民开辟的中国特色社会主义道路、形成的理论和路线方针政策是完全正确的。"

　　2010 年 9 月，胡锦涛总书记在深圳经济特区建立三十周年庆祝大会上再次指出："深圳等经济特区的成功实践雄辩地证明，党的十一届三中全会以来形成的党的基本理论、基本路线、基本纲领、基本经验是完全正确的，中央作出兴办经济特区的决策是完全正确的；改革开放是决定当代中国命运的关键抉择，符合党心民心、顺应时代潮流，只有改革开放才能发展中国、发展社会主义、发展马克思主义，中国特色社会主义道路是实现中华民族伟大复兴的必由之路、成功之路！"

　　抚今追昔，作为一名理论界的学者，我认为有必要从理论和实践的结合上，特别是在学理上，再次探讨中国特色社会主义。主要谈四个问题：一、中国特色社会主义概念的提出；二、中国特色社会主义的学理分析；

　　* 赵智奎，中国社会科学院马克思主义研究院研究员、博士生导师。

三、中国特色社会主义的主要特征；四、中国特色社会主义的实践检验。

一 中国特色社会主义概念的提出

时至今日，仍有许多人对中国特色社会主义这个概念不甚了了。随心所欲地解释这个概念的大有人在。因此，对它仍需有四个追问，即 4 个 W：who、when、where、why？谁提出来的、什么时候、在哪里、为什么？

中国特色社会主义的概念是邓小平同志首次提出来的。时间是 1982 年 9 月 1 日。地点在北京，中国共产党第十二次全国代表大会。邓小平致会议开幕词："我们的现代化建设，必须从中国的实际出发。无论是革命还是建设，都要注意学习和借鉴外国经验。但是，照抄照搬别国经验、别国模式，从来不能得到成功。这方面我们有过不少教训。把马克思主义的普遍真理同我国的具体实际结合起来，走自己的路，建设有中国特色社会主义，这就是我们总结历史经验得出的基本结论。"

那么，为什么邓小平提出中国特色社会主义的概念？这就需要我们深入理解邓小平在十二大开幕式上的讲话。我觉得，这段讲话的核心内容是：把马克思主义的普遍真理同我国的具体实际结合起来，走自己的路，建设有中国特色社会主义，这就是我们总结历史经验得出的基本结论。关键词：现代化、普遍真理、中国特色。重要范畴：一般原理和中国特色。其中，一般原理是对马克思主义普遍真理的抽象；中国特色是对有中国特色社会主义的抽象；结论：走自己的路——中国特色社会主义。

因此可以说，中国特色社会主义这个概念的发明权或者说知识产权属于邓小平，这一点已经得到全党的公认，得到全世界社会主义者的公认，得到世界社会主义运动的公认。1997 年 2 月 25 日江泽民《在邓小平同志追悼大会上的悼词》中指出：中国人民爱戴邓小平同志，感谢邓小平同志，哀悼邓小平同志，怀念邓小平同志，是因为他把毕生心血和精力都献给了中国人民，他为中华民族的独立和解放、为中国的社会主义现代化事业建立了不朽的功勋。……党的十一届三中全会以后，他成为中国共产党第二代中央领导集体的核心，领导我们开辟了建设有中国特色社会主义的新道路。2004 年 8 月 22 日，胡锦涛在邓小平同志诞辰 100 周年纪念大会上的讲话中指出：邓小平同志响亮地提出了走自己的路、建设有中国特色社会主义的伟大号召，领导我们党在新中国成立以来革命和建设实践的基础上，成功地走出了一条建设中国特色社会主义的新道路。上述中央两届总书记的讲话，是对邓小平提出并走中国特色社会主义道路的充分肯定。

中国特色社会主义概念的提出和实践，是以邓小平为主要代表的中国共产党人，面对十年"文化大革命"造成的危难局面，坚持解放思想、实事求是，以巨大的政治勇气和理论勇气，科学评价毛泽东同志和毛泽东思想，彻底否定"以阶级斗争为纲"的错误理论和实践，作出把党和国家工作重心转移到经济建设上来、实行改革开放的历史性决策，确立社会主义初级阶段基本路线，吹响走自己的路、建设中国特色社会主义的时代号角。

这里，有必要正确翻译中国特色社会主义概念。《邓小平文选》英文版的表述是：We must integrate the universal truth of Marxism with the concrete realities of China, blaze a path of our own and build a socialism with Chinese characteristics —that is the basic conclusion we have reached after reviewing our long history. （把马克思主义的普遍真理同我国的具体实际结合起来，走自己的路，建设有中国特色社会主义，这就是我们总结历史经验得出的基本结论）这个翻译是准确的。

2000 年 12 月我在越南访问时，发现越南学者将中国特色社会主义翻译为：China—colored socialism（有中国色彩的社会主义）。这是不准确的，之所以不准确，就在于没有从本质上理解什么是中国特色社会主义，中国特色是针对什么提出的。越南学者没有搞清楚这里不能用 colored，应该用 characteristics。此后，因工作关系，我曾多次接受外国学者和媒体的采访，他们总是几乎一致地都要问到"什么是中国特色社会主义？"我则不厌其烦地加以解释。由此，我逐渐明白了一个问题也是事实，那就是迄今为止，许多外国学者一直没有搞清楚邓小平为什么提出中国特色社会主义？而我们对这个概念也并没有说清楚。理论界甚至还没有一个权威的、清晰的、明白无误的阐述。究其原因，我认为是没有认真理解邓小平本人提出这个概念的内涵造成的。扩展说来，社会上至今对"中国特色社会主义"的解释五花八门，也是这个原因所致。所以，我们有必要从学理上对"中国特色社会主义"进行分析。

二 中国特色社会主义的学理分析

首先需要指出，邓小平提出中国特色社会主义的概念和命题并展开阐述，有一个显著的重要前提：中国特色社会主义和马克思主义一般原理相联系、相比较而存在。我曾在《邓小平文选》第3卷中，查找过"中国特色社会主义"一词的出现。绝大多数情况下，邓小平都是相对于马克思主义来讲中国特色社会主义。因此，如果离开马克思主义侈谈中国特色社会主义，是没有意义的，它不符合邓小平的本意。

中国特色社会主义是中国共产党坚持马克思主义一般原理和中国的具体实践相结合，进行社会主义革命和建设所选择的道路、方法和经验总结；是科学社会主义新的理论形态；是马克思主义中国化新的伟大成果。

从学理上分析中国特色社会主义的概念和命题，其实，就是科学地认识和处理马克思主义一般原理与中国特色的关系。从哲学上说，就是一般和个别的关系、普遍和特殊的关系、同一和差异的关系、共性和个性的关系。

一般原理是对马克思主义普遍原理的抽象，中国特色是对中国特色社会主义的抽象。中国特色是内在的、本质的，不是外在的、表面的。中国特色发展了一般原理，也丰富了一般原理。作为共性的、普遍的、同一的马克思主义一般原理，离不开作为个性的、特殊的、差异的中国特色，通过中国特色来体现；作为个性的、特殊的、差异的中国特色，离不开作为共性的、普遍的、同一的马克思主义一般原理，马克思主义一般原理寓于中国特色之中。马克思主义一般原理和中国特色的关系是：

（一）一般与个别的关系

列宁在《哲学笔记》中科学地阐述了一般和个别的关系："在这里就已经有辩证法：个别就是一般。因为我们当然不能设想：在个别的房屋之外还存在着房屋一般。"在《谈谈辩证法问题》中，列宁还指出，对立面（个别跟一般相对立）是同一的：个别一定与一般相联系而存在。一般只能在个别中存在，只能通过个别而存在。任何个别（不论怎样）都是一般。任何一般都是个别的（一部分，或一方面，或本质）。任何一般只是大致地包含一切个别事物。任何个别都不能完全地包括在一般之中，如此等等。

（二）普遍和特殊的关系

一般原理之一般，表明其存在着普遍性。所谓一般原理，说明原理具有普遍适用的含义。如果不能普遍适用，就不能称其为一般原理。

一般原理之一般与普遍是相通的，普遍是一般的延伸，是一般的外在表现。其所以有普遍性的表现，是由一般内在地决定的，通常所说一般就是本质一般，就是这个意思。

中国特色与矛盾的特殊性是同一的。矛盾的特殊性，表示事物矛盾的差别性、个性，是具体事物的矛盾其每个侧面带有的各自特点，是各种事物存在的内在根据。

恩格斯指出："政治经济学本质上是一门历史科学。它所涉及的是历史性的即经常变化的材料；它首先研究生产和交换的每个个别发展阶段的特殊规律，而且只有在完成这种研究以后，它才能确立为数不多的、适用于生产一般和交换一般的、完全普遍的规律。"

毛泽东指出："如果不研究矛盾的特殊性本质，就无从确定一事物不同于他事物的特殊性的本质，就无从发现事物运动发展的特殊的原因，或特殊的根据，也就无从辨别事物，无从区分科学研究的领域。"

（三）同一和差异的关系

一般原理和中国特色是同一和差异的关系。同一和差异相互依存；同一和差异相互贯通；同一和差异相互对立、相互扬弃和转化。这种同一，是自我同一，都包含此方和彼方，互相反映着对方，同时也反映自身。差异自在地就是本质的差异，本质的差异就是对立，每一方都是他自己的对方。（黑格尔）一般原理（同一）中有中国特色（差异）的影子，中国特色反映着一般原理。

同一是相对的、暂时的、不是永恒的。同一只是本质的同一，差异只是本质的差异。一般原理是相对的、发展的，不是僵化的、不变的。我们所遵循的是一般原理的立场、观点和方法。中国特色是内在的、本质的，不是外在的、表面的。中国特色发展了一般原理，也丰富了一般原理。

（四）共性和个性的关系

共性和个性是相辅相成的。共性存在于个性之中，通过无数个性来体现；在个性中有共性，离开个性的共性是没有的。

共性和个性，是事物矛盾的不可分割的两重属性。共性是相对的、有条件的，个性是绝对的、无条件的。共性和个性组成了矛盾的统一体，因而，共性和个性也是绝对和相对的统一。

一般原理和中国特色的关系，与共性和个性的关系一样，是辩证的统一。作为马克思主义一般原理，属于共性；作为中国特色，属于个性。作为共性的马克思主义一般原理，离不开作为个性的中国特色，通过中国特色来体现；作为个性的中国特色，离不开作为共性的马克思主义一般原理，马克思主义一般原理寓于中国特色之中。

如上所述，因此，中国特色社会主义不能游离于马克思主义，不能游离于科学社会主义，不能飘忽不定或随心所欲。这就需要我们一定要正确理解和把握中国特色社会主义与马克思主义的关系：第一，一般原理和中国特色这组范畴作为辩证思维的统一体，是对同一事物的不同属性、不同阶段的不同特征的科学概括；第二，在实践中把握"一般原理和中国特色"范畴时，要注意把握两者的统一，不能将两者割裂开来；第三，把握"一般原理和中国特色"这组范畴，历史的教训是不能将任何一方绝对化；第四，不能把"中国特色"简单化、庸俗化。

下面，我把中国特色社会主义和邓小平理论作为科学社会主义新的理论形态，进行学理分析。

科学社会主义的理论形态问题，是马克思主义的科学社会主义学说的重大问题。这个问题之所以重大，是因为它关乎科学社会主义的目标、宗旨、纲领等理论的根本原则问题。简单地说，是关乎科学社会主义举什么旗，怎样举，走什么路，怎样走的问题，关乎科学社会主义的形象和思想体系。

什么是理论形态？从一般抽象的意义上说，理论形态（theoretical form）是理论的表现形式，理论形态是理论内容赖以存在和发展的方式，受理论的本质内容所决定。理论的本质内容是理论原则的汇集、诠释和扩展。这种由理论的本质内容所决定的理论形式，在理论原则彻底发展的基础上，形成了一种恒定的、常态的理论模式。理论形态的恒定性和常态性是相对的。

理论形态的变化随着经济基础和生产方式的变化而发生变化。时代主题的更替以及自然科学划时代的进步，对理论形态将产生重大影响。对理论形态，可以依据形式与内容的辩证原理来阐释。马克思主义哲学认为，形式是内容的外部表现，内容是形式的内部根基和实质。形式和内容是不可分割的。内容总是比较活跃的、发展变化的，形式则是相对稳定的。内容和形式构成矛盾的统一体，形成了矛盾的辩证运动。在这种辩证运动当中，内容决定形式，形式反作用于内容。

因此，理论的本质内容决定理论形态，同时，理论形态反作用于理论的本质内容。从一般具体的意义上讲，理论的本质内容是受经济基础决定的。任何思想材料的形成都要受到经济基础的制约，扎根于物质的经济事实之中。我们所说的理论形态，不是空洞的无物，而是在实践中抽象出并发展起来的活生生的东西，它置于一切现实的经济基础之上。

恩格斯在《社会主义从空想到科学的发展》（*Die Entwicklung des Sozialismus von der Utopie zur Wissenschaft*）中，曾经说现代社会主义"就其内容来说，首先是对现代社会中普遍存在的有财产和无财产之间、资本家和雇佣工人之间的阶级对立以及生产中普遍存在的无政府状态这两方面进行考察的结果。但是就其理论形式来说，它起初表现为 18 世纪法国伟大的启蒙学者们所提出的各种原则的进一步的、似乎更彻底的发展"。

恩格斯在这里说的现代社会主义其理论形式（seiner theoretischen Form），指的就是理论形态，并指出它同任何新的学说一样，必须从已有的思想材料出发，它深深扎根在物质的经济的事实中。恩格斯的这段话对我们认识和把握理论形态具有指导意义。

把握理论形态，要注意以下三个关系：

一是理论形态与思想体系的关系。理论形态与思想体系关系密切。理论形态是对思想体系的深层次发展。理论形态反映和包含思想体系的全部丰富性，反映思想体系的本质内容，是思想体系的本质内容和外在形式的统一。理论形态是思想体系的旗帜，代表和表现理论体系的原则、力量和方向。理论形态是思想体系的标志，可以彰显思想体系的成熟性。理论形态的形成受到生产方式和经济基础的制约。

二是理论形态与时代主题的关系。理论形态的形成和发展与时代的主题，关系密切。一般说来，理论形态的形成和发展受到时代主题的影响，在一定程度上受到时代主题的制约。不同的时代主题，催生不同的理论形态。理论形态具有鲜明的时代性，理论形态的形成和发展无不打上时代的深刻烙印，与时代主题表现为互动的关系。

三是理论形态与自然科学成果的关系。理论形态的发展和变化，又受到自然科学成果的影响。恩格斯曾经说过，随着自然科学每一个划时代的进步，唯物主义也将改变自己的形式。理论形态的发展、变化，也是如此。理论形态至少具备三个主要特点：（1）理论原则的集中性和彻底性；（2）理论原则的可重复性或复制性（可实验性和效仿性）；（3）理论形态或理论模式的恒定性或常态性。

从上述对理论形态内涵的探讨出发，在马克思主义的科学社会主义学说的发展史上，在世界社会主义的运动中，科学社会主义的理论形态曾经历了不同的演进发展阶段。

在科学社会主义理论形态的演进发展中，马克思主义的科学社会主义学说不断丰富自己的内容，不断完善其理论形态。

在科学社会主义理论形态的演进发展中，由邓小平理论所形成的科学社会主义新的理论形态，是世界社会主义运动的新的伟大"日出"，是科学社会主义学说的伟大创新，是科学社会主义实践的伟大创举。

邓小平理论成为科学社会主义新的理论形态。这一科学社会主义新的理论形态，不仅开辟了中国特色社会主义道路，而且为世界社会主义运动指明了新的方向。在马克思主义的科学社会主义学说的发展中，在"什么是社会主义和怎样建设社会主义"这个根本问题上，形成了建设社会主义新的理论和实践模式。

邓小平科学社会主义新的理论形态的重大理论原则，主要表现为奠定中国特色社会主义理论的"四个"基石。它们是：社会主义初级阶段理论、社会主义本质理论、社会主义市场经济理论、社会主义改革开放理论。

社会主义初级阶段理论是对中国国情和中国社会主义所处历史方位的科学定位。在这个初级阶段中我们党要始终坚持"一个中心和两个基本点"的基本路线，坚持一百年不动摇。社会主义本质理论把解放生产力、发展生产力，消灭剥削、消除两极分化，实现共同富裕作为核心内容，是对什么是社会主义的深入思考。社会主义市场经济理论的提出和建立社会主义市场经济体制，是彻底摆脱斯大林社会主义模式并对其进行根本性的变革。社会主义改革开放理论，是建设中国特色社会主义的出路。

上述四个基石构成了中国特色社会主义新的理论形态的本质内容。讨论科学社会主义新的理论形态，对于我们确认邓小平理论的历史地位，确有很大帮助。在这个问题上，更能够理解和把握邓小平对科学社会主义理论形态的发展和创新。

我认为，除了党的十五大报告指出邓小平理论的"四新"（即开拓了马克思主义的新境界；把对社会主义的认识提高到新的科学水平；对当今时代特征和总体国际形势，对世界上其他社会主义国家的成败，发展中国家谋求的得失，发达国家发展的态势和矛盾，进行正确的分析，做出了新的科学的判断；形成了新的建设有中国特色社会主义理论的科学体系）。其理论形态的背景还表现为新的时代主题和新的科学技术成果的发明。新的时代主题是和平与发展；新的科学技术是第四次科技革命的结晶。

我的结论性观点：邓小平理论形成了科学社会主义新的理论形态；"三个代表"重要思想、科学发展观从属于这个新的理论形态，是对这一理论形态的延伸、丰富；中国特色社会主义理论体系是在发展的层面上，对科学社会主义新的理论形态的完整解读；在历史发展的长河中，在世界社会主义运动的伟大实践中；以邓小平命名的科学社会主义新的理论形态，是伟大的丰碑，占有重要的历史地位。

三 中国特色社会主义的十大特征

基于上述认识，我认为可将中国特色社会主义概括为十大特征：

（一）以马克思主义为指导、中国共产党领导的社会主义

《中华人民共和国宪法》明确规定：中华人民共和国是工人阶级领导的、以工农联盟为基础的人民民主专政的社会主义国家。中国新民主主义革命的胜利和社会主义事业的成就，是中国共产党领导中国各族人民，在马克思列宁主义、毛泽东思想的指引下，坚持真理，修正错误，战胜许多艰难险阻而取得的。我国将长期处于社会主义初级阶段。国家的根本任务是，沿着中国特色社会主义道路，集中力量进行社会主义现代化建设。中国各族人民将继续在中国共产党领导下，在马克思列宁主义、毛泽东思想、邓小平理论和"三个代表"重要思想指引下，坚持人民民主专政，坚持社会主义道路，坚持改革开放，不断完善社会主义的各项制度，发展社会主义市场经济，发展社会主义民主，健全社会主义法制，自力更生，艰苦奋斗，逐步实现工业、农业、国防和科学技术的现代化，推动物质文明、政治文明和精神文明协调发展，把我国建设成为富强、民主、文明的社会主义国家。

作为中国特色社会主义道路的开辟者，邓小平始终强调马克思主义是

打不倒的。他说，"打不倒，并不是因为大本子多，而是因为马克思主义的真理颠扑不破。……我们讲了一辈子马克思主义，其实马克思主义并不玄奥。马克思主义是很朴实的东西，很朴实的道理"。当苏联东欧发生剧变，社会主义运动陷入低潮时，邓小平坚定地指出，一些国家出现严重曲折，社会主义好像被削弱了，但人民经受锻炼，从中吸取教训，将促使社会主义向着更加健康的方向发展。因此，不要惊慌失措，不要以为马克思主义就消失了，没用了，失败了。哪有这回事！他始终强调没有共产党，就没有社会主义的新中国；中国的社会主义现代化建设事业由共产党领导，这个原则是不能动摇的；动摇了中国就要倒退到分裂和混乱，就不可能实现现代化。

以马克思主义为指导、中国共产党领导的社会主义，这是中国特色社会主义的根本特征。

（二）初级阶段的社会主义

中国特色社会主义是初级阶段的社会主义。我国现在已是社会主义社会，我们必须坚持社会主义道路。社会主义本身是共产主义的初级阶段，而中国又处在社会主义的初级阶段，就是不发达的阶段。因而，一切从社会主义初级阶段的实际出发，党的路线、方针、政策的出台和制定，必须从初级阶段的这个实际出发。

社会主义初级阶段，不是泛指任何国家进入社会主义都会经历的起始阶段，而是特指中国在生产力落后、商品经济不发达条件下建设社会主义必然要经历的特定阶段。从20世纪50年代生产资料私有制的社会主义改造基本完成，到21世纪中叶社会主义现代化的基本实现，至少需要上百年的时间，都属于社会主义初级阶段。

正确认识中国社会现在所处的历史阶段，是建设中国特色社会主义的首要问题，是我们制定和执行正确的路线和政策的根本依据。因而，中国特色社会主义是初级阶段的社会主义，这是中国特色社会主义的首要特征。

社会主义初级阶段的提出，是中国共产党清醒地认识基本国情，解决在中国这样落后的东方大国，如何面对建设社会主义的问题。我们面对的情况，既不是马克思主义创始人设想的在资本主义高度发展的基础上建设社会主义，也完全不同于其他社会主义国家。照搬书本不行，照搬外国也不行，必须从国情出发，把马克思主义一般原理同中国实际结合起来，在实践中开辟中国特色社会主义道路。

（三）以公有制为主体、多种所有制经济共同发展的社会主义

以公有制为主体、多种所有制经济共同发展，是中国特色社会主义的基本经济制度，是符合中国基本国情，符合生产力发展要求的经济制度。以公有制为主体、多种所有制经济共同发展的所有制结构，是中国共产党几代领导人运用马克思主义关于生产力与生产关系相互关系的基本原理，结合具体国情，总结正反两方面的经验，进行艰辛探索取得的成果。

邓小平多次指出：社会主义有两个根本性原则，一个是公有制占主体，另一个是共同富裕。社会主义国家的基本经济制度，必定是以公有制为主体。是公有制为主体还是私有制为主体？是社会主义制度和资本主义制度的分水岭。新中国成立以后，随着"三大改造"的基本完成，我国以公有制为主体的所有制结构就已经形成。这正是社会主义比之资本主义的"优越性"所在，能够最大限度地满足人民的需要。但是，所有制结构并不是越公越纯越好，"一大二公"纯之又纯的所有制不符合生产力发展的要求，必须调动一切积极因素，在以公有制为主体的前提下，发展非公经济，形成各种所有制经济平等竞争、相互促进的新格局。

改革开放以来的实践证明，以公有制为主体、多种所有制经济共同发展的所有制结构，极大地促进了生产力的发展，中国特色社会主义的基本经济制度取得了成功。问题在于，如何坚定不移地贯彻"两个毫不动摇"的方针，避免走极端的错误做法，取消公有制为主体是错误的，摒弃非公经济发展也是错误的。以公有制为主体、多种所有制经济共同发展，是中国特色社会主义的本质特征。

（四）社会主义制度与市场经济体制相结合的社会主义

在改革开放的进程中，社会主义市场经济体制的建立，是一个伟大的创举。邓小平指出，计划经济不等于社会主义，资本主义也有计划；市场经济不等于资本主义，社会主义也有市场。江泽民指出，我们搞的是社会主义市场经济，"社会主义"这几个字是不能没有的，这并非多余，并非"画蛇添足"，而恰恰相反，这是"画龙点睛"。我国建立的市场经济体制，是与社会主义制度紧密结合的社会主义市场经济体制。

社会主义市场经济与资本主义市场经济，虽然同样是市场经济，但由于所有制结构的本质差别，一个是公有制为主体，另一个是私有制为主体，所从属的分配体制也存在着本质性差别：一个是按劳分配，另一个是按资分配；一个强调改革开放的成果惠及最广大人民群众，另一个首先强调满足于资本家阶级和投资者的利益。社会主义市场经济体制充分认识市场经济的两重性，绝不提倡和主张"市场万能论"，而是科学合理地运用宏观调控的机制，有机地结合市场竞争。

社会主义市场经济与欧美左翼主张的"市场社会主义"也有差别。虽然都把社会主义作为前提，但在理论基础、制度基础、最终目标以及所有制、宏观调控、收入分配制度等方面存在许多实质性差别。

社会主义市场经济体制的提出和建立，是马克思主义的科学社会主义学说的伟大创举，是世界社会主义运动的伟大创举。我们正在这条道路上勇敢地进行探索，积累经验，吸取教训，不断完善社会主义市场经济体制。社会主义制度与市场经济体制相结合的社会主义，是中国特色社会主义的本质特征。

（五）人民民主制度化、法律化的社会主义

邓小平指出，为了保障人民民主，必须加强法制。必须使民主制度化、法律化，使这种制度和法律不因领导人的改变而改变，不因领导人的看法和注意力的改变而改变。社会主义的民主和社会主义的法制是不可分的。不要社会主义法制的民主，不要党的领导的民主，不要纪律和秩序的民主，决不是社会主义民主。没有民主就没有社会主义，就没有社会主义的现代化。

政治体制改革作为我国全面改革的重要组成部分，必须随着经济社会发展而不断深化，与人民政治参与积极性不断提高相适应。改革开放以来，我们积极稳妥推进政治体制改革，我国社会主义民主政治展现出更加旺盛的生命力。人民民主是社会主义的生命。发展社会主义民主政治是我们党始终不渝的奋斗目标。

我们坚持中国特色社会主义政治发展道路，坚持党的领导、人民当家作主、依法治国有机统一，坚持和完善人民代表大会制度、中国共产党领导的多党合作和政治协商制度、民族区域自治制度、基层群众自治制度，不断推进社会主义政治制度自我完善和发展。

人民民主制度化、法律化的社会主义，是中国特色社会主义的重要特征。

（六）有高度精神文明的社会主义

邓小平指出，我们要建设的社会主义国家，不但要有高度的物质文明，而且要有高度的精神文明。两个文明建设都要搞好，才是有中国特色的社会主义。

建设高度文明的社会主义，关系到社会主义制度优越性的真正体现。高度精神文明的社会主义，具有两方面的理论含义：一方面，它与资本主义制度的精神文明相比，是一种高度，这种高度是本能的、自然的，因为社会主义是高于资本主义发展的社会形态；另一方面，它与社会主义制度自身发展的不同阶段相比，也要不断达到一种高度，这种高度是渐进的、必然的，因为社会主义本身就是一个不断发展、不断完善的过程。

社会主义精神文明建设坚持以马克思主义为指导，紧紧围绕经济建设这个中心，为经济建设和改革开放提供强大的精神动力和智力支持；坚持实行"科教兴国"战略；坚持把对人民的爱国主义、集体主义、社会主义教育同进行中华民族优秀的思想文化传统、优良的社会公德教育，有机地结合和统一起来；坚持为人民服务、为社会主义服务的方向和百花齐放、百家争鸣的方针，弘扬主旋律，提倡多样化，繁荣社会主义文化；坚持大力发展面向现代化、面向世界、面向未来的，民族的科学的大众的社会主义文化；坚持结合新的实践和时代要求，结合人民群众精神文化生活的需要，积极进行文化创新；坚持把弘扬和培育民族精神作为文化建设重要的任务，纳入国民教育全过程；坚持以科学的理论武装人、以正确的舆论引导人、以高尚的精神塑造人、以优秀的作品鼓舞人；坚持物质文明和精神文明两手抓，提高全民族的思想道德素质、科学文化素质和健康素质，形成比较完善的现代国民教育体系、科学技术和文化创新体系；坚持在发展社会主义物质文明、政治文明、精神文明和生态文明的基础上，积极推进人的全面发展。

具有高度精神文明的社会主义，是中国特色社会主义的重要特征。

（七）独立自主、对外开放的社会主义

中国的事情要按照中国的情况来办，要依靠中国人自己的力量来办。

独立自主，自力更生，无论过去、现在和将来，都是我们的立足点。中国人民珍惜同其他国家和人民的友谊和合作，更加珍惜自己经过长期奋斗得来的独立自主权利。任何外国不要指望中国做他们的附庸，不要指望中国会吞下损害我国利益的苦果。

为什么说我们是独立自主的？就是因为我们坚持走中国特色的社会主义道路。在任何情况下，无论何时何地，坚定不移地执行独立自主的方针和原则，是中国特色社会主义的主要表现。自己解放自己，自己决定自己的命运，自己当家作主，自己成为自己的主人。摒弃对外来力量的依赖，反对外来力量的支配和干涉，更反对外来力量的主宰。

一个国家要取得真正的政治独立，必须努力摆脱贫困。而要摆脱贫困，在经济政策和对外政策上都要立足于自己的实际，不要给自己设置障碍，不要孤立于世界之外。中国特色社会主义，不是关起门搞建设的社会主义，而是对外开放的社会主义。我们实行的是两个开放，即对外开放和对内开放。

独立自主和对外开放的内在本质是同一的、互为补充的。独立自主表现为对社会主义道路的选择，走自己的路；对外开放表现为积极参与国际经济、政治活动；在对外关系中，以不损害我国的主权独立和民族尊严为原则。

独立自主、对外开放的社会主义，是中国特色社会主义最显著的外部特征。

（八）"一国两制"的社会主义

把"一个国家，两种制度"看作是中国特色，这是邓小平的重要思想："'一个国家，两种制度'的构想是我们根据中国自己的情况提出来的，而现在已经成为国际上注意的问题了。中国有香港、台湾问题，解决这个问题的出路何在呢？……实现国家统一是民族的愿望，一百年不统一，一千年也要统一的。怎么解决这个问题，我看只有实行'一个国家，两种制度'"。"我们的社会主义制度是有中国特色的社会主义制度，这个特色，很重要的一个内容就是对香港、澳门、台湾问题的处理，就是'一国两制'。这是个新事物。这个新事物不是美国提出来的，不是日本提出来的，而是中国提出来的，不是欧洲提出来的，也不是苏联提出来的，而是中国提出来的，这就叫中国特色。"

按照"一国两制"实现祖国和平统一，符合中华民族根本利益。我国已顺利收复香港和澳门，在中华人民共和国中央人民政府的领导下，"港人治港"、"澳人治澳"，取得了显著的成就，充分证明了"一个国家，两种制度"的实践是成功的。当前，保持香港、澳门长期繁荣稳定是党在新形势下治国理政面临的重大课题。同时，还要解决台湾问题。解决台湾问题、实现祖国完全统一，是全体中华儿女的共同心愿。坚持一个中国原则，是两岸关系和平发展的政治基础。13 亿大陆同胞和 2300 万台湾同胞是血脉相连的命运共同体。两岸统一是中华民族走向伟大复兴的历史必然。"一个国家，两种制度"的理论和实践，将始终是解决台湾问题的指导思想和根本出路。

"一国两制"的社会主义，是中国特色社会主义的重要特征。

（九）维护世界和平、反对霸权主义的社会主义

中国是维护世界和平的主要力量。邓小平认为，世界和平的力量在发展，战争的危险还存在，但是制约战争的力量有了可喜的发展。第三世界的力量，特别是第三世界国家中人口最多的中国的力量，是世界和平力量发展的重要因素。

中国坚持在和平共处五项原则的基础上同所有国家发展友好合作，同发达国家加强战略对话，同周边国家的睦邻友好和务实合作，同广大发展中国家的团结合作，积极参与多边事务，承担相应国际义务，发挥建设性作用，推动国际秩序朝着公正合理的方向发展。

始终不渝地走和平发展道路，这是中国政府和人民根据时代发展潮流和自身根本利益做出的战略抉择。中华民族是热爱和平的民族，中国始终是维护世界和平的坚定力量。中国坚持把本国人民的利益同各国人民的共同利益结合起来，秉持公道，伸张正义；坚持国家不分大小、强弱、贫富一律平等，尊重各国人民自主选择发展道路的权利；不干涉别国内部事务，不把自己的意志强加于人。

中国致力于和平解决国际争端和热点问题，推动国际和地区安全合作，反对一切形式的恐怖主义。中国奉行防御性的国防政策，不搞军备竞赛，不对任何国家构成军事威胁。中国反对各种形式的霸权主义和强权政治，永远不称霸，永远不搞扩张。

中国的前途命运日益紧密地同世界的前途命运联系在一起。不管国际

风云如何变幻，中国政府和人民都将高举和平、发展、合作旗帜，奉行独立自主的和平外交政策，维护国家主权、安全、发展利益，恪守维护世界和平、促进共同发展的外交政策宗旨。

这就是维护世界和平、反对霸权主义的社会主义。

（十）共同富裕的、和谐的社会主义

共同富裕、和谐的社会主义，是中国特色社会主义的本质特征。

邓小平指出社会主义的本质，是解放生产力，发展生产力，消灭剥削，消除两极分化，最终达到共同富裕。将社会主义的本质归结为全社会成员的共同富裕，这是社会主义社会与资本主义社会的本质区别。社会和谐是中国特色社会主义的本质属性。是在发展生产力的基础上，实现人的全面发展，通过不断化解社会矛盾，达到人们相互之间和谐相处、人与自然和谐相处。这种社会和谐是社会主义制度优越性的表现。

共同富裕与社会和谐是社会主义本质的两个主要体现，是中国特色社会主义建设必须实现的基本要求。共同富裕的、和谐的社会主义，坚决反对和克服贫富差距扩大和两极分化，不遗余力地同利益集团作斗争，始终坚定改革开放的社会主义方向，始终强调"社会主义公有制为主体"的原则，科学合理地处理民生问题和分配问题，使改革开放的成果最终惠及最广大人民群众。

中国特色社会主义的上述十大特征，也是中国特色社会主义的十大命题，既反映了改革开放以来党的三代中央领导集体的认识和主张，也昭示了实践的成功经验和伟大成果，更是前进的目标和方向。高举中国特色社会主义伟大旗帜，坚定不移地走中国特色社会主义道路，坚持中国特色社会主义理论体系，社会主义中国将永远屹立于世界东方，为世界社会主义运动作出重大贡献。

四 中国特色社会主义的实践检验

"今天，我们站在人类思想发展的高度，站在社会文明进步的高度，总结中国改革开放 30 多年思想发展的轨迹，探寻中国特色社会主义道路的源流，研究中国特色社会主义理论体系形成的逻辑起点和发展进程，分析理论体系的外部构架和内在关系，梳理各种社会思潮及其纷繁复杂的论

争，检验中国特色社会主义的成就和问题，不禁心潮澎湃，感慨万千。是邓小平领导我们党成功地探索、开辟出一条新道路，即中国特色社会主义道路。"这是我在《改革开放 30 年思想史》导论中，写过的一段话。是的，我们应该心潮澎湃，感慨万千，这主要是为改革开放给中国带来的巨大变化而言，当然也包括存在的问题。

按照党的十七大报告的提法，经过 30 年的改革开放，我们党和国家的最伟大成果是形成了中国特色社会主义伟大旗帜、中国特色社会主义道路和中国特色社会主义理论体系。

改革开放以来取得了举世瞩目的成就：

经济成就巨大。在经济上，最明显的特征，是告别了短缺经济，从一个落后的农业国家转变为工业大国。尽管还不是工业强国，但在制造业、外贸进出口等，已走在世界的前列。GDP 总量已经名列世界前茅。经济增长速度 30 年平均 9.75%。在世界性的金融危机中，中国一枝独秀。经济成就方面的事例举不胜举，不多赘述。

社会主义民主政治展现出旺盛的生命力。在改革开放 30 年的历史进程中，中国共产党带领中国人民经过反复探索，终于成功地建立起了一整套符合中国国情和社会发展要求的社会主义民主政治制度，初步掌握了当代社会历史条件下民主政治建设的基本规律，走上了一条中国特色社会主义政治发展道路。

这条道路，就是坚持中国共产党的领导、人民当家作主、依法治国有机统一，坚持和完善人民代表大会制度、中国共产党领导的多党合作和政治协商制度、民族区域自治制度以及基层群众自治制度，不断推进社会主义政治制度自我完善和发展。

这条道路，构成了中国特色社会主义民主政治的基本制度框架。这一最伟大政治成果，代表着中国特色社会主义政治文明现阶段的水准和高度。党的领导、人民当家作主和依法治国，构成中国特色社会主义政治文明的三大基本特征。

三大特征紧密联系、有机统一，反映了中国特色民主政治建设的基本规律性，共同构成了当代中国政治文明的基本内容。其中，党的领导是社会主义民主政治的根本保证；人民当家作主是社会主义民主政治的本质和核心；依法治国是社会主义民主政治的基本要求。

这条道路，既不同于西方资本主义的政治制度模式，又超越了过去苏联式的社会主义制度模式，具有鲜明的时代感和中国特色，是社会主义政治文明在当代中国的发展。

中国特色社会主义民主政治的基本制度框架，其根本政治前提和制度基础是由毛泽东奠定的，更凝聚了以邓小平、江泽民、胡锦涛为代表的三代中央领导集体创造性的实践，凝聚了全党、全国人民的智慧和心血。

中国特色社会主义文化建设繁荣发展。中国特色社会主义的理想信念深入人心，社会主义核心价值体系建设扎实推进，马克思主义理论研究和建设工程成效明显，思想道德建设广泛开展，教育和科学事业快速发展，全社会文明程度进一步提高，文化体制改革取得重要进展，文化事业和文化产业整体实力和竞争力显著增强，人民精神文化生活更加丰富，社会主义精神文明建设水平普遍提高。

社会建设全面展开，和谐社会建设成效显著。中国已进入改革发展的关键时期，经济体制深刻变革，社会结构深刻变动，利益格局深刻调整，思想观念深刻变化。这种空前的社会变革，给中国发展进步带来巨大活力，也必然带来这样那样的矛盾和问题。

社会建设的展开，表明中国共产党对国内外形势具有清醒的认识，对改革开放发展态势具有准确的判断，也表明中国共产党的执政能力在不断提高。

根据全面建设小康社会的总体要求和改革开放的最终目标，中国共产党适时提出了构建社会主义和谐社会的战略决策，提出必须坚持以经济建设为中心，把构建社会主义和谐社会摆在更加突出的地位。

在改革开放进入新世纪新阶段的关键时期，按照中共中央的部署，社会建设已全面展开，和谐社会建设成效显著。从党的十六大起至今，各级各类教育迅速发展，农村免费义务教育已全面实现，就业规模日益扩大。社会保障体系建设进一步加强。抗击非典取得重大胜利，公共卫生体系和基本医疗服务不断健全，人民健康水平不断提高。社会管理逐步完善，社会大局稳定，人民安居乐业。

中国共产党第十七次全国代表大会，提出加快推进以改善民生为重点的社会建设。强调社会建设与人民幸福安康息息相关，必须在经济发展的基础上，更加注重社会建设，着力保障和改善民生，推进社会体制改革，扩大公共服务，完善社会管理，促进社会公平正义，努力使全体人民学有所教、劳有所得、病有所医、老有所养、住有所居，推动建设和谐社会。

党的建设新的伟大工程全面推进。中国特色社会主义事业是改革创新的事业。中国共产党要站在时代前列带领人民不断开创事业发展新局面，必须以改革创新精神加强自身建设，始终成为中国特色社会主义事业的坚强领导核心。

中国共产党的领导和党的建设，历来是同党的历史任务，同党为实现这些任务而确立的理论和路线联系在一起的。在改革开放的历史进程中，中国共产党实施了党的建设新的伟大工程。党的新的伟大工程与毛泽东奠基的党的建设伟大工程一脉相承。以邓小平为核心的中央第二代领导集体，把马克思列宁主义、毛泽东思想创造性地运用于当代中国，开创了党的建设新的伟大工程。以江泽民为核心的第三代中央领导集体，全面推进党的建设新的伟大工程。胡锦涛继往开来，新的伟大工程扎实推进。

社会主义中国巍然屹立在世界东方。改革开放 30 年，面对国际风云变幻，中国经受住了苏联东欧剧变的冲击和西方制裁的考验，不仅在国际上站稳了脚跟，还进一步改善了中国的国际环境，进一步巩固了周边睦邻友好关系。中国先后对香港、澳门恢复行使主权，祖国统一大业取得历史性突破。中国在国际上高举和平、合作和发展的旗帜，发挥了负责任的大国作用，有力推动了人类进步事业不断向前。中国在国际上确立了中国特色社会主义大国的地位，为中国在 21 世纪的发展开创了更为有利的国际环境。

改革开放 30 年，中国作为一个负责任的大国，是国际体系的参与者、维护者和建设者。中国已加入 130 多个政府间国际组织，签署 300 多个国际条约。中国坚决反对恐怖主义和大规模杀伤性武器的扩散，积极参与国际反恐合作，制订了全面的防扩散出口管制法律体系。中国坚持与世界各国一道，共同推动国际政治经济秩序朝着公正合理的方向发展。

中国经济腾飞，政治安定，文化繁荣，科教发展，人心凝聚，综合国力迅速增强。中国发展离不开世界，世界繁荣稳定也离不开中国，中国的前途命运日益紧密地同世界的前途命运联系在一起。中国作为一个社会主义大国，作为和谐世界理念的积极倡导者，将为人类和平与发展的崇高事业作出重大贡献。

思想领域取得丰硕成果。在改革开放 30 年的历史进程中，邓小平理论、"三个代表"重要思想、科学发展观所构成的中国特色社会主义理论体系，始终是时代精神的精华，始终是新时期思想的主脉，始终弹奏着思想领域的主旋律和时代的最强音。

实践是检验真理的唯一标准。通过 30 多年中国特色社会主义建设的实践，尽管取得了巨大的成就，但也存在诸多问题。从理论层面来说，我认为以下问题还没有得到解决：

一、什么是中国特色社会主义？全党和全社会未能形成共识。表现为中国特色社会主义的"中国特色"庸俗化、泛滥化。可以说，比较混乱，没有权威的说法。在民间，许多消极、落后的东西被称为"中国特色"、调侃为"中国特色"；在学界，"中国特色社会主义就是中国特色资本主义"不绝于耳，国外学者对"中国特色社会主义"的误解甚至歪曲自不待言。而"中国特色的社会科学"、中国特色农业、中国特色工业、中国特色军事等，比比皆是地到处使用。我认为，这些与邓小平创造性地提出中国特色社会主义的概念的内涵，已相去甚远。

二、理论创新提速，欲速则不达。过于强调理论创新，理论创新的步伐过快，没有达到预期效果。

事实上，邓小平提出的许多问题还没有落实和解决，最突出的是邓小平提出的"以公有制为主体"问题。他对两极分化问题的预期和解决办法，也早已提出，但理论界熟视无睹或不愿意面对，一些部门甚至自欺欺人。这难道不能说明问题吗？

理论界动不动就提"飞跃"和"里程碑"，实际上理论上的飞跃和里程碑应有很严格的界定。理论形态更有界定，不是任何一种主流理论，都能形成科学社会主义的理论形态。

欠考虑的提法和做法也有不少，例如将"教育"放在民生问题之中；对"只有民主社会主义才能救中国"等一些蛊惑人心的说法，听之任之；以及对"不争论"的错误理解，等等，都表明理论界的现状是不能令人满意的。

（原载《马克思主义中国化研究报告》No. 1，
社会科学文献出版社 2010 年版）

关于正确认识和处理社会主义社会
基本矛盾的问题

罗文东[*]

社会主义社会的基本矛盾是社会主义社会发展的根本动力，决定着社会主义社会的本质属性和发展方向。正确认识和处理社会主义社会基本矛盾，不仅是科学社会主义理论的核心内容，而且是顺利推进社会主义建设的重要前提。在社会主义社会基本矛盾的问题上，以毛泽东为代表的中国共产党人在坚持和发展马克思主义关于人类社会基本矛盾的理论观点的基础上，进行了积极的探索，作出了巨大的贡献。只要我们将马克思主义关于人类社会基本矛盾的普遍真理与中国社会主义建设的具体实践相结合，全面总结社会主义革命和建设的历史经验，深刻揭示社会主义社会基本矛盾的科学内涵和本质特征，就能为当代中国的社会主义理论和实践奠定一个更加坚实的基础。

一 探索社会主义社会基本矛盾的理论基础和历史进程

对人类社会基本矛盾的科学分析，是马克思主义唯物史观的重要组成部分，是正确处理社会主义社会基本矛盾的理论基础。马克思在《〈政治经济学批判〉序言》中，根据他对纷繁复杂的社会现象和人类社会的历史演进的长期研究，揭示了决定人类社会发展的基本矛盾。他指出："人们在自己生活的社会生产中发生一定的、必然的、不以他们的意志为转移的关系，即同他们的物质生产力的一定发展阶段相适合的生产关系。这些生产关系的总和构成社会的经济结构，即有法律的和政治的上层建筑竖立其

---

* 罗文东，中国社会科学院马克思主义研究院研究员，博士生导师。

上并有一定的社会意识形式与之相适应的现实基础。物质生活的生产方式制约着整个社会生活、政治生活和精神生活的过程。不是人们的意识决定人们的存在，相反，是人们的社会存在决定人们的意识。社会的物质生产力发展到一定阶段，便同它们一直在其中运动的现存生产关系或财产关系（这只是生产关系的法律用语）发生矛盾。于是这些关系便由生产力的发展形式变成生产力的桎梏。那时社会革命的时代就到来了。随着经济基础的变革，全部庞大的上层建筑也或慢或快地发生变革。""我们判断一个人不能以他对自己的看法为根据，同样，我们判断这样一个变革时代也不能以它的意识为根据；相反，这个意识必须从物质生活的矛盾中，从社会生产力和生产关系之间的现存冲突中去解释。"① 虽然他在这段关于历史唯物主义的经典论述中没有使用"人类社会基本矛盾"这一概念、范畴，但实质上已经阐明了生产力和生产关系、经济基础和上层建筑这两种矛盾，是人类社会发展的根本动力的理论观点。

马克思主义创始人还运用唯物史观，深入研究资本主义社会的基本矛盾及其运动规律，进而揭示了资产阶级必然灭亡、无产阶级必然胜利的历史必然性，实现了社会主义由空想到科学的发展。马克思、恩格斯在《共产党宣言》中写道："资产阶级的生产关系和交换关系，资产阶级的所有制关系，这个曾经用法术创造了如此庞大的生产资料和交换手段的现代资产阶级社会，现在像一个魔法师一样不能再支配自己用法术呼唤出来的魔鬼了。"② 周期性的"商业危机"，即"生产过剩的瘟疫"，正是资本主义社会的生产力反抗生产关系、反抗作为资产阶级及其统治的存在条件的所有制关系的主要表现。恩格斯在《社会主义从空想到科学的发展》中进一步把资本主义生产力和生产关系的矛盾概括为"社会的生产和资本主义占有之间的矛盾"，指明这种矛盾表现为无产阶级和资产阶级的对立、个别工厂中生产的组织性和整个社会中生产的无政府状态之间的对立。他还强调，这一矛盾"是产生现代社会的一切矛盾的基本矛盾"，"包含着现代的一切冲突的萌芽"；在经济危机中，社会性生产和资本主义私人占有之间的矛盾剧烈地爆发出来；这已表明资产阶级没有能力继续驾驭社会化的生

① 《马克思恩格斯选集》第2卷，人民出版社1995年版，第32—33页。
② 《马克思恩格斯选集》第1卷，人民出版社1995年版，第277—278页。

产力，要求在事实上承认生产力的社会性，由社会直接占有生产资料。①

对于社会主义新社会的基本矛盾，马克思和恩格斯作过某些原则性的分析和预见，但限于历史条件，他们没有作出具体的解答。他们认为：一旦社会占有了生产资料，商品生产就将被消除，产品对生产者的统治也将随之消除；社会生产内部的无政府状态将为有计划的自觉的组织所代替；阶级对立也将随之消灭，对人的统治将由对物的管理和对生产过程的领导所代替；人们第一次成为自然界的自觉的和真正的主人，成为自身的社会结合的主人；这是人类从必然王国进入自由王国的飞跃。② 至于社会主义社会产生什么新的矛盾，其生产力和生产关系会发生什么新的变化，马克思主义创始人没有作出具体的分析，但他们强调：社会主义社会不是一种一成不变的东西，而应当和任何其他社会制度一样，把它看成是经常变化和改革的社会；它同资本主义制度具有决定意义的差别在于，在实行全部生产资料公有制（先是单个国家实行）的基础上组织生产。③

列宁领导俄国布尔什维克党取得十月革命的伟大胜利，建立了世界上第一个社会主义国家，并根据建立和巩固苏维埃政权的实践经验，分析和解决当时苏俄所面临的经济社会矛盾。他《在尼·布哈林〈过渡时期经济学〉一书上作的批注和评论》中写道："对抗和矛盾完全不是一回事。在社会主义下，对抗将会消失，矛盾仍将存在。"④ 他还深刻阐述了从资本主义到共产主义过渡时期兼有两种经济结构的特点；分析了无产阶级专政条件下阶级斗争的存在及其特点；提出了社会主义社会中工人阶级内部的矛盾及其处理办法，等等。由于列宁辞世过早，没有经历社会主义改造完成之后的实践，没有全面地认识和解答社会主义社会的基本矛盾问题。

在 20 世纪 30 年代末至 50 年代初这段时间里，苏联理论界离开了马克思主义经典作家关于人类社会基本矛盾的正确思想。斯大林一度否认社会主义社会还有矛盾，强调工人、农民和知识分子之间在政治上和道义上的一致，是社会主义社会发展的主要动力。他说："在社会主义制度下，在目前还只有在苏联实现的这种制度下，生产资料的公有制是生产关系的基础"；"这里生产关系同生产力状况完全适合，因为生产过程的社会性是由

① 参见《马克思恩格斯选集》第3卷，人民出版社1995年版，第744—758页。
② 同上书，第633—634页。
③ 参见《马克思恩格斯选集》第4卷，人民出版社1995年版，第693页。
④ 《列宁全集》第60卷，人民出版社1990年版，第281—282页。

生产资料的公有制所巩固的"。在他看来，苏联的社会主义国民经济是生产关系完全适合生产力性质的例子，这里的生产资料的公有制同生产过程的社会性完全适合，因而在苏联没有经济危机，也没有生产力破坏的情形。① 1940 年，苏联理论界就社会主义社会生产力与生产关系之间是否存在矛盾的问题进行过一次讨论。除个别人认为"生产力和生产关系之间的矛盾过去是、将来仍然是推动社会主义社会发展的基本矛盾"② 以外，绝大多数人认为"在社会主义条件下，矛盾失去了它的普遍性"③。1952 年，斯大林在《苏联社会主义经济问题》中，才承认在社会主义制度下生产关系同生产力性质"完全适合"这种说法不能从绝对的意义上来理解，应该理解为"在社会主义制度下，也会有落后的惰性的力量，它们不了解生产关系有改变的必要"，但这种力量不难克服，不会弄到生产关系和生产力发生冲突的地步，社会有可能及时使落后了的生产关系去适合生产力的性质。④ 斯大林先是不承认、后来才吞吞吐吐地说社会主义社会生产力和生产关系之间存在矛盾，他还没有把社会主义社会生产力和生产关系之间的矛盾、经济基础和上层建筑之间的矛盾，当作全面性的问题提出来，还没有认识到这些矛盾是推动社会主义社会向前发展的基本矛盾。

二　毛泽东对社会主义社会基本矛盾的探索

1956 年，当社会主义制度在我国确立之后，我们党和国家面临着如何巩固和发展社会主义这一新的历史课题。以毛泽东为代表的中国共产党人运用对立统一规律，借鉴苏联等社会主义国家的经验教训，总结中国社会主义建设的实践成果，创造性地提出了社会主义社会基本矛盾的理论观点，为坚持和发展马克思主义关于人类社会基本矛盾的思想学说作出了巨大贡献，为中国社会主义建设事业提供了科学指南。

首先，毛泽东在马克思主义发展上第一次阐述了社会主义社会基本矛

---

① 《斯大林选集》下卷，人民出版社 1979 年版，第 445—449 页。

② 参见 ［苏］A. 勃林捷罗夫参加社会主义社会中生产力和生产关系之间完全适合问题的讨论而写的论文，《在马克思主义旗帜下》1940 年第 8 期。

③ ［苏］A. 札尔京德：《论社会主义条件下真实的和虚构的矛盾》，《在马克思主义旗帜下》1940 年第 6 期。

④ 《斯大林选集》下卷，人民出版社 1979 年版，第 577 页。

盾的一般属性和重要作用。1957 年 2 月，他在《关于正确处理人民内部矛盾的问题》的讲话中，从对立统一规律是普遍存在于自然界、人类社会和思维中的宇宙的根本规律的高度，去观察社会主义社会的矛盾。他针对当时许多人不敢公开承认我国人民内部还存在着矛盾，不承认社会主义社会还有矛盾，在社会矛盾面前缩手缩脚，处于被动地位的现象，要求引导人们，首先是干部，认识社会主义社会中的矛盾，并且懂得采取正确的方法处理这种矛盾。他明确指出："在社会主义社会中，基本的矛盾仍然是生产关系和生产力之间的矛盾，上层建筑和经济基础之间的矛盾。"这就把经典作家揭示的生产力和生产关系、经济基础和上层建筑之间的矛盾规定为人类社会的基本矛盾，并将其贯穿于社会主义社会之中，将其视为"推动着我们的社会向前发展"[①] 的重要因素。尽管在人类社会发展的历史长河中，各个社会的矛盾性质不同，但人类社会总是在不断的矛盾运动中发展的。否则，人类社会就会停止下来，就不可能再前进了。即使在社会主义社会中，旧的矛盾解决了，新的矛盾又会发生。"矛盾不断出现，又不断解决，就是事物发展的辩证规律。"[②] 否定矛盾存在，就否认辩证法。毛泽东关于社会主义社会基本矛盾理论的一个历史性贡献，就在于驱散了这种否认辩证法的形而上学迷雾，把马克思主义的唯物辩证法贯彻到底，将它拓展到包括社会主义社会在内的整个人类社会。

其次，毛泽东分析了社会主义社会基本矛盾的具体特点。在他看来，社会主义生产关系已经建立起来，它和生产力的发展是相适应的，但它还很不完善，这些不完善的方面和生产力的发展又是相矛盾的。此外，还有上层建筑和经济基础又相适应又相矛盾的情况。例如，人民民主专政的国家制度和法律，以马列主义为指导的社会主义意识形态，这些上层建筑对于我国社会主义改造的胜利和社会主义劳动组织的建立起了积极的推动作用，和社会主义的经济基础是相适应的；但资产阶级意识形态的存在、国家机构中官僚主义作风的存在，国家制度中某些环节上缺陷的存在，又和社会主义经济基础是相矛盾的。这里讲的是社会主义社会基本矛盾大致的情况。然而，"社会主义社会的矛盾同旧社会的矛盾，例如同资本主义社会的矛盾，是根本不相同的。"资本主义社会的矛盾表

---

① 参见《毛泽东文集》第 7 卷，人民出版社 1999 年版，第 213—214 页。

② 《毛泽东文集》第 7 卷，人民出版社 1999 年版，第 216 页。

现为剧烈的对抗和冲突，表现为剧烈的阶级斗争，那种矛盾不可能由资本主义制度本身来解决，而只有通过社会主义革命才能加以解决。由于社会主义社会的矛盾"不是对抗性的矛盾，它可以经过社会主义制度本身，不断地得到解决"①。这里讲的是社会主义社会基本矛盾区别于其他社会基本矛盾的不同特点。

第三，毛泽东提出了解决社会主义社会基本矛盾的原则和方法。鉴于我国的社会主义制度刚刚建立，还不完全巩固的状况，毛泽东强调要及时改革和完善社会主义制度。早在 1956 年 11 月召开的中共八届二中全会上，他在展望全世界的帝国主义被打倒、阶级消灭的前景时，认为到那时还有生产关系和生产力的矛盾，上层建筑和经济基础的矛盾，生产关系搞得不对头，就要把它推翻，上层建筑（其中包括思想、舆论）要是保护人民不喜欢的那种生产关系，人民就要"改革"它。他在 1957 年 2 月发表的《关于正确处理人民内部矛盾的问题》中，虽然没有对如何解决社会主义社会的基本矛盾作直接的论述，但他主张：解决社会主义社会的基本矛盾，"必须按照具体的情况"② 进行，并着力对社会主义社会基本矛盾的主要表现——人民内部矛盾问题进行了专门的研究和探讨，以便团结全国各族人民。在 1957 年 3 月召开的全国宣传工作会议上，他进一步指出："在从前，在旧中国，讲改革是要犯罪的，要杀头、坐班房的。但现在，我们国家要有很多诚心为人民服务、诚心为社会主义事业服务、立志改革的人。我们共产党员都应该是这样的人。"我们还需要有一批党外的志士仁人，他们能够按照社会主义、共产主义的方向，同我们一起来为改革和建设我们的社会而无所畏惧地奋斗。他还强调："中国的改革和建设"靠我们共产党来领导。如果我们把作风整顿好了，我们在工作中间就会更加主动，我们的本事就会更大，工作就会做得更好。③ 他在这里实际上已经提出从社会主义事业发展需要的高度，提出了社会主义改革和建设的重要任务。从这种意义上说，毛泽东关于社会主义社会基本矛盾的理论，为 20 世纪五六十年代的社会主义建设以及十一届三中全会以后的改革开放和现代化建设，奠定了一个科学的理论基础。

---

① 《毛泽东文集》第 7 卷，人民出版社 1999 年版，第 215 页。

② 同上。

③ 同上书，第 275 页。

三　深化对社会主义社会基本矛盾的
本质和作用的认识

社会主义建设的实践不断发展，社会主义理论的创新就不能停顿。1959 年底到 1960 年初，毛泽东在读苏联《政治经济学教科书》的谈话中指出："马克思这些老祖宗的书，必须读，他们的基本原理必须遵守，这是第一。但是，任何国家的共产党，任何国家的思想界，都要创造新的理论，写出新的著作，产生自己的理论家，来为当前的政治服务，单靠老祖宗是不行的。"① 改革开放之初，邓小平在《坚持四项基本原则》的讲话中也强调：关于社会主义社会基本矛盾，还是按照毛泽东在《关于正确处理人民内部矛盾的问题》一文中的提法比较好。"当然，指出这些基本矛盾，并不就完全解决了问题，还需要就此作深入的具体的研究。"② 在新世纪新阶段，我国的改革开放和现代化建设已进入整体推进、深化攻坚的关键时期，迫切需要坚持马克思主义关于人类社会基本矛盾的理论观点，结合当今社会主义建设的新情况，对社会主义社会的基本矛盾问题作出创造性的研究和探讨。

深化对社会主义社会基本矛盾问题的认识，应反映社会主义生产方式的本质属性，揭示其不同于资本主义社会基本矛盾的科学内涵和本质特征。从理论上说，毛泽东关于社会主义社会基本矛盾"仍然是生产关系和生产力之间的矛盾，上层建筑和经济基础之间的矛盾"的重要论断，阐述的是社会主义社会基本矛盾存在的所有领域和与其他社会的基本矛盾相一致的普遍属性，可以说是对社会主义社会基本矛盾的一种"外延式"的界定。科学社会主义的历史发展和逻辑演进，要求我们进一步揭示社会主义社会基本矛盾存在的重点领域和其他社会的基本矛盾相区别的特殊性质，以达到对社会主义社会基本矛盾的"内涵式"的解答。马克思主义创始人在《德意志意识形态》中深刻指出："生产力与交往形式的关系就是交往形式与个人的行动或活动的关系"；"在整个历史发展过程中构成一个有联系的交往形式的序列，交往形式的联系就在于：已成为桎梏的旧交往形式

---

① 《毛泽东文集》第 8 卷，人民出版社 1999 年版，第 109 页。
② 《邓小平文选》第 2 卷，人民出版社 1994 年版，第 181—182 页。

被适应于比较发达的生产力，因而也适应于进步的个人自主活动方式的新交往形式所代替"。① 笔者认为，社会主义革命取得胜利之后，建立了生产资料的公有制，以雇佣的联合劳动以主要特点的资本主义生产方式，逐渐被以自主的联合劳动为主要特点的社会主义生产方式所取代；生产的社会化与生产资料的私有占有这一主要存在于资本主义生产方式中的资本主义社会基本矛盾也逐渐被消除，取而代之的是生产的自主性与生产资料的社会占有这一主要存在于社会主义生产方式中的社会主义社会的基本矛盾。如何认识和解决生产的自主性与生产资料的社会占有这一社会主义社会的基本矛盾，是摆在全世界的共产党人和劳动人民面前的历史课题。

深化对社会主义社会基本矛盾问题的认识，正确处理生产的自主性与生产资料的社会占有的矛盾，是社会主义社会健康发展的必然要求。马克思和恩格斯昭示人们：代替那存在着阶级和阶级对立的资产阶级旧社会的，将是一个自由人的联合体，劳动者以自由人的身份，自愿地联合起来，进行自主性的社会生产。与此相适应，生产的目的不再是为资本家创造剩余价值，而是更好地满足全体劳动者自己的生活需要；人们在生产中的关系，也不再是资本家剥削工人的雇佣劳动关系，而是平等协作、团结互助的联合劳动关系。正因为社会主义生产方式要克服资本主义旧社会里劳动者与生产资料相分离、资产阶级剥削和压迫工人阶级的罪恶，才能从根本上实现工人阶级和全人类的自由解放和平等权利。但是，在生产资料社会占有的条件下，每个劳动者不能像被资本主义私有制所否定的个体劳动者那样，孤立地、分散地占有生产资料，而只能作为社会的一分子或联合体的一成员，在生产社会化的基础上，共同占有生产资料。正如马克思主义创始人所说："实现自己的充分的、不再受限制的自主活动"，是对"生产力总和的占有以及由此而来的才能总和的发挥"。"过去的一切革命的占有都是有限制的；各个人的自主活动受到有局限性的生产工具和有局限性的交往的束缚"，"他们的生产工具成了他们的财产，但是他们本身始终屈从于分工和自己的生产工具"。而在"无产阶级的占有制下，许多生产工具必定归属于每一个个人，而财产则归属于全体个人。现代的普遍交往，除了归全体个人支配，不可能归各个人支配"②。这样，在社会主义生

---

① 《马克思恩格斯选集》第 1 卷，人民出版社 1995 年版，第 123、124 页。

② 同上书，第 129 页。

产方式内部，在社会主义社会生产力和生产关系之间，产生了生产的自主性与生产资料的社会占有之间的矛盾。这种新的矛盾不仅表现为劳动者个人和每个生产组织的自主性与整个社会生产的有序性之间的矛盾，而且表现为全体社会成员日益增长的生活需要和相对不足的生产供给之间的矛盾。只有正确认识和解决社会主义社会的这些基本矛盾，才能从根本上消除人与人、人与社会之间的对抗和冲突，为每个人的自由全面发展提供"绝对必需"的前提条件。

从社会主义制度产生和发展的历史进程来看，正确认识和处理生产的自主性与生产资料的社会占有的矛盾，是社会主义社会巩固完善的紧迫任务。社会主义作为人类历史上崭新的社会制度，是在应对各种各样困难的过程中，求得生存和发展的。从十月革命以后，社会主义制度勇敢地迎接电气技术革命的挑战，经受了法西斯侵略战争的考验，取得了社会主义从一国到多国的胜利。战后，随着国民经济的迅速恢复，生产的技术水平和劳动者的素质大幅度提高，人民群众的民主自由的要求愈益增强，社会的分工协作和经济社会结构日趋复杂，社会主义社会固有的生产的自主性和生产资料的社会占有的基本矛盾日益暴露出来，必然要求对高度集中的社会主义体制进行全面的改革。我国改革开放和现代化建设的总设计师邓小平指出：旧的那一套"阻碍了生产力的发展，在思想上导致僵化，妨碍人民和基层积极性的发挥"①。我国改革的根本目的，就是"党和行政机构以及整个国家体制要增强活力"，"充分调动人民和各行各业基层的积极性"。农村改革"之所以见效，就是因为给农民更多的自主权，调动了农民的积极性"。"我们把这个经验应用到各行各业，调动各方面的积极性"。② 与此同时，邓小平强调，我们的改革是在坚持社会主义基本制度的前提下，改革社会主义具体制度和体制，以推动社会主义的自我完善和发展，而不能照搬西方资本主义的那一套，走资本主义道路。他反复告诫我们："一个公有制占主体，一个共同富裕，这是我们所必须坚持的社会主义的根本原则。"③

只有正确认识和处理社会主义社会生产的自主性和生产资料的社会占

① 《邓小平文选》第3卷，人民出版社1993年版，第237页。
② 同上书，第241、242页。
③ 同上书，第111页。

有之间的基本矛盾，才能坚持改革开放和现代化建设的正确方向，调动广大人民群众的积极性，发挥社会主义制度的优越性，创造又有集中又有民主，又有纪律又有自由，又有统一意志又有个人心情舒畅、生动活泼的和谐局面，开拓中国特色社会主义更加广阔的发展前景。

（原载《当代世界与社会主义》2010 年第 4 期）

社会主义道路的中国内涵解析

辛向阳[*]

党的十七大报告指出:"中国特色社会主义道路,就是在中国共产党领导下,立足基本国情,以经济建设为中心,坚持四项基本原则,坚持改革开放,解放和发展社会生产力,巩固和完善社会主义制度……建设富强民主文明和谐的社会主义现代化国家。""在当代中国,坚持中国特色社会主义道路,就是真正坚持社会主义。"那么如何理解和概括社会主义道路的中国内涵呢?

一 中国共产党领导人民自主开拓的社会主义道路

1948 年 6 月 30 日在为纪念中国共产党成立 27 周年而作的《论人民民主专政》一文中,毛泽东讲了那句著名的话:"走俄国人的路——这就是结论。""走俄国人的路"是什么意思?首先,"走俄国人的路"意味着走十月革命一声炮响给我们送来的马克思列宁主义的革命道路。其次,"走俄国人的路"意味着要接受苏联共产党特别是共产国际的领导,要寻求苏联共产党的支持。毛泽东在 1924 年前后不止一次地表示:单纯依靠中国自己的努力,要想成就革命十分困难,必须得到俄国的直接帮助。用他自己的话来说就是:"欲拯救中国惟有靠俄国的干涉";"要帮助中国开展运动,惟有靠俄国的积极支持(外交和军事上的支持)。"[①] 这是中国共产党早期历史的现实所要求的。

从 20 世纪 50 年代中期起,我们开始强调"走自己的路"。1956 年,

---

* 辛向阳,中国社会科学院马克思主义研究院教授、博士生导师。
① 杨奎松:《毛泽东与莫斯科的恩恩怨怨》,江西人民出版社 1999 年版,第 7 页。

毛泽东作了题为《论十大关系》的报告，提出中国要走自己的路，探索适合中国国情的建设社会主义的道路。1960 年，刘少奇也提出："我们应该学会自己走路，应该根据中国的特点，采取适合中国情况的方法来进行建设。"① 由于比较长期地"走俄国人的路"，这个时期要真正走出一条自己的路是非常困难的。

党的十一届三中全会后，我们才真正摆脱苏联模式的束缚和影响，独立自主地开拓自己的发展道路，提出了建设中国特色社会主义的思想。1982 年 9 月 1 日，在党的第十二大开幕词中，邓小平指出："把马克思主义的普遍真理同我国的具体实际结合起来，走自己的路，建设有中国特色的社会主义，这就是我们总结长期历史经验得出的基本结论。"② 1991 年 9 月 24 日，江泽民也讲："我们建设有中国特色的社会主义，就是开辟一条前人没有走过的新路。经过十多年的实践，中国共产党和中国人民相信，这条路是正确的。不管有多少艰难险阻，我们都要坚定不移地走下去。"③ 2007 年 12 月 17 日，胡锦涛指出：在当代中国，"无论革命、建设还是改革，都要独立自主地走自己的路，照抄照搬别国经验、别国模式从来不能成功"。"要敢于和善于把马克思主义基本原理同新的实际和时代条件结合起来，坚决走充满生机活力的新路，决不走实践证明是封闭僵化的老路，也决不走那种改旗易帜、放弃共产党领导、放弃社会主义的邪路。"在道路问题上，中央领导集体要坚定不移地引领全党、全国人民沿着正确航向不断推进中国特色社会主义伟大事业。"这是我们总结长期历史经验得出的基本结论。"④

"走自己的路"与开拓和发展中国特色社会主义道路紧密联系。它意味着：中国特色社会主义道路是中国共产党领导全国各族人民独立自主探索出来的路，是立足于国情、符合人民利益和要求的路，不是移植别人的路或者别人强加给我们的路。

---

① 《刘少奇选集》下卷，人民出版社 1985 年版，第 423 页。
② 《邓小平文选》第 3 卷，人民出版社 1993 年版，第 2—3 页。
③ 《江泽民文选》第 1 卷，人民出版社 2006 年版，第 174 页。
④ 胡锦涛：《在新进中央委员会的委员、候补委员学习贯彻党的十七大精神研讨班上的讲话》，中共中央文献研究室编《十七大以来重要文献选编》上，中央文献出版社 2009 年版，第 98 页。

二　马克思主义中国化的社会主义道路

党的十七大报告指出：中国特色社会主义道路之所以完全正确、之所以能够引领中国发展进步，关键在于我们既坚持了科学社会主义的基本原则，又根据我国实际和时代特征赋予其鲜明的中国特色。

马克思主义是科学的世界观和方法论，是探究人类社会发展规律的科学。它坚持从社会物质生产特别是生产力和生产关系的矛盾运动来解释人类历史，把生产力作为推动社会前进最活跃、最革命、最根本的力量，深刻分析资本主义社会的矛盾运动，揭示了资本主义社会的发展规律，创立了科学社会主义，为人类进步、社会发展，为全人类的最后解放，指明了正确方向和趋势。当今世界，人类社会发生了翻天覆地的变化，马克思主义历经时间的考验，历经实践的锤炼，历经历史的检验，其基本原理始终迸发着真理的光芒。马克思主义是工人阶级和劳动大众的世界观，马克思主义产生于工人运动中，是指导无产阶级及其政党实现自己历史使命的根本指导思想和强大理论武器。历史上，从来没有一种理论像马克思主义那样，与工人阶级和劳动人民的命运如此紧密地联系在一起。过去曾有种种同情人民群众的思潮或学说，但只有马克思主义才真正为工人阶级和劳动人民说话，反映和代表他们的根本利益和要求。马克思主义之所以能够改变世界和创造历史，就在于它始终和一个伟大的阶级——工人阶级及其解放运动血脉相连，其历史必定与工人阶级之解放历程同在，必定与工人阶级同呼吸、共命运，必定与劳动大众的利益、要求、情感融为一体。

马克思主义的基本原理指导中国建立起社会主义基本制度。中国的工人、农民掌握了自己的命运，真正成为国家的主人。马克思主义作为科学信仰，具有改造世界的巨大作用。毛泽东讲："我一旦接受了马克思主义对历史的正确解释以后，我对马克思主义的信仰就没有动摇过。"[1] 邓小平也讲："对马克思主义的信仰，是中国革命胜利的一种精神动力。"[2] 他又讲："如果我们不是马克思主义者，没有对马克思主义的充分信仰，中国

---

[1]　埃德加·斯诺：《西行漫记》，生活·读书·新知三联出版社 1979 年版，第 131 页。
[2]　《邓小平文选》第 3 卷，人民出版社 1993 年版，第 63 页。

革命就搞不成功。"① 革命的成功离不开对马克思主义的信仰，同样建设和改革的成功也离不开对马克思主义的信仰。

马克思主义的基本原理指导我们认识世情的变化。从 20 世纪 70 年代末起，和平与发展成为时代的主题。我们党敏锐地抓住了这一深刻变化。1985 年 3 月 4 日，邓小平同志在会见来访的日本商工会议所访华团时指出："现在世界上真正大的问题，带全球性的战略问题，一个是和平问题，一个是经济问题或者说发展问题。和平问题是东西问题，发展问题是南北问题。概括起来，就是东西南北四个字。"② 进入新世纪，我们党对于世情的变化给予了科学判断。2002 年 5 月 31 日，江泽民同志在中央党校省部级干部进修班毕业典礼发表重要讲话指出："国际局势正在发生深刻的变化。世界多极化和经济全球化的趋势在曲折中发展，科技进步日新月异，综合国力竞争日趋激烈。形势逼人，不进则退。"③ 他强调，贯彻好"三个代表"要求，必须使全党始终保持与时俱进的精神状态，不断开拓马克思主义理论发展的新境界，推进中国特色社会主义事业的发展。进入新世纪新阶段，党的十七届四中全会的《决定》指出，深入发展的世界多极化、经济全球化，日新月异的科技进步，影响深远的国际金融危机，这三个因素带来了"三新"：世界经济格局发生新变化，国际力量对比出现新态势，全球思想文化交流交融交锋呈现新特点。

马克思主义的基本原理指导我们认识国情的变化。以马克思主义为指导，邓小平提出中国的基本国情就是社会主义初级阶段。"三个代表"重要思想丰富了这一理论，江泽民同志在党的十五大报告中详细阐明了社会主义初级阶段的"九个历史阶段"的特征："社会主义初级阶段，是逐步摆脱不发达状态，基本实现社会主义现代化的历史阶段；是由农业人口占很大比重、主要依靠手工劳动的农业国，逐步转变为非农业人口占多数、包含现代农业和现代服务业的工业化国家的历史阶段；是由自然经济半自然经济占很大比重，逐步转变为经济市场化程度较高的历史阶段；是由文盲半文盲人口占很大比重、科技教育文化落后，逐步转变为科技教育文化比较发达的历史阶段；是由贫困人口占很大比重、人民生活水平比较低，

---

① 《邓小平文选》第 3 卷，人民出版社 1993 年版，第 63 页。

② 同上书，第 105 页。

③ 江泽民：《高举邓小平理论伟大旗帜 全面贯彻"三个代表"要求 与时俱进 努力开创建设有中国特色社会主义事业新局面》，《人民日报》2002 年 6 月 1 日。

逐步转变为全体人民比较富裕的历史阶段；是由地区经济文化很不平衡，通过有先有后的发展，逐步缩小差距的历史阶段；是通过改革和探索，建立和完善比较成熟的充满活力的社会主义市场经济体制、社会主义民主政治体制和其他方面体制的历史阶段；是广大人民牢固树立建设有中国特色社会主义共同理想，自强不息，锐意进取，艰苦奋斗，勤俭建国，在建设物质文明的同时努力建设精神文明的历史阶段；是逐步缩小同世界先进水平的差距，在社会主义基础上实现中华民族伟大复兴的历史阶段。"① 胡锦涛同志在党的第十七次全国代表大会报告中讲：当前我国发展的阶段性特征，是社会主义初级阶段基本国情在新世纪新阶段的具体表现，同时系统地阐明了以"若干显著、八个同时"为内容的阶段性特征。

马克思主义的基本原理指导我们认识党情的变化。改革开放以来党员队伍不断发展壮大，结构不断优化，素质逐步提高，党组织的覆盖面不断扩大，中国共产党展现出蓬勃的生机和活力。截至 2008 年底，中国共产党党员总数为 7593.1 万名，比新中国成立时增加了 16 倍；党的基层组织 371.8 万个，是新中国成立时的 19 倍。新发展党员的比例逐年提高，基层党组织的总数自 2000 年以来增长了 20 万个。中国共产党已经成为世界第一大政党。建设和管理好这个"世界第一大政党"，不仅对于办好中国的事情至为关键，对于世界的发展也是极其重要。党的十七届四中全会提出，适应党情的新变化，要进一步把党建设成为立党为公、执政为民，求真务实、改革创新，艰苦奋斗、清正廉洁，富有活力、团结和谐的马克思主义执政党，确保党始终是中国工人阶级的先锋队、同时是中国人民和中华民族的先锋队。

三 引领中国全面发展的社会主义道路

党的十七大在论述各项工作时，提出一系列具体道路，需要我们在新的实践中继续探索，以便不断发展中国特色社会主义的总道路。②

这条引领我国全面发展的总道路的基本要求是：

---

① 《江泽民文选》第 2 卷，人民出版社 2006 年版，第 14—15 页。

② 胡锦涛：《在新进中央委员会的委员、候补委员学习贯彻党的十七大精神研讨班上的讲话》，中共中央文献研究室编《十七大以来重要文献选编》上，中央文献出版社 2009 年版，第 99 页。

——走中国特色的科学发展之路。要以人为本，尊重人民主体地位，发挥人民首创精神，保障人民各项权益，促进人的全面发展。要全面协调可持续，推进经济建设、政治建设、文化建设、社会建设四大建设，促进生产关系与生产力、上层建筑与经济基础的均衡发展，实现经济社会永续发展。要统筹兼顾，妥善处理城乡发展、区域发展、经济社会发展、人与自然和谐发展、国内发展和对外开放，以及中央和地方关系、个人利益和集体利益、局部利益和整体利益、当前利益和长远利益等一系列重大关系。

——走中国特色的共同富裕之路。共同富裕是社会主义的本质要求，也是全面建设小康社会新要求。到 2020 年，覆盖城乡居民的社会保障体系基本建立，人人享有基本生活保障；合理有序的收入分配格局基本形成，中等收入者占多数，绝对贫困现象基本消除；人人享有基本医疗卫生服务。人民群众共同建设社会主义，共享改革发展成果。

——走中国特色的文明进步之路。通过生产发展、生活富裕、生态良好的良性循环，建设资源节约型、环境友好型社会，实现速度和结构质量效益相统一、经济发展与人口资源环境相协调。循环经济形成较大规模，可再生能源比重显著上升；主要污染物排放得到有效控制，生态环境质量明显改善，中国政府在 2009 年 11 月 25 日作出决定：到 2020 年我国单位国内生产总值二氧化碳排放比 2005 年下降 40％—45％，作为约束性指标纳入国民经济和社会发展中长期规划，并制定相应的国内统计、监测、考核办法。

这条引领我国全面发展的总道路的主要内容是：

——走中国特色的自主创新之路。把增强自主创新能力作为发展科学技术的战略基点，推动科学技术的跨越式发展；就是把增强自主创新能力作为调整产业结构、转变发展方式的中心环节，推动国民经济又好又快发展；就是把增强自主创新能力作为国家战略，贯穿到现代化建设各个方面，激发全民族创新精神，培养高水平创新人才，形成有利于自主创新的体制机制。

——走中国特色新型工业化之路。西方发达国家的工业化是自然发展的过程：传统工业——现代工业——服务业。而中国的工业化则是传统工业的发展、现代工业的发展、传统服务业的发展、现代服务业在同一个时空段内并行发展的复合型工业化。

——走中国特色农业现代化之路。建立以工促农、以城带乡长效机制，形成城乡经济社会发展一体化新格局。坚持把发展现代农业、繁荣农村经济作为首要任务，加强农村基础设施建设，健全农村市场和农业服务体系。

——走中国特色城镇化之路。按照统筹城乡、布局合理、节约土地、功能完善、以大带小的原则，促进大中小城市和小城镇协调发展。要科学准确地对特大城市进行定位，发挥其辐射带动作用；建立城市群，带动中小城市发展。

——走中国特色的政治发展之路。坚持党的领导、人民当家作主、依法治国有机统一，坚持和完善人民代表大会制度、中国共产党领导的多党合作和政治协商制度、民族区域自治制度以及基层群众自治制度，不断推进社会主义政治制度自我完善和发展。坚持社会主义民主的根本性质，把民主建设植根于中国优秀的历史文化传统之中。

——走中国特色反腐倡廉之路。坚定不移地贯彻标本兼治、综合治理、惩防并举、注重预防的反腐倡廉战略方针，抓紧完善惩治和预防腐败体系，把反腐倡廉工作融入经济建设、政治建设、文化建设、社会建设和党的建设之中，拓展从源头上防治腐败工作领域，把党风廉政建设和反腐败斗争推向深入。

——走中国特色和平发展之路。邓小平提出"我们搞的是中国特色的社会主义，是不断发展社会生产力的社会主义，是主张和平的社会主义"，这完整的、内在统一的理论判断。中国走和平发展道路，是由中国国情决定的，是由中国文化传统决定的，是由中国适应世界发展潮流决定的，归根到底，是由中国共产党领导的社会主义国家的性质决定的，由中国实现社会主义现代化的目标决定的。和平发展道路的精髓就是争取和平的国际环境来发展自己，又以自己的发展促进世界的和平。

四 遵循中国社会发展规律、代表人类进步 方向的社会主义道路

有一种观点认为：中国的发展是由其特殊性决定的。中国的成功要么是运气，要么是旁门左道。这种看法是站不住脚的。

中国走中国特色社会主义道路，是以马克思主义、特别是以当代中国

马克思主义——中国特色社会主义理论体系为指导的。

马克思主义寻求人类社会发展规律和无产阶级解放规律。马克思主义经济学深刻地阐发现代社会数十条经济运动规律：商品价值规律、劳动二重性规律、资本主义积累规律、剩余价值规律、资本有机构成不断提高的规律等。马克思主义哲学所揭示的人类发展规律包括生产力决定生产关系的规律、经济基础决定上层建筑的规律等，科学社会主义则揭示了无产阶级革命的规律。这一系列规律性的思想构成了马克思主义的核心内容。

中国特色社会主义理论体系非常注重对于中国经济社会规律的研究与把握。邓小平同志强调解放思想、实事求是，解放思想就是使思想与实际相符合，使主观和客观相符合，就是要做到按照客观规律办事。江泽民同志强调与时俱进，就是党的全部理论和工作要体现时代性，把握规律性，富于创造性。2004 年 1 月 12 日在十六届中纪委第三次会议上的讲话中，胡锦涛同志讲："要进一步深化对共产党执政规律、社会主义建设规律和人类发展规律的认识。认识规律、把握规律、遵循和运用规律，是坚持求真务实的根本要求。"[1] 2006 年 8 月 15 日在学习《江泽民文选》报告会上，胡锦涛指出："马克思主义理论的巨大生命力，在于能够给实践提供科学指导，使人们在认识规律、把握规律、运用规律的基础上更好地改造客观世界和主观世界。"[2] 认识发展规律、把握发展规律、运用发展规律，是中国特色社会主义理论体系的核心内容。2009 年 9 月 9 日在中央政治局第 16 次集体学习时，胡锦涛讲："着力探索和把握我国社会主义现代化规律。我国社会主义现代化建设是在我国具体国情的基础上和时代发展的条件下进行的，这就要求我们既要深刻认识和把握现代化的一般规律和社会主义现代化的普遍规律，又要深刻认识和把握我国社会主义现代化的特殊规律。"[3]

中国特色社会主义道路，就是按照客观规律、结合中国国情和时代条件推动中国社会全面发展的道路，即按照社会主义市场经济规律推进经济建设，按照社会主义政治规律推进政治建设，按照社会主义思想文

---

① 中共中央文献研究室：《十六大以来重要文献选编》上，中央文献出版社 2006 年版，第 730 页。

② 同上书，第 599 页。

③ 胡锦涛：《继续探索把握社会主义现代化规律 更好把社会主义现代化推向前进》，《人民日报》2009 年 9 月 10 日。

化发展规律推进文化建设，按照社会主义社会关系规律推进社会建设。

中国特色社会主义道路是以马克思主义、特别是中国特色社会主义理论体系为指导的发展道路。马克思主义本身就是借鉴人类历史上众多优秀的思想形成和发展起来的。中国特色社会主义理论体系也广泛借鉴人类文明的优秀成果，例如党的十七大报告提出提高文化软实力。这一思想来源于美国学者约瑟夫·奈在 1990 年提出的理论。2008 年 3 月 18 日，温家宝在回答中外记者提问时指出，我们要推进社会的公平正义。公平正义就是社会主义国家制度的首要价值。这一思想来源于美国哲学家罗尔斯在 1971 年提出的理论：公平正义是制度的首要价值。

中国特色社会主义道路一经产生，就具有世界意义。新加坡国立大学东亚研究所所长郑永年认为，"中国模式既具有世界性，也具有中国性。因此，在讨论中国模式时，光强调国际性或者光强调地方性（中国特色）都不是很科学的。具有国际性，表明中国的发展无论对发展中国家还是对发达国家都具有参照意义；而中国性则表明各国只能根据自己的情况来参照中国模式。"①

党的十七报告指出："中国的发展，不仅使中国人民稳定地走上富裕安康的广阔道路，而且为世界经济发展和人类文明进步作出了重大贡献。"事实正是如此。它对世界的首要贡献就是以自己的经济发展为各国带来发展的机遇，使世界人民受益。自 2001 年加入世界贸易组织以来，中国每年平均进口 6870 亿美元的商品，为相关国家和地区创造约 1400 万个就业岗位。2008 年，中国经济对世界经济增长的贡献率达到 22%，对全球贸易增长的贡献率超过 9%。它对世界的第 2 个贡献是直接影响一些国家选择经济社会发展模式。印度总理辛格 2008 年 1 月 15 日在中国社会科学院发表演说称，中国的改革推动了印度的发展。他说："在过去的几十年里，对外经济开放使中国深深受益，也使印度深深受益，印度正在发生着变化。我承认，中国的成功是促进变化的一种动力，这一进程始于 20 世纪 80 年代，于 1991 年深入发展。"② 它对世界的第 3 个贡献是稳定危机时期亚洲经济、世界经济。面对 1997 年爆发的亚洲金融危机，中国政府向泰

---

① 郑永年：《中国的改革开放对世界意味着什么》，《联合早报》2008 年 1 月 25 日。
② 辛格：《全球经济中的中国和印度》，《新华网》2008 年 1 月 15 日。http // news. xinhua-net. com/world/2008—01—15/contents_ 7424749. htm。

国等国提供了总额超过 40 亿美元的援助，向印尼等国提供了出口信贷和紧急无偿援助。中国领导人还多次宣布人民币不贬值，此举对亚洲乃至世界金融、经济的稳定和发展起到了重要作用。2008 年底为了应对世界金融危机，中国推出了高达 4 万亿元人民币（约合 5880 亿美元）的刺激经济扩张的 10 项措施。一些外媒道：这不但是中国对自己大规模救市，也是对世界进行救市。中国特色社会主义道路对世界的第 4 个贡献体现在中国企业走出去直接投资，用自己的直接投资来推动投资对象国的经济发展。

中国特色社会主义道路不仅以其独创性为人类文明的发展做出了自己的贡献，而且代表了人类文明的发展趋势和前进方向，具有光明的未来。还在 1926 年，美国行政法学家、曾经担任北洋政府宪法顾问的弗兰克·古德诺出版了《解析中国》的著作。书中设专章分析了"中国的未来"。他说："我们丝毫不用怀疑将来有这么一天——当然没人能准确地说出到底是什么时候——中国人民族性格中那些内在的、最基本的优秀基因又将重新焕发出青春，中国文化又将重领世界的风骚。""当这一天到来的时候，在世界的面前将奇迹般地出现一个崭新的中国，它将是一个有着良好秩序的国度。这样一个复兴后的中国将不负人们的期待，又将重新担负起她在历史上曾多次担负过的任务，向世界其他民族贡献出丰厚的文化积累，以补其他民族的不足。"①

（原载《中共中央党校学报》2010 年第 1 期）

---

① 弗兰克·古德诺：《解析中国》，国际文化出版社 1998 年版，第 135 页。

中国特色社会主义道路、理论体系略论

夏春涛[*]

一 关于中国特色社会主义道路

新时期最鲜明的特点是改革开放。新时期以来，特别是党的十二大正式提出"建设有中国特色社会主义"概念以来，我们党带领人民不断地摸索，成功地走出了中国特色社会主义这条新路，实现了持续快速发展，创造了世界发展史上的一个奇迹。为什么说这是条"新路"？新就新在我们既没有走包括自身在内的社会主义国家的老路，也没有走西方资本主义国家靠发动战争、殖民掠夺发展起来的老路，而是通过改革开放、和平发展，在西方国家占主导地位的当今世界杀出重围，实现了跨越式发展。这的确是个奇迹。

走出这条新路很不容易。"摸着石头过河"，对胆识和智慧是一种异乎寻常的考验。在探索前进的过程中，一直伴随着不同的声音或争议，焦点主要集中在改革上。改革旧的体制机制每前进一步，几乎都会遇到阻力，都会引发分歧和争议。改革是从农村、从经济领域开始的。当初否定人民公社模式、实行家庭联产承包责任制，党内党外的争议很大。搞了几年，实践证明路子是对的，争议自然而然就停歇了，大家的认识趋于一致。接着又出现新问题、新争论，进行新探索，如此反复。这体现了我们党解放思想、实事求是的思想路线，以实践作为检验真理的唯一标准，所以十七大报告说"解放思想是发展中国特色社会主义的一大法宝"。

新时期影响最大最深远的改革是什么？恐怕要数 1992 年党的十四大

---

* 夏春涛，中国社会科学院中国特色社会主义理论体系研究中心副主任、研究员。

明确提出建立社会主义市场经济体制的改革目标。我们今天所取得的成就、所面临的问题，在很大程度上都与这一转折有关。摆脱僵化的高度集中的计划经济体制后，我国经济社会的活力显著增强。与此同时，随着社会经济成分、组织形式、就业方式、利益关系和分配形式日趋多样化，我国社会结构发生新的分化组合，社会思想呈现出多样、多元、多变的特点，一些怀疑、否定中国特色社会主义的声音也随之多了起来。有人因为出现了贫富分化等现象而回头看，留恋以前的旧体制、旧时光，其要害是只盯着问题，对新时期改革开放的成就认识不足。也有人认为我们仅是在名义上搞社会主义，实际上走的是资本主义道路。我有位十多年不见的朋友，从美国回来探亲时在一起聊天。他说，国内确实搞得不错，问题是现在还在说搞的是社会主义，实际上是"挂羊头卖狗肉"，搞的都是西方那一套，但自己又不愿意承认。这种说法的要害是把成绩算在了资本主义头上，把问题和缺陷算在了社会主义头上。还有一些人态度更为偏激，直接提出向西方看齐，在经济上搞私有化，政治上搞多党制，意识形态上搞指导思想多元化。西方朝野也有不少人在关注中国的走向，尤其是政治体制改革的走向，希望中国能够改旗易帜。

那么，我们走的究竟是不是社会主义道路？什么是中国特色社会主义道路？

经过新中国成立以来特别是改革开放以来的长期艰辛探索，我们党对什么是社会主义、什么是中国特色社会主义的认识越来越清晰。十七大报告将中国特色社会主义道路概括为"一条基本路线"（以经济建设为中心，坚持四项基本原则、坚持改革开放），"一个总体布局"（中国特色社会主义经济建设、政治建设、文化建设、社会建设四位一体），"一个发展目标"（建设富强民主文明和谐的社会主义现代化国家）。由此可见，中国特色社会主义坚持了科学社会主义的基本原则，但又不是从本本出发，而是具有鲜明的中国特色，体现了原则性与实践性、时代性、民族性的融合，是坚持与发展相统一的社会主义。

也许有人要问：贫富差距拉大、社会矛盾凸显，这还是社会主义吗？在探索中改革发展，不可能不遇到问题和挑战。党中央反复强调，改革的目的是推动我国社会主义制度的自我发展和完善；我们党一直奉行立党为公、执政为民的理念，始终代表着最广大人民的根本利益。正是针对贫富分化等现象，党中央及时提出了科学发展观、构建社会主义和谐社会等重大战略思想，提出要让改革开放的成果惠及全体人民，强调"以人为本"，强调"社会和谐是中国特色社会主义的本质属性"，将中国特色社会主义事业的总体布局从三位一体发展为四位一体，在改善民生等问题上采取了许多有力举措。不过，我国现在仍处于社会主义初级阶段，解决问题、实现理想需要时间，需要过程。只要方向和道路正确，在发展中出现的问题终归会得到妥善解决。因此，我们要用全面的、辩证的、发展的观点来看待改革开放，不能因为一时遇到一些问题，就对所选择的发展道路产生动摇，更不能说这条路走错了。

在走社会主义道路这一重大问题上，党中央的态度十分坚决和鲜明。党的十七大报告明确指出："在当代中国，坚持中国特色社会主义道路，就是真正坚持社会主义。"近30年的历史雄辩地证明，只有中国特色社会主义道路，而没有别的什么道路，才能使中国这样一个起点低、起步晚的社会主义发展中大国迅速发展强大起来。无论是走西化道路，还是走回头路，都将会使中国陷入纷扰动荡，都是死路一条。

二　关于中国特色社会主义理论体系

中国特色社会主义道路之所以正确，关键在于有正确理论的指引，这个理论就是邓小平理论、"三个代表"重要思想以及科学发展观等重大战略思想。这三大理论创新成果均立足于社会主义初级阶段这一基本国情，紧紧围绕建设和发展中国特色社会主义这一主题，构成一个完整、科学的理论体系。党的十七大用"中国特色社会主义理论体系"这一新概念来整合三大理论创新成果，描摹出中国特色社会主义理论在新时期产生、丰富和发展的轨迹，揭示了三者之间的内在联系，有利于消除人们在理解上的疑惑或歧异。这是十七大在理论上的一大贡献。

在不到30年时间里，我们党相继推出了三大理论创新成果，形成一个理论体系。党的理论创新步伐在新时期何以明显加快？根源在于新时期是个急遽变化的年代，实践发展得很快，新问题新情况新矛盾层出不穷，迫切要求党紧跟时代发展步伐，及时总结新鲜经验，从理论上加以回答和解决，用新的理论来指导新的实践。所以这个理论体系讲了许多老祖宗没有说过的新话，集中体现了其理论精髓，体现了马克思主义在当代中国的丰富和发展。

这些新思想新观点新论断在今天已成为共识，但当初理论创新每前进一步都很不容易，都经过了深入探索、充分酝酿、苦苦思索，都是在抵御各种错误倾向干扰的基础上取得的。只要稍许回想一下邓小平同志1992年南方谈话的背景，以及江泽民同志2001年"七一"讲话引起的论争，我们就不难理解理论创新的艰辛和不易。干扰理论创新的错误思想倾向主要有两种，分别是西化和僵化。前者迷信西方、鼓吹全盘西化，公然否定四项基本原则；另一种形式是打着拥护改革开放的旗帜，实际上是想搞资本主义。总的来说，这种倾向容易识别和防范。后者对马克思主义抱教条主义态度，用老祖宗说过的话来怀疑、排斥新话，否定改革开放。相比之下，这种架势比较吓唬人，不那么容易甄别，也比较难缠。王明就很吓唬人，论对马克思主义经典著作的熟悉程度，当时党内可能无人能出其右，但不管用，相反还差点葬送了中国革命——不是马克思主义不管用，而是王明一切从本本出发，无视具体国情和时代的发展变化。中国的革命、建设和改革之所以能够战胜险阻、高歌猛进，一条重要经验就在于我们党抵御了用教条主义、本本主义态度对待马克思主义的错误倾向，做到了坚持与发展的辩证统一，不断推进理论创新，不断丰富和发展了马克思主义。因此，我们不能把继承与发展、历史与现实割裂开来或对立起来，不能用本本来框实践，进而干扰中央的视线和决心。与中央保持一致，最紧要的是在思想上与中央保持一致，紧跟中央理论创新的步伐，自觉地用发展着的马克思主义指导新的实践。无论是西化还是僵化，都会葬送我们的事业。试问在当代中国，有能够取代中国特色社会主义理论体系的更高明更科学的理论吗？没有！

需要指出的是，有些人不赞成西化，也表示与中央保持一致，但对老祖宗的话比较熟悉，对新话一知半解或知之甚少，在思想上有些落伍，跟不上趟。要知道，我们党已经把马克思主义发展到了一个新阶段新高度。党的十七届四中全会明确指出，"坚持把马克思主义作为立党立国的根本指导思想，紧密结合我国国情和时代特征大力推进理论创新，在实践中检验真理、发展真理，用发展着的马克思主义指导新的实践，是建设马克思主义学习型政党的首要任务"；提出"用中国特色社会主义理论体系武装全党"，特别强调党的高级领导干部"要认真研读马克思主义特别是中国特色社会主义理论体系基本著作，切实提高战略思维、创新思维、辩证思维能力，带头探索回答重大理论和实践问题"。因此，老祖宗不能丢，老话要讲，但关键是要学会讲新话、用新话。还有一些人对老话、新话都不熟悉，对理论问题不上心，只知道跟风表态。这不利于理论创新和理论武装工作，同样亟待扭转。

胡锦涛同志在十七大报告中说，"全党同志要倍加珍惜、长期坚持和不断发展党历经艰辛开创的中国特色社会主义道路和中国特色社会主义理论体系"。"倍加珍惜、长期坚持、不断发展"这12个字，寓意深长。坚定不移地高举中国特色社会主义伟大旗帜，就需要在这12个字上多下工夫、多做文章。

三 立足实际,继续把中国特色社会主义伟大事业推向前进

从长时段来看，我国目前正处于并将长期处于社会主义初级阶段，也就是不发达的阶段，社会主义制度还不完善和成熟。根据邓小平同志提出的社会主义本质论，与资本主义相比，社会主义的优越性主要应体现在两个方面，一是生产力比资本主义社会更加发达，二是实现共同富裕，进一步体现公平正义。这两大问题，我们现在都还远未解决——西强我弱的态势一时难以改变，国内贫富差距拉大问题仍比较突出。因此，在新的历史起点上继续把中国特色社会主义伟大事业推向前进，就必须继续从初级阶段这个最大的实际出发，聚精会神搞建设，一心一意谋发展，坚持解放思想，实事求是，与时俱进，进行新的探索和实践，坚定不移地走自己的发展道路。

这些话，中央反复讲过，它牵涉到怎样科学对待马克思主义，怎样坚持党的最低纲领和最高纲领的统一，怎样做好现阶段的工作。江泽民同志2001年在国防大学的重要讲话，以及胡锦涛同志的相关重要论述，都对此作了深入阐述。搞明白这些道理很重要，否则思想可能就会乱。举个例子。党的十六大在修订党章时，删除了"总纲"第三段中的"两个必然说"和"本质论"，即"马克思列宁主义揭示了人类社会历史发展的普遍规律，……指出社会主义社会必然代替资本主义社会、最后必然发展为共产主义社会"，"社会主义的本质，是解放生产力、发展生产力，消灭剥削，消除两极分化，最终达到共同富裕"。全段改写为"马克思列宁主义揭示了人类社会历史发展的规律，它的基本原理是正确的，具有强大的生

命力。中国共产党追求的共产主义最高理想，只有在社会主义社会充分发展和高度发达的基础上才能实现。社会主义制度的发展和完善是一个长期的历史过程。坚持马克思列宁主义的基本原理，走中国人民自愿选择的适合中国国情的道路，中国的社会主义事业必将取得最终的胜利。"这么改决不意味着我们党丢弃了"两个必然说"和"本质论"。新的表述讲得很清楚，中国共产党坚持马克思列宁主义的基本原理，追求共产主义最高理想，但表述的侧重点或落脚点放在了现阶段建设中国特色社会主义上。为什么要这么改？说到底，还是从社会主义初级阶段这一最大的实际出发进行考虑的。"两个必然说"和"本质论"揭示了人类社会发展规律，是党的远大理想和奋斗目标，但在现阶段不可能实现；过分强调或强调多了，会使理论与现实产生冲突或形成落差，反而会束缚我们的思想和手脚。空谈理想或理论解决不了现实问题，实现理想需要实实在在的行动。改用新的表述，目的是为了给我们新的探索和实践留下更大的空间，以便脚踏实地、全神贯注地做好当下的事，从而更好更快地接近和实现这些理想和目标。

社会主义本质论是邓小平同志在1992年南方谈话中提出的，同年召开的党的十四大提出搞社会主义市场经济，到2002年十六大召开正好都是10年。在这10年中，我国社会发生了深刻变革，包括实行公有制为主体、多种所有制经济共同发展的基本经济制度，按劳分配为主体、多种分配方式并存的分配制度，把私营企业主等新的社会阶层定位为中国特色社会主义事业的建设者，等等。在这种情形下，倘若依然沿用过去的概念来讨论阶级、剥削问题，理论与现实就会发生冲突，就会导致人们对现行路线、政策产生疑惑，使我们陷入两难境地。关键还是一切从实际出发，用"三个有利于"的标准来衡量，看主流，看大局。我个人的感觉，现在的理论和政策越来越务实，过于理想化的东西提得少了。在改革开放之前，我们曾经提过不少超越阶段的口号、任务和政策，结果欲速则不达，走了弯路。改革开放特别是党的十三大以来，我们的路线和政策都是根据初级阶段这一基本国情制定的，是在脚踏实地地建设社会主义，其效果和成就有目共睹。因此，这绝不是倒退或停滞，而是一种进步，是解放思想、实事求是的体现，是政治眼光和理论勇气的体现。

当然，类似阶级、剥削这些敏感问题，回避或搁置似乎也不是办法。近十几年来，大批国有、集体企业工人下岗，黑煤窑、黑砖窑以及劳资冲突等事件屡被曝光，人们在思想上难免会有困惑。曾有一位中学同学问我：宪法规定工人阶级是领导阶级，我们都下岗了，被边缘化了，还谈什么领导地位？如何体现和保证？最近读到一篇文章，说我们的现行法律是允许剥削的。我认为这种理解和表述欠妥，容易使人产生不恰当的联想。所以，还是需要正视并花力气研究这些问题，想办法作出有说服力的、稳妥的阐释，以消除认识上的混乱。目前私营企业主的经济实力迅速蹿升，已有30000多人财产过亿，其中一些人是否会产生分化？类似的问题也值得研究，做到未雨绸缪。可以采用内部研讨方式，力求谨慎稳健，做到研究无禁区、宣传守纪律。以上理解不知是否正确，请大家一起来思考。

再谈对外开放。要缩小与世界的差距，就不能关起门来搞建设，而对外开放，首当其冲的问题是如何与西方发达资本主义国家相处的问题。新时期以来，我们一直在积极地走向世界、面向世界，包括经过十多年的艰苦谈判加入WTO，目的是为了学习、吸收、借鉴国外先进的东西，包括吸引外国投资，以及开拓国外市场、利用国外资源。跟谁学？吸引谁的投资？主要是西方发达资本主义国家。在改革开放之初，小平同志先后出访美国和日本；我国驻美、日等国大使都是副部级。这些都说明与西方大国的关系在我国外交工作中的重要性。现今的中西关系早已不同于冷战时期你死我活的对立关系、对峙状态。在经济全球化背景下，双方经贸等联系日益紧密，相互依存度增加，共同利益增多，包括在核不扩散等问题上的合作。

问题的另一面是，尽管世界多极化趋势在发展，但凭借在军事、经济、科技等方面的明显优势，以美国为首的西方七国在国际事务中占据着主动、主导地位，许多游戏规则都是人家制定的，你加入到这个世界，就不得不长期面对这种压力，受到人家的牵制和制约；尽管我们不以意识形态画线，不与对方打口水战，但树欲静而风不止，以美国为首的西方国家从未停止对我实施和平演变策略——随着信息化快速发展和人员双向流动日益频繁，防范渗透的难度明显加大；尽管我们一直坚持走和平发展道路，但人家不愿意看到你一天天强大起来、打破现有的世界格局，所以处心积虑地打压你、遏制你，美国轰炸中国驻南联盟大使馆事件、中美撞机事件以及借台湾等问题大做文章，都说明了这一点。这就引出了一个两难问题：一方面，我们要学西方，要和对方打交道，但另一方面，又不得不提防西化、分化。我们今天几乎所有的理论与实践问题都与这个问题有关联——姓"社"姓"资"之争已持续了这么多年，今后仍不会停歇。这对我们的智慧和勇气是个考验。我觉得，时至今日，承认差距、学习西方已不是忌讳的话题。学习不是照搬，不是搞西化，而是通过吸收、借鉴于我有用的东西来发展中国特色社会主义。问题的关键不在于向谁学，而是在于学什么，怎么学。从长时段来看，如何学习西方、如何与西方国家相处，将是一个长期的、极具挑战性的课题——从鸦片战争开始，中国就一直在面对这个问题。从鸦片战争后的被动对外开放到新时期的主动对外开放，这种形式上的变化含有极为丰富的历史内涵，折射出时代和社会的沧桑巨变，凸显了当代中国的自信、魄力和活力。新时期以来，我们很好地处理了如何学习西方、如何与西方国家相处的问题，既有合作又不丢弃原则。相信今后依然会处理好这层关系，但挑战和风险明显加大了。关键是以我为主，掌握好分寸，把握好国内、国际两个大局的互动关系，避免使改革变成"改向"，同时努力营造一个于我有利的良好国际环境，潜心发展壮大自己。

以上内容均涉及当前我国发展的阶段性特征。胡锦涛同志在十七大报告谈到如何深入贯彻落实科学发展观时，从有利因素和不利因素两个角度对现今我国发展的阶段性特征作了综合分析，指出这是社会主义初级阶段基本国情在新世纪新阶段的具体表现，强调必须始终保持清醒头脑，立足社会主义初级阶段这个最大的实际，以此作为推进改革、谋划发展的根本依据，奋力开拓中国特色社会主义更为广阔的发展前景。十七届四中全会也分析指出，我国的基本国情和社会主要矛盾没有变，"同时我国发展呈现一系列新的阶段性特征，出现一系列新情况新问题"。所以说，坚持"一面旗帜、一条道路、一个理论体系"，很重要的一点就是要牢固树立立足国情、一切从实际出发的意识。一旦脱离实际，就容易迷失方向，要么西化，要么僵化。

当然，我们切忌纠缠于孰"左"孰右的争论。小平同志说过，"不搞争论，是我的一个发明"，是意有所指的。改革开放事业是在探索中前进的，伴随着困难和风险；对新事物新问题的认识需要一个过程，不可能一步到位。因此，要努力营造一种宽松活泼的氛围，鼓励探索新课题，思考新问题，提出新见解新思路；要鼓励讲真话、实话，少讲套话，不讲虚话、假话，包括允许人讲错话。只要他的出发点是好的，是在认真思考问题，我们就不能抓住只言片语，轻易给别人扣上"右"的帽子，这样不利于推进理论创新和实践创新，本身就是"左"的表现；有时，也有可能是"右"的表现——推崇激进改革和西化道路，指责持不同意见的人思想僵化、反对改革。因此，提防错误思想倾向的干扰，做到有"左"反"左"、有右反右，有时并不容易，原因在于"左"或右有时难以区分和识别。从历史的经验教训来看，"左"的干扰和危害更大一些，更难防范。十七大通过的党章在"总纲"部分谈到坚持党的基本路线时说："反对一切'左'的和右的错误倾向，要警惕右，但主要是防止'左'。"这是含有深意的。

对理论工作者来说，立足实际、认清国情显得尤为紧要。社会上有些人认为搞理论不是学问，理论很玄虚很枯燥，离现实比较远。这固然属于偏见或成见，但我们自身确实存在这方面问题。有些理论文章和专著满是烦琐论证和概念堆砌，难以卒读；写得比较生硬，缺乏亲和力；谈的是现实问题，却不着边际。从总体上看，我们写的论著宣传色彩重于研究色彩，宣传力度大于研究力度。其实，研究搞好了，才能把道理说透、把问题讲清楚，才能更好地推进宣传工作。现在值得深入研究的前瞻性、战略性、全局性课题很多，这就要求我们紧跟中央理论创新的步伐，紧随实践发展的脚步，紧扣时代前进的脉搏，按照"三个有利于"标准和"三贴近"原则，深入了解国情，拿出有分量有价值的研究成果。我们要有这种使命感和紧迫感。

（原载《科学发展观与西部和谐社会建设》，青海人民出版社 2010 年版）

从现代化视野对中国道路的整体认识

毛立言*

中国由传统社会向现代社会转型的长期过程中，出现了两个相互关联的"经济社会发展之谜"，这两个问题都与中国经济社会发展道路问题紧密相连。

一个是著名的"李约瑟难题"。世界科学技术史权威李约瑟发现，建立在高度发达的农业文明基础上曾遥遥领先的中国古代科技，不知何故没有能够向现代科技转化并促进经济社会向现代化转变。这是中国由传统向现代转型启动前出现的一个令人难解的历史之谜。

而当中国开始现代化进程，特别是当我们进行经济体制改革并取得显著成就的时候，有人又提出，为什么没有按照所谓标准经济学（西方主流经济学）原理进行改革和发展的中国，却取得了出乎意料的惊人效果？这个问题实际上是中国早已面临的"中国现代化道路到底应该怎样走"这一历史性难题，在当下的新提问方式。这个问题的存在及其难度，不仅我们已经走过的一段艰难曲折之路足以证明，而且外国有识之士也深刻感觉到了。不是有人提出，谁能把中国经济问题说清楚，就可以得诺贝尔经济学奖吗？还有学者认为，全世界还没有找到一个令人心悦诚服的理论，可以解释中国的长期高速增长。

应该看到，对"中国的现代化道路应该怎样走"这个历史难题的思考和探究，与对"李约瑟难题"的思考和探究，是存在内在关联的，但其意义与价值却有着很大区别。前一个问题是向后看，是要解释业已发生的历史，是对中国高度发达的农业文明和古代科技发展为什么出现令人遗憾和费解的结局的追问。而对后一个问题的解答，则将直接影响中国人的行动

---

* 毛立言，中国社会科学院马克思主义研究院研究员。

和实践，将决定我们怎样去创造未来，会创造什么样的新历史。很显然，能否探寻到一条能够引导中华民族走向复兴、为人类文明发展作出新贡献的经济发展道路，与中国人民现实和未来的命运、福祉紧密相连。

矢志为中华民族复兴和实现社会主义理想奋斗的历史巨人——毛泽东曾经深富感情地说："我们民族的灾难深重极了，惟有科学的态度和负责的精神，能够引导我们民族到解放之路。"① 中国共产党人和中国人民为了寻找到一条解放之路和发展之路，英勇奋斗，苦苦寻求，历经曲折，终于在寻找到一条中华民族的解放之路后，又寻找到了一条具有自身特色的发展之路。

一 中国经济发展的历史位置、任务与目标

中国经济的发展道路，不是一个形而上的问题，而是深深植根于现实之中的问题。经济发展道路是存在于特定的历史环境和现实之中的，道路的起点就是客观的现实存在，道路的延伸也不能脱离客观现实的延展。马克思指出："人们不能自由选择自己的生产力——这是他们的全部历史的基础，因为任何生产力都是一种既得的力量，是以往的活动的产物。"② 因此，中国经济的发展道路是由中国经济所处的现实历史位置和发展阶段决定的，这就需要从现代化的视野，给予整体的认识和把握。

认识中国经济发展的历史阶段及其在世界现代化历史进程中的位置，是认识中国经济发展道路问题的现实前提和理论前提。经济社会发展阶段是一个客观现实。"一个社会即使探索到了本身运动的自然规律……，它还是既不能跳过也不能用法令取消自然的发展阶段。但是它能缩短和减轻分娩的痛苦。"③ 对我国经济社会发展阶段问题，即我国经济社会发展的历史位置的科学认识，并不是很容易的，这涉及对社会经济形态系统结构中不同层次发展的历史状态及其关系的把握。1978 年党的十一届三中全会之前，我们党做过有益的探索，但没有完全搞清楚。直到党的十三大系统地论述了社会主义初级阶段理论，才对我国经济社会发展阶段做出了新的判

---

① 毛泽东：《新民主主义论》，《毛泽东选集》第 2 卷，人民出版社 1966 年版，第 623 页。
② 《马克思恩格斯选集》第 2 卷，人民出版社 1995 年版，第 101 页。
③ 《马克思恩格斯选集》第 4 卷，人民出版社 1995 年版，第 532 页。

断：社会主义初级阶段，就是指我国在生产力落后、商品经济不发达条件下建设社会主义必然要经历的特定阶段，即从我国进入社会主义到基本实现社会主义现代化的整个历史阶段。可以看出，这种对我国经济社会发展阶段的判断，是从社会主义、商品经济和现代化三者的综合考察和考虑中做出的，是依据社会经济结构的三大系统——生产力、交换关系和生产关系的综合考察来判断的。[①]

当我们从世界现代化进程来考察中国经济发展的历史位置的时候，我们不能不面对一个严峻的历史事实：这是一个被延迟的艰难的后发现代化过程。

在人类六千年文明史上，中国曾经有四千年左右走在文明发展的前列。在人类农业文明发展阶段，中国的科学技术方面有许多创造发明，长期居世界的前列；农业生产率达到并长期保持了世界最高水平，以农业和手工业为主体的我国的物质文明，以及建立在这种基础上的精神文明，始终都走在世界的前列，对世界文明的发展作出了举世公认的贡献。世界各国学者普遍认为，直到 16 世纪，中国的经济文化发展水平仍居世界前列。[②] 18 世纪与 19 世纪的交叉点，是中国历史坐标系上的一个重要的历史转折点。这是中国与西方国家的发展水平由远远超出的两条曲线逐渐接近相交后，又迅速向反方向拉开距离的一个历史拐点。从中国走向现代化的总的历史过程来讲，这是一个"自生型"主动现代化路径终结和"回应型"被动现代化开始的分界点。在工业革命发生以来的 200 多年间，中国从 18 世纪的世界一流强国下降为 19 世纪的世界二流国家，到 20 世纪初又跌落到世界三流国家的境地。这就是中国没有抓住由农业文明向工业文明转化的历史机遇而付出的沉重代价。

中国由于农业文明的高度发达而使其社会结构达到了难以超越的精致和稳定程度，由于社会结构的高度精致和稳定产生的巨大历史惰性，反而使中国在向工业文明为核心的现代化转变过程中，呈现出如此迟缓、艰难和曲折的景况。在人类历史上这场新文明的浪潮兴起乃至已经有了近一个

---

① 毛立言：《社会主义在实践中的历史定位和模式选择》，《马克思主义研究》1999 年第 3 期。

② 在 1840 年鸦片战争以前的 2600 多年的时间里，中国的经济总量始终大约占世界经济总量的 25%—30%。鸦片战争后 30 年的 1870 年即同治九年，就降到占 17.2%。参见［英］安格斯·麦迪森《世界经济千年史》，伍晓鹰等译，北京大学出版社 2003 年版。

世纪的发展，已成为一般不可阻挡的汹涌潮流的时候，当时的中国在封建主义的统治下，在重本抑末和闭关锁国政策的束缚下，对发生在西方的这场意义深远的将引起社会经济形态和全球政治、经济格局根本变化的伟大革命，却盲目自负、茫然无知、漠然迟钝，经济和国力急速衰败，很快陷入半殖民地半封建的悲惨境地。

中国的现代化运动是在列强坚船利炮的蛮横进攻下被迫启动的。历史告诉我们，这是一个必然会遭受多次挫折的漫长而痛苦的历程。由洋务运动拉开序幕，经"戊戌变法"、"立宪运动"、"辛亥革命"，中国的被动现代化努力虽然艰难地在某些层面上进行推进，但并没有取得显著的成效，而且在陷入半殖民地半封建的深渊之后，连国家的对外独立和对内统一这个实现现代化的必不可少的基本前提都很快失去了。

东方社会在世界近代历史发展中所处的历史位置，决定了它们经济社会发展的三种道路和前景：其一，为了反对西方化而反对现代化，这主要是某些伊斯兰原教旨主义国家的态度，固执己见，自甘落后，故步自封；其二，照搬西方资本主义经济发展的道路，认为要现代化就必须彻底西方化，比如土耳其"凯末尔主义"的全盘西方化道路，其结果则是成为"自我撕裂的国家"；其三，追求现代化但拒绝西方化，亨廷顿认为这后一类现代化道路以东亚国家为代表，并认为是最成功的一类国家。①

二 中国经济社会发展道路的选择：
新型现代化——社会主义现代化

新民主主义革命的成功宣告了中国自 1840 年鸦片战争以来"屈辱的世纪"的结束。独立统一的新中国的成立，为中国实现现代化奠定了基础。当"现代化"成为中国社会发展的"主题"以后，中国的现代化道路应该怎样走？就成为一个要立即付诸实践的问题。虽然上述三种思潮在中国就都存在并一直进行着论争，但现实对多次失去历史机遇的中国现代化提出了更高的要求，中国最终选择了"追求现代化但拒绝西方化"的道路，就是要通过社会主义来发展中国经济，推动中国社会的发展和中华民族的复兴。

---

① 参见［美］亨廷顿《文明的冲突》（中译本），上海三联书店1998年版。

可以看出，中国的选择与其他东亚国家的选择相比，仍有重大区别，带有自己的鲜明特色。对后发现代化国家的发展道路选择来讲，制度构架的选择则是更为重要的。东亚一些国家和地区追求现代化并拒绝西方化，主要是拒绝西方的文化，要保持自己的传统文化，而中国拒绝的是西方的基本经济制度——资本主义制度。中国做出了自己的选择，做出了历史要求的新选择——探寻社会主义现代化新路。这是一条极其艰难的道路，当然更是一条无论对于中国的复兴，还是对于世界文明的推进，都具有重大意义的新路。这是一个蕴涵着相当深刻的理论与实践难题的时代课题。但对这条新的经济发展道路的内涵的认识，一开始不可能是全面和完善的，我们知道，在开始选择这条道路时，"商品—市场经济"也曾作为资本主义制度的组成部分而被拒绝。

中国作为一个后发现代化国家的这种历史位置，中国追求社会主义理想的现实条件与马克思、恩格斯对未来社会设想的差距，都从历史的内在逻辑上显示了中国社会主义建设与现代化问题的本质联系，我国社会内在矛盾运动和世界整体矛盾运动的结合，使社会主义的发展同现代化进程存在着历史性的契合和逻辑性同构，并要求在实现现代性的同时实现对现代性的超越。不管是否意识到，中国选择的这条经济社会发展新路，要处理的一个核心问题是要认识社会主义、商品经济、现代化三者的相互关系问题。事实表明，对我们选择的这条道路的内涵的认识，还是要随着实践的发展而不断调整和加深的。

通过社会主义道路来实现中国的现代化，是中国共产党带领中国人民做出的历史性选择。1957 年我国完成对农业、手工业和资本主义工商业的改造，经济体制实现了由新民主主义经济时期的国家计划调控的市场经济到完全的计划经济体制的转变，进入社会主义计划经济的发展时期。这是中国社会发展的一个重大变化。1955 年秋，毛泽东在一份按语中写道："人类的发展有了几十万年，在中国这个地方，直到现在方才取得了按照计划发展自己的经济和文化的条件。自从取得了这个条件，我国的面目就将一年一年地起变化。"但如何搞社会主义经济建设，在已有先行者苏联的情况下，开始时学习苏联的经验和模式，是很自然的事情。随着苏联模式逐渐暴露出其缺点和弊端，作为一贯从实际出发考虑中国问题的极具独创性的毛泽东，又提出了寻找适合中国国情的社会主义建设道路的问题。他明确指出："最近苏联方面暴露了他们在建设社会主义过程中的一些缺点和错误，他们走过的弯路，你还想走？过去我们就是鉴于他们的经验教训，少走了一些弯路，现在当然更要引以为戒。"① 他率先提出"以苏为鉴"、不要机械照搬外国经验的方针，在《论十大关系》中明确指出，中国要走自己的路，要探索一条适合中国国情的建设社会主义的道路。

具备了主权独立、国家统一这种主动现代化基本前提的新中国，其第一代领导人充满了胜利后的豪情，怀有一种强烈的赶超先进国家的愿望。在建国后的前三十年，充分发挥了传统计划经济体制的高度动员能力，调动和利用了新社会制度诞生使全体劳动人民地位改变的巨大政治效应和政治热情，迅速动员和集中使用了全国的资源，并借助前苏联的援助，以苏联模式为样本，在旧中国极其落后的基础上，以外延扩展型经济增长与高积累、低消费的投入带动型赶超发展战略并重，使现代工业体系初步建立，使现代教育和科研体系基本形成。这些不可低估的巨大成就虽然奠定了中国工业化的初步基础。但由于没有认识到"斯大林模式"在历史定位上的失误，虽然不想完全照搬苏联的做法，但实际上仍然是在努力复制马克思、恩格斯关于后资本主义和后商品经济未来社会的设想。这样形成的传统计划经济体制，就不可能奠定符合现实要求的具有持久效能的趋向现代化的基础性制度构架。

事实证明，在中国这样一个经济文化落后的国家如何通过社会主义道路实现现代化，这是历史摆在中国人面前的一个有极大难度的历史性课题，是既关系到社会主义的命运、又关系到现代化能否实现这个与中华民族的兴衰紧密相连的重大问题。要探寻到一条中国经济现代化的科学道路，没有一个在实践中不断提高认识、积累经验的过程，是不可能的。改革开放前，中国的社会主义现代化运动反复出现了探索初期难以避免的由冲动和浪漫造成的动机与效果相背离状况：1954 年一届人大提出"四个现代化"的构想，1958 年的"大跃进"使我们的经济跃而不进；1964 年三届人大提出在 20 世纪实现"四个现代化"，1966 年开始的"文化大革命"使之化为泡影；1975 年四届人大再次提出 20 世纪末实现"四个现代化"，1976 年的"批邓反击右倾翻案风"使之夭折。

毛泽东同志在 1962 年曾讲过："对于建设社会主义的规律的认识，必

---

① 《毛泽东文集》第 7 卷，人民出版社 1999 年版，第 23 页。

须有一个过程。必须从实践出发，从没有经验到有经验，从有较少的经验，到有较多的经验，从建设社会主义这个未被认识的必然王国，到逐步地克服盲目性、认识客观规律、从而获得自由，在认识上出现一个飞跃，到达自由王国。"① 毛泽东已经意识到当代中国的这个根本问题，明确提出并开始探索一条中国式的社会主义道路，但没有完成。历史和现实都证明了这个问题的难度。要求依据实践经验和教训，对中国的社会主义现代化道路进行新的理论和实践探索。应该承认，在探索的初期，对中国发展道路的探索和认识，对"现代化"背景的把握和"现代化"内涵的认识是不明晰的。

以明确的现代化历史背景和现代化诉求为对我国发展道路再思考的思维背景，是这次历史性反思与改革的突出特点。邓小平同志在对中国国情进行深刻分析的基础上，在认识到社会主义初级阶段是没有实现现代化的阶段这一关键之后，重新鲜明地提出了实现现代化的问题。在新的历史时期，邓小平同志非常重视和强调这个问题，几乎是口不离现代化建设。他鲜明地指出："我们当前以及今后相当一个历史时期的主要任务是什么？一句话，就是搞现代化建设。能否实现四个现代化，决定着我们国家的命运、民族的命运。"

邓小平在新的历史起点上，更深刻、自觉地反思当代中国的这个根本问题，更清晰地把中国国情、社会主义和现代化联系起来思考。他说："问题是什么是社会主义，如何建设社会主义。我们的经验教训有许多条，就是要搞清楚这个问题。"② 同时，他又结合对世界现代化历史进程的认识，把问题归结为："要适合中国的情况，走出一条中国式的现代化道路。"③

经济发展道路的选择首先是必须立足现实的，是必须遵循经济发展的客观规律的，而决定发展的目标的选择和确定的另一个因素，则是人们的价值判断和目标追求，即发展目标的确立。发展目标是决定道路选择的关键性因素。现实和目标会共同决定道路的选择。

经济发展目标是由现实提出的经济发展任务与人们的价值追求共同决

---

① 毛泽东：《在扩大的中央工作会议上的讲话》（1962 年 1 月 30 日），《毛泽东文集》第 8 卷，人民出版社 1999 年版，第 300 页。

② 《邓小平文选》第 3 卷，人民出版社 1993 年版，第 116 页。

③ 《邓小平文选》第 2 卷，人民出版社 1993 年版，第 163 页。

定的。中国改革开放的总设计师邓小平，从中国经济社会所处的历史阶段和发展趋势的要求出发，从中国广大人民群众的根本利益出发，提出"社会主义的本质是解放生产力，发展生产力，消灭剥削，消除两极分化，最终达到共同富裕"①。这种对社会主义本质的精辟论述，体现了社会主义根本任务与价值目标的统一，社会主义发展过程与最终目标的统一。这一论断既突出地反映了中国经济社会所处历史阶段特别需要注重生产力发展的迫切要求，又突出地强调了中国经济社会发展的目标是消灭剥削，消除两极分化，最终达到共同富裕。这一目标显示了中国发展生产力与剥削阶级统治的社会发展生产力的目的的根本不同。这样，就确立了中国特色社会主义经济发展道路的两大目标——生产力发展与共同富裕。

这两大目标，既决定了中国特色社会主义经济发展道路的方向和趋势，又界定了探索这条道路、实现这些目标的边界，为中国特色社会主义经济发展道路的探索设定了既防止走偏方向，又提供了解放思想、大胆探索中国经济发展的机制和体制，方式和方法，多种所有制形态和多种实现形式等广阔空间。

中国经济现代化发展道路就是在这两大目标引导和设定的空间中开拓发展的。社会主义始终是一个充满活力的动态创造过程，不是一种一成不变的凝固状态。它是一个以解放和发展生产力为基本出发点和基本任务，以消灭剥削、消除两极分化、实现共同富裕为最终目的，从实际出发，严格依据现实社会条件，依靠人民群众的创造性实践，探索各种有效的制度、体制形式（包括所有制形式和结构，公有制的多种实现形式，发展生产力的各种形式），以实现生产力的持续发展、实现共同富裕和人的全面发展。可以看出，邓小平正是从社会主义实践性和创造性出发，纠正过去对社会主义的教条主义理解，纠正过去那种脱离生产力发展、片面重视生产关系变革的错误观念和做法，也就是只重形式、忽视功能的错误倾向。恢复、坚持和发展了马克思的社会主义观，精辟地指出了应该主要从功能角度确认社会主义的本质，确立了社会主义的实践标准。这就为社会主义从实际出发，发挥人民群众的创造性，进行广泛的探索和创造，开辟了广阔的活动空间，为具有生命力的社会主义的创造和建设开辟了宽阔的道路。

---

① 《邓小平文选》第3卷，人民出版社1993年版，第373页。

三 中国经济发展道路的基本特征和基本内涵：
多角度的整体思考与把握

道路不仅要落实在现实之上，道路更是立足现实的一种选择。当我们搞清了中国经济社会发展的历史位置，确定了中国经济发展的目标，认清了中国经济社会发展道路探索的方向和开拓的空间以后，要进一步认识中国特色社会主义经济发展道路的具体内容，就需要首先从整体上认识这条道路的诸种特点和基本内涵，以厘清探索认识这条道路的基本思路。

能否探寻到一条符合国情、实现民族复兴的科学发展道路，就取决于我们能否既正确地认识和把握这种后发现代化的落后状态所要求的必须遵循的客观规律，又准确地把握这种落后历史位置所提供给我们的实现赶超型发展的选择机会和空间。历史的辩证法就表现在，在这种落后的历史位置和状态中既存在严酷的后发劣势，又蕴涵着难得的后发优势。正确的发展道路，就存在于对这种后发劣势和后发优势同时并存的状态对中国发展提出的严格要求和提供的选择机会和空间。

中国社会发展的这种历史位置意味着，在探寻和思考中国特色发展道路时，在基本思路和方法论上，一定要注意，这条道路的选择和开拓是不可选择性与可选择性的统一。这种特点，就表现在它既要符合历史发展基本趋势的规律性，又要充分利用历史发展的选择空间。发展道路的不可选择性，亦即不可逾越性，就是道路的客观现实性和由现实决定的发展必须遵循的客观规律和基本趋势，必须科学认识、严格遵循，不能随意违背和逾越。违背客观规律，悖逆基本趋势，就是藐视道路的不可选择性，就是违背客观规律的不可违逆性，这样就会陷入唯意志论，就要受到规律的惩罚。

道路的可选择性，亦即可逾越性，就是基于客观现实和社会历史条件的复杂性，特别是在历史发展的转折关口，在新的社会因素萌发的时候，在两种历史因素叠加的时期，会使发展存在选择的空间和趋向，使社会制度构造的演进呈现跨越式发展的可能，从而使经济社会发展道路具有选择性，具有方向性差异。作为一个后发现代化国家，我们必须高度重视和敏感认识历史提供给我们的这种选择的空间，抓住这种发挥创造性的机遇，合理充分地利用历史提供的这种可选择性和可逾越性，我们将可以充分发挥我们的主观能动性和历史创造性，实现我国生产力和社会制度的跨越式发展。

中国特色经济发展道路的这种"不可选择性与可选择性的统一"的特点，不是人们的愿望、意志的任意选择，而是建立在对社会的经济运动规律的科学认识基础上的，"不可选择性"和"不可逾越性"是对发展规律的遵从，"可选择性"合"可逾越性"是对历史提供的选择机会和跨越条件的认识和利用。马克思曾经提出，揭示现代社会的经济运动规律，正是为了能够根据社会发展的规律，"缩短和减轻分娩的痛苦"①。

中国特色社会主义现代化的基本内涵，如果从历史唯物主义角度进行整体审视和深思的话，就可以得出，这是一个独特的"现代性的实现与超越过程"这样一个似乎很怪异的哲学意义上的综合概念，但却是历史赋予中国的一个特殊的历史使命。②

社会主义由理论转化为实践、由设想转化为现实没有发生在西方发达资本主义国家，而是发生在东方资本主义发展缓慢、微弱的殖民地半殖民地国家，这既是历史发展辩证法的体现，也提出了新的历史性课题。在资本主义现代化发展正在或已经展现了经由资本主义商品经济发展推动的现代性的充分展现及其负面效应的情况下，在这种现代化还没有得以发展（现代性还没有充分展开）的国家，如何进行社会主义探索和构建，就是一个崭新的历史性课题。

从现代化的角度来看，在"转型"过程中既存在着不可选择性，又存在着可选择性。质言之，向现代型经济和现代型社会的转型是别无选择的，这是由人类社会发展的基本趋势决定的；而走向一个什么性质的现代型经济和现代型社会，则是可以选择的，而且是不可回避的选择。现代化既可以是资本主义的，也可以是另类的，是社会主义的。③

现实中的社会主义不是现代性充分实现后的社会主义形态，即不是马克思从典型形态上的逻辑构想的共产主义社会形态（包括其第一阶段）设

---

① 马克思：《资本论》第 1 卷，人民出版社 1972 年版，第 207 页。

② 毛立言：《跨越现代化基本要素和结构的"超现代形态"》，《江苏行政学院学报》2007 年第 5 期。

③ 另类现代化，意指不同于已经出现的资本主义形态的现代化的另一种现代化形态。在现代化的一般历史进程中，在资本主义因内在矛盾已经暴露出严重弊端的情况下，可以选择另一种现代化形态，即社会主义现代化。另类（Alternative），这一译自英文的词汇，其原义为选择性，有选择的，或可供选择的。

想的复制。中国特色社会主义经济发展道路的独特历史职能，就是在对"现代性"历史作用充分肯定、自觉推进与充分实现基础上的理性超越，是既实现现代性又超越现代性，在实现现实性的同时超越现代性。具体讲，就是发展利用商品市场经济，推动工业化，同时以超越资本主义生产关系的社会主义生产关系为主体伴以多种形式的所有制经济，实现中国特色的经济现代化。①

我国的体制改革从一开始就偏离了现代经济学正统理论开出的"药方"，在路径选择上也没有听从国际货币基金组织（IMF）等国际机构"休克疗法"，而选择了一条中国特色的"摸着石头过河"的渐进式改革之路，而且取得了历史性的成功。中国体制改革和转型走出的这条道路，不仅暗合了现代化系统结构转换的渐进性要求，而且提出和实践了新的转型目标——社会主义市场经济，其意义，就是试图走出一条在市场经济基础上通过社会主义道路实现现代化的新路，也就是既符合现代型经济、社会的基本要求，又具有社会主义属性的另一种现代化形态。这种另类现代化是与资本主义现代化处于同时段（商品—市场经济阶段）的现代化。

要对中国特色社会主义经济发展道路的基本内涵有更具体的认识，就需要对其进行政治经济学角度的把握，要运用马克思主义的社会经济结构剖析法，对其进行政治经济学意义上的解析。②

现代化的实现是一场深刻的系统结构转换。③ 任何经济社会转型都是一个系统结构转换。因此，这一大规模制度变迁需要一个能够涵盖其"成套的、不可分割的"全部问题的完整理论框架才能给予揭示。特别是，由这种成套的全部问题构成的现代化转型，是一个由"骨骼系统"和"血肉系统"构成的内涵非常复杂的系统，那么，要认识和把握这种内涵繁复的

---

① 毛立言：《"转型"的历史方位、结构变迁与趋向——现代化视角下的逻辑与结构分析》，《江苏行政学院学报》2006 年第 4 期。

② 对中国特色社会主义经济发展道路的多层次的政治经济学解析，是需要分别撰文进行阐述的，限于篇幅，这里只能简要概述一下。

③ 历史学家黄仁宇在谈到李约瑟博士对欧洲现代社会的形成时曾说，一次在剑河边散步时，"他就和我说，以他多年读书的经验，深觉得欧洲的文艺复兴、宗教改革、资本主义的形成，和现代科技的发展，是一种'成套的'（package）事迹，一有都有，四种情事前后发生，彼此关联。"这也是黄仁宇和李约瑟合作研究中的共同观点，"西欧在 14 世纪至 17 世纪之间，产生了一个剧烈的变化，影响到哲学思想美术建筑宗教经济和社会组织，其中各种因素，互相关联，并且这运动一经展开，就不可逆转，兹后欧洲再也不能回到中世纪里面去。"

现代化转型运动，首先需要对其内在"骨骼系统"的解剖和认识，亦即对社会基本结构的把握。

中国经济现代化是一个系统结构转变与发展，从经济角度讲，有三重层次和内涵：

一、生产力系统的转型与发展，这主要表现为从农业经济向工业经济的转变，产业结构的分化与提升。中国由急速的社会分工决定的产业分化和提升，是工业化过程与农业现代化过程的协同发展过程，同时又是科学技术现代化并向各个产业渗透的过程。这是中国经济发展的最根本的内涵和趋势。中国现代生产力的发展道路就蕴涵在这个系统的转型与发展中。因此，中国特色现代生产力（产业）发展道路的构成，就包括以新型工业化道路为骨干、以新型农业现代化道路为基础和以科学技术现代化为导引的有机系统。这三个方面的有机联系和渗透，共同形成有中国特色的现代生产力发展道路。

应该说，生产力发展的连续性和不可选择性较强，但也不是绝对没有选择余地。在这里，不可选择性和可选择性表现在不同的层次上，也就是说，任何国家的经济发展，都不能改变和脱离由农业经济向工业经济转变的基本趋势，这种基本历史逻辑和内涵是不可选择、不可逾越的，但由于一个国家的生产力发展阶段与世界先进生产力发展状况的发展位差，使落后国家的工业化发展存在一定的选择空间。这样，根据不同的国情和一国工业化在世界工业化历史进程中的位置，在转变的形式、节奏和具体内涵上是可以有变化和选择的，从而形成不同的发展道路和模式。

二、交换关系系统的转型，这表现为从计划经济向市场经济的转变。从排斥商品经济到发展商品经济，从消灭市场经济到恢复市场经济，实际上是对从自然经济向商品经济、市场经济转变的历史趋势的承认和恢复。中国特色社会主义经济发展道路的经济机制、体制问题，就与这个系统直接相关。

在商品经济和资本主义还没有充分发育的经济落后国家建设社会主义，不可能是马克思设想的商品经济和资本主义充分发展后的形态。过去曾经认为商品经济是可以跨越过去的，然而实践证明，商品经济是经济发展不可逾越的阶段，"价值"关系和价值机制是不能随意抛弃的。它们之所以是不可跨越的，从功能上看，是由于商品经济、价值关系和价值机制与工业化、现代化进程有着本质的逻辑关联。现代化的基本要素和结构是不可逾越的，商品经济在现代化历史进程中的基本作用，在于它是造就现代经济的基本要素和现代社会的基本结构的不可替代的历史性力量，是实现现代化的不可脱离的基本途径。商品价值关系和价值杠杆是经济现代化过程中最根本的机制，是现阶段中国经济发展的动力机制和运行调控机制的基础。

中国特色的经济发展动力机制要使物质利益和价值杠杆的基础作用与精神思想及道德的激励作用结合起来。既要纠正计划经济时期忽视物质利益原则的偏颇，又要合理吸收和利用计划经济时期政治思想工作的经验，构建物质利益原则、价值机制与社会主义核心价值观相结合的中国特色的经济社会发展动力机制。要重视中国现代化发展中的"精神发展"问题，充分发挥"精神"因素的动力作用与约束作用，要把社会主义核心价值观的培育与现代化发展中的动力机制、价值机制结合起来，形成中国特色的经济社会发展的强大动力机制。这是一项紧迫而艰巨的任务，是修补经济社会发展的动力机制、完善经济发展道路的重大课题。

对中国特色社会主义市场经济的宏观调控体系的构建和完善，在总结自己的实践经验的基础上，应该有新的思路，要全面总结自己和世界各国正反两方面的全部历史经验，从我国社会主义现代化发展的实际出发，认真进行"不可选择性"和"可选择性"的思考。要在充分认识现代市场经济关于宏观调控方面的一般经验和新进展的基础上，着力研究社会主义市场经济宏观调控的新特点。因为我们考虑中国特色社会主义市场经济中的宏观调控问题，不能仅从一般市场经济和现代市场经济的要求考虑，而是要考虑到我国是一个后发现代化国家、存在着赶超型发展的艰巨任务；特别还要认识到，我们是以创建社会主义市场经济体制为目标和制度基础的，我们要实现以人为本、全民共创共享的全面协调可持续发展，就必须对经济调控系统进行符合中国实际的选择和创新，形成自己的鲜明特色。

三、生产关系系统的调整和改革，这表现为适应中国经济发展阶段的产权关系和基本经济制度的选择。任何生产力都是在一定的生产关系中发展的，任何交换方式都是与一定的生产关系结合为一个有机体来运行的。选择什么生产关系作为主体？选择什么样的所有制结构？这是决定中国经济发展道路的方向和性质的制度特征问题。

在 20 世纪末叶，处在历史性体制改革运动中的社会主义国家，又发生了一次发展道路的选择。当改革在局部发展商品经济和整体模拟市场经济的框框内都没有找到出路、终于要搞真正的市场经济的时候，世界社会主义改革运动迅疾分道扬镳。由改革的二重基本内涵决定的三种趋向必然表现为"主义之争"和"道路之争"，最终的结局取决于不同利益集团力量上的博弈，在现实中会转化为三种改革目标模式：新自由主义思潮主导的自由市场经济模式；社会民主主义思潮主导的各类社会市场经济模式；马克思主义主导的社会主义市场经济模式。① 此刻，又一次社会发展道路的选择是不可回避的。

在这样的历史关头，在认识到我国处在后发现代化的历史位置、现代性还没有充分实现的发展阶段，在承认了现代化与商品—市场经济的内在逻辑关联，承认作为现代化过程的这两个有机联系的内涵都是不可逾越的时候，我们就又在面临着决定这一现代化发展道路的性质和方向的选择，即基本生产关系和社会制度的选择。在计划型社会主义实践遭受挫折的时候，新自由主义作为一种社会思潮汹涌而至，"充满自信"地宣告"历史的终结"，似乎资本主义市场经济是唯一可行的道路，人类社会的发展道路已经不可选择。然而，只要坚持历史辩证法，就会客观地承认，虽然现时代的生产力发展水平和生产社会化状态，仍然有资本主义生产方式存在的空间，但资本主义内在矛盾的深化和生产社会化发展导致的产权分化趋势已经提供了以公有制为基础的新生产关系和社会制度产生和发展的条件，私有产权制度已经是可以逾越的。②

因此，就是经济落后的后发现代化国家，在通过发展商品—市场经济促进生产力发展的时候，社会的主体生产关系和社会基本制度并非只能是资本主义私有制，社会主义基本制度可以实现与商品—市场经济的结合，这种选择是要实现对资本主义制度的跨越。

中国的选择是创建社会主义市场经济。这是社会主义发展史、乃至整个人类社会发展史上的制度创新。这就是要实现以公有制经济为主体、多种所有制经济共同发展的基本经济制度与市场经济的结合，其核心公有制与市场经济的有机结合，从而形成我国新型现代化过程的制度构架。这样，一方面充分发挥市场经济激发微观经济主体活力，同时以社会主义制

---

① 毛立言：《市场的"复归"和"主义"的选择》，《政治经济学研究报告（3）》，社会科学文献出版社 2002 年版。

② 毛立言：《经济转型与产权运动》，《政治经济学研究报告（6）》，社会科学文献出版社 2005 年版。

度保障实现以人为本和成果分享，在计划经济时期奠定的经济基础上，继续推进中国的现代化进程，通过赶超式发展，实现中华民族的复兴。

中国特色社会主义经济发展的体制模式是社会主义基本经济制度与市场经济的有机结合，是社会主义市场经济体制。这是这条道路的本质特色。社会主义市场经济是社会主义终于根植于现实之中的结果。因为从总体上讲，这种重新给予正确历史定位的社会主义，就是指没有经历过资本主义和商品—市场经济充分发展阶段，换句话说，就是中断了资本主义的或微弱、或畸形、或一定程度发展后产生的社会主义，而商品—市场经济的发展却是不能中断和跨越的。这样，从社会发展相互联系但又相对独立的双重结构的历史性叠合来看，这种重新定位的社会主义，就是在生产关系（纵向经济关系）系统上要建立以公有制为主体的多元产权关系系统；而在交换关系（横向经济关系）系统仍处在商品—市场经济发展阶段的社会主义，是这两大经济系统的特定历史性结合。

作为一个超大型后发现代化国家，中国要在生产力方面用几十年时间完成发达国家上百年才能完成的以工业化推进为核心的经济发展任务，实现三步走的发展目标。这个后发现代化过程，是在传统的以农业经济为主的二元经济的基础上迅速推进的以工业化为核心的经济发展和社会结构全面变动过程，是从一个相对封闭的状态向一个开放的且不断提升开放档次和提高开放质量的状态的转变过程，是从计划经济向市场经济的体制转变过程，是从计划经济条件下的公有制向市场经济条件下的公有制为主体的多元经济形态的产权关系转变过程。这几重历史性转变的重叠，使这一过程具有异常丰富的内涵、难以比拟的独特性和难度。

发展是多种因素综合作用的结果，是社会形态全部内涵和结构的系统演进和转变。概括地讲，主要是自然资源、生产力和交换关系、生产关系四大要素共同作用的结果。中国经济现代化之路，就存在于这个系统结构的综合转变和发展过程之中，是对这个经济系统发展趋势和规律的把握，是对这个经济系统发展存在的诸种可能性和前景的选择。依据上面这些比较抽象的论述，对中国经济发展道路的内涵，就可以得出这样的概括：中国经济发展道路就是在一定的资源禀赋的前提下，从既定的历史位置出发，解决生产力发展与经济机制、经济制度的这个系统的协调运行和健康发展的问题。中国特色社会主义经济发展道路，是中国特色现代生产力发展道路、中国特色经济运行体制与中国特色基本经济制度的有机综合体。

结语——显示着巨大成效的中国道路仍在发展中

中国的改革开放和经济发展是在特定国际环境和历史条件下的后发现代化过程。这个过程是要把社会主义基本制度与市场经济有机结合，形成具有中国特色现代化过程的制度构架，即中国特色社会主义道路。一方面以市场经济充分激发经济活力，同时以社会主义制度实现以人为本和成果分享，通过赶超式发展，全面推进社会主义现代化，实现中华民族的和平崛起。

要在开放条件下进行赶超型发展，实现社会主义现代化的目标，就要既遵循人类现代化历史进程中经济社会发展的一般规律，又要根据自己的现实条件和时代新特点进行制度创新；既要充分借鉴国外现代化发展的有益经验，但又没有可以直接照搬的发展模式，必须走出一条经济社会发展的一般规律与中国实际相结合的发展道路，即中国特色的社会主义现代化道路。这不仅是一个发展中大国的赶超型发展过程，而且是人类文明发展史上史无前例的制度创新过程，是人类历史上从未有过的伟大创举，是中国人民通过自力更生、艰苦奋斗实现中华民族的伟大复兴之路。

30 年改革开放取得的巨大成就充分证明了我们选择的这条道路是正确的，并且已经取得了令世界瞩目的实践效应。在世界历史上，没有十几亿人口的大国快速发展的先例。这是人类发展史上的一个奇迹：新中国成立后，经过 60 年艰苦奋斗，中国从一个满目疮痍的落后国家，成长为在世界上举足轻重的大国。"中国道路"改变了全人类近 1/5 人口的命运，十几亿人民实现了从贫困到温饱、再到总体小康的历史性跨越。改革开放 30 年来，中国年均经济增长率是世界同期年均经济增长率的 3 倍多，古老的中国驶入了现代化的快车道。"中国道路"，不仅让中国走向繁荣富强，还推进了世界经济发展。自 2001 年加入世界贸易组织以来，中国每年平均进口 6870 亿美元的商品，为相关国家和地区创造约 1400 万个就业岗位。去年，中国经济对世界经济增长的贡献率达到22%，对全球贸易增长的贡献率超过9%。在积极应对国际金融危机的今天，中国已经成为促进世界经济复苏的重要"引擎"。中国的发展改变着全球发展的格局和世界历史的走向。新中国成立 60 年特别是改革开放 30 年，中国成功地开辟了中国特色社会主义经济发展道路，找到了实现中华民族伟大复兴的正确途径。

这怎能不赢得世界的瞩目。

中国特色社会主义经济发展道路经过新中国成立 60 年、特别是改革开放 30 年的开拓与发展，已经基本成型，但还不完善，它具有特质的新内涵和新功效已经在现实中开始展现出来，但还很不充分。我们知道，任何一种社会制度和体制的成熟都是需要一个比较长期的过程的，何况是社会主义市场经济这种崭新的具有极大难度的制度创新。邓小平曾从深度和广度上强调改革是一场革命的同时，又从改革是一场伟大的制度创新的角度，着眼于改革的制度创新属性和创新的深刻性、难度和深远意义，强调了改革是一场试验。他说："从世界的角度来讲，也是一个大试验"① 是探索"一条新路"。② 这意味着，中国特色经济社会发展道路是一场具有历史性难度的探索，是需要在理论和实践的交互作用中不断总结经验，持续探索的过程。

2009 年 9 月 9 日，中共中央政治局就新中国成立以来对社会主义现代化的认识和实践进行第十六次集体学习时，胡锦涛同志强调指出，我国社会主义现代化建设是在我国具体国情的基础上和时代发展的条件下进行的，这就要求我们既要深刻认识和把握现代化的一般规律和社会主义现代化的普遍规律，又要深刻认识和把握我国社会主义现代化的特殊规律。

我们必须坚持党的思想路线，发扬求真务实精神，继续从我国实际出发，坚持不懈地探索和把握我国社会主义现代化规律，不断创造性地研究和解决改革开放和社会主义现代化建设中的重大理论和实践问题，使"中国道路"更加完善，把社会主义现代化和实现民族复兴大业不断推向前进，努力为人类的文明进步作出贡献。

（原载《经济纵横》2010 年第 2 期）

---

① 《建设有中国特色社会主义》增订本，第 113 页。
② 1985 年 7 月 15 日新华社讯。

马克思主义劳动价值论与构建
社会主义核心价值体系

李　燕　周玉林[*]

　　100多年前，马克思和恩格斯在他们的著作中对于资本主义制度下的劳动、价值、价格等问题做了深入剖析，对于人们正确分析资本主义制度的本质，分析资本主义制度下资本所有者与劳动者的关系具有重要指导意义。在苏联与中国的社会主义的实践中，以计划经济体制的形式对马克思主义的劳动价值论有过相近的理解与运用，这种理论与实践有助于树立正确的社会主义价值观，在社会主义国家的早期建设中有过重要影响和作用。在社会主义市场经济条件下，如何正确理解和运用马克思主义劳动价值论，在实践中发展马克思主义理论，使之与中国社会主义建设的实践紧密结合，形成具有中国特色的社会主义市场经济条件下的社会主义劳动价值观，在生产劳动中体现社会主义核心价值具有重要的指导意义。

一　马克思主义劳动价值论揭示了人与人的关系以及劳动的社会价值

　　马克思在《资本论》中对资本主义制度下的商品经济活动进行了深入分析，其中，劳动价值论是马克思全部经济理论体系的基础，其包含的内容很广泛，涉及商品的生产、交换、分配、消费各个方面，如，商品的二因素与生产商品的劳动的二重性，商品价值和货币理论，剩余价值理论，

---

* 李　燕，中国社会科学院世界经济与政治研究所副教授。
　周玉林，中国社会科学院世界经济与政治研究所助理研究员。

生产价格理论，商品拜物教和货币拜物教理论等，其中的核心是剩余价值理论。在分析资本主义商品生产过程时，马克思把资本主义制度下的商品生产劳动从劳动形式、劳动属性以及劳动的社会分工几方面进行了区分，划分出简单劳动和复杂劳动，具体劳动和抽象劳动，以及私人劳动和社会劳动等，从而更清晰地论述了资本主义剩余价值的产生过程。同时，马克思还肯定，只有当劳动产品成为商品，进入到社会中时，劳动者的劳动才实现了自己的价值，也就是说，无论是资本主义的商品生产还是资本主义制度下劳动者的个人劳动，其最终价值都要通过社会性来实现。于是，马克思主义劳动价值论也就反映了两个本质性的关系：一方面是马克思在分析资本主义商品生产与剩余价值的产生过程中，不仅分析了资本主义的生产过程，更重要的是论述了资本主义生产过程中的资本所有者与生产者之间的关系。在马克思看来，资本主义生产过程中的所有物质上的经济关系，其本质都体现出人与人之间的价值关系，如列宁所说："凡是资产阶级经济学家看到的物与物之间的关系（商品交换商品）的地方，马克思都揭示了人与人之间的关系。"① 就此意义说，马克思的劳动价值论的一个主要贡献在于，他揭示了价值的本质是人与人之间的关系；另一方面，在分析资本主义的商品生产以及价值实现过程中，马克思也阐明，单个人的劳动价值必须在整个社会体系中才能体现出来，人们在劳动过程中结成的社会关系、商品的社会属性也使得人们的劳动必然具有社会性。正如马克思在《1857—1858 年经济学手稿》序言中所说"人是最名副其实的政治动物，不仅是一种合群的动物，而且是只有在社会中才能独立的动物。孤立的一个人在社会之外进行生产——这是罕见的事，……是不可思议的。"② 这说明：资本主义生产是社会性的生产，资本主义生产过程中劳动者的劳动也一定是社会性的。

马克思阐明资本主义生产中所体现的人与人之间的关系，以及劳动的社会性，说明，劳动创造财富，这体现出它的经济价值；劳动成果必须用于社会分工中的交换，这是它的社会意义；在劳动中人们相互合作，形成集体精神，这使得劳动又具有精神意义。当社会只强调劳动的物质

---

① 《列宁选集》第 2 卷，人民出版社 1995 年版，第 312 页。
② 《资本论手稿摘选》，载中央编译局编译《马克思恩格斯文集》第 8 卷，人民出版社 2009 年版，第 6 页。

性时，商品拜物教及货币拜物教自然在经济领域引领社会发展方向，而劳动实际上还具有社会意义和精神价值，如果不是为社会的进步和人类精神财富的提升而进行的劳动，那只能是一种单个人的基本生存需求。因此，马克思主义者提出人类的理想社会是共产主义社会，在这个理想社会中，人与人之间是相互平等的关系，劳动成为人的第一需求，从阶级社会中作为"谋生的手段"变为人们的"自觉的活动"，人们在劳动中互相交往，彼此合作，这种社会性的劳动带来的是社会团结，人们的道德在劳动中得到提升。而在共产主义社会的产品分配中，劳动的价值才具有公平正义性，才能体现"建立在个人全面发展和他们共同的、社会的生产能力成为从属于他们的社会财富这一基础上的自由个性"①，能够"对每个人按其恰当的劳动贡献进行分配"，实现"不劳动者不得食"。马克思主义经典作家对于劳动价值的认识，尤其是对劳动的社会性以及劳动的精神意义的论述，对于苏联与中国以及东欧国家早期的社会主义实践具有一定的启发性，这些国家在建设社会主义国家的劳动过程中，构建起社会主义的价值观，劳动的精神价值得到宣传与发扬，成为社会主义制度优越性的一个重要体现。

二　社会主义价值观推动社会主义国家的建设事业前进

马克思主义劳动价值论对于社会主义国家建立社会主义制度下的劳动观以及形成社会价值观具有重要影响。价值观是人们对周围人和事物的价值判断。作为意识形态内容之一，价值观在不同社会制度下具有不同的判断标准。社会主义价值观是人们对社会主义价值的总的看法和根本观点，反映出社会主义社会制度下人们的价值选择，对人类未来社会价值诉求的基本看法和总体要求。社会主义价值观是马克思主义辩证唯物主义认识论的重要内容。从思想沿革上看，马克思主义的科学社会主义理论和苏联、中国等国家社会主义的理论和实践，是在否定不完善的资本主义社会的基础上对一种更人道、更平等、更自由的理想社会的合理的价值诉求，发展

---

① 《政治经济学批判（1857—1859 年手稿）摘选》，载中央编译局编译《马克思恩格斯文集》第 8 卷，人民出版社 2009 年版，第 52 页。

了人类几千年来所追求的具有完美特征的社会价值理念。因此，带有意识形态色彩的社会主义价值观教育，一个重要的内容就是在对比中肯定社会主义制度的优越，同时对资本主义制度展开批判。

十月革命后，在沙皇俄国的废墟上建立了人类历史上第一个社会主义制度的国家。苏维埃国家建立之初，遭到资本主义世界的包围或者孤立。而当它打退国内外反动势力的进攻，恢复了国民经济，并开始大规模社会主义建设后，显示出资本主义制度无可比拟的优越性：在这个国家中不存在资本主义式的剥削，也没有经济危机，社会主义事业呈现出勃勃生机。生活在这样的国家里，人们有当家做主的自豪感，坚信这个新生国家能够最终战胜资本主义国家，期望用自己的双手把它建设得更美好。从国内战争时期的星期六义务劳动，到青年劳动突击队，再到斯达汉诺夫运动，社会主义劳动竞赛轰轰烈烈地展开，对国家经济建设，尤其是前几个五年计划的完成起到了重要作用。

苏联劳动者的精神价值最充分的体现就是斯达汉诺夫运动的开展。这是一场几乎持续半个世纪的社会主义劳动竞赛活动，甚至对一些东欧社会主义国家的建设也产生了影响。自 20 世纪中期以后，有关斯达汉诺夫运动发起的原因，在苏联和西方学界曾经有着几乎是完全相反的解释，苏联官方与学界一般将斯达汉诺夫运动产生的根源归结为社会主义制度下工人们的劳动热情，以及第一个五年计划和第二个五年计划期间，在苏联形成的学习新技术的浪潮。而西方学界则多将其视为苏维埃政权"利用物质利益"刺激的结果。他们从纯粹经济学角度对苏维埃政权下工人的劳动形式、劳动报酬加以分析，有人提出，斯达汉诺夫运动出现的主因是由于苏联实行了计件工资制度，这个制度实际具有资本主义剥削的性质，人们在社会主义劳动竞赛中努力工作是因为他们希望获得工资外更多的收入。西方研究者就此断言，这是一种国家资本主义剥削方式，"俄国已经进入了它的资产阶级时代。'新阶级'并不是西方所谓的那种资产阶级，这是国家资产阶级，它的所有的成员都是为国家工作而且从属于国家"①。有的经济学家用"边际效用价值论"来批驳马克思的劳动价值论。直到当代，还有经济学家坚持认为，斯大林时

① ［西德］克劳司·梅特纳：《苏维埃人剖视》，北京编译社译，世界知识出版社资料室编印1964 年版，第 66—68、73 页。

代的苏维埃国家用最大限度地压低劳动者工资，实行奖金、累进计件工资制，对斯达汉诺夫工作者予以奖励，以及向生产效率特别高的工人发放特殊额外津贴等方式刺激工人的劳动热情，来保证工业建设的快速进行；在农村则迫使农民向集体农庄提供大量密集劳动，以此换取一点时间经营分配给他们的一小块私人土地，以此方式实现"社会主义的原始积累"①。也就是说，在这些西方研究者的心目中，苏联的斯达汉诺夫运动纯粹是物质刺激的结果，与资本主义制度下的劳动激励并无差别。

客观地说，十月革命后的苏维埃政权并不完全排斥"物质刺激"手段。还在十月革命胜利之初，列宁就已认识到，在苏维埃国家的建设中，需要用工资收入上的差别来实现科学管理和对劳动的监督。斯大林在 1931 年也指出"'各尽所能，按劳分配'——这就是马克思主义的社会主义公式，也就是……共产主义社会的第一阶段的公式"②。斯达汉诺夫运动发起前后，计件工资制度确实曾给斯达汉诺夫本人以及其他斯达汉诺夫工作者带来"不菲"的收入：首次创造纪录的那一天，斯达汉诺夫在一个班内挖煤 102 吨，挣得 200 卢布，而平常的一个班的收入是 20—30 卢布。斯达汉诺夫运动之初，一个采煤能手在一个月能挣近 400 卢布，掘进工中的斯达汉诺夫工作者每月能挣超过 1600 卢布，而同期低工种的工人工资只是 100 卢布③……越来越多的材料说明，在当时确实存在上下收入相差十几倍的计件工资制度，这个制度给创造纪录的工人带来了高收入。

对于物质刺激的作用，斯达汉诺夫工作者并不否认，不过，他们更强调这是一种精神作用。在参加全苏斯达汉诺夫工作者大会时，斯达汉诺夫这样谈他创造纪录时的想法："国际青年节在临近，我想要创造一个纪录来纪念它。"汽车制造业中的斯达汉诺夫工作者、锻工亚历山

---

① 张培刚：《评熊彼特的〈资本主义、社会主义与民主〉》，载［美］约瑟夫·熊彼特《资本主义、社会主义与民主》，吴良健译，商务印书馆 2004 年版；［美］曼瑟·奥尔森：《权力与繁荣》，苏长和、嵇飞译，上海世纪出版集团 2005 年版，第 86—104 页。

② 《列宁选集》第 3 卷，人民出版社 1995 年版，第 492 页；《斯大林全集》第 13 卷，人民出版社 1956 年版，第 104 页。

③ Михаил Хрищук, И в забой отправился парень молодой..., 载 http：//www. partyofregions. org. ua/contrprop/resonance/43a9221804585/03. 01. 2006， 11：36；Александр Малахов. Человек- молоток，载 http：//www. kommersant. ru/k-money-old/story. asp？m_ id =17594。

大·布塞根说："我对任何事情都没有像对学习那样充满梦想。我想知道汽锤是怎样造成的，并亲手制造它。"①同时，在那些劳动者创造纪录的精神因素中，还有对苏维埃国家的热爱——爱国主义精神。苏联第一个五年计划时期，适逢西方国家遭遇经济危机，苏联大批引进外国先进技术与设备，并聘请了一批外国专家和技术工人到苏联工作。在工作中，一些外国专家的鄙夷与轻视，给苏联青年很大刺激。斯达汉诺夫工作者 И. И. 古多夫在创造了第一个生产纪录多年后回忆道："当时是什么力量促使我忘我地工作？是为了多得些报酬？是的……但又不仅仅是这些……是那些有关苏联工人如何笨拙的说法刺痛了我。"② 到 30 年代中期，经济危机刚过，资本主义世界一片衰败，苏联则热火朝天地加速进行第二个五年计划的建设，两者对比，更显示出社会主义制度的优越。正因此，苏联青年以极大的热情投身于社会主义建设，并坚定不移地相信这个国家的明天一切都会是美好的。

此外，斯达汉诺夫工作者的社会声望也吸引更多的青年努力创造新纪录。一位冶金业斯达汉诺夫工作者 B. M. 阿莫索夫回忆道："原来我是一个落后的人，劳动竞赛激发了我的求知欲，我开始学习技工课程，结业成绩为优。市党委派我到哈尔科夫学习……作为先进工作者，提拔我进入党的机关……1939 年我被授予劳动红旗勋章。"③ 党和国家给予斯达汉诺夫工作者的荣誉以及全社会的尊重，无疑是青年工作者创造劳动业绩的一种巨大推动力量。正因此，斯达汉诺夫工作者在获得高收入时，并不隐瞒自己的收入，他们购买文化用品来丰富自己的生活，姑娘们会花很多钱把自己打扮得更漂亮些，④ 因为他们相信，只有在社会主义的苏联，劳动生产率的提高才会给工人带来高收入，"在资本主义国家，劳动生产率的提高

---

① Anna Louise Strong, *The Stalin Era*, Mainstream Publishers New York, 1956, pp. 52—53, 47.

② В. А. Шестаков М. М. Горинов Е. Е. Вяземский История отчества Ⅹ Ⅹ век, Москва, г. 2002, с. 167.

③ В. А. Шестаков М. М. Горинов Е. Е. Вяземский, с. 167.

④ 在一次斯达汉诺夫工作者同国家领导人的座谈会上，打眼工尼娜·斯拉弗尼科娃很有兴致地讲道，她同另一位同是打眼工的女友马露霞·马卡洛娃比赛。尼娜挣了 886 卢布，而马露霞挣了 1336 卢布。米高扬问她，那位女朋友的钱是怎样花的？尼娜介绍，马露霞给自己买了一双乳白色的靴子花了 180 卢布，一条双绉的连衣裙花了 200 卢布，一件大衣花了 700 卢布。最后尼娜自豪地说：这就是眼下我们斯达汉诺夫工作者的花销！见 Александр Малахов. 载 http://www.kommersant.ru/k-money-old/story.asp? m_id = 17594。

只能导致工人被辞退并使得资本家更富裕"①。换言之，工人们创造生产纪录，是因为他们将当上斯达汉诺夫工作者视为最光荣的事。正是有了这种精神动力，怀着对共产主义理想的必胜信念，才使得几百万普通劳动者投入到忘我的劳动中，因为，千百万人在突击劳动中收获的不只是物质生活条件的改善，还能感受到道德水平的巨大提升，以及国家实力迅速增强而带来的自豪感。在一定程度上说，也正因有了劳动者的巨大热情，当时的苏联每年有 600 个新企业建成投产，社会主义工业化建设取得了辉煌成就。

按照激励层级理论，劳动者的第一个需求在于基本的生理需求，但是，在苏联社会主义建设早期，人们住在破屋子里，吃着数量有限的食物，生活条件和劳动条件都极差，为什么他们还能有极大的劳动热情，这主要在于他们有更高需求，即他们的劳动所体现的社会意义以及精神价值。换言之，在斯达汉诺夫工作者身上，最重要的是体现出一种精神动力，即社会主义价值观。30 年代的苏联，社会主义价值体系正处于确立阶段，作为一个刚成立的社会主义国家，一个年轻的、代表人类未来发展方向的社会主义国家，其价值观、世界观、生活方式都不同于西方国家，人民对人类历史上这种新生制度充满向往，对未来充满信心，生活在其中的人们有强烈的骄傲和自豪感。他们感受到自己是国家的主人，希望用自己的劳动为国家建设添砖加瓦，以自己的行动为国家增添荣誉，只要社会需要，每个人都愿意付出全部努力甚至牺牲自己的一切。正如当今的俄罗斯人总结的那样，"在那个时代创造纪录不是为了金钱，也不是为了名声，而是为了人的精神的崇高。"② 正是这种精神动力促使人们以极大热情参加到社会主义建设中，使苏联社会主义工业化建设取得巨大成就，并取得伟大卫国战争的胜利。

第二次世界大战之后，社会主义制度得到扩展，从苏联一个国家扩大到欧亚美洲十几个国家。社会主义事业的伟大胜利说明，社会主义是一种历史运动，是朝向社会主义制度的进步运动。与以往的历史运动相比，它有一个重要特点，就是人们对社会主义价值观的自觉追求和在这种价值观

---

① Александр Малахов. ，载 http：//www. kommersant. ru/k-money-old/story. asp？m ＿ id ＝ 17594。

② Михаил Хрищук, И в забой отправился парень молодой. . . ，载 http：//www. partyofre-gions. org. ua/contrprop/resonance/43a9221804585/，03. 01. 2006，11：36。

指导下的自觉运动。在这一运动过程中，社会主义价值观引领社会运动的方向，激发和驱动人们的热情，使社会主义运动呈现出明确的方向性，并一步步走向胜利。

苏联解体前后的一段时间里，历史虚无主义盛行，对苏联共产党以及苏共早期领导人的批判，严重损毁了苏联共产党的形象，苏联时期很多积极向上的内容也遭到批判，而那些揭露历史"空白点"的阴暗消极的描写却得以大行其道。这种做法不仅摧毁了人们的社会主义、共产主义信仰，也完全改变了苏维埃国家的形象，苏联社会的基本价值体系，即爱国主义、集体主义、民族自尊心、自信心以及民族自豪感等也基本上被完全摧毁。近年来，甚至有西方或俄罗斯研究者提出，苏联的社会主义并不是马克思主义的社会主义，苏联时期的人们是在"极权制度"的高压之下不得不做出各种牺牲。不过，在否定苏联历史的同时，他们却无法用西方的经济学或者意识形态思维方式来理解和解释很多苏联时代的人和事，尤其是那些具有强烈社会影响的历史事件。自普京担任总统时期，俄罗斯开始了重建社会价值体系的过程，其内容包括还原真实的苏联历史，客观评价苏联历史和苏共领导人，重建爱国主义价值观等，俄罗斯的历史认识重新回归理性。

从制度上说，苏联时期的社会主义劳动竞赛在很大程度上说，还与党的号召与宣传动员相关，另外，当时在社会主义国家中，几乎无一例外地采用计划经济体制，"大锅饭"的分配方式从长期看无助于提高劳动效率，不可能调动劳动者的劳动积极性。正因为如此，20世纪七八十年代，在东欧、中国以及苏联开始了对计划经济体制的改革探索。到目前，这种探索成功与失败两者皆有。不过，经济体制改革并不意味着对历史的完全否定。苏联社会主义建设取得的巨大成就之事实说明，在苏联社会主义革命和社会主义建设前期，人民对无产阶级专政、人民当家做主的社会主义制度充满信心，他们响应党的号召，在国家最需要的时候拿出自己的全部热情甚至奉献出自己的生命都在所不惜，正是这种共产主义信仰和对共产党、社会主义事业的坚定信念才使得苏联人民创造了人类历史上第一个社会主义国家的业绩。苏联解体了，并不等于社会主义事业完全失败。同时，苏联社会主义事业遭受挫折，也不代表苏联历史上那些先进人物和广大民众的价值选择以及当初的做法是错误的。我们需要对苏联历史辨明是非，总结苏联社会主义建设的成就加以发扬，对苏联解体的思想因素深入挖掘，为中国社会主义建设，尤其是社会主义核心价值体系的建设提供历史经验与教训。

三 在社会主义市场经济条件下必须加强社会主义核心价值体系建设

新中国成立后，社会主义价值观主导着人们的价值选择，从抗美援朝时期"最可爱的人"，到"为人民服务"的"雷锋精神"，对时传祥等劳动模范的宣传，社会主义价值观教育在 20 世纪五六十年代中期的中国所走过的基本上是一条"正统之路"。"文化大革命"时期，社会价值观在某种程度上被扭曲，但当时的中国并没有完全背离社会主义路线。只是，这一切的前提是中国与西方世界基本处于隔绝与对立，并且在经济上采用的是计划经济体制。就此意义说，这种价值观和社会意识实质是一种自我保护式的思想状态，当国家开放后，必然要经受多种社会思潮、多元化价值选择的冲击。

20 世纪 70 年代末，中国走上改革开放之路。随着中国改革开放步伐的加快，中国与世界交流接触的扩大，各种传播媒介的广泛使用，互联网的普及，使得人们接受新知识、新信息的渠道越来越多，各种社会思潮对人们的思想和文化形成巨大冲击，对社会各群体的生产方式和生活方式都产生了深刻的影响。价值观多元化、主流价值逐渐弱化成为市场经济条件下国家面临的一个主要问题。马克思和恩格斯在他们的著作中都曾对资本主义制度下工人恶劣的工作条件和生活条件有过生动介绍，在他们的笔下，资本家为了最大限度地榨取剩余价值而不顾工人的死活，为了赚取高额利润而不择手段。近些年来，在商品经济和市场经济条件下的中国，人们在经济活动中因逐利而带来的价值扭曲现象也不断出现，从 20 世纪 80 年代仿造世界品牌的假货，到注水肉、黑砖窑、黑心煤老板、有毒奶粉，对自然环境的破坏，资源的枯竭，还有贪污腐败的政府官员，偷税漏税的企业经营者等等，"逐利效应"以五花八门的方式不断出现。在生产领域中，因经济利益的驱动，人与人之间由过去的平等、同志式的关系变成了马克思笔下"赤裸裸的金钱关系"。应该说，实行社会主义市场经济体制是为了使国民经济更加有效地发展，但在市场经济活动中出现的上述现象却不断警示人们：没有良好的道德氛围，没有正确的价值取向引导，任由经济因素自由发挥作用，国民经济必将走向资源枯竭，国家将失去发展后劲。

面对这些情况，党提出科学发展观，为国民经济的长期发展提供保证。科学发展在思想上的体现，就是党的十六届六中全会提出的构建社会主义核心价值体系，其主要内容包括马克思主义指导思想、中国特色社会主义共同理想、以爱国主义为核心的民族精神和以改革创新为核心的时代精神，以及"八荣八耻"为主要内容的社会主义荣辱观等四个方面，社会主义核心价值体系四个方面的基本内容相互联系、相互贯通，共同构成辩证统一的有机整体，成为当代中国的核心价值观。胡锦涛总书记在《高举中国特色社会主义伟大旗帜为夺取全面建设小康社会新胜利而奋斗——在中国共产党第十七次全国代表大会上的报告》中指出："社会主义核心价值体系是社会主义意识形态的本质体现。要巩固马克思主义指导地位，坚持不懈地用马克思主义中国化最新成果武装全党、教育人民，用中国特色社会主义共同理想凝聚力量，用以爱国主义为核心的民族精神和改革创新为核心的时代精神鼓舞斗志，用社会主义荣辱观引领风尚，巩固全党全国各族人民团结奋斗的共同思想基础。"他强调，要使"社会主义核心价值体系深入人心"。

的确，一个社会要想和谐健康地发展，就必须有一个健康正确的、能够成为大家共识的价值观，亦称主导价值观。而建设社会主义核心价值体系，是中国立足本土实际，以马克思主义价值理论为指导，应对世界性政治、文化潮流以及市场经济变化带来的价值选择多样化的必要举措，其本质意义是中国在意识形态领域落实科学发展观，保持社会持续健康发展，促进社会稳定和谐。社会主义核心价值体系把马克思主义作为价值信仰，把中国特色社会主义共同理想作为价值理想，把以爱国主义为核心的民族精神和以改革创新为核心的时代精神作为价值观念，把社会主义荣辱观作为价值规范，从而形成了科学、完整、系统的核心价值体系，它正为形成全民族奋发向上的精神力量和团结和睦的精神纽带，奠定全党全国各族人民团结奋斗的思想道德基础发挥着日益巨大的作用。① 就此意义说，"三个

---

① 彭家理、王昌祥、张红扬：《哲学视野中的社会主义核心价值体系》，《中国特色社会主义研究》2007 年第 6 期；黄敦兵：《试析马克思主义劳动观的内在逻辑》，《湖北经济学院学报》2010 年第 3 期。

代表"、"和谐社会"、"科学发展"都是社会主义核心价值体系的表达方式，是当代中国的主导价值观，是中国共产党加强自身建设，对马克思主义的发展。它们表明，当今中国的主导价值观不论以什么方式表述出来，其实质和根基都是不变的，即是以人民为主体，以人民的利益为标准的价值观念体系，"富强、民主、文明、和谐"是建设中国特色社会主义条件下全国各族人民群众现实的共同理想、信念和目标。

（原载《世界经济年鉴2010—2011》，经济科学出版社2011年版）

论社会主义核心价值体系与民主党派参政价值观

钟 瑛[*]

中共十六届六中全会作出"建设社会主义核心价值体系"的重大决策，中共十七大首次将建设社会主义核心价值体系纳入报告中，并进行了较为全面的论述，报告进一步指出"社会主义核心价值体系是社会主义意识形态的本质体现"，强调"建设社会主义核心价值体系，增强社会主义意识形态的吸引力和凝聚力"。充分体现了中共中央对建设社会主义核心价值体系、构建社会主义核心价值观的高度重视。可以说，这既是重大的实践问题，也是重大的理论问题。

社会主义核心价值体系，就是当代中国社会的本质规定、必然趋向和大多数社会成员根本利益的集中体现。其中，人们对美好政治生活的构想及其向往也必然体现在社会主义核心价值体系中。下面就社会主义核心价值体系与民主党派参政价值观之间的关系与作用，谈几点粗浅的认识。

一 社会主义核心价值体系与民主党派参政价值观的关系

一个社会的价值观是多元的，核心价值观却是唯一的。核心价值观是一定社会意识形态的灵魂，从深层次稳定恒久地影响着个体或群体的价值判断、价值选择和价值实践。历史反复证明，只有先进的社会核心价值观，才能引领和促进社会进步。作为马克思主义中国化的最新理论

---

* 钟瑛，中国社会科学院当代中国研究所第二研究室研究员。

成果之一，社会主义核心价值体系是立足于社会主义经济基础之上的价值认同系统，它涉及政治、文化、思想等社会生活的方方面面，集中体现了社会主义意识形态的本质属性，是建设中国特色社会主义的理论根基，是激励全民族奋发向上的精神力量和维系全民族团结奋斗的精神纽带。它是由一系列内涵明确、联系紧密的社会主义基本价值思想、价值理想、价值精神和价值观念构成的整体。社会主义核心价值体系涵盖了理论价值观、政治价值观和道德价值观的内容。其中，马克思主义指导思想是其灵魂，中国特色社会主义共同理想是其主题，以爱国主义为核心的民族精神和以改革创新为核心的时代精神是其精髓，社会主义荣辱观是其基础。

政治价值作为价值的一种，是体现政治主客体关系的范畴，客观的政治价值反映在政治主体的思想观念中，就形成了主观的政治价值观。民主党派参政价值观就是民主党派成员在政治生活中形成的对政治客体的作用、意义的总观点、总看法，它是政治主体在长期的政治生活、政治实践中形成的一系列关于政治行为、政治关系、政治现象等所具有的意义的相对稳定的认识。这种认识以观念判断或是理论的形态表达了主体的政治情感、政治愿望、政治态度、政治选择、政治理想和信念。在当代中国现阶段，民主与公平的参政价值观成为各民主党派所普遍认同和追求的政治目标和政治状态，是评价政治生活和政治发展的基本标准的主导政治价值观，因而也是社会主义核心价值观念的一个重要组成部分。

二 民主与公平是社会主义核心价值体系的重要范畴

民主、公平都是中国特色社会主义的基本价值观。其中，民主表征的是中国特色社会主义关于人民群众在国家和社会生活特别是政治生活中的地位的要求。公正表征的是中国特色社会主义关于政治伦理规则的要求。因而，民主与公平是社会主义核心价值体系的重要范畴。

首先，马克思主义是建设社会主义核心价值体系的指导思想，民主与公平的思想是马克思主义题中应有之义。众所周知，马克思和恩格斯的重要转变是从革命民主主义者向共产主义者的转变，将民主的理想升华为共产主义理想，民主在他们的政治理论中具有重要地位。同时，马克思主义的公平思想是马克思主义理论不可或缺的一个组成部分。公平是人类社会的崇高境界，是社会主义和共产主义的首要价值所在。只有人人共享、普遍受益的公平社会才是未来理想的社会。马克思主义的创立使人类社会的公平思想第一次建立在科学的现实的基础之上。

其次，建设一个民主与公平的中国，是中国特色社会主义共同理想的重要追求。在发展中国特色社会主义的历史进程中，不断发展具有强大生命力的社会主义民主政治，这既是对人民民主价值和发展规律的深刻揭示，也是对社会主义价值和发展规律的深刻揭示。同时，公平是对制度体制的价值判断，因此，好社会、善治社会的首要价值就是公平。社会主义不同于人类历史上其他的社会形态，就在于社会主义能够为人的自由提供基本的条件，其表现就是共同富裕。

再次，民主与公平既是当今中国的民族精神和时代精神的主要内容，也是社会主义荣辱观的重要体现。民主是人类追求个体解放，获得人性全面发展的理想目标，体现着人的类本质的内在规定。民主是人性的表达方式，其丰富的价值意蕴在于维护人的尊严，保障人的权利，并提供与这种尊严和权利相适应的制度安排，从而促进社会的发展与进步。公平作为调节各种社会政治关系必不可少的准则之一，要求人们履行应尽的政治道德义务与享受应得的政治道德权利对等相称。人类要想过一种优良、幸福的生活，就有必要运用公平的道德观来维持社会关系的和谐。

三 民主党派坚持民主与公平的参政价值观，对于社会主义核心价值体系建设起着重要的推动作用

价值观在人类的实践活动中具有十分重要的导向作用和驱动作用。政治价值观则是政治主体的行动指南，作为参政党成员，其政治行为背后必然体现着民主党派的参政价值观，这种价值观不仅决定了民主党派的政治取向和目标，而且对其代表的一定社会阶层成员起着影响和导向作用。因此，民主党派坚持民主与公平的参政价值观为行为主体的政治行为提供道德支持和道德凝聚力，是参政党政治行为的精神动力和方向保证，对推动社会主义核心价值体系建设起着重要的推动作用。

当前我国已进入改革发展的关键时期，经济体制深刻变革，社会结构

深刻变动，利益格局深刻调整，思想观念深刻变化。这种空前的社会变革，在给我国发展进步带来巨大活力的同时，也必然带来社会价值观的矛盾和整合问题。不断加大的贫富差距使社会中的困难群体产生了不公平感，进一步加剧了他们心理上的不平衡，使社会稳定存在潜在危机，并导致社会不和谐因素的滋生。这种由不公引发的不平衡心理已经成为当前我国社会主义和谐社会建设的最大隐患。

从政党利益而言，马克思主义执政党的利益诉求的出发点和归宿点始终落脚在全体人民的共同利益之上。中国共产党提出的"执政为民"的执政理念，鲜明地体现了对民主、公平价值和现代政治文明的执政追求。同时，民主与公平也是社会主义参政实践最为根本的伦理要求。民主与公平，实质上就是体现多数人的意志、愿望和利益，从而民主、公平的政治制度下的社会治理，就是要以大多数人的意志、愿望和利益为价值取向。人民当家做主是社会主义民主政治的本质要求，社会主义国家一切权力属于人民。民主党派作为参政党，就必须始终把人民、人民利益、人民诉求作为参政议政的根本出发点和落脚点，把"一切为了人民"作为践行社会主义核心价值观的根本宗旨。因此，民主党派参政应当强化对人民的情感认同，必须忠实于人民，树立"参政为民"的情怀。而"参政为民"，就是要就民众关心的普遍问题和重点难点问题进行参政，关注的重点是事关国计民生的大事，而不是一些细微琐碎之事，必须要抓住民众反映普遍的问题和关系国家长远发展的大事。

民建成立之初，以民主和建设为政治宗旨，发表了《民主建国会成立宣言》，提出了"世界要和平、国家要民主、经济要发展、社会要公平、教育要普及、文化要繁荣"等政治主张，充分体现了民主与公平的政治价值观，这些政治主张在60多年后的今天仍然具有极其深刻而重要的现实意义。新中国成立后，随着1956年社会主义改造的基本完成，民建提出了为社会主义服务的政治路线，逐步形成了"听毛主席的话、跟共产党走、走社会主义道路"的行动纲领，从而完成了从新民主主义向社会主义的历史性转变，树立了明确的社会主义参政价值观。此后，民建的各个历史时期，在中国共产党的关心帮助下，不断加强自身建设、不断有所新贡献。作为新时期的民建会员，要继承和发扬老一辈的优良传统，坚持自我教育，树立自觉学习的精神，"要创造性地学习、创造性地工作"。通过学习讨论，在思想上逐步达到统一，从而使民建全体会员的思想达到更高的一致。实践充分证明，只有高举中国特色社会主义理论伟大旗帜，坚持自觉接受中国共产党的领导，以社会主义核心价值体系为引领，强化民主与公平的社会主义参政价值观，民主党派才能在参政议政、民主监督工作中保持正确的方向，才能充分发挥好社会主义参政党的重要作用。

（原载《北京民建》2010 年第 9 期）

全球金融危机形势下的世界
共产主义运动

刘淑春[*]

全球金融危机的爆发，无疑为苏东剧变后处于低潮中的世界共产主义运动创造了发展机遇。各国共产党积极行动起来，从思想理论、行动策略、队伍建设和国际联合等方面进行了调整和应对。

一 金融危机引燃了世界共产主义运动复兴的希望之火

全球金融、经济危机的爆发，促使人们对资本主义制度进行反思，进而催生了"马克思热"。马克思的画像登上了欧美主流刊物的封面，西方媒体惊叹"马克思归来"，载文介绍马克思早在一个半世纪前对资本主义经济运行规律的剖析，试图从马克思的分析中探寻当前危机的根源。马克思的《资本论》在德国持续畅销，购买者大多为年轻人。西方政要不约而同地将目光转向马克思，承认马克思对资本主义的剖析被证明是正确的。民众打着"资本主义行不通"的标语，高喊"我们不为危机买单！"的口号，走上街头，游行抗议。因此有人认为，如果目前的危机持续恶化，"受害的劳动阶级可能再次联合起来，采用激进的手段改变现存的不合理的经济制度"。

这场危机对资本主义制度无疑是一次沉重的打击，而对于资本主义制度掘墓人的无产阶级及其政党共产党而言，则是极大的鼓舞，引燃了他们复兴世界共产主义运动的希望之火。

在共产党人看来，资本主义新一轮的危机使"历史终结论"的神话不

---

* 刘淑春，中国社会科学院马克思主义研究院研究员。

攻自破，它不仅宣告了新自由主义政策的破产，而且暴露了资本主义作为一种社会制度的内在局限性，再次揭示了社会主义取代资本主义的历史必然性。

俄共领导人久加诺夫道出了今天世界共产党人的心声："历史的风再次吹向了我们的风帆！""社会主义不是意识形态专家的任性要求，而是人类进步的自然的、必不可免的阶段。金融市场的崩溃给美国和全世界带来了前所未有的后果，这就是转折点。共产党人对社会主义理想和人民政权取得胜利的信念、对世界所有左翼力量的团结和战斗协作的信念也随之增强。"

总之，金融经济危机爆发以来的新的社会思潮，为整个世界共产主义运动走出低谷提供了机遇，共产党人受到振奋和鼓舞，并积极行动起来迎接这一机遇。

二　各国共产党人从理论上、策略上、组织上　积极应对新的形势变化

危机爆发之际，各国共产党迅速做出反应，纷纷发表声明表明立场。不仅如此，世界共产党还利用 2008 年 11 月在巴西圣保罗召开第十届世界共产党、工人党国际会议的机会发表联合声明——《圣保罗宣言——社会主义的选择》，阐明共产党人关于当前这场资本主义危机的共同立场。与此同时，各国共产党根据新的形势变化，从思想理论、行动策略、队伍建设和国际联合等方面进行积极的调整和应对。

（一）用马克思主义观点揭示危机的根源，从理论上阐释社会主义替代资本主义的必然性

各国共产党人首先从马克思主义理论出发，揭示这场危机的根源。关于这场金融危机的根源，国际舆论大多将其归咎为"金融市场上的投机活动失控"，各国政府也试图通过"规范"金融业和"完善"金融体系来解决危机、恢复繁荣。而各国共产党人则普遍认为，"金融监管失控"固然是这场危机的导火索、直接原因，但其根本原因在于资本主义制度本身的内在矛盾。在各国共产党人看来，经济金融化、投机盛行是当今垄断资本主义发展的必然产物和生存形态，是资本主义不择手段地追逐利润的本性

使然。当前的世界金融、经济危机是金融资本、虚拟资本严重背离生产资本的结果，是表现为房地产领域的生产过剩与劳动者的有效需求相对不足之间的矛盾所致，说到底，这是资本主义制度固有的生产的社会化与私人占有之间的根本矛盾造成的。因此，这一危机再次暴露了资本主义体系的内在局限性，只有用社会主义生产方式替代资本主义生产方式，即解决所有制问题，才能从根本上消除危机产生的根源。正是社会主义替代资本主义的必要性决定了共产主义运动存在和斗争的合法性。

（二）明确行动纲领，调整斗争策略，开创争取社会主义的新时期

全球金融危机的爆发，不仅鼓舞了共产党人的斗志，坚定了他们争取社会主义斗争的信心，而且增强了他们把替代斗争提上日程的使命感和紧迫性，促使他们重新调整斗争策略，制定行动纲领和部署。

尽管各国共产党所处国情不同，但在政治目标、经济方针、行动策略等问题上基本达成了以下共识。

其一，各国共产党普遍认为"争取社会主义的新时期开始了"，重新把开展阶级斗争、争取无产阶级政权作为政治任务提出来。如 2008 年 12 月 11—14 日召开的法共三十四大指出："资本主义体系的危机为我们开创了一个新的历史时期。法国、欧洲和全世界的阶级斗争翻开了新的一页"，共产党可以利用此次机会，"建立一个属于工人阶级及其同盟的国家"。[①]葡共领导人提出，"斗争的时刻到了！变革的时刻到了！"，认为 20 年来大资本的世界性进攻所依赖的政治理念遭到了失败，与资本主义作斗争成了新的话题，葡共关于替代资本主义制度的方案变得日益紧迫。[②] 在 2008 年 11 月 29 日—12 月 1 日召开的俄共十三大也通过了题为《克服经济危机的出路在于改变政治方针》的专门决议。俄共代表大会通过的新纲领认为，"当今时代仍是从资本主义向社会主义过渡的时代"，并把建设"革新的、21 世纪社会主义"作为党的战略目标，规划了实现目标的三个步骤。[③] 希

① 刘淑春、于海青、贺钦：《社会主义是资本主义的替代选择——国外共产党关于当前经济危机的观点综述》，《马克思主义研究》2009 年第 4 期。

② 参见刘春元《葡萄牙共产党关于当前资本主义国际性危机及其应对措施的分析》，《国外理论动态》2009 年第 2 期。

③ 参见刘淑春《迎接新机遇，为"21 世纪社会主义"而斗争——俄共十三大述评》，《俄罗斯中亚东欧研究》2009 年第 4 期。

腊共产党则强调，解决危机的真正出路在于联合行动以推翻现存的权力体系，要利用危机形势，"推进工人阶级及其社会政治联盟在国家和国际层面的团结进程"。① 美共认为这场危机是美国资本主义在意识形态、政治和经济上的巨大失败，标志着美帝国主义的霸权陷入危机，单极世界的梦想破碎。虽然现在从政治力量的对比和人民的接受程度来说，社会主义在美国还没有被提上日程，但社会主义与大众对话的机会已经成熟。这些现象都需要共产党人重新检视过去的理论依据和行动纲领。美共明确提出，"社会主义必须解决'所有制'问题……无论哪个国家的革命都要完成这项基本任务，我们也不例外。不过，如何完成这项任务以及能以多快的速度完成，则取决于具体的情况"。"工人阶级及其同盟必须取得最高政治权力。……接下来的任务不是粉碎国家机器，而在于改变国家结构的阶级性质。""我们将沿着有美国特色的社会主义道路前进。"②

其二，主张实行民主的国有化，为向社会主义过渡作经济准备。各共产党都提出了反危机的纲领。首先，各共产党普遍抨击各国政府向金融机构注资的"救市"计划，指出这是用人民的血汗钱为银行家、投机家酿成的危机买单，而且这样做适得其反，拿巨额公共资金去堵银行"窟窿"，非但救不了银行，反倒会削弱政府对公共部门的投资能力，影响拉动经济和增加就业，为新的危机埋下隐患。

其次，针对西方政府以国家名义购买银行或大型企业部分股份而引起的关于"国有化"的炒作，各共产党一针见血地指出，这些措施并不是社会主义性质的、甚至不是民主性质的国有化，至多是国家资本主义性质的国有化，一旦形势好转，政府还会把股份交出去，因此，这种国有化的实质是维护大资本的统治地位和资本主义制度的稳定。

各国共产党很清楚，要想实行真正的社会主义国有化，需要同时具备多种条件，如无产阶级及其盟友掌握政权、剥夺资产阶级的资本、实行广泛的生产民主、实行宏观经济调控，等等。尽管现阶段上述条件在大多数国家还不具备，但各共产党还是提出或赞成一些具有民主国有化指向的替代主张（即在联合左翼政权下有更多民主监督的国有化），意在为向社会

---

① 刘淑春、于海青、贺钦：《社会主义是资本主义的替代选择——国外共产党关于当前经济危机的观点综述》，《马克思主义研究》2009 年第 4 期。

② Sam Webb，"The Communist Party：A Work in Progress in a Changing World"，www. cpusa. org07/30/2009.

主义过渡作经济准备。

其三，从防守转向进攻，加大社会主义宣传的力度，唤醒民众的阶级意识。客观形势的变化促使各共产党调整策略，从苏东剧变以来的防守态势转向主动进攻。在它们看来，现在正是共产党人动员广大劳动者参与反对资本主义的斗争，提高民众的阶级觉悟的大好时机。但是否现在就采取行动、采取什么样的行动，不同国家的共产党有不同的考虑。

如俄共提出"现在是该高举旗帜走上历史舞台的时候了"，"需要全党审慎地确定采取积极行动的时机"，俄共一直在实时观察社会的情绪变化，寻找合适的机会，但没有提出具体的行动方式。①

葡共则更倾向于采取革命行动，葡共的十八大报告指出，"现实再次证明了马克思列宁主义关于社会运动的核心命题，即需要采取革命行动推翻资本主义"，"现在，社会主义比以往任何时候都代表着对资本主义的必要而可能的选择"。②

美共认为现在美国政治格局中出现了新的变化，左翼有机会由美国政治舞台的边缘走到前台，进而在决定国家前途命运的争论中获得话语权。但这并不意味着社会主义革命的时机在美国已经成熟，即使将来，暴力革命在美国也基本上行不通。因此，包括美共在内的美国左翼的当前任务是摆脱半个世纪以来的"边缘化心态"，积极投身于政治斗争，并在其中担当起具有影响力的角色。③

各国共产党根据新的形势采取积极的斗争姿态，改变工作方式，加大宣传社会主义思想的力度。这尤其体现在如下几个方面。

发挥马克思主义理论研究的优势和资源，在知识阶层中扩大马克思主义关于资本主义与社会主义的解释力和感召力。危机发生以来，各共产党通过自己的马克思主义学术研究机构和平台，就全球危机问题召开各种理论研讨会。如西班牙共产党从 2008 年 11 月到 2009 年 5 月的半年里，通过其全国性马克思主义研究机构——马克思主义研究会组织了多场报告会和

---

① *О работе с кадрами в современных условиях*，Доклад Председателя ЦК КПРФ Г. А. Зюганова на III совместном Пленуме ЦК КПРФ и ЦКРК КПРФ，www. cprf. ru 2009—7—4.

② 刘淑春、于海青、贺钦：《社会主义是资本主义的替代选择——国外共产党关于当前经济危机的观点综述》，《马克思主义研究》2009 年第 4 期。

③ Sam Webb，"The Communist Party: A Work in Progress in a Changing World"，www. cpusa. org07/30/2009.

研讨会，邀请西班牙和拉美马克思主义学者就"马克思的资本主义经济危机理论"、"经济危机下的工会运动"、"经济危机与西班牙资本主义的局限性"等主题进行研讨。①

广泛联合左翼力量，开展群众性抗议活动。经济危机的直接受害者是广大劳动人民。在危机来临之际，各国共产党站在维护劳动者利益的前沿，根据各自国情提出具体的反危机措施，通过议会立法和群众抗议活动，为劳动者争取权益。近一年来，法共、希共、德共、俄共、日共等联合工会、青年组织和其他左翼运动，举行一系列的罢工、游行、示威等抗议行动，抗议本国政府的金融救援计划，要求政府支持实体经济，遏制失业，增加工资和养老金。

俄共自 2008 年 12 月起到今年 9 月已经组织了四个阶段的全国性抗议运动，这种运动具有统一的协调指挥中心和行动口号，矛头直指现行制度。

共产党把开展抗议运动作为动员民众参与反资本主义斗争的手段，意在唤醒民众的社会主义觉悟，以迎接革命高潮的到来。

积极利用现代媒体，扩大社会主义宣传阵地。发生危机以来，各共产党的网站页面更丰富，信息更新更快，标题、口号更吸引人。较为活跃的共产党充分利用网站、视频对话等形式，开展关于社会主义话题的讨论。日共领导人就国内普遍关注的"非正式工人就业"、"资本主义的局限"等话题，通过网络和电视媒体用通俗易懂的语言阐明共产党人的观点，感染了无数观众，使日共的威望大增。②

信息技术的发展为美共提供了新的阵地。美共有专门的多媒体制作小组，把美共的新闻和方针制作成视频，直接上传到 Youtube 网站。美共不仅要参与关于社会主义的对话，以美国人能接受的方式解释社会主义，而且要进一步加强自己的网站建设，准备用实时更新的网页代替具有 90 年历史的纸质刊物，利用信息技术宣传自己的纲领，把当前和长远的任务与社会主义的实现结合起来。③

西班牙共产党利用网站进行马克思主义大众化宣传，用漫画形式生动

---

① 参见西班牙马克思主义研究会网站 http：//www. fim. org. es／。
② 《日媒：日本共产党受媒体青睐　每月新增党员近千人》，2008 年 6 月 19 日新华网。
③ 常天乐：《活在资本主义心脏里的美国共产党》，2009 年 7 月 2 日《南方周末》；Sam Webb，"The Communist Party：A Work in Progress in a Changing World"，www. cpusa. org 07/30/2009。

地阐述《资本论》的原理。

各共产党的网站相互链接，如今成为国际共产主义运动交流信息、协调行动的平台。

实践表明，现代媒体的发展为共产党实现社会主义提供了技术前提。

(三) 扩大党的队伍，加速年轻化，以增强组织的战斗力

苏东剧变以来，党员队伍的日渐萎缩和老龄化是各国共产党面临的共同问题。这一问题严重制约着共产党的活动能力。经济危机爆发后，加快党的队伍的年轻化，增强党的战斗力，以应对变化了的新形势，对于各国共产党来说，成了刻不容缓的任务。

各国共产党正在采取各种措施解决党的队伍年轻化和现代化的问题。例如，俄共近年把吸收年轻人入党、提拔青年党员进入党的领导岗位当成头等重要任务来抓。俄共在 2008 年 11 月底召开的十三大基本解决了中央委员会的年轻化问题，即一多半中央委员和候补中央委员年龄在 40 岁以下。今年 7 月 4 日，俄共召开三中全会，专门研究党的干部培养问题，提出要尽快解决地方党委的年轻化，并要求每个党的书记培养一个接班人。俄共还准备在远程教育和全日制教育基础上建立党校网络，培养具备党的组织者技能的专门人才。

日共自金融危机以来也十分重视党的队伍的扩充，通过解决青年人的实际困难，拉近与青年群体的距离，使党的社会影响力大增。近一年来，日共平均月增 1000 名新党员，党员总数达到 40 万。[①]

南斯拉夫新共产党通过加强与工会和青年组织的合作，来增强党的活力。该党将党的分支组织——青年联盟作为工作重心，将青盟成员视为党的成员，目前该党的青年人占党员总数的近 30%。[②]

此外，各国共产党也在不断改进吸收党员的方法，放宽接纳党员的标准。如美共为尽快壮大队伍，简化入党手续，改变过去必须有两人介绍入党的要求，申请者可通过电子邮件申请入党。

---

① 郑萍：《发达资本主义国家中最大的共产党》，《中国社会科学院院报》2009 年 4 月 2 日；《金融危机促日共党员增加》，《中国社会科学报》2009 年 6 月 23 日。

② 参见马细谱《南斯拉夫新共产党及其纲领主张》，《2007 年世界社会主义跟踪研究报告——且听低谷新潮声 (之四)》，社会科学文献出版社 2008 年版，第 559 页。

（四）加强国际联合和协调行动，努力振兴世界共产主义运动

20 年前的苏东剧变给世界共产主义运动造成的直接冲击是共产党组织遭到削弱，党员人数减少了 3000 万。但这并不意味着世界共产主义运动已不复存在。实际上，世界共产主义运动的主体——以建设社会主义制度、实现共产主义理想为宗旨的各国共产党组织始终存在，遍及世界的五大洲。截至目前，世界上共产党员总人数约有 9000 多万，共产党、工人党组织有 190 多个。① 即使在苏东剧变的"震中地区"，共产党也未销声匿迹。目前在东欧各国活动的共产党至少有 15 个，在原苏联地区有 30 来个。社会主义国家的共产党除外，发达国家中最大的共产党当属日本共产党，共有党员 40 万人；发展中国家中最大的共产党是印度共产党（马克思主义），现有党员 101 万人。总体而言，苏东剧变之后，世界各国共产党组织保存下来，阵地还在，这无疑为共产主义运动的复兴和发展奠定了组织基础。

然而应当看到，这支队伍呈分散状态。20 年来，共产主义运动内部不断分化组合，一个国家内有两个以上共产党属正常现象，多的有五六个。

21 世纪以来，随着反新自由主义、反全球化运动、反对美国霸权主义等社会运动的兴起，共产党人逐渐在"社会主义替代资本主义"的旗帜下找到共同话语，出现联合起来的势头。金融危机的爆发，进一步促进了共产党人的国际团结和合作。

剧变以来，在国际层面有两个定期活动的共产党聚会平台。一个是"国际共产党人研讨会"（International Communist Seminar），参加者自称"坚持马克思列宁主义和无产阶级国际主义、抵制修正主义"的共产党人。该研讨会每年 5 月在比利时首都布鲁塞尔举行一次理论研讨活动，自 1992 年以来已经举行了 18 届，每次与会的共产党组织少则 50 多个，多则 70 多个，先后有来自世界各国的 150 多个共产党、工人党及其左翼组织参加。比利时工人党承担常务工作。

另一个是"共产党和工人党国际会晤"（International Meeting of Communists and Workers' Parties），从 1998 年起每年在希腊首都雅典举行一次，迄今已举行十次，起初只是希腊、葡萄牙、西班牙等十几个国家的小型共

---

① http：//www.wpb.be/links.htm.

产党聚会，近几年发展为有 70 多个党参加的世界性共产党、工人党的聚会，近三届的会议地点分别移师里斯本、明斯克、圣保罗，这三次会议的规模已超过"国际共产党人研讨会"。有 16 个党承担这个国际聚会的协调组织工作。

从 2006 年起，世界各国共产党以"共产党、工人党国际会晤"为定期聚会的平台，就世界共产主义运动的共同话题交流看法，达成共识。如 2007 年 11 月初在白俄罗斯的明斯克举行的第九次会议以纪念十月社会主义革命 90 周年为主题，探讨十月革命思想的现实意义，交流共产党人在反对帝国主义和争取社会主义斗争中的经验，并就共同行动发表倡议。

2008 年 11 月底在巴西圣保罗举行的第十次会议就当前资本主义金融和经济危机、工人阶级和劳动人民的社会斗争、拉美和加勒比地区一体化、国际主义团结、社会主义的前景等问题交流看法，发表共同宣言——《圣保罗宣言——社会主义的选择》。与此同时，各共产党还以某一党的代表大会、党报节等为联系纽带，举行国际性会晤，相互支持，协调行动。

随着经济危机向全球的蔓延，正如共产党人所预料的那样，新一波的反共浪潮也开始抬头，意在遏制反资本主义的左翼运动的兴起和社会主义的复兴。2009 年 7 月，在立陶宛首都维尔纽斯举行的欧洲安全与合作组织议会通过了所谓《分裂的欧洲重新统一》的决议，该决议将共产主义与法西斯主义相提并论，强以谴责。决议还支持欧洲议会关于把 8 月 23 日（即《苏德互不侵犯条约》签订日）命名为"斯大林主义与纳粹主义受害者纪念日"的决定。这一决议理所当然地遭到欧安组织共产党议员的抗议。7 月 19 日，俄罗斯联邦共产党和希腊共产党联合发表声明声讨这一决议。随即，各国共产党及进步人士举行抗议活动并在声明上签名声援，截至 9 月 7 日，已经有 77 个来自世界各地的共产党和工人党签署了这一声明，表现出共产党人的国际主义团结和战斗精神。[①] 为了共同抵御右翼的进攻和加强国际联合，有些国家的共产党呼吁建立新的国际协调机构。目前各国共产党的国际合作意在为此作准备。

---

① Joint statement of 77 communist and workers' parties on the anticommunist resolution of OSCE, http://inter. kke. gr/News/2009news/2009—07—kke-cprf.

三 世界共产主义运动面临的挑战和发展前景

20 年前的苏东剧变给国际共产主义运动造成巨大损失，使国际共产主义运动陷入低潮。但 20 年的历史表明，在世界范围内，当代共产党人为之奋斗的社会主义无论作为一种思想体系、一种社会运动，还是一种社会制度，并没有像西方预言家所预测的那样走向"终结"，而是在低潮中坚持、调整、发展；资本主义虽暂时成为在全球占统治地位的制度并度过了一段上升周期，但并没有解决自身的根本矛盾，如今又陷入了严重的经济危机。历史再次证明，社会主义取代资本主义仍是人类社会发展的必然趋势，在这一进程中，以消灭剥削、争取人类解放为目标的世界共产主义运动没有、也不会消失。从以上介绍可以看出，世界共产党人正在抓住历史机遇，谋求新的发展和振兴。

（一）为什么尚未爆发社会主义革命高潮

然而我们必须看到，虽然席卷全球的资本主义经济危机为世界社会主义的振兴创造了机遇，但迄今为止尚未爆发新的社会主义革命高潮。原因何在？

笔者认为，从客观条件来讲，资本主义经济虽遭受严重打击，但它还有自我调整的能力。资产阶级统治阶层凭借长期积累的统治经验和应变能力，通过各种手段，在阻止资本主义大厦的倾覆。我们看到，西方各国统治阶层在危机来临时很快掌握了主动权，一方面通过政府的"救助"措施暂时缓解了经济急剧衰退的势头，并作出"抨击金融投机家"、"改革金融体系"的姿态，以稳定社会情绪；另一方面以反对极端主义为名，加大对左翼力量、尤其是共产主义力量的打压，怂恿反共浪潮的泛起，以防被压迫阶层起来造反。不仅如此，危机还在进行之中，实体经济下滑对劳动者造成损害的后果还没有完全显现出来，人民的生活现在还没有糟糕到无以为继的地步。在这种情势之下，人们宁可观望、等待，而不愿看到社会发生大的动荡。而且 20 年来共产主义被妖魔化在人们心里产生的负面影响还在，共产党的主张很难进入主流话语，要将其变成社会大众普遍接受的意识，更需时日。

事实上，我们看到一个悖论，在资本主义遭受危机的时刻，欧洲右翼却不仅占据了欧盟新一届议会的多数席位，而且在东、西欧主要国家的大选中也纷纷上台执政，作为左翼主流的社民党败下阵来，受其殃及，共产党和激进左翼的选票只在个别国家有所增加（如德国左翼党在 9 月 27 日的联邦议院选举中得票率由上届的 7.7% 上升至 11.9%），在欧洲议会还略有减少。因此，从目前来看，虽然"资强社弱"的国际力量格局较之苏东剧变之初发生了相当程度的改变，但还未达到根本逆转的程度，社会主义革命的时机还未成熟。

从主观条件来讲，推翻资本主义制度的社会力量尚显不足，革命政党尚不强大。危机爆发以来，在欧洲一些国家出现的罢工、示威等抗议活动未能持续下去并转化为支持社会主义的大规模群众运动。原因在于，工会领导人和作为社会主流左翼的社会民主党没有把抗议活动引向深入的意愿；共产党因遭受多年的打压，缺乏足够的动员能力来整合左翼力量和号召广大的社会阶层；新生的激进左翼虽有雄心，但缺乏明确的纲领和稳定的社会基础。目前，整个左翼目标不一致，队伍成分复杂，形不成合力以挑战右翼。而被打到政治舞台边缘的共产党要回到前台尚需时日。因此，以复兴社会主义为使命的国际共产主义运动当前面临的挑战仍大于机遇。

（二）共产主义运动面临的挑战

首先，共产党如何在理论上提出适应时代需求的社会主义理念及其实现途径是当务之急。既要向人民描述"另一个、社会主义的世界是什么样的"，还要带领人民探索走向这一世界的路径。英国马克思主义学者赛耶斯谈到，当前之所以看不到工人阶级实现其历史使命的迹象，其最主要的原因是工人阶级还未能找到进行有效变革以实现美好未来的道路。因此，各党需根据本国国情确立实现社会主义的纲领，探索通往社会主义的途径，并立足现阶段，有所作为。

其次，社会主义国家能否成功抵御资本主义危机的侵蚀，并走出一条不同于资本主义的文明进步的发展道路至关重要。因此，社会主义国家需在巩固改革成果的基础上，解决自身存在的问题，消除潜在隐患，以社会主义事业的新成就，彰显社会主义制度的优越性。

再次，共产党如何在社会上树立更具建设性、更有活力的新型政党形象十分关键。苏东剧变以来共产党被严重妖魔化，政治影响力下降。为此，为摆脱被孤立的境地，需改进工作方式，突破舆论封锁，争取话语权，让社会听到自己的声音，赢得人民支持。

最后，共产党如何增强自身的战斗力，尤其是加强共产党队伍内部的团结十分紧迫。为此，共产党需更广泛地团结广大社会阶层，唤起雇佣劳动者的阶级觉醒，加强与工会、青年等社会组织的互动，吸收新鲜血液，扩大社会基础。同时，共产党之间应求同存异，相互支持，克服宗派主义。

我们相信，尽管共产主义运动仍然面临种种挑战，未来的道路也不会平坦，但社会主义的前途是光明的。应当看到，这场资本主义危机的爆发使人们对资本主义的弊端看得更清楚，人们对现实的不满正在逐渐提升到对资本主义制度的质疑，以社会主义为指向的变革的社会条件正在形成，"另一个世界是可能的"口号代表了人们要求变革社会、变革资本主义主导的世界秩序的心声。我们相信，只要中国、越南、古巴等社会主义国家能成功地抵御危机的侵害并取得社会主义建设的新胜利，只要拉美人民能沿着"21世纪社会主义"的道路坚定不移地走下去，只要全世界的共产党及其左翼力量坚持奋斗，社会主义事业复兴之火就能形成燎原之势，"另一个社会主义的世界"不仅是可能的，而且会变成现实。

（原载《"金融危机与世界社会主义发展前景"国际研讨会论文集》
西南师范大学出版社2010年版）

中俄学者关于新经济政策问题的争论

徐海燕[*]

对于科学社会主义的理论与实践，特别是涉及苏联时期，有很多重要问题争论激烈，20 年代实行的新经济政策就是其中一个重要课题。新经济政策产生于尖锐的经济和社会政治危机之中，它的出现到底意味着什么，它是作为狭义上的反危机纲领出台的，还是广义上的建设社会主义的纲领？在从行政命令式经济向市场经济过渡的过程中，它是否成了社会主义市场经济的完美模式？怎样看待新经济政策的性质等。对这一系列问题的理解关系到经济文化都比较落后的国家在社会主义建设中如何运用和发展马克思主义的问题，具有重大的理论与现实意义。当前，国内外学界通过新的研究方法和新视角提出了很多新观点。

一　实施新经济政策的背景

（一）实施新经济政策原因

对于如何看待新经济政策的危机背景的问题，无论是在中国，苏联、还是当今的俄罗斯，大部分学者认为新经济政策是作为反危机纲领而出现的。1921 年俄罗斯的国内战争和战时共产主义造成了政治经济危机，政权面临着更迭的威胁时，布尔什维克不得不改变原有的"共产主义政策"。但就新经济政策实施的原因而言，自 20 世纪起，政界、学界就存在着争论：

20 世纪 20 年代，托洛茨基是从苏俄经济发展的状况、内在要求方面进行阐述向新经济政策转变的内在逻辑性的。他说："我们是从什么开始

　＊ 徐海燕，中国社会科学院政治学研究所副研究员。

的？我们是从……在经济政策里和资产阶级的过去实行急遽而不妥协的决裂开始的。原先有过市场——现在取消，自由贸易——取消，竞争——取消，商业计算——取消。代之以什么？集权主义的、至高无上的、神圣的最高国民经济委员会，它分配一切，组织一切，操心一切：机器运到哪里，原料运到哪里，成品运到哪里……由统一的中心通过它的负责机关来决定，来分配。我们这个计划碰壁了。为什么？因为事实证明我们没有这个准备，或者用列宁同志的表述，因为我们的文化水平低……这么说来，我们的错误究竟在什么地方？如果只谈经济方面，错误在于无产阶级在经济建设领域里承担了力所不及的任务。在国家的现有条件下，在它自身的技术、生产和组织水平的现状之下，它没有能力以集权主义的方式建设社会主义……"①，路标转换派认为，在 1920 年以前，列宁一直期望世界革命会很快爆发。由于世界革命因世界资本主义的遏制，"原来指望尽快建成的共产主义没有成功……世界革命被'延后了'，只在一个落后国家实现共产主义是难以想象的。俄罗斯应该向世界资本主义学习，因为俄罗斯无法战胜资本主义。俄罗斯不能再被当成'试验田'和点亮世界的火把。火把几乎要烧尽了，世界仍未被点亮……俄罗斯应强盛，否则世界革命唯一的中心就要消失。这个'无产阶级'政权最终意识到仅靠暴力的共产主义是软弱的，这样，在避免破坏自己经济制度的同时，开始做出让步，向生活妥协。苏维埃政权在保留原有目标、对外不放弃'社会主义革命'口号和强化政治专政的同时，开始实行国民经济复苏所必要的措施，并不认为这些措施是'资本主义'的"②。"列宁出于策略上的考虑，开始实行那些敌视布尔什维主义的政权必然会实行的政策。为了拯救苏维埃，莫斯科正在放弃原来的共产主义，就是说从其目的看，这些措施只是暂时的、或者说'策略性'上的放弃，事实的确如此。"③

苏联解体后，也有部分学者认为新经济政策是"即兴之作"、"应景之作"。经济学博士 C. B. 察库诺夫认为，失去政权的威胁推动了列宁向

① ［匈］格·萨穆利：《社会主义经济制度的最初模式》，湖南人民出版社 1984 年版，第 120—121 页。

② Смена Вех：Сб. ст.：10. В. Ключникова，Н. В. Устрялова，С. С. Лукьянова，А. Б. Бобрищева-Пушкина，С. С. Чахотина и Ю. Н. Потехина. Июль 1921 г. - Прага. Литературное обозрение. 1991. №7. с. 78—79.

③ Ibid.，с. 79.

实行新经济政策的转变，"像接下来 1921 年春夏发生的事件所显示的那样，领导集团的行为是一种即兴之作，缺乏明确的深思熟虑的计划"①。俄罗斯科学院俄国史研究所副所长 A. K. 索科洛夫认为："必须避免苏联历史文献中所流行的简单化观点，即仅仅关注该政策的个别方面，诸如新经济政策就是城乡联盟（'结合'）或者是'进攻前的喘息'，或者是'阶级力量的重新部署'等等。""新经济政策是国内推行的一系列彻底和不彻底的摆脱危机的措施。迫使采取这些措施的是客观情况，而绝不是在尝试按照经济方法指导社会主义建设计划的过程中逐步形成的某些思想和模式。"②

我国学者持这一观点的有：采用新经济政策是适应客观形势的要求逐步制定和完善起来的，在一定程度上是被迫的，是大势所趋，并不是对列宁 1918 年理论的运用和实践。③ "新经济政策实施之初的混乱局面似乎表明：它是一种应急性的反危机纲领和措施，是为了缓和同农民的矛盾，是为了使国家从深刻而尖锐的社会经济危机中摆脱出来，是为了使布尔什维克避免丧失政权。"④

（二）向新经济政策转变的时间

学者对俄共（布）向新经济政策转变的时间提出了不同的看法。承认新经济政策是反危机纲领的学者大都认为"俄共（布）第十次代表大会《关于以实物税代替余粮搜集制》的决议是改行新经济政策（与战时共产主义相比较而言）的开始"⑤。

但也有学者提出不同看法：历史学副博士阿·秋金认为，"列宁的新经济政策中最重要的论点在他更早些时候的，其中包括 1917 年十月革命

---

① Афанасьев Юрий Николаевич // Советское общество: возникновение, развитие, исторический финал. - M., 1997. - T. 1. -C. 60.

② A. K. 索科洛夫：《新经济政策的历史意义》，载《20 世纪俄国历史发展中的新经济政策》，莫斯科 2001 年版，转引自王丽华主编《历史性突破——俄罗斯学者论新经济政策》，人民出版社 2005 年版，第 272 页。

③ 胡瑾：《关于新经济政策的几个问题》，《国际共运》1985 年第 2 期。

④ 徐向梅：《新经济政策：俄罗斯史学研究新视角评介》，《当代世界社会主义问题》2000 年第 1 期。

⑤ Серпинский В. В. НЭП: практика налогообложения крестьянства // Вестник МГУ. Серия: Экономика. 1993. № 5. С. 39—49.

前写的著作中就可以非常清楚的地看到"①。"我国无产阶级专政的建设工作不是从军事共产主义开始的，而是从宣布所谓新经济政策的原则开始的。大家知道 1918 年初出版的列宁的《苏维埃政权的当前任务》一书，列宁在这本书中第一次论证了新经济政策的原则。"②

俄罗斯学者谢·巴甫刘琴科夫指出，"反对'战时共产主义'这一达到社会主义目标的激进做法的斗争可以追溯到十月革命前。"③ 中国学者杨彦君在《苏俄"战时共产主义"政策的内容、后果和教训》一文中写道："1918 年春，列宁在《苏维埃政权的当前任务》等著作中，在预计到由资本主义到社会主义将经历很长的过渡时期的基础上，实事求是地拟定了一个着手进行社会主义建设的计划。这个计划是后来的新经济政策的基础。"④

（三）新经济政策的出台是列宁的智慧还是集体智慧的结晶

大多数学者认为，列宁首先提出了新经济政策。"列宁作为急剧变革政策方针的倡导者，对这一问题做出了极为坦率、真诚的回答。"⑤ "第一次世界大战期间，列宁着力研究发达的资本主义市场经济规律，揭示帝国主义的本质及其发展前景。此时提出的关于市场经济的一般原理，为 1921 年后探索经济文化落后的俄国在社会主义经济建设中如何利用商业和市场关系打下了思想基础。列宁在论述新经济政策问题时，多次强调新经济政策与夺取政权后上半年特别是 1918 年春天的政策之间的内在联系。"⑥ "市场经济思想在列宁经济理论体系中是个核心问题，它像一根红线贯穿于列宁各个时期大量理论论著中。在列宁所处的时代，国际国内资本主义经济的发展以及世界革命形势的需要，既为列宁市场经济

---

① 阿·秋金：《列宁的新经济政策构想》，《对话》（俄）杂志 2003 年第 4 期，转引自王丽华主编《历史性突破——俄罗斯学者论新经济政策》，人民出版社 2005 年版，第 29 页。

② Горинов М. М.、Цакунов С. В.：Ленинская концепция нэпа: становление и развитие，Вопросы истории. —1990. No. 4.

③ Павлюченков С. С чего начинался НЭП? // Трудные вопросы истории: М.，1991. С. 45—60.

④ 中央编译局编：《国际共运史研究资料》第 4 辑，人民出版社 1982 年版，第 73 页。

⑤ Проблемы планирования в контексте борьбы за власть в условиях нэпа/Назаров О. Г. -// Отечественная история. —2000. —N4.

⑥ 滕向红：《浅析列宁新经济政策理论的思想渊源》，《临沂师范学院学报》2002 年第 2 期。

理论的形成提供了现实条件,又向列宁提出了发展马克思主义商品经济的迫切要求。正是对资本主义市场经济的不断研究,成为列宁萌生社会主义可以利用市场经济的观念的逻辑起点。"① "在十分严峻的国内外形势面前,列宁领导的俄国共产党审时度势,及时总结和反思战时共产主义政策,经过广泛的调查研究和审慎的酝酿讨论,根据列宁的提议,1921年3月召开的俄共(布)第十次代表大会作出了从战时共产主义过渡到实行新经济政策的决议,同时采取了与新经济政策相配套的法律改革,从而揭开了苏维埃俄国历史上又一场伟大革命即社会主义改革的序幕。"②

但是,不同意见认为,托洛茨基曾于1920年2月向列宁和中央提议必须放弃战时共产主义。同时建议以征收粮食税代替余粮收集制,并建立商品交换制度。尽管他的建议当时被列宁和中央拒绝,但这却说明托洛茨基至少应该是最早倡导新经济政策的领导人之一。③ 研究托洛茨基的波兰学者多伊彻说:托洛茨基"提出新经济政策的时候,党还在固执地实行军事共产主义","把新经济政策称为是列宁的天才的重大措施……这一功绩至少是被夸大了"。④

郑异凡认为:"新经济政策的提出和发展是集体的创造,当时许多党和国家领导人都对此作出了自己的贡献。"⑤

二 新经济政策对社会主义看法的改变

列宁曾指出,由于新经济政策的实行,"我们不得不承认我们对社会主义的整个看法根本改变了"。⑥ 对此,苏联解体后,学界对列宁这段话做出了不同解读:

学术界在新经济政策是否是1918年政策的继承问题上,存在两种不

---

① 高继文:《列宁新经济政策理论的思想渊源》,《江西师范大学学报》(哲学社会科学版)2002年第2期。
② 龚廷泰:《论"新经济政策"的实质及其法哲学基础》,《法学评论》2003年第3期。
③ 高继文:《托洛茨基与新经济政策》,《河南师范大学学报》2001年第2期。
④ [波]伊萨克·多伊彻:《武装的先知——托洛茨基:1879—1921》,中央编译出版社1999年版,第555页。
⑤ 郑异凡:《布哈林论稿》,中央编译出版社1997年版,第3页。
⑥ 《列宁选集》第4卷,人民出版社1995年版,第773页。

同的看法。俄罗斯右翼政论家尤利·布尔金认为，列宁在实施新经济政策时期的思想与其在十月革命时期的思想发生了根本性的转变。而将列宁在新经济政策时期进行的社会主义建设定性为"民主社会主义"。"十月革命的列宁是极其热烈的革命者、理论家和大规模社会摧毁活动的实践者。而新经济政策的列宁则要求不要摧毁、而要活跃资本主义。这时他不仅仅是和平的改革者，而且是渐进的改良主义者。他仅用两年时间就走完了人类经过几乎一个世纪才能走完的思想发展历程。"① "在新经济政策下"，社会主义并不敌视资本主义，并不把资本主义赶出历史舞台，而是吸收资本主义。两者是相容的，两者在从事共同的文明工作并且能够在经济中相对长期地（虽然有竞争）共存。这说明，列宁以前使用"社会主义"这个词时大概自己还没有一个完整的概念，现在把它看作是全然不同的某种东西了。这是另一种社会主义。无论是在当时，还是在以后的 40 年间，这种社会形态始终没有一个名称。不过现在，根据历史经验，我们毫不费力地知道，现代语言称它为"民主社会主义"、"市场社会主义"、"多元社会主义"、"具有人的面貌的社会主义"或侧重点不同的"人民资本主义"、"社会取向的资本主义"，等等。所有这些都是同一个现象的不同说法。②

布尔金的思想在当今的俄罗斯有一定的代表性。与布尔金一样，持相同观点的霍多尔科夫斯基也认为"经济政策被迫改变了，列宁对诸如商品生产、市场、贸易、私营企业等范畴的问题及这些范畴与'社会主义'概念的结合问题的态度开始发生'根本性'改变"③。

有的学者提出，列宁对社会主义看法的改变是对社会主义性质的看法的根本改变。"列宁在《论合作社》一文中对'合作社'和'社会主义'这些概念的阐述，与他此前对这些概念及它们之间的关系的阐述有着根本性的区别。""列宁写出'整个看法根本改变了'这样的话是绝对负责任的，因为它反映出列宁早就在重新考虑自己对解决国家政权面临的最重要的问题，即社会主义俄国的'内部经济关系'应是什么性质这

---

① Юрий БУРТИН - Три Ленина. Октябрь, 1998 N12, http://magazines.russ.ru/october/1998/12/burti.html.

② Ibid.

③ Ходорковский И. И: О ленинской концепции кооперации // Вопр. истории КПСС. — 1990. —N3.

一问题的观点。"①

我国学者谢韬也持此观点：列宁"用变动生产关系将生产资料收归国有的办法建设社会主义"，是"背离马克思主义的根本错误"，他说："列宁在晚年认识到了这个错误，并提出了新经济政策。"② 中国学者柳植、刘彦章、段炳麟等基本上认为，新经济政策是列宁社会主义建设思想新的发展，是放弃"强攻"改用"围攻"，是列宁对社会主义的两种不同构想，并不是 1918 年春天设想的政策的继续。③

俄左翼学者对以布尔金代表的观点提出了针锋相对的反驳。格·库斯托夫认为："列宁作为马克思学说的拥护者，直到生命的最后时刻都信仰这一学说，为这一学说的发展作出了重大贡献。说列宁的哲学世界观和心理道德价值观发生了质变，这是布尔金的臆造。他之所以这样做，目的是为他所认为的列宁的社会政治观在向新经济政策过渡时期发生了'根本改变'寻找'根源'。""他对俄国社会现象和社会过程的分析采取的是抽象的、非历史的、形而上学的方法，这是整个资产阶级和小资产阶级社会学的通病。"④

俄罗斯其他的左翼学者提出不同意见，认为新经济政策只是一种策略，并非改变了对社会主义性质的看法。历史学博士 В. П. 德米特连科认为，"应该注意到'战时共产主义'制度的危机并不等于共产主义学说本身的危机。新经济政策的思想在理论上和实践上都还非常薄弱，无法同这个庞然大物（广大群众的浪漫主义化意识）一争高下。理论上的个别突破（如号召加强苏维埃的贸易和社会主义的合作社，号召利用国家资本主义等）完全被纳入'暂时退却'、'战术动机'之类的范畴。大肆鼓吹的所谓对于社会主义的整个看法到 1923 年实现了转变这一传统的（引经据典的）、未经科学论证的说法，是又一则非常令人遗憾地得到传播的历史编

① Ходорковский И. И: О ленинской концепции кооперации // Вопр. истории КПСС. —1990. —N3.

② 谢韬：《只有民主社会主义才能救中国》，《炎黄春秋》2007 年第 2 期。

③ 段炳麟：《新经济政策与苏联经济的恢复和发展》，《北京师范大学学报》（社会科学版）1980 年第 3 期；柳植：《从争取"美国式的道路"到实行新经济政策——列宁思想研究之二》，《陕西师范大学学报》（哲学社会科学版）1983 年第 2 期；刘彦章：《列宁的社会主义构想》，广东人民出版社 1993 年版。

④ Кустов Григорий: Ценные признания Юрия Буртина, Диалог, худож. журн. КПРФ N. 2—, 2000.

纂学神话，并无人和关于此类'修改'的实际证据。同列宁及其战友在理论方面（包括关于合作社运动、关于提高国家的普遍文明水平、关于加强民主等）的传信有关的一切，实际上都属于对战术问题的解释，没有扩张到社会复兴战略。"①

俄罗斯科学院哲学所教授、哲学博士尤·普列特尼科夫指出："对于列宁来说，新经济政策所谓新，不是就其本身而言，而是针对此前实行的'战时共产主义'政策而言的。""列宁对社会主义的看法确实发生了根本的改变。这种根本的改变是创造性地发展马克思主义理论的典范。"②"对社会主义的根本改变就是承认近期、早期社会主义的社会主义多种经济成分。"③"1921—1923 年，列宁还缺乏足够有力的理由来对马克思主义的社会主义观作激进的改变。尽管如此，列宁的思想也在发展：起初是证明无产阶级专政下的国家资本主义的可能性，对当时苏维埃俄国的社会制度的一般性描述，后来则密切注意合作社，把它当成新经济政策条件下保持和发展社会主义的新趋向的基本途径和方法。"④"列宁改变的不是对社会主义的理解、不是对社会主义的看法，而是看问题的角度：从前，夺取政权以前，他是'从下面'，从革命的地下状态看社会主义，考虑到夺取政权、阶级斗争的必要性，而现在是'从上面'、从一个掌权者的角度——从经济组织、文化的角度看社会主义。"⑤"改行新经济政策是布尔什维克的战略任务抑或只是策略手段？关于这个问题的答案已不再是那么无可争议、确定无疑了，而是存在着各种各样的观点。其实，长期战略根本不是哪些政治反应灵活并善于即兴发挥的政党的活动所素有的。几十年来这些政党只是磨练出了策略技巧并毫不动摇地保持了自己在意识形态上的信念。"⑥"放弃战时共产主义政策，改行新经济政策，从 1921 年开始社会主义政治生活民主化的进程，这并不是列宁的政治哲

① Дмитренко В. П. Четыре измерения НЭПа.... -Вопросы истории КПСС, 1991, №. 3.

② Плетников, Ю. Нэп: коренная перемена точки зрения В. И. Ленина на социализм / Диалог, 1997. —№. 8.

③ Владимир Бондарь: ПЭП Диалог, худож. журн. КПРФ N. 8—, 1999.

④ Горинов М. М. 、Цакунов С. В. : Ленинская концепция нэпа: становление и развитие, Вопросы истории. —1990. —№. 4.

⑤ Ibid.

⑥ Проблемы планирования в контексте борьбы за власть в условиях нэпа［Текст］/ Назаров О. Г. - // Отечественная история. — 2000. —No. 4.

学观点和道德价值观发生原则转变的结果。这些过程是苏维埃政权战胜武装干涉者和白卫军的结果，是被推翻的阶级停止武装反抗的结果。这些阶级的部分代表人物开始与苏维埃政权和睦相处，有时还能合作。""新经济政策作为相对于战时共产主义的新政策，是列宁早在 1918 年即已形成的政策原则的继续和发展。"①

我国学者认为，对列宁的社会主义看法应作如下理解："如何进行社会主义经济建设，列宁提出一个重要思想，即解决经济任务不同于政治、军事任务，如果还是按照老办法靠热情、靠英勇来解决经济任务，必然要犯错误。第一是对实现社会主义道路和方法的看法改变了。过去是运用暴力或政权消灭剥削制度、消灭商品货币，用直接过渡的方法实现社会主义制度，而现在要把中心放在经济文化建设上，通过若干中介环节，以迂回的和平改造的方法实现社会主义。第二，对社会主义本身的看法改变了，过去习惯于把合作社看作是资本主义或者国家资本主义的，现在看成是社会主义的；过去把农民看成是每日每时产生着资本主义的小生产者，现在看成是无产阶级可靠的同盟军；过去把商品货币看成是资本主义的，现在已认识到它是通向社会主义的桥梁。第三，尤其是在实行新经济政策后，对整个合作社作用、地位和意义改变了。"②

三 新经济政策的实质

什么是新经济政策的实质，列宁本人曾在不同的侧重点上多次使用"新经济政策的实质"这一提法：1. 1921 年 5 月列宁指出："新经济政策的实质：最大限度地提高生产力，改善工人和农民的生活状况，利用私人资本主义并把它纳入国家资本主义的轨道，全面支持地方的首创精神，同官僚主义和拖拉作风作斗争。"2. 同年他还指出："用粮食税代替余粮收集制，这就是我们经济政策的实质。"3. 同年 12 月，列宁在通过交换建立工农联盟这个意义上论述了新经济政策的实质："既然没有一个能够组织得立刻用产品满足农民需要的发达的大工业，那么，为了逐渐发展强大

---

① Кустов Григорий: Ценные признания Юрия Буртина, Диалог, худож. журн. КПРФ N. 2—, 2000.

② 宋才发：《论列宁从战时共产主义到新经济政策思想的嬗变》，《贵州社会科学》1996 年第 2 期。

的工农联盟，只能在工人国家的领导和监督下利用商业并逐步发展农业和工业，使其超过现有水平，此外没有任何别的出路。现实迫使我们非走这条路不可。我们新经济政策的基础和实质全在于此。""新经济政策的实质是无产阶级同农民的联盟，是先锋队无产阶级同广大农民群众的结合。"4.1922 年 10 月，列宁说："新经济政策的真正实质在于：第一，无产阶级国家准许小生产者有贸易自由；第二，对于大资本的生产资料，无产阶级国家采用资本主义经济学中叫做'国家资本主义'的一系列原则。"由于列宁对新经济政策的实质有不同的概括，就给后人的探索留下了空间。由于列宁留下了许多不同的定义和提法，因此，学者们根据自己对列宁文本的解读而进行各自不同的阐释。

（一）新经济政策性质是社会主义的，是社会主义和资本主义的趋同

将新经济政策的性质定义为社会主义。抹杀了资本主义和社会主义在原则上的区别，实际上为当今的民主社会主义，多元社会主义唱赞歌。在苏联解体后，这种观点甚嚣尘上，其中以尤利·布尔金为代表的俄右翼学者的观点最具有代表性。"列宁的态度是明确的。对他来说，新经济政策不是从社会主义'退却'，也并非只是通向社会主义的台阶。新经济政策就是社会主义本身，至少是社会主义的开端。"① 尤里·布尔金认为，列宁《论合作社》一文实际上是在论社会主义的实质。其创新之处在于，"列宁实际上完全抹去社会主义和新经济政策之间的界限"。"只要指出一点就足以说明问题，那就是列宁从未说过把合作社原则运用到工业中，从种种迹象来看，也没有这种可能性。他提出的社会经济模式是两种成分的经济模式，即商业化的国有成分和合作化的私人成分相互作用，而不是一方吞并另一方。"②

俄罗斯社会主义学者协会科学方法中心主任米·伊格尔金也持这一观点，"在向世界社会主义建设过渡后，列宁也有某些提法与当代的相一致，如'两种成分的经济'、'民主社会主义'、'社会取向的资本主义'、'多元社会主义'等等。他甚至发现了关于'资本主义与社会主义'、'共

---

① Юрий БУРТИН - Три Ленина. Октябрь, 1998 N12, http：//magazines. russ. ru/october/1998/12/burti. html.

② Ibid.

生'、'趋同'的说法，这是 50 年代末 60 年代初提到日程上的东西"①。

中国学者余伟民对 1918 年春列宁的社会主义建设计划进行了考察指出，1918 年春计划的基本思想实质上是一种直接过渡的设想。②

（二）新经济政策是一场试验

认为新经济政策是一场试验的观点，中外学者都有这样的观点。但是，在其内容上有明显的褒贬义之分。

历史学博士、伊万诺沃大学教授列·叶·法因则提出"1920—1921 年之交，由于同农民发生异常尖锐的冲突，苏维埃政权被迫减弱了直接进攻的攻势。其意图是想尝试把正常经济（市场）的某些因素'装进'苏维埃体制，以此摆脱危机并继续实施共产主义方案。合作社被认为是这种'可接受的'要素之一，因而在 1920—1921 年之交，对合作社施以新花招，实际上新一轮的强制性'实验'，它与以往战时共产主义的实验不同，可以称之为新经济政策的实验"③。

我国学者认为，新经济政策是在俄国那种落后的生产力和经济基础上的一种改革运动。从今天的角度看，它实质上是以社会主义体制（共产党执政）与资本主义市场经济相结合的一种"混合经济"的创造性实验。④

（三）新经济政策性质是资本主义的

这部分观点均认为，布尔什维克的新经济政策性质是资本主义的，但是实施这一政策的结果是不同的。一部分学者持悲观的态度，认为，新经济政策的必然会演变资本主义。而另一种观点认为，新经济政策的实施是通向社会主义道路的一种策略。

1. 新经济政策是内部的蜕变和蜕化，必然演变为资本主义

这是 20 世纪 20 年代的"路标转换派"的观点：布尔什维克的新经济政策并不是战略上的退却，而是朝着资本主义社会的必然演变。（"路

---

① Владимир Бондарь: ПЭП Диалог，худож. журн. КПРФ N. 8—, 1999.

② 余伟民：《论 1918 年春列宁的社会主义建设计划》，《华东师范大学学报》1984 年第 4 期。

③ Файн Л. Е. Нэповский эксперимент над российской кооперацией // Вопросы истории. 2001. No. 7.

④ 靳晓光：《关于列宁新经济政策的两点思考》，《沈阳工程学院学报》（社会科学版）2005 年第 3 期。

标转换派"发表议论说）这个苏维埃政权究竟在建设什么样的国家呢？共产党员说，在建设共产主义国家，并且要人相信这是一种策略：布尔什维克在困难关头哄骗私人资本家，然后，据说就会达到自己的目的。布尔什维克可以爱怎么说就怎么说，可是实际上这不是什么策略，而是蜕化，是内部的蜕变，他们一定会走向通常的资产阶级国家。①

2. 新经济政策性质是资本主义的，目的在于战胜资本主义

苏联解体后，有相当一部分学者都认为，实施新经济政策的措施从性质上而言是资本主义的。但"列宁认为采取新经济政策并不是放弃社会主义理想，但是他也没有把新经济政策与社会主义等同起来。列宁认为新经济政策是无产阶级斗争以另一种形式在不同条件下的继续，也就是无产阶级在世界革命发展条件下在经济建设领域内进行阶级斗争的一种形式"②。

原苏联科学院苏联历史研究所研究员、历史学副博士米·格里诺夫认为，新经济政策是"从业已形成的无商品的国家社会主义经济体制与在商品货币关系、市场关系基础上发挥作用的社会经济结构之间全面对抗的战略退却；从被理解为直接'向社会主义过渡'的、尽快'消灭'市场的方针的退却。""列宁认为的'退却'的第一阶段是退回到国家资本主义，但不是退回到作为顽症体制的资本主义，而是在'许多经济领域'退回。第二阶段是'从国家资本主义转到由国家调节买卖和货币流通'。"但是，其主要目标在于"在无产阶级国家的条件下通过国家资本主义走向社会主义之路"③。这主要是因为："俄国社会是多经济成分的，上层建筑的相对独立程度提高（在产生于从封建主义到资本主义的过渡时期的专政制度下就是如此，其实资本主义以前的经济成分与资本主义经济成分在某种势均力敌的状态下共存），所以革命制度在政治先锋队纪律严明、团结一致的情况下绝非注定发生蜕变。"④

历史学博士、伊万诺沃大学教授列·叶·法因指出："布尔什维克领导关于建立无阶级、无商品社会的方针在改行新经济政策后仍未改变。

---

① 参见《俄共（布）第十一次代表大会文献》，转引自《列宁选集》第4卷，人民出版社1995年版，第677—678页。

② 阿·秋金：《列宁的新经济政策构想》，《对话》（俄）杂志2003年第4期，转引自王丽华主编《历史性突破——俄罗斯学者论新经济政策》，人民出版社2005年版，第35页。

③ Горинов М. М.、Цакунов С. В.：Ленинская концепция нэпа: становление и развитие, Вопросы истории. —1990. —No. 4.

④ Ibid.

苏维埃制度的决定性矛盾，即以马克思主义理论为出发点的战略方针同社会经济发展的客观规律之间的矛盾并未消除，同时还经常不断地产生各种范围和各种尖锐程度的危机。这种情况促使国家领导人随机应变，采取一切退却的和迂回的手段，制约这些手段在领导人看来不会明显阻碍达到战略目标就行。（但从未说过有可能放弃或根本修正这一战略目标。）"① "新经济政策只是无产阶级革命暂时的、不情愿的、被迫的退却，是向资本主义的让步。只要一有机会，这种让步就应收回，回到共产主义的经营原则上来。"②

我国学者也提出，新经济政策的性质是资本主义的，是通向社会主义的"途径"。"新经济政策是利用资本主义来发展社会主义的政策，不能是利用资本主义来搞垮社会主义的政策，它是无产阶级坚定的阶级政策，而绝不是实行阶级调和取消阶级和阶级斗争的政策。"③

"不少同志把新经济政策当作社会主义的政策。这种看法就在于：一方面，混淆了马克思主义关于过渡时期和共产主义社会第一阶段的界限，把过渡时期笼统地划归社会主义时期。另一方面，也没有能够具体地分析和把握列宁在不同场合所使用的'社会主义'、'共产主义'这两个词的确切含义有关。"④

"列宁在制定和推行新经济政策的整个过程中，始终贯穿着从物质到感觉和思想的唯物主义认识路线。首先，新经济政策的制定，是以承认落后、承认困难和承认危险为出发点的。列宁唯物主义认识路线最彻底的表现，是不但承认新经济政策的内容是资本主义的，要克服它的一切消极面而且强调一定要向广大群众说清楚这一点。他在几乎所有阐述新经济政策的重要文献中，都说明了这一思想。"⑤

① Файн Л. Е. Нэповский эксперимент над российской кооперацией // Вопросы истории. 2001. No. 7.

② О. Лакис: аспект Цивилизации НЭП Свободная мысль1991. —No. 18.

③ 李慎明：《对当代社会主义的相关思考》，《十月革命与社会主义》，社会科学文献出版社2008年版，第9页。

④ 石镇平：《率先夺取政权与迂回过渡道路》，《十月革命与社会主义》，社会科学文献出版社2008年版，第269页。

⑤ 孟庆仁：《从哲学上看列宁新经济政策的启示》，《山东科技大学学报》（社会科学版）2001年第1期。

3. 新经济政策是一种退却和让步，是以社会主义为理想的间接过渡

20 世纪 20 年代不少政治家和学者为驳斥路标转换派的观点提出了这一看法：布哈林认为："据我看来，新经济政策的决定性因素是存在市场关系——在这种那种程度上。这是最重要的标准，它规定了新经济政策的实质。"[①] "我们恰恰要通过市场关系走向社会主义。"[②] "实际上，我们现在已经证明了，即使没有来自其他国家的直接的技术和经济援助，我们也可以建设社会主义。诚然，在社会主义建设的最近时期内，我们的社会主义的形式必然是落后的社会主义的形式，不过这并不是坏事，因为即使这些形式也会保证我们越来越朝着日益完善和日益完全的社会主义形式前进。"[③]

托洛茨基认为，"从政治上来说，新经济政策的重要性主要在于对农民让步，但它作为由资本主义向社会主义经济过渡时期国营工业发展的必然阶段的意义一点也不小于前者"[④]。在共产国际第四次代表大会上，托洛茨基所作的报告——《俄国革命的五年和世界革命的前途》就明确指出："新经济政策不仅是对农民的一个让步，而且是无产阶级的社会主义发展的一个必要的阶段。""新经济政策无非是工人国家通过利用核算、结算和估价企业的实用性这些资本主义的发展所创造的方法来比较缓慢地建设社会主义经济。""诚然，人们完全有理由评论新经济政策说，这里孕育着巨大的危险，因为你如果将手指给魔鬼，你也必须将手、胳膊乃至整个身体给他。"但由于"政权掌握在工人国家的手中。最重要的工业部门和对外贸易被垄断了"，也就是说，因为存在着国家政权的"限制"，所以"国家资本主义"的发展并"不会变成真正的资本主义，而会变成真正的社会主义"。[⑤] "新经济政策是一条绝对必要的通向社会主义的道路"，尽管"它部分地复兴了资本主义，也复活了许多敌视社会主义的力量"。[⑥]

---

① 中央编译局国际共运史研究所主编：《布哈林文选》下册，人民出版社 1983 年版，第 392 页。

② 中央编译局国际共运史研究所主编：《布哈林文选》上册，人民出版社 1981 年版，第 441 页。

③ 同上书，第 473—474 页。

④ ［英］莫舍·卢因：《苏联经济论战中的政治潜流》，中国对外翻译出版公司 1983 年版，第 84 页。

⑤ 《国际共产主义运动史文献》编辑委员会编：《共产国际第四次代表大会文件》，中国人民大学出版社 1990 年版，第 357、358—359、360、363、361 页。

⑥ 《托洛茨基言论》，生活·读书·新知三联书店 1979 年版，第 812—813 页。

季诺维也夫认为新经济政策，"这是列宁主义经过最广泛的深思远虑的退却运动。""这是其历史意义迄今尚非所有人都清楚的退却。""我们现在应当清楚明确地跟着列宁说，新经济政策是个退却。"① 退到哪儿去呢？退到国家资本主义。因此新经济政策等于国家资本主义。我们实行新经济政策，不是简单地消除"军事共产主义的极端性，不，我们做的不是这件事——我们从根本上改变了整个经济政策。我们根本不是从军事共产主义退向社会主义，而是退向无产阶级国家中的特殊的'国家资本主义'"。"新经济政策，这是无产阶级国家里的国家资本主义。"②

苏联解体后，俄罗斯科学院历史学博士 Г. П. 杰格佳列夫认为："新经济政策在坚持社会主义方向的同时指望通过迂回的、同小资产阶级多数居民妥协的方式来达到既定目标，这样虽然慢些，但是风险小。"③"对列宁来说，新经济政策是苏维埃俄国在建立社会主义社会道路上所走的迂回之路，因为我国资本主义发展水平还不够高，所以不能绕过国家资本主义这一建立社会主义的必然阶段。""实质上新经济政策要比在它之前实行的'战时共产主义'政策还有更多的旧东西。"④

俄罗斯最新出版的教科书《俄罗斯历史 1900—1945》教师参考书指出："苏联的全部历史——就是国家制度和社会需求间长期存在矛盾的历史。新经济政策是国家制度对需求做出让步的该矛盾的具体表现形式。"⑤

我国学者普遍认为，新经济政策是为了进攻的退却。新经济政策"是采取通过国际资本主义走向社会主义的办法，找到了一条经济文化比较落后的国家向社会主义过渡的可行道路"、"是战争中改'强攻'为'围攻'，是用'新的迂回方法'继续进行斗争决不是放弃社会主义而搞资本主义"、"新经济政策是一种间接过渡的新思考。认为列宁新经济政策是间接过渡到社会主义的理想之策"、"列宁的新经济政策不仅不是社会主义政策，而且也不是社会主义改造政策，而是迂回过渡的政策，是列宁和布尔

① 季诺维也夫：《列宁主义》，东方出版社 1989 年版，第 180、184 页。

② 同上书，第 183、189、205 页。

③ Г. П. 杰格佳列夫：《新经济政策：经济改革在意识形态上陷入绝境》，［苏］《新世界杂志》1990 年第 8 期，转引自王丽华主编《历史性突破——俄罗斯学者论新经济政策》，人民出版社 2005 年版，第 172 页。

④ 阿·秋金：《列宁的新经济政策构想》，《对话》（俄）杂志 2003 年第 4 期，转引自王丽华主编《历史性突破——俄罗斯学者论新经济政策》，人民出版社 2005 年版，第 35、46 页。

⑤ История России, 1900—1945 гг. Книга для учителя, Просвещение, издательство.

什维克党经过艰辛探索终于找到的一条落后国家向社会主义过渡的新道路"、"实质在于承认落后国家不具备向社会主义直接过渡的条件,而必须另寻一条新的道路"。① 王丽荣认为,列宁虽然已经开始重新考虑了落后国家如何向社会主义过渡的问题,也希望通过新经济政策的实施,建立一个不同于"战胜共产主义"时期的那种经济模式。但是,列宁并不是像他自己说的那么坚定,实际上是一种在小农人口占多数的国家里,无产阶级政党和苏维埃政权对小农、中农和资产阶级的妥协和让步政策,仍然是一种在特殊情况下不得不实行的权宜之计,仍然是为了再次"进攻"的一种"退却"。②

4. 新经济政策的实质应从多方面理解

中国学者还提出,只有多方面地理解新经济政策的实质和意义,才能完整、准确、系统地掌握列宁关于新经济政策实质的学说。"我们今天研究列宁的新经济政策,决不能把它仅仅看作是一种纯经济的政策,而应把它理解为包括经济、政治、法律等一系列社会生活领域的全面变革和制度转型(当然也包括法律转型),把它看作对来自'左'的和右的错误思潮以及种种对社会主义制度的教条化理解的纠正,把它提升到建设符合俄国国情的社会主义制度模式的创造性探索的高度加以认识"。③

学者王东认为,(1)从形成过程的角度看,新经济政策的实质是用粮食税代替余粮收集制;(2)从阶级关系来看,新经济政策的实质在于寻求社会主义经济与小农经济的结合点,为社会主义建设中的工农联盟奠定新的经济基础;(3)从基本内容的角度看,新经济政策的实质在于无产阶级国家在下面通过自由贸易与小农联盟,在上面通过国家资本主义与资本主义结盟;(4)从管理体制的角度看,新经济政策还意味着一种主要运用商品货币关系和经济核算制作为经济杠杆的新管理体制;(5)从总体目标的

① 石镇平:《率先夺取政权与迂回过渡道路》,《十月革命与社会主义》,社会科学文献出版社2008年版,第268、271页;李慎明:《对当代社会主义的相关思考》,《十月革命与社会主义》,社会科学文献出版社2008年版,第9页;孙来斌、李玉姣:《妙论或谬论》,《十月革命与社会主义》,社会科学文献出版社2008年版,第249页;陈立旭:《列宁新经济政策的实质》,《理论学习》1996年第12期;蔡亚志:《列宁利用资本主义思想与中国特色社会主义道路》,《湖北经济学院学报》2008年第1期;詹一之:《论列宁的社会主义道路》,四川省社会科学院出版社1987年版,第275、276页。

② 王丽荣:《列宁新经济政策仍然是权宜之计》,《华中科技大学学报》2001年第1期。

③ 龚廷泰:《论"新经济政策"的实质及其法哲学基础》,《法学评论》2003年第3期。

角度看，新经济政策的实质在于，在经济上采用上述灵活措施来发展生产力，政治上自下而上地发展社会主义新型民主与法制；（6）从整个经济制度的角度看，新经济政策实质上是无产阶级国家掌握了经济命脉之后，对多种所有制形式采取的一整套特殊政策，是以社会主义公有制经济为主导的多层次经济结构；（7）从战略策略的角度看，新经济政策是直接过渡道路失败后所作的战略退却，是在社会主义道路上从直接过渡转换到迂回过渡的战略转变；（8）从经济运行机制的角度讲，新经济政策意味着摒弃了由国家直接组织生产和分配的产品经济形态，走上了由国家有计划地调节市场的商品经济形态；（9）从社会主义发展道路的角度看，新经济政策实质上是一条建设社会主义的新路径，即经济文化较为落后的国家通过发展市场经济，利用商品货币关系，逐步走向社会主义建设的新道路。①

① 王东：《改革之路的真正源头》，北京大学出版社 1990 年版，第 65—72 页。

新中国 60 年社会保障制度回顾

郑秉文　于　环　高庆波[*]

一　1978 年以前：中国传统社会保障制度的发展

新中国建立以后，为了保障人民生活，稳定社会秩序，党和国家开始着手建立社会保障制度。立足于城乡分割的社会结构，中国在社会保障制度建设上也出现了明显的城乡二元化特点。在城镇，根据保障对象的不同，传统社会保障制度可分为企业职工的劳动保险制度以及面向机关事业单位的社保制度，二者在险种的设置上相似，主要是在资金来源和保险待遇上有所差别。在农村，由于土地仍是主要的保障形式，因此，农村的社会保障项目较为有限，主要包括"五保"制度，农村合作医疗制度以及少量的救灾救济项目等。

（一）城镇社会保障制度的初建与发展

1951 年 2 月 26 日，政务院颁布了《中华人民共和国劳动保险条例》，这标志着中国城镇企业职工劳动保险制度的确立，该制度主要包括以下几方面的内容：第一，在覆盖范围方面，劳动保险覆盖了所有类型的企业，但后来由于在所有制结构上追求"一大二公"，导致劳动保险逐步成为全民所有制企业的特权；第二，在筹资和资金管理方面，企业必须按月缴纳相当于企业职工工资总额的 3% 作为劳动保险金，其中的 30% 上缴中华全国总工会，作为劳动保险统筹基金，70% 存于该企业工会基层委员会，作

＊ 郑秉文，中国社会科学院拉丁美洲研究所所长，博士、研究员。
　于　环，中国人民大学劳动人事学院博士。
　高庆波，中国社会科学院拉丁美洲研究所助理研究员、博士。

为劳动保险基金；第三，在待遇方面，由于劳动保险制度是对计划经济低工资的补充，因此，它为企业劳动者提供了较为全面的保障。和劳动保险制度不同，机关事业单位的社会保障制度主要是以颁布单项法规的形式建立起来的。具体而言，改革开放前，城镇社会保障制度的发展主要包括以下几方面：

第一，养老保险从分立到统一。1958 年以前，城镇养老保险制度分立为企业职工养老保险和机关事业单位的养老保险，二者建立的根据不同①，在资金来源和待遇给付方面也有所差异。但这种分立状态并没有一直持续下去，1958 年国务院颁布《关于工人、职员退休处理的暂行规定（草案）》，其中规定养老保险的覆盖范围包括所有企业、机关事业单位和人民团体的工人和职员，这实际上是把企业和机关事业单位的养老保险制度进行了统一。

第二，医疗保险的分立。传统的城镇医疗保险制度主要包括公费医疗和劳动保险医疗，其中，公费医疗主要面向机关事业单位，劳动保险医疗制度（下称"劳保医疗"）主要面向企业职工②，二者在资金来源和管理方面各不相同。随着制度覆盖人群的增大，再加上两个制度基本实行免费医疗，传统医疗保险制度面临的费用上涨问题越来越严重，对此国家进行了一些改革③，但这些改革的效果并不明显。

第三，两种工伤保险制度。和医疗保险一样，传统的工伤保险制度也分别面向企业和机关事业单位。企业职工的工伤保险制度是根据 1951 年《劳动保险条例》建立起来的，是城镇职工劳动保险的一个组成部分。机关事业单位的工伤保险制度最早见于 1950 年 12 月 11 日颁布的《革命工作人员伤亡褒恤暂行条例》，经过后来的三次修改，标准待遇逐步提高，制度不断发展。

从本质上看，《劳动保险条例》所建立的社会保障制度是一种"国家／

---

① 企业职工养老保险建立的依据是 1951 年的《劳动保险条例》，机关事业单位养老保险的建立依据是 1955 年国务院颁布的《国家机关工作人员退休处理暂行办法》、《国家机关工作人员退职处理暂行办法》。

② 公费医疗的建立依据是 1952 年《关于全国各级人民政府、党派、团体及所属事业单位的国家工作人员实行公费医疗预防的指示》以及《国家工作人员公费医疗预防实施办法》。劳保医疗的建立依据是 1951 年的《劳动保险条例》。

③ 如 1957 年，国务院颁布《关于取消随军家属公费医疗待遇的批复》和 1958 年卫生部颁布《关于干部公费医疗报销几项问题的规定》。

企业保险"制度模式。具体而言,"国家/企业保险"模式是指以国家为实施和管理主体,国家和企业共同负担费用,由此形成国家和企业一体化的社会保障模式①。该模式的特点主要包括以下几方面:第一,覆盖范围大,保障全面。据统计,1956 年享受劳动保险待遇的职工人数相当于当年国有、公私合营、私营企业职工总数的 94%②。同时,由于劳动保险制度是对低工资制的补充,它为城镇居民提供了"从摇篮到坟墓"的保障项目。第二,企业依附国家,国家承担无限责任。在计划经济体制下,企业依附于国家而存在,从根本上说,国家通过财政来保证企业长生不死,企业不过是国家执行各项政策的载体而已,劳动保险制度也不例外。第三,工会管理,国家统筹和企业保险相结合。在劳动保险具体实施中,企业缴纳劳动保险金的 30% 由中华全国总工会管理,事实上是进入了国家统筹,其余70% 由企业基层工会管理,并在企业内部使用,实际上是一种企业保险。"文化大革命"期间,"国家/企业保险"模式受到极大的冲击,1969 年 2月,财政部颁发《关于国营企业财务工作中几项制度的改革意见(草案)》,规定"国营企业一律停止提取劳动保险金","企业的退休职工、长期病号工资和其他劳保开支,改在营业外列支"。这一规定标志着中国的"国家/企业保险"模式蜕化成"企业保险",劳动保险制度自此变成了企业内部事务,并一直延续到改革开放后。

(二)农村社会保障制度的建立与繁荣

改革开放前农村的社会保障制度主要立足于集体经济,一方面,集体经济的发展为农村社保制度的建立和繁荣提供了坚实的物质基础。另一方面,人民公社的存在也为社保制度的开展提供了优越的组织条件。总的来看,改革开放前,农村社会保障制度的发展主要包括以下两个方面:

第一,集体供养模式下农村五保制度的发展。20 世纪 50 年代中期是我国"五保"制度初步形成的时期,1956 年通过的《一九五六年到一九六七年全国农业发展纲要》和《高级农业生产合作社示范章程》指出,农

---

① 马杰、郑秉文:《计划经济条件下新中国社会保障制度的再评价》,《马克思主义研究》2005 年第 1 期。

② 严忠勤:《当代中国的职工工资福利和社会保险》,中国社会科学出版社 1987 年版,第307 页。

业合作社应该对社内丧失劳动能力、生活没有依靠的社员给予适当照顾，做到保吃、保穿、保烧、保教、保葬。这两个文件奠定了五保工作的制度基础，五保制度正式在我国建立起来。后来，人民公社的建立为五保制度提供了较好的实施平台，生产大队或生产队成为安排和照顾五保对象的基本单位，集体供养模式更加规范化。这种模式有以下优点：第一，集体经济为五保工作提供了充足的资金来源，集体供养要比单人供养有优势；第二，集体供养避开了个人对个人的供养，五保对象不会产生"接受恩赐"的想法，在接受救助上比较心安理得，使救助真正成为个人的一项权利。到 1958 年，全国农村享受五保待遇的有 413 万户，519 万人①。但在"文化大革命"期间，五保工作受到了严重的冲击，据统计，到 1978 年底，全国敬老院仅存 7175 所，在院老人仅有十余万人，且生活水平很低②，五保工作陷入极大困境。

第二，农村合作医疗制度的建立与繁荣。早在新中国成立之前，中国农村就已经出现了合作医疗的萌芽，而该制度的真正建立是在 1955 年农业合作化时期。1955 年初，山西省高平县米山乡最早实行社员群众出"保健费"和生产合作社提供"公益金"补助相结合的合作医疗办法，建立起了当地的集体合作医疗制度。1960 年，中共中央转发了卫生部《关于农村卫生工作现场会议的报告》，并称这一制度为集体医疗保健制度。从此，合作医疗便成为我国医疗保障制度的基本制度。

合作医疗的大面积普及是在"文化大革命"期间，其中主要是由于毛泽东肯定了湖北省长阳县乐园公社办合作医疗的经验，称赞"这是医疗战线的一场大革命"，"解决了农村群众看不起病、吃不起药的困难"③，并指示把医疗卫生工作的重点放到农村去。合作医疗被当成政治任务在全国迅速大面积铺开，"合作医疗"（制度）、农村"保健站"（机构）和数量庞大的"赤脚医生"（人员）成为解决广大农村地区就医问题的三件法宝。到 1976 年，全国已有 90% 的农民参加了合作医疗，农村医疗保健缺医少药的问题基本得到解决④。

---

① 崔乃夫：《当代中国的民政》（下），当代中国出版社 1994 年版，第 105—106 页。
② 宋士云：《新中国农村五保供养制度的变迁》，《当代中国史研究》2007 年 1 月第 14 卷第 1 期。
③ 转引自军文《中国合作医疗：何日再现辉煌》，《医药与保健》1998 年第 6 期。
④ 林闽钢：《中国农村合作医疗制度的公共政策分析》，《江海学刊》2002 年第 3 期。

（三）对传统社会保障制度的评价

对改革开放前中国传统社会保障制度的评价，存在着不同的观点。有人认为该制度覆盖面狭窄，资金来源单一，忽视效率，不注重个人责任等。以现代的眼光看，传统的社会保障制度确实存在不少问题，但是在当时的社会历史环境下，该制度的产生却有某些必然性。

第一，"国家/企业保险"与计划经济体制下的"单位制"相适应。在城市，每个社会成员总会隶属于一定的"单位"，并从中取得相应的生存和发展资源。在传统社会保障制度下，个人的福利和保险待遇基本上都由"单位"提供，离开单位，个人的福利也就无从谈起。

第二，"国家/企业保险"与计划经济体制下的劳动制度相适应。在计划经济时期，城乡之间、城镇各单位之间基本不存在劳动力的流动。而在传统的社会保障制度下，不同所有制单位之间，甚至同一所有制的不同单位之间的福利水平都存在着很大的差异性，这就固化了计划经济体制下劳动力的统一配置，有利于国家对劳动力的单一调控。

第三，"国家/企业保险"与计划经济体制下的所有制形式相适应。随着计划经济的发展，同时受政治运动的推动和意识形态的影响，国有企业和集体企业迅速一统天下。传统的社会保障制度仅覆盖全民所有制企业完全符合当时历史条件下的所有制形式。

第四，"国家/企业保险"是与就业相结合的保障制度。在计划经济体制下，一方面出于工业化建设的需要，部分分配资金被用在生产领域，另一方面在总工资既定的情况下，计划经济下的"充分就业"导致个人工资较低。在这种情况下，劳动保险制度成为计划经济体制的必需，福利成为就业的必要补充。

第五，农村合作医疗与农村集体经济相适应。改革开放前的农村合作医疗形成于农业合作化的高潮时期，人民公社的建立为合作医疗提供了良好的运行平台。首先，集体经济的繁荣使得合作医疗有了资金保障，为合作医疗提供了发展的可能性和广阔空间。其次，在集体经济下，人民公社超越家庭组织实现了对生产资料所有权和经营权的控制，农民的家庭医疗保障功能几乎丧失，对合作医疗的需求不断上升。由此可见，在改革开放前的农村，集体经济下的分配形式衍生了建立合作医疗的必要性，合作医疗成为农村集体经济体制下的一个合理选择，因此，中国农村合作医疗当时被世界银行和世界卫生组织誉为"发展中国家解决卫生经费的唯一范例"①。

作为经济体制下的子制度，传统社会保障制度不仅顺应了计划经济的发展，而且取得了很大成绩，在保障人们生活和促进经济发展方面起到了重要的作用。1951 年全国享受劳动保险待遇的人数仅为 262 万人，到 1958 年上升至 1377 万人②，同时，劳保福利支出总额不断上升，从 1953 年的 14.5 亿元上升至 1978 年的 66.9 亿元③。

进入 60 年代中期后，由于受到"文化大革命"的冲击，传统社保制度逐渐走向衰落，虽然劳保福利费用总额仍然呈上升趋势，但占财政支出的比例却有所下降④。改革开放后虽对传统制度进行了一些恢复，但效果却不太理想。究其原因，主要包括两方面：其一，经济体制改革冲击了传统社保制度赖以生存的体制基础，其经济来源被切断；其二，传统社会保障制度的内在缺陷越来越难以适应社会发展的需要，这些缺陷包括：传统社会保障制度过于依附计划经济体制而存在；个人过于依附单位，保障过于依附就业；制度覆盖范围过于单一，等等。

从总体上看，改革开放前的"国家/企业保险"符合当时中国的基本国情，在促进经济增长和保障人民生活水平方面发挥了应有作用，为新中国的社会主义建设立下了汗马功劳。但是，制度的内生缺陷导致其在新形势下具有不可持续性和不适应性，经济体制改革必然要求建立现代社会保障制度，中国城镇的社会保障体制改革势在必行。

二　1978—1992 年：对传统社保制度的反思与新制度的探索

改革开放后，中国的社会保障事业面临两个挑战：第一，十年"文化大革命"给中国的社会保障带来了严重破坏，恢复原有的社保制度成为当

---

① 中国社会科学院：《中国百姓蓝皮书》，解放军文艺出版社 2002 年版，第 110 页。
② 李文德：《新中国的劳动保险事业》，《中国劳动》1959 年第 19 期。
③ 国家统计局：《中国劳动工资统计资料（1949—1985）》，中国统计出版社 1987 年版。注：1957 年以前的劳保福利费用包括公私合营、合作社营、私营单位职工的劳保福利费用。
④ 国家统计局：《中国劳动工资统计资料（1949—1985）》，中国统计出版社 1987 年版；财政部：《中国财政统计（1950—1991）》，科学出版社 1992 年版。

务之急；第二，十一届三中全会以后，中国社会经济制度发生了翻天覆地的变化，随着经济体制改革，原有的与传统社会保障制度相适应的计划经济体系逐步瓦解，新出现的多种所有制形式、多种分配制度及劳动制度对社会保障制度提出了新的要求。另外，1979 年国家劳动局设置了福利保险局，1982 年劳动人事部成立，社会保障管理机构逐步在恢复，都为社会保障工作的开展提供了组织条件。在这样的背景下，中国社会保障制度开始了恢复和新的制度探索。

（一）"国家/企业"养老保险制度的恢复与新探索

1978 年，党的十一届三中全会提出党和国家的工作重心转移到经济建设上来，并实行改革开放的伟大决策，国有企业改革与劳动分配制度改革随着经济体制改革的进程迅速展开，多种所有制形式、多种分配制度随之出现。"社会保障制度在某种意义上说就是社会经济制度本身的体现"[1]。总结这一时期的养老保险制度发展主要包括以下几个方面：

第一，机关事业单位与全民企业职工养老保险制度的恢复。面对着十余年间积累的整整 200 余万人无法退休的严重情况[2]，1978 年，国务院颁布了《国务院关于安置老弱病残干部的暂行办法》和《国务院关于工人退休、退职的暂行办法》，这两个文件的颁布标志着中国传统养老保险制度开始恢复，同时也标志着中国养老保险制度又重新分立为企业养老保险和机关事业单位养老保险。随着两个《暂行办法》的实施，1980 年退休人数达到 816 万人，应退未退问题得到了妥善的解决。同期用于养老金的支出迅速增加，从 1978 年的 17.3 亿元上升到 1991 年的 1283.8 亿元[3]。

第二，集体企业职工养老保险制度的探索。为解决城镇集体企业职工的养老问题，自 1981 年以来，劳动人事部门和中国人民保险公司相继进行了养老保险试点，开始了将养老保险制度扩展到集体企业的努力。在各

---

① 马杰、郑秉文：《计划经济条件下新中国社会保障制度的再评价》，《马克思主义研究》2005 年第 1 期。

② 严忠勤：《当代中国的职工工资福利和社会保险》，中国社会科学出版社 1987 年版，第 324 页。

③ 国家统计局：《中国劳动统计年鉴 1997》，中国统计出版社 1997 年版。

地集体企业职工养老保险试点的基础上①，劳动人事部与中国人民保险公司于 1984 年联合发布了《关于城镇集体企业建立养老保险制度的原则和管理问题的函》，该函指出，当务之急是解决城镇集体企业职工的养老金问题，使企业职工老有所养。在具体实施中，实行企业和个人共同缴费，并且由中国人民保险公司经办管理，尽管该文件倾向于集体企业养老保险制度采用人民保险公司举办的基金积累制形式，但该文件同时指出，各地已经批准试行的养老保险办法，仍可继续试行，由此导致集体企业养老保险在很长时间内多制度并存。

第三，劳动合同制职工养老保险制度的探索。随着劳动制度的改革，合同制工人的人数迅速增加，从 1984 年的 209 万增长到 1986 年的 624 万②。为保障合同制职工的合法权益，国务院于 1986 年颁布了《国营企业实行劳动合同制暂行规定》，其中对劳动合同制工人的养老保险制度进行了相应的规范。《暂行规定》体现了一个重大的进步，即养老保险三方负担原则的雏形开始显现。

改革开放后十余年间养老保险制度的发展实践，实际上也是中国养老保险制度方向选择阶段。这一时期的养老保险制度所取得的主要成就有如下三个：第一，在覆盖范围方面，从仅覆盖国有企业扩大到集体经济；第二，统一了国家、企业与劳动者三方利益，正式确立了国家、企业、个人三方负担的原则；第三，统一了对建立多层次的养老保险制度的认识。在制度结构上，确定探索建立国家基本养老保险、企业补充养老保险和个人储蓄性养老保险相结合的多层次养老保险体系。

（二）医疗保险制度的恢复和初步探索

相对于养老保险和失业保险，这一时期医疗保险所受到的关注相对较少，所进行的改革也较为有限。随着城市经济体制的改革，多种所有制形式很快替代了原有的公有制经济一统天下的局面，在这种情况下，公费医疗和劳保医疗越来越显示出对新型经济体制的不适应性。一方面，制度覆

---

① 当时的试点主要有以下两种形式：第一，人身保险。人身保险由保险公司举办，根据投保人缴纳保险金的数额和时间确定养老金的支付额；第二，以支定收，实行统筹。由于一些企业同时预提青年职工和支付退休职工的退休费有困难，因此，有些地区的劳动部门采取了退休金的提取和支付都与工资挂钩的办法，进行统筹调剂。

② 国家统计局：《中国统计年鉴 1996》，中国统计出版社 1996 年版。

盖范围狭窄，许多新型所有制的职工没有保险；另一方面，在传统医疗保险制度下，医疗服务几乎免费，医疗费用上涨严重①，给企业带来了沉重压力，企业改制举步维艰。鉴于此情况，一些单位为了控制医疗费用上涨的趋势，开始自发地改进原有制度，如有的国营企业尝试将全部医疗费用定额包干给职工个人，这种做法在一定程度上控制了医疗费用支出，但也有一些患重病的职工得不到保障。后来，随着财政压力的加大，国家开始自上而下探索医疗保险改革，主要包括以下几个方面：

第一，公费医疗改革。这一时期的公费医疗改革主要集中在降低医疗费用方面，包括严格就医制度，加大个人责任，控制公费医疗支付范围等。第二，劳保医疗改革。这一时期的劳保医疗改革主要是进行医疗费用的社会统筹，包括离退休人员医疗费用的社会统筹和职工大病医疗费用的社会统筹，并且规定个人少量缴费或自付。随着制度的推广，到1992年，参加医疗费用社会统筹的退休人员达到27.2万人，参加大病医疗费用统筹的职工达到了130万人②。第三，医疗保险综合改革。1992年3月19日，劳动部拟定了《关于企业职工医疗保险制度改革的设想》，主要内容包括：逐步扩大企业职工医疗保险覆盖面，使城镇各类企业的职工都能逐步享受医疗保险待遇；逐步建立医疗保险基金，实行国家、企业、个人三方负担，职工个人少量缴费；建立控制医疗费用不合理增长的机制等。同年，国务院成立医疗制度改革领导小组，这标志着中国医疗保险制度的改革进入准备阶段。

回顾这一时期的医疗保险改革，主要分为两个阶段：第一，恢复了被"文化大革命"破坏的制度，1978年的《国务院关于安置老弱病残干部的暂行办法》和《国务院关于工人退休、退职的暂行办法》使医疗保险重新走上正轨；第二，针对公费医疗和劳保医疗中存在的问题，进行了一系列改革，并开始了新模式的探索，主要是进行医疗费用的社会统筹，可以说，这种尝试是医疗保险进一步改革的准备，从此，国家开始逐步改变大

---

① 特别是在1979—1982年，1986—1987年这几年，医疗费用都超过GDP增长速度和财政收入的增长速度，具体数据可见《中国劳动工资统计资料（1949—1985）》（中国统计出版社1987年版）、《中国劳动工资统计资料（1986—1987）》（中国统计出版社1989年版）、《2009年中国统计摘要》（中国统计出版社2009年版）、《新中国五十五年统计资料汇编》（中国统计出版社2005年版）。

② 人力资源和社会保障部：《关于1992年劳动事业发展的公报》，http：//w1. mohrss. gov. cn/gb/zwxx/2005—12/14/content_ 99523. htm。

包大揽的局面，并积极探索三方负担的新型医疗保险制度。

（三）待业保险制度的确立

改革开放前，受计划经济体制下统包统配的就业模式和"社会主义没有失业"意识形态的影响，中国没有失业保险制度。20世纪80年代中期，中国进入了全面的经济体制改革时期，企业开始成为自主经营、自负盈亏的经济主体，劳动用工制度也发生了变化，失业问题开始显化。为了保障失业工人的基本生活需求，1986年，国务院颁布了《国营企业职工待业保险暂行规定》，为我国的失业保险制度勾勒出最初的框架。

出于为经济改革服务的需要，中国的待业保险制度有了一定的发展。到1989年底，全国待业保险金已筹集到18亿元，有36万多家国营企业参加了待业保险。在全国参保国营企业范围内对13.6万失业人员发放了1220多万元待业救济金[1]。但是，从《暂行规定》可以看出，待业保险的覆盖范围较窄，仅限于国营企业，对于当时出现的多种所有制形式来说，待业保险的适应性较差。另外，从待遇方面看，人均待业救济金为40元，比当时国家规定的生活困难补助标准的50元还低[2]（1986年的国有企业职工的月平均工资水平大约为118元[3]）。因此从这一角度看，《暂行规定》更像是一种象征，标志着失业保险制度在中国的开始建立。

（四）农村社保制度的衰落

改革开放后，中国的经济体制改革首先在农村展开，其中一个重要内容是家庭联产承包责任制的实施，这直接削弱了农村传统的集体经济，并动摇了农村社保制度存在的根基，皮之不存，毛将焉附？这一时期，农村社会保障制度的发展主要包括以下两个方面：

第一，五保制度从集体供养模式转为乡统筹模式。"文化大革命"结束后，五保制度得到了一定的恢复，但农村集体经济的削弱和瓦解彻底动摇了五保制度的基础，建立在集体经济之上的五保供养工作出现了新问题，有些"五保"对象得不到应有的保障。为了切实保障五保对象的生

---

[1] 郑功成等：《中国社会保障制度变迁与评估》，中国人民大学出版社2002年版。

[2] 李沛瑶：《有必要加强失业保险理论研究》，《失业保险的理论与实践》，中国劳动出版社1991年版。

[3] 国家统计局：《新中国五十五年统计资料汇编》，中国统计出版社2005年版。

活，做好新时期的五保供养工作，党中央、国务院多次在文件中对五保工作做出了指示。为了使五保制度得到可靠的资金保障，1991 年 12 月，国务院颁布了《农民承担费用和劳务管理条例》，其中规定：村提留包括公积金、公益金和管理费⋯⋯公益金用于五保供养、特别困难户补助、合作医疗保健以及其他集体福利事业；乡统筹费可以用于五保户供养，五保户供养从乡统筹费中列支的，不得在村提留中重复列支。该办法基本解决了五保供养资金问题，我国的五保供养工作得以有序地进行下去。

第二，农村合作医疗制度的衰落。20 世纪 80 年代初以集体经济为基础的农村合作医疗制度开始衰落，究其原因包括以下几个方面：其一，由于合作医疗的资金来源主要是集体公益金，集体经济的衰落使得农村合作医疗丧失了制度基础。其二，国家对农村的投入大幅降低，"七五"期间，国家投资为城市医院增加了 40 万张床位，而乡镇卫生院却没有得到国家投资①。其三，合作医疗本身也存在着缺陷。由于可以免费或低费享受合作医疗，因此在医疗服务的获取中极易发生"道德风险"。另外由于合作医疗的资金来源单一，资金统筹范围小，导致制度不能持续发展下去。从 1979 年到 1985 年，全国实行农村合作医疗制度的行政村由 90％ 猛减到 5％，1989 年继续实行农村合作医疗的行政村仅占全国的 4.8％②，被世界卫生组织誉为"发展中国家解决卫生经费唯一范例"的中国农村合作医疗制度面临消亡的危险。

三　1992—1998 年：新型社会保障模式的选择

1992 年，邓小平南方谈话和党的十四大召开，标志着中国的改革开放和现代化建设事业开始进入一个新的阶段。1993 年，党的十四届三中全会通过了《中共中央关于建立社会主义市场经济若干问题的决定》，其中在社会保障制度方面，《决定》提出"建立多层次的社会保障体系"、"实行社会统筹和个人账户相结合"的制度目标。需要指出的是，20 世纪 90 年代前期和中期，中国经济面临着两个考验——通货膨胀和国有企业经营

---

① 钟雪生：《中国农村传统合作医疗制度研究》，中共中央党校博士学位论文，2008 年。

② 尚丽岩：《中国农村合作医疗制度——基于主体认知的制度变迁解释》，辽宁大学博士学位论文，2008 年。

困难①，这一时期的社会保障模式探索就是在这样的大背景下展开的。

（一）统账结合养老保险模式选择与制度发展

这一时期，养老保险模式的选择和确立是通过三个法规推动的：第一，1993 年，党的十四届三中全会通过了《中共中央关于建立社会主义市场经济体制若干问题的决定》，其中明确提出"城镇职工养老保险和医疗保险金由单位和个人共同负担，实行社会统筹和个人账户相结合"的制度目标。第二，1995 年，国务院发布《关于深化企业职工养老保险制度改革的通知》，确定了"社会统筹与个人账户相结合"的实施方案，考虑到当时各地区的不同情况，国务院对统账结合的具体做法提出了两个实施方案，供各省、自治区和直辖市自己选择。但在实际操作中形成了城镇职工养老保险制度的多种方案并存的破碎局面，一时间在全国产生了上百种改革方案，也导致了地区之间养老金水平相互攀比，中央难以管理、调控，职工跨地区流动困难等问题。第三，为解决养老保险多种方案并存的问题，1997 年，国务院颁布了《关于建立统一的企业职工基本养老保险制度的决定》，这标志着统账结合的养老保险制度在我国正式建立起来。

从 1991 年到 1997 年，城镇国有企业职工养老保险制度得到了迅速的发展，体现为以下两个方面：第一，参保人数较快增长。全国参加基本养老保险的职工从 1991 年的 5653.7 万人增加到了 1997 年的 8670.9 万人，同期，参加保险的退休人员从 1086.6 万人增加到了 2533 万人；第二，养老保险支出增长迅猛，从 1991 年的 173.1 亿元，增长到 1997 年的 1251.3 亿元②。

机关事业单位的养老保险制度在这一时期也展开了新的探索。1992 年，中共中央组织部、人事部颁布《关于加强干部退休工作的意见》，提出"因地制宜，不断改进和完善退休干部管理形式"，机关事业单位养老保险改革试点工作由此展开。但从整体来看，在这一时期中国机关事业单位的养老保险制度仍处于各地自发进行改革试点的过程中。

---

① 如 1991—1996 年期间国有企业年平均亏损面为 19.7%，亏损率为 35.8%，1993—1995 年期间，商品零售价格指数年均上升 19.9%，同期居民消费价格指数年均上升 18.6%。资料来源：郑海航：《国有企业亏损研究》，经济管理出版社 1998 年版，第 29 页；《中国统计年鉴 2001》。

② 国家统计局：《数字中国三十年——改革开放 30 周年统计资料汇编》，《中国经济景气月报》增刊，2008。

（二）医疗保险统账结合试点和制度确立

随着经济体制改革的进一步深入，原有医疗保险制度的弊端越来越明显，建立市场经济体制的要求使得包括医疗保险在内的社会保障改革更加迫切。1994 年，在总结各地经验和借鉴国际经验的基础上，国务院颁布了《关于职工医疗制度改革的试点意见》，在试点的过程中发展出三种典型模式："三通道"模式、"混合"模式和"板块"模式，这三种模式都采取了统筹账户和个人账户相结合的办法，但是在个人账户和统筹账户的使用衔接上有所不同。经过多年试点，1998 年 12 月国务院正式颁布了《关于建立城镇职工基本医疗保险制度的决定》，标志着新型医疗保险制度在我国的确立。该制度包括以下几个要素：第一，在覆盖范围方面，新型医疗保险覆盖了城镇所有用人单位，打破了以往公费医疗仅仅覆盖国有企业，机关事业单位的局限；第二，在统筹层次上，新型医疗保险原则上以地级以上行政区为统筹单位，实现基本医疗保险基金的统一筹集、管理和使用；第三，在制度模式上，新型医疗保险采取社会统筹和个人账户相结合的方式，加强对个人的约束。由此，统账结合的医疗保险制度最终在我国确立起来。

总结这一时期的医疗保险改革包括以下几方面：第一，进行新制度试点，并最终确立了统账结合的医疗保险制度，新制度体现了三方共担原则。到 1999 年，统账结合医疗保险制度的参保人数达到了 593.9 万人，基金支出为 16.5 亿元，累计结余 8 亿元[①]。第二，进行统账结合制度试点的同时，其他的医疗保险改革仍在进行中。始于 80 年代末的职工大病医疗费用统筹和离退休职工医疗费用统筹在这个时期继续发展，但随着新制度试点的推广，这两个制度开始慢慢衰落，医疗保险统账结合制度逐渐成长，经历了一个此消彼长的过程。

（三）国营企业待业保险制度的发展

1993 年，《中共中央关于建立社会主义市场经济体制若干问题的决定》明确指出"重点完善企业养老和失业保险制度"。同年，国务院颁布

---

① 人力资源和社会保障部：《1999 年度劳动和社会保障事业发展统计公报》，http：//w1. mohrss. gov. cn/gb/zwxx/2005—12/14/content_ 99532. htm。

《国有企业职工待业保险规定》，同时废止《国营企业职工待业保险暂行规定》。相比原规定，新制度的进步体现在以下几方面：扩大了实施范围；调整了待业保险待遇的参照系和提高待遇水平；明确了待业保险的管理机构。

1993 年的《待业保险规定》虽然有了较大的进步，但是仍然存在着一些问题，如保险的覆盖面较窄，个人仍然不缴费，保险待遇水平低，基金的统筹层次从省级降至市、县级等，从而使得失业保险的作用仍然很有限。据统计，1996 年，全国领取待业救济金的失业工人人数为3307884 人，失业保险机构发放的待业救济金总计为 138704 万元，人均为419.31 元，如果按照失业工人平均领取半年的待业救济金的话，则每人月均仅为 139.77 元①，而 1996 年的城镇居民每人每月食品支出为 158.73元②，照这样的水平看来，待业救济金还不足以支付城镇居民的食品支出。即便如此，其他类型所有制的企业仍然被制度排除在外。因此可以看出，随着经济体制改革的深入，已有的待业保险和建立统一的劳动力市场、加快现代企业制度改革的要求还相去甚远，若想发挥社会保障制度对经济体制改革的作用，我们还必须建立更广范围和更高水平的失业保险制度。

（四）工伤保险制度的探索

相对于养老、医疗保险制度而言，工伤保险制度改革起步较晚。而且直到 1996 年，我国的工伤保险制度还是一直沿用建国初期《劳动保险》确立的框架。1996 年的《试行办法》是我国第一部关于工伤保险的专门立法，从而对工伤保险制度具有体制创新的重大意义。这一时期，从 1994年到 1999 年底，工伤保险参保人数由 1822.1 万人上升到了 3912.3 万人，享受工伤保险待遇的人由 5.8 万人增至 15.1 万人，基金结余由 6.8 亿元上升到 44.9 亿元③。一方面，工伤保险参保人数和享受工伤待遇的人数逐年

---

① 转引自郑功成等《中国社会保障制度变迁与评估》，中国人民大学出版社 2002 年版，第166 页。

② 根据国家统计局编《新中国五十年统计资料汇编》（中国统计出版社 1999 年版）相关数据计算得出。

③ 中华人民共和国财政部：《中国财政年鉴 2008》（中国财政杂志社 2008 年版）；国家统计局：《中国统计年鉴 2008》，http://www.stats.gov.cn/tjsj/ndsj/2008/indexch.htm。

增加，工伤保险基金结余也越来越多，体现了工伤保险制度的发展。另一方面，我国的工伤保险制度还只是一个待遇赔偿和工伤康复制度，忽视了工伤预防，使得工伤保险制度的效率大大降低。

（五）农村社会保障制度的发展

第一，农村养老保险制度的建立。为解决占中国人口绝大多数的农民的老年保障问题，党和国家开始在一些经济较发达地区开展了农村养老保险试点工作[①]。在此基础上，1992 年，民政部颁发了《县级农村社会养老保险基本方案（试行）》，确定了以县为基本单位开展农村社会养老保险的原则，并规定了"坚持资金个人交纳为主，集体补助为辅，国家予以政策扶持"的缴费原则，并实行个人账户制，此后，农村养老保险开始在全国各地发展起来。截至 1999 年底，参保人数已经达到 8000 万人[②]。但是在制度实践过程中，也出现了一些问题，如农村社会养老保险体制尚未理顺，政出多门，资金分散，政策不统一，"保富不保贫"、保障水平低、缺乏政策扶持等制度缺陷被广为诟病。自 1999 年始，国务院开始对农村社会养老保险工作进行清理整顿，要求停止接受新业务，有条件的过渡为商业保险，中国农村社会养老险事业基本处于停滞状态。

第二，农村合作医疗制度的低迷。20 世纪 90 年代以来，面对农村合作医疗制度的萎缩，党和国家进行了一系列重建的努力。1997 年 1 月，中共中央和国务院在《关于卫生改革与发展的决定》中，提出要"积极稳妥地发展和完善合作医疗制度……举办合作医疗，要在政府的组织领导下，坚持民办公助和自愿参加的原则。筹资以个人投入为主，集体扶持，政府适当支持，逐步提高保障水平"。为了贯彻这一决定，卫生部等部门于 3 月向国务院提交了《关于发展和完善农村合作医疗若干意见》，这在一定程度上促进了农村合作医疗制度的恢复。但是恢复结果并不是太理想，在 1997 年，合作医疗制度也仅仅占了全国行政村的 17%，农民参加合作医疗的仅为 9.6%。1997 年之后，由于农村经济发展迟缓，农村收入增长缓慢，遵循"自愿参加"原则的合作医疗又陷于停顿甚至有所下降的低迷

---

① 刘贵平：《现行农村养老保险方案的优势与不足》，《人口与经济》1998 年第 2 期。
② 人力资源和社会保障部：《1999 年度劳动和社会保障事业发展统计公报》，http：//w1. mohrss. gov. cn/gb/zwxx/2005—12/14/content_ 99532. htm。

阶段①。合作医疗之所以又再次陷入低迷，其主要原因在于缺乏稳定的资金支持系统。重建后的合作医疗主要立足于个人缴费，这在农村经济发展缓慢、农民收入不高的情况下是难以实现的。

四　1998 年以来：社会保障体系初步建立

新型养老保险和医疗保险制度确立后，中国再次遭遇国企经营困难，企业亏损面不断扩大，在此背景下，中央政府做出了"国有企业三年脱困"的目标安排，在国企产业结构调整和改革的过程中，失业下岗人员大量涌现，给我国社会保障制度的发展带来了沉重的压力。进入新世纪，随着"国企三年脱困"目标的完成和经济政策的调整，中国的经济发展进入快车道，与此同时，伴随着和谐社会、科学发展观等指导思想的提出，中国的社会保障制度发展进入了繁荣时期。主要体现在以下几个方面：

（一）覆盖城乡的养老保险体系的建立

在 1998—2008 年间，中国开始进入老龄化社会，养老保险的发展也迎来了黄金时期，参加基本养老保险的职工人数从 1998 年的 8475.8 万人增加到了 2008 年的 16587 万人，同期基本养老保险金支出也从 1511.6 亿元增加到了 7390 亿元②。这一时期城镇养老保险制度发展的主要成就有：

第一，部分积累制逐渐实现。统账结合模式建立之初，因为没有明确隐性债务的解决途径，导致在实际运行过程中出现了个人账户"空账"问题，使得原定的部分积累制在某种程度上变成了原有现收现付制的延续。为解决这一问题，2000 年国务院发布《完善城镇社会保障体系试点方案》，开始做实个人账户，并探索社会统筹和个人账户的分账管理运行机制。到 2008 年末，共有 13 个省份做实个人账户，积累个人账户基金 1100多亿元③，部分积累制开始逐步实现。

① 邵奇涛：《中国农村合作医疗制度的历史演绎与启示》，《山东农业大学学报》（社会科学版）2007 年第 2 期。
② 人力资源和社会保障部：《1998—2008 年劳动与社会保障发展公报》，1998—2007 年公报见：http：//w1. mohrss. gov. cn/gb/zwxx/node_ 5436. htm；2008 年公报见 http：//news. 163. com/09/0519/17/59MNS3850001124J. html。
③ 人力资源和社会保障部：《2008 年度人力资源和社会保障事业发展统计公报》，http：//news. 163. com/09/0519/17/59MNS3850001124J. html。

第二,养老保险第二支柱初具规模。自 1991 年提出构建多支柱的养老保险制度以来,很长时期内养老保险制度事实上只有一个支柱。到 2004 年,劳动和社会保障部发布了《企业年金试行办法》与《企业年金基金管理试行办法》,这两个部令明确了中国养老保险的第二支柱为企业年金制度,并将其定位为信托制 DC 型制度。至 2008 年,全国有 3.3 万户企业建立了企业年金,缴费职工人数为 1038 万人,年末企业年金基金累计结存 1911 亿元[①]。中国养老保险三支柱目标中的第二支柱逐步建立起来,三支柱制度框架日渐显现。

第三,建立全国社会保障基金。为解决政府在社会保障制度建设中的历史责任问题以及缓解未来的社会保障支付压力,中国于 2000 年成立了全国社会保障基金理事会,同时建立全国社保基金,并对其进行管理和投资。截至 2008 年,全国社保基金权益总额与资产总额均超过 5000 亿元,自成立以来的累计投资收益额 1598 亿元,年均投资收益率为 8.98%[②],而全国五项社保基金的年均收益率只有 2%[③]。

第四,覆盖范围扩大,管理体系理顺。针对养老保险覆盖范围过窄的问题,1999 年国务院颁布了《社会保险费征缴暂行条例》,养老保险覆盖范围由国有企业、城镇集体企业扩大到了外商投资企业、城镇私营企业、城镇个体工商户,并提出到 2005 年,养老保险制度的覆盖范围进一步扩大到灵活就业人员的目标。在此期间,针对养老保险条块分割的现状,国务院于 1998 年发布了《关于实行企业职工基本养老保险省级统筹和行业统筹移交地方管理有关问题的通知》,该文件致力于解决因历史原因形成的企业职工养老保险条块分割局面,将原 11 个行业养老保险统筹基金统一划归地方管理,这一举措理顺了长期存在的条块关系。

第五,养老金制度初具激励效应。2005 年,国务院颁布了《关于完善企业职工基本养老保险制度的决定》,在该文件中,基础养老金开始与缴

---

① 人力资源和社会保障部:《2008 年度人力资源和社会保障事业发展统计公报》,http://news. 163. com/09/0519/17/59MNS3850001124J. html。

② 全国社保基金理事会:《2008 全国社会保障基金年度报告》,http://www. ssf. gov. cn/nd-bg/200912/t20091209_ 2530. html。

③ 余效明:《2.5 万亿社保基金贬值风险加大》,中国金融界网,http://www. zgjrjw. com/news/gncj/2008117/1430295563. html。

费关联，统筹账户部分相对应的基础养老金部分调整为，"退休时的基础养老金月标准以当地上年度在岗职工月平均工资和本人指数化月平均缴费工资的平均值为基数，缴费每满 1 年发给 1%"，尽管个人账户有所缩小，但总体来看中国养老金制度与缴费的关联程度有所提高，制度激励性初现。

除此之外，农村养老保险制度也开始了新的探索。始自 1992 年的农村养老保险制度，由于在实行中存在激励性不足，待遇较低，农民参保积极性不高等问题，自 1999 年起基本处于停滞状态，农村养老保障制度发展进入空白期。但中国农村养老问题又是现代化进程中不可回避的问题，在这种背景下，中国又开始探索农村养老保险的新道路，全国各地开始了新型农村养老保险试点。2008 年 6 月，国务院召开会议研究部署新型农村社会养老保险试点，会议决定，2009 年在全国 10% 的县（市、区）开展新型农村社会养老保险试点①，明确新农保采用社会统筹与个人账户相结合的模式。至此，新农保相对于旧农保最重要的两个制度创新——统账结合与三方负担均得到明确。截至 2008 年末，全国参加农村养老保险人数为 5595 万人，比上年末增加 424 万人。这也是自 1999 年以来首次显著增加，全年共有 512 万农民领取了养老金，比上年增加 120 万人，共支付养老金 56.8 亿元，比上年增加 42%②。年末有 27 个省份的 1201 个县市开展了被征地农民社会保障工作，1324 万被征地农民被纳入基本生活或养老保障制度③。

（二）覆盖城乡的医疗保障体系的初步建立

第一，城镇职工基本医疗保险制度的完善。经过多年的试点，1998 年 12 月国务院正式颁布了《关于建立城镇职工基本医疗保险制度的决定》，明确提出了建立个人账户和社会统筹相结合的城镇职工基本医疗保险制度，该制度是借鉴国外经验，并结合中国国情的基础上建立的，是一项重

---

① 《国务院研究部署新型农村社会养老保险试点》，http：//news. ifeng. com/mainland/200906/0624_ 17_ 1218258. shtml。

② 人力资源和社会保障部：《1998—2008 年劳动与社会保障发展公报》，1998—2007 年公报见：http：//w1. mohrss. gov. cn/gb/zwxx/node_ 5436. htm；2008 年公报见 http：//news. 163. com/09/0519/17/59MNS3850001124J. html。

③ 《2008 年度人力资源与社会保障事业发展公报》，http：//news. 163. com/09/0519/17/59MNS3850001124J. html。

要的制度创新。1999 年以来,新的统账结合方案取得了重大进展:其一,新制度取代了原有的公费医疗和劳保医疗,使现代医疗保险理念深入人心;其二,新制度通过设置个人账户、起付线等来强调个人责任,减少医疗费用的不合理增长;其三,保险资金来源多元化,使得制度有了可持续发展的保证;其四,制度实施以来有了较大的发展,在覆盖范围方面,从1999 年到 2008 年,城镇职工参保率从 2.5% 上升到 53.2%,其中离退休人口的参保率更是从 4.4% 上升到 98.8%;在基金收支方面,到 2007 年,基金收入为 2214 亿元、基金支出为 1552 亿元、基金累计 2441 亿元,分别是 1999 年的 88 倍、91 倍和 305 倍①,这说明中国医疗保险制度保障能力日益增强。

第二,城镇居民基本医疗保险制度的建立。在实现全民医保的道路上,2007 年国务院颁布了《关于开展城镇居民基本医疗保险试点的指导意见》,指出城镇居民医疗保险主要覆盖城镇非从业人员,并以大病统筹为主,实行现收现付制。到 2007 年底,城镇居民医疗保险的参加人数达到了 4291 万人,基金收入为 43 亿元,支出为 10 亿元,基金结余 33 亿元。到 2008 年底,参保人数上升至 11650 万人②。

第三,新型农村合作医疗制度的建立。以 2003 年为分界点,这一时期农村合作医疗制度的发展可以分为两个阶段:传统农村合作医疗阶段和新型农村合作医疗阶段。2003 年 1 月 23 日,国务院办公厅转发了《关于建立新型农村合作医疗制度的意见》,该《意见》对农村新型合作医疗制度作出了界定:新农合是指由政府组织、引导、支持、农民自愿参加,个人、集体和政府多方筹资,以大病统筹为主的农民医疗互助共济制度。此后,新型农村合作医疗制度的试点工作在全国迅速展开,标志着我国的农村合作医疗制度进入一个新的发展阶段。从 2004 年到 2008 年,参加农村新型合作医疗的人数从 0.8 亿人迅速上升到 8.15 亿,参合率更是达到了91.5%,受益人次从 0.76 亿人次上升到 5.85 亿人次。在基金收支方面,

---

① 人力资源和社会保障部:《1999—2008 年劳动与社会保障发展公报》,1999—2007 年公报见:http://w1.mohrss.gov.cn/gb/zwxx/node_ 5436.htm;2008 年公报见 http://news.163.com/09/0519/17/59MNS3850001124J.html。

② 人力资源和社会保障部:《2007 年劳动和社会保障事业发展统计公报》,http://w1.mohrss.gov.cn/gb/zwxx/2008—06/05/content_ 240415.htm;卫生部:《中国卫生统计年鉴 2008》,中国协和医科大学出版社 2008 年版。

基金收入从 2004 年的 40.3 亿元升至 2008 年的 785 亿元，支出从 26.4 亿元增至 662 亿元①。

（三）失业保险取代待业保险

1999 年，国务院颁布了《失业保险条例》，标志着我国的失业保险制度进入一个新的发展阶段，该条例和以前的《国有企业职工待业保险规定》相比，有几方面的进步：第一，用"失业保险"取代"待业保险"，它表明意识形态对失业保险制度的影响最终结束；第二，失业保险制度的覆盖范围由以前的仅覆盖国有企业扩大到覆盖全部的企事业单位；第三，个人开始缴费，确立了个人和单位共同缴费的机制；第四，失业保险金的给付标准和最低工资以及最低生活保障线挂钩，使给付具有了一定的科学性。《条例》实施以来，失业保险的覆盖面逐步扩展，待遇支付不断增加。2008 年末全国领取失业保险金人数为 261 万人，比上年末减少 25 万人，基金支出从 1999 年的 91.6 亿元上升至 2008 年的 254 亿元。在看到成绩的同时，我们必须清醒地认识到，中国失业保险的参保人数还不足两亿，许多职工没有失业保险，对于 2008 年末总量为 22542 万人的农民工群体来说，失业保险的参保率仅为 6.9%，在面对金融危机时，农民工成为最容易受到冲击的群体②。

（四）工伤保险制度的规范化

2003 年，国务院颁布了《工伤保险条例》，这成为中国工伤保险改革进入加快阶段的标志，同时确定了我国的工伤保险制度包括经济补偿、工伤预防和职业康复三大职能。2008 年，人力资源和社会保障部印发了《工伤康复诊疗规范（试行）》和《工伤康复服务项目（试行）》，标志着我国的工伤康复试点工作进入实质性启动阶段，工伤保险制度进一步完善。从 2003 年《工伤保险条例》颁布到 2008 年，我国的工伤保险制度有了很大的发展，参保人数从 4575 万人上升到 13787 万人，享受工伤保险待遇的人数从 2003 年的 33 万人升至 2008 年的 118 万人，2008 年工伤保险基金

---

① 卫生部：《历年我国卫生事业发展统计公报》，http：//www. moh. gov. cn/publicfiles/business/htmlfiles/zwgkzt/pwstj/index. htm。

② 人力资源和社会保障部：《历年劳动和社会保障事业发展公报》，http：//wl. mohrss. gov. cn/gb/zwxx/node_ 5436. htm；财政部：《中国财政年鉴 2008》（中国财政杂志社 2008 年版）。

收入为 217 亿元，基金支出为 127 亿元，基金累计结余 335 亿元①。

（五）城乡最低生活保障制度的建立

党的十六届六中全会提出，社会和谐是中国特色社会主义的本质属性，构建社会主义和谐社会，全面贯彻落实科学发展观是建设中国特色社会事业总体布局和全面建设小康社会的重大战略任务。而最低生活保障制度作为我国社会保障体系中的最后一道安全网，对保障弱势群体的基本生活权益和推动社会和谐进步有着重大的意义。

在城市，1999 年，以国务院颁布的《城市居民最低生活保障条例》为标志，城镇居民最低生活保障制度在中国正式建立起来。《条例》对制度的保障对象、保障原则、保障标准和资金来源等均做出了规范，是政府对家庭人均收入低于最低生活保障标准的城市贫困人口进行救济的一种新型社会救助制度。从 1999 年实行至今，城市低保取得了很大的成就，救助人数稳步增加，从 2000 年的 402.6 万人升至 2008 年的 2334.8 万人，同时，财政对低保的投入逐年加大，从 2002 年的 109 亿元上升到 2008 年的 393 亿元，救助水平不断提高，月人均保障水平从 2002 年的 52 元提高到 2008 年的 144 元，在缓解贫困和保障城市居民基本生活权益方面发挥了重要的作用②。

在农村，为切实解决农村贫困人口的生活困难，国务院决定 2007 年在全国建立农村最低生活保障制度。农村最低生活保障对象是家庭年人均纯收入低于当地最低生活保障标准的农村居民，所需资金由地方政府纳入财政预算，中央政府要对贫困地区予以补贴。自实施以来，农村低保取得了较大的成绩。截至 2008 年底，全国已有 1982.2 万户、4305.5 万人得到了农村最低生活保障，比上年同期增长了 20.7%，2008 年全年共发放农村最低生活保障资金 226.7 亿元，人均补差 50.4 元/月，比上年同期增长 29.9%③。

回顾历史，可以清晰地看到，中国在 90 年代初确立的统账结合制度

---

① 人力资源和社会保障部：《历年劳动和社会保障事业发展公报》，http：//w1. mohrss. gov. cn/gb/zwxx/node_ 5436. htm。

② 民政部：《历年民政事业发展统计报告》，http：//cws. mca. gov. cn/article/tjkb/。

③ 民政部：《2008 年民政事业发展统计报告》，http：//cws. mca. gov. cn/article/tjbg/200906/20090600031762. shtml。

是一个制度创新，即使到今天，也是前无古人，后无来者：它试图将传统的现收现付制和积累制二者结合起来，既可吸取当时瑞典等欧美发达国家出现财务困难的教训，又能吸收新加坡中央公积金模式和智利模式的某些经验，也就是说，它既考虑到了政府责任和社会共济性，又考虑到了个人责任和财务可持续性，理念是超前的，思路是正确的。

但我们应清醒地意识到，中国的社保制度在运行中仍存在着一系列的问题，如制度"碎片化"现象相当严重，统账结合模式实现困难，制度的激励效应不足等，这些问题的存在已经影响了中国社会保障制度的发展，影响了社会主义和谐社会的建设。我们只有在先于这些问题大规模显现前采取行动，才能实现中国社会保障制度的持续发展。

（原载《当代中国史研究》2010 年第 2 期）

改革、开放与中国经济增长的传导机制

——基于联立方程模型的估计

杨新铭[*]

一 引言

1978 年以来，中国经济增长动力被归结为两点：一是改革，二是开放。改革以微观运行机制为起点，从农村到城镇逐步展开。可以说，迄今为止的所有改革，其实质都是集中在经济发展的动力机制上。（李忠杰，2007）这场全方位的经济体制变迁，从根本上说，目的是为了激发广大劳动者的积极性、主动性和创造性，解放被传统体制束缚了的生产力，推动社会生产力的快速发展。（卫星华、黄桂田，1996）而改革，激励，经济增长的关系被描述为：改革→激励→增长，即改革改善了激励机制，激励促进了增长。（吴云英，1999）农村分配制度改革不仅较彻底地解决了农业监督困难问题，且较大程度上克服了集体共同生产条件下农民"搭便车"行为，产生了制度激励功能，促进了农业增长。而城市改革则使企业拥有了决定内部工资与奖励安排的权利，建立报酬与工作努力程度既而与工作绩效挂钩的分配制度，极大激励着工人的生产积极性。因此，以激励机制为主导的微观经济运行机制改革的结果势必打破原有"平均分配，吃大锅饭"的局面，而引起居民收入差距扩大。

对外开放涉及进出口与外商直接投资（FDI）等，Kwan 与 Kwok（1995）在分析中国 1953—1985 年数据的基础上，提出中国存在出口导向型增长的假说。此后，涌现了大量文献对中国出口与经济增长的关系进行

---

* 杨新铭，中国社会科学院经济研究所助理研究员、经济学博士。

实证检验，绝大多数研究表明出口促进了中国经济增长，如刘金全、李玉蓉（2002），李丽、杜凌（2007），范柏乃等（2005）。沈程翔（1999）、滕建州（2006），赵陵等（2001）的实证研究表明中国的出口与经济增长并不存在长期稳定的关系，而吕惠娟、许小平（2005）则认为尽管出口贸易仍然是拉动中国经济增长不可忽视的因素之一，但中国经济属于多因素共同驱动的复合型增长而并非出口导向型增长。

FDI 促进经济增长的机制包括三方面：一、通过增加资本积累来促进经济增长；二、技术扩散、促进人力资本积累等外溢效应提高劳动生产率；三、促进竞争。我国吸引 FDI 的主要目的是"要引进资金、引进技术，扩大对外经济交流，依靠科技进步，不断提高我国技术水平和人员素质，诱导和促进新产业、新产品的建立和开发，提高国产化水平、增强自力更生和竞争能力"。（李滋仁，1992）大部分学者认为 FDI 与我国经济增长存在双向促进关系，如萧政（2002）、齐良书（2006）、苏梽方和胡日东（2007）等，但代谦、别朝霞（2006）的研究则认为 FDI 对经济增长的效应主要集中在短期。与国内投资相比，FDI 对经济增长的作用远小于国内投资（薄文广，2005），而且在我国 FDI 的资本作用呈边际递减状态（沈桂龙，2007）。关于 FDI 的外溢效应也吸引了广泛关注，王岳平（1997），姚洋（1998），李平（1999），何洁、许罗丹（1999），姚树洁等（2006）等的研究结果都认为 FDI 在中国存在溢出效应，但张海洋（2005）的研究则表明 FDI 企业对中国工业生产率增长没有技术扩散作用，中国工业的技术效率提高是来源于自身研发以及与 FDI 之间的竞争效应。刘正良、刘厚俊（2006）对此作了较为详细的综述。

尽管研究中国经济增长的文献很多，但综合研究改革与开放对经济增长的作用的文献还很少。经济发展和体制改革无疑会促进经济增长与出口，虽不能否认经济增长与出口之间存在因果关系，但二者之间因果关系假说并不说明出口是经济增长或经济增长是出口的唯一决定因素（白雪梅、赵松山，1999）。由此可见，区分改革和开放对经济增长的作用方式与程度无疑对我国进一步改革开放具有重要意义。基于此，本文对改革、开放与经济增长三者进行了理论与实证分析，结果表明，改革、开放与经济增长三者是一个单向闭合的经济系统。在此系统中，经济体制改革是动因，对外开放是结果，经济增长是中介。即经济体制改革促进了经济增长，引起国内市场规模扩大，吸引外资大量涌入。更进一步，FDI 在我国并不存在技术外溢效应，其作用在于对深化改革具有微弱的促进作用。而经济增长本身也不能深化改革，因此，应系统运筹改革、开放与经济增长，使三者协调进行。

本文的结构安排如下：第二部分对改革、开放与经济增长之间的关系进行理论分析，并得出待验假说；第三部分介绍实证检验所需的核心变量与检验方法；第四部分对核心变量进行稳定性检验、格兰杰因果关系检验，并依据检验结果修正假说与实证模型；第五部分报告联立方模型的实证结果；最后为全文结论。

二　假说、模型与变量选择

（一）改革、开放与经济增长的传导机制假说

1. 改革与经济增长

改革微观激励机制实际是破除原有平均主义的分配制度，让一部分地区、一部分人靠诚实劳动和合法经营先富起来，合理拉开差距，通过经济诱导提高劳动生产率，促进中国经济增长，并以涓滴效应逐步提高居民的收入与生活水平，缩小收入差距，并为进一步深化改革提供动力，如图1所示。

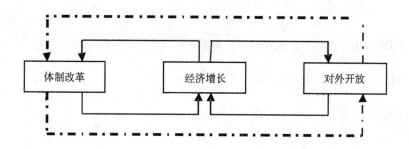

图1　改革、开放与经济增长的传导机制

2. 开放与经济增长

对外开放通过国外市场的需求效应，增加国内资本积累以及促进竞争等渠道引起经济快速增长。随着经济增长，居民收入增加，国内市场需求

迅速扩大，从而导致对外贸易特别是进口贸易的增加，另外 FDI 为寻求市场也会进一步涌入，使对外开放进一步扩大，如图 2 所示。

3. 改革与开放

改革与开放之间的关系并不像改革与经济增长以及开放与经济增长那样被学界所重视，但无论是从改革的进程还是开放的进程都可以发现二者实际上也是相互联系的，改革为开放提供了制度基础，而开放则为改革，特别是近年来的市场化进程提供了动力与外来压力。因为，要融入世界市场，无论是政府还是企业以及个人都必须依据市场原则进行经济活动，这就使改革得以向深化进行。

基于以上分析可以得出以下假说：即改革、开放与经济增长之间存在互动机制，改革在促进增长的同时为开放提供制度基础；而开放在拉动经济增长的同时为改革提供外部压力，使改革向深入发展；经济增长的结果则要求深化改革，也使开放的力度进一步扩大。

（二）计量模型选择

对改革、开放与增长之间的传导机制分析表明三者之间呈现系统互动关系，如选择单一方程估计则会因变量的内生性问题而引起估计结果丧失有效、一致和无偏等特性，得出与实际不一致甚至产生偏离实际的结果，因此，应选择联立方程模型避免内生性问题，并反映三者之间的真实联动关系，初步确定代检验模型为如下形式：

$$GDP = \alpha_1 + \alpha_2 FDI + \alpha_3 Gini + \sum_{i=1}^{k} \theta_i W_i + \mu$$

$$FDI = \beta_1 + \beta_2 GDP + \beta_3 Gini + \sum_{j=1}^{m} \varphi_j W_j + \upsilon$$

$$Gini = \gamma_1 + \gamma_2 GDP + \gamma_3 GDI^2 + \sum_{l=1}^{n} \lambda_l W_l + \sigma \qquad (1)$$

其中，GDP 为经济增长，FDI 代表对外开放程度，Gini 为收入差距基尼系数，代表经济体制改革程度，这三个变量为内生变量；W 是与内生变量相关外生变量，i、j 和 l 分别为外生变量的数量；α、β、γ、φ、θ 和 λ 为待估参数，μ、υ、σ 为误差项。

（三）变量选择

1. 内生变量选择

根据模型（1）分别选取 1979—2008 年的 GDP、FDI 与基尼系数作为内生变量经济增长、对外开放与体制改革的代理变量。为避免因人口因素可能导致的多重共线性而引起回归结果无效，相关各指标都为人均或劳均值。其中，GDP 为人均 GDP，可以从统计年鉴直接获得，为消除价格因素的影响，选择以 1978 年为基期的商品零售价格指数对人均 GDP 进行平减。

以 FDI 作为开放程度的代理变量可以衡量 FDI 在我国发展以及相关作用是否得到发挥，更重要的是可以衡量我国经济开放的质量。由于 FDI 更多的与生产相联系，因此这里选择劳均而不是人均值，即 FDI 与从业人员总数之比作为对外开放程度的代理变量。为剔出汇率变动的影响，本文首先利用 1978 年到 2008 年历年汇率均价，以 1978 年为基期计算汇率价格指数，然后以该指数对历年 FDI 进行平减。

选择城乡收入差距基尼系数作为体制改革的代理变量，原因在于：一、以激励机制为核心的经济体制改革必然导致收入差距的扩大，因此，收入差距可以作为衡量体制改革进程的代理指标；二、已有文献表明城乡收入差距是我国收入差距的最主要组成部分，约占总收入差距的 50% 左右（世界银行，1997；陈宗胜等，2002），因此，以城乡收入差距基尼系数的变化代表收入差距变动具有合理性与可行性。计算城乡收入差距基尼系数所运用的城镇人均可支配收入与农村人均纯收入分别以城镇消费价格指数与全国消费价格指数①进行平减，再以城乡人口进行加权得到城乡实际收入差距基尼系数。

2. 外生变量选择

内生经济增长理论认为，人力资本对经济增长具有重要作用，而且很多文献都认为我国高素质的劳动力是外资进入的因素之一，因此，在改革、开放与经济增长的系统中首先应选择人力资本作为重要的外生变量。但长期以来，人力资本度量问题一直困扰着理论界。由于教育、健康、培训以及迁移等都是人力资本形成的重要渠道，因此，以投入法和产出法测

---

① 农村消费价格指数在部分年份缺失。

度人力资本会低估或高估人力资本存量，且难以比较人力资本的质量差异。Bedi 和 Edwards（2002）运用对数收入方程拟合结果作为人力资本质量的代理指标得到很好的结果，杨新铭和周云波（2008）运用该方法拟合中国城镇与农村人力资本，结果发现教育年限、医疗支出与教育支出解释了对数收入的 93% 以上，说明当前我国对数收入基本上是人力资本含量的真实反映。因此，本文选取对数劳均收入作为人力资本的代理变量。其计算公式为：h = log（ny/p），其中 h 为人力资本，n 为人口数，y 为人均收入，p 为从业人员数。

其次，金融作为现代经济的核心对经济增长发挥着重要的润滑剂作用，而且金融效率的提高也是改革的重要内容，没有高度发达的金融系统外资转化为实际投资的难度会加大，从而不利于对外开放。因此，选择金融深化程度作为第二个外生变量，本文以存贷款总额与 GDP 之比作为衡量金融深化的指标。

最后，进出口也是对外开放的组成部分之一，为剔除进出口对经济增长以及 FDI 的影响，本文选择贸易依存度作为 FDI 的补充。其中进出口总额消除汇率波动因素的过程与计算 FDI 过程相同。

三 数据检验与模型确定

（一）数据描述

图 2 描述了三个内生变量人均 GDP（PGDP）、劳均 FDI（PFDI）和城乡收入差距基尼系数（GINI）1979—2008 年的变化，从图中可以看到城乡收入差距基尼系数呈现先缩小后扩大的波浪式变化态势，而人均 GDP 与劳均 FDI 则基本上都经历了比较一致的过程，即初始期缓慢增长，而后期则快速增长的态势。直观看，人均 GDP 与劳均 FDI 的变化轨迹一致，而基尼系数与人均 GDP 以及基尼系数与劳均 FDI 的变动不具有这种一致性，因此，往往得出 FDI 与经济增长相关而基尼系数与经济增长无关的判断。然而，经济时间序列往往是不稳定的，这种不稳定性会造成变量之间的虚假相关，因此，在进行实证分析之前应对相应数据进行稳定性检验以及格兰杰因果关系检验，表 1 给出了本文所涉及的相关变量的统计性描述结果。

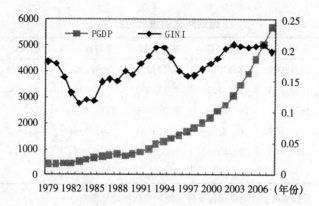

（A）基尼系数与人均 GDP

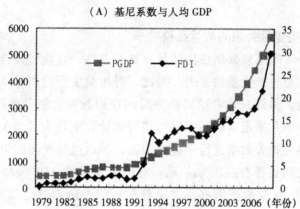

（B）劳均 FDI 与人均 GDP

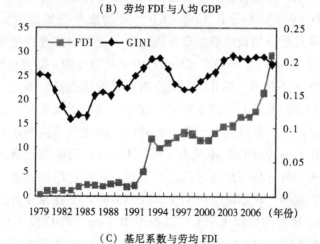

（C）基尼系数与劳均 FDI

图2　1979—2008 年核心变量变化图

表1 运用数据的统计性描述

指标	人均 GDP	劳均 FDI	基尼系数	劳均收入	金融深化	贸易依存度
平均值	1771.097	8.810234	0.173257	1299.290	1.786699	0.345334
中间值	1239.966	10.44852	0.178079	938.7395	1.790234	0.332277
最大值	5675.384	29.38403	0.208786	3212.449	2.702432	0.662198
最小值	411.0294	0.181969	0.113931	482.7561	0.831664	0.112264
标准差	1464.423	7.487853	0.028406	765.0657	0.599588	0.160123
观察值	30	30	30	30	30	30

数据来源：根据中国统计数据应用支持系统相关数据计算得到。

（二）内生变量关系的格兰杰检验[①]

由于经济时间序列数据往往都具有异方差性，直接估计会导致估计结果无偏、一致与有效性质的丧失，因此，对相关货币值指标取对数以消除异方差的影响。另外，非平稳的经济时间序列数据会引起虚假相关问题，即经济意义表明几乎没有联系的序列却可能计算出较大的相关系数，因此在估计之前要对相关数据进行平稳性检验，并通过格兰杰因果关系检验验证各个变量之间是否存在因果关系。对内生变量的 ADF 检验结果（见表2）表明，内生变量水平值都是非平稳的，但一阶差分后都为平稳序列。因此，可以应用格兰杰检验内生变量之间的因果关系，结果见表3。

首先，D（Gini）不是 D（log（GDP））的格兰杰原因的原假设被拒绝，说明改革是经济增长的格兰杰原因，改革进程会加速经济增长，但没有拒绝 D（log（GDP））不是 D（Gini）的格兰杰原因，而且也没有拒绝 D（log（GDP））2 不是 D（Gini）的格兰杰原因的原假设，因此，经济增长可能并没有如我们所愿的那样要求深化改革，这说明改革并不是市场主体由下而上推动的，而是政府自上而下展开的，深化改革需要政府进一步推动。其次，D（log（FDI））不是 D（log（GDP））的格兰杰原因的原假设被接受，说明对外开放与经济增长之间不存在直接的因果关系，这与已有文献存在较大差异。D（log（FDI））与 D（Gini）不存在显著的格兰杰因果关系，但在 16% 的检验水平上可以拒绝 D（log（FDI））不是与 D（Gini）的格兰杰原因，说明外资的涌入与中国改革与否并不敏感而只受市场

[①] 本文的实证过程与结果都由 Eviews 6.0 完成。

规模的影响，而且外部压力对改革进程存在微弱的促进作用。

为检验我国劳动力市场发育以及 FDI 的技术外溢效应，本文还给出了人力资本与基尼系数以及人力资本与 FDI 的格兰杰检验结果。如果 FDI 存在外溢效应，那么，FDI 就应是人力资本的格兰杰原因，但结果恰恰相反，说明 FDI 的溢出效应在我国并不明显，这也佐证了对外开放没有促进我国经济增长的结果；另外，如果 FDI 的进入是以利用我国优质的劳动力资源，那么人力资本就应该是 FDI 的格兰杰原因，但结果也正好相反，说明外资的进入并不是以我国优质劳动力资源为前提的。因此，FDI 迅速增加的原因则是我国经济需速增长所带来的市场需求增大的结果，而以"市场换技术"的开放初衷并没有实现。如果劳动力市场的市场化程度较高，那么收入差距的差异将被人力资本解释，结果与此相符，说明改革以来劳动力市场的市场化程度在逐渐上升，但改革增进人力资本投资的假说却没有通过检验（详细结果见表 3）。

表2   内生变量的 ADF 检验结果

变量	Log（GDP）		Log（FDI）		Gini	
	水平值	一阶差分	水平值	一阶差分	水平值	一阶差分
检验形式	（c，t，1）	（c，t，2）	（c，t，2）	（c，0，2）	（c，t，1）	（c，0，2）
ADF 检验值（P 值）	-1.90（62%）	-4.51（0.7%）	-2.38（37%）	-5.46（0.00%）	-3.80（3%）	-3.28（2.56%）
临界值（显著水平）	-3.22（10%）	-4.37（1%）	-3.22（10%）	-4.33（1%）	-3.58（5%）	-2.97（5%）

注：本表中 ADF 检验采用 Eviews 6.0 计算。检验形式（c，t，k）表示单位根检验方程中的常数项、趋势项和滞后阶数，n 指不包括常数项或趋势项，加入滞后项是为了使残差为白噪声，而滞后项根据施瓦茨准则选取。ADF 检验值栏括号内为 P 值，临界值栏括号内的百分比指显著水平。

表3   内生变量的格兰杰因果关系检验结果（滞后期 2，样本数 27）

原假设	F 值	P 值
D（Gini）不是 D（log（GDP））的格兰杰原因	2.65001 *	0.0931
D（log（GDP））不是 D（Gini）的格兰杰原因	1.49632	0.2459
D（log（GDP））2 不是 D（Gini）的格兰杰原因	0.13909	0.8709
D（log（FDI））不是（log（GDP））的格兰杰原因	0.19002	0.8283

续表

原假设	F 值	P 值
D（log（GDP））不是 D（log（FDI））的格兰杰原因	3.98820 * *	0.0333
D（Gini）不是 D（log（FDI））的格兰杰原因	0.46640	0.6333
D（log（FDI））不是 D（Gini）的格兰杰原因	1.98392	0.1614
D（H）不是 D（log（FDI））的格兰杰原因	2.81286 *	0.0817
D（log（FDI））不是 D（log（H））的格兰杰原因	0.23358	0.7936
D（Gini）不是 D（H）的格兰杰原因	1.25529	0.3046
D（H）不是 D（Gini）的格兰杰原因	3.22086 *	0.0593

注：＊表示显著水平为10%，＊＊表示显著水平为5%。

(三) 计量模型确定

格兰杰因果关系检验结果表明改革、开放与经济增长之间不存在显著的双向格兰杰因果关系，而只存在由改革到经济增长再到对外开放的显著的单向格兰杰因果关系，尽管这一结论与通常的认识有些差异，但与我国改革开放的进程却基本吻合。基于此，图1的改革、开放与经济增长之间的传导机制系统被修正为图3的形式。其中，虚线所描述的是由对外开放所产生的外部压力对深化体制改革的微弱影响，而外生变量则为通过格兰杰因果关系的相关变量。在此基础上对模型（1）进行修正，得到模型（2）。模型（2）的各方程剔除了模型（1）未通过格兰杰检验的内生变量与外生变量[①]，其中 Fb 为代表金融深化程度的存贷款总额与 GDP 之比，H 为代表人力资本的劳均收入对数，Ex 为外贸依存度；由于格兰杰因果关系检验不能检验非线性关系，而按照库兹涅茨（1955）的理论，经济增长与收入差距之间的关系是非线性的，因此在模型（2）的改革方程中保留了经济增长的一次与二次项。在模型（2）中，三个方程至少各包含一个其他方程所没有的变量，因此，满足联立方程模型恰好识别的要求，可以进行参数估计。

$$GDP = \alpha_1 + \alpha_2 Gini + \alpha_3 H + \alpha_4 Fb + \mu \qquad （增长）$$

$$FDI = \beta_1 + \beta_2 GDP + \beta_3 Ex + \upsilon \qquad （开放）$$

$$Gini = \gamma_1 + \gamma_2 GDP + \gamma_3 GDP^2 + \gamma_4 FDI + \gamma_5 H + \gamma_6 Fb + \sigma \quad （改革） \qquad （2）$$

---

① 为节约篇幅，没有对相关检验结果进行报告。

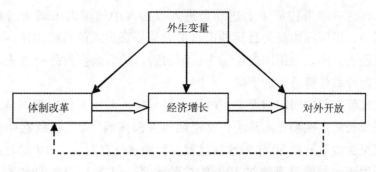

图 3　修正的改革、经济增长与开放系统

四　实证结果分析

根据 ADF 检验以及格兰杰因果关系检验的结果，采用一阶差分后获得平稳序列，按照模型（2）进行估计，为节约篇幅，本部分只报告逐步剔除不显著各项以后得到最终回归结果，见表 4。实证结果表明，从改革到增长再到开放的经济系统的单向传递关系得到证实。在增长方程中，代表改革的变量城乡收入差距基尼系数对增长的作用为正，且在 5.7% 的水平上显著，证实了体制改革促进经济增长的假说，城乡收入差距基尼系数每提高 1%，经济增长率将提高 0.96%。在外生变量中，人力资本对经济增长的促进作用显著，与理论分析以及格兰杰因果关系检验结果一致，人力资本每提高 1%，经济增长率将提高 0.47%；金融深化的回归系数为 -0.156，且在 1% 的检验水平下显著，说明金融深化不但没有促进经济增长，反而对经济增长有抑制作用，这可能是因为我国金融规模与金融机构效率发展不一致有关，即金融规模迅速膨胀，而金融部门效率却没有随着金融规模的快速增长而得到相应提高，导致金融规模没有发挥其应有作用，表现在实证结果中就是金融深化（存贷总额与 GDP 之比）对经济增长的作用为负。

在开放方程中，对 FDI 作用显著的项包括 GDP、外贸依存度与 FDI 的滞后项，其中，GDP 对 FDI 具有明显的拉动作用，而人力资本对 FDI 的作用不显著，这说明中国的劳动力资源优势并不是外资大量进入的原因，而拉动外资进入的是中国经济增长带来的国内市场的迅速扩大，外资进入是以占有中国国内市场为目的的。更进一步，外生变量贸易依存度对 FDI 的作用为负，即进出口的扩大不但没有促成外资进入的扩大，反而抑制了外资进入，这一结果佐证了上述外资进入以占有中国国内市场为目标的结论。因为，以国际市场为目标的出口扩大与外资进入的目的相反，从而抑制外资进入；而以中国国内市场为目标的进口扩大则会对外资进入发生替代，进而导致外资进入的下降。

在改革方程的回归结果中，内生变量对收入差距的作用都不显著，而且经济增长的二次项也不显著，这说明库兹涅茨倒"U"曲线在中国并不存在或至少改革开放 30 年来这一过程在我国还没有发生。FDI 对收入差距的作用为正，尽管没有通过 10% 的检验水平，但在 15.3% 的水平上是显著的，而且 Wald 检验结果①表明在 5% 的水平上 FDI 与常数项的回归系数不能同时为零，说明开放对改革存在推动作用，即大量外资的进入会加速深化我国的市场化改革。人力资本对收入差距的影响不显著，而从理论上讲，人力资本决定居民收入，进而对收入差距有直接影响，之所以出现人力资本对收入差距作用不显著的结果，原因可能在于尽管我国劳动力市场化有所提高，但城乡一体的劳动力市场还没有形成，而决定城乡收入差距的制度性因素较强。金融深化对收入差距的作用为正，即金融深化扩大了城乡收入差距，这一方面说明金融深化程度可以深化改革，另一方面则表明金融资源在城乡之间存在较大差距，而这恰恰是制度性壁垒的体现，因此，需要进一步深化改革，打破现有城乡制度性障碍。

表4　　　　　　　　　　　　　联立模型回归结果

模型	增长方程			开放方程			改革方程		
	回归系数	T – 值	P – 值	回归系数	T – 值	P – 值	回归系数	T – 值	P – 值
常数项	0.067 ***	5.37	0.000	− 0.154	− 1.23	0.222	− 0.007	− 1.40	0.166
GDP	—	—	—	3.499 ***	2.92	0.005	—	—	—
收入差距	0.960 **	1.94	0.057	—	—	—	—	—	—
FDI	—	—	—	—	—	—	0.010	1.44	0.153
人力资本	0.470 ***	3.09	0.002	—	—	—	—	—	—
金融深化	− 0.156 ***	− 2.79	0.007	—	—	—	0.052 ***	2.70	0.009
外贸依存度	—	—	—	− 3.395 ***	− 3.00	0.004	—	—	—

① Wald 检验结果为 $x^2 = 3.89$，P 值 = 0.049。

续表

模型	增长方程			开放方程			改革方程		
	回归系数	T－值	P－值	回归系数	T－值	P－值	回归系数	T－值	P－值
AR（1）	—	—	—	0.224 *	1.73	0.088	0.553 ***	3.29	0.002
Agj.－R2	0.396			0.346			0.371		
S. E.	0.034			0.222			0.011		
D－W值	1.534			1.663			1.898		
Obs.	29			28			28		

注：＊、＊＊、＊＊＊分别表示在10%、5%、1%的检验水平下显著。

五 结论

尽管实证分析没有完全证实理论分析所得出的改革、开放与经济增长是一个相互联动的经济系统的结论，但改革、开放与经济增长是一个经济系统的结论却被证实了。该系统是一个由经济体制改革开始，到经济体制改革深化的结束的封闭循环。具体过程为，经济体制改革促进了经济快速增长，而经济增长使市场迅速扩大，从而吸引大量外资进入，外资的进入又要求市场化改革向更深层次进行，即"改革→增长→开放→改革"。

在此过程中，改革是促进经济增长的重要因素，其作用往往超过要素积累的作用。而在改革促进经济增长的过程中，人力资本的正向作用明显；但到现阶段为止金融深化却滞后于经济增长，从而表现为对经济增长的抑制作用明显。以 FDI 为代理变量的开放不是经济增长的原因，这与国内大多数研究不一致。对开放的实证表明，人力资本不是吸引外资进入的因素，即外资并不是看中我国高素质的人力资源而选择进入的，而进入的主要原因在于我国经济增长带来的市场扩大，为便于占领国内市场而选择进入，无论是格兰杰因果关系检验还是联立方程模型的估计结果都证实了这一点，而且外贸依存度对 FDI 的副作用也佐证了上述结论。不仅如此，FDI 在我国也没有发挥其应有的技术溢出效应，因为 FDI 与人力资本之间只存在由人力资本到 FDI 的单向因果关系，FDI 并不是人力资本增加的格兰杰原因。经济增长并不能带来收入差距的扩大或缩小，中国并不存在库兹涅茨所论述的有经济增长带来收入差距先增大后缩小的倒"U"过程。FDI 拉大了收入差距，说明开放对改革具有外部压力，这一压力必然会加速深化改革的进程。另外，金融深化对激励机制为主的体制改革的作用为正，说明相关领域的配套改革也将促进改革的进一步发展。

鉴于此，在制定经济政策的过程中就应该综合考虑改革、开放的进程，在改革进程渐进艰难的情况下，就应该加大开放力度，以外部压力促进改革深化，从而拉动经济增长；而当改革可以顺利进行时，则应以加大本国投资为主，适当维持开放力度，以避免收入差距过大，改革进程过快带来的负面作用。

参考文献

[1] 李忠杰：《论社会发展的动力与平衡机制》，《中国社会科学》2007 年第 1 期。

[2] 卫星华、黄桂田：《企业激励约束机制转换问题与改革逻辑》，《中国人民大学学报》1996 年第 5 期。

[3] 吴云英：《改革·激励·增长——共和国 20 年经济增长探源》，《经济经纬》1999 年第 3 期。

[4] Kwan, A. C. and B. Kwok, "Exogeneity and the Export 21ed Growth Hypothesis: the Case of China", *Southern Economic Journal*, 61, pp. 1158 – 1166.

[5] 刘金全、李玉蓉：《中国经济增长出口驱动假说的实证检验》，《数量经济技术经济研究》2002 年第 10 期。

[6] 李丽、杜凌：《我国出口贸易对经济增长影响的实证分析》，《财贸研究》2007 年第 4 期。

[7] 范柏乃等：《中国出口贸易对经济增长贡献率的实证研究：1952—2003 年》，《国际贸易问题》2005 年第 8 期。

[8] 沈程翔：《中国出口导向型经济增长的实证分析：1977—1998》，《世界经济》1999 年第 12 期。

[9] 滕建州：《出口引导经济增长假说在我国成立吗？——基于 Bootstrap 仿真方法的实证分析》，《南开经济研究》2006 年第 5 期。

[10] 赵陵等：《中国出口导向型经济增长的经验分析》，《世界经济》2001 年第 8 期。

[11] 吕惠娟、许小平：《出口贸易对中国经济增长影响的再思考》，《数量经济技术经济研究》2005 年第 2 期。

[12] 李滋仁：《对外经济开放应以引进技术为主》，《亚太经济》1992 年第 3 期。

［13］萧政、沈艳：《外国直接投资与经济增长的关系及影响》，《经济理论与经济管理》2002 年第 1 期。

［14］齐良书：《出口、外国直接投资流入与中国经济增长关系的实证研究》，《财经问题研究》2006 年第 1 期。

［15］苏梽方、胡日东：《外商直接投资与中国经济增长关系再检验——基于 bootstrap 仿真方法的实证研究》，《宏观经济研究》2007 年第 7 期。

［16］代谦、别朝霞：《FDI、人力资本积累与经济增长》，《经济研究》2006 年第 4 期。

［17］薄文广、马先标、冼国明：《外国直接投资对于中国技术创新作用的影响分析》，《中国软科学》2005 年第 11 期。

［18］沈桂龙：《FDI 对中国经济增长的贡献：基于宏观投资和进出口角度的实证检验》，《上海经济研究》2007 年第 10 期。

［19］王岳平：《关于新时期我国主导部门选择与排序分析》，《经济研究参考》1997 年第 47 期。

［20］姚洋：《非国有经济成分对我国工业企业技术效率的影响》，《经济研究》1998 年第 12 期。

［21］李平：《技术扩散中的溢出效应分析》，《南开学报》（哲学社会科学版）1999 年第 2 期。

［22］何洁、许罗丹：《中国工业部门引进外国直接投资外溢效应的实证研究》，《世界经济文汇》1999 年第 2 期。

［23］姚树洁、冯根福、韦开蕾：《外商直接投资和经济增长的关系研究》，《经济研究》2006 年第 12 期。

［24］张海洋：《R&D 两面性、外资活动与中国工业生产率增长》，《经济研究》2005 年第 5 期。

［25］刘正良、刘厚俊：《东道国对 FDI 技术外溢吸收能力的研究综述》，《南京社会科学》2006 年第 7 期。

［26］白雪梅、赵松山：《我国对外开放与经济增长因果关系检验》，《数量经济技术经济研究》1999 年第 11 期。

［27］Word Bank, *Sharing Rising Income Disparities in China*, Washington D. C., 1997.

［28］陈宗胜、周云波：《再论改革与发展中的收入分配》，经济科学出版社 2002 年版。

［29］Bedi, A. S. and J. H. Y. Edwards, "The Impact of School Quality on Earnings and Educational Returns：Evidence from a Low-Income Country", *Journal of Development Economics*, 68 (1).

［30］杨新铭、周云波：《技术进步与人力资本对城乡收入差距的作用——基于我国 1995—2005 年分省数据面板分析的实证研究》，《山西财经大学学报》2008 年第 5 期。

（原载《山西财经大学学报》2010 年第 4 期）

党内民主的发展历程与基本经验

吴 超[*]

发展党内民主，是中国共产党在长期的革命、建设和改革实践中形成的优良传统和基本原则。党内民主是党的生命，发展党内民主，巩固和改进党的领导，不仅对党的整个事业发展具有全局性战略意义，而且直接决定国家政治生活的状况与民族的命运和前途。

建党以来，中国共产党对如何发展党内民主进行了艰辛的探索，随着党自身的发展壮大而日益发展完善，党内民主的发展大致经历了以下三个阶段：

一 新民主主义革命时期（1921—1949）：
党内民主的创建与发展

党内民主是党内根本的政治制度，民主集中制是党的根本组织制度。党内民主是民主集中制的政治基础和重要组成部分，民主集中制是党内民主在组织原则和组织制度上的具体体现和运用。党的性质和指导思想决定了党内民主是中国共产党建设和发展的内在要求，这一时期党内民主的建设与民主集中制的发展紧密相连。遵义会议后，伴随着革命不断地向成功迈进，开始明确地提出了党内民主建设，并且取得了重大进展。

（一）民主集中制原则的确立与党内民主的开创（1921—1935 年）

1921 年 7 月，中国共产党成立，在《中国共产党的第一个纲领》中规

＊ 吴超，中国社会科学院当代中国研究所助理研究员。

定："我党采取苏维埃的形式把工农劳动者和士兵组织起来，宣传共产主义。"① 中国共产党的第一个纲领虽然没有明确规定以民主集中制为党的组织原则，但是"苏维埃的形式"就是指俄国布尔什维克政党必须体现的根本原则，实际上就是民主集中制。1922 年 7 月，中共二大通过了第一部正式章程《中国共产党章程》和《关于共产党的组织章程决议案》。《章程》第四章"纪律"中规定："下级机关须完全执行上级机关之命令；不执行时，上级机关得取消或改组之"，"本党一切会议均取决多数，少数绝对服从多数"。②《决议案》规定党的组织要有"集权精神与铁似的纪律"，"我们的组织与训练必须是很严密的集权的有纪律的"③。二大仍没有明确把民主集中制作为党的组织原则，但其精神和原则贯穿于党的《章程》和《决议案》之中。

1923 年，中共三大之后，以"党内合作"④ 的方式实现了第一次国共合作。多变的形势和不同的政治主张，使中共与国民党的矛盾和冲突时常发生，在这种形势下，健全党内政治生活就成了保证党建设和发展的关键。1925 年 1 月，中共四大通过《中国共产党第二次修正章程》，对党的组织、会议、纪律等方面作出了具体的规定。⑤ 1926 年 11 月，中共中央组织部通告第二号就加强支部工作与组织统计工作等作出了安排和部署⑥，把支部如何充分调动党员积极性和主动性的问题具体化，变成可操作的内容。

1927 年，蒋介石发动"四一二"反革命政变，国共合作破裂，加之陈独秀的右倾投降主义错误，使党在革命形势大转折中面临生存和发展的风险。此时，党已由四大时的 900 余党员增至 5 万余，"无意的成为全国工农的领袖"。⑦ 4 月 27 日，中共五大召开，在革命最危急的关头把党的建设问题全面提高到战略地位。6 月，中央政治局会议依据五大精神讨论和通过了《中国共产党第三次修正章程决议案》。这个党章对党的组织体

---

① 《中国共产党党章汇编》，人民出版社 1979 年版，第 2 页。
② 《中共中央文件选集》(1)，中共中央党校出版社 1989 年版，第 97、98 页。
③ 同上书，第 91 页。
④ 党内合作：即共产党员、共青团员以个人身份加入国民党，把国民党改组为各革命阶级联盟的组织。1924 年 1 月，国民党一大完成改组，第一次国共合作正式形成。
⑤ 《中共中央文件选集》(1)，中共中央党校出版社 1989 年版，第 381—388 页。
⑥ 《中共中央文件选集》(2)，中共中央党校出版社 1989 年版，第 35—37 页。
⑦ 同上书，第 48 页。

制和制度体系作出了比较细致的规定，专列了"党的建设"一章，第一次规定"党部的指导原则为民主集中制"①。这是中国共产党第一次在党章上明确提出民主集中制原则，并予以相应的制度安排。

早期中国共产党人对民主集中制的理解和认识还比较肤浅，在党内外各种政治思潮以及复杂政治形势作用下，逐渐在党内形成了两种极端倾向：一是"家长制"倾向；二是"极端民主化"倾向。②

大革命失败后，中国共产党的活动转入地下。1928 年 5 月，中共六大在分析中国革命的基本问题、大革命失败以来中国共产党建设和发展的基础上，对党今后的建设和发展作出了新部署，强调要"实行真正的民主集中制；秘密条件下尽可能的保证**党内的民主主义**；实行集体的讨论和集体的决定主要问题；同时反对极端民主主义的倾向。"③ 并在党章修改中相应地提出了民主集中制的三条根本原则，以协调党内的民主与集中的关系，防止极端民主主义对党在秘密状态下的发展。

1929 年 12 月，在福建上杭县古田召开红军第四军第九次代表大会，会议通过了毛泽东起草的《关于纠正党内的错误思想》的决议，批评了单纯军事观点、极端民主化、非组织观点、绝对平均主义、主观主义、个人主义、流寇思想和盲动主义，提出了"在组织上，厉行集中指导下的民主生活"④ 的基本主张，并为党内组织生活确立了五条基本原则。在这里，毛泽东强调了党内民主与集中的辩证统一关系，并提出了相应的解决办法。

这一时期，党内民主主要体现在民主集中制的组织原则的制度安排和具体运用中，在当时严峻的战争环境和恶劣的生存环境，更加强调集中制。六大之后，"党内民主"的提法开始出现在党的文件和各种文献中。

1929 年 2 月，共产国际执行委员会与中国共产党书指出："六次大会**关于实行党内民主的指示**，中央以及一切党的工作人员，应当尽量的去执行，只要是秘密条件下是可能的（譬如选举制便不能在所有的党部都实

---

① 《中共中央文件选集》（3），中共中央党校出版社 1989 年版，第 144 页。

② 林尚立：《党内民主：中国共产党的理论与实践》，上海社会科学院出版社 2002 年版，第 8—9 页。

③ 《中共中央文件选集》（4），中共中央党校出版社 1989 年版，第 320 页。

④ 《毛泽东选集》第 1 卷，人民出版社 1991 年版，第 89 页。

现）。"① 7 月，中央给鄂东北特委的指示信就"党的组织问题"要求：由于"客观的环境所限制，**党内的民主**总还不能彻底的实行，尤其是中央与鄂东北之交通的困难"，"在各级党部的本地范围以内，客观环境可能之下，则必要尽量扩大党内的民主"。② 1930 年 9 月，扩大的三中全会在"组织问题决议案"中批评"党的组织军事化"的口号也是不适当的，这一口号的解释与运用将要障碍目前在可能限度内之**党内民主化**的实施。③ 1931 年 10 月，共产国际执委主席团给中国共产党的信要求："必须在当地条件允许之下，尽量发展**党内民主**与自我批评。"④

这一时期，民主集中制的理论创建和实践运用均有较大发展，不仅取得了一系列军事上的胜利，而且拓展了根据地，开始了红色政权建设的实践，开始了把党的建设与政权建设相结合的创造性实践。在这个过程中，党进一步强调和肯定了党内民主的重要性。然而，良好的革命形势受到"左"的干扰，先后出现了李立三的"左"倾冒险主义错误和王明的"左"倾教条主义错误，使党的革命事业在经受大革命失败挫折之后，再次面临失败的危险。在这样的形势下，党和中央红军不得不放弃革命根据地，开始长征。1935 年 1 月，中共中央在遵义召开政治局扩大会议，在极其危急的情况下挽救党、军队和中国的革命事业，不仅使中国革命再度出现曙光，而且使中国共产党获得新的发展，邓小平指出："遵义会议以前，我们的党没有形成过一个成熟的党中央"，"我们党的领导集体，是从遵义会议开始逐步形成的"。⑤ 此后，党内高层民主生活开始走向正常化，党内民主建设也取得了重大进展。

（二）党内民主建设的明确提出并取得了重大进展（1936—1949 年）

1935 年底，长征胜利结束，出现了一个全新的革命形势，民主革命与民族革命汇合，第二次国共合作形成，进入了全民族抗战时期。党在革命中不断成熟，革命因党的成熟从胜利走向胜利，党的成熟和革命胜利则进一步推进党内民主的发展。

---

① 《中共中央文件选集》（5），中共中央党校出版社 1989 年版，第 622 页。
② 同上书，第 376—377 页。
③ 《中共中央文件选集》（6），中共中央党校出版社 1989 年版，第 319 页。
④ 《中共中央文件选集》（7），中共中央党校出版社 1989 年版，第 753 页。
⑤ 《邓小平文选》第 3 卷，人民出版社 1994 年版，第 309 页。

1937 年 5 月，在延安召开党的全国代表会议，把争取民主自由作为党的中心工作的一个重要环节，革命的民主努力是为了实现革命的政治联合以及在此基础上形成全民族的抗日力量。新的形势对党的建设和发展提出了更高的要求，不仅要有严格的纪律，而且要有适应民主建设的组织基础和领导能力，毛泽东在为会议上所作的结论指出"要达到这种目的，党内的民主是必要的。要党有力量，依靠实行党的民主集中制去发动全党的积极性。在反动和内战时期，集中制表现得多一些。在新时期，集中制应该密切联系于民主制。用民主制的实行，发挥全党的积极性"①。

1938 年，党的六届六中全会召开，进一步推进党内民主的发展。这次会议通过了《关于中央委员会工作规则与纪律的决定》、《关于各级党委暂行组织机构的决定》、《关于各级党部工作规则与纪律的决定》三个党内法规文件，用严格的纪律来建立健全党内关系。毛泽东在政治报告《论新阶段》中把"扩大党内民主，应看作是巩固党和发展党的必要的步骤，是使党在伟大斗争中生动活跃，胜任愉快，生长新的力量，突破战争难关的一个重要的武器"，针对"党内缺乏民主生活，发挥积极性的目的就不能达到"，指出："必须在党内施行有关民主生活的教育"，这样才能做到"一方面，确实扩大党内的民主生活；又一方面，不至于走到极端民主化，走到破坏纪律的自由放任主义"。② 六届六中全会推动了党内民主建设的制度化和法律化，关注党内民主生活教育，表明党对党内民主建设有了深入的理解和认识。

六届六中全会后，党建的中心是加强党内教育和组织建设，为延安整风奠定了基础，刘少奇的《论共产党员的修养》就是这个时期党建的重要理论成果。在延安整风运动中，党又丰富和发展了党内生活的实践形态和实践原则，提出了"实事求是"的思想路线，提出了"群众路线"的工作方法、"批评和自我批评"的生活方式、提出了"治病救人"的价值原则。③

1945 年，中共七大召开，把党内民主建设推到一个新的阶段。刘少奇在关于修改党章的报告中对党内民主作了建党以来最为全面系统的阐述，

---

① 《毛泽东选集》第 1 卷，人民出版社 1991 年版，第 278 页。

② 《毛泽东选集》第 2 卷，人民出版社 1991 年版，第 529 页。

③ 林尚立：《党内民主：中国共产党的理论与实践》，上海社会科学院出版社 2002 年版，第 332—334 页。

把"党内民主的实质"界定为"就是要发扬党员的自觉性与积极性，提高党员对党的事业的责任心，发动党员或党员的代表在党章规定的范围内尽量发表意见，以积极参加党对于人民事业的领导工作，并以此来巩固党的纪律和统一"①。在七大党章中第一次规定了党员的权利与义务，使党员有了行使民主权利的法规保证和合法基础。

1945年，抗日战争结束时，党已发展到120万党员，到1947年则发展到270万人，② 党和革命的迅速发展，使党意识到要使党将数量优势真正化为不断革命并最终取得胜利的胜势，必须加快党的建设和党内民主的发展，不断增强党的凝聚力和战斗力。从1947年开始，各解放区进行了一次大规模的整党运动，把党外群众作为促进党内民主发展的重要力量的创新方法。"经过党的支部，邀集党外群众参加党的会议，共同审查党员及干部的方法"③，把党内民主建设置于群众的参与和监督之中，党在容纳群众意见的过程中扩大了党自身的民主性。同时制度建党的展开，为党内民主发展提供了新的空间，如党内的民主生活制度，支委会、小组会和党员大会等会议制度，群众对党员进行批评和监督的制度等。④ 1948年9月，中共中央召开政治局会议，通过了两个重要决议，即《中共中央关于中央局、分局、军区、军委分会及全委会向中央请示报告的决议》、《中共中央关于召开党的各级代表大会和代表会议的决议》。实际上，毛泽东在本次会议前就起草了《关于健全党委制》⑤ 的决定，强调党委制是保证集体领导、防止个人包办的党的重要制度。这样，党章、代表大会和代表会议、党委会就构成了中国共产党党内民主的基本制度架构，这标志着党内民主的基本制度已经形成。

二 探索社会主义建设道路时期(1949—1978)：党内民主的探索与发展

1949年新中国成立，中国共产党由革命党转变为执政党，发展党内民

---

① 《刘少奇论党的建设》，中央文献出版社1991年版，第466页。
② 陈至立主编：《中国共产党建设史》，上海人民出版社1991年版，第537页。
③ 《周恩来选集》上卷，人民出版社1980年版，第295页。
④ 陈至立主编：《中国共产党建设史》，上海人民出版社1991年版，第563页。
⑤ 《毛泽东选集》第4卷，人民出版社1991年版，第1340—1341页。

主已成为加强党的建设和探索社会主义建设道路的一项重要内容。

（一）坚持与发展：把党内民主扩展到国家政治生活中（1949—1956年）

新中国成立后，中国共产党带领全国人民成功地巩固了新生政权、恢复国民经济，并顺利完成了社会主义改造。这一切都是由于有了党的团结和正确领导，党的团结和正确领导来自于党的建设和党内民主，中国共产党坚持完善民主集中制，并把党内民主生活的方法扩展到国家政治生活，同时通过民众和民主党派对党的监督完善党内民主。

1949 年 11 月，中共中央发出《关于成立中央及各级党的纪律检查委员会的决定》，成立了各级纪律检查机关，加强纪律对党员和干部的监督与约束，为新时期党内民主发展提供了重要的组织保障。1951 年，中共中央召开第一次全国组织工作会议，对党的组织建设工作做了全面分析和部署，要求在加强党的纪律的同时，必须扩大党内的民主，建立党的各级党委制、代表会议与代表大会制。① 1955 年 3 月，党的全国代表大会通过了《关于成立党的中央和地方监察委员会的决定》，决定在原有的各级纪律检查委员会的基础上成立党的中央和地方的各级监察委员会，加强党的纪律。

1954 年宪法把《共同纲领》在"政权机关"中强调的民主集中制原则提升到宪法的"总纲"中，强调全国人民代表大会、地方各级人民代表大会和其他国家机关一律实行民主集中制。这样党内的组织原则上升为国家的组织原则，推动了国家政治生活的民主化和制度化。

1956 年召开的中共八大，是党内民主建设史上的又一个标志性事件，对党内民主建设进行了科学的总结和新的探索：一是提出从中央到地方党的各级代表大会实行常任制；二是八大党章明确规定了党员的各项民主权利，党员享有的权利条文增加至 7 条，强调"党的选举必须能够充分表现选举人的意志"②；三是明确提出反对个人崇拜。中共八大在总结革命战争时期积累起来的党内民主建设的理论和实践经验的基础上，全面结合执政党执政的内在要求，比较系统地确立了执政党建设中党内民主的基本原则和基本制度，把党内民主建设推向了历史的新高度。

---

① 《建国以来重要文献选编》（2），中央文献出版社 1992 年版，第 170—171 页。
② 《中国共产党章程汇编》，中共中央党校出版社 2006 年版，第 70 页。

通过群众和民主党派对党的监督完善党内民主，是这个阶段的又一显著特点。毛泽东提出"两个万岁"的口号，"共产党万岁，民主党派也万岁。他们可以看着我们，这也是一种民主。共产党有两怕，一怕老百姓，二怕民主人士。""怕"，是毛泽东的一个形象的说法，即接受监督的意思。这个思想后来被概括为："长期共存，互相监督。"①

这一时期，党成功地领导了社会主义革命和建设，并取得了举世瞩目的成就。在此过程中，党越来越意识到加强党内民主建设，保持党的团结和统一对保持国家稳定和持续发展的重要保障作用。

（二）曲折中发展：挫折与成就（1957—1978 年）

1956 年，社会主义改造基本完成，社会主义建设全面开展。但是，"由于当时党对于全面建设社会主义的思想准备不足，八大提出的路线和许多正确的意见没有能够在实践中坚持下去。八大以后，我们取得了社会主义建设的许多成就，同时也遭到了严重挫折。"② 这其中党内民主的探索和实践也遭到严重挫折，同时也取得了许多成就。

这一时期，党内民主建设在理论上和实践上都发生了一些严重的问题。八届三中全会把阶级斗争上升为社会主要矛盾，在"大跃进"中全面确立高度集权的党的一元化领导体制，"一言堂"、个人崇拜、家长制现象不断滋长；党员的民主权利得不到保障；党的全国代表大会不按时召开，党的中央委员会会议也不按时召开。没有正常的党内民主生活，党就不可能形成正确的领导：而领导的失误和无效所导致的经济和社会发展危机，则反过来加剧党内民主生存的困难。"大跃进"的失败以及随后的三年自然灾害，再加上其他复杂的社会历史原因，导致了"文化大革命"的发生，中国经济和社会发展陷入了困难境地。九大、十大党章均删去了党员享有的各项权利的规定：笼统规定"党的各级领导机关由民主协商、选举产生"③；废除了党代会的职权条文，并删除了党的监察机关一章；九大党章还把林彪作为接班人写进党章。这严重违背了党内民主的根本原则，邓小平曾指出"九大、十大搞的党章，实际上不太像党章"。④ 十一大党章规定党内生

---

① 《毛泽东传（1949—1975）》上，中央文献出版社 2003 年版，第 482 页。
② 《邓小平文选》第 3 卷，人民出版社 1994 年版，第 2 页。
③ 《中国共产党章程汇编》，中共中央党校出版社 2006 年版，第 82 页。
④ 《邓小平文选》第 2 卷，人民出版社 1994 年版，第 269 页。

活"三要三不要"的基本原则，重新强调民主集中制以及发扬党内民主的重要性，恢复了集体领导制度，设立了纪律检查委员会等一些有利于发展党内民主的措施。但由于指导思想尚未拨乱反正，并未从根本上否定九大、十大党章中的"左"倾错误，不可能使党内民主建设走上正常发展轨道。

党内民主的探索和实践在遭遇到严重挫折的同时，也取得了不少成就，形成了一些正确的理论观点，并积累了一些实践经验。1957 年毛泽东提出了努力实现党和国家政治生活的"六有"局面的构想，即"我们的目标，是想造成一个又有集中又有民主，又有纪律又有自由，又有统一意志、又有个人心情舒畅、生动活泼，那样一种政治局面"。① 1962 年召开扩大的中央工作会议（即"七千人大会"），毛泽东系统阐述了民主集中制的原则，要求"一定要把民主集中制健全起来"，"让人说话，天不会塌下来，自己也不会垮台。不让人讲话呢？那就难免有一天要垮台"。② 会议发扬了党内民主，开展了批评和自我批评，强调要恢复实事求是、群众路线的优良作风，帮助党和国家渡过难关。

三 建设和发展中国特色社会主义时期(1978 年至今)：党内民主的创新与发展

党内民主的发展不是孤立进行的，它与现实的经济发展和民主政治建设密切联系着。十一届三中全会不仅启动了当代中国改革开放和民主化、现代化的进程，开启了建设和发展中国特色社会主义的伟大历史进程，同时也启动了中国共产党自身的民主化、现代化的进程。

（一）恢复与发展：以党内民主推进人民民主（1978—2002 年）

十一届三中全会是党史国史上的一次伟大转折，也是党内民主建设史上的一个新起点，开启了党内民主发展的新阶段，党内民主与国家的民主政治建设，即与人民民主联系起来，并且随着经济和社会发展的深入而不断深化。全会"充分恢复和发扬了党内民主和党的实事求是、群众路线、

---

① 《建国以来毛泽东文稿》（6），中央文献出版社 1992 年版，第 543 页。
② 《在扩大的中央工作会议上的讲话》，《毛泽东文集》第 8 卷，人民出版社 1993 年版，第 310 页。

批评与自我批评的优良作风，增强了团结"，为了适应社会主义现代化建设的需要，全会决定健全党的民主集中制，健全党规，严肃党纪，"在党的生活和国家政治生活中加强民主"。①

1980年2月，十一届五中全会上通过了《关于党内政治生活的若干准则》，重申了以民主集中制等为主要内容的党内政治生活准则。《准则》的制定贯彻，对恢复党内正常的政治生活和发展党内民主、健全民主集中制有重要的意义。

1981年，十一届六中全会通过了《关于建国以来党的若干历史问题的决议》，系统总结了30多年来开展党内民主的经验教训。决议指出，必须根据民主集中制的原则加强各级国家机关的建设。

1982年，十二大召开，对中央的组织制度作了重要的改变，标志党内民主发展步入科学发展轨道。十二大党章严格规定"党必须在宪法和法律的范围内活动"②；全面赋予党员所享有的八项权利，并特别指出："党的任何一级组织直至中央都无权剥夺党员的上述权利"③；改党中央主席制为总书记制，加强了集体领导；首次专列"党的干部"一章，明确提出"职务都不是终身的，都可以变动或解除"④，同时设立中央和省一级的顾问委员会，践行干部"四化"方针；明确规定"党禁止任何形式的个人崇拜"。⑤ 针对干部选拔任用工作存在的突出问题，中共中央在1986年1月发出《关于严格按照党的原则选拔任用干部的通知》。

1987年，十三大专门突出强调了加强党内民主制度建设，并从健全党的民主集中制和集体领导制度、改革和完善党内选举制度、切实保障党员民主权利、疏通党内民主渠道和健全民主生活等四个方面提出了具体措施。十三大还提出以党内民主推进人民民主，并把它作为社会主义民主政治建设的一个途径。根据这一思路，党陆续颁布《中共中央关于加强党同人民群众联系的决定》（1990）、《关于县以上党和国家机关党员领导干部民主生活会的若干规定》（1990）、《关于加强党风和廉政建设的意见》（1990）、《实行党和国家机关领导干部交流制度的决定》（1990）等党内

---

① 《三中全会以来重要文献选编》（上），人民出版社1982年版，第1—2页。
② 《中国共产党章程汇编》，中共中央党校出版社2006年版，第101页。
③ 同上书，第103页。
④ 同上书，第113页。
⑤ 同上书，第106页。

规章制度制度，党内政治生活向制度化、法规化迈出了坚实的步伐。

1992 年，十四大则进一步对如何发扬党内民主，有了更为具体的规定：通过加强制度建设、疏通和拓宽党内民主渠道、支持和保护党员依据党章规定的权利发表意见、加强党的纪律和纪律检查工作等方面来加强党内民主。

1994 年，十四届四中全会把党的建设提到"新的伟大工程"的高度，发展党内民主是多层次、多方面、多途径的，发展党内民主必然推进人民民主。通过《中共中央关于加强党的建设几个重大问题的决定》，《决定》对党内民主的认识更为科学、准确、完备，提出必须进一步坚持和健全民主集中制，特别要注重制度建设，以完备的制度保障党内民主。依据十四届四中全会精神，1995 年和 1996 年，党中央分别制定颁布了《中国共产党党员权利保障条例（试行）》和《中国共产党地方委员会工作条例（试行）》。

1997 年，十五大第一次正式提出了依法治国、建设社会主义法治国家的政治纲领，并把依法治国确立为党领导人民治理国家的基本方略。对于党内民主建设来说，依法治国方略确立的最大意义就是使党规党纪和党内民主制度切实获得了应有的权威。这对于克服党内民主的脆弱性，从严治党，促进党内民主向制度化、法制化和程序化的发展都是至关重要的。

2001 年十五届六中全会作出《中共中央关于加强和改进党的作风建设的决定》，强调"坚持民主集中制原则，反对独断专行、软弱涣散"，把"充分发扬民主，维护集中统一"作为加强和改进党的作风建设的重要环节，认为发扬党内民主是党的事业兴旺发达的重要保证。

2002 年 7 月中央颁布了《党政领导干部选拔任用工作条例》，对党政干部选拔任用的条件作出了明确规定，从而对党政领导干部的选拔任用和管理进行了全面的规范。

（二）理论的创新：以增进党内和谐促进社会和谐（2002 年至今）

2002 年，党的十六大报告第一次明确提出"党内民主是党的生命，对人民民主具有重要的示范和带动作用"[①] 的崭新论断，十六大还从基础、

---

① 江泽民：《全面建设小康社会，开创中国特色社会主义事业新局面》，人民出版社 2002 年版，第 52 页。

重点、切入点、目标及制度完善等方面指明了党内民主在新阶段的发展方向和具体途径。十六大第一次把党内民主置于关系到党的生死存亡的战略高度，反映了党对执政党建设规律和中国特色社会主义民主政治建设规律之间的内在联系的进一步深化，为新世纪加强党内民主建设并以此进一步推动中国特色社会主义民主政治的发展指明了方向。

2004 年，十六届四中全会通过了《中共中央关于加强党的执政能力建设的决定》①，指出党的执政能力有五个方面，在党的五个执政能力中，包含"发展社会主义民主政治的能力"，逐步扩大基层党组织领导班子的直接选举。2004 年颁发的《中国共产党党内监督条例（试行）》，进一步明确地规范了党内的民主监督，加大了监督的力度。2006 年颁发的《中国共产党党员权利保障条例》，完整地赋予党员的党内生活民主权利。2006 年下发的《党政领导干部职务任期暂行规定》、《党政领导干部交流工作规定》、《党政领导干部任职回避暂行规定》等文件，健全了对干部的民主管理。

2007 年，中共十七大报告在继十六大提出"党内民主是党的生命"之后，进而提出"人民民主是社会主义的生命"的重要命题，指出"党内民主是增强党的创新活力、巩固党的团结统一的重要保证。要以扩大党内民主带动人民民主，以增进党内和谐促进社会和谐"②。党的十七大报告总结了十六大以来发展党内民主的实践经验，从推进党务公开、完善党的代表大会制度、完善党的决策体制、建立健全常委会向全委会报告制度、改革和完善党内选举制度五个方面对今后党内民主建设作出了重要部署，为在新的历史条件下进一步加强党内民主建设指明了方向。

十七大强调人民民主是社会主义民主的本质和核心，要求全党积极推进党内民主建设，并且把党内民主提到更加重要的地位。

2008 年制定了《中国共产党全国代表大会和地方各级代表大会代表任期制暂行条例》③，奠定充分发挥各级党代表大会代表作用的制度基础。

2009 年 7 月，中央印发了《关于实行党政领导干部问责的暂行规定》，规定党政领导干部受到问责的主要有七项内容。

---

① 《改革开放三十年重要文献选编》上册，中央文献出版社 2008 年，第 778—791 页。

② 《十一届三中全会以来党和国家重要文献选编》，中共中央党校出版社 2008 年版，第 757 页。

③ 《人民日报》2008 年 7 月 17 日。

2009 年 9 月，十七届四中全会通过《中共中央关于加强和改进新形势下党的建设若干重大问题的决定》，提出"以改革创新的精神推进党的建设新的伟大工程"，并就对怎样推进党内民主，提出要"以保障党员民主权利为根本，以加强党内基层民主建设为基础，切实推进党内民主"，要"完善党代表大会制度和党内选举制度，完善党内民主决策机制"。①

四　党内民主发展的基本历史经验

历史发展反复不断地证明，党内民主的发展得好，党领导的革命、建设和改革事业就能够顺利进行；反之，没有正常的党内民主生活，党就不可能形成正确的领导，而领导的失误和无效所导致的党所领导事业的危机，则反过来加剧党内民主生存的困难。中国共产党经过 89 年的艰苦探索和不断实践，逐步确立了党内民主发展的指导思想，创造了丰富的党内民主实践形式，形成了比较系统、稳定的党内民主理论，同时也积累了宝贵的经验。

（一）党内民主是党的生命，以党内民主推动人民民主

在不同的历史时期，党出于存在和发展壮大的政治需要，对党的生命这个理论命题的认识是与时俱进、不断深化的。在民主革命时期，提出政策和策略是党的生命。1956 年，中共八大召开，邓小平在《关于修改党的章程的报告》中强调指出：**"党的团结和统一是党的生命**，不能设想党需要一个不爱护党的生命的党员。"② 十一届三中全会后，以邓小平同志为核心的第二代党中央领导集体，认真总结正反两方面的经验教训，提出了恢复、健全和完善民主集中制的问题，积极探索在改革开放条件下发展党内民主的新思路。在纪念中国共产党成立 80 周年大会上，江泽民同志指出："**发展党内民主，充分发挥广大党员和各级党组织的积极性主动性创造性，是党的事业兴旺发达的重要保证**。"③ 在新世纪，面对世情、国情、党情和党的历史方位的变化，提出了党内民主是党的生命。党的十六大提出"**党**

---

① 《人民日报》2009 年 9 月 28 日。
② 邓小平：《关于修改党的章程的报告》（之三），《人民日报》1956 年 9 月 18 日。
③ 江泽民：《在庆祝中国共产党成立八十周年大会上的讲话》，《人民日报》2001 年 7 月 2 日。

内民主是党的生命"① 的理论命题，它把党内民主提高到关系党的生死存亡的战略高度。党内民主不仅可以供给正确的政策和策略，而且可以造就党的团结统一的政治局面。从关于党的生命的三个理论命题的演进可以发现，党对党的生命的认识是逐步深化，并最终认识到党的生命的本质——党内民主。

中共十七大报告在继十六大提出"党内民主是党的生命"之后，进而提出"人民民主是社会主义的生命"的重要命题。十七大强调人民民主是社会主义民主的本质和核心，要求全党积极推进党内民主建设，并且把党内民主提到更加重要的地位，"党内民主是增强党的创新活力、巩固党的团结统一的重要保证。**要以扩大党内民主带动人民民主，以增进党内和谐促进社会和谐。**"② 十六大、十七大以来，中共形成以党内民主带动人民民主的新理念，将党内民主提到新的地位和水平。

（二）发展党内民主，必须坚持实事求是，一切从国情党情出发

发展党内民主，最重要的就是要研究我们自己的国情党情，尤其是要把党情摸清摸透，根据实际情况决定推进党内民主的进程和途径。任何民主的发展都是有条件的，都要受到经济、政治、文化、历史传统和党员乃至全体公民素质等多方面因素的制约。

党内民主建设受其所处的政治生态环境的影响和制约，其中，政党与法律、政党与政权、政党与社会的关系是特定政治生态环境中影响党内民主建设的最基本的决定性因素。服务于党的执政使命和中心任务是党内民主建设的根本方向，加强党内民主建设，必须牢牢把握正确方向，紧紧围绕党的执政使命和中心任务来开展；脱离了党的执政使命和中心任务，片面地孤立地追求形式上的民主，发展党内民主就会失去正确的方向和强大的动力。

当前，我国还处在社会主义的初级阶段，经济、文化比较落后而又发展很不平衡，党的组织和党员的状况也有很多的不同。因此，发展党内民主，必须考虑到国情党情，分步骤、分层次地进行。对不同地区党组织的

---

① 《十一届三中全会以来党和国家重要文献选编》，中共中央党校出版社 2008 年版，第 472 页。

② 胡锦涛：《高举中国特色社会主义伟大旗帜　为夺取全面建设小康社会新胜利而奋斗》，新华网 http://news.xinhuanet.com/。

要求有所不同，对中央组织、地方组织和基层组织的要求也应有所不同，对不同类型的基层党组织的要求也应有所不同。我国社会主义初级阶段的长期性艰巨性，决定了党内民主必然经历一个长期的、渐进式的发展过程。发展党内民主既要有紧迫感，又不能急于求成，必须在党的坚强领导下，分阶段、分步骤、有计划、有秩序地加以推进。

进入新世纪新阶段，我们面临的国际形势更加复杂多变，改革与发展的任务更加艰巨繁重，我们党的自身建设也不断出现新情况、新问题、新矛盾，维护党的统一领导尤为重要；同时我们应该看到，经过30多年的改革和建设，我国的经济发展水平显著提高，广大党员的民主意识普遍增强，在人民民主积极推进的形势下，我们在发展党内民主问题上，应该具有强烈的时代感和紧迫感，在党内民主建设方面迈出更加坚实的步伐。

（三）发展党内民主，必须坚持党员的主体地位，保障党员的民主权利

党员是党的肌体的细胞和党的行为主体，发展党内民主，离不开全体党员的共同努力。坚持党员的主体地位、保障党员的民主权利是发展党内民主首要的和根本的问题。党在历史上犯错误和出现重大问题，重要原因之一，就是党员的民主权利得不到保障。新中国成立后，党的八大党章明确规定了党员的知情权、建议权、选举权、批评权、辩诉权、申诉权和控诉权等七项权利，比首次规定党员民主权利的七大党章多了三条，使党员享有更多的民主权利。党的十二大后，党员享有的民主权利进一步增多，包括党员具有参加党的有关会议，阅读党的有关文件，接受党的培养和训练的权利；党员具有表决权；要求有关组织给以负责的答复的权利等。同时，新党章严格规定党的任何一级组织直至中央都无权剥夺党员的上述权利。1994年12月，中共中央发布了《中国共产党党员权利保障条例（试行）》①，这是党的历史上第一个保护党员民主权利的专门党内法规，它全面系统地规范了党组织和党员在保障党员权利方面的工作和活动。2004年9月，中共中央颁布了《中国共产党党员权利保障条例》②，这个条例是建

---

① 《中国共产党党员权利保障条例（试行）》（1994年12月），《人民日报》1995年7月28日。

② 《中国共产党党员权利保障条例》，《人民日报》2004年10月25日。

党以来有关党员权利的最全面、最系统的规定，对党员权利的范围、权利的行使和保障都作了系统而明确的规定。十六届四中全会突出强调了党员的知情权，第一次提出增强党组织工作的透明度，必将更好地保障党员的知情权和参与权，促进党内民主的发展。十七大再次强调尊重党员主体地位，保障党员民主权利，赋予党员在党内的主体地位，进一步夯实保障党员权利的基础。十七届四中全会明确提出要以落实党员知情权、参与权、选举权、监督权为重点，这充分表明我们党对党员民主权利的落实更加务实。

（四）加强制度建设，是发展党内民主的关键

党的制度，是党内行为的准则。党内民主的制度化是巩固党内民主发展成果的根本之策。党内民主制度的有效维护、忠诚执行和有效运作，不仅推动着党内民主，也维护了党内民主。1980年，邓小平在总结"文化大革命"的经验教训时指出："制度问题更带有根本性、全局性、稳定性、长期性"①，要保证党内民主能够顺利发展就"必须使民主制度化、法律化"②。

民主革命时期，党通过加强党委会制度和其他制度，发展了党内民主，使党的集体领导和运作更加规范化，为党内民主的实现奠定了重要基础。新中国成立60年来，我党在实践中逐渐探索并形成了以党代会、党委会、党内选举、党内监督、党员权利保障等五大制度为基础的党内民主运行机制，使党内民主实现良性运转。历史的经验证明：实现党内民主的制度化和规范化，是党内民主走向成熟的关键。

（五）加强党内监督，是发展党内民主的保障

新中国成立后，党就建立了中央和地方监察委员会，对各级党组织和党员实施自上而下和自下而上相结合的监督。十二大后，党提出要从严治党，党内监督也表现出新的特点，主要是形成了以制度监督为核心、多种监督形式相结合的监督模式。诸如，党的各级委员会向同级的代表大会负责并报告工作；党的上级组织要经常听取下级组织和党员群众的意见，及

---

① 《邓小平文选》第2卷，人民出版社1994年版，第269页。
② 同上书，第333页。

时解决他们提出的问题；上下级组织之间要互通情报、互相支持和互相监督等。2003 年 12 月，中共中央正式颁布《中国共产党党内监督条例（试行）》，这是我党第一部关于党内监督的专门法规，标志着党内监督正式走上了制度化、规范化、程序化的轨道。十六届四中全会提出了实行党务公开，建立巡视制度，依法实行罢免制、质询制、问责制等一系列制度，拓宽和健全了监督渠道，加强了对权力运行的监督和制约。党的十七大充分肯定了十六届四中全会以来党内监督取得的成就，进一步提出了实行中央政治局向中央委员会全体会议报告工作，接受监督，以及党的地方各级委员会的常务委员会定期向委员会全体会议报告工作，接受监督。这就理顺了党内权力授受关系，明晰了监督的主客体关系，有利于推进党内监督的稳健发展。

在党的 80 多年的建设历程和 60 多年的执政历史中，党内民主建设方面尽管有过曲折，也还存在很多问题，但是无论是从理论上还是在实践上都积累了丰富的经验，同时又建立了党内民主发展的基本制度框架，这是新时期党内民主建设的重要资源和基础。在当前国际国内形势下，我国发展面临的机遇前所未有，面对的挑战也前所未有，既有许多有利条件，也有不少不利因素。我们有理由相信，在充分开发党内既有的民主资源的基础上，适应新时代的新要求，积极进行理论创新、制度创新和实践创新，我们党的党内民主必将取得新的发展。

再论五四时期的"民主"与"科学"思想

张化冰[*]

伟大的时代是具有历史感的，在 20 世纪的中国文化史上，最具有振聋发聩意义和悠远绝响价值的重大历史事件，大约当首推五四新文化运动了。它尽管只是一个短暂的时期，但凭借一群知识者的努力，累积了巨大的精神能源。关于五四，长期以来存在着两个阐释系统：一个是政治的，或者称作政治家的；另一个是文化的，也可称作知识分子的自我阐释。[①]这两个系统有交错，有平行，有交锋，也有融合。有的学者说，五四新文化运动是知识分子的"创世纪"；也有人说，五四知识分子"出师未捷身先死"，在他们全面背叛民族文化传统的"英雄主义"之后却没能完成全新价值观体系的构建。但是，无可否认的是，五四知识分子的探索起源于中国民族文化内部的危机，他们发起的不仅仅是反对专制主义和蒙昧主义的运动，更是一次承前启后的启蒙运动，这场运动的影响必将永远屹立在中国政治和文化的发展史上。五四的知识者们把他们全部的理想和努力镌刻在了一面旗帜上，那就是：民主和科学。

一 民主与科学思想的产生是社会变革的必然

五四新文化运动的肇始，是以 1915 年《新青年》的创刊为标志。学界论及新文化运动的兴起，一般从清末和辛亥革命时的思想和社会变动谈起。诚然，清末、辛亥时期与新文化运动有着时间上的先后性、空间上的

---

* 张化冰，中国社会科学院新闻与传播研究所助理研究员、博士。

① 林贤治：《五四之魂：中国知识分子精神史》，广西师范大学出版社 2008 年版。

延续性、思想上的接近性，从而与新文化运动有着密不可分的关系。但是，新文化运动的发生与主题的确立却是 1840 年以来一系列社会变革和思想文化嬗变的必然结果。

　　1840 年以前，中国沉浸在"天朝大国"的美梦之中，鸦片战争打开了中国封闭的国门，中国至尊至圣的神话在洋枪洋炮的轰鸣中破灭了，"天朝"的声威消失了。正如马克思所说："清朝的声威一遇到不列颠的枪炮就扫地以尽，天朝帝国万世长存的迷信受到了致命的打击，野蛮的、闭关自守的、与文明世界隔绝的状态被打破了，开始建立起联系……"① 与政治、经济、军事和外交等方面的失败相伴随的，是西方文化随之涌入并与中国传统文化发生了碰撞，从而掀起了中西方文化冲突与融合的浪潮。在与现代西方接触以前，除了印度佛教的影响之外，中国文明从来不曾严重地受到外来势力的全面挑战。佛教虽曾密切地触及中国的思想和社会生活的许多方面，对中国的政治和经济制度却影响较小。② 鸦片战争以后，由于西方在近代科学技术上的先进性，加上中西的差异所导致的西强中弱的事实，使得西方对中国的影响大大超过了以前的那些外来影响。

　　中国向西方的学习主要经历了重器物、重制度和重文化三个阶段，而洋务运动、戊戌变法、辛亥革命和五四新文化运动则构筑成了中国近代史上"西学东渐"的四大里程碑。当 1840—1842 年的鸦片战争证明了西方的船坚炮利以后，以林则徐、魏源等为代表的中国知识分子开始觉悟到中国学习西方科学技术的必要性，他们面对西方强大的侵略势力，希望通过学习西方的科学技术富国强兵，"师夷长技以制夷"。但是，他们认为中国的传统制度仍然不能变，张之洞曾用"中学为体，西学为用"这一概念概括了向西方学习的指导思想。于是，以"求强"、"求富"为目的的洋务运动出现了。洋务派创办了一大批民用企业和军事企业，19 世纪 60 年代以后兴办了大约 20 个制造枪炮、船舰和弹药的工厂。除了各种"官办"、"官商合办"、"官督商办"的企业外，1872—1894 年共兴办了 100 多个纯粹的"商办"民族资本主义近代企业。③ 洋务运动在器物层面上冲击了中国的传统思想，并为以后制度和文化层面的学习奠定了基础，这不仅对中

---

① 《马克思恩格斯选集》第 2 卷，人民出版社 1972 年版。

② 周策纵：《五四运动史》，岳麓书社 1999 年版。

③ 江畅、戴茂堂：《西方价值观念与当代中国》，湖北人民出版社 1997 年版。

国民族资本主义的产生起了开风气的作用，而且促使了中国人旧价值观念的转化和革新。

1894 年甲午战争的失败震惊了国人，日本的崛起和中国的羸弱开始让更多的中国人思索。从戊戌变法到辛亥革命，中国对西方的学习进入到了制度层面。以康有为、梁启超为代表的维新派提出了"兴民权"，实行君主立宪的主张，他们批判科举和八股取士制度，依据严复翻译的《天演论》，大力传播"变"的思想与观念。维新党人通过变法和报纸广泛宣扬西洋文化，虽最终以失败而告终，但却对封建政治制度产生了巨大的冲击。以孙中山为代表的革命党人则放弃了改良的中间道路，决心以革命的方式来彻底改变中国的政治制度，推翻君主专制政体，建立民主共和政体。革命家邹容不仅论述了中国必须革命的原因，探讨了进行革命的方法，而且提出了革命的理想和前途是建立资产阶级共和国。作为资产阶级先行者的孙中山，在考察欧美国家历史与现状的基础上，根据中国的实际，提出了五权宪法与权能区分的资产阶级共和国方案，并最终建立了中华民国，推翻了长达两千多年的封建政治制度。

民国建立以后，军阀势力的屡次抬头和两次帝制复辟运动都证明，倘若只改革法律和政治制度，仍然不能使中国强大起来，于是"西学东渐"深入到了文化层面。"五四"新文化运动，把我国近代以来批判传统、引进西学的思想观念革命，推向了高潮。新兴的知识分子不仅公开主张需要介绍西方科技、法律和政治制度，而且宣称：中国的哲学、伦理观念、自然科学、社会科学和制度，都应该彻底重估。五四知识分子很多具有留洋背景，大部分接受了新式的西学教育和思想，如此一来，英美法等西方国家最为推崇的"民主"、"科学"、"自由"理念就为大批知识分子所倡导，成为鸦片战争以来第三阶段中国社会和文化变革的核心思想。

二 民主与科学思想的提出是时代发展的要求

马克思在《德意志意识形态》中说过："一定时代的革命思想的存在是以革命阶级的存在为前提的。"如上所述，五四时期对民主和科学的推崇是中国社会变革的必然结果，但同时也是五四时期反对复古逆流、拯救民族危亡、启蒙蒙昧国民的不二选择。从 1840 年天朝威势尽丧到 1915 年新文化运动伊始，其间 70 余年，无论清廷还是民国政府，无论从上还是自下，无论重器物还是重制度，数经变革，几经周折，然五四时期的中国孱弱依旧，积弊愈深，列强欺凌，民众愚昧。对比鲜明的是，与中国一衣带水的日本变革却是相当成功的，自 1853 年美国海军军舰进入江户湾（今东京湾）开始，日本先后向美国开放港口、给予最惠国待遇等，随后又签订一系列不平等条约，当时的德川幕府一度也成为日本社会讨伐的目标，这与清朝的境况颇有几分相似之处。1868 年日本开始明治维新，颁布一系列改革措施，短短 30 余年间，日本的经济实力快速提升，军事力量也急剧强化，不断在对外关系上要求修改及至废除不平等条约，更在1895 年和 1904—1905 年，分别于中日甲午战争与日俄战争中击败两个大国——大清帝国与沙皇俄国，一跃成为亚洲强国。日本著名的启蒙思想家福泽谕吉所提出的"脱亚入欧"论在此时的影响也越来越大，西方的政治经济制度、文化思想体系等越来越为国人所看重。思己度人，中国的变革将向何处去，如何才能更好地适合时代的发展要求，成为诸多知识分子思虑的主要问题。

从鸦片战争到新文化运动，中华民族和中国人民经历了太多的屈辱风雨，经历了戊戌维新运动和民初共和政治的尝试，把中国建成一个民主、自由、统一、富强的现代国家已经成为整个中华民族的梦想。辛亥革命推翻了两千余年的君主专制制度，民主共和的观念逐渐深入人心，但是长期作为中国封建社会和半殖民地半封建社会上层建筑主要部分的孔孟思想并非完全没有市场，以康有为为代表的封建"复古派"与当时的"帝制复辟"等反动政治逆流互相应和，先后发表《共和评议》、《与徐太傅书》等文章，反对中国实行民主共和制度。当时以袁世凯为代表的北洋军阀政府对文化出版事业进行了高压统治，妄图使其帝制复辟的阴谋在所谓"士大夫"阶层中有高亢的和声。从数字对比来看，辛亥革命以后，出版业曾一度发展迅速，那时全国约有 500 家日报，北京有 50 家，上海 15 家，汉口 6 家。但是在袁世凯的帝制运动期间，北京报纸的数目减到 20 家左右，上海的减到 5 家，汉口则只剩下两家。1912 年以后的两年之中，全国报纸发行总数也由 4200 万份减到 3900 万份。[1]

政治上的高压恐怖统治使得社会文化变革的声音大大减弱，即使是领导过辛亥革命的资产阶级革命派也在复古逆流的情势下发生了分化，有的

---

[1] 周策纵：《五四运动史》，岳麓书社 1999 年版。

人政治上变节，文化思想上也趋向于"复古派"；有的人政治上走向了改良主义的道路，文化上却仍保持着资产阶级自由主义的立场。革命的不彻底性反映到文化改革中，仍然带有不彻底性，改良、妥协和新旧调和一度成为社会、媒体、党派、个体的主流声音。

《东方杂志》的妥协立场通过其文章中的言辞显而易见，它批评文化"复古派"说，"持保守说者，每谓吾国开化远在希腊罗马以前，文物典章，粲然明备，今虽时势变更，不能笃守闭关之故态，然所宜改革以蕲合于世界之大同者，不过国体政体之间而已。若道德、若文学、若宗教，以及社会之风习，家族之制度，凡在国家民族范围以内者，固无所用其变革也。此其说诚不免胶执"。它又批评文化革新派说，"乃吾目前所输入者，往往不审情势，刻意效矍，苟有先例之可援，便尔步趋之恐后，而与吾国之历史政教风习经验，不无凿枘，比来政治之扰攘，社会之不宁，半由于此。循此以往，文明日见增进，则冲突日见激烈，而国性亦日见梏亡，后患之长，夫岂细故"。因此它的主张是"取他人已行之成绩，以补吾所未备……融合新旧，以期适合"。①

政治和文化的"复古派"倒行逆施，虽然在短时间内掀起了一些"风浪"，然而，当历史的车轮滚滚向前的时候，是没有任何力量能再将其拉回旧有的轨迹。中国的变革已如逆水行舟，不进则退，没有彻底的革命的立场和方法，是不可能取得最终的胜利。即使是妥协的改良的立场。在中国的政治体制和文化社会变革处于一个关键的路口的时候，迫切需要一批仁人志士揭竿而起，为中华民族的未来道路做出广泛而深入的探索，寻找到一条最适合的路径。于是，一个以挽救民族危亡为目的、彻底地反帝反封建的新文化运动应运而生。民主、科学、自由等理念早已在地底下孕育日久，喷薄欲出，只是在等待一个合适的时间通过一种合适的方式现身。以《新青年》杂志的创办为标志的新文化运动使它们登上了历史舞台的最前沿。毫无疑问，这是时代的迫切要求，也是时代孕育的必然结果。

三　五四时期民主与科学思想的内涵

对于新文化运动和五四运动的研究总是绕不开两大主题，那就是启蒙

---

① 《现代文明之弱点》，《东方杂志》9 卷 11 号，1913 年。

和救亡。从某种程度上讲，启蒙是文化救国，救亡是政治图存，二者本不应该相悖，但是在特定的历史时代，二者的主次、关系处理影响却极大，小到会影响一个社团的聚合分离，大则决定着一个民族的发展方向，同时也影响着对于民主、科学思想的阐释和理解。在新文化运动时期，知识者们究竟赋予了民主和科学怎样的内涵？这不仅对当时的社会和时代产生重要影响，也对中国后来乃至今日民主科学思想的发展具有久远意义。

新文化运动伊始，启蒙救国的思想是以《新青年》杂志为代表的知识者的主流思想。鲁迅在很多作品中，描写了国民的愚昧、无知与麻木不仁，痛感专制思想长期独尊，相沿成习，成为铸造国民性格的模具，造就了一个一个"死性"的国民。这一说法可以代表五四知识者对国民精神状态的基本判断。① 陈独秀在创刊《青年杂志》时明确说，"盖改造青年之思想，辅导青年之修养，为本志之天职，批评时政非其旨也。国人思想倘未有根本之觉悟，直无非难执政之理由"②。那么，要发动一场彻底的革故鼎新的思想解放运动，必须依仗犀利的批判的武器。"德先生"和"赛先生"成了五四知识者们的最佳选择。

这是一个革命的时代，五四就像一条大河，汇集了众多源头不同、经历不同的支流，它们各自以不同的流向与流速，互相汇融，互相冲突，推动着左右着运动的发展。从新文化运动到五四，运动的领袖和中坚力量是一批归国的留学生，其中大部分是在日本、美国和法国学习的，如此一来，三个历史不同的国家启发中国留学生从各自不同的角度和视阈反思中国的问题，而五四时期所具有的包容性也允许不同的思潮纷纷登陆中国，甚至呈现出了光怪陆离、林林总总的局面。在笔者看来，新文化运动中知识者们大力倡导的民主、科学、自由等思想实则是一种理念：不同的人对于民主、科学、自由的阐释可能不尽相同，有的甚至相去甚远；不同的时期，民主、科学又有其不同的内涵，上层建筑总是要适应经济基础的发展和特点。

以"科学"思潮为例，新文化运动时期，至少有两种对于"科学"理念进行阐释的轨迹。一种是大力宣传近代科学知识，介绍科学方法，倡导科学精神，更新民族文化；另一种则把对科学精神的提倡与探索先进的社

① 王法周：《五四民主的新特征》，《炎黄春秋》2003 年第 6 期。
② 陈独秀：《通信》，《新青年》第 1 卷第 1 号，1915 年 9 月 15 日。

会学说联系在一起，从倡导文化启蒙转化为寻找社会改造、民族救亡的理论武器。① 前一种更侧重于自然科学知识和体系的推介研究，后一种更侧重于社会科学的推介研究。前者堪以当时由留美学生创办的中国科学社及《科学》杂志为最，他们以巨大的热情投入到五四时期的科学传播，对中国的近现代科学事业作出了很多开拓性贡献。后者可以陈独秀为典范，他在《敬告青年》中提出，"近代欧洲之所以优越他族者，科学之兴，其功不在人权说下，若舟车之有两轮焉"，将科学和人权的作用提到了一个很高的地位。以此为起点，陈独秀把自然科学方法与社会问题研究联系起来，以进化论的武器探寻青年思想改造、中国社会改造的方法。然而不论是哪种轨迹，最终落脚点均在于以科学精神反对愚昧、迷信和盲从，教化万民进而革新中华。这也是新文化运动的宗旨所在。

　　同"科学"相比，五四时期对于"民主"的理解和阐释更复杂、多样一些，看新文化运动中主将的著作和文章，倒并未见得张口闭口"民主"，而是通过诸多论述形成了五四时期的"民主"理念。以笔者看来，主要包括以下几个方面：首先是"个性解放"。当时的知识者们像17、18世纪欧洲启蒙学派的思想家那样，大声疾呼"个性解放"。《青年杂志》第一期《敬告青年》一文无异于宣言书，对青年提出六条建议中的第一条就是"自主的而非奴隶的"。"个性解放"自此成为民主主张的思想基础。当时一贯推崇西方文明的陈独秀就宣扬"西洋民族以个人为本位"，赞美他们是"自古迄今彻头彻尾个人主义之民族也"。② 第二是"人权"和平等。新文化运动的主将鲁迅的著作中并没有多次地提及"科学"、"民主"的字眼，然而"民主"的内涵却明白无误地体现于他的作品中。他把两千年封建社会的特点归结为两个字——"吃人"，而改变长期以来中国人所处的"奴隶"地位，争取到"人"的资格则是鲁迅沉痛提出的目标，所谓"中国人向来就没有争到过'人'的价值，至多不过是奴隶，到现在还如此，然而下于奴隶的时候，却是数见不鲜的"。先儒们所谓的"一治一乱"，不过是"想做奴隶而不得的时代"和"暂时做稳了奴隶的时代"。因此他号召："创造这历史上未曾有过的第三样时代，则是现在的青年的

① 黄知正：《五四科学思潮的双重轨迹》，《上海社会科学院学术季刊》1989年第2期。
② 李龙牧：《五四时期思想史论》，复旦大学出版社1990年版。

使命"。① 民主的内涵未尽于此，但同"科学"一样，它是向中国旧传统、旧道德、旧制度，向对束缚人的"三纲五常"、孔子礼教进行批判和挑战的锐利武器。

如此看来，民主和科学大旗的竖起就像孙悟空手擎"金箍棒"一样，一棍子下去，什么妖魔鬼怪、"美女"画皮全都"逃之夭夭"，消失不见。然而，西方的民主与科学说是在其所植根的土壤基础上生根发芽，而国人却将其成果直接"拿来"，这就有了一个"本土化"的问题。因此，在"德先生"、"赛先生"进入中国给人耳目一新之感的同时，却也引起了一些困扰和混乱。由于巨大的时代落差和文化土壤的不同，它们往往不能为我们真切理解、鉴别和消化。比如，当中国正在高举"科学"大旗的时候，西方却正在对"科学"进行价值重估，也对国内正在提倡的民主和科学产生了影响。五四后期科学与人生观论战的爆发正是由于国内对科学理念理解不同、中西价值观不同所致。

批判的武器不能代替武器的批判。当理论体系的建构一旦与实践相结合，当动荡旋涡里的中国经历了一系列政治、经济事件，当形形色色的思潮、主义交锋过后，苦难深重的中华民族必须抉择何去何从。大大小小的社团纷纷解散，以杂志、报纸形成的"同人"分道扬镳，一场文艺复兴式的运动在昙花一现后归于平寂。有学者说，当救亡压倒启蒙的那一刻，五四运动表面上的轰轰烈烈却意味着文化建构的夭折；有学者讲，知识分子在整个社会变革进程中所应担当或者被逼，或者主动放弃了自身的权利和责任；有学者建言，今日之中国当继续90年前未完之文化启蒙运动。然而，事实真的如此吗？

四　民主科学思想之于今日

五四运动前后，民主与科学思想从产生到发展，已经具有了初步中国化的特征。五四运动爆发前，人们侧重于在文化思想层面讨论民主，但是这也是在不成功、不彻底的资产阶级政治革命基础上对民主进行的反思，在其背后仍具有很强的政治目的性。知识分子们认为，民国建立以来，虽有共和之名而无共和之实，而要建设成功的民主政治，唯有"多数国民"

---

① 鲁迅：《坟·灯下漫笔》，《鲁迅全集》第1卷，人民文学出版社2005年版。

能"自觉居于主人的主动地位"①。因此，他们极力展开对旧礼教、旧文化的批判，意图"破旧立新"，为此他们甚至采取了"矫枉过正"的方法。但同时，他们对民主与科学的倡导，对个人价值、个人自由的宣扬也总是或多或少、或隐或显地与国家、民族的命运联系起来。

陈独秀创办《新青年》时决意不谈政治，以启蒙思想救国，然则中华民族的危亡已等不及和风细雨式的启蒙运动慢慢展开，一系列不平等条约、一个个列强的丑恶嘴脸不断蹂躏着中华民族及中国人民，但凡为中国人者均不可能漠视之。陈独秀后来基本推翻了"不议时政"的办刊宗旨，"我现在所谈的政治，不是普通政治问题，更不是行政问题，乃是关系国家民族根本存亡的政治根本问题。此种根本问题，国人尚无彻底的觉醒，急谋改革，则其他政治问题必至永远纷扰，国亡种灭而后已！国人其速醒！"② 深受美国自由主义影响的胡适也说，"发展个人的个性"，"须使个人担干系、负责任"，因为"我这个小我不是独立存在的，是和无量数小我有直接或间接地交互关系的；是和社会的全体和世界的全体都有互为影响的关系的"③。新文化运动的其他主将唤起人们思想自觉和醒悟的最终目的，也是为救亡自强、实现真正切实的民主与科学，准备必要的文化思想基础。

因此，启蒙与救亡并不是互相冲突的悖论，而是一条中华民族救亡图存道路上的两个发展阶段，只是每个阶段的侧重点不同而已。它们有可能一前一后，泾渭相对分明；有可能平行发展，并行不悖；也有可能合二而一，关键看处于什么样的时代和背景。后来正是因为受到外部因素的影响，五四启蒙与救亡的阶段任务划分产生了变化。巴黎和会的举行和五四运动的爆发使得救亡这一历史使命在很大程度上迅速压倒了启蒙。五四运动以后，人们对救亡自强的要求空前高涨，对民主、科学的追求与改造中国的使命更直接地联系了起来，人们不仅对民主、科学的理解已经具有了初步中国化的特征，而且对民主和科学的追求已经有了阶级性。比如，梁启超、胡适、张东荪等主张资产阶级改良主义的民主，孙中山继续坚持资产阶级革命的民主，具有初步共产主义思想的知识分子则主张无产阶级专

---

① 陈独秀：《吾人最后之觉悟》，《青年杂志》第 1 卷第 6 号，1916 年 2 月 15 日。
② 陈独秀：《今日中国之政治问题》，《新青年》第 5 卷第 1 号，1918 年 7 月 15 日。
③ 胡适：《易卜生主义》，《胡适选集》，天津人民出版社 1991 年版。

政，但是，他们的民主思想都分别与他们所主张的社会改良主义、资产阶级革命民主主义、无产阶级革命思想紧密联系在一起，反映了国家、民族的命运和救亡自强要求对民主思想的巨大影响。① 但是，在救亡图存的道路上可以允许有不同的选择，有些人逐渐从启蒙转到救亡的道路上来，有的人仍然坚持着最初的理想，有的人则直接退回到知识分子的书斋中。人们不同的选择决定了后来不同的命运，同样，一个国家和民族的不同选择也终将决定不同的未来。

十月革命的爆发和五四运动使马克思主义最终成为中华民族的正确选择，此后民主与科学思想的发展具有了更加鲜明的中国特色。由于所处的时代不同，所处的国际背景不同，更是因为中国社会发展的需要，中国的民主思想与欧美民主思想和苏联民主思想相比，有了许多不同之处。② 五四以前，传入国内的民主科学思想主要来源有两个方面：一是西方资本主义国家资产阶级革命时代的民主科学思想，二是西方资本主义国家中已经建立起来的民主制度。由于此背景，当时对民主和科学的认识仅仅停留在天赋人权、社会契约、自由、平等、博爱等思想上面，要求资产阶级的政治、经济权利，要求变革现实的封建专制制度，建立资产阶级的君主立宪制度或民主共和制度的水平上。五四以后，民主与科学思想的内容大为丰富，无论是从制度层面还是思想层面，比起五四以前显然在认识上更加深入。例如，人们对民主、自由、人权、平等、主权在民等概念的内涵都作了不同程度的解释；探讨了当时世界上苏联民主和西方资本主义国家中的资产阶级民主的异同，并根据中国国情做出了自己的选择；还论述了自由、人权的详尽内容以及如何保障，平等、主权在民的精神如何体现等。③ 由此可见，民主与科学思想已经从最初的零碎、散乱逐渐变得丰富、系统、完善。

五四时期民主和科学口号的提出反映了时代的特点和历史的发展趋势，它抓住了当时社会问题的"症结"所在，从而发起了一场史无前例的启蒙救亡运动。此后，在中国的历史发展进程中及至今日，民主和科学思想一直对我国的政治和文化建设有着不可忽视的价值。比古考今，我们今

---

① 方敏：《"五四"后三十年民主思想研究》，商务印书馆 2004 年版。
② 同上。
③ 同上。

天要更加重视民主和科学思想的时代发展，更加注重丰富和完善民主科学的理论体系。

从五四运动到今天90余年的时间，民主和科学这两大历史主题已经取得了重大进展，对我国的政治体制和文化价值构建发挥了重大作用。不可否认的是，历史发展的任何一个阶段都会有不同的问题和矛盾产生，在我国经济实力不断跃进的同时，如何在思想文化领域建构更好的价值体系，丰富和实践好民主、科学理念已成为当前面临的重大问题。在中国特色社会主义建设的关键时期，矛盾高度集中，突发事件频仍，社会结构脆弱，民主和科学的践行显得更加重要，但也更容易出现以前从来没有面对过的问题。对此，笔者以为：首先，民主和科学理念的发展一定要符合时代的要求，否则，民主科学体系的构建将成为无源之水和无本之木；其次，民主和科学理论的丰富一定是具有中国特色的，我们和西方国家具有不同的国情、不同的历史、不同的文化，适合西方的不一定适合我们，单纯的"拿来主义"肯定是行不通的；第三，民主和科学体系的完善一定要与时俱进，具有创新性。从历史来看，不同阶段的民主与科学理念可能具有不同的内涵和侧重点，不同社会的民主与科学思想可能具有不同的阐释。"德先生"和"赛先生"本身就是最具有创新性的元素，唯有对其不断丰富、检验、完善，才能保持其长久的生命力。

第 三 编

马克思主义经典作家
和领袖思想研究

马克思恩格斯论述金融危机

林振淦*

2008—2009 年美国和世界性的金融危机，激发了人们对马克思和恩格斯的怀念。多家媒体争相报道，受金融危机影响，马克思著作《资本论》在德国重新畅销。有学者在媒体发文，认为这次金融危机的根源并未超越马克思关于经济危机的逻辑。究竟马克思恩格斯关于金融危机的论述，具体都说了些什么？他们是否也看到了当今的世界？他们的论述对我们中国的社会主义时期的经济是否也有所借鉴？

一 货币危机和金融危机

（一）货币危机表现为商品不能转化为货币和一切财富对于货币的贬值

人们大概还记得，在 20 世纪的末期，亚洲发生过一次很大的金融危机。1997 年 7 月，亚洲金融风暴席卷泰国、马来西亚、新加坡、日本和韩国等地，打破了亚洲经济急速发展的景象。这场亚洲金融大风暴的主要特征，表现为本国货币对于美元的贬值。而在印度尼西亚这个遭受打击最重的东亚国家，本国货币对于美元的贬值，又导致更高的通货膨胀，物价上涨，即本国货币自身的贬值。

然而，马克思恩格斯论述到的主要的货币危机或金融危机，与物价上涨、货币贬值的情况正好相反，说的是物价下降、货币升值。

马克思恩格斯指明，有两种不同类型的货币危机。一种是货币、金融本身的问题，"偶尔由货币价值本身的变动引起的强烈震动"，金融市场也

＊ 林振淦，中国社会科学院世界经济与政治研究所编审。

会有自己的危机；另一种是与生产过剩和生产过剩经济危机联系在一起的，"周期地由生产危机和商业危机引起的"货币危机。① 马克思恩格斯论述的货币、金融危机主要是指后者。②

马克思恩格斯认为，每一次经济危机都有一个商品价格在普遍上涨以后的突然降落，这时候期票也难于兑现。货币、金融危机表现为货币以外的一切财富的贬值，而人们却产生了对现实货币的普遍的渴求。

马克思在《英国贸易的震荡》（1857 年 11 月 13 日）一文中，记述过当年在英国发生货币、金融危机时的商品贬值的情况。③ 马克思在《欧洲的危机》（1857 年 12 月）一文中，记述过当年在德国汉堡期票不可能贴现成现金的情况。④

马克思在《政治经济学批判》（1859 年）中说，在货币危机的时候，"货币作为财富的这样的唯一存在，不是像货币主义所设想的那样只是表现在一切财富在观念上贬低价值或丧失价值，而是表现在一切财富在实际上贬低价值或丧失价值。这就是世界市场危机中称作货币危机的特殊时机。"⑤

马克思恩格斯的货币危机理论涉及货币贬值，但是，货币贬值未直接进入马克思恩格斯的货币危机理论的核心。在《资本论》第 3 卷中，马克思全面地论述了货币、金融危机中的信用货币贬值和货币身价大增的关系，全面论述了货币危机的意义。

马克思写道："货币作为独立的价值形式和商品相对立，或者说，交换价值必须在货币上取得独立形式，这是资本主义生产的基础。而这所以可能，只是因为某种特定的商品成了这样的材料，所有其他商品都用它的价值来衡量，它也因此成了一般的商品，成了一种同一切其他商品相对立的真正意义上的商品。这一点必然会在两方面显示出来；而特别是在资本主义发达的国家更是这样，在那里，货币在很大程度上一方面为信用经营所代替，另一方面为信用货币所代替。第一，在信用收缩或完全停止的紧迫时期，货币会突然作为唯一的支付手段和真正的价值存在，绝对地和商

---

① 《马克思恩格斯全集》第 23 卷，人民出版社 1972 年版，第 141—142 页。

② 同上书，第 158 页。

③ 《马克思恩格斯全集》第 12 卷，人民出版社 1962 年版，第 348—349 页。

④ 同上书，第 373—374 页。

⑤ 《马克思恩格斯全集》第 13 卷，人民出版社 1962 年版，第 136 页。

品相对立。因此，商品会全面跌价，并且难于甚至不可能转化为货币，就是说，难于甚至不可能转化为它们自己的纯粹幻想的形式。但是，第二，信用货币本身只有在它的名义价值额上绝对代表现实货币时，才是货币。在金流出时，它兑换成货币的可能性，即它和现实的金的同一性，就成问题了。为了保证这种兑换的条件，就采取了各种强制性的措施，例如提高利息率等。这种做法，可以由于错误的立法或多或少地被导致极端，这种立法是以错误的货币理论为依据，并且为了货币经营者奥弗斯顿之流的利益而强加于国家的。但是信用货币的这个基础是和生产方式本身的基础一起形成的。信用货币的贬值（更不用是说它的只是幻想的货币资格的丧失）会动摇一切现有的关系。因此，为了保证商品价值在货币上的幻想的、独立的存在，就要牺牲商品的价值。一般说来，只要货币有保证，商品价值作为货币价值就有保证。因此，为了几百万货币，必须牺牲许多百万商品。这种现象在资本主义生产中是不可避免的，并且是它的妙处之一。在以前的生产方式中没有这种现象，因为在它们借以运动的那种狭隘的基础上，信用和信用货币都还没有得到发展。一旦劳动的社会性质表现为商品的货币存在，从而表现为一个处于现实生产之外的东西，货币危机——与现实危机相独立的货币危机，或作为现实危机尖锐化表现的货币危机，就是不可避免的。"①

（二）货币危机的时刻是作为一般支付手段的货币的发展的一个内在矛盾的表现，是由于有什么震动强制地打断了支付之流，货币被当作唯一财富的渴求

马克思在《政治经济学批判》（1859 年）中说明了货币作为支付手段时出现的矛盾及其与货币危机的关系，以及货币危机时候人们对于货币本身的渴求。②

马克思在《资本论》第一卷（1867 年）中，进一步写道："货币作为支付手段的职能包含着一个直接的矛盾。在各种支付互相抵消时，货币就只是在观念上执行计算货币或价值尺度的职能。而在必须进行实际支付时，货币又不是充当流通手段，不是充当物质变换的仅仅转瞬即逝的媒介

---

① 《马克思恩格斯全集》第 46 卷，人民出版社 2003 年版，第 584—585 页。
② 《马克思恩格斯全集》第 13 卷，人民出版社 1962 年版，第 136—137 页。

形式，而是充当社会劳动的单个化身，充当交换价值的独立存在，充当绝对商品。这种矛盾在生产危机和商业危机中称为货币危机的那一时刻暴露得特别明显。这种货币危机只有在一个接一个的支付的锁链和抵消支付的人为制度获得充分发展的地方，才会发生。当这一机构整个被打乱的时候，不问其原因如何，货币就会突然直接地从计算货币的纯粹观念形态变成坚硬的货币。这时，它是不能由平凡的商品来代替的。商品的使用价值变得毫无价值，而商品的价值在它自己的价值形式面前消失了。昨天，资产者还被繁荣所陶醉，怀着启蒙的骄傲，宣称货币是空虚的幻想。只有商品才是货币。今天，他们在世界市场上到处叫嚷，只有货币才是商品！像鹿渴求清水一样，他们的灵魂渴求货币这唯一的财富。"①

（三）发生金融危机也就是发生了货币危机，货币危机表现为金融危机

货币危机发生在支付链条和支付的人为制度被打乱的时候。发生货币危机的时候如此，发生金融危机的时候也是如此。发生金融危机也就是发生了货币危机。

在马克思恩格斯的时代，发生过两次大规模的世界金融危机，即与1847—1848 年和1856—1857 年世界经济危机相联系的金融危机。马克思恩格斯在《资本论》第三卷中论述货币理论和直接论述货币危机的一些场合（"1847 年。10 月发生了货币危机。"）②，正是他们在《马克思恩格斯全集》第7 卷③、第12 卷等处论述金融危机的场合。

当金融危机在1856—1857 年周期性经济危机中出现的时候，马克思在《欧洲的金融危机》（1956 年10 月）一文中说："大约发生在1847 年秋而延续到1848 年春的欧洲普遍商业危机，是由伦敦金融市场的恐慌开始的。"④ 马克思又在《欧洲金融危机产生的原因》（1956 年10 月）一文中说："约在本年9 月中开始的德国金融危机于同月26 日达到了最高峰，后来开始逐渐缓和下来，这同1847 年英国的金融恐慌相似。"⑤ 英格兰银

---

① 《马克思恩格斯全集》第 23 卷，人民出版社 1972 年版，第 158 页。
② 《马克思恩格斯全集》第 25 卷，人民出版社 1974 年版，第 142 页。
③ 《马克思恩格斯全集》第 7 卷，人民出版社 1959 年版，第 495—498 页。
④ 《马克思恩格斯全集》第 12 卷，人民出版社 1962 年版，第 59 页。
⑤ 同上书，第 64 页。

行甚至没有等到通常在星期四举行的董事会议开会，就在 10 月 1 日把本行的贴现率提高到 5%，"这是 1847 年金融恐慌以来没有先例的措施。"① 这里，马克思从金融恐慌即金融危机的角度，联系上了 1847 年的货币危机。

马克思在相近时期论述 1844 年银行法的时候，多数使用"金融恐慌"或"金融危机"，但也用过"货币危机"一词。② 马克思恩格斯的货币危机理论和金融危机理论，是相通的和一致的。不过关于货币危机的直接论述出现在对货币理论的阐述，而金融危机的直接论述多来自对现实金融市场活动的具体分析。我们可以认为，在马克思恩格斯的论述中，货币危机在实际上表现为金融危机。

二 货币、金融危机是生产过剩经济危机的征兆和第一阶段

马克思恩格斯论及，在经济危机时期，金融危机与工业危机前后相随；并且在金融危机阶段以后的工业危机阶段，金融市场的紧张与工商业的破产又互相交织。马克思恩格斯对"经济危机"、"危机"、"工业危机"、"商业危机"、"工商业危机"等等关于经济危机的称谓中，通常是作为包括经济危机第一阶段的货币、金融危机在内的全部经济危机时期的整个经济危机；但当论述货币、金融危机的时候，有时就把危机、工业危机、商业危机、工商业危机的称谓，作为两种含义来使用。一种是从广义来说，危机、工业危机、商业危机、工商业危机，仍然是包括货币、金融危机在内的整个经济危机；另一种是从狭义来说，这时关于危机、工业危机、商业危机、工商业危机的称谓，一般就是指区别于货币、金融危机的工业危机或商业危机了。我们看到，马克思恩格斯从狭义来说，把金融危机说成是工业危机、商业危机的"预兆"和"先声"，从广义来说，把金融危机说成是工业危机、商业危机的"序幕"和"第一阶段"。

马克思恩格斯关于金融危机是经济危机的预兆、先声、序幕和第一阶段的论述很多。诸如："大约发生在 1847 年秋而延续到 1848 年春的欧洲

---

① 《马克思恩格斯全集》第 12 卷，人民出版社 1962 年版，第 65 页。
② 《马克思恩格斯全集》第 11 卷，人民出版社 1962 年版，第 256—257 页。

普遍商业危机，是由伦敦金融市场的恐慌开始的。……然而没有过几个月，就爆发了商业和工业危机，金融恐慌对这次危机来说，只是一种预兆和先声。现在［1856 年 10 月］，欧洲金融市场上正发生着与 1847 年的恐慌相似的风潮。但是这里并不完全相似。……当时，只有少数人看出这种恐慌是普遍危机的先声，而现在，除了那些读着"泰晤士报"，想象他们是在创造历史的英国人以外，谁也不会怀疑这一点。"①

［1856 年 9 月］"金融市场乌云压顶，……看来很像是事情现在就开始了；但是这可能还只是序幕。……全欧洲的工业完全衰落，一切市场都被充斥……这一切将会在 1857 年出现。"②

"依我看来，目前［1857 年 12 月］的整个危机——如果撇开它的普遍性和广泛性不谈——比别的任何一次危机更像 1837—1842 年的危机。目前，这里的公众都错误地认为，危机已经过去了，因为危机的第一阶段——金融危机及其直接后果——已经消逝。"③

马克思指明，金融危机与工商业危机前后相连，但当工商业危机出现以后，有时金融恐慌还继续存在，这时金融危机与工商业危机互相交织在一起，表现为"双危机"现象。④

马克思恩格斯关于货币、金融危机是经济危机的预兆、先声、序幕和第一阶段的论述，对于我们面对迄今仍然会不断出现的世界性的货币、金融危机，认识刚刚出现的货币、金融危机的性质，预测其发展趋势，洞察工商业危机即将到来的可能性前景，无疑具有重要的现实意义。

三　生产过剩和金融危机的根本原因

（一）生产过剩的原因和普遍生产过剩的基础

马克思恩格斯认为，生产过剩的一般原因主要是生产扩大和市场扩大的不一致。马克思在《剩余价值理论》中指出，"不断扩大的生产需要一个不断扩大的市场，而生产比市场扩大得快。假如市场的扩大与生产的扩

---

① 《马克思恩格斯全集》第 12 卷，人民出版社 1962 年版，第 59—60 页。
② 《马克思恩格斯全集》第 29 卷，人民出版社 1972 年版，第 75—76 页。
③ 同上书，第 236—237 页。
④ 《马克思恩格斯全集》第 12 卷，人民出版社 1962 年版，第 362、373 页。

大步伐一致，就不会有市场商品充斥，不会有生产过剩。"①

马克思又从供给和需求的关系方面，论述了供给和需求的不平衡与普遍生产过剩的关系。马克思认为："由于商品表现为货币、实现商品交换价值的因素居优势，商品再转化为使用价值的因素居劣势，所有商品的供给就可能大于对所有商品的需求。"② 马克思指出："如果从更广泛和更具体的意义上来理解需求和供给之间的关系，就要把生产和消费的关系包括在内。这里仍然必须看到，这两个因素的潜在的、恰好在危机中强制地显示出来的统一，是与同样存在的、甚至表现为资产阶级生产特征的这两个因素的分离和对立相对的。"③ 马克思恩格斯从资本主义生产与消费的矛盾，论述这个矛盾造成生产过剩或普遍生产过剩。

马克思恩格斯认为，资本主义生产是为了追求交换价值和剩余价值，为了资本家的利润，当无利可图时资本家就不愿投资，现有的商品和资本就可能过剩，出现资本的生产过剩；为挽回有利可图的利润率，又加剧竞争和生产过剩。④ 马克思在《剩余价值理论》中，提出了关于生产过剩和经济危机理论的一个重要的论断："构成现代生产过剩的基础的，正是生产力的不可遏止的发展和由此产生的大规模的生产，这种大规模的生产是在这样的条件下进行的：一方面，广大的生产者的消费只限于必需品的范围，另一方面，资本家的利润成为生产的界限。"⑤ 这里，马克思指出，形成生产过剩或普遍生产过剩有两方面的因素：一是生产力的不可遏止的发展；二是这种生产力的发展又遇到了两方面的限制——一方面，广大的生产者的消费只限于必需品的范围，即工人阶级和人民群众的贫困；另一方面，资本家的利润成为生产的界限。

2008 年 9 月，美国雷曼兄弟公司破产和美林公司被收购标志着金融危机的全面爆发。这次世界性的金融危机，是由美国房地产的次级贷款直接引起的。没有工作、没有收入、没有资产的"三无人员"借钱买房。这次首先发生在美国的金融危机，以前所未有的"次贷危机"为起点，虽然有它的特殊性，但就这个起点的本身来说，却恰恰应验了马克思在他当年的

---

① 《马克思恩格斯全集》第 26 卷 II，人民出版社 1973 年版，第 598—599 页。

② 同上书，第 576 页。

③ 同上。

④ 《马克思恩格斯全集》第 25 卷，人民出版社 1974 年版，第 270、285 页。

⑤ 《马克思恩格斯全集》第 26 卷 II，人民出版社 1973 年版，第 603—604 页。

说法，那就是资本的无限贪欲遇到了资本主义自身限制的惩罚。

（二）生产过剩是货币、金融危机和工商业危机的共同基础

每次发生金融危机，也都有它们的直接原因，或导致危机爆发的直接的导火线。马克思恩格斯论述到，引起 1847 年金融危机的主要的直接原因，是英国的黄金外流，国内黄金缺少，引起作为英格兰银行货币储备金的黄金从银行金库的流失。① 引起 1856—1857 年金融危机及与其相联系的经济危机的直接原因，首先要数法国大股份银行（Crédit Mobilier）的投机行为及其在德国的猖狂的投机活动。② 虽然疯狂的投机活动是 1856 年金融危机的极其重要的直接原因，但黄金的外流也是引起当时金融危机的重要的直接原因。③

然而，引起金融危机的根本原因在于普遍生产过剩。

马克思恩格斯指明，资本主义生产方式中的货币、金融危机是生产过剩经济危机的第一阶段，当然货币、金融危机的基础也就是生产过剩。不过，马克思恩格斯在论述货币、金融危机的时候，也直接指出了生产过剩是货币、金融危机的基础。

马克思在《资本论》第三卷中说："在再生产过程的全部联系都是以信用为基础的生产制度中，只要信用突然停止，只有现金支付才有效，危机显然就会发生，对支付手段的激烈追求必然会出现。所以乍看起来，好像整个危机只表现为信用危机和货币危机。而且，事实上问题只是在于汇票能否兑换为货币。但是这种汇票多数是代表现实买卖的，而这种现实买卖的扩大远远超过社会需要的限度这一事实，归根到底是整个危机的基础。"④

1856—1857 年周期性、世界经济危机期间，恩格斯在致马克思的一封信（1857 年 12 月 11 日）中，认为可能导致货币、金融危机和经济危机的金融市场上的扩大信贷，它一向是掩盖生产过剩的一种形式。恩格斯写道："或多或少地扩大信贷，一向是掩盖生产过剩的一种形式，但这一次，

---

① 《马克思恩格斯全集》第 7 卷，人民出版社 1959 年版，第 496 页。
② 《马克思恩格斯全集》第 12 卷，人民出版社 1962 年版，第 62—63 页。
③ 《马克思恩格斯全集》第 12 卷，人民出版社 1962 年版，第 71—72 页；《马克思恩格斯全集》第 29 卷，人民出版社 1972 年版，第 230 页。
④ 《马克思恩格斯全集》第 25 卷，人民出版社 1974 年版，第 554—555 页。

它却表现在开空头期票这种十分特殊的做法上。……总之，每个公司的活动都超出了自己的能力，即营业活动过度扩大。可是，虽然营业活动过度扩大不是生产过剩的同义语，但它们实质上是一回事。如果一些商业企业拥有 2000 万英镑的资本，它们在生产、交换和消费方面的实际能力就要以此为限。如果它们用这些资本通过空头期票搞起需有资本 3000 万英镑的营业，那末它们就把生产增加了 50%；由于生产增长，消费也增长起来，但远不如生产增长得那么多，譬如说，增长 25%。过了一定时期，必然会形成商品的积存，这种积存即使在繁荣时期也要比实际的，也就是说平均的需要量多出 25%。即使作为商业的测量仪的金融市场没有对危机作出预报，仅仅上述的情况已经足以使危机爆发了。一当危机来临，除了这 25% 以外，至少还有 25% 的各种生活必需品的储存会成为市场上的滞销货。这种因扩大信贷和营业活动过度扩大而造成生产过剩的情形，在当前的危机中，可以仔细地加以研究。"① 马克思恩格斯在这里说明，金融投机活动的猖獗是引起金融危机的一个直接原因，扩大信贷而带来的营业活动的过度扩张，是导致生产过剩的一个重要因素。这些论点对于我们认识现代的和最近一次的世界性金融危机，可能具有直接的意义。不是吗？在美国房地产的次级贷款中，"三无人员"借钱买房的契约经过打包和担保竟然成了全球投资者的投资或投机对象，伪次贷等过度的金融创新产品严重充斥市场。正是这种金融投机活动和虚假的需求膨胀，在负债人员付不起有限的房产贷款的时候，货币作为支付手段的问题浮现，买与卖间的链条断裂，于是借贷银行破产，"金融海啸"出现了。

马克思恩格斯论述发生经济危机的主要原因时，在一些场合，把产生生产过剩的原因，也论述为发生经济危机的原因。在另一些场合则把生产过剩与经济危机直接联系起来。马克思论述普遍危机在用语上也直接谈到"生产过剩的普遍危机"②，而且指明生产过剩是"一切危机的实质"③ 和"基本现象"④。马克思也用生产过剩的基础的两个重要的条件来说明经济危机的原因。⑤ 马克思指出，正是生产过剩的基础的两个重要的条件，形

① 《马克思恩格斯全集》第 29 卷，人民出版社 1972 年版，第 221—222 页。
② 《马克思恩格斯全集》第 46 卷（上），人民出版社 1979 年版，第 397 页。
③ 《马克思恩格斯全集》第 20 卷，人民出版社 1971 年版，第 300—301 页。
④ 《马克思恩格斯全集》第 26 卷Ⅱ，人民出版社 1973 年版，第 602—603 页。
⑤ 《马克思恩格斯全集》第 25 卷，人民出版社 1974 年版，第 285—286、547—548 页。

成了资本主义经济"危机的最深刻、最隐秘的原因"。①

四　货币、金融危机和经济危机的可能性和从可能性成为现实

马克思在 1857—1858 年的《经济学手稿·政治经济学批判》中，曾经比较集中地探讨过货币、金融危机和经济危机的可能性问题。②

马克思在《剩余价值理论》中，再次比较集中地讨论了在商品的流通过程中发生危机的可能性。马克思认为，商品在它的流通阶段上，存在发生危机的两种形式上的可能性，一是包含在买和卖的分离中，二是包含在这两个时刻的分离中。马克思说："危机的一般可能性在资本的形态变化过程本身就存在，并且是双重的。如果货币执行流通手段的职能，危机的可能性就包含在买和卖的分离中。如果货币执行支付手段的职能，货币在两个不同的时刻分别起价值尺度和价值实现的作用，——危机的可能性就包含在这两个时刻的分离中。如果价值在这两个时刻之间有了变动，如果商品在它卖出的时刻的价值低于它以前在货币执行价值尺度的职能，因而也执行相互债务尺度的职能的时刻的价值，那末，用出卖商品的进款就不能清偿债务，因而，再往上推，以这笔债务为转移的一系列交易，都不能结算。即使商品的价值没有变动，只要商品在一定时期内不能卖出，单单由于这一笔债务，货币就不能执行支付手段的职能，因为货币必须在一定的、事先规定的期限内执行支付手段的职能。但是，因为同一笔货币是对一系列的相互交易和债务执行这种职能，所以无力支付的情况就不止在一点上而是在许多点上出现，由此就发生危机。"③

马克思说："至于由作为支付手段的货币形式产生的危机的可能性，那末，在考察资本时，这种可能性转化为现实性的更现实得多的基础已经显露出来了。……在资本主义生产中，我们已经看到了使危机可能性可能发展成为现实性的相互债权和债务之间、买和卖之间的联系。"④ 马克思指

---

① 《马克思恩格斯全集》第 26 卷Ⅲ，人民出版社 1974 年版，第 86—87 页。
② 《马克思恩格斯全集》第 46 卷（上），人民出版社 1979 年版，第 94、146—147 页。
③ 《马克思恩格斯全集》第 26 卷Ⅱ，人民出版社 1973 年版，第 586—587 页。
④ 同上书，第 583—584 页。

出，"现实危机只能从资本主义生产的现实运动、竞争和信用中引出。"①

马克思在《资本论》第一卷（1867年）中指出："商品内在的使用价值和价值的对立，私人劳动同时必须表现为直接社会劳动的对立，特殊的具体的劳动同时只是当作抽象的一般的劳动的对立，物的人格化和人格的物化的对立，——这种内在的矛盾在商品形态变化的对立中取得了发展的运动形式。因此，这些形式包含着危机的可能性，但仅仅是可能性。这种可能性要发展为现实，必须有整整一系列的关系，从简单商品流通的观点来看，这些关系还根本不存在。"② 马克思在注中进一步说明，简单商品流通与资本主义商品流通所产生的关系不同。因而，危机的可能性要发展为现实，必须有一系列的资本主义商品经济关系。马克思论述了资本主义商品生产和商品流通的特点，阐述了资本主义商品生产和流通与普遍生产过剩和经济危机的关系，阐明了资本主义商品生产和流通必然产生普遍生产过剩和生产过剩经济危机。

马克思恩格斯在当时认为，在社会主义生产方式中，不存在商品和市场经济，因此也不会有危机。20世纪70年代末80年代初，出现有中国特色的社会主义。到21世纪，世界经济的全球化已经发展到一个全新的高度，而中国的改革开放又把中国推进到全球化之中；中国国内的商品和市场经济也如此巨大地发展起来。作为商品关系来说，也就可能具有产生生产过剩和经济危机的可能性。这就使得资本主义金融危机对我们的传播的现实可能性居然出现了。当然，就像马克思所说，货币、金融危机和经济危机的可能性变为现实性要具备许多其他条件。显然，在中国特色社会主义的条件下，在社会主义商品和市场经济的条件下，却是存在着避免和有力克服金融危机与工商业危机的不利影响的许多有利条件。

五 金融危机和经济危机的金融与财政调节，政府干预和社会救治措施

马克思认为，在资本主义条件下，发生货币、金融危机是不可避免的。但他同时指出："另一方面很清楚，只要银行的信用没有动摇，银行

---

① 《马克思恩格斯全集》第26卷Ⅱ，人民出版社1973年版，第285页。
② 《马克思恩格斯全集》第23卷，人民出版社1972年版，第133页。

在这样的情况下通过增加信用货币就会缓和恐慌，但通过收缩信用货币就会加剧恐慌。"①

马克思恩格斯论及，当出现严重的生产过剩、金融危机或经济危机来临的时候，资本主义国家的国家银行总是首先利用提高贴现率办法，阻遏货币资本，力阻金融危机或经济危机的爆发。②

马克思在《欧洲的金融危机。——货币流通史片断》（1856 年 10 月）一文中，记述了当年法国和英国加强金属货币储备的措施。③ 马克思还在《英国贸易的震荡》（1857 年 11 月 13 日）一文中，记述了在这次金融恐慌和工业危机中英格兰银行帮助苏格兰银行救市的情况。④

马克思还论述了在发生金融危机期间国际间的国家银行和金融的某种支持关系。这使得在发生从 1873 年从德国开始的到 70 年代末波及英国的那次带有世界性的经济危机风潮中，英国的一些地方出现银行倒闭的现象，但作为金融市场的中心的伦敦英格兰银行很少受到影响。⑤

马克思在《欧洲的金融危机》（1857 年 12 月）一文中，评论了德国政府对 1856—1857 年这次危机的干预。马克思说："11 月 26 日，恐慌又达到极点；于是，先是贴现公司，后来政府自己也采取办法来阻止恐慌蔓延。11 月 27 日，参议会提出了一项建议——并得到了城市土地所有者的许可——发行 1500 万马克的有息有价证券（国库券），用来发放以经久不坏的商品或以国家有价证券作抵押的贷款。"⑥ "共和国现在采取的消除危机的唯一办法，是免除本国公民支付债款的义务。可能会通过一项法律，规定各种期票延期一月支付。……普鲁士政府对这些事情的干预表现在它委托柏林银行发放商品抵押贷款，并废除了高利贷法。"⑦

1856 年 9 月中开始的德国金融危机波及了法国。为安定对于危机到来的恐慌情绪，由当局首脑出面，进行安抚活动。⑧ 波拿巴设立一笔 100 万

---

① 《马克思恩格斯全集》第 46 卷，人民出版社 2003 年版，第 585 页。
② 《马克思恩格斯全集》第 7 卷，人民出版社 1959 年版，第 495 页；《马克思恩格斯全集》第 12 卷，人民出版社 1962 年版，第 64—65、345—346 页。
③ 《马克思恩格斯全集》第 12 卷，人民出版社 1962 年版，第 70 页。
④ 同上书，第 349 页。
⑤ 《马克思恩格斯全集》第 34 卷，人民出版社 1972 年版，第 345—364 页。
⑥ 《马克思恩格斯全集》第 12 卷，人民出版社 1962 年版，第 366—367 页。
⑦ 同上书，第 368 页。
⑧ 同上书，第 65—66 页。

法郎的贷款来救济贫民和赋予他们就业手段，命令在里昂采取军事预防措施，并通过自己的报纸对私人慈善事业发出呼吁。① 马克思论述到，在1856—1857 年危机过去以后，法国政府十分注意采取防止金融危机复发的金融措施。为了使金融市场的紊乱不明显化，命令银行经理亏本购储黄金。②

为了防止信用货币的数量严重超过国家银行黄金储备的数量而导致信用货币银行券贬值的困难局面，英国政府在 1844 年通过了一项关于改革英格兰银行的法律，即 1844 年的银行法。把英格兰银行分为两个独立的部，即银行部和发行部，并规定了银行券用黄金保证的定额。没有黄金保证的银行券的发行额不得超过 1400 万英镑。然而，尽管 1844 年银行法令已生效，流通中的银行券数额实际上并不是依据抵补基金，而是依据流通领域中对它的需求来决定的。在货币、金融危机和工业危机期间，对货币的需要特别感到尖锐，银行法在这个时候限制了银行券的数量。

马克思恩格斯认为，1844 年的银行法直接导致和加剧了金融危机。③银行法不得不停止生效。银行法停止生效缓和了金融危机，④ 帮助克服了金融危机，⑤ 虽然没有消除工业危机。

马克思恩格斯关于 1844 年的银行法的有关评论，指明了正确的货币理论和货币制度的重要性。马克思恩格斯仿佛意识到了 21 世纪初叶在美国和世界市场上发生的金融危机，在这次危机过程中，出现了关于改善世界货币储备体系的讨论和尝试。

马克思恩格斯论述到，在整个经济危机中，政府和有关部门还实行了一些救济贫民、设立贫民习艺所或国家工厂、举办公共工程等社会救助和缓解严重失业现象的临时办法和措施。在当时，政府和社会力量都是很有限的，这些办法和措施所起的作用也是有限的。马克思恩格斯对此采取批判的态度。

早在马克思恩格斯的时代，资本主义国家就通过国家银行的金融调节与政府的政策干预，以对付金融危机和经济危机。资本主义经过 100 多年

---

① 《马克思恩格斯全集》第 12 卷，人民出版社 1962 年版，第 376 页。

② 同上书，第 242—243 页。

③ 同上书，第 341 页。

④ 同上书，第 345 页。

⑤ 《马克思恩格斯全集》第 25 卷，人民出版社 1974 年版，第 629 页。

来的发展，国家应对金融危机和经济危机的机制，已经发展到相当成熟的程度。到了21世纪初叶这次世界性的金融危机爆发的时候，竟然发展到资本主义世界与社会主义的中国，共同联手，一致抗击金融海啸，这是马克思和恩格斯当年所万万没有料到的。中国人显然也从这次国际性金融危机中得到了巨大的收益。最大的收益之一，就是中国人知道了不要太依赖对外贸易和国外市场，也不要把太多的钱存在国外银行里，而应注重于发展内需。

马克思说，资本主义生产过剩的基础和经济危机的最深刻、最隐秘的原因，就在于资本主义只为利润而生产，拼命发展生产而又受到有一定的利润率才生产的限制，以及受到工人的有支付能力的需求和人民群众贫困的限制。我们可以根据马克思的原理，"反其道而行之"，多多着眼于民生，多多满足我们的民生！

（原载《世界经济年鉴 2010—2011》，经济科学出版社 2011 年版）

马克思主义经典作家论发展

李玉平[*]

关于发展，马克思主义的奠基人马克思和恩格斯在他们的著作中有大量的精辟描述。这些论说，充满了马克思主义的唯物论和辩证法思想，深刻揭示了发展的本质和原理。之后马克思主义的唯物论和辩证法思想又被列宁、斯大林、毛泽东等所继承和发展。显然，马克思主义有关发展的思想，特别是马克思主义关于发展的辩证唯物主义世界观和方法论，成为我们正确认识自然界和人类社会发展和变化的重要思想武器。今天再读这些论说，并运用马克思主义的基本立场、观点和方法探讨当今经济社会发展的科学原理，深入领会和把握科学发展观的内涵，显然具有重要指导意义。本文着重围绕马克思主义关于发展的理论，对马克思主义经典作家的相关论述作一编写，供读者学习科学发展观时参考。

一 发展的本质和原理

当今，发展问题成为一个热门话题，但什么是发展的本质？发展的原理又是什么？马克思主义经典作家对此作了精辟的回答。他们认为，发展的本质就是事物的矛盾运动、前进变化。世界是无限发展的物质世界，而物质处在不断的运动中，世界的物质性和运动性就是世界的发展原理。

（一）世界上的一切事物都是在运动、变化着的

马克思唯物主义辩证法认为，世界上的一切事物都是相互联系而又在

---

* 李玉平，中国社会科学院世界经济与政治研究所研究员。

运动、变化着的，把一切事物都看成静止的、永恒不变的东西，是形而上学的思维方式。恩格斯写道："当我们深思熟虑地考察自然界或人类历史或我们自己的精神活动的时候，首先呈现在我们眼前的，是一幅由种种联系和相互作用无穷无尽地交织起来的画面，其中没有任何东西是不动的和不变的，而是一切都在运动、变化、产生和消失。"恩格斯在批判形而上学的思维方式后指出："因为它看到一个一个的事物，忘了它们互相间的联系；看到它们的存在，忘了它们的产生和消失；看到它们的静止，忘了它们的运动；因为它只见树木，不见森林。"① 鉴于世界是运动变化的物质世界，因此在谈到经济社会发展时，恩格斯认为，经济规律也不是永恒不变的。恩格斯写道："在我们看来，所谓'经济规律'并不是永恒的自然规律，而是既会产生又会消失的历史性的规律"。② 同样，在谈到社会制度时，恩格斯写道："我认为，所谓'社会主义社会'不是一种一成不变的东西，而应当和任何其他社会制度一样，把它看成是经常变化和改革的社会。"③ 恩格斯因而指出："要精确地描绘宇宙、宇宙的发展和人类的发展，以及这种发展在人们头脑中的反映，就只有用辩证的方法，只有经常注意产生和消失之间、前进的变化和后退的变化之间的普遍相互作用才能做到。"④

　　关于发展的原理，毛泽东认为，马克思辩证唯物主义世界观强调两条基本原则，即承认世界的物质性和运动性，这就是世界的发展原理。他写道："辩证法唯物论的第一个基本原则，在于它的物质论，即承认世界的物质性，物质客观实在性和物质对于意识的根源性。这种世界的统一原理，在前面物质论中已经解决了。""辩证法唯物论的第二个基本原则，在于它的运动论（或发展论）即承认运动是物质存在的形式，是物质内在的属性，是物质多样性的表现，这就是世界的发展原理。世界的发展原理同上述世界的统一原理相结合，就成为辩证法唯物论整个的宇

---

① 恩格斯：《反杜林论》，《马克思恩格斯全集》第 20 卷，人民出版社 1971 年版，第 23—24 页。

② 恩格斯：《恩格斯致弗里德里希·阿尔伯特·郎格》，《马克思恩格斯全集》第 31 卷，人民出版社 1972 年版，第 469—470 页。

③ 恩格斯：《恩格斯致奥托·伯尼克》，《马克思恩格斯全集》第 37 卷，人民出版社 1971 年版，第 443 页。

④ 恩格斯：《反杜林论》，《马克思恩格斯全集》第 20 卷，人民出版社 1971 年版，第 26—28 页。

宙观。世界不是别的，就是无限发展的物质世界（或物质世界是无限发展的）。"因此他认为："唯物辩证法是马克思主义的科学方法论，是认识的方法，是论理的方法，然而它就是世界观。世界本来是发展的物质世界，这是世界观；拿了这样的世界观转过来去看世界，去研究世界上的问题，去指导革命，去工作，去从事生产，去指挥作战，去议论人家长短，这就是方法论。此外没有别的什么单独的方法论。所以在马克思主义者手里，世界观同方法论是一个东西，辩证法、认识论、论理学，也是一个东西。"①

（二）人类对世界的认识是无穷无尽的，人类认识真理的运动永远不会停止

马克思唯物辩证法认为，人类对世界的认识是无穷无尽的，人类认识真理的运动永远不会停止，马克思列宁主义并没有结束真理，马克思列宁主义也是随社会实践的发展变化而发展变化的。斯大林说："马克思这一科学是不能停滞不前的，——它是在发展着和完备着。马克思主义在自己的发展中不能不以新的经验、新的知识丰富起来，——因此，它的个别公式和结论不能不随着时间的推移而改变，不能不被适应于新的历史任务的新公式和新结论所代替。马克思主义不承认绝对适应一切时代和时期的不变的结论和公式。马克思主义是一切教条主义的敌人。"②

毛泽东认为，现实世界中，一切事物的发生、发展和消灭的过程是无穷的，人的认识的发生、发展和消灭的过程也是无穷的。他说："社会实践中的发生、发展和消灭的过程是无穷的，人的认识的发生、发展和消灭的过程也是无穷的。根据一定的思想、理论、计划、方案以从事于变革客观现实的实践，一次又一次地向前，人们对于客观现实的认识也就一次又一次地深化。客观现实世界的变化运动永远没有完结，人们在实践中对于真理的认识也就永远没有完结。马克思列宁主义并没有结束真理，而是在实践中不断地开辟认识真理的道路。"③

---

① 毛泽东：《辩证法唯物论（讲授提纲）》，八路军军政杂志社，第15—16、38—39页。

② 斯大林：《马克思主义与语言学问题》，《斯大林文选》（下），人民出版社1962年版，第559页。

③ 毛泽东：《实践论》，《毛泽东选集》第1卷，人民出版社1991年版，第295—296页。

二 矛盾运动推动发展

(一)发展过程是在矛盾相互作用的形式中进行的

唯物主义辩证法认为,伟大的发展过程是在矛盾相互作用的形式中进行的,在人类社会发展过程中,生产力和生产关系之间、经济基础与上层建筑之间的矛盾运动,是推动一切社会发展的基本动力,而经济运动则是最有决定性的。恩格斯写道:"整个伟大的发展过程是在相互作用的形式中进行的(虽然相互作用的力量很不均衡:其中经济运动是更有力得多的、最原始的、最有决定性的),这里没有任何绝对的东西,一切都是相对的。"① 恩格斯认为,经济基础成为推动社会发展的基本动力,但不是唯一的因素,还有上层建筑的各种因素。恩格斯写道:"我们自己创造着我们的历史,但是第一,我们是在十分确定的前提和条件下进行创造的。其中经济的前提和条件归根到底是决定性的。但是政治等等的前提和条件,甚至那些存在于人们头脑中的传统,也起着一定的作用,虽然不是决定性的作用。"②

毛泽东认为,矛盾是普遍存在的,事物对立面之间既统一又斗争,相互作用,推动事物的发展,这就是唯物辩证法的发展观。他写道,马克思"把唯物主义改造成为辩证唯物主义,认为世界是联系的、发展的。为什么会有发展呢?因为有矛盾存在。"③ 他在《论十大关系》一文中写道:"世界是由矛盾组成的。没有矛盾就没有世界。我们的任务,是要正确处理这些矛盾。这些矛盾在实践中是否能完全处理好,也要准备两种可能性,而且在处理这些矛盾的过程中,一定还会遇到新的矛盾,新的问题。"④

(二)事物内部的矛盾性引起了事物的运动和发展

毛泽东认为,自然界和人类社会的变化,是其内部矛盾发展的结果。

① 恩格斯:《恩格斯致康拉德·施米特》,《马克思恩格斯全集》第 37 卷,人民出版社 1971 年版,第 491 页。

② 恩格斯:《恩格斯致约瑟夫·布洛赫》,《马克思恩格斯全集》第 37 卷,人民出版社 1971 年版,第 461 页。

③ 毛泽东:《马列主义基本原则至今未变,个别结论可以改变》,《毛泽东文集》第 8 卷,人民出版社 1999 年版,第 1—2 页。

④ 毛泽东:《论十大关系》,《毛泽东文集》第 7 卷,人民出版社 1999 年版,第 44 页。

他说："按照唯物辩证法的观点，自然界的变化，主要地是由于自然界内部矛盾的发展。社会的变化，主要地是由于社会内部矛盾的发展，即生产力和生产关系的矛盾，阶级之间的矛盾，新旧之间的矛盾，由于这些矛盾的发展，推动了社会的前进，推动了新旧社会的代谢。"① 他在《矛盾论》一书中又写道："事物发展的根本原因，不是在事物的外部而是在事物的内部，在于事物内部的矛盾性。任何事物内部都有这种矛盾性，因此引起了事物的运动和发展。事物内部的这种矛盾性是事物发展的根本原因，一事物和它事物的互相联系和互相影响则是事物发展的第二位的原因。"② 因而毛泽东认为，自进入阶级社会以来，人类的历史是一部阶级斗争史，人类社会无不是统治阶级与被统治阶级之阶级斗争的演进。

（三）经济基础和上层建筑、生产关系和生产力之间的相互矛盾运动，贯穿于人类社会发展过程的始终，从而不断推动社会向前发展

马克思主义唯物史观认为，经济基础决定上层建筑，而上层建筑则反作用于经济基础。也就是说，既要承认物质对精神的主导作用，也要看到精神对物质的反作用。经济基础和上层建筑的相互矛盾运动，贯穿于人类社会发展过程的始终，从而不断推动社会向前发展。恩格斯写道："政治、法、哲学、宗教、文学、艺术等等的发展是以经济发展为基础的。但是，它们又都相互作用并对经济基础发生作用。并非只有经济状况才是原因、才是积极的，其余一切不过是消极的结果。"③ 马克思认为，随着经济基础的变更，全部庞大的上层建筑也或慢或快地发生变革。他写道："随着经济基础的变更，全部庞大的上层建筑也或慢或快地发生变革。在考察这些变革时，必须时刻把下面的两者区别开来：一种是生产的经济条件方面所发生的物质的、可以用自然科学的精确性指明的变革，一种是人们借以意识到这个冲突并力求把它克服的那些法律的、政治的、宗教的、艺术的或哲学的，简言之，意识形态的形式。我们判断一个人不能以他对自己的看法为依据，同样，我们判断这样一个变革

---

① 毛泽东：《矛盾论》，《毛泽东选集》第 1 卷，人民出版社 1991 年版，第 302 页。

② 同上书，第 301 页。

③ 恩格斯：《恩格斯致瓦·博尔吉乌斯》，《马克思恩格斯选集》第 4 卷，人民出版社 1995 年版，第 732 页。

时代也不能以他的意识为依据；相反，这个意识必须从物质生活的矛盾中，从社会生产力和生产关系之间的现存冲突中去解释。"①

毛泽东认为，辩证唯物论本身既包括物质对精神的主导作用，也包括精神对物质的反作用。他说："我们承认总的历史发展中是物质的东西决定精神的东西，是社会的存在决定社会的意识；但是同时又承认而且必须承认精神的东西的反作用……这不是违反唯物论，正是避免了机械唯物论，坚持了辩证唯物论。"② 通过总结人类历史发展的实践可以得出这样的结论，即生产力的发展引起生产关系的变革，而生产力的大发展，总是在生产关系变革之后。毛泽东又说："在社会主义社会中，基本的矛盾仍然是生产关系和生产力之间的矛盾，上层建筑和经济基础之间的矛盾。"③

三 认识和把握发展的客观规律

（一）人类的最高任务，就是把握经济演进的客观逻辑，从必然王国到达自由王国

马克思主义唯物辩证法认为，人类的最高任务，就是把握经济和社会演进的客观逻辑，要从必然王国到达自由王国。

列宁写道："人类最高任务，就是从一般的和基本的特征上把握经济演进（社会存在的演进）的这个客观逻辑，以便使自己的社会意识以及一切资本主义国家的先进阶级的意识尽可能清楚地、明确地、批判地与它相适应。"④

毛泽东认为，必须从实践出发，认识客观世界发展的规律性，从而由必然王国到达自由王国。他说："对于建设社会主义的规律的认识，必须有一个过程。必须从实践出发，从没有经验到有经验，从有较少的经验，到有较多的经验，从建设社会主义这个未被认识的必然王国，到逐步地克

---

① 马克思：《〈政治经济学批判〉序言》，《马克思恩格斯选集》第 2 卷，人民出版社 1995 年版，第 33 页。

② 毛泽东：《矛盾论》，《毛泽东选集》第 1 卷，人民出版社 1991 年版，第 326 页。

③ 毛泽东：《关于正确处理人民内部矛盾的问题》，《毛泽东文集》第 7 卷，人民出版社 1999 年版，第 214 页。

④ 列宁：《唯物主义和经验批判主义》，《列宁全集》第 18 卷，人民出版社 1988 年版，第 340 页。

服盲目性、认识客观规律、从而获得自由，在认识上出现一个飞跃，到达自由王国。"① "只要我们更多地懂得马克思列宁主义，更多地懂得自然科学，一句话，更多地懂得客观世界的规律，少犯主观主义错误，我们的革命工作和建设工作，是一定能够达到目的的。"②

（二）认识世界是为了改造世界

毛泽东认为，认识世界发展的客观规律性，其根本目的就是为了改造世界。因此，认识世界和改造世界就成为人类的责任。他写道："马克思主义的哲学认为十分重要的问题，不在于懂得了客观世界的规律性，因而能够解释世界，而在于拿了这种对于客观规律性的认识去能动地改造世界。"③ "认识世界是为了改造世界，人类历史是人类自己造出的。但不认识世界就不能改造世界……一个马克思主义者如果不懂得从改造世界中去认识世界，又从认识世界中去改造世界，就不是一个好的马克思主义者。"④

四　发展的形式和过程

（一）发展是质量和数量的互相转化的过程，是一种自我发展

唯物主义辩证法认为，发展是质量和数量极其重要的互相转化的过程，是一种自我发展。也就是说，发展是质变和量变的统一，仅有量变而没有质的变化并不能构成发展。恩格斯写道："即使把马克思的从商品到资本的发展同黑格尔的从存在到本质的发展作一比较，您也会看到一种绝妙的对照：一方面是具体的发展，正如现实中所发生的那样；另一方面是抽象的结构，在其中非常天才的思想以及有些地方是极其重要的转化，如质和量的互相转化被说成一种概念向另一种概念的表面上的自我发展。这

---

① 毛泽东：《在扩大的中央工作会议上的讲话》，《毛泽东文集》第 8 卷，人民出版社 1999 年版，第 300 页。

② 毛泽东：《在中国共产党全国代表会议上的讲话》，《毛泽东文集》第 6 卷，人民出版社 1999 年版，第 393 页。

③ 毛泽东：《实践论》，《毛泽东选集》第 1 卷，人民出版社 1991 年版，第 292 页。

④ 毛泽东：《驳第三次"左"倾路线（节选）》，《毛泽东文集》第 2 卷，人民出版社 1993 年版，第 343—344 页。

类例子，还可以举出一打来。"①

毛泽东认为，事物的发展是一个由量变到质变的过程，只有量变达到一定程度，才能发生质变。他写道："量的变化是以质的定性为基础而受其限制的，但同时量的变化又反过来影响于质。这即是说，受一定的质规定的事物，只在某一瞬间以前是这样，等到量的变化达到一定的质的限度和一定的界限时，量就要求质的变化。同时这一变化，也是由质到量的变化。旧质一消灭，新量就向前发展了。""只有经过量的变化才能发生质的变化。"②

（二）发展不是简单的重复，发展呈现螺旋式的渐进过程

列宁认为，发展是按所谓螺旋式而不是按直线式进行的。他在《卡尔·马克思》一文中也写道："发展似乎是在重复以往的阶段，但它是以另一种方式重复，是在更高的基础上重复（'否定的否定'），发展按所谓螺旋式，而不是按直线式进行的；发展是飞跃式的、剧变式的、革命的；'渐进过程的中断'；量转化为质；发展的内因来自对某一物体、或在某一现象范围内或某一社会内发生作用的各种力量和趋势的矛盾或冲突；每种现象的一切方面（而且历史在不断地揭示出新的方面）相互依存，极其密切而不可分割地联系在一起，这种联系形成统一的、有规律的世界运动过程，——这就是辩证法这一内容更丰富的（与通常的相比）发展学说的若干特征。"③

毛泽东认为，量变和质变是一个不断发展的过程，这个过程永远不会终结。他说："量变和质变是对立的统一。量变中有部分的质变，不能说量变的时候没有质变；质变是通过量变完成的，不能说质变中没有量变。质变是飞跃，在这个时候，旧的量变中断了，让位于新的量变。在新的量变中，又有新的部分质变。"④

---

① 恩格斯：《恩格斯致康拉德·施米特》，《马克思恩格斯全集》第38卷，人民出版社1972年版，第203页。

② 毛泽东：《读米丁等著〈辩证唯物论与历史唯物论〉一书的批注》，《毛泽东哲学批注集》，中央文献出版社1988年版，第186—187页。

③ 列宁：《卡尔·马克思》（传略和马克思主义概述），《列宁全集》第26卷，人民出版社1988年版，第57页。

④ 毛泽东：《读苏联〈政治经济学教科书〉的谈话（节选）》，《毛泽东文集》第8卷，人民出版社1999年版，第107页。

（三）发展是无止境地由低级上升到高级的不断变化的过程，是一种前进上升运动

唯物主义辩证法认为，人类社会发展的一般规律是一个由低级向高级的变化过程，是一种进步，它不是旧有的重复，而是一种前进上升的运动。列宁写道："在辩证哲学面前，不存在任何最终的东西、绝对的东西、神圣的东西；它指出所有一切事物的暂时性；在它面前，除了生成和灭亡的不断过程、无止境地由低级上升到高级的不断过程，什么都不存在。"①

毛泽东认为，人的认识也是一个由低级到高级的不断深化过程。他指出，人的理性认识来源于感性，但人的认识不能停留在低级的感性阶段，而应该发展到高级的理性阶段。他说："客观实际是错综复杂的，不断发展变化的。我们的头脑、思想对客观实际的反映，是一个由不完全到更完全、不很明确到更明确、不深入到更深入的发展变化过程，同时还要随客观实际的发展变化而发展变化。""我们的实践证明：感觉到了的东西，我们不能立刻理解它，只有理解了的东西才更深刻地感觉它。感觉只解决现象问题，理论才解决本质问题。"②

五　生产力的发展是经济和社会发展的决定因素

马克思恩格斯曾经充分肯定资本主义制度下生产力取得的巨大发展及其给经济和社会带来的翻天覆地的变化。马克思恩格斯说："资产阶级在它的不到一百年的阶级统治中所创造的生产力，却比过去一切时代创造的全部生产力还要多，还要大。自然力的征服，机器的采用，化学在工业和农业中的应用，轮船的行驶，铁路的通行，电报的使用，整个整个大陆的开垦，河川的通航，仿佛用法术从地下呼唤出来的大量人口，——过去在哪一个世纪料想到在社会劳动里蕴藏有这样的生产力呢？"③

---

① 列宁：《卡尔·马克思》（传略和马克思主义概述），《列宁全集》第26卷，人民出版社1988年版，第56页。

② 毛泽东：《实践论》，《毛泽东选集》第1卷，人民出版社1991年版，第286页。

③ 马克思、恩格斯：《共产党宣言》，《马克思恩格斯选集》第1卷，人民出版社1995年版，第277页。

关于科学与生产力的关系，马克思认为，科学和知识已经成为直接生产力。他写道："我们看到，一方面，资本是以生产力的一定的现有的历史发展为前提的，——在这些生产力中，也包括科学，——另一方面，资本又推动和促进生产力向前发展。""固定资本的发展表明，一般社会知识，已经在多么大的程度上变成了直接生产力，从而社会生活过程的条件本身在多么大的程度上受到一般智力的控制并按照这种智力得到改造。它表明，社会生产力已经在多么大的程度上，不仅以知识的形式，而且作为社会实践的直接器官，作为实际生活过程的直接器官被生产出来。"[①] "因此，随着资本主义生产的扩展，科学因素第一次被有意识地和广泛地加以发展、应用、并体现在生活中，其规模是以往的时代根本想象不到的。"[②]

毛泽东认为，生产活动是人类最基本的实践活动，而在人类社会发展中，生产力是最革命的因素。社会主义革命的目的是为了解放生产力。他写道："生产力是最革命的因素。生产力发展了，总是要革命的。"[③]

"社会主义经济法则是发展生产，保障需要，这是主要的、基本的，是起领导作用的经济法则。"[④]

六　实现协调和谐发展

（一）在自然界和人类社会关系中，既包含矛盾冲突，也包含和谐；既包含斗争，也包含合作

马克思辩证唯物主义认识论认为，在自然界和人类社会关系中，既包含矛盾冲突，也包含和谐；既包含斗争，也包含合作。只讲矛盾冲突和斗争而不讲和谐和合作那是片面的。认为把人类历史描绘成是一场

---

① 马克思：《政治经济学批判》（1857—1858 年草稿），《马克思恩格斯全集》第 46 卷（下），人民出版社 1980 年版，第 211、219—220 页。

② 马克思：《经济学手稿》（1861—1863 年），《马克思恩格斯全集》第 47 卷，人民出版社 1979 年版，第 572 页。

③ 毛泽东：《在中国共产党第八届中央委员会第二次全体会议上的讲话》（1956 年），《毛泽东著作专题摘编》，中央文献出版社 2003 年版，第 160 页。

④ 毛泽东：《在中央政治局扩大会议上的讲话》，《毛泽东文集》第 6 卷，人民出版社 1999 年版，第 289 页。

"生存斗争"显然是幼稚的看法，人类社会还应该在同大自然斗争中像兄弟般地团结一致。恩格斯写道："因此，在自然界中决不允许单单标榜片面的'斗争'。但是，想把历史的发展和错综性的全部多种多样的内容都总括在贫乏而片面的公式'生存斗争'中，这是十足的童稚之见。……要把这些理论从自然界的历史再搬回社会的历史，那是很容易的；而断定这样一来便证明这些论断是社会的永恒的自然规律，那就过于天真了。"① 恩格斯还写道，要"使全人类作为一个团结一致的兄弟社会，而与另一个矿物、植物和动物的世界相对立"。②

（二）人类社会唯有借助于生产力的发展，才有可能谈到真正的人的自由，谈到人与自然和谐一致

辩证唯物主义认识论认为，人类社会唯有借助于生产力的发展，才有可能谈到真正的人的自由，谈到人与自然的和谐一致。恩格斯写道："蒸汽机确实是所有那些以它为依靠的巨大生产力的代表，唯有借助于这些生产力，才有可能实现这样一种社会状态，在这里不再有任何阶级差别，不再有任何对个人生活资料的忧虑，并且第一次能够谈到真正的人的自由，谈到那种同已被认识的自然规律和谐一致的生活。"③

七 社会主义建设和发展论

（一）马克思主义的社会主义是要消灭贫困

什么是社会主义？斯大林在俄共十七大报告中说："社会主义不是要大家贫困，而是要消灭贫困，为社会全体成员建立富裕的和文明的生活。""如果以为社会主义能够在贫困的基础上建成，那就是愚蠢了。""谁需要这种所谓社会主义呢？这并不是什么社会主义，而是对社会主义的讽刺。社会主义只有在社会生产力蓬勃发展的基础上，在文化水平急速提高的基础上才能建成。因为社会主义，马克思主义的社会主义，不

---

① 恩格斯：《自然辩证法》，《马克思恩格斯全集》第 20 卷，人民出版社 1971 年版，第652 页。

② 恩格斯：《恩格斯致彼·拉·拉浦罗夫》，《马克思恩格斯全集》第 34 卷，人民出版社 1972 年版，第 164 页。

③ 同上。

是要缩减个人需要，而是要竭力扩大和发展个人需要，不是限制或拒绝满足这些需要，而是要全面地充分地满足有高度文化的劳动人民的一切需要。"①

（二）社会主义不赞成搞封闭

在苏维埃政权刚刚诞生并处于帝国主义国家包围之中的时候，列宁仍然主张对外开放，并同资本主义国家建立经济联系和改善外交关系。列宁写道："在社会主义制度下，由于上述纯粹经济上的考虑，劳动群众本身决不会赞成封闭"。② 斯大林认为，闭关自守搞社会主义建设的想法是愚蠢的。他写道："以为社会主义经济是一种绝对闭关自守、绝对不依赖周围各国国民经济的东西，这就是愚蠢之至。"③

（三）利用外援，利用先进国家的科学技术是后起新兴国家经济发展的必然选择

列宁认为，资本输出会大大加速资本输入国的经济发展。输出资本之所以可能，是因为许多落后的国家已被卷入到世界市场和世界资本主义的流转中来。列宁写道："资本输出在那些输入资本的国家中对资本主义的发展发生影响，大大加速这种发展。因此，如果说资本输出会在某种程度上引起输出国发展上的一些停滞，那也一定会扩大和加深资本主义在全世界的进一步发展作为补偿的。"④

斯大林认为，利用外援，利用先进国家的科学技术是后起新兴国家经济发展的必然选择。他写道："历史告诉我们，世界上任何一个新兴的国家，如果没有外援，不借外债或不掠夺其他国家和殖民地等等，就不能发

---

① 斯大林：《在党的十七次代表大会上关于俄共中央工作的总结报告》，《斯大林选集》（下），人民出版社 1979 年版，第 337—339 页。

② 列宁：《关于自决问题的争论总结》，《列宁全集》第 28 卷，人民出版社 1990 年版，第 35—36 页。

③ 斯大林：《再论我们党内的社会民主主义倾向》，《斯大林全集》第 9 卷，人民出版社 1954 年版，第 118—119 页。

④ 列宁：《帝国主义是资本主义的最高阶段》，《列宁全集》第 27 卷，人民出版社 1990 年版，第 378—379 页。

展自己的工业。这是资本主义工业化的一般道路。"① 毛泽东认为，既要向先进的国家和民族学习，又要保持本民族的特点。他说："我们的方针是，一切民族、一切国家的长处都要学，政治、经济、科学、技术、文学、艺术的一切真正好的东西都要学。但是，必须有分析有批判地学，不能盲目地学，不能一切照抄，机械搬用。"②

（四）延缓发展速度就是落后，落后是要挨打的

斯大林强调指出，社会主义要想生存，并尽快摆脱落后状态，就必须加快发展速度。否则就要挨打，或是灭亡。他说："人们有时问，不能稍微放慢速度，延缓进展吗？不，不能，同志们！恰恰相反，必须竭力和尽可能加快速度。……延缓速度就是落后。而落后者是要挨打的。""正因如此，列宁在十月革命前夜说：'或是灭亡，或是赶上并超过各先进的资本主义国家。'"③

毛泽东指出，在社会主义建设中不能跟在别人后面一步一步地爬行。他说："我们不能走世界各国技术发展的老路，跟在别人后面一步一步地爬行。我们必须打破常规，尽量采用先进技术，在一个不太长的历史时期内，把我国建设成为一个社会主义的现代化的强国。"④

（五）社会主义制度与资本主义制度和平共处和合作，求取和平发展是可能的

列宁和斯大林认为，社会主义与资本主义两种制度既相互对立，又相互依赖，并强调两种制度在对立斗争中和平共处，在和平共处中进行和平竞赛和合作，求取各自发展是可能的。在谈到两种制度和平共处和合作时，斯大林写道："美国的民主同苏维埃制度可以和平地共处和竞

---

① 斯大林：《托洛茨基反对派的过去和现在》，《斯大林全集》第 10 卷，人民出版社 1954 年版，第 171 页。

② 毛泽东：《论十大关系》，《毛泽东文集》第 7 卷，人民出版社 1999 年版，第 41 页。

③ 斯大林：《论经济工作人员的任务》，《斯大林选集》（下），人民出版社 1979 年版，第 273—274 页。

④ 毛泽东：《把我国建设成为社会主义的现代化强国》，《毛泽东文集》第 8 卷，人民出版社 1999 年版，第 341 页。

赛。……如果我们彼此不吹毛求疵，我们是可以和平共处的。"① 同时斯大林指出，在合作中要尊重各自的制度，他说："不应醉心于批评彼此的制度。……合作并不需要各国人民具有同样的制度。应该尊重人民所赞同的制度。只有在这种条件下，才能合作。"②

（原载《世界经济年鉴 2010—2011》，经济科学出版社 2011 年版）

---

① 斯大林：《和美国"斯克里浦斯——霍华德报系"报业联合公司总经理罗·霍德华先生的谈话》，《斯大林文选》（上），人民出版社 1962 年版，第 78 页。

② 斯大林：《和美国共和党活动家哈罗德·史塔生的谈话记录》（1947 年），《斯大林文选》（下），人民出版社 1962 年版，第 493 页。

正义问题研究的方法论反思

——以恩格斯对杜林正义研究方法的批判为例

王 广 *

学术研究总要应用一定的方法。中国古语尝云：事必有法，然后可成。西方名谚亦曰，最有价值的知识是关于方法的知识。这些都道出了方法的重要性。从某种意义上讲，研究方法的正确与否，往往决定着研究结果的成败得失。在当前的社会生活实践中，正义问题愈益引起学界的关注，也涌现出了一系列研究成果。笔者认为，在开展正义问题研究之时，首先对研究方法进行反思，是很有裨益的。在一定意义上讲，它甚至决定着我们在正义问题研究上的根本观点、关注重心和价值选择等一系列重要问题。笔者在本文中试图以恩格斯对杜林正义问题研究方法的批判为例，对正义问题研究方法作若干梳理，以就教于学界同仁。

一 杜林正义研究的先验主义方法

杜林在正义问题研究上，采用的是一种将数学方法应用到社会历史领域的先验主义方法。杜林在他的《哲学教程》一书的跋中写道："早在二十年代初期，哲学的基本概念，在我的头脑里业已形成。这些概念中的一个定律认为，涉及到世界观的模式问题的一个重要部分，应该从由于错误的、混乱的激情而产生的形而上学的糊涂概念中摆脱出来，应当以纯数学和合理的力学原理作为自己的牢固基础。当人们把在这个可靠的领域中具有自满自足意义的所有问题，作为具有数学性质的、需要冷静给予处理的问题加以阐述，而且完全摆脱其他各种思想的干扰时，人们将不仅可以甩

---

* 王广，中国社会科学院中国社会科学杂志社副编审。

掉庸俗的形而上学的错误，而且具有能够对概念和观点进行独立思考的优越性"。① 也就是说，杜林认为，在哲学等领域的研究中，不能依赖哲学史上诸多思想家采取的形而上学的思辨推理方法，而必须以纯数学和力学原理为基础。在他看来，前者是由于错误情绪而产生的糊涂看法，后者才是精确的、能够帮助人们深入思考的科学方法。杜林还说："如果在遇到问题时，不是立即用数学的精确性去加以解决，而是采用通常的、把一切问题弄得混乱不清的形而上学方法，那么，建立完全没有矛盾……的事物的概念，似乎是不可能的。"② 可见，在杜林看来，具有"精确性"的数学方法可以用来替代混乱的形而上学方法，以同样解决社会历史问题。

　　为什么杜林认为运用数学方法可以把握整个世界呢？ 这同他对数学以及数学同世界的关系的理解有关。杜林注意到，在数学这一学科领域中，存在着一些基本的公理，例如二乘二等于四，三角形三内角的和等于两直角等。他认为，这些公理是人们在思维中概括、提炼、抽象出来的，现实中的数学计算必须符合这些公理，而不能与之相违背。"初等数学中的那些一般被公认的个别真理"是"不容怀疑的"。③ 杜林由此认为，这些公理是具有永恒性的真理，是世界的"原则"。正如杜林所言："纯数学含义上的先验东西和合理的经验科学含义上的经验的东西，构成了一个独一无二的体系，这个体系的同一性将不会由于自满自足的表象方式在观念上的分离而受到影响。"④ 他由此进一步得出结论，认为在包括社会科学在内的其他各领域中，都存在着这种永恒不变的公理，因此，哲学的任务就是找出这些公理，然后按照这些公理的规定来解决问题。也就是说，"数学方法在历史、道德和法方面的应用，应当在这些领域内使所获结果的真理性也具有数学的确实性，使这些结果具有真正的不变的真理的性质。"⑤ 既然按照数学的方法，在这些领域中找到了终极的、不变的、具有数学的"确定性"的真理，那么，按照这些真理去改变世界，或者让世界去符合真理的要求，我们不就完成了改造世界、变革世界的伟大历史使命吗?! 这就是杜林的基本思路。如此一来，杜林的研究方法就是："把每一类认识对

① ［德］E. 杜林：《哲学教程》，郭官义、李黎译，商务印书馆1991年版，第493页。
② 同上。
③ 同上书，第9页。
④ 同上书，第39页。
⑤ 《马克思恩格斯选集》第3卷，人民出版社1995年版，第436页。

象分解成它们的所谓最简单的要素，把同样简单的所谓不言而喻的公理应用于这些要素，然后再进一步运用这样得出的结论。社会生活领域内的问题也'应当从单个的、简单的基本形式上，按照公理来解决，正如对待简单的……数学的基本形式一样'。"①

概括而言，杜林的研究方法是，如同研究数学一样，研究道德和法等社会历史领域内的问题，也要在这些领域中找出所谓的预定的"公理"，按照这些"公理"的要求来解决社会问题。杜林认为，道德领域里的公理或原则凌驾于一切历史之上，也凌驾于现今的民族特性的差别之上，是一种具有普适性的永恒真理。因此，把认识和道德的基本原则的正确性"设想成为是受时间和现实变化影响的，那完全是愚蠢"②。在杜林看来，"这些原则是真正的、从一开始就起作用的天然的推动力。在发展过程中组成比较完全的道德意识和所谓良心的那些特殊真理，只要它们的最终的基础都已经被认识，就可以要求同数学的认识和运用相似的适用性和有效范围。真正的真理是根本不变的，而且永远可以这样设想：它们在任何时候，对于自身所有的条件都是适用的。甚至，那些不能说明普遍关系，只能说明个别的、纯系个人问题的真理，也是永恒的。"③ 换言之，只要找到了这种根本不变的真正的真理，就可以像解答数学运算一样解决社会历史领域内的难题。

针对杜林在正义问题上的研究方法，恩格斯从几个不同的侧面对其进行了深入批判，指出在正义问题研究上只有唯物史观才是科学的方法论。

二　恩格斯对杜林正义研究方法的剖析

针对杜林将数学思维模式运用于包括正义在内的社会历史问题这一研究方法，恩格斯首先指出，数学方法与数学上的公理不是什么神秘的先天的模式，而实际上是对人类实践经验的抽象概括。

恩格斯说："纯数学具有不依赖于任何个人的特殊经验的意义，这当然是正确的，而且这也适用于各门科学的所有已经确定的事实，甚至适用

① 《马克思恩格斯选集》第 3 卷，人民出版社 1995 年版，第 436 页。
② ［德］E. 杜林：《哲学教程》，郭官义、李黎译，商务印书馆 1991 年版，第 184 页。
③ 同上书，第 183 页。

于所有的事实。磁有两极，水是由氢和氧化合成的，黑格尔死了，而杜林先生还活着，——这一切都是不依赖于我的或其他个人的经验的，甚至不依赖于杜林先生安然入睡时的经验的。"① 但是，恩格斯进一步指出，纯数学不依赖于任何个人的特殊经验，不意味着它是脱离人类的整体实践经验而先验地产生和存在着的。实际上，恰恰相反，"数和形的概念不是从其他任何地方，而是从现实世界中得来的。人们用来学习计数，也就是作第一次算术运算的十个指头，可以是任何别的东西，但总不是知性的自由创造物。为了计数，不仅要有可以计数的对象，而且还要有一种在考察对象时撇开它们的数以外的其他一切特性的能力，而这种能力是长期的以经验为依据的历史发展的结果。和数的概念一样，形的概念也完全是从外部世界得来的，而不是在头脑中由纯粹的思维产生出来的。必须先存在具有一定形状的物体，把这些形状加以比较，然后才能构成形的概念。纯数学是以现实世界的空间形式和数量关系，也就是说，以非常现实的材料为对象的。这种材料以极度抽象的形式出现，这只能在表面上掩盖它起源于外部世界。"② 这就是说，数学领域中的概念虽然具有高度抽象的性质，而且在这些概念的运用中摆脱了具体的物质内容的附着，但是，它们仍然是对现实物质世界进行高度地抽象概括的结果。不能因为"1"是一个不带有具体内容的抽象数字，就忘记了数字起源于人类实际计数某种物品的需要，起源于人类的实践活动。如同恩格斯所言："正像在其他一切思维领域中一样，从现实世界抽象出来的规律，在一定的发展阶段上就和现实世界脱离，并且作为某种独立的东西，作为世界必须遵循的外来的规律而同现实世界相对立。社会和国家方面的情形是这样，纯数学也正是这样，它在以后被应用于世界，虽然它是从这个世界得出来的，并且只表现世界的构成形式的一部分——正是仅仅因为这样，它才是可以应用的。"③ 说得通俗一点，不是先有了 1 + 1 = 2 的公理我们才去计数，而是我们在实践计数中发现并概括出了 1 + 1 = 2 的公理，并在实践中将之进一步运用。

恩格斯进一步指出："杜林先生以为，他不需要任何经验的填加料，就可以从那些'按照纯粹逻辑的观点既不可能也不需要论证'的数学公理

①　《马克思恩格斯选集》第 3 卷，人民出版社 1995 年版，第 377 页。

②　同上。

③　同上书，第 378 页。

中推导出全部纯数学，然后把它应用于世界，同样，他以为，他可以先从头脑中制造出存在的基本形式、一切知识的简单的成分、哲学的公理，再从它们中推导出全部哲学或世界模式论，并把自己的这一宪法钦定赐给自然界和人类世界。"① 这就是说，杜林的错误在于，他仅仅纠缠于从主观思维中抽象出来的某些所谓原则，而完全割断了这些原则由以产生的物质根源，不考虑"任何经验的填加料"，这样，他的这些所谓原则注定是空洞无物的和毫无用处的。

杜林还认为，数学方法与数学思维方式可以被运用到包括社会历史在内的一切研究领域，研究正义问题同样如此。这一观点不仅将数学公理独立化和实体化，而且混淆了不同认识领域中不同的认识规律与方法。恩格斯就此指出，不同的认识与研究领域有不同的认识论，不能将其他领域的研究方法机械地移植到正义研究领域。

恩格斯根据当时包括自然科学与哲学社会科学在内的整个认识领域的发展状况与研究规律，将其分成三大部分：第一部分包括所有研究非生物界的并且或多或少能用数学方法处理的科学，包括数学、天文学、力学、物理学等。在这些领域内，某些公式和规律在其适用范围内，是科学的和正确的，如果有人喜欢用大字眼来形容，那么可以将其称为绝对真理。然而，随着研究情况的愈益复杂，以及人们研究能力的天然局限，这种"最后的终极的真理"已经"变得非常罕见了"。② 第二部分包括研究活的有机体的科学。在这些领域中，事物之间的相互关系与因果联系极为错综复杂，每个已经解决的问题又会引起无数的新问题，而且这些问题往往需要一点一点地、甚至通过几百年时间的研究才能得到解决。因此，在这一领域中的认识必须不断地修正、发展，"谁想在这里确立确实是真正的不变的真理，那么他就必须满足于一些陈词滥调"。③ 人类认识领域的第三部分是按历史顺序和现今结果来研究人的生活条件、社会关系、法的形式和国家形式的科学，以及由哲学、宗教、艺术等组成的上层建筑的历史科学。在这些领域中，各种情况的变化更加复杂，以至于"情况的重复是例外而不是通例"。④ 所以，"在这里认识在本质上是相对的，因为它只限于了解

---

① 《马克思恩格斯选集》第 3 卷，人民出版社 1995 年版，第 374 页。
② 同上书，第 428 页。
③ 同上书，第 429 页。
④ 同上。

只存在于一定时代和一定民族中的，而且按其本性来说是暂时的一定社会形式和国家形式的联系和结果。因此，谁要在这里猎取最后的终极的真理，猎取真正的、根本不变的真理，那么他是不会有什么收获的，除非是一些陈词滥调和老生常谈。"① 这就是说，在数学领域和社会历史领域中，由于研究对象的不同，其研究特点和认识规律也有着巨大的差别。因此，即使在数学领域中存在着有效的和具有真理性的公式，也并不意味着在其他领域也能找出类似的公式。列宁在《唯物主义和经验批判主义》一文中谈到这一问题时曾经指出："在一般科学、特别是历史科学的最复杂的问题上，杜林到处滥用最后真理、终极真理、永恒真理这些字眼。恩格斯嘲笑他，并且回答说：当然，永恒真理是有的，但是在简单的事物上用大字眼（gewaltige Worte）是不聪明的。为了向前推进唯物主义，必须停止对'永恒真理'这个字眼的庸俗的玩弄，必须善于辩证地提出和解决绝对真理和相对真理的关系问题。"② 也就是说，要想使人类的认识获得进一步发展，就决不能满足于停留在人们已经了解的一些事实上，并将其宣布为永恒真理，而必须不断探索，不断冲破人们已经获得的相对真理的局限，不断将人类的认识水平向前推进。这样看来，我们决不能将数学领域的思维方式原封不动地移植到社会历史领域。

恩格斯所做的学科分类，距今已经过去了150多年。当前的学科分化更加细密森严，各个学科领域的特殊规律层出不穷、各有侧重，这更说明，我们很难期望通过掌握一些抽象的原则就能把握住整个研究领域。在正义问题研究中，更应当以唯物史观为基本研究方法，而不能靠推导出一些所谓的公理和原则，以此解决所有的社会正义问题。

三 重思现实世界与世界概念的关系

杜林在正义问题上的研究方法，应当说不是偶然产生的。斯宾诺莎就曾提出过类似的观点，他认为只有像研究几何学一样，借助理性的力量从最初几个由直观得到的定义和公理推衍出来的知识，才是真正的和可靠的知识。斯宾诺莎本人在研究哲学伦理学问题时，采用的就是这样一种方

---

① 《马克思恩格斯选集》第3卷，人民出版社1995年版，第430页。
② 《列宁选集》第2卷，人民出版社1995年版，第92—95页。

法。斯宾诺莎把人的思想、欲望、情感等因素当作几何学中的点、线、面，先提出定义和公理，然后加以证明，在此基础上再作出推理。① 当代西方伦理学与政治哲学家罗尔斯教授也提出要建立一种完善的"道德几何学"，以便对人们的道德生活进行精确的计算和规导。② 从本质上说，他们的研究方法都或多或少地显露出先验主义的色彩。

一般来说，先验主义（apriorism）是一种把认识看做先于人的实践经验的唯心主义认识学说。这种学说认为，人的知识和才能是先于客观事物与感觉经验而存在的东西，因此，人们对知识和才能的获取不是通过物质实践活动，而是通过先天的思维形式或其他手段而实现的。杜林的方法论就具有明显的先验主义特征。在杜林看来，所谓哲学，是世界和生活的意识的最高发展形式，即关于世界的"最后的终极的真理"③，从更广泛的意义上来说，哲学还包括一切知识和意愿的原则。而"哲学所关心的原则，不是某一系列知识和某一类事物的任意的、相对的发端，而是简单的或迄今被想象为简单的成分。这些成分可以构成各种各样的知识和意愿。"④ 杜林在这里要表达的是这样一个意思：整个世界都是由一些非常简单的"成分"或要素组成的，这些"成分"或要素不是任意地和毫无规律地组成世界的；相反，要遵循一定的"原则"。这些原则，就是哲学的研究对象。把这些原则概括出来，就等于把握住了整个世界。杜林下面这段话更清晰地表露了他的观点："同物体的化学组成一样，事物的一般状态也可以还原为基本形式和基本元素。这些终极的成分或原则一旦被发现，就不仅对于（我们可以）直接知道的和可以接触到的东西，而且对于我们所特有的和足够用的感觉之外的一切东西，或者对于理性的幻想在其它空间和时间条件下仍然可以想象的一切东西也都有意义。因此我们可以从这种原则中获得关于组成全部存在的基本材料和相互联系的基本形式。"⑤

---

① ［荷］斯宾诺莎：《伦理学》，商务印书馆1983年版，斯宾诺莎的这本著作，整本都是对这种论证方法的运用——先对某些概念进行界说，然后提出一些公理，进而提出若干命题，对这些命题进行证明。

② ［美］罗尔斯："我们应当向有所有几何学之严密的道德几何学而努力。"转引自韦森《经济学与伦理学——探寻市场经济的伦理维度与道德基础》，上海人民出版社2002年版，第190页。

③ ［德］E. 杜林：《哲学教程》，郭官义、李黎译，商务印书馆1991年版，第2页。

④ 同上书，第7页。

⑤ 同上书，第8页。

恩格斯就此指出，杜林"企图从永恒真理的存在得出结论：在人类历史的领域内也存在着永恒真理、永恒道德、永恒正义等等，它们要求具有同数学的认识和应用相似的适用性和有效范围。"这实际上是为了说明"他这个现在刚出现的预言家在提包里带着已经准备好的最后的终极的真理，永恒道德和永恒正义。"① 这一方法究其实质，"不过是过去有人爱用的玄想的或者也称为先验主义的方法的另一种表现方式，这一方法是：不是从对象本身去认识某一对象的特性，而是从对象的概念中逻辑地推论出这些特性。首先，从对象构成对象的概念；然后颠倒过来，用对象的映象即概念去衡量对象。这时，不是概念应当和对象相适应，而是对象应当和概念相适应了。"② 也就是说，杜林的方法不是从客观的社会事实出发，分析、概括客观事物的内在规律和本质属性，而是相反，先从客观事物中抽取事物的概念，再反过来把这个概念作为事物的标准，去衡量客观事物。这就完全颠倒了现实世界与世界的概念之间的关系。这种做法其实是对黑格尔论证方式的庸俗改造。正如恩格斯所言，杜林"从思想中，从世界形成之前就久远地存在于某个地方的模式、方案或范畴中，来构造现实世界，这完全像一个叫作黑格尔的人的做法。"③ "关于这种存在的形式原则的科学，正是杜林先生的哲学的基础。"④

恩格斯进一步指出，与杜林研究正义问题的先验主义和唯心主义方法相反，马克思主义的研究方法要求一切从客观现实出发，依据世界的本来面目来反映世界。早在他们合作撰写《德意志意识形态》一书时，马克思和恩格斯就确立了历史唯物主义的方法论，批判了唯心主义的认识方法。他们指出："这种历史观（即唯物史观——引者注）就在于：从直接生活的物质生产出发来考察现实的生产过程，并把与该生产方式相联系的、它所产生的交往形式，即各个不同阶段上的市民社会，理解为整个历史的基础；然后必须在国家生活的范围内描述市民社会的活动，同时从市民社会出发来阐明各种不同的理论产物和意识形式，如宗教、哲学、道德等等，并在这个基础上追溯它们产生的过程。"⑤ 在对比唯物史观与唯心史观的根

---

① 《马克思恩格斯选集》第 3 卷，人民出版社 1995 年版，第 430 页。
② 同上书，第 437 页。
③ 同上书，第 374 页。
④ 同上书，第 375 页。
⑤ 同上书，第 42—43 页。

本差异时，马克思和恩格斯进一步指出："这种历史观和唯心主义历史观不同，它不是在每个时代中寻找某种范畴，而是始终站在现实历史的基础上，不是从观念出发来解释实践，而是从物质实践出发来解释观念的东西"。① 在批判杜林先验主义与唯心主义的正义问题研究方法时，恩格斯进一步明确指出："原则不是研究的出发点，而是它的最终结果；这些原则不是被应用于自然界和人类历史，而是从它们中抽象出来的；不是自然界和人类去适应原则，而是原则只有在符合自然界和历史的情况下才是正确的。"② 可见，杜林在正义问题研究中寻找原则和永恒公理的方法，与马克思恩格斯唯物史观的方法是完全背道而驰的。

四　重返正义研究的唯物史观视野

恩格斯对杜林正义观研究方法的批判提示我们，马克思恩格斯对正义问题的理解，不仅仅体现在其具体结论上，而且在于其系统缜密的方法论基础，即，他们明确确立唯物史观为研究正义问题的科学方法。正由于此，马克思恩格斯才把正义看作一定社会中特定的经济生产方式的产物，在历史发展的具体行程中探求正义范畴的本质，从而在整个学术思想史上开辟了一条研究正义问题的新路径。

自柏拉图《理想国》以降，西方讨论正义问题的政治哲学著作不知凡几，但对于正义的看法却殊见迭出、多有争论。正如法理学家博登海默所言："正义具有着一张普洛透斯似的脸，变幻无常，随时可呈不同形状，并具有极不相同的面貌。当我们仔细查看这张脸并试图解开隐藏其表面之后的秘密时，我们往往深感迷惑。"③ 那么，正义为何如此难解呢？笔者认为，追根溯源，是因为在正义问题研究上始终缺少一个科学的研究方法作为理论指导。不管是寻求永恒公理的先验主义方法，还是构想人类原始状态的自然状态学说，都脱离了社会发展的真实历史，在纯粹的逻辑思辨中寻找着正义、平等的真貌。这种种做法正如日本学者川本隆史所转述的，

---

① 《马克思恩格斯全集》第 3 卷，人民出版社 1960 年版，第 43 页。

② 同上书，第 374 页。

③ ［美］博登海默：《法理学——法哲学及其方法》，邓正来、姬敬武译，华夏出版社 1987年版，第 238 页。

都是"在脑子里做着很有意思的体操"①。

即便当代西方政治哲学家的理论创作，也仍然没有摆脱非科学的研究方法之迷局。当前，西方政治哲学界的正义理论中不乏真知灼见。譬如，罗尔斯所创立的作为公平之正义的思想体系即为影响深远的思想结构。然而，罗氏据以立论的方法，仍然是社会契约论的自然状态学说。如同他所反复申明的，原初状态不是历史上的实存状态，而仅仅是一种理性的试验和在思维中的存在。这让我们不能不产生一个疑问：由此出发构建的正义理论体系，其理论基础是否稍显薄弱？答案是肯定的。在这一问题上，《正义论》一书的译者何怀宏教授就提出，罗尔斯论证正义原则的社会契约论方法，一般以自然法的某些概念为基础，而自然法实际上是一种运用理性去发现的、有关人类权利和社会正义，被认为是高于"实在法"的普遍适用的一套价值体系。契约论的特征主要在于它的理性主义和对道德或者说正义的强调。② 在这种契约论和自然法理论中，蕴涵着非历史主义的倾向，其结论的析出不是立足于对历史事实的把握与历史规律的概括，而是建立在理性推衍的基础上。因此，恰如何怀宏教授所说："正义乃至正当的理论还应当有更深厚的根基，应当依据某种深刻的对于人类历史和社会发展的认识，依据某种有关人及其文化的哲学，这样才可能使理论彻底，才可能根基稳固，才可能不仅揭示'应然'，而且指明从'实然'到'应然'的现实道路，才可能最终地说服和把握人。"正是由于此，"马克思在研究政治经济学时采用了一种从抽象上升到具体、由简单上升到复杂的方法……然而，马克思在这一具体方法之上，还握有一种更根本的方法即唯物史观。"③ 这也从一个角度提示我们，在进行社会公平正义问题研究时，除了各种具体的、微观的方法（这些也是必不可少的）之外，应当始终以唯物史观作为最根本、最基础也最为宏观的研究方法。

唯物史观是马克思的第一个伟大发现，其发端、形成、确立经历了艰辛漫长的理论探索。在 1859 年 1 月撰写的《〈政治经济学批判〉序言》中，马克思阐述了历史唯物主义的一系列重要原理，并对唯物史观作了经典性的表述："人们在自己生活的社会生产中发生一定的、必然的、不以

---

① ［日］川本隆史：《罗尔斯：正义原理》，詹献斌译，河北教育出版社 2001 年版，第 8 页。
② ［美］罗尔斯：《正义论》，何怀宏等译，中国社会科学出版社 1988 年版，第 20—21 页。
③ 同上。

他们的意志为转移的关系，即同他们的物质生产力的一定发展阶段相适合的生产关系。这些生产关系的总和构成社会的经济结构，即有法律的和政治的上层建筑竖立其上并有一定的社会意识形式与之相适应的现实基础。物质生活的生产方式制约着整个社会生活、政治生活和精神生活的过程。不是人们的意识决定人们的存在，相反，是人们的社会存在决定人们的意识。"① 也就是说，生产关系的总和构成社会的经济基础，决定着社会意识形式的产生与演变。马克思的这一发现，"正像达尔文发现有机界的发展规律一样"，揭开了人类历史发展的普遍规律，即："人们首先必须吃、喝、住、穿，然后才能从事政治、科学、艺术、宗教等等；所以，直接的物质的生活资料的生产，从而一个民族或一个时代的一定的经济发展阶段，便构成基础，人们的国家设施、法的观点、艺术以至宗教观念，就是从这个基础上发展起来的，因而，也必须由这个基础来解释，而不是像过去那样做得相反。"② 这样，人们在理解正义包括自由、平等、公平等范畴时，就没有理由再将这些范畴看做历史的发源地和社会发展的标杆，试图依靠讨论这些范畴获得现实的解放。杜林的正义观之所以受到恩格斯和马克思的严厉批判，首先就是因为他的研究方法仍然浸染着先验主义的色彩，仍然难以越出从头脑、思维以及思辨推衍中研究正义问题的樊篱。而马克思和恩格斯在正义问题研究上之所以能够得出科学的结论，归根结底，正是由于他们有唯物史观这一科学方法的指引。

以唯物史观视之，正义不是远超于社会之外的神秘原则，牵系着社会向前迈进；而是社会和历史的产物，随着生产力的发展、生产方式的跃迁和历史条件的变更而改变着自己的样态。因此，正义不是永恒真理，而是依托于物质条件变革而不断发展的具体的、历史的进程。所以，谈论正义问题必须以唯物史观为指导，而不能脱离社会历史。可以说，虽然马克思和恩格斯很少从正面阐释和说明正义，但他们所确立的新的研究方法，无疑拂去了笼罩在正义问题研究上的层层迷雾，将一条理论通衢展现在后继者的面前。

（原载《思想理论教育导刊》2010 年第 6 期）

---

① 《马克思恩格斯选集》第 2 卷，人民出版社 1995 年版，第 32 页。
② 《马克思恩格斯选集》第 3 卷，人民出版社 1995 年版，第 777 页。

中国化马克思主义初步形成的重要标志

——《反对本本主义》的思想价值及其当代启示

金民卿 [*]

　　20 世纪 20—30 年代，中国共产党在领导中国革命的过程中，遭遇了严重的教条主义错误思想干扰，如何正确看待和运用马克思主义，如何正确地分析和把握中国实际，在把马克思主义同中国实际相结合的过程中确立正确的革命道路和科学的思想路线，历史地摆在以毛泽东为代表的中国共产党人面前。在这样的历史关头，毛泽东于 1930 年 5 月创作了《反对本本主义》（原题为《调查工作》，20 世纪 60 年代公开发表时改为此名）一文，创造性地提出了一系列重要的理论观点，形成了中国化马克思主义的重要理论创新成果，标志着马克思主义中国化的第一个重大成果——毛泽东思想的初步形成。当今时代，马克思主义中国化迎来了新的发展机遇，在新的历史条件下重温《反对本本主义》的思想内涵，将会获得新的理论启示。

一　调查研究和思想交锋的理论总结

　　毛泽东历来重视调查工作，把进行社会调查作为领导工作的首要任务和决定政策的基础。大革命时期，做了湖南农民运动调查，创作了《湖南农民运动考察报告》；秋收起义前，做了板仓调查和长沙调查，提出了关于旗帜和土地问题的新提法；井冈山时期，做了永新调查和宁冈调查，为制定井冈山土地法打下了坚实的基础；进入闽西之后，做了长汀调查，制定了正确的商人和知识分子新政策；在领导土地革命的过程中，又进行了

---

　　* 金民卿，中国社会科学院马克思主义研究院研究员。

寻乌、兴国、长冈、才溪等调查，形成了中国土地革命的正确路线。调查研究的工作方法和思想路线同各种教条主义的工作方法和思想路线是相反的，正因为如此，毛泽东也多次遭到教条主义者的打击。《反对本本主义》虽然是毛泽东在1930年5月间创作的文章，但它绝不是一时心血来潮的产物，而是几年来进行调查研究及思想交锋的深刻体会和理论总结。

（一）批判"唯上论"，反对来自上级的主观主义，提出"工农武装割据"思想

井冈山时期，毛泽东等在探索中国革命道路伊始，就遭遇了"唯上论"的错误干扰。1928年3月，湘南特委特派员周鲁一到井冈山，根本不考察具体情况，不了解毛泽东等根据实际制定的正确政策，而是机械地照搬上级指示，指责毛泽东等"行动太右，烧杀太少"，没有执行"使小资产变成无产，然后强迫他们革命"的极"左"政策，是"右倾逃跑"、"枪杆子主义"。强令井冈山机械执行中央打击小资产阶级的"左"倾政策，"把小资产阶级大部驱到豪绅一边，使他们挂起白带子反对我们"①，教条主义地执行湘南特委的错误命令，强令部队远距离分兵到湘南，导致了井冈山根据地的"三月失败"。1928年六七月间，湖南省委又"三变其主张"，给井冈山发来了相互矛盾的指示，省委特派员杜修经等坚持"唯上论"，指令红四军必须毫不犹豫地执行省委指示，导致了井冈山根据地的"八月失败"。

对于这种不进行调查研究而只是机械执行上级命令的"唯上论"做法，毛泽东提出了严厉批评："湖南省委代表杜修经同志不察当时环境，不顾特委、军委及永新县委联席会议的决议，只知形式地执行湖南省委的命令，附和红军第二十九团逃避斗争欲回家乡的意见，其错误实在非常之大。"② 在《反对本本主义》中，毛泽东再次批评道："许多巡视员，许多游击队的领导者，许多新接任的工作干部，喜欢一到就宣布政见，看到一点表面，一个枝节，就指手画脚地说这也不对，那也错误。这种纯主观地'瞎说一顿'，实在是最可恶没有的。他一定要弄坏事情，一定要失掉群

---

① 《毛泽东选集》第1卷，人民出版社1991年版，第78页。
② 同上书，第52页。

众，一定不能解决问题。"①

对于上级的主观主义错误指示，毛泽东也坚决抵制和批评。关于红军作战原则和行动方向，远在上海的中央根本不了解井冈山的实际情况，主观主义地要求红军分散作战，分兵游击扩大区域，向湘东或湘南发展。对此，毛泽东指出："当此反动政权暂时稳定时期，敌人能集中大量军力来打红军，红军分散是不利的。我们的经验，分兵几乎没有一次不失败，集中兵力以击小于我或等于我或稍大于我之敌，则往往胜利。"② 关于党中央要求取消党代表制度的指示，毛泽东明确提出："党代表制度，经验证明不能废除。特别是在连一级，因党的支部建设在连上，党代表更为重要……故我们决定不改。"③ 对于这种不深入实际而只是坐在洋房子里作决策下命令的做法，《反对本本主义》再次指出，"只有蠢人，才是他一个人，或者邀集一堆人，不作调查，而只是冥思苦索地'想办法'，'打主意'。须知这是一定不能想出什么好办法，打出什么好主意的。换一句话说，他一定要产生错办法和错主意。"④

正是在同"唯上论"进行斗争的过程中，在同上级主观主义错误的交锋中，毛泽东把马克思主义普遍真理同井冈山根据地的具体实践紧密结合起来，创造性地形成了"工农武装割据、建立红色政权"的理论，并根据变化着的客观形势制定了符合斗争实际的政策策略，在统治阶级内部发生破裂时期采取比较积极的策略发展割据区域，而在统治阶级政权比较稳定时期则采取逐渐推进的策略巩固中心区域，反对分兵冒进，推动了井冈山革命根据地的健康发展，为形成"农村包围城市、武装夺取政权"革命道路奠定了基础。

（二）批判"唯共产国际论"，根据中国具体实际，开辟"农村包围城市、武装夺取政权"的革命道路

中国共产党在自己的早年，同共产国际有着千丝万缕的联系。正是在共产国际的帮助下，中国共产党得以很快成立，成立不久即作为共产国际的一个支部而存在，共产国际在一系列重大问题上给中国共产党以多方面

---

① 《毛泽东选集》第 1 卷，人民出版社 1991 年版，第 110 页。
② 同上书，第 67 页。
③ 同上书，第 64 页。
④ 同上书，第 110 页。

的指导。

共产国际的指导对中国共产党的建立和成长起了很大的作用，但是也存在着重大缺点和错误，用毛泽东的话说，它是"两头好，中间差"。所谓"中间差"，就是指共产国际在我国土地革命时期，不能把一般号召同我国实践相结合，以具体布置代替了原则指导，严重干涉了我党的内部事务，使我党不能独立自主，不能发挥自己的积极性和创造性。① 由此，再加上中国共产党政治和理论上尚不成熟，在重大问题上往往盲从于共产国际的指示，党内的"唯共产国际论"非常严重。1927 年，瞿秋白接受共产国际的不间断革命理论，混淆了民主革命和社会主义革命的界限，造成了土地革命时期第一次"左"倾机会主义。1930 年，李立三接受共产国际的"第三期理论"和城市中心论，造成了第二次"左"倾机会主义。1931 年六届四中全会之后，王明等完全按照共产国际指示指导中国革命，使"左"倾教条主义在党内统治长达四年之久，几乎把中国革命带入绝境。

对此，毛泽东等作了坚决斗争。1929 年 2 月，中央领导按照共产国际指示，给红四军发来了《中央给润芝、玉阶两同志并转湘赣边特委的信》（史称"二月来信"），指示红军要分散存在，让朱德、毛泽东离开部队隐蔽起来。4 月 5 日，毛泽东致信中央（《红四军前委给中央的信》），批评了中央和共产国际的悲观主义思想和错误指示，认为这只"是一种理想"②，是一定要失败的。他提出了创立赣南闽西大块革命根据地并在此基础上去夺取全国政权的主张，初步提出了"农村包围城市、武装夺取政权"思想。

在共产国际影响下，一些人悲观主义地看待革命前途，不愿做创建红色政权的艰苦工作。1930 年 1 月，毛泽东给林彪写了后来命名为《星星之火，可以燎原》的回信，对这种悲观主义错误作了深刻批评，并明确指出："这种全国范围的、包括一切地方的、先争取群众后建立政权的理论，是于中国革命的实情不适合的。"③ 这里所说的理论就是共产国际所推行的"城市中心论"的革命道路理论。俄国革命时，列宁根据俄国具体国情，

① 参见《周恩来选集》下卷，人民出版社 1984 年版，第 300—301 页。
② 《毛泽东文集》第 1 卷，人民出版社 1993 年版，第 55 页。
③ 《毛泽东选集》第 1 卷，人民出版社 1991 年版，第 97—98 页。

先扩大政治影响争取全国群众，时机成熟后发动城市暴动，而后迅速把暴动推向全国并依靠红军力量实现全国革命，建立苏维埃政权。但是，中国国情不同于俄国，中国是一个半殖民地半封建的农村大国，不可能像俄国那样走"城市中心论"的革命道路。所以，毛泽东说这种理论不符合中国革命的实情。

在批判"唯共产国际论"错误的同时，毛泽东把建立农村革命根据地、实行工农武装割据提到异常突出的地位，认为红军和红色区域的建立和发展，是半殖民地中国在无产阶级领导之下的农民斗争的最高形式，是促进全国革命高潮的最重要因素，因此必须毫不动摇地确立"建立红色政权的深刻观念"，以小区域的工农武装割据为基础，逐步扩大成为大块的革命根据地，以此来推动全国革命高潮，夺取和建立全国性政权，最终实现全国革命胜利，创立了"农村包围城市、武装夺取政权"的革命道路理论。

（三）批判"唯书论"，反对来自远方的形式主义，坚持从实际出发的"需要主义"

中国共产党从酝酿到成立只有短短的三年时间，理论准备非常不足；成立之后就投入到火热的斗争实践，党内的马克思主义理论修养非常缺乏。这就使得广大党员甚至党的高级领导，对理论本身产生盲目崇拜，以为上了书的就是对的，开口闭口要拿"本本"来，出现了严重的"唯书论"倾向。

1929 年 5 月底，红四军内围绕是否设立军委等问题发生争执。6 月 14 日，毛泽东在给林彪的复信①中明确提出，红四军内部争论的一个重要原因就是"一种形式主义的理论从远方到来"②。因为这种"唯书论"的形式主义，刚从苏联回国的刘安恭机械照搬苏联军事教科书，提出"既名四军，就要有军委"、"完成组织系统应有军委"。毛泽东批评道：只有四千多人一个小部队且处于行军时多的游击时代，军队指导需要集中而敏捷，而刘安恭等不顾这种实际只是依据书本，形式地要于前委之下、纵委之上硬生生地插进一个军委，这"完全是一种形式主义罢了"。这种"唯书

① 《毛泽东文集》第 1 卷，人民出版社 1993 年版，第 64—77 页。
② 同上书，第 67 页。

论"完全脱离实际，根本不考虑"于工作上是否有效果，于斗争上是否更形便利，不从需要上实际上去估量，单从形式上去估量……这种形式论发展下去，势必不问一切事的效果，而只是它的形式，危险将不可胜言。"①这种形式主义同从实际出发的"需要主义"正好相反，后者不是机械地从书本、从形式出发，而是从实际出发，根据实际需要决定行动原则和机构设置。

在批判形式主义、倡导"需要主义"的同时，毛泽东特别强调，共产党人必须用唯物史观的科学理论来指导行动，"我们是唯物史观论者，凡事要从历史和环境两方面考察才能得到真相。"他从思想路线的高度深刻指出，红四军的争论实际上是两种思想路线的争论，红四军中的非无产阶级思想意识实际上是"历史上一种错误的思想路线上的最后挣扎"，这种错误的思想路线同马克思主义的思想路线是相冲突的，为此，必须毫不犹豫地同它们进行坚决的斗争，以纯洁党的思想、彻底改造红军。②

几年来的调查研究和思想交锋，给毛泽东留下了深刻的思想印记和理论思考，需要在理论上进行整理和提升。于是，在红四军在赣南分兵发展之际，毛泽东在调查研究之余静下心来创作了《反对本本主义》这篇包含着深刻理论思考的短文。

二 中国化马克思主义初步形成的重要标志

从接受马克思主义开始，毛泽东就坚持实事求是、一切从实际出发的思想路线，致力于通过调查研究来把握中国的具体国情，把马克思主义基本原理同中国革命具体实践相结合，独立自主地探索中国革命的特殊道路，形成了中国化马克思主义的重要成果，《反对本本主义》就是一个集中体现。这篇文献把先前提出的成果进行思想提升，提出了一系列重要观点和论断，标志着中国化马克思主义已经初步形成。

（一）马克思主义世界观的中国化表述：没有调查，没有发言权

"没有调查，没有发言权"，是毛泽东在文章一开始就明确提出的振聋

———————

① 《毛泽东文集》第 1 卷，人民出版社 1993 年版，第 72 页。
② 同上书，第 74 页。

发聩的论断。这个论断把马克思主义的认识论、历史观和方法论有机结合起来，是中国化马克思主义认识论思想的典型表述。调查研究思想体现了认识来源于实践的马克思主义认识论原理和人民群众创造历史的历史唯物主义原理，体现了马克思主义方法论的基本内涵。调查研究是获得正确认识的根本条件、制定正确决策的基本前提、联结群众的重要桥梁。科学认识来自于群众实践，而不是来自于个人想象，要获得科学认识、制定正确决策，就必须深入到群众实践当中。调查研究就是深入群众的社会实践，从中获得正确认识，提出符合实际的决策，从而也就是解决问题。"一切结论产生于调查情况的末尾，而不是在它的先头"，"调查就像'十月怀胎'，解决问题就像'一朝分娩'。"① 离开了群众实践，离开调查研究，只能产生主观的凭空想象、唯心的阶级估量和工作指导，其结果不是机会主义就是盲动主义。一些人不调查研究就到处瞎说、到处指手画脚，这种做法不仅违背了马克思主义的基本原理，而且是共产党员的耻辱，是最可恶没有的。

　　毛泽东不仅强调调查研究的重要性，而且创造性地提出了调查研究方法论。首先，调查研究必须是全面的而不能是片面的，形式主义的、片面的调查研究是没有什么效果的。其次，调查研究必须是正确的而不是错误的，也就是必须掌握科学的调查研究方法，否则"调查的结果就像挂了一篇狗肉账，像乡下人上街听了许多新奇故事，又像站在高山顶上观察人民城郭。这种调查用处不大，不能达到我们的主要目的。"② 毛泽东在文章中对调查研究的目的、方法、要求作了阐述，列举了开调查会作讨论式的调查、选好调查对象、确定好调查人数、定好调查纲目、亲自出马、深入调查、亲自做记录等方法。再次，调查研究必须是有目的的而不是盲目的，也就是说一定要有的放矢地调查研究，唯此才能真正获得实际效果。1931年4月，在《总政治部关于调查人口和土地状况的通知》中，毛泽东进一步提出了"不做调查没有发言权、不做正确的调查同样没有发言权"的口号③，使调查研究思想更加完善。

――――――――――

① 《毛泽东选集》第1卷，人民出版社1991年版，第110页。

② 同上书，第113页。

③ 参见《毛泽东文集》第1卷，人民出版社1993年版，第267—268页。

（二）对待马克思主义的中国化态度：马克思主义的"本本"必须同我国实际情况相结合

如何正确对待马克思主义，是真马克思主义与假马克思主义的分界线。教条主义者把马克思主义神秘化、本本化，当作不可更动的教条。而真正的马克思主义者，则把马克思主义同具体情况相结合，用马克思主义的方法论来分析现实和指导实践，而不是用马克思主义的"本本"来切割现实。中国共产党从一开始就把马克思主义写在自己的旗帜上，但是，把马克思主义神秘化和教条化的本本主义做法在当时却严重存在。如上所述，当时党内本本主义最突出的表现就是唯上论、唯共产国际论、唯书论等。一些人总以为上了书的就是对的，一些人把共产国际指示视若神明，一些人迷信上级指示不察实际一味盲目执行，这些都给党的工作带来重大损失。为此，必须树立正确对待马克思主义的态度。

一方面，必须破除对待马克思主义的神秘化态度。中国共产党人坚持、欢迎和运用马克思主义，"决不是因为马克思这个人是什么'先哲'，而是因为他的理论，在我们的实践中，在我们的斗争中，证明了是对的。我们的斗争需要马克思主义。我们欢迎这个理论，丝毫不存什么'先哲'一类的形式的甚至神秘的念头在里面。"另一方面，必须破除对待马克思主义的教条化态度。马克思主义的"本本"是要学习的，但是这种学习决不是教条式的仅仅记住经典作家的个别论断和语句，而是必须掌握马克思主义的基本原理并把它同中国具体实际相结合。"我们需要'本本'，但是一定要纠正脱离实际情况的本本主义。"①

这样，毛泽东在这里有针对性地提出了对待马克思主义的正确的态度：既要认真学习马克思主义的经典著作，真诚接受马克思主义的基本原理，又不能神秘主义、教条主义地对待马克思主义；既要坚持马克思主义基本原理，更要在马克思主义同中国实际相结合的过程中，发展和创新马克思主义。

（三）中国共产党人的中国化气派：中国革命斗争的胜利要靠中国同志了解中国情况

科学正确的决策是实践成功的先导，而科学正确的决策必须符合客观

---

① 《毛泽东选集》第1卷，人民出版社1991年版，第111—112页。

实际，一切离开实际的决策都是结不出果实的花朵。从实际出发，从具体国情出发，探索中国特色的革命和建设道路，制定符合中国实际的战略策略，是中国共产党取得胜利的根本前提。而要做到这一点，就必须依靠中国人独立自主地把马克思主义基本原理同中国具体实际相结合，而不能单纯地依靠外来的经验和遥远的指挥。而"唯共产国际论"者，离开中国的实际经验，离开中国的斗争实践，完全依赖不能真正了解中国具体国情的共产国际的指挥，只是一成不变地守着俄国经验和共产国际的既定办法，以为这样就可以保障永久胜利，就可以无往而不胜，这是完全错误的。

　　正是基于这种认识，毛泽东在文章中大声疾呼，"中国革命斗争的胜利要靠中国同志了解中国情况"①。毕竟，中国的社会性质、具体国情不同于俄国，因而中国革命的主体、对象、方法、道路不可能同俄国完全相同，不把中国的具体国情搞清楚就不可能对中国革命做出正确的判断，就不可能提出符合中国国情的对策，中国革命也就不可能成功。日后中国革命不断走向胜利的实践充分证明了毛泽东的这个判断。遵义会议之后，中国共产党人正是摆脱了共产国际的左右，中国革命的航船才真正驶向了正确的方向。

（四）中国化马克思主义思想路线的早期表述：从斗争中创造新局面的思想路线

　　思想路线是一个根本问题，它决定着能不能正确地认识马克思主义，能不能正确地认识中国的具体实际，并进而正确地把马克思主义普遍真理同中国具体实践相结合，创造性地运用和发展马克思主义。中国革命的任务是伟大的，但是在前进的道路上充满着艰辛和曲折。越是任务艰巨，越是道路曲折，就越需要中国共产党斗争策略的正确和坚决。那么，中国共产党要制定正确的斗争策略，就必须确立正确的和积极的思想路线，反对错误的和保守的思想路线。这种正确的思想路线，就是马克思主义的从实际出发的思想路线，就是"共产党人从斗争中创造新局面的思想路线"。从斗争中创造新局面，就是从鲜活的群众实践出发，提出正确的理论和决策并用于指导革命实践，取得新的实践结果，创造新的斗争局面。从根本上说，这种思想路线不是从原则出发、从头脑到实践、从思想到物质的唯

---

　　① 《毛泽东选集》第 1 卷，人民出版社 1991 年版，第 115 页。

心主义思想路线，而是从实际出发、从实践到认识、从物质到思想的唯物主义思想路线。这里的说法，就是中国共产党从实际出发、实事求是思想路线的早期表述形式。

贯彻正确的思想路线必须同错误的、保守的思想路线作坚决斗争。毛泽东指出，党内、军内存在的唯心主义的思想路线和一成不变的空洞乐观的保守主义工作作风，"完全不是共产党人从斗争中创造新局面的思想路线，完全是一种保守路线。这种保守路线如不根本丢掉，将会给革命造成很大损失，也会害了这些同志自己"。为此，他大声疾呼："速速改变保守思想！换取共产党人的进步的斗争思想！到斗争中去！到群众中作实际调查去！"①

三 《反对本本主义》对当代马克思主义中国化发展的重要启示

经典文献的价值不仅在于在特定的历史条件下提出新的理论观点或纠正错误思想，更在于不断在新的时代条件下给当代人以重要启示。《反对本本主义》一文，以及土地革命时期中国化马克思主义在曲折中发展的历程告诉我们，要真正把马克思主义同中国的具体实际相结合，实现马克思主义中国化，形成中国化马克思主义创新成果，就必须做到以下几点。

第一，全面准确地理解和把握马克思主义的科学体系和基本原理，这是马克思主义中国化的理论前提，任何教条主义的做法都不仅在实践上而且在理论上造成严重的后果。

第二，实事求是地、一切从实际出发地把握中国革命、建设和改革的时代任务，这是马克思主义中国化的实践基础，任何照搬照抄别国经验和模式的做法都不可能真正形成实践和理论的成果。

第三，着眼于用马克思主义的基本原理来分析和解决中国革命、建设和改革实践中的问题，这是马克思主义中国化的理论生长点，任何主观主义的空谈和盲动都是有百害而无一利的。

第四，有独立自主地从事革命和建设实践的政党及其理论家，这是马克思主义中国化的理论主体基础，任何幼稚的、不成熟的、缺乏理论涵养

---

① 《毛泽东选集》第 1 卷，人民出版社 1991 年版，第 116 页。

的人占据了党的主要领导岗位，并以某种所谓的权威为支撑来强行引导理论发展的方向，都会给党的革命实践和理论事业带来重大挫折。

第五，敢于并善于同各种错误思潮进行坚决斗争，在思想交锋的过程中，捍卫和发展马克思主义，任何放纵和"宽容"错误思想的做法都将给党的理论创新造成混乱。毛泽东之所以在 20 世纪 50 年代提出判断香花和毒草的六条标准，邓小平之所以在改革开放之初就提出思想政治方面的四项基本原则，其根本就是要反对和批判各种错误思潮，以免其扰乱社会主义的思想文化建设，维护马克思主义的指导思想地位。

当今时代，推动中国化马克思主义的进一步发展，不能不注意到如下情况：一些人仍然教条主义地把马克思主义经典作家在特定条件下做出的个别论断神圣化，作为不可更改的圣经加以维护，否认当代马克思主义中国化的理论创新成果；一些人把西方的意识形态、政治制度、发展模式普世化，作为唯一正确的普世标准加以崇拜和盲从，认为只有西方的自由民主制度才是放之四海而皆准的万能法宝，而我国的意识形态、政治体制却存在着这样那样的弊病，因而必须按照西方的政党制度实行多党制，用西方式的宪政民主制度代替共产党领导下人民民主专政制度，用竞争性民主代替中国的协商性民主；一些人把传统国学万能化，把中国传统文化中的内容说成是最适合当代中国的政治理论；一些人盲目迷信所谓的创新，打着理论创新的旗号，把一些陈旧理论进行花样翻新或话语更替，制造所谓的新思想、新学术并以此来取代已被实践证明是正确的科学理论体系。为此，在推进当代马克思主义中国化理论创新的过程中，一定要破除以"马教条"、"洋教条"、"古教条"、"新教条"为代表的形形色色的教条主义。

（原载《马克思主义研究》2010 年第 4 期）

邓小平的"两手抓"思想探析

孙　丹*

20 世纪 70 年代邓小平重新出来工作以后，有一系列的"两手抓"：一手抓民主，一手抓法制①；一手抓物质文明，一手抓精神文明②；一手抓"坚持对外开放和对内搞活经济的政策"，一手抓"坚决打击经济犯罪活动"③；一手抓改革开放，一手抓惩治腐败；一手抓建设，一手抓法制④；等等。这一系列"两手抓"充满了思维的辩证观、发展的平衡观和实事求是的哲学观，是邓小平同志作为伟大的马克思主义者，积长期的革命和建设实践活动的经验教训而成的理论建树，是以邓小平为核心的中国共产党第二代领导集体对社会主义理论与实践探索的深刻总结。

概括起来，"两手抓"思想的核心就是一手抓实际工作，一手抓思想文化建设。在改革开放初期，经济建设与思想文化建设"两手抓"的实践迅速上升为建设社会主义物质文明和精神文明的理论高度，成为改革开放过程中重要的指导方针。"两手抓"的实质首先就是坚持实事求是的科学态度，在调查研究的基础上对国情作出科学理性正确的判断，制定出切实可行的方向和目标并坚定不移地实施。其次，"目标确定了，从何处着手呢？就要尊重社会发展规律"，"正确的路线一定要用正确的政策和策略来保证"⑤，"就必

* 孙丹，中国社会科学院当代中国研究所副研究员。

① 《民主和法制两手都不能削弱》，《邓小平文选》第 2 卷，人民出版社 1994 年版，第 189 页。

② 《在中国文学艺术工作者第四次代表大会上的祝词》，《邓小平文选》第 2 卷，人民出版社 1994 年版，第 208 页。

③ 《坚决打击经济犯罪活动》，《邓小平文选》第 2 卷，人民出版社 1994 年版，第 404 页。

④ 《在中央政治局常委会上的讲话》，《邓小平文选》第 3 卷，人民出版社 1993 年版，第 154 页。

⑤ 《建设有中国特色社会主义》（增订本），人民出版社 1987 年版，第 65 页。

须坚定不移地、毫不动摇地始终贯彻执行我们的政治路线"。① 邓小平继承了中国共产党一贯重视思想政治工作的优良传统，并在实践中发展升华为社会主义物质文明和精神文明共同建设的思想，并形象地称之为物质文明和精神文明建设两手都要抓，两手都要硬。社会主义经济建设是物质文明建设，社会主义精神文明建设是"两手抓"中思想文化建设这一手在实践中合乎逻辑的发展。把物质文明和精神文明建设思想作为一个整体进行研究，能够更全面、深刻地理解邓小平"两手抓"这一思想的精髓和历史贡献。而要理清"两手抓"思想，就不能不追寻这一思想的起点。

一　1975 年整顿与"两手抓"

从邓小平思想发展历程和他主持中央工作的经历来看，邓小平"两手抓"思想作为重要的思想方法提出并被成功地应用于社会主义建设的实践，乃是 1975 年的整顿。

"文化大革命"后期的 1975 年，邓小平临危受命，协助病重的国务院总理周恩来主持中央和国务院日常工作。他直接领导了以经济工作为中心的工交、军队、科技教育、农业等方面的整顿，并逐渐发展到意识形态领域，采取了一系列措施，形成了各领域整体推进的态势，取得了一系列显著成效。在他革命生涯这第二次浮沉中，工作了仅仅 10 个月就又被错误地批判、打倒了。然而，这 10 个月的整顿，却成为中国历史转折、改革开放的前奏②，是邓小平理论形成的重要基础。从邓小平这一时期的活动中可以看到，邓小平"两手抓"思想和注重建立全社会共同价值理想的思想就已经明确地表露了出来，可以说，"两手抓"思想在这一时期已经具有了雏形。

邓小平在 1975 年整顿中主要有以下建树：

1. 提出整顿的指导思想是以"三项指示"为纲。这不仅抓住了同"四人帮"进行斗争强有力的思想武器，表现了邓小平的政治智慧；同时，这既是对毛泽东思想完整、准确的理解和运用，也是把思想建设与经济工

---

① 《目前的形势和任务》，《邓小平文选》第 2 卷，人民出版社 1994 年版，第 251 页。
② 程中原、夏杏珍：《历史转折的前奏——邓小平在 1975》，中国青年出版社 2003 年版。

作完整结合、总体把握大局即"两手抓"的出色实践。

"文化大革命"后期，从 1974 年 8 月到 1975 年 1 月，毛泽东在不同场合发出并多次重申"要安定团结"，"加强理论学习，反修防修"和"把国民经济搞上去"的指示。邓小平主持工作以后，创造性地将这三项指示作为整顿的统一指导思想提出来。第一次提出"以三项指示为纲"，是在 1975 年 5 月 29 日钢铁工业座谈会上的讲话中，邓小平强调指出，"这三条重要指示，是互相联系的，不能分割的，一条都不能忘记"①。此后，7 月 4 日，在对中央读书班第四期学员的讲话中又一次明确强调："前一个时期，毛泽东同志有三条重要指示：第一，要学习理论，反修防修；第二，要安定团结；第三，要把国民经济搞上去。这三条指示互相联系，是个整体，不能丢掉任何一条。这是我们这一时期工作的纲。"②

从 1975 年 1 月邓小平贯彻毛泽东"军队要整顿"的指示、2 月以铁路整顿为突破口进而铺开的全面整顿，始终贯彻"三项指示"，始终抓住一个工作大局。这个大局就是三届人大一次会议和四届人大一次会议的政府工作报告中设计的我国国民经济的两步设想：第一步是到 1980 年，建成一个独立的比较完整的工业体系和国民经济体系；第二步是到 20 世纪末，把我国建设成为具有现代农业、现代工业、现代国防和现代科学技术的社会主义强国。邓小平指出："全党全国都要为实现这个伟大目标而奋斗。这就是大局。"因此，邓小平在抓经济工作的时候，注重两手抓，既抓经济、抓生产，也抓思想政治工作。他是通过端正指导思想以及通过各种规章制度建设③和组织纪律④等的整顿、恢复和建立，抓领导班子的团结⑤以维护全局的团结，来实现国民经济的恢复和发展。

在努力恢复受到严重破坏的国民经济的时候，邓小平提出要以学习理论促进安定团结、促进生产的恢复和发展，强调指出"有的同志只敢抓革命，不敢抓生产……这是大错特错的"⑥，要求把生产搞上去。对"三项指

---

① 《邓小平思想年谱》，中央文献出版社 1998 年版，人民出版社 1994 年版，第 9 页。
② 《加强党的领导，整顿党的作风》，《邓小平文选》第 2 卷，人民出版社 1994 年版，第 12 页。
③ 如领导班子建设、规章制度、责任制度、分配制度以及物质奖励制度等。
④ 如要求严格执行规章制度。
⑤ 如采取思想政治工作与强有力措施相结合的办法，坚决打掉派性斗争。
⑥ 《全党讲大局，把国民经济搞上去》，《邓小平文选》第 2 卷，人民出版社 1994 年版，第 4 页。

示"的总揽和运用体现了邓小平把握全局、运筹帷幄的战略家的雄才大略，是特殊年代里"两手抓"思想产生并运用于实践的独特创造。因此，在铁路、国防科技、钢铁等领域整顿初见成效之后，必然要将整顿扩展延伸到文艺科技教育等思想文化领域，最后实现经济、思想文化领域的全面整顿。

2. 整顿从经济领域开始以后，迅速向科技、教育等领域延伸。整顿工作在经济领域初见成效以后，围绕四届人大提出的"实现四个现代化"目标，针对科技事业处于瘫痪状态、科技人员分散闲置的局面，邓小平提出"科学技术是生产力，科技人员是劳动者"，对科技教育进行整顿，重新组织建立科研队伍，切实解决知识分子学非所用甚至根本得不到工作的迫切问题，要求科研工作和教育工作要走在国民经济发展的前面。而对教育、科学技术与国民经济发展关系的深刻认识，充分体现了邓小平的协调平衡持续的发展观和"两手抓"的思想特征。

随着科技整顿的开展，邓小平不失时机地提出文艺整顿，重提"百花齐放"，反对"一枝独放"。他抓住毛泽东提出调整文艺政策的契机和毛泽东的有关批示，开禁了一批文艺作品，如《创业》、《海霞》、《万水千山》、《长征组歌》等，将整顿扩展延伸到文艺与意识形态领域——整顿形成了一个整体。此时，全面整顿的想法已经在邓小平那里思考成熟了，他说，"毛主席讲过，军队要整顿，地方要整顿。地方整顿又有好多方面，工业要整顿，农业要整顿，商业也要整顿，文化教育也要整顿，科学技术队伍也要整顿。文艺，毛主席叫调整，实际上调整也是整顿。"① 这实际上成为新时期改革开放的曙光和先声。

3. 加强思想建设和对思想战线的领导，成立国务院政治研究室。根据邓小平的建议，1975 年 6 月，国务院成立了政治研究室，汇集了全国著名的理论工作者，有的人还是刚刚被"解放"的②。政治研究室的成立，打破了"四人帮"在思想宣传领域独霸天下的局面，成为形成全社会合力、凝聚人心的重要力量，成为邓小平进行思想理论宣传斗争的重要队伍。政研室成立后进行了大量调查研究工作，参加了《毛泽东选集》第五卷的编

---

① 《邓小平年谱》（1975—1997）（上），中央文献出版社 2004 年版，第 98—99 页。
② 如胡乔木，其他成员有吴冷西、胡绳、熊复、于光远、邓力群等。

辑工作和许多重要文件的起草工作①，在 1975 年国庆招待会上，大胆邀集科技教育界、文化艺术界、新闻出版界人士，促进了对知识分子和干部的政策落实。同时，在思想宣传和理论战线提出了如何宣传毛泽东思想的重大问题。认为"在相当多的领域里，都存在着怎样全面学习、宣传毛泽东思想的问题"，指出"林彪把毛泽东思想庸俗化的那套做法……是割裂毛泽东思想"。② 正确评价毛泽东思想成为正确总结党的历史、正确评价毛泽东和"文化大革命"的思想理论基础，既代表了这一时期与"四人帮"斗争的正义力量，也提出思想理论战线需要进一步思考和解决的课题，为后来全面正确总结党的历史和毛泽东思想奠定了思想和理论基础。

1975 年的整顿虽然夭折了，但是整顿的指导思想、方法途径在邓小平思想发展中具有重要意义，整顿也取得了成效。通过整顿，国民经济由停滞下降迅速转向恢复上升，工农业总产值比 1974 年有大幅度增长（1974 年为 1.4%，1975 年为 13.3%）；在抓经济工作整顿的同时，注意抓科技教育文化等领域的整顿，一些专家学者、文艺家和文艺作品开始陆续"解放"；国务院政治研究室的成立，初步形成了思想战线的统一领导。通过各方面的整顿，形成了社会全面走向安定和发展的局面的趋向，得到了广大群众的拥护，为结束"文化大革命"开创新的历史时期进行了物质准备，奠定了思想基础。③"两手抓"思想在这次整顿中充分展现了邓小平的全面、协调发展的辩证思想对于全面推进各项工作的重要意义，为确立新时期中国特色社会主义的战略目标和任务进行了理论和实践的预演。

二 改革开放中的"两手抓"与社会主义 双文明方针的形成

"文化大革命"以后，历经十年的动乱和不正常的政治与社会生活，国民经济停滞不前，思想领域交锋不断，科技教育领域人才匮乏，文艺园地凋敝，社会秩序混乱。特别是思想理论战线，许多重大理论和实践问题

---

① 如《论总纲》、《工业二十条》和《汇报提纲》。
② 《各方面都要整顿》，《邓小平文选》第 2 卷，人民出版社 1994 年版，第 36、37 页。
③ 1975 年整顿的历史，目前已有几种论著，或简或详，参见武市红、高屹主编《邓小平与共和国重大历史事件》中《邓小平与 1975 年全面整顿》一章，人民出版社 2000 年版；程中原、夏杏珍：《历史转折的前奏——邓小平在 1975》，中国青年出版社 2003 年版等。

偏离了马克思主义和社会主义的轨道，也对确立新的经济发展模式产生了直接的阻碍。在邓小平的主持和推动下，以真理标准的讨论为先河的思想解放运动和十一届三中全会结束了两年徘徊，确定了党的新的思想路线、政治路线和组织路线，将工作重心从以阶级斗争为纲转移到以经济建设为中心，邓小平建设有中国特色社会主义理论萌发，"两手抓"思想和社会主义双文明建设思想适时提出并日益丰富起来。

（一）物质文明和精神文明辩证协调发展理念的提出

邓小平关于"两手抓"的思考是从战略高度、从社会主义现代化建设的全局出发的。他指出，在建设高度的物质文明的同时，建设高度的社会主义精神文明，这是社会主义重要特征的体现。社会主义社会不但应该有高于以往一切社会的物质文明，更应该有高于以往一切社会的精神文明。社会主义精神文明不但表现为教育、科学、文化知识的高度进步，更体现为社会主义的思想、政治、道德水平的高度进步。物质文明和精神文明建设不能一手软、一手硬，而是两手都要抓，两手都要硬，要求物质文明为精神文明的发展提供物质基础，精神文明建设不仅要起到为经济建设保驾护航的作用，还要为巩固社会主义的方向服务。

十一届三中全会以后，尽管确立了以经济建设为中心的发展方向，但是从以阶级斗争为纲向以经济建设为中心的转变并不是一蹴而就的。在这一转变的过程中，伴随着思想领域的激烈交锋和社会意识的复杂反映。当时，在社会上和党内出现了"左"和"右"两种思想倾向。"左"的思想认为，三中全会以来所实行的一系列方针政策违反了马列主义、毛泽东思想，经济领域存在着和平演变的危险，因而反对和否定改革开放的政策。"右"的倾向则是夸大党在历史上的错误，否定四项基本原则，搞资产阶级自由化；还有一种现象是忽视政治理论学习和思想道德建设，认为经济发展能够解决一切问题，目无法纪，一切向"钱"看。这两种思想倾向不仅引起社会各阶层的思想混乱，在一定程度上严重损害党的形象、败坏社会风气，而且严重干扰着党的工作重心向经济建设的转移。

针对这种情况，1979 年，物质文明和精神文明的概念第一次正式出现在国庆讲话中。9 月，中共十一届四中全会审议并通过了《在庆祝中华人民共和国成立 30 周年大会上的讲话》。叶剑英同志在这篇国庆讲话中向全国人民提出，"我们要在建设高度的物质文明的同时，……建设高度的社

会主义精神文明",强调这是实现"社会主义现代化的必要条件"。10 月
30 日,邓小平在中国文学艺术工作者第四次代表大会上发表祝词,再一次
明确提出,"我们要在建设高度物质文明的同时,提高全民族的科学文化
水平,发展高尚的丰富多彩的文化生活,建设高度的社会主义精神文明"。
1980 年 10 月 25 日,邓小平在中央工作会议上的讲话中进一步提出了精神
文明的内涵:"所谓精神文明,不但是指教育、科学、文化(这是完全必
要的),而且是指共产主义的思想、理想、信念、道德、纪律,革命的立
场和原则,人与人的同志式关系,等等。"①

此后,在中国共产党第十二次全国代表大会上,邓小平明确提出"把
马克思主义的普遍真理同我国的具体实际结合起来,走自己的道路,建设
有中国特色的社会主义"这一著名论断。在大会审议通过的题为《全面开
创社会主义现代化建设的新局面》的报告中,从"建设有中国特色的社会
主义"的高度,第一次比较系统、科学地阐述了社会主义物质文明和精神
文明的内涵及其关系,特别是关于社会主义精神文明建设的若干重大问
题。对精神文明建设与社会主义现代化的关系及其战略地位、重要意义、
主要内容等理论问题进行了一系列的阐释。指出高度的精神文明是提高民
族自尊心和自信心、凝聚全社会力量建设社会主义的坚强基石。指出建设
高度的社会主义精神文明"是建设社会主义的一个战略方针问题","社会
主义的历史经验和我国当前的现实情况都告诉我们,是否坚持这样的方
针,将关系到社会主义的兴衰和成败"。从国庆讲话中提出的精神文明是
"社会主义现代化的必要条件",到将对这一问题的认识上升到是保证社会
主义方向的必要条件,"关系到社会主义的兴衰和成败",这就从战略高度
提出了精神文明建设在社会主义现代化中的作用和重要性。《报告》在题
为"努力建设高度的社会主义精神文明"的第三部分中,集中阐述了五个
方面的内容,② 对精神文明建设从基本原理、指导方针到具体内容、目标、
方法以及考核标准进行了论述,标志着以邓小平为核心的中国共产党关于

---

① 《贯彻调整方针,保证安定团结》,《邓小平文选》第 2 卷,人民出版社 1994 年版,第
367 页。

② 这五个方面的内容是:1. 物质文明和精神文明的辩证关系。2. 社会主义精神文明是社会
主义的重要特征,是社会主义制度优越性的重要表现。3. 社会主义精神文明建设的具体内容包括
文化建设和思想建设两个方面。4. 建设社会主义精神文明是全党的任务,是各条战线的共同任务。
5. 建设社会主义精神文明不是一件轻而易举的事情,而是长期的任务。

社会主义建设已经形成了比较完整的理论框架。在社会主义建设中，物质文明和精神文明是相互制约、相互促进的。邓小平始终强调，精神文明建设要围绕经济建设来进行。他说："不讲多劳多得，不重视物质利益，对少数先进分子可以，对广大群众不行，一段时间可以，长期不行。""革命是在物质利益的基础上产生的，如果只讲牺牲精神，不讲物质利益，那就是唯心论。"只有生产发展了，物质文明建设搞好了，人民的物质生活和精神生活水平才能得到提高。"说到最后，还是要把经济建设当作中心。离开了经济建设这个中心，就有丧失物质基础的危险。"① 同时，精神对物质具有巨大的反作用，精神文明搞不好，也会严重影响经济建设的健康发展。

（二）精神文明建设在物质文明建设中的重要性和必要性

物质文明建设的核心无疑是四届人大提出的四个现代化，精神文明建设的内容十分丰富，其核心则是举什么旗帜的问题。在双文明"两手抓"的同时，邓小平对精神文明建设、对思想领域的动向尤为重视，强调精神文明建设在物质文明建设中的重要性和必要性。因此，邓小平始终坚持精神文明建设的社会主义性质和核心，与各种非马克思主义、反马克思主义思潮进行坚决的斗争。

1. 精神文明建设促进端正党风和社会风气

"文化大革命"期间，"林彪、'四人帮'把我们党和政府搞乱了，把我们的社会搞乱了，也把不少青少年毒害了，社会主义的道德风尚受到了严重损害"②。"文化大革命"结束后，迫切需要澄清人们模糊的思想认识，恢复和建立良好的社会秩序和安定团结的社会环境。

端正党风，是端正社会风气的关键。为了加强党的建设，十一届三中全会重新成立了中共中央纪律检查委员会。1980 年 2 月，在十一届五中全会上，邓小平指出："我们党现在确实存在一个整顿的问题。三千八百万党员，相当一部分不合格。全会以后，需要结合讨论党章修改草案和贯彻执行党内生活准则，在全党进行一次教育。"十二大提出了整党的任务。1983 年 10 月，中共十二届二中全会作出了《中共中央关于整党的决定》，

① 《邓小平文选》第 3 卷，人民出版社 1993 年版，第 120 页。
② 《邓小平文选》第 2 卷，人民出版社 1994 年版，第 177 页。

提出用三年时间对党的作风和组织进行一次全面整顿。通过这次整党，对"文化大革命"中形成的各种派性问题和人员进行了清理，全党在思想、作风、纪律、组织四个方面都有了进步。

改善社会风气则从思想教育和行为习惯的养成入手。首先，大力加强思想政治工作和思想政治工作队伍建设。其次，除了进行耐心细致的思想政治工作，从思想上解决群众对党风、社会风气状况的不满外，还必须采取有力措施，对严重犯罪活动、严重危害社会风气的腐败现象给予坚决打击、制止和取缔。再次，把精神文明建设纳入法律化和制度化的轨道。邓小平指出："要教育好我们的后一代，一定要从各方面采取有效的措施，搞好我们的社会风气，打击那些严重败坏社会风气的恶劣行为。"①

五届全国人大五次会议通过修改后的《中华人民共和国宪法》，对精神文明建设的内容进行了充实和作出了新规定。总纲首次规定了社会主义思想和道德建设的有关内容，为社会主义精神文明建设的理论探索和实践工作提供了法律依据和保障。为了加强对精神文明建设的组织和领导，1983年2月27日，中共中央成立了"中央五讲四美三热爱活动委员会"，万里任委员会主任，同时宣布各省、直辖市、自治区也分别成立相应的委员会，为社会主义精神文明建设提供了组织保证和制度保证。各种精神文明建设活动迅速展开，中央提出的要在一个阶段内实现党风和社会风气有根本好转的目标基本实现。

2. 精神文明建设是思想领域的拨乱反正、反对资产阶级自由化和清除精神污染的保证

对于在反思"文化大革命"、批判"文化大革命"错误中出现的否定毛泽东思想、否定社会主义的错误思潮，1977年5月，邓小平在指出"两个凡是"不符合马克思主义和毛泽东思想的"左"倾错误的同时，又坚决批评"右"的倾向——资产阶级自由化倾向。

十一届三中全会以后，各种"否定"的思潮在解放思想口号的掩盖下，演变成夸大党的错误、否定四项基本原则的思潮。1978年10月，北京、上海等地出现了一些非法组织，如"中国人权小组"、"解冻社"、"民主讨论会"、"民主促进会"，他们出版非法读物，在西单墙张贴歪曲历史、攻击党和社会主义的大字报，煽动游行示威，冲击党政机关，勾结

---

① 《邓小平文选》第2卷，人民出版社1994年版，第177页。

境外敌对势力,形成一股资产阶级自由化思潮。对于这一思潮,党内也出现了附和的声音。在思想理论战线,各种否定党的领导、否定社会主义的思想、观点、"学说"泛滥;在文化领域,一些思想意识模糊、有错误倾向的文艺作品如剧本《苦恋》及据此改编的电影《太阳和人》、小说《离离原上草》等引起争议,理论、文艺战线对人道主义和异化论的宣传,成为思想界比较突出的问题,造成了思想混乱。

对于思想战线出现的问题,邓小平十分关注,高度警惕,在多次讲话、谈话中旗帜鲜明地提出必须坚持四项基本原则、必须维护毛泽东思想的伟大旗帜。1979 年 3 月,邓小平在理论工作务虚会上作了题为《坚持四项基本原则》的长篇讲话,系统地阐述了在社会主义现代化建设中坚持四项基本原则的必要性和重要性,指出坚持四项基本原则是实现社会主义四个现代化的基本前提,如果动摇了这四项基本原则中的任何一项,就是动摇了社会主义事业,整个现代化事业。在阐述四项基本原则时他还特别强调一定要向人民和青年讲清楚民主问题,一定要把民主和集中、民主和法制、民主和纪律、民主和党的领导结合起来,否则就是空谈民主,造成极端民主化和无政府主义泛滥。1980 年 6 月,邓小平又亲自主持指导了《关于建国以来党的若干历史问题的决议》的起草工作,为科学阐明毛泽东思想、客观公正地评价毛泽东的功过是非,确立毛泽东思想的历史地位,全面总结建国以来的历史经验、彻底纠正"左"的错误从而完成拨乱反正的任务起到了关键性的作用。在文艺领域,邓小平以其政治家和战略家的高度责任感和政治敏感,对《苦恋》等文艺创作中出现的错误倾向以及思想理论战线对错误倾向不敢批评、软弱涣散的状态进行了及时的、坚决的斗争。指出党的领导和社会主义制度都需要改善,但是不能搞资产阶级自由化,搞无政府状态。要求党员作家、艺术家、思想理论工作者,必须首先要遵守党的纪律。

随着改革开放的深入,在登陆中国的各种西方现代思潮热、文化热中,思想文化领域的交锋也十分频繁和尖锐。围绕坚持还是反对四项基本原则的问题,邓小平旗帜鲜明地提出,"在改革中坚持社会主义方向,这是一个重要的问题"。指出文艺界"热心于写阴暗的、灰色的、以至胡编乱造、歪曲革命的历史和现实的东西"等问题,理论界"对于西方各种哲学的、经济学的、社会政治的和文学艺术的思潮,不分析、不鉴别、不批判,而是一窝蜂地盲目推崇"等现象,都是精神污染,他说:"精神污染的实质是散布形形色色的资产阶级和其他剥削阶级腐朽没落的思想，散布对于社会主义、共产主义事业和对于共产党领导的不信任情绪。""精神污染的危害很大，足以祸国殃民。……它助长一部分人当中怀疑以至否定社会主义和党的领导的思潮。"①

1983 年 10 月，邓小平在党的十二届二中全会上作了题为《党在组织战线和思想战线上的迫切任务》的讲话，指出"理论界文艺界还存在相当严重的混乱，特别是存在精神污染现象"。在一些文章、作品、教学、讲演、表演中"散布形形色色的资产阶级和其他剥削阶级腐朽没落的思想，散布对于社会主义、共产主义事业和对于共产党领导的不信任情绪。前年党中央召开了思想战线问题的座谈会，批评了某些资产阶级自由化倾向和领导上的软弱涣散现象，……但没有完全解决问题。领导上的软弱涣散状态仍然存在；资产阶级自由化倾向有的有所克服，有的没有克服，有的发展得更加严重了。""在对现实问题的研究中，也确实产生一些离开马克思主义方向的情况。""人道主义和异化论，是目前思想界比较突出的问题。""有一些同志热衷于谈论人的价值、人道主义和所谓异化，他们的兴趣不在批评资本主义而在批评社会主义。""这实际上只会引导人们去批评、怀疑和否定社会主义，使人们对社会主义、共产主义的前途失去信心。"要求"思想战线不能搞精神污染"。他列举了文艺界中存在的"抽象人性论、人道主义"和"社会主义异化"等问题，还有"文艺的社会主义方向"、"现代派思潮"以及一部分文艺创作中"歪曲革命的历史和现实"等问题，邓小平要求"开展积极的思想斗争"，"马克思主义者应当站出来说话"。在 1986 年，特别是 1987 年以后到 1989 年的"六四"事件期间，在不同场合连续多次发表讲话，如 1986 年 9 月 28 日《在党的十二届六中全会上的讲话》、12 月 30 日《旗帜鲜明地反对资产阶级自由化》，1987 年 1 月 20 日的谈话《加强四项基本原则教育，坚持改革开放》、2 月 18 日《用中国的历史教育青年》，1987 年 3 月 3 日《中国只能走社会主义道路》、3 月 8 日《有领导有秩序地进行社会主义建设》，1989 年 2 月 26 日《压倒一切的是稳定》、3 月 4 日《中国不允许乱》、6 月 9 日《在接见首都戒严部队军以上干部时的讲话》等，批评党在思想战线的软弱涣散，"反对资产阶级自由化思潮旗帜鲜明，态度不坚决"，他对"精神污染"的

① 《邓小平文选》第 3 卷，人民出版社 1993 年版，第 40—44 页。

态度十分明确："反对精神污染的观点，我至今没有放弃，我同意将我当时在二中全会上的讲话全文收入我的论文集。"1992 年年初，邓小平在视察南方的谈话中，再一次重申"在整个改革开放的过程中，必须始终注意坚持四项基本原则。十二届六中全会我提出反对资产阶级自由化还要搞二十年，现在看起来还不止二十年。资产阶级自由化泛滥，后果极其严重。"

邓小平不仅把反对资产阶级自由化和坚持四项基本原则作为精神文明建设的重要内容，也同时作为社会主义双文明建设中的指导思想和长期任务。

三　"两手抓"思想的历史贡献

在"文化大革命"后期和改革开放的新时期，邓小平同志两次力挽狂澜，坚持拨乱反正，将中华民族的历史航船引领到曾一度偏离的发展、繁荣和富强的轨道上来。在主持这两个时期的工作中，突出的特点就是一手抓实际工作，一手抓思想工作，1975 年整顿时邓小平提出了"三项指示为纲"，"不能偏废"，建立规章制度和加强思想政治工作，并在经济领域的整顿取得成效的同时，进行文教卫生领域的整顿。

改革开放时期则在长期思考、在总结历史经验教训基础上，从社会主义中国的前途命运和对世界文明的贡献这样的战略高度提出在改革开放和现代化建设中，必须坚持两个文明一起抓，只有两个文明都搞好了，才能充分体现出社会主义制度的优越性，才是有中国特色的社会主义，才能为人类文明作出新的贡献。因此，社会主义必须解放生产力、发展生产力、提高生产力，必须建设高度的物质文明。与此同时，高度的社会主义物质文明必须有高度的社会主义精神文明作保证，精神文明必须是推动社会主义现代化建设的精神文明，必须是促进全面改革和实行对外开放的精神文明建设，必须是坚持四项基本原则的精神文明。精神文明建设，归根结底是为了促进生产力的提高。精神文明建设搞不好，经济建设也要受影响，走弯路。

中外历史上都曾经出现过物质文明与精神文明发展十分不对称的现象，马克思在其著作中也对此进行过分析。而在马克思主义科学社会主义理论中，人类的理想社会并不是单向度的发展，而是物质极大丰富、精神生活高度自由发达、精神境界高度提升的社会。社会主义制度的建立打开了通向理想社会的大门。社会主义不光是要创造物质世界的繁荣，也必须同时提供精神世界发展和提升的空间。如何实现物质和精神世界的共同繁荣，是摆在共产党人面前的重要课题。邓小平出色地向前推进了这个历史课题，在探索中国特色社会主义道路的实践中，他的思想和理论产生了重要的升华和重大的飞跃：一是在整顿工作中形成了"两手抓"思想和方法；二是在改革开放中提出"物质文明"和"精神文明"这一对概念，逐步形成了系统化的"两手抓"的辩证协调的发展建设理论体系，丰富了马列主义毛泽东思想。"两手抓"是邓小平理论的核心内容之一，也是他的重要理论贡献之一。邓小平不仅是中国特色社会主义理论的创造者，也是我国在新的历史条件下社会主义协调持续的科学发展观的创始人和奠基者。"两手抓"思想的协调发展理念贯穿于邓小平社会主义理论和实践探索的始终，并且已经在以胡锦涛为总书记的新一代领导集体提出的科学发展的执政理念和实践中得到了继承和新的更为全面的发展，赋予了更为丰富科学的内涵和要求。"两手抓"思想对中国坚持社会主义的方向和改革开放的道路具有深远的影响和重要的现实意义。

"科学技术是第一生产力"论断的
形成过程及其重大意义

冷兆松*

回顾与梳理"科学技术是第一生产力"理论的形成与发展，对于理解和把握中国特色自主创新道路的理论基础的形成与发展有重要意义。

一 "科学技术是生产力"在 1975 年
成为争议的焦点

"科学技术是生产力"的命题，在 1975 年成为争议的焦点。

（一）邓小平赞成"科学技术是生产力"

1975 年 8 月 17 日，胡耀邦主持起草的中国科学院《关于科技工作的几个问题（汇报提纲）》第三稿上报中央。邓小平看后，要胡乔木帮助修改。在胡乔木主持下，又改了三稿，题目改为《科学院工作汇报提纲》。①在胡耀邦主持起草的《汇报提纲》前三稿中，引用了毛泽东"科学技术是生产力"这句话。邓小平完全赞成这个观点，十分重视科学技术的作用。②

胡乔木把包括"科学技术是生产力"这条语录在内的 26 条语录及其出处，编成题为《汇报提纲第二部分中所引用的毛主席关于科技工作指示的出处》的文件，作为《汇报提纲》的附件。关于"科学技术是生产力"

* 冷兆松，中国社会科学院当代中国研究所研究员、博士。
① 《胡乔木传》编写组编、程中原执笔：《邓小平的二十四次谈话》，人民出版社 2004 年版，第 166 页。
② 同上书，第 96 页。

这句话的出处,附件是这样写的:"摘自《听取聂荣臻同志汇报十年规划时的讲话》(一九六三年十二月十六日)";附件同时还引用马克思的论述作为对"科学技术是生产力"这句话的注释,注文是这样写的:"关于这一论点,马克思在讲到近代社会的劳动生产力时,有过这样的论述:'所谓社会的劳动生产力,首先是科学的力量,其次是在生产过程内部联合起来的社会力量,最后是从直接劳动转移到机器、转移到死的生产力上面去的技巧'。(马克思《政治经济学批判大纲》第三分册,第369页。)"胡乔木还要求中国科学院哲学社会科学部的同志进一步搜集和整理马克思、恩格斯、列宁论科学技术是生产力的材料。①

9月26日,在听取《汇报提纲》的修改汇报时,邓小平说:"如果我们的科学研究工作不走在前面,就要拖整个国家建设的后腿。科学研究是一件大事,要好好议一下。""现在科研队伍大大削弱了,接不上了。……这一段时间一些科研人员打派仗,不务正业,少务正业,搞科研的很少。少数人秘密搞,像犯罪一样。""要给有培养前途的科技人员创造条件,关心他们,支持他们,包括一些有怪脾气的人。""我们有个危机,可能发生在教育部门,把整个现代化水平拖住了。比如我们提高工厂自动化水平,要增加科技人员,这就要靠教育。提高自动化水平,减少体力劳动,世界上发达国家不管是什么社会制度都是走这个道路。科技人员是不是劳动者?科学技术叫生产力,科技人员就是劳动者!"② 根据会上邓小平的谈话以及会下邓小平的交代,胡乔木又对《汇报提纲》作了若干修改,9月30日晨,稿子修改好付印,午后送邓小平报送毛泽东。③

(二)毛泽东说,他没有讲过"科学技术是生产力"

1975年10月14日,"邓小平告诉胡乔木:主席讲他没有讲过科学技术是生产力;对科学院《汇报提纲》有一些不赞成的意见"。④ 10月24日,"邓小平找胡乔木去,说毛泽东退回了科学院的《汇报提纲》,要他照

① 《胡乔木传》编写组编、程中原执笔:《邓小平的二十四次谈话》,人民出版社2004年版,第182页。

② 《邓小平文选》第2卷,人民出版社1994年版,第32—34页。

③ 《胡乔木传》编写组编、程中原执笔:《邓小平的二十四次谈话》,人民出版社2004年版,第90页。

④ 同上书,第96页。

主席的意见再修改一次"。胡乔木于当天下午约胡耀邦等研究《汇报提纲》的修改问题。① 胡乔木在第三稿中删去了"科学技术是生产力"这条引语和引马克思的话所做的注释。② 10月27日，第三稿送到邓小平那里，这时"批邓"运动已经开始，邓小平没有再送毛泽东。③

毛泽东到底有没有讲过"科学技术是生产力"？据《聂荣臻年谱》记载，毛泽东讲过"科学技术是生产力"这句话：1963年12月16日下午，聂荣臻"向毛泽东等中央领导人汇报《1963—1972年科学技术发展规划纲要》。毛泽东说：要打这一仗。科学技术是生产力，过去搞上层建筑，也是为了发展生产力。不打这一仗，生产力无法提高。"④

但是，中共中央文献研究室编《毛泽东文集》第八卷，关于1963年12月16日"毛泽东在听取国务院副总理兼国家科学技术委员会主任聂荣臻汇报十年科学技术规划时插话的节录"中，却没有收录"科学技术是生产力"这句话。⑤ 是否在编辑《毛泽东文集》时把"科学技术是生产力"这句话给节录掉了呢？这个疑问，只有到中央档案馆查阅当时的谈话记录档案，才能得到解答。

邓小平特别强调，把科学技术与生产力联系起来正是毛泽东思想的重要内容。1977年8月8日，邓小平在科学和教育工作座谈会上的讲话中说："毛泽东同志讲到要打科学技术这一仗，不打好这一仗，生产力无法提高。"⑥

二　邓小平论证"科学技术是生产力"的原理并将其中国化

1978年3月18日，邓小平《在全国科学大会开幕式上的讲话》系统论述了马克思主义关于"科学技术是生产力"的基本原理，提出了适合中国国情的把"科学技术是生产力"原理中国化和政策化的基本方针和政策

---

① 《胡乔木传》编写组编、程中原执笔：《邓小平的二十四次谈话》，人民出版社2004年版，第100页。

② 同上书，第97页。

③ 同上书，第166页。

④ 周均伦主编：《聂荣臻年谱》下卷，人民出版社1999年版，第914—915页。

⑤ 《毛泽东文集》第8卷，人民出版社1999年版，第351—352页。

⑥ 《邓小平文选》第2卷，人民出版社1994年版，第52页。

取向。这是中国科技思想发展史上具有里程碑意义的重要文献，是中国共产党人把马克思主义科技思想中国化和政策化的奠基之作。

（一）邓小平论证"科学技术是生产力"的基本原理

在《在全国科学大会开幕式上的讲话》中，邓小平从三个方面论证了马克思主义关于"科学技术是生产力"的基本原理。

1. 科学技术是生产力，这是马克思主义历来的观点

邓小平说："科学技术是生产力，这是马克思主义历来的观点。"① 一百多年以前，马克思说过，机器生产的发展要求自觉地应用自然科学，"生产力中也包括科学"。②

2. 以马克思主义政治经济学关于生产力构成要素的基本原理，论证"科学技术是生产力"

邓小平说："生产力的基本因素是生产资料和劳动力。科学技术同生产资料和劳动力是什么关系呢？历史上的生产资料，都是同一定的科学技术相结合的；同样，历史上的劳动力，也都是掌握了一定的科学技术知识的劳动力。我们常说，人是生产力中最活跃的因素。这里讲的人，是指有一定的科学知识、生产经验和劳动技能来使用生产工具、实现物质资料生产的人。"③

3. 现代社会生产力迅猛发展的最主要动力是科学和技术，"科学技术正在成为越来越重要的生产力"④

（1）"现代科学为生产技术的进步开辟道路，决定它的发展方向。""现代科学技术的发展，使科学与生产的关系越来越密切了。科学技术作为生产力，越来越显示出巨大的作用。"一系列新兴的工业，如高分子合成工业、原子能工业、电子计算机工业、半导体工业、宇航工业、激光工业等，都是建立在新兴科学基础上的。⑤

（2）基础理论研究迟早也会给生产和技术带来极其巨大的进步。"大

---

① 《邓小平文选》第2卷，人民出版社1994年版，第87页。
② 马克思：《政治经济学批判（1857—1858年草稿）》，《马克思恩格斯全集》第46卷下册，人民出版社1980年版，第211页。
③ 《邓小平文选》第2卷，人民出版社1994年版，第88页。
④ 同上。
⑤ 同上书，第87页。

量的历史事实已经说明：理论研究一旦获得重大突破，迟早会给生产和技术带来极其巨大的进步。当代的自然科学正以空前的规模和速度，应用于生产，使社会物质生产的各个领域面貌一新。"①

（3）科学和技术，是现代社会生产力迅猛发展的最主要动力。"特别是由于电子计算机、控制论和自动化技术的发展，正在迅速提高生产自动化的程度。同样数量的劳动力，在同样的劳动时间里，可以生产出比过去多几十倍几百倍的产品。社会生产力有这样巨大的发展，劳动生产率有这样大幅度的提高，靠的是什么？最主要的是靠科学的力量、技术的力量。"②

（二）邓小平将"科学技术是生产力"原理中国化和政策化

邓小平系统论证"科学技术是生产力"的马克思主义基本原理的目的，一是为了正本清源、拨乱反正，二是为了将这一马克思主义基本原理中国化和政策化，以便于全党全国实现工作重点的战略转移，大力发展科学技术，大力发展生产力。

1. 在十年"文化大革命"之后的特殊历史时期，邓小平代表中共中央所系统论证的"科学技术是生产力"的马克思主义基本原理，成为指导全党全国工作重点向四个现代化建设实行战略转移的重要理论根据。

邓小平说："对科学技术是生产力的认识问题。在这个问题上，'四人帮'曾经喧嚣一时，颠倒是非，搞乱了人们的思想"，"使我国国民经济一度濒于崩溃的边缘，科学技术与世界先进水平的差距愈拉愈大"，这从反面使我们更加深刻地认识到，科学技术现代化和科技水平的不断提高的重要意义。③"我们的国家进入了新的发展时期，我们党的工作重点、工作作风都应该有相应的转变。"④党中央决定召开这次全国科学大会，目的就是动员全党全国重视科学技术，研究加速发展科学技术的措施。"在党中央领导下，坚定不移地朝着建设社会主义现代化强国的伟大目标，乘风破浪，胜利前进！"⑤

---

① 《邓小平文选》第 2 卷，人民出版社 1994 年版，第 87 页。
② 同上。
③ 同上。
④ 同上书，第 96—97 页。
⑤ 同上书，第 100 页。

2. 四个现代化的关键,是科学技术的现代化。

"四个现代化,关键是科学技术的现代化……没有科学技术的高速度发展,也就不可能有国民经济的高速度发展。党中央决定召开这次全国科学大会,目的就是动员全党全国重视科学技术,制订规划,表彰先进,研究加速发展科学技术的措施。"①

3. 从"科学技术是生产力"推论,为社会主义服务的脑力劳动者是劳动人民的一部分。

邓小平说:"承认科学技术是生产力……科学技术正在成为越来越重要的生产力,那末,从事科学技术工作的人是不是劳动者呢?"② "在社会主义社会里,工人阶级自己培养的脑力劳动者,与历史上的剥削社会中的知识分子不同了。在我国社会主义改造的过程中,毛泽东同志曾经指出过,从旧社会过来的知识分子,有一个依附在哪张'皮'上的问题。在社会主义历史时期中,只要还存在着阶级矛盾和阶级斗争,知识分子就需要注意解决是否坚持工人阶级立场的问题。但总的说来,他们的绝大多数已经是工人阶级和劳动人民自己的知识分子,因此也可以说,已经是工人阶级自己的一部分。"③

4. 从"科学技术是生产力"推论,要大力发展科学研究和科学教育事业,造就一支浩浩荡荡的科学技术大军和一大批世界第一流的科学家、工程技术专家。

"正确认识科学技术是生产力,正确认识为社会主义服务的脑力劳动者是劳动人民的一部分,这对于迅速发展我们的科学事业有极其密切的关系。我们既然承认了这两个前提,那末,我们要在短短的二十多年中实现四个现代化,大大发展我们的生产力,当然就不能不大力发展科学研究事业和科学教育事业,大力发扬科学技术工作者和教育工作者的革命积极性。"④ "要有一支浩浩荡荡的工人阶级的又红又专的科学技术大军,要有一大批世界第一流的科学家、工程技术专家。造就这样的队伍,是摆在我们面前的一个严重任务。"⑤

---

① 《邓小平文选》第 2 卷,人民出版社 1994 年版,第 85—87 页。
② 同上书,第 88 页。
③ 同上书,第 89 页。
④ 同上书,第 89—90 页。
⑤ 同上书,第 91 页。

"科学技术人才的培养，基础在教育。我们要全面地正确地执行党的教育方针，端正方向，真正搞好教育改革，使教育事业有一个大的发展，大的提高。教育事业，决不只是教育部门的事，各级党委要认真地作为大事来抓。各行各业都要来支持教育事业，大力兴办教育事业。"①

"在人才的问题上，要特别强调一下，必须打破常规去发现、选拔和培养杰出的人才。这是被'四人帮'搞乱了的一个重大问题。"②"把尽快地培养出一批具有世界第一流水平的科学技术专家，作为我们科学、教育战线的重要任务。""只有有了成批的杰出人才，才能带动我们整个中华民族科学文化水平的提高。"③

5. 提出中国特色的科技发展道路："必须依靠我们自己努力，必须发展我们自己的创造，必须坚持独立自主、自力更生的方针"，同时，永远都要"努力向外国学习"。

邓小平说："提高我国的科学技术水平，当然必须依靠我们自己努力，必须发展我们自己的创造，必须坚持独立自主、自力更生的方针。但是，独立自主不是闭关自守，自力更生不是盲目排外。科学技术是人类共同创造的财富。任何一个民族、一个国家，都需要学习别的民族、别的国家的长处，学习人家的先进科学技术。我们不仅因为今天科学技术落后，需要努力向外国学习，即使我们的科学技术赶上了世界先进水平，也还要学习人家的长处。""要积极开展国际学术交流活动，加强同世界各国科学界的友好往来和合作关系。"④

6. 提出衡量科学研究机构党委工作好坏的主要标准，指出必须实行科技体制改革。

"能不能把我国的科学技术尽快地搞上去，关键在于我们党是不是善于领导科学技术工作。"⑤"科学研究机构的基本任务是出成果出人才，要出又多又好的科学技术成果，出又红又专的科学技术人才。衡量一个科学研究机构党委的工作好坏的主要标准，也应当是看它能不能很好地完成这个基本任务。""科学研究机构要建立技术责任制，实行党委领导下的所长

---

① 《邓小平文选》第 2 卷，人民出版社 1994 年版，第 95 页。
② 同上书，第 95—96 页。
③ 同上书，第 96 页。
④ 同上书，第 91 页。
⑤ 同上书，第 96 页。

负责制。这是重要的组织措施。它既有利于加强党委的领导，又有利于充分发挥专家的作用。"①

（三）中国共产党人把马克思主义科技思想中国化和政策化的奠基之作

邓小平《在全国科学大会开幕式上的讲话》所系统论证的"科学技术是生产力"的马克思主义基本原理，以及以这个基本原理为指导所提出的适合我国国情的促进科技、经济发展的方针、原则和政策，对纠正十年"文化大革命"中否定科学技术和知识分子的错误倾向发挥了拨乱反正的历史性作用。《在全国科学大会开幕式上的讲话》继承和发展了以毛泽东为代表的中共第一代中央领导集体关于科技发展的正确思想，开创了以"必须发展我们自己的创造，必须坚持独立自主、自力更生的方针"、永远都要"努力向外国学习"② 为根本特征的中国特色的科技发展道路。《在全国科学大会开幕式上的讲话》为 1988 年邓小平进一步提出"科学技术是第一生产力"的新论断奠定了坚实的理论基础。

1983 年 9 月 13 日，美国宾夕法尼亚大学荣誉教授顾毓琇③对邓小平说：你在科学大会上的讲话，是科技现代化的宣言，可以和马克思的《共产党宣言》相比。④

2008 年 6 月 23 日，胡锦涛在中国科学院第十四次院士大会和中国工程院第九次院士大会上的讲话中指出："在 1978 年召开的那次全国科学大会上，邓小平同志全面阐述了科学技术的重要地位、发展趋势、战略重点、科技人员的政治地位、人才培养等重大问题，旗帜鲜明地提出科学技术是生产力、知识分子是工人阶级的一部分、四个现代化关键是科学技术现代化等著名论断。从那时以来，党和国家始终高度重视并大力推进科技事业，强调科学技术是第一生产力，强调要大力实施科教兴国战略、推进科技进步和创新，强调要走中国特色自主创新道路、实施人才强国战略、建设创

---

① 《邓小平文选》第 2 卷，人民出版社 1994 年版，第 97 页。

② 同上书，第 91 页。

③ 顾毓琇，清华大学工学院创始人，曾任国民党政府教育部政务次长、中央大学校长、交通大学校长。详可参见 2001 年 4 月 10 日《人民日报》（海外版）《顾毓琇及其〈百龄自述〉》。

④ 中国中央文献研究室编，冷溶、汪作玲主编：《邓小平年谱（1975—1997）》（下），中央文献出版社 2004 年版，第 933 页。

新型国家，实施一系列推进科技发展的重大方针政策，不断推进科技体制改革，极大地激发了我国广大科技工作者投身科技进步和创新、推动社会主义现代化建设的热情，迎来了我国科技事业大发展的历史新时期。"①

三　邓小平提出"科学技术是第一生产力"的新论断

如果说"科学技术是生产力"是邓小平引用和丰富马克思主义经典作家的论点，那么，"科学技术是第一生产力"就是邓小平作出的马克思主义的新概括和新发展。

1988 年 9 月 5 日，邓小平在会见捷克斯洛伐克总统胡萨克时的谈话中说："世界在变化，我们的思想和行动也要随之而变。过去把自己封闭起来，自我孤立，这对社会主义有什么好处呢？历史在前进，我们却停滞不前，就落后了。马克思说过，科学技术是生产力，事实证明这话讲得很对。依我看，科学技术是第一生产力。我们的根本问题就是要坚持社会主义的信念和原则，发展生产力，改善人民生活，为此就必须开放。否则，不可能很好地坚持社会主义。拿中国来说，五十年代在技术方面与日本差距也不是那么大。但是我们封闭了二十年，没有把国际市场竞争摆在议事日程上，而日本却在这个期间变成了经济大国。"②

1988 年 9 月 12 日，邓小平在听取关于价格和工资改革初步方案汇报时的谈话中说："马克思讲过科学技术是生产力，这是非常正确的，现在看来这样说可能不够，恐怕是第一生产力。将来农业问题的出路，最终要由生物工程来解决，要靠尖端技术。对科学技术的重要性要充分认识。科学技术方面的投入、农业方面的投入要注意，再一个就是教育方面。我们要千方百计，在别的方面忍耐一些，甚至于牺牲一点速度，把教育问题解决好。""我们不论怎么困难，也要提高教师的待遇。这个事情，在国际上都有影响。我们的留学生有几万人，如何创造他们回来工作的条件，很重要……科教投资的使用要改进，这也是改革的重要内容。要把'文化大革

① 胡锦涛：《在中国科学院第十四次院士大会和中国工程院第九次院士大会上的讲话》，《人民日报》2008 年 6 月 24 日。
② 《邓小平文选》第 3 卷，人民出版社 1994 年版，第 274 页。

命'时的'老九'① 提到第一,科学技术是第一生产力嘛,知识分子是工人阶级一部分嘛。""我这里说的关于教育、科技、知识分子的意见,是作为一个战略方针,一个战略措施来说的。从长远看,这个问题到了着手解决的时候了。"②

"邓小平同志建设有中国特色社会主义的理论,强调社会主义的根本任务是解放和发展社会生产力。邓小平同志正是从这一高度,通过对当代社会生产力发展规律的科学认识和时代特征的准确把握,提出了科学技术是第一生产力的英明论断……科学技术是第一生产力的论断,是他的科技思想的精髓,是建设有中国特色社会主义理论的重要组成部分,是对马克思主义科技学说和生产力理论的创造性发展。"③

邓小平从"科学技术是第一生产力",论证出要把"文化大革命"时期的"老九"提到"第一"。这个结论,不只是限于科技工作和经济工作的结论,而是一个关于我国社会阶级结构和阶级力量配置、关于科技人员和知识分子这个日益广大的人群的阶级地位和政治地位、关于中国共产党同这个广大人群应该建立起怎样的关系,这样一个有重大社会政治意义的问题所作的结论。

邓小平提出"科学技术是第一生产力"的时候,是把这个问题提高到社会主义命运的高度来观察的。他同胡萨克说:过去我们把自己封闭起来,自我孤立,这对社会主义有什么好处呢?历史在前进,我们却落后了。马克思关于科学技术是生产力的论点很对,但还不够,科学技术是第一生产力。我们的根本问题就是要坚持社会主义的信念和原则,发展生产力,改善人民生活,为此就必须开放。否则,不可能很好地坚持社会主义。这段话,寥寥数语,凝结着沉重的反思和深刻的历史经验教训的总结。

马克思主义认为,生产力的不断解放和发展,是人类社会进步的根本动力。社会主义制度的优越性,最终体现为生产力比在其他制度下的更快发展。我国的社会主义建设在经济、科技、文化十分落后的基础上起步,要在较短时间内达到经济发达国家经过几百年历程达到的生产力

---

① "文化大革命"期间,知识分子被排在地、富、反、坏、右、叛徒、特务、"走资派"之后,称为"老九"。

② 《邓小平文选》第3卷,人民出版社1994年版,第274—276页。

③ 《江泽民文选》第1卷,人民出版社2006年版,第426页。

发展水平，后来居上，更须集中力量，大力发展和广泛应用科学技术，充分发挥科技生产力在经济、社会发展中的巨大推动作用。

科学技术是第一生产力，是推动人类文明进步的革命力量。进入 21 世纪，世界新科技革命发展的势头更加迅猛，正孕育着新的重大突破。在世界新科技革命推动下，知识在经济社会发展中的作用日益突出，国民财富的增长和人类生活的改善越来越有赖于知识的积累和创新。科技竞争成为国际综合国力竞争的焦点。当今时代，谁在知识和科技创新方面占据优势，谁就能够在发展上掌握主动。世界各国尤其是发达国家纷纷把推动科技进步和创新作为国家战略，大幅度提高科技投入，加快科技事业发展，重视基础研究，重点发展战略高技术及其产业，加快科技成果向现实生产力转化，以利于为经济社会发展提供持久动力，在国际经济、科技竞争中争取主动权。

2008 年 6 月 23 日，胡锦涛指出："必须坚持科学技术是第一生产力"，这是改革开放以来我国科技事业发展的生动实践为我们提供的一条重要而深刻的启示。"科学技术是第一生产力，是先进生产力的集中体现和主要标志，这是我们党对马克思主义关于科学技术和社会生产力理论的重大发展，是中国特色社会主义理论体系关于科技思想的基本观点。必须坚定不移地实施科教兴国战略，充分发挥科学技术第一生产力的作用，加快缩小我国与世界先进水平的发展差距，为推动经济社会又好又快发展，实现全面建设小康社会、基本实现社会主义现代化的战略目标提供强大科技支撑。"[1]

"科学技术是第一生产力"的新论断，是邓小平对马克思主义科技学说和生产力理论的创造性发展，是有中国特色社会主义理论的重要组成部分，为中国特色科技发展道路的探索明确了方向，为以胡锦涛为总书记的新一代中央领导集体提出和实施自主创新战略奠定了理论基础。

（原载《中共十一届三中全会与当代中国的历史发展》论文集，
当代中国出版社 2009 年版）

---

① 胡锦涛：《在中国科学院第十四次院士大会和中国工程院第九次院士大会上的讲话》（2008 年 6 月 23 日），《人民日报》2008 年 6 月 24 日。

科学发展观是我国经济社会发展的重要指导方针

张星星[*]

科学发展观，是以胡锦涛为总书记的党中央立足社会主义初级阶段基本国情，总结我国发展实践，借鉴国外发展经验，适应新的发展要求提出的重要指导方针。科学发展观深刻体现了新的发展阶段和新的时代条件对党和国家工作的新要求。胡锦涛在党的十七大报告中指出："在新的发展阶段继续全面建设小康社会、发展中国特色社会主义，必须坚持以邓小平理论和'三个代表'重要思想为指导，深入贯彻落实科学发展观。"深刻认识科学发展观是新世纪新阶段我国经济社会发展的重要指导方针，对提高各级党组织、各级政府和各级领导干部贯彻落实科学发展观的自觉性和坚定性，具有十分重要的意义。

一　科学发展观是推动我国经济平稳较快发展的重要指导方针

科学发展观是在深刻总结长期以来我国发展实践经验的基础上提出来的，我国社会主义建设和改革开放的发展实践为科学发展观的形成提供了历史依据。新中国成立后，中国人民在中国共产党的领导下踏上了向着社会主义工业化和现代化目标迈进的历史征程，特别是改革开放30年来，我们深刻总结了社会主义建设正反两方面历史经验，把党和国家的工作重心转移到经济建设上来，作出了实行改革开放的战略决策，实施了现代化建设"三步走"战略，推动我国经济以世界上少有的速度持续快速发展起

＊ 张星星，中国社会科学院当代中国研究所副所长，教授、博士生导师。

来。1952 年，我国国内生产总值只有 679 亿元，到 1978 年增加到 3645 亿元，年均增长 6.1%；改革开放 30 年来，国内生产总值持续快速增长，2008 年增至 300670 亿元，年均增长达到 9.8%①。改革开放以来的经济发展速度，不仅快于 1953—1978 年的增幅，而且比同期世界经济年均增速3.0% 高出了 6.8 个百分点。经过新中国成立 60 年特别是改革开放 30 年来的快速发展，我国经济总量在 2008 年跃居世界第三，钢铁、煤炭、电力、粮食、棉花等主要工农业产品产量跨入世界先进行列。经济的快速增长，大大增强了国家的经济实力。1950 年国家财政收入只有 62 亿元，1978 年增长到 1132 亿元，2008 年跃升至 61317 亿元，比 1950 年增长 985 倍，比1978 年增长 54 倍。经济的快速发展成为新中国成立特别是改革开放以来最显著的成就，为改善人民生活，克服前进中的困难，推动进一步的发展，奠定了雄厚的物质基础。

经过新中国成立特别是改革开放以来的不懈努力，我国取得了举世瞩目的发展成就，从生产力到生产关系、从经济基础到上层建筑都发生了意义深远的重大变化，人民的劳动生产率、收入水平和生活质量都得到显著提高。1952 年我国人均国内生产总值仅有 119 元，1978 年增长到 381 元，2008 年又跃升至 22698 元。扣除价格因素，2008 年的人均国内生产总值比 1952 年增长 32.4 倍，年均增长 6.5%，其中 1979—2008 年年均增长达到 8.6%。在肯定辉煌成就的同时也必须看到，虽然我国经济总量已跃居世界前列，人均国内生产总值有了显著提高，但由于我国是一个人口大国，城乡区域经济发展很不平衡，人均国内生产总值在世界排名仍在 100位左右，尤其是经济欠发达地区的人均生产总值更处于较低的水平。因此，我国仍处于并将长期处于社会主义初级阶段的基本国情没有变，人民日益增长的物质文化需要同落后的社会生产之间的矛盾这一社会主要矛盾没有变。发展的任务依然十分艰巨，发展的路程仍然比较漫长。只有继续紧紧抓住和认真搞好发展，才能不断提高我国的经济实力和综合国力，满足人民群众日益增长的物质文化需要，实现全面建设小康社会的宏伟目标。

发展是当代中国的主题，同时也是一个历史的概念。在不同的发展阶

---

① 本文所引统计数据除特别注明的外，均来自国家统计局《新中国成立 60 周年经济社会发展成就回顾系列报告》，http://www.stats.gov.cn/tjfx/ztfx/qzxzgcl60zn/index.htm。

段，面临着不同的发展条件，承载着不同的发展使命，规定着不同的发展目标和发展方式。科学发展观是对以往发展成就和发展经验的升华，是对党的三代中央领导集体关于发展的重要思想的继承和发展，是根据新的发展条件、适应新的发展要求提出的推动我国经济继续平稳较快发展的重要指导方针。历史地看待我国的发展历程和科学发展观的重要地位，决不能把科学发展同以往的发展割裂开来，更不能以此否定以往的发展，把我国经济社会发展的阶段性特征、目前发展中所面临的困难和问题归咎于以往的发展。科学发展观的第一要义是发展，决不能离开发展这个当代中国的历史主题。离开了发展的历史进程和历史积淀，科学发展观就成了无源之水、无本之木。同时也应当指出，科学发展观在深刻总结我国发展历史经验的基础上，在把握发展规律、创新发展理念、转变发展方式、破解发展难题等方面达到了新的时代高度，是用以指导和推动我国经济进一步又好又快发展的重要指导方针。必须坚持以科学发展观为指导，把发展作为党执政兴国的第一要务，毫不动摇地坚持以经济建设为中心，坚持聚精会神搞建设、一心一意谋发展，不断解放和发展社会生产力，通过更好地实施科教兴国战略、人才强国战略、可持续发展战略，继续用发展的眼光、发展的思路、发展的办法解决前进中的问题，着力提高发展质量和效益，努力实现以人为本、全面协调可持续的科学发展。正如胡锦涛所指出："发展是解决中国一切问题的'总钥匙'，发展对于全面建设小康社会、加快推进社会主义现代化，对于开创中国特色社会主义事业新局面、实现中华民族伟大复兴，具有决定性意义。"[①]

二　科学发展观是促进我国经济社会全面协调可持续发展的重要指导方针

科学发展观是在准确把握当前我国发展的阶段性特征、适应发展新要求的基础上提出来的。在新中国的建设和发展历程中，党和政府根据当时的发展基础、发展条件和发展要求，先后提出过优先发展重工业、在综合平衡中稳步前进和以农业为基础、以工业为主导等经济发展方针，对当时

[①]　胡锦涛：《努力把贯彻落实科学发展观提高到新水平》（2008 年 9 月 19 日），《求是》2009 年第 1 期。

的经济建设起到了积极的指导作用；特别是改革开放以来，我们确立了"三步走"的现代化发展战略，坚持邓小平提出的"发展才是硬道理"的思想，把加快经济发展作为解决中国一切问题的前提和关键；20世纪90年代后，我们进一步提出了转变经济增长方式、实施可持续发展战略和走新型工业化道路等重要指导方针，有力地推动了国民经济的健康发展。但是，由于经济发展方式比较粗放、经济增长付出代价较大、经济结构不够合理、经济运行中存在不健康不稳定因素等原因，我国经济社会发展中仍然面临着一些突出的矛盾和问题，呈现出一系列新的阶段性特征。

这些阶段性特征主要包括：经济实力显著增强，同时生产力水平总体上还不高，自主创新能力还不强，长期形成的结构性矛盾和粗放型增长方式尚未根本改变；社会主义市场经济体制初步建立，同时影响发展的体制机制障碍依然存在，改革攻坚面临深层次矛盾和问题；人民生活总体上达到小康水平，同时收入分配差距拉大趋势还未根本扭转，城乡贫困人口和低收入人口还有相当数量，统筹兼顾各方面利益难度加大；协调发展取得显著成绩，同时农业基础薄弱、农村发展滞后的局面尚未改变，缩小城乡、区域发展差距和促进经济社会协调发展任务艰巨；社会主义民主政治不断发展、依法治国基本方略扎实贯彻，同时民主法制建设与扩大人民民主和经济社会发展的要求还不完全适应，政治体制改革需要继续深化；社会主义文化更加繁荣，同时人民精神文化需求日趋旺盛，人们思想活动的独立性、选择性、多变性、差异性明显增强，对发展社会主义先进文化提出了更高要求；社会活力显著增强，同时社会结构、社会组织形式、社会利益格局发生深刻变化，社会建设和管理面临诸多新课题。这些阶段性特征，要求我们在继续坚持"发展才是硬道理"的同时，更加注重经济与政治、文化、社会的全面发展，更加注重城乡、区域、人与自然的协调发展，更加注重以人为本和社会公平正义，更加注重社会全面进步与人的全面发展。

科学发展观正是立足社会主义初级阶段基本国情，针对当前我国发展的阶段性特征，创造性地回答了"实现什么样的发展"和"怎样发展"的问题，成为我国经济社会发展的重要指导方针。坚持科学发展观，就要在继续推进经济发展的基础上，实现经济社会全面协调发展。要按照中国特色社会主义事业的总体布局，全面推进经济建设、政治建设、文化建设、社会建设，促进现代化建设各个方面、各个环节共同发展，促进生产关系与生产力、上层建筑与经济基础相互协调。坚持科学发展观，就要在继续推进经济发展的基础上，统筹兼顾经济社会发展的各项重大关系。坚持统筹城乡发展、区域发展、经济社会发展、人与自然和谐发展、国内发展和对外开放，统筹中央和地方关系，统筹个人利益和集体利益、局部利益和整体利益、当前利益和长远利益，充分调动各方面积极性，既要总揽全局、统筹规划，又要抓住牵动全局的主要工作、事关群众利益的突出问题。坚持科学发展观，就要在继续推进经济发展的基础上，努力保障经济社会可持续发展。坚持生产发展、生活富裕、生态良好的文明发展道路，建设资源节约型、环境友好型社会，实现速度和结构质量效益相统一、经济发展与人口资源环境相协调，使人民在良好生态环境中生产生活，实现经济社会永续发展。坚持科学发展观，就要在继续推进经济发展的基础上，着力推进社会全面进步。坚持党总揽全局、协调各方的领导核心作用，提高科学执政、民主执政、依法执政水平，保证党领导人民有效治理国家；从各个层次、各个领域扩大公民有序政治参与，最广泛地动员和组织人民依法管理国家事务和社会事务、管理经济和文化事业；坚持依法治国基本方略，实现国家各项工作法治化，保障公民合法权益；坚持社会主义政治制度的特点和优势，推进社会主义民主政治制度化、规范化、程序化。坚持科学发展观，就要在继续推进经济发展的基础上，把促进人的全面发展作为最终目的。要始终把实现好、维护好、发展好最广大人民的根本利益作为党和国家一切工作的出发点和落脚点，尊重人民主体地位，发挥人民首创精神，保障人民各项权益，走共同富裕道路，做到发展为了人民、发展依靠人民、发展成果由人民共享，通过不断提高人的素质、能力和人的全面发展，推进经济社会的发展。

三 科学发展观是解决制约我国发展深层矛盾的重要指导方针

我国社会主义建设和改革开放的发展实践证明，发展的过程不可能一帆风顺，也不可能一蹴而就，发展的过程就是不断解决矛盾、不断深化改革的过程。特别是党的十一届三中全会以来，改革开放成为新时期最鲜明的特点，从农村到城市、从经济领域到其他各个领域，经济体制和其他各项体制的改革逐步展开、不断深化，极大地调动了亿万人民的积极性和创造性，使我国成功实现了从高度集中的计划经济体制到充满活力的社会主义市场经济体制的伟大历史转折。改革开放成为推动各项事业发展的根本动力，成为开创中国特色社会主义事业的成功之路。通过这场伟大革命的洗礼，中国人民的面貌、社会主义中国的面貌、中国共产党的面貌发生了历史性变化，中华民族大踏步赶上时代前进潮流、迎来伟大复兴的光明前景。事实雄辩地证明，改革开放是决定当代中国命运的关键抉择，是发展中国特色社会主义、实现中华民族伟大复兴的必由之路；只有社会主义才能救中国，只有改革开放才能发展中国、发展社会主义、发展马克思主义。

要在已经取得的发展成就基础上，进一步推进我国经济社会又好又快发展，必须以科学发展观为指导，全面认识工业化、信息化、城镇化、市场化、国际化深入发展的新形势新任务，深刻把握我国发展面临的新矛盾新课题，特别是要科学分析制约我国发展的一些深层次矛盾和问题。应当清楚地认识到，我国发展面临的一些深层次矛盾和问题，很多是体制机制方面的矛盾和问题，其中有的属于传统计划经济体制遗留下、至今尚未得到根本解决的，有的属于社会主义市场经济发展过程中体制建设滞后造成的，有的是由改革和发展中的新情况新问题带来的。胡锦涛指出："中国过去三十年的快速发展，靠的是改革开放；中国未来的发展，也必须靠改革开放。"① 改革开放符合党心民心、顺应时代潮流，方向和道路是完全正确的。我们要在新的历史条件下贯彻落实科学发展观，更加自觉地走科学发展道路，必须继续坚持以改革开放为根本动力，毫不动摇地沿着改革开放的道路奋力开拓，为中国特色社会主义事业开辟更为广阔的发展前景。

深入贯彻落实科学发展观，必须进一步坚定改革开放的决心和信心，毫不动摇地坚持改革开放的正确方向。党的"一个中心、两个基本点"的基本路线是党和国家的生命线，是实现科学发展的政治保证。要坚定不移地把改革开放作为强国之路，作为推动我国各项事业发展进步的动力源泉，加快重要领域和关键环节的改革开放步伐，为科学发展提供强大动力和体制保障。要始终坚持改革开放的正确方向，深刻认识我国改革开放事业成功的重要经验，就在于我们始终坚持从我国社会主义初级阶段基本国

---

① 胡锦涛：《努力把贯彻落实科学发展观提高到新水平》（2008 年 9 月 19 日），《求是》2009 年第 1 期。

情出发，既坚定不移地进行改革开放，又坚定不移地坚持中国共产党的领导、坚持社会主义方向；既坚持科学社会主义基本原则，又赋予社会主义以鲜明的时代特征和中国特色；既认真借鉴国外发展市场经济的有益做法，又积极探索我国社会主义基本制度和市场经济体制有机结合的新途径新方式。要更加自觉地把以经济建设为中心同坚持四项基本原则、坚持改革开放两个基本点，统一于发展中国特色社会主义的伟大实践。

深入贯彻落实科学发展观，必须把改革创新精神贯彻到治国理政各个环节，着力构建充满活力、富有效率、更加开放、有利于科学发展的体制机制。要紧紧围绕全面建设小康社会的新要求，不断深化社会主义市场经济体制改革和各方面体制改革创新，努力在一些重要领域和关键环节实现改革的新突破。要加快转变经济发展方式，提高自主创新能力，提高节能环保水平，提高经济整体素质和国际竞争力，走中国特色自主创新道路和新型工业化道路。要加快形成统一开放竞争有序的现代市场体系，从制度上更好发挥市场在资源配置中的基础性作用，形成有利于科学发展的宏观调控体系。要大力推进经济结构战略性调整，优化国有经济布局和结构，增强国有经济活力、控制力、影响力，完善基本经济制度。要加快推进社会管理体制改革，健全党委领导、政府负责、社会协同、公众参与的社会管理格局，加快公共财政体系建设，健全中央和地方财力与事权相匹配的体制，健全基层社会管理体制，形成对全社会进行有效覆盖和全面管理的体系。

深入贯彻落实科学发展观，必须注重提高改革决策的科学性、增强改革措施的协调性、正确处理改革发展稳定的关系。要深刻认识中国经济社会发展的特点和规律，及时研究和解决改革进程中出现的新情况新问题，把加快改革的紧迫感同坚持科学求实的精神很好地结合起来，充分考虑有利条件和可能出现的困难，既锲而不舍又积极稳妥地把改革向前推进。要坚持统筹兼顾、综合配套、协调推进，把改革的阶段性目标和总体目标有机统一起来，努力实现经济体制改革与政治体制改革、文化体制改革、社会体制改革相协调，宏观改革与微观改革相协调，城市改革与农村改革相协调，使改革兼顾各方面利益、照顾各方面关系，形成共同推进改革的整体合力。要把改革的力度、发展的速度和社会可承受的程度有机统一起来，把改善人民生活作为正确处理改革发展稳定关系的结合点，在社会稳定中推进改革和发展，通过改革和发展促进社会稳定。

四　科学发展观是应对新的时代挑战
和国际竞争的重要指导方针

在改革开放的新时期，我们科学分析了国际形势和时代主题的变化，坚持奉行独立自主的和平外交政策，不断扩大对外经济、技术和文化交流，实现了从封闭半封闭到全方位开放的伟大历史转折，为我国经济社会持续快速发展创造了有利的国际环境。特别是 20 世纪 90 年代以来，我们在国际环境发生急剧动荡和巨大变化的情况下，坚持冷静观察，沉着应对，始终不渝地走和平发展道路，坚持互利共赢的开放战略，积极推动建设和谐世界，充分利用了经济全球化提供的发展机遇，取得了举世瞩目的巨大成就。中国的发展，不仅使中国人民稳定地走上了富裕安康的广阔道路，而且为世界经济发展和人类文明进步作出了重大贡献。贯彻落实科学发展观，就要进一步树立世界眼光、加强战略思维，更好地统筹国内国际两个大局，善于从国际形势发展变化中把握发展机遇、应对风险挑战，继续为我国经济社会发展营造良好的国际环境。

科学发展观反映了当代世界的发展理念，顺应了时代发展的潮流，是对人类社会发展经验的深刻总结和高度概括。第二次世界大战结束后，加快经济增长成为世界各国的共识，人类创造了前所未有的经济增长成就。但是，由于单纯追求经济增长，不重视社会发展和社会公平，忽视能源资源节约和生态环境保护，一些国家的发展遇到了这样那样的问题。世界各国的发展实践表明，发展绝不仅仅是经济增长，而应该是经济、政治、文化、社会全面协调发展，应该是社会公平随着社会财富增加得到更好实现的发展，应该是统筹国内国际两个大局的发展，应该是人与自然相和谐的可持续发展。作为发展中的社会主义大国，我国要完成工业化和信息化的双重任务，担负着增加社会财富和使人民共享发展成果、实现社会公平的双重使命，面临着促进经济发展和节约资源、保护环境的双重压力，这就要求我们必须借鉴世界各国发展经验，汲取国外发展理论的有益成果，按照科学发展观的要求走出一条具有中国特色的发展道路。

科学发展观为我们正确判断国际形势和世界发展趋势，应对新的时代挑战，提供了科学指南。当今世界正处在大变革大调整之中，我国发展既面临着前所未有的机遇，也面临着前所未有的挑战。一方面，和平与发展仍然是时代主题,世界多极化不可逆转,经济全球化深入发展,科技革命加速推进,全球和区域合作方兴未艾,国际文化交流空前扩大,世界和平与发展的大局总体稳定。但另一方面,国际环境中不稳定不确定因素增多,我国发展的外部条件复杂多变,国际战略竞争更趋激烈,传统安全威胁和非传统安全威胁相互交织;世界经济发展很不平衡,经济结构性矛盾加剧,贸易和投资保护主义抬头,经济发展中的潜在风险增多。共同推进国际关系民主化,推动经济全球化朝着均衡、普惠、共赢方向发展,促进人类文明繁荣进步,维护世界和平稳定,呵护人类赖以生存的地球家园,是世界各国人民的共同心愿。深刻把握国际形势和世界发展趋势的新变化,顺应时代发展的新要求,必须坚持走科学发展、和谐发展、和平发展的道路。

科学发展观是在深刻把握中国与世界关系新变化基础上提出来的。在新世纪新阶段,中国同世界的关系发生了历史性变化,中国发展对世界发展的作用和影响不断提高,国际环境发展变化对我国发展的作用和影响也不断增大。经过这些年的发展,我国经济实力和综合国力大大增强,国际地位和国际影响力不断提升,国际社会对我国更加重视,同我国合作的意愿不断增强,对我国发展有利的因素不断增加。但也要清醒看到,我国仍面临着发达国家经济科技占优势的巨大压力,西方敌对势力一刻也没有放弃对我国实施西化、分化的战略图谋,贸易摩擦不断,资源竞争加剧,环境问题突出,文化交流交融交锋频繁,维护国家安全的任务更加繁重。必须把中国的发展放到世界的大局中来思考,不断提高统筹国内国际两个大局的能力,不断提高把握机遇、应对风险挑战的能力,及时应对可以预见和难以预见的各种风险,始终掌握发展的主动权。

贯彻落实科学发展观,统筹国内国际两个大局,必须进一步拓展对外开放广度和深度,提高开放型经济水平。要坚持对外开放的基本国策,把"引进来"和"走出去"更好结合起来,扩大开放领域,优化开放结构,提高开放质量,完善内外联动、互利共赢、安全高效的开放型经济体系,形成经济全球化条件下参与国际经济合作和竞争新优势。要深化沿海开放,加快内地开放,提升沿边开放,实现对内对外开放相互促进。要加快转变外贸增长方式,调整进出口结构,促进加工贸易转型升级,大力发展服务贸易,增强应对国际市场波动的能力。要创新利用外资方式,优化利用外资结构,发挥利用外资在推动自主创新、产业升级、区域协调发展等方面的积极作用，积极探索国际投资合作新形式，开展国际能源资源互利合作。实施自由贸易区战略，加强双边多边经贸合作，采取综合措施促进国际收支基本平衡，防范国际经济风险，维护国家经济安全。

胡锦涛在党的十七大报告中强调："全党同志要全面把握科学发展观的科学内涵和精神实质，增强贯彻落实科学发展观的自觉性和坚定性，着力转变不适应不符合科学发展观的思想观念，着力解决影响和制约科学发展的突出问题，把全社会的发展积极性引导到科学发展上来，把科学发展观贯彻落实到经济社会发展各个方面。"科学发展观是新世纪新阶段我国经济社会发展的重要指导方针，只有用科学发展观统领经济社会发展全局，才能加快实现全面建设小康社会的宏伟目标，进一步开创中国特色社会主义事业的新局面。

（原载《科学发展观与全面建设小康社会》，江苏人民出版社 2010 年版）

略论胡锦涛总书记的新闻
舆论导向思想

王凤翔[*]

在全球化传播与网络社会的语境下，在中国转型社会、风险社会与和谐社会的发展与建设过程中，对胡锦涛总书记的新闻传播舆论思想进行准确、科学、全面、及时的理解学习、理性归纳和理论总结，是一项极为重大的学术任务、理论任务、宣传任务、政治任务和历史任务，对中国特色社会主义建设、改革开放和新闻事业的健康发展无疑具有历史影响、现实价值和指导意义。

2008 年 6 月 20 日胡锦涛总书记考察人民日报社工作时发表的讲话，2009 年 10 月 9 日胡锦涛总书记在世界媒体峰会开幕式上的致辞，站在时代的前沿与历史的高度，提纲挈领，对过去新闻工作及其成就作了科学而精辟的总结，对全球化传播与网络社会新形势下的新闻工作与新闻事业作了全面而科学的指导。胡锦涛同志的这两篇经典文献站在历史的高度、时代的前沿与科学的立场，客观地、历史地、理论地、辩证地揭示了新闻传播和舆情宣传的本来面貌、本质特征、内在逻辑和发展规律。这两篇经典文献中和相关文献中胡锦涛总书记论述的有关新闻舆论思想，不断丰富和发展了党的新闻宣传理论与舆论传播思想，具有典型的时代特征、积极的现实意义和重大的历史价值，是我党新时期新闻宣传工作的纲领性文件，也是胡锦涛新闻思想走向成熟的标志。

一 高度重视媒体社会责任，强化舆论的有效主导

网络时代使一国的社会政治、经济和文化处于一个更加开放的全球化

---

* 王凤翔，中国社会科学院新闻与传播研究所副教授、博士。

环境。在全球化、网络化与信息化的今天，各国内政与外交的联系日益紧密，"国内问题国际化"与"国际问题国内化"，已经成为一个日益明显的政治生态和常态现象。胡锦涛同志特别强调："要切实承担社会责任，促进新闻信息真实、准确、全面、客观传播"①。对舆论的有效主导和新闻传播的科学引导，首在强调社会责任！这是胡锦涛同志新闻思想的精髓所在。

媒体的社会责任，必须建立在坚持党性原则和把握舆论导向的基础之上。这是胡锦涛同志对新闻传播规律的高度概括。胡锦涛新闻舆论思想，从讲政治的阶段进入坚持"三贴近"与以人为本的传播时期，又升华到"新闻媒体要切实承担社会责任"的高度，这是对马克思主义新闻学的理性充实和舆论传播理论的科学发展。

胡锦涛同志认为，"新闻舆论处在意识形态领域的前沿，对社会精神生活和人们思想意识有着重大影响"。媒体坚持党性原则，坚持党对新闻工作的领导，是党性原则的核心。强调正确导向，"要牢固树立政治意识、大局意识、责任意识、阵地意识"②，是最根本的社会责任。大众传媒要构建如戴维·波普诺所说的"一套社会成员所共有的价值观、意义和物质实体"③一样的文化与价值的传播力、影响力与凝聚力，发挥主渠道、主阵地、主流意识形态的作用，推进社会主义核心价值体系建设，凝聚全国各族人民团结奋进的强大精神力量；增强政治敏锐性和政治鉴别力，积极、正确、科学、艺术地传播中国特色社会主义的成就，是主流舆论形态的开放性反映，也是中国国力与国际地位提高的必然表现，更是中国国家利益的一种表现。舆论引导正确，利党利国利民利发展；舆论引导错误，误党误国误民误发展，因此，"把坚持正确导向放在新闻宣传工作的首位，坚持团结稳定鼓劲、正面宣传为主，唱响主旋律，打好主动仗，更加自觉主动地为人民服务、为社会主义服务、为党和国家工作大局服务"④。

---

① 胡锦涛：《在世界媒体峰会开幕式上的致辞》，新华网（http：//news. xinhuanet. com/zgjx/2009 - 10/23/content＿12306875. htm），2009 年 10 月 9 日。

② 胡锦涛：《在人民日报社考察工作时的讲话》，人民网（http：//opinion. people. com. cn/GB/7932696. html），2008 年 6 月 20 日。

③ ［美］戴维·波普诺：《社会学》（上），辽宁人民出版社 1987 年版，第 102 页。

④ 胡锦涛：《在人民日报社考察工作时的讲话》，人民网（http：//opinion. people. com. cn/GB/7932696. html），2008 年 6 月 20 日。

　　坚持"三贴近"和以人为本的指导精神和传播理念，强调媒体"在弘扬社会正气、通达社情民意、引导社会热点、疏导公众情绪、搞好舆论监督和保障人民知情权、参与权、表达权、监督权等方面发挥重要作用"。充分重视人民群众的知情权、监督权和表达权，构建网络人格尊重；以平等和尊重，构建人性化的网络沟通和传播，重视网络舆情即时性和及时性传播，实现虚拟整合，加强网络舆情的科学预防、隐形规范和民主管理；在强调信息共享、尊重人权的同时，积极宣传主流思想，通过网络传播的速度和预见性反应，实施价值控制。这是媒体社会责任和有效主导的一个重要内容和价值取向，也是中国政治文明的重要表现和重大突破。

　　胡锦涛高度重视媒体社会责任、加强有效主导的一个重要内容是：以国家利益和民族大计作为统筹国内外的平衡点，讲究传播分寸，促进社会发展、文明传播与和谐社会建设，为加强有效传播和可持续发展提供智力支持，营造良好的舆论氛围。具体说来是，媒体应该自觉根据法律法规和道德自律要求，确定国家利益、公共利益与各方合法权益，秉持公共立场，正确处理和解决各种内外矛盾和利益冲突，尊重和维护各方合法权益、正当权益，确保新闻传播的合法性、正当性、科学性与社会效益，切实在重大问题、敏感问题、热点问题上把好关、把好度，构建社会共识，促进新闻传播的良性、健康发展，维护社会的稳定、法治、和谐与发展。

　　同时，坚持把加强和改进对外传播作为宣传思想战线的一项战略性任务，既反对和粉碎西化、分化、丑化中国的各种舆态，又要以中国立场和国际视角处理跨国新闻抵牾与互适，把提高舆论引导能力放在突出位置。我们要深刻研究和总结自己的成就和经验，向全世界正确阐释和科学传播中国发展道路和发展模式，全面客观地向世界介绍我国社会主义物质文明、政治文明、精神文明和生态文明不断发展的情况，及时准确地宣传我国对国际事务的主张，着力维护国家利益和形象；要传播世界发展主流与趋势，包容多样文明，推进世界文化多元、平等协商、和谐发展与持久和平，不断增进我国人民同各国人民的相互了解和友谊，为全面建设和谐社会营造良好的国际舆论环境。

二　大力增强传媒公信力，强调传播的科学引导

　　增强传播公信力，增强传播的科学引导，首在尊重新闻规律。这是胡

锦涛新闻思想的精华所在。强调传媒公信力，增强传播影响力与话语权，是中国在全球化和网络化传播语境下的国际传播视野和国家利益追求，是我党在新形势下新闻宣传与信息传播工作内在的发展逻辑、本质的科学范畴和必然的理性规律，是我们新闻传播业务界与理论学术界的宣传导向指南、传播发展指导和学术舆论指针。

媒体要被公众广泛接受，受社会广泛尊重，才具有公信力。当今社会，媒体对政治、经济、社会、文化等各领域的辐射日益加强，对人们思想、工作、生活等各方面的影响日益深入。要坚持用时代要求审视新闻宣传工作，是新时期我党和国家新闻事业的指导精神和新闻工作的行动指南。胡锦涛同志深刻认识到，公信力是传媒最有价值的内在品质，是新闻专业主义的内在意蕴，是媒体增强影响力的关键力量。因此，他在世界媒体峰会特别提出：要不断提高媒体的公信力。

真实、准确、全面、客观等四方面既是一个统一的和谐整体，又具有各自的科学内涵，是胡锦涛同志对新时期新闻专业主义的科学论述。真实是新闻合法性的生命之根和流通商标，主要是指新闻源的真实、新闻要素的真实、新闻事项的真实和新闻基本要素、事项关系的真实等方面，要避免各种干扰力量对新闻真实的影响与控制，秉持公共立场，维护公共利益。准确是新闻事业和正确导向的立身之本，主要是指媒体及其从业人员在新闻报道上不盲从、不盲信、不盲动、不盲争、不盲言，不刊播、转载、转摘未经核实的来稿和信息。全面是新闻价值和媒介理性的必然要求，主要是指新闻报道的内容、信息、观点、报道力度等方面的全面，给受众一个完整的信息链，以克服主观性与片面性。客观是媒体提高公信力和引导舆论能力的客观要求，主要是指媒体与记者进行新闻报道时，需忠实地记述新闻事实的过程和结果，其看法和倾向应通过新闻事实巧妙地反映出来，其叙事采用倒金字塔结构等，其内在精神正如司马迁所追求的良史要求：其言直，其事核，不虚美，不隐恶。

胡锦涛新闻思想揭示了真实、准确、全面、客观等四方面是公信力建设的基础，同时又揭示了要推进公信力的全面发展和成熟，增强传播的科学引导，必须从以下六个方面下工夫：一是必须坚持以人为本，增强新闻报道的亲和力、吸引力、感染力，建立和维护与广大民众的信任关系。二是通过新闻传播的观念创新、内容创新、形式创新、方法创新、手段创新，努力使新闻宣传工作体现时代性、把握规律性、富于创造性，不断提高舆论引导的权威性和影响力。三是必须加强主流媒体建设和新兴媒体建设，形成舆论引导新格局。四是要认真研究新闻传播的现状和趋势，完善新闻发布制度，健全突发公共事件新闻报道机制，主动设置议题，增加透明度，牢牢掌握新闻宣传工作的主动权。五是引导广大新闻宣传工作者不断提高思想政治水平、增强业务本领，努力建设一支政治强、业务精、作风正、纪律严的新闻宣传队伍。六是客观报道世界多极化、经济全球化、文明多样性的现实，充分反映世界各国发展的主流和趋势，热情鼓励发展中国家发展进步。

三　科学建设网络阵地，加强文化的认同督导

"互联网生来就是一个全球媒体"①，意识形态是一套"持续和统一的信条"②；新闻传播处于意识形态领域的前沿，是"一个意义和实践的有组织的集合体，一个中心的、有效的、起支配作用的生活的意义、价值和行为系统"③。互联网是现代社会生活、生产、交往、传播的一种必不可少的工具、载体和平台，体现了鲜明的时代特点与持续不断的社会关系的变化。因此，科学建设网络传播阵地，加强文化的认同督导，是胡锦涛新闻思想的精神所在。

曼纽尔·卡斯特尔在其 1997 年出版的《认同的力量》④ 一书中认为，信息技术革命已催生出一种新的社会范式，即网络社会，这不仅仅体现在经济全球化、政治民主化等外在形式变迁上，更主要体现在它改变着传统的时空观念（由地域时空向流的时空转变），促成了现代信息城市的出现，引发了社会结构、社会秩序、媒介范式的剧烈变化。在全球化语境、Web2.0 媒境与中国风险社会环境之语境下，"西强我弱"的国际舆论格局没有根本性改变，世情、党情、舆情发生深刻变化，各种思想文化交流、交融、交锋更加频繁，各种反华、制华、丑华的舆态更趋激烈，新闻舆论

---

① ［美］爱德华·赫尔曼、罗伯特·麦克切斯尼：《全球媒体——全球资本主义的新传教士》，甄春亮译，天津人民出版社 2001 年版，第 147 页。

② ［美］罗伯特·A. 达尔：《现代政治分析》，王沪宁、陈峰译，上海译文出版社 1987 年版，第 78 页。

③ 转引自黄忠敬《意识形态与课程——论阿普尔的课程文化观》，《外国教育研究》2003 年第 3 期。

④ ［美］曼纽尔·卡斯特：《认同的力量》，社会科学文献出版社 2006 年版。

领域的斗争更趋复杂。新中国成立60年与改革开放30年，中国取得了举世瞩目的非凡成就，存在结构冲突、体制摩擦、角色冲突、价值观念冲突等发展中的矛盾，以及文化和价值的多元化与异质性的磨合与发展，信息鸿沟拉大等不和谐的社会现实，舆论发展亟须科学引导。在全球化与网络化的语境下，伪自由、反历史和假客观的新闻自由主义、历史虚无主义和无政府主义的陈述、阐释与传播，在全球化与新媒介语境下已严重损害新闻客观、历史事实、公共理性与和谐发展。由此可见，在风云变幻的国际形势下和时代主题的转换之际，在中国表达自由与社会开放的大环境之中，在党的建设面临新机遇和新闻传播面临严峻挑战的情况下，人们的心理认同、价值观念等内在文化层面发生着深刻的碰撞、突变，人们的思想和行为模式亟须整合。因此，胡锦涛同志指出，互联网已成为思想文化信息的集散地和社会舆论的放大器，我们要充分认识以互联网为代表的新兴媒体的社会影响力，高度重视互联网的建设、运用、管理。这也是提高和增强我党和政府执政力的必然要求。

首先，加强主流媒体网络建设和新兴媒体建设，提高网上舆论引导水平，努力形成舆论引导新格局。在新媒介图景下，网络舆论成为社会舆论形态中最有活力和主导性的舆论形态，成为社会总体舆论中日渐重要的组成部分，甚至成为引领社会舆论走向的革命性力量。在全球化、信息化与传播全球化的语境下，国际媒体格局正在发生深刻变化，互联网对国际社会舆论的态势和走向产生着不可估量的影响。按照大力发展、充分运用、积极引导、有效管理的要求，优化资源配置、完善政策保障，积极适应和充分体现网络传播即时、自主、互动的特点，着力建设一批综合实力强、在国内外有广泛影响的重点新闻网站，坚持权威性、大众化、公信力的办网宗旨，办出权威、办出特色、办出水平，增强新闻宣传的权威性、时效性、服务性，充分发挥互联网等新兴媒体的积极作用，占领信息化和国际化语境下宣传舆论的制高点。

其次，唱响网上思想文化的主旋律，努力宣传科学真理、传播先进文化、倡导科学精神、塑造美好心灵、弘扬社会正气，加快形成依法监管、行业自律、社会监督、规范有序的互联网信息传播秩序，切实维护国家文化信息安全，把互联网建设成为传播社会主义先进文化的前沿阵地。

再次，提高网络文化产品和服务的供给能力，提高网络文化产业的规模化、专业化水平，把博大精深的中华文化作为网络文化的重要源泉，推动我国优秀文化产品的数字化、网络化，加强高品位文化信息的传播，努力形成一批具有中国气派、体现时代精神、品位高雅的网络文化品牌，推动网络文化发挥滋润心灵、陶冶情操、愉悦身心的作用，把互联网建设成为提供公共文化服务的有效平台。

第四，倡导文明办网、文明上网，净化网络环境，努力营造文明健康、积极向上的网络文明新风、网络文化氛围和共建共享的精神家园，把互联网建设成为促进人们精神生活健康发展的广阔空间，并不断地、全面地和科学地介入与深化网络媒介事件及网络舆情的深度、广度、力度和效度。

陈云对新中国区域经济发展的
思考与探索

段　娟[*]

中国是一个幅员辽阔、经济文化发展极不平衡的多民族国家，区域经济能否良性发展关系到国家的统一和社会的安定以及现代化战略的全面实现。自新中国成立以来，区域经济发展问题就成为中国共产党遇到的重大经济问题和政治问题。陈云作为新中国重要的经济建设领导者，对生产力的合理配置、地区之间的分工与协作、中央与地方关系的处理等诸多区域经济发展问题进行了努力思考和探索。他的精辟思想是马列主义经典作家区域经济发展理论与中国实践相结合的产物，也是毛泽东经济思想科学体系的重要组成部分，不仅对当时正确解决我国经济建设进程中的区域发展问题发挥了指南作用，而且在今天和今后，对于我国解决区域发展面临的矛盾和问题、推动区域经济协调发展，具有重要的现实指导意义。

一　合理配置生产力

（一）搞工业要有战略眼光，选择地点要注意资源条件

马列主义经典作家认为，生产力布局尽可能接近原料产地、销售市场和交通要道，确定出"最优区位"，可以减少生产费用，优化生产建设经济效果。马克思在《资本论》中具体分析了由于地区之间生产部门发展的不平衡对产品生产状况造成的影响，他指出，"如果由于原料价格的提高一方面引起了原料需求的减少，另一方面既引起了当地原料生产的扩大，

---

* 段娟，中国社会科学院当代中国研究所助理研究员、博士。

又使人们从遥远的一向很少使用或者根本不利用的生产地区去取得原料供给，而这两方面加在一起又使原料的供给超过需求，以致这种高价现在突然跌落下来。"① 列宁在《科学技术工作计划草稿》中也提出，"使俄国工业布局合理，着眼点是接近原料产地，尽量减少从原料加工转到半成品加工一直到制出成品等阶段的劳动消耗。"②

马列主义经典作家的论断阐明了生产力布局的重要原则，即工业生产接近原料、能源产地、消费地区和交通枢纽，是提高社会劳动生产率的重要途径。新中国成立后，陈云将马克思的生产力布局原则与中国具体国情相结合，对工业空间布局的资源指向问题进行了思考和探索。关于工业布局的资源指向原则，陈云指出："搞工业要有战略眼光。选择地点要注意资源条件，摆在什么地方，不能不慎重。"③ 1949 年新中国成立时，中国共产党面对的是生产力薄弱且分布不合理的现实，这主要因为旧中国的近代工业大多受外国资本控制，因此生产力主要集中于外来力量易于控制、对外贸易方便的东北和东南沿海地区，而面积广大、资源丰富的内地和边疆少数民族地区则很少有像样的工业。这种生产力布局造成了工业生产与原料产地的严重脱节，工业分布与资源分布不相适应，不利于新中国的大规模开发建设和社会主义的工业化。1950 年 8 月下旬，中财委召开计划会议。时任中财委主任的陈云，直接领导了 1951 年计划的编制。会议讨论了编制 1951 年计划和三年奋斗目标的问题，提出经济战线在今后两三年内的主要任务是搞好经济的调整与恢复，同时进行一些必要的建设。④ 会议要求在三年内要组织生产过去依赖国外供应的原材料，将一部分工厂迁移到接近原料、市场的地区，改变工业生产过分集中于沿海地区的不合理现象。同年，中财委在《关于制定 1951—1955 年度恢复和发展中华人民共和国人民经济国家计划方针的指示（草案）》中也强调工业靠近原料、燃料、电动力的来源及消费地区，以及消除不合理的对返和迂回的货物运输。在五年期内，禁止在工业发达的中心地，如上海和天津，今后再行建设大规模的企业，以便在可能范围内将新兴的工业建设向内地转移，使之

---

① 马克思：《资本论》第 3 卷，人民出版社 1975 年版，第 136 页。
② 《列宁全集》第 34 卷，人民出版社 1985 年版，第 212 页。
③ 《陈云文选》第 2 卷，人民出版社 1995 年版，第 98 页。
④ 《陈云年谱》中卷，中央文献出版社 2000 年版，第 63 页。

靠近原料、电动力、燃料的来源和产品推销区域。①

　　在"一五"时期生产力布局问题上，也同样考虑了资源指向原则。陈云在《关于发展国民经济的第一个五年计划的报告》中指出，"第一个五年计划的基本任务，概括地说来就是：集中主要力量进行以苏联帮助我国设计的一百五十六个单位为中心的、由限额以上的六百九十四个建设单位组成的工业建设，建立我国的社会主义工业化的初步基础。"② 这一任务说明我国要建立社会主义工业化，必须实施优先发展重工业的内向型经济发展战略。陈云认为，"按照我国的第一个五年计划，工业、农业、运输交通、城市建设、商业、文化教育等各方面都要有相当的发展。而发展的重点是重工业，也只能是重工业。""发展重工业是我国社会主义建设和社会主义改造的基本环节，因此重工业应该是我们经济建设的重点，我们必须优先发展重工业。"③ 发展重工业的一个显著特点就是要求生产、加工企业必须靠近原料产地，而我国的煤炭、金属、非金属等矿产资源，主要分布在内陆地区，这对优先发展重工业的工业化发展战略的实施极为不利。为了实施"一五"计划的部署，国家在"一五"时期新建工业的地区布局上费了不少心思。其中"就资源"就是着重考虑的重要因素之一。当时钢铁厂、有色金属冶炼厂、化工企业，要摆在矿产资源丰富或能源供应充足的地区；机械加工企业，要摆在原材料生产基地的附近。如在建设鞍山钢铁公司的同时，把一大批机械加工企业摆在了东北地区。长春汽车城、沈阳汽车城、富拉尔基重型机械加工基地，就是按上述要求建起来的。④ 当时，选择一个重要项目的厂址，不是一件容易的事，要有几个甚至十几个方案，经过反复踏勘比较后才能确定下来。对此，陈云亲自过问，并下去看过一些厂址。陈云认为，"企业的布置，应当接近原料、燃料产地和消费地区，使我们能够用尽可能少的投资获得最大限度的经济效果，并且考虑到国防安全的要求。"⑤ 在现有大中城市根据可能和需要新建或者扩建一些企业，这是必要的，但多数的企业却应当适当分散地建设在中小城镇或者

---

　　① 参见中国社会科学院、中央档案馆《1949—1952 中华人民共和国经济档案资料选编：基本建设投资和建筑业卷》，中国城市经济社会出版社 1989 年版，第 11—12 页。

　　②《陈云文集》第 2 卷，中央文献出版社 2005 年版，第 590 页。

　　③ 同上书，第 592—593 页。

　　④ 参见薄一波《若干重大决策与事件的回顾》（上），中共党史出版社 2008 年版，第 210 页。

　　⑤ 陈云：《当前基本建设工作中的几个重大问题》，《红旗》1959 年第 5 期。

有矿产资源的地方。企业适当分散在中小城镇和新矿区，可以更好地解决劳动力和物资方面的困难，而且在投入生产以后，"可以使供产销更好地结合起来，生产组织比较合理，运输里程适当缩短，产品成本更加降低。"① 陈云对生产力布局问题的思考和探索对"一五"时期的工业布局发挥了重要指导作用。"一五"时期，生产力布局尽可能接近原料、燃料和消费区，并充分体现了集中与分散的原则。项目布点在宏观上比较分散，"156"项重点工程注意分布在各大区，但在中观上，除了采掘工业受资源条件限制外，大多数工业都集中布局在大中城市，这样的工业分布，节省了投资，缩短了建设周期，提高了经济效益。

（二）按照"全国一盘棋"的精神，有计划地合理地布置工业生产力

"按照统一的总计划协调安排生产力"，是马列主义经典作家提出的一条社会主义社会生产力布局的基本原则。马克思恩格斯在《共产党宣言》中提出，无产阶级夺取国家政权并剥夺资本家以后，应当"尽可能快地增加生产力的总量"，并"按照总的计划"，采取一系列措施对旧的社会经济关系进行改造，包括对自然界的改造和生产力的布局。② 恩格斯在《反杜林论》中更是明确指出，"只有按照一个统一的大的计划协调地配置自己的生产力的社会，才能使工业在全国分布最适合它自身的发展和其他生产要素的保持或发展。"③ 列宁在《科学技术工作计划草稿》中也提出，苏维埃最高经济委员会应立即委托科学院成立一系列由专家组成的委员会，"以便尽快制定俄国的工业改造和经济发展计划"，④ 指导工业和整个国民经济的发展和技术改造。

陈云把马克思主义区域生产力布局思想与中国国情相结合，在区域发展的实践中多次强调了按统一计划安排生产力的重要性。他提出，"搞工业不可能今年搞今年的，明年搞明年的。经济建设要今年就做明年的准备工作，今年投资数量多少，明年投资数量多少，要有个计划，同时还要照顾到将来的投资计划。"⑤ 他还指出，"在全国范围内有计划地合理地布置

---

① 陈云：《当前基本建设工作中的几个重大问题》，《红旗》1959 年第 5 期。
② 《马克思恩格斯选集》第 1 卷，人民出版社 1995 年版，第 293—294 页。
③ 《马克思恩格斯选集》第 3 卷，人民出版社 1995 年版，第 646 页。
④ 《列宁全集》第 34 卷，人民出版社 1985 年版，第 212 页。
⑤ 《陈云文选》第 2 卷，人民出版社 1995 年版，第 98 页。

工业生产力，是基本建设中具有长远性质和全面性质的问题，是一个带有战略意义的问题。对于这样的问题，如果不做长期打算、整体部署，只顾眼前方便、零敲碎打，是不可能解决得好的。我们在进行工业布局的时候，必须按照'全国一盘棋'的精神，使目前利益同长远利益结合起来，使局部利益同全局利益结合起来。"① 关于如何按统一计划安排生产力，他强调，"要对各行各业的生产进行全国范围的统筹安排。统筹安排就是全面计划。"② 而统筹安排的范围是很广的。"国营与私营之间，私营与私营之间，工业与手工业之间，地区之间，行业之间，今天与明天之间，都需要统筹安排。"③ 要进行统筹安排，就要看大局，纠正各式各样的本位主义和局部观点。关于本位主义和局部观点的表现，陈云指出，"还有一种本位主义和局部观点，就是只注意本地，不注意别的地区。这在工业中是个内地与沿海的关系问题。"④ 历史上沿海城市工业发展早，现在内地也要发展，但是沿海城市的生产能力有余，内地工厂建立起来之后，沿海城市就会发生困难。当然，工厂都摆在沿海城市，原料和消费却在内地，这也不行。因此，"我们应该根据原料、生产、销售和运输的情况，进行综合研究，确定哪些工厂应在沿海，哪些工厂应在内地。"⑤ 陈云在这里实际上提出了如何按统一计划统筹安排地区生产力的方法。这一方法在"一五"时期得到了具体实施。《关于发展国民经济的第一个五年计划的报告》指出，逐步地改变旧中国遗留下来的生产力布局不合理的状态，"在全国各地区适当地分布工业的生产力，使工业接近原料、燃料的产区和消费地区，并使工业的分布适合于巩固国防的条件，逐步地提高落后地区的经济水平，这是有计划地发展我国国民经济中的重要任务之一。"⑥ 报告对五年基本建设的地区分布也作了比较合理的部署，一方面合理地利用东北、上海和其他城市的工业基础，以便迅速地扩大生产规模，供应国民经济的需要；另一方面则积极地进行华北、西北、华中等地新的工业基地的建设，在西南开始部分的工业建设。总体来看，"一五"时期的工业布局是合理的。到

---

① 陈云：《当前基本建设工作中的几个重大问题》，《红旗》1959 年第 5 期。

② 《陈云文选》第 2 卷，人民出版社 1995 年版，第 283 页。

③ 同上书，第 284—285 页。

④ 同上书，第 284 页。

⑤ 同上。

⑥ 李富春：《关于发展国民经济的第一个五年计划的报告》，《人民日报》1955 年 7 月 8 日。

1957 年，广大内地的投资占全国投资总额的比重从 1952 年的 39.3% 上升
到 49.7%，沿海地区的比重则从 43.4% 下降为 41.6%。随着一些新建项
目的建成投产，内地的工业产值占全国工业总产值的比重也从 1952 年的
29.2% 上升到 1957 年的 32.1%。[①]

（三）充分利用和发展沿海工业以支持内地工业发展

马列主义经典作家认为，平衡生产力布局，逐步消除地区差距是社会
主义社会配置资源的主要模式。恩格斯在《反杜林论》中首先提出地区经
济要平衡布局的思想。他指出，"从大工业在全国的尽可能平衡的分布是
消灭城市和乡村的分离的条件这方面来说，消灭城市和乡村的分离也不是
什么空想。"[②] 列宁认为，"经济和政治发展的不平衡是资本主义的绝对规
律"，[③] 社会主义经济发展应当"普遍高涨"。恩格斯和列宁提出的"平衡
分布"和"普遍高涨"的概念，是指各地区要从本地的实际出发，充分合
理地发展生产力，通过生产力的平衡布局尽可能地缩小地区差别。

陈云针对我国生产力布局的现实情况，通过一系列调查研究，运用平
衡布局理论对我国沿海与内地生产力的配置问题进行了探索。"一五"时
期，为了扭转生产力布局偏重于沿海的格局，我国增加了对内地的投资，
并取得了一定成效。但"一五"后期，我国经济建设中的许多问题开始暴
露出来，主要表现为过于重视内地建设，而忽略了沿海地区的发展，这导
致 1954 年和 1955 年内地工业分别增长了 22.4% 和 9.9%；而沿海地区只
增长了 13.7% 和 3.6%，其中上海分别只有 7.4% 和 4.5%，天津分别只有
11.6% 和 2.1%。[④] 针对这一问题，党和国家领导人开始重新探索沿海与内
地的发展关系。陈云在《当前基本建设工作中的几个重大问题》中指出，
工业布局问题，是"基本建设工作中贯彻执行多快好省方针的最关重要的
问题"[⑤]。工业布局合理了，就可以逐步地改变我国工业生产力分布不平衡
的状态，促进全国各地区经济的普遍发展。陈云还提出了充分利用沿海工

---

① 参见薄一波《若干重大决策与事件的回顾》（上），中共党史出版社 2008 年版，第 210—
211 页。

② 《马克思恩格斯选集》第 3 卷，人民出版社 1995 年版，第 647 页。

③ 《列宁选集》第 2 卷，人民出版社 1995 年版，第 554 页。

④ 《李富春选集》，人民出版社 1992 年版，第 167 页。

⑤ 陈云：《当前基本建设工作中的几个重大问题》，《红旗》1959 年第 5 期。

业以支持内地工业发展的思想。1954 年 12 月 31 日，他在国务院召开的关于私营工商业问题的座谈会上指出，解决地区之间工业生产矛盾的办法是，"维持上海、天津，照顾各地"。他指出，"由于不少地方工业盲目发展，使得上海、天津两地私营工业特别困难。上海、天津必须维持，产量不能降下来。""因为上海、天津是老工业基地，日用工业品大部产于这两个城市。五年计划中新建的工厂在内地，内地的市场可以靠新的来维持。上海、天津没有新建的工厂，旧的搞垮了，就不能维持。"① 因此，维持上海和天津，对全国来说是有利的。1956 年 5 月 3 日，陈云在同上海工商界人士座谈时也提出，"就上海来说，从工业技术、文化来看是一个有基础的地方，要加以充分利用。""上海、天津有某种程度的发展。这样做是恰当的，是为了装配内地，使内地新的工业基地更容易建立。"②

陈云的论断为毛泽东对沿海和内地的关系做出科学判断提供了依据。1956 年，毛泽东在《论十大关系》的报告中指出，"沿海的工业基地必须充分利用，但是，为了平衡工业发展的布局，内地工业必须大力发展。只是最近几年，对于沿海工业有些估计不足，这要改变一下。""新的工业大部分应该摆在内地，使工业布局逐步平衡，并且有利于备战，这是毫无疑义的。但是沿海也可以建立一些新的厂矿，有些也可以是大型的。""好好地利用和发展沿海的工业老底子，可以使我们更有力量来发展和支持内地工业。如果采取消极态度，就会妨碍内地工业的迅速发展。"③ 根据毛泽东这一发展沿海经济、促进内地建设的思想，中共八大通过的《关于发展国民经济的第二个五年计划（1958—1962）的建议》指出："在第二个五年计划期间，必须根据资源情况和合理分布生产力的原则，在内地继续建立和积极准备建立新的工业基地，使全国各地区经济逐步走向平衡发展。但是在内地进行大规模工业建设的同时，还必须积极地、充分地利用并且适当地发展近海各地原有的工业，这不仅是为着适应国家和人民日益增长的需要，而且也是为着支援内地的建设。"④ 八大提出的合理布局生产力的原则是中国共产党对适合中国国情的区域生产力布局战略的一次新的探索和尝试，为正确处理沿海与内地的关系提供了新的思路。

---

① 《陈云文选》第 2 卷，人民出版社 1995 年版，第 268 页。
② 《陈云文集》第 3 卷，中央文献出版社 2005 年版，第 22—23 页。
③ 《毛泽东文集》第 7 卷，人民出版社 1999 年版，第 25—26 页。
④ 《建国以来重要文献选编》第 9 册，中央文献出版社 1994 年版，第 362 页。

二 地区之间开展合理的分工与协作

关于地区之间的分工与协作问题，马克思恩格斯认为，地域分工是在广阔的区域内，按商品分工实行生产的专业化，它是生产力发展到一定阶段的产物。不同地区经济的发展应该在地区间广泛分工协作的基础上，发挥本地区的优势，形成各具特色的地区产业结构。1920 年，列宁在指导制订《俄罗斯电气化计划》时指出，"最充分地和最完善地利用我国辽阔土地上所拥有的生产资料和劳动力，以满足居民的迫切需要——这就是制定俄罗斯电气化计划时所关注的基本任务。"为此，国家制订合理的经济计划时，要先进行比较，制订出可行的区域计划，然后，"在区域计划的基础上，便能比较容易地确定区域间合理协作的总方案和拟定全国电气化计划。"① 马列主义经典作家的论断实际上阐明了充分发挥本地区资源优势、地区间开展广泛的分工与协作对于生产力的发展和区域经济结构优化的重要性。

对于我国的区域经济发展，陈云指出，"各协作区和各省、自治区将来建设起来的工业体系，水平不同而且各有特点的，而现代工业又是一种非常复杂的协作经济，因此，在各个地区之间、各个部门之间、各个企业之间、以至一个企业内部的各个部分之间，都不能没有分工和协作。"② 这一论断的提出主要基于"大跃进"期间国家在地方建立独立完整的工业体系所产生的弊端。1957 年下半年以后，由于受反"右"斗争中滋长起来的"左"的指导思想的影响，中共中央要求各协作区或有条件的各省、直辖市、自治区，也要形成各自独立的比较完整的工业体系，这引发了一场"大办工业、盲目追求高速度"的"大跃进"运动。"大跃进"时期，中央将全国划分为七大协作区，要求各个经济区域按照全国统一规划，"尽快地分别建立大型的工业骨干和经济中心，形成若干个具有比较完整的工业体系的经济区域。"③ 这使中共八大设定的"二五"时期生产力布局的方针和部署发生变化，同时还带来了各地区产业结构趋同、生产布局呈现

① 《苏联经济区划问题论文集》（1917—1927），商务印书馆 1961 年版，第 1 页。
② 陈云：《当前基本建设工作中的几个重大问题》，《红旗》1959 年第 5 期。
③ 《建国以来重要文献选编》第 11 册，中央文献出版社 1995 年版，第 344 页。

"星罗棋布、遍地开花"的状况，极大地影响了中国区域经济的良性发展。基于此，陈云在《当前基本建设工作中的几个重大问题》中提出了一个关键问题，即建立比较完整的工业体系，首先应当从全国范围开始，还是从协作区或者省、自治区范围开始？对于该问题，陈云的回答是，"建立工业体系只能首先从全国范围开始，然后才是各个协作区，再后才是许多省、自治区"。理由是："全国的工业体系就是由建设在各协作区和各省、自治区的工业组成的。在建立全国范围的工业体系的过程中，必然会在各协作区和各省、自治区先后建设不同数量的新的骨干企业，这些骨干企业，是全国工业体系的组成部分，也是各协作区和各省、自治区建立工业体系的重要起点。从全国范围内开始建立工业体系，同各协作区和各省、自治区建立工业体系的需要，从根本上说是一致的。"① 他还指出，"在一个省、自治区以内，企图建立完整无缺、样样都有、万事不求人的独立的工业体系，是不切实际的。"② 因此，加强各地区之间、各部门之间、各企业之间的协作，是保证共同发展的重要条件。事实证明，陈云的论断是正确的。"大跃进"期间，由于忽视了区域之间的合理分工与协作，致使各地区产业结构趋同化严重，丧失了区域分工效益，地区之间也无法实现优势互补，最终导致区域生产力布局的更加不合理，极大地影响了中国区域经济的良性发展。

三 充分发挥地方的积极性，正确处理中央与地方的关系

关于地方优势和积极性的发挥，马克思在《资本论》中指出，在发展生产的过程中，要认真了解不同地区自然资源的差异性和多样性，使社会劳动组织形式日益多样化，从而促进各地区经济得到合理利用，优化全国和各地区产业结构。斯大林也曾针对苏联的情况指出，"我们决不能只集中力量发展全国性的工业，因为全国性的工业……不可能满足一亿四千万人民各种不同的口味和需求。为了能够满足这些需求，必须使每个区、每

---

① 陈云：《当前基本建设工作中的几个重大问题》，《红旗》1959 年第 5 期。
② 同上。

个专区、每个省、每个民族共和国的生活，即工业生活沸腾起来。"① 斯大林认为，如果不发挥各个地方在经济建设方面的潜力，就不能发挥地方建设的主动性，不能把中央的利益和各个地方的利益结合起来，不能解决尽快地实现国家工业化的问题。

对于中国这样一个地广人多、经济文化发展又极不平衡的国家，中央和地方关系能否正确处理、地方积极性能否得到充分发挥，直接影响到各地区经济的发展，并最终影响整个国民经济的发展。关于如何发挥地方的积极性、协调中央和地方之间的关系，是中国共产党自新中国成立以来一直思考和探索的重要问题。新中国成立初期，陈云即对该问题进行了探讨。关于发挥地方办工业的积极性问题，1951 年 4 月 6 日，陈云在政务院第七十九次政务会议讲话中指出，"许多企业应归地方管，这样分开管理是有利无弊的。其利有三：一是积累资金，二是培养干部，三是集中领导注意力。""许多工业企业由地方管是有好处的。现在一些由中央管的企业，也要考虑移交出去。这样会合理一些、好一些。""中央只在其生产数字、生产计划和技术上予以指导和帮助，其他由地方去发挥积极性。"② 关于财经工作如何发挥地方积极性的问题，陈云在1951 年 5 月 4 日政务院通过的《关于中央与地方在财政经济工作上管理职权划分的决定》中指出，我国是一个地广人众、交通尚不很发达的国家，而且目前仍处在人民革命大变革的时期，"中央人民政府财政经济各部门，必须集中力量于全国财政经济工作的方针、政策、计划的掌握和主要工作的领导。因此，现在完全有必要，而且已有可能，在继续保证国家财政经济工作统一领导、计划和管理的原则下，把财政经济工作中一部分适宜于由地方政府管理的职权交给地方政府，这是既利于地方政府的因地制宜，又利于国家财政经济工作的统一领导的方针。"③

在陈云论断的基础上，毛泽东在《论十大关系》中对充分发挥地方的积极性、中央与地方关系的处理问题作了更系统的论述。他指出，"处理好中央与地方的关系，这对于我们这样的大国大党是一个十分重要的问题。""应当在巩固中央统一领导的前提下，扩大一点地方的权力，给地方

---

① 《斯大林全集》第 7 卷，人民出版社 1958 年版，第 261 页。
② 《陈云文集》第 2 卷，中央文献出版社 2005 年版，第 234—235 页。
③ 同上书，第 242—243 页。

更多的独立性，让地方办更多的事情。""要发展社会主义建设，就必须发挥地方的积极性。中央要巩固，就要注意地方的利益。""中央要注意发挥省市的积极性，省市也要注意发挥地、县、区、乡的积极性，都不能框得太死。"① 中共八大关于"二五"计划的建议充分体现了毛泽东的思想。建议指出，"应该正确地调整中央同地方的关系。各项经济事业和文化事业都应该在中央的统一领导下，根据国家计划，充分地发挥各地方、各业务部门和各基层单位的积极性，广泛地动员群众的力量，以求得社会主义社会建设尽可能快一些的发展。"② 1957 年 9 月，中共八届三中全会通过了关于改进工业、商业和财政管理体制的三个文件，强调扩大地方的管理权限，从以部门"条条"为主的计划体制改变到以地区为主的"条块"结合的体制。这三个文件充分体现了毛泽东等中央领导人关于发挥地方积极性的思想，是对中国区域经济体制的一次有益探索。

但随之而来的"大跃进"运动，在"左"的思想指导下，强调地方要建立独立完整的工业体系，导致地方权力下放得过快，而地方政府又不承担国家综合平衡的责任，为了追求本地经济扩张，盲目建厂，重复建设，致使全国工业建设投资处于严重失控状态。据不完全统计，"二五"时期全国开工的大中小型项目达 21.6 万之多，新建的工业点数以万计，各地区及全国经济一片混乱，国民经济发展面临严重困难。③ 针对这一问题，1959 年 3 月，陈云《在当前基本建设工作中的几个重大问题》中指出，地方工业建设应以各地的资源和有关技术经济条件为依据，着眼全国范围内的合理布局，反对各协作区或各省市不顾条件、不顾效益、竞相建立各自独立的完整的工业体系。陈云特别强调，"如果不考虑本地区的资源条件和经济特点，勉强去办那些难以办到的事情，而不积极去办那些可以办到的和在全国范围内迫切需要的事情，这在经济上是不合理的。"④ 对于如何对中央经济权力下放后容易导致的经济失衡问题进行防范，1957 年 9 月 24 日，陈云在党的八届三中全会上作了《经济体制改革以后应该注意的问题》的发言，他指出，"中央某些职权下放以后，必须加强对各个地方的平衡工作。""扩大地方的职权是完全必要的，一般来说，当地的事情，地

方比中央看得更清楚一些。体制改变以后，更可以因地制宜地办事。但是，必须加强全国的平衡工作。因为经济单位是分散的，没有全局、整体的平衡，就不是有计划的经济。过去中央各部可能忽视地方，但是职权下放以后，地方也可能发生不顾全局的倾向。因此，一方面要有适当的分权，同时又要加强综合。"① 1958 年 4 月 11 日，在国务院第七十五次全体会议讨论《国务院关于改进税收管理体制的规定》时，陈云也提出，"改进税收管理体制，给了下面这么多权利，是不是会乱，需要给大家讲清楚。"②

四　陈云区域经济发展思想的现实意义

当前，随着我国区域经济协调发展战略的实施，各地区呈现出良好的发展态势。但我国区域发展实践中，依然存在区域发展不平衡、产业结构趋同、区域分工与协作弱化等诸多问题。如何缩小区域发展差距，促进区域经济协调发展，是当前乃至今后我国经济建设中的一项艰巨任务。陈云对新中国区域经济发展诸多问题的思考和探索，不仅指导了当时我国的区域经济发展，而且有助于我们认真思考当前我国区域经济发展中面临的一系列矛盾和问题，并制定应对措施。

第一，区域经济发展要坚持以科学发展观为指导。陈云区域经济发展思想的精髓在于"统筹兼顾、全面协调"，这与全面、协调、可持续的科学发展观是相互统一的。坚持以科学发展观为指导，就是要充分发挥各地区的自身优势，统筹规划，重点突破，促进各地区之间形成优势互补、分工协作、相互促进、良性互动的协调关系。坚持科学的发展观，将能有效解决区域经济发展面临的诸多矛盾和问题，更好地推动区域经济的良性发展。

第二，区域经济发展要将政府调控和市场机制有机结合。改革开放后，市场在资源配置中的作用日益凸显，市场机制的作用有利于发挥区域比较优势，促进宏观经济的最优化，但也使地区经济发展的"马太效应"日益明显，区域差距不断拉大。因此，在市场机制运行过程中，依然需要

---

① 薄一波：《若干重大决策与事件的回顾》（下），中共党史出版社 2008 年版，第 558 页。
② 《陈云文集》第 3 卷，中央文献出版社 2005 年版，第 200 页。

运用计划手段进行宏观调控，这充分说明陈云提出的"按统一计划安排生产力"的思想在今天仍具有指导意义。当前，政府要发挥对区域经济发展的宏观调控作用，一方面，要从国家区域协调发展的全局出发，打破东、中、西部和东北的界限，统筹安排和部署全国的经济布局。另一方面，要制定科学的宏观区域政策，根据不同地区的资源禀赋、产业基础、发展阶段等因素，明确各区域的战略布局、功能定位等，确定财政转移支付政策、税收政策、金融政策等的基本导向。

第三，推动区域间分工与协作，形成各具特色的区域发展格局。对于中国这样一个幅员辽阔、经济文化发展又极不平衡的国家，充分发挥地方积极性，在各个地区之间、各个部门之间开展分工和协作，是陈云一直倡导的区域经济发展思想。当前，为了推动区域间分工与协作，我们要明确不同区域的功能定位，通过区域内产业结构调整和区域间产业转移，缓解区域间产业结构冲突，强化区域间产业联系。要合理构建区际竞争关联机制，打破资源、市场利益的条块分割，把东北老工业基地改造、西部大开发、中部地区综合优势的发挥、东部有条件地区的率先发展共同纳入国民经济整体协调发展体系当中，实现"发挥优势、发展特色、普遍增长"的区域经济新格局。

（原载《毛泽东思想研究》2010 年第 5 期）

第 四 编

马克思主义基本理论研究

马克思主义方法论四大基本命题辨析

侯惠勤*

马克思主义方法论对于许多人而言是一个既熟悉又陌生的概念。说熟悉，是因为人们多少都知道一些唯物辩证法和历史辩证法的观点，至少承认其对于工作和学术研究的指导意义；说陌生，是因为许多人不懂得马克思主义方法论与其根本立场、基本原理间有着不可分割的联系，不了解马克思主义方法论其实就是其思想体系和思想路线。因此，对这一问题的把握，关系到对于马克思主义的整体认识。自马克思主义诞生一百六十多年来，就其内部的理解而言，在对其的整体认识上主要有两种偏向：第一，认为马克思主义是如同自然科学般精确的知识体系，这种观点强调了马克思主义的科学性、确定性、完整性，但忽略了其随着实践的发展而发展的开放性、变动性和不确定性，从而导致了对于马克思主义的僵化认识，第二国际的"正统派"马克思主义是此种观点的代表；第二，认为马克思主义仅仅是一种顺势应变的方法，没有确定的思想体系，这种观点强调了马克思主义的灵活变动和开放，但忽略了其立场和基本观点的确定、公开及不可违背，从而导致了对于马克思主义的严重偏离，第二国际后出现的"西方马克思主义"思潮就是其中的代表。在我们看来，马克思主义是方法论和世界观的统一，即马克思主义方法本身便是马克思主义世界观的体现，也是其基本原理的表达，它集中体现在理论和实际相结合上。邓小平指出，"我们坚信马克思主义，但马克思主义必须与中国实际相结合。只有结合中国实际的马克思主义，才是我们所需要的真正的马克思主义。"①而"马克思列宁主义的普遍真理与本国的具体实际相结合，这句话本身就

＊ 侯惠勤，中国社会科学院马克思主义研究院党委书记，教授、博士生导师。

① 《邓小平文选》第 3 卷，人民出版社 1993 年版，第 213 页。

是普遍真理。"因此,从基本原理和方法论的统一上准确把握马克思主义,是正确解读马克思主义的基本要求。"一切从实际出发"、"具体情况具体分析"、"历史和逻辑相一致"、"理论与实践相结合"是马克思主义方法论的四个基本命题,正是在这些众所周知的重大命题上,存在着一些似是而非、甚至是习以为常的错误认识,需要加以辨析和澄清。

一 关于"一切从实际出发"

"一切从实际出发"是马克思主义方法论中的首要的基本命题,"从实际出发,实事求是,这是我们唯物主义者的根本立场。"① 邓小平甚至把这一命题等同于马克思主义哲学世界观,等同于党的思想路线。他指出:"搞社会主义一定要遵循马克思主义的辩证唯物主义和历史唯物主义,也就是毛泽东同志概括的实事求是,或者说一切从实际出发。"② 那么,什么是"实际"? 在毛泽东看来,所谓的"实际"就是"客观存在的事实"。他在《延安文艺座谈会上的讲话》中强调:"我们讨论问题,应当从实际出发,不是从定义出发……马克思主义叫我们看问题不要从抽象的定义出发,而要从客观存在的事实出发,从分析这些事实中找出方针、政策、办法来。"③ 这样,从实际出发的问题就变成了如何把握"客观存在的事实"这一难题。毫无疑义,客观存在的事实不仅丰富多样、相互冲突,而且无穷无尽。这就提出了能否及如何把握客观事实的问题。

从哲学史上看,先验主义和经验主义各执一端:先验主义认为现象世界是如此纷繁复杂,以至于个人经验永远无法穷尽,且我们所拥有的个人经验往往互相冲突,人们单凭经验根本无法区分各类事实的真假善恶及其重要性;20 世纪初发生的"物理学危机"说明单凭经验甚至无法证明事实的客观性,这种自相矛盾的冲突本身就证明了个人经验的不可靠性,因此我们需要一个可靠的分析框架,来对事实进行整理、筛选;这个框架是先验的,非个人经验的产物,康德因此提出了因果律、时空范畴等以及所谓"第一推动力"、"第一原理"、"第一范畴"等先验的分析框架,并称

---

① 《邓小平文选》第 1 卷,人民出版社 1994 年版,第 244 页。
② 《邓小平文选》第 3 卷,人民出版社 1993 年版,第 118 页。
③ 《毛泽东选集》第 3 卷,人民出版社 1991 年版,第 853 页。

之为"先天综合判断"。应该说，先验主义的确抓住了经验主义的要害，但是问题在于它提出的这个先验分析框架本身是否可以分析、可以讨论的，换言之，这个分析框架是"自明的"，还是需要证明的。毫无疑义，先验主义把先于经验的逻辑范畴视为认识的当然前提，其本身是无需证明、也无法证明的（康德断言人们一旦试图用经验的方法去证明先验范畴，就会陷入"二律背反"的困境），这不仅是非科学的独断论，而且打开了通向神秘主义和不可知论的大门。经验主义则认为只有经验才是可靠的，只有能够得到经验证明的才是真实的存在。尽管哲学史上存在着两种经验主义，即唯物主义的经验主义（把个人经验视为通向外部客观世界的唯一通道）和唯心主义的经验主义（把主观经验视为唯一的存在），但其共同点则在于是都认为只有个人经验是可靠的，因此，它们共同面临着无法解决的两个问题。一是无法解释普遍范畴的来源问题。当经验主义把一切认识都还原为个人经验时，其遇到的最大难题就是一些被人们普遍接受的范畴同个人经验有什么关系？从时空等客观范畴到自由、人权等价值范畴，将其说成是个人经验的结果能说得通吗？能用有限的经验来论证这些普遍范畴吗？显然，经验主义者们的狭隘的经验观无法解决这个问题，无法对普遍范畴进行科学的还原。二是个人经验之间往往也会得出不同的结果，那么谁正确呢？哲学史上经验主义者们的各种回答往往最终导向了相对主义的真理观。

那么马克思主义方法论是怎样解决"客观事实"的问题的呢？马克思主义世界观作为方法论就是唯物辩证法，其根本要求就是"考察的客观性（不是实例，不是枝节之论，而是自在之物本身）。"① 这就是说，客观真实的情况不能靠举例来说明，也不能靠罗列现象，而必须把握事实的总和，必须把辩证法作为认识论。列宁强调，"在社会现象领域，没有哪种方法比胡乱抽出一些个别事实和玩弄实例更普遍、更站不住脚的了。挑选任何例子是毫不费劲的，但这没有任何意义，或者有纯粹消极的意义，因为问题完全在于，每一个别情况都有其具体的历史环境。如果从事实的整体上、从它们的联系中去掌握事实，那么，事实不仅是'顽强的东西'，而且是绝对确凿的证据。如果不是从整体上、不是从联系中去掌握事实，如果事实是零碎的和随意挑出来的，那么它们就只能是一种儿戏，或者连

---

① 《列宁选集》第 2 卷，人民出版社 1995 年版，第 411 页。

儿戏也不如。"① 孤立的、随意的事例没有意义，不能说明任何问题；具有无可辩驳的事实是从其整体上、从其全部联系中把握的事实。因此，事实的总和不是无数零碎事实的简单叠加，而这在实际上也是无法做到的。

那么怎么才能把握事实的总和，或者说，怎样才能从整体和联系中把握事实呢？最根本的是抓作为矛盾聚焦点的事实，抓住了这些事实，就抓住了事实的总和，因此列宁称对立统一为辩证法的核心。马克思把作为矛盾聚焦点的事实分为三种类型：一是所谓最简单、最普通、最基本、最常见、最平凡的事实，此类事实能够反映某一社会的基本属性和根本矛盾。诚如列宁所说："马克思在《资本论》中首先分析资产阶级社会（商品社会）里最简单、最普通、最基本、最常见、最平凡、碰到过亿万次的关系：商品交换。这一分析从这个最简单的现象中（从资产阶级社会的这个'细胞'中）揭示出现代社会的一切矛盾（或一切矛盾的萌芽）。往后的叙述向我们表明这些矛盾和这个社会——在这个社会的各个部分的总和中、从这个社会的开始到终结——的发展（既是生长又是运动）。"②《资本论》之所以能够从商品分析开始，成功地展开对于资本主义的逻辑和历史再现，就因为资本主义社会是一个由"商品堆积"起来的社会，它构成了该社会的基本特征，即"细胞"。

二是所谓最反常，最病态，最不近情理，最不可理喻的事实，此类事实反映了某一社会的矛盾尖锐化和对抗程度，是其病根所在，问题所在。在马克思看来，在工人身上就集中了种种反常事实，"工人生产的财富越多，他的产品的力量和数量越大，他就越贫穷。工人创造的商品越多，他就越变成廉价的商品。物的世界的增值同人的世界的贬值成正比。劳动生产的不仅是商品，它生产作为商品的劳动自身和工人，而且是按它一般生产商品的比例生产的……这一事实无非是表明：劳动所生产的对象，即劳动的产品，作为一种异己的存在物，作为不依赖于生产者的力量，同劳动相对立。"③ 马克思与资产阶级经济学家的根本区别就在于他以私有制的基本矛盾为研究对象，因而一下子就抓住了工人和劳动产品之间的反常关系，即"异化劳动"这一事实。一般说来劳动者和劳动产品之间有着某种

---

① 《列宁全集》第28卷，人民出版社1990年版，第364页。
② 《列宁选集》第2卷，人民出版社1995年版，第558页。
③ 《马克思恩格斯选集》第1卷，人民出版社1995年版，第40—41页。

天然的亲近感，因为劳动产品是对劳动者的主体性地位的确证。但是资本主义条件下工人和劳动产品之间却有着一种天然的疏离感，两者的关系是陌生乃至于对抗的。这一事实的典型性还在于它是资本主义所独有的，而并非私有制社会的普遍现象，也就是说，异化劳动的产生并非就简单地由于剥削。封建时代的农民同样受到剥削，但是他不存在同劳动产品的异化关系，农民的劳动成果被剥夺并没有使农民作为劳动创造者的地位被否定。虽然马克思在1844年还未能真正揭示出异化劳动的根源，但抓住这一重大事实无疑促成了他的科学研究。后来马克思在《资本论》中科学解释了这一反常事实：工人和劳动产品之间之所以会有这种对抗性的反常关系，就在于在资本主义生产方式中劳动力成为商品，而劳动力成为商品是货币转化为资本的决定性条件。自此，劳动者和商品的关系就不再是创造者和被创造者那种"人和物"的关系，而是变成了商品和商品之间的关系，必须遵循商品竞争规律，表现出相互排斥、相互疏离的倾向。这样，马克思就通过资本主义社会这一最反常、最病态、最不近情理和最不可理喻的事实，打开了揭示资本主义全部奥秘的大门。

三是所谓最新的、大量出现且不断增长而具有普遍化趋势的事实，此类事实预示着社会矛盾的发展趋势，是旧社会中孕育着的新社会的萌芽。这便是马克思说的所有文明国家都大量出现，所有资本主义国家都不断出现的事实，这就是现代无产阶级的产生。马克思指出："由于在已经形成的无产阶级身上，一切属于的东西实际上完全被剥夺，甚至连属于人的东西的外观也被剥夺，由于在无产阶级的生活条件中集中表现了现代社会的一切生活条件所达到的非人的顶点，由于在无产阶级身上人失去了自己，而同时不仅在理论上意识到了这种损失，而且还直接被无法再回避的、无法再掩饰的、绝对不可抗拒的贫困——必然性的这种实际表现——所逼迫而产生了对这种非人性的愤慨，所以无产阶级能够而且必须自己解放自己。"[①] 马克思关注工人阶级是其世界观的转折点，自此，马克思的世界观随着其对无产阶级的科学认识而成为科学。马克思把无产阶级看成是人类解放的实际承担者，就必须超越世俗的眼界，即不能把现代无产阶级仅仅看作"一无所有"的受苦人，更不能将其视为只顾眼前利益的芸芸众生。马克思在《神圣家族》中回答对于现代无产

---

① 《马克思恩格斯文集》第1卷，人民出版社2009年版，第261—262页。

阶级的质疑时说，"问题不在于某个无产者或者甚至整个无产阶级暂时提出什么样的目标，问题在于无产阶级究竟是什么，无产阶级由于其身为无产阶级而不得不在历史上有什么作为。"①

马克思看好工人阶级有四个理由：一是现代无产阶级是工业化大生产的产物，是社会化大生产的实际承担者，是现代社会物质财富的创造者，是先进社会生产力的代表，因此，它的本质特征不是"一无所有"，而是（如同考茨基所说的）"现代社会的养活者"。二是现代无产阶级又一本质特点，就是它是唯一与生产资料没有直接的联系的阶级，因而其解放不能通过个人直接占有生产资料的方式，而必须通过"联合起来的个人"重新拥有生产资料，这就决定了它是新的生产关系的代表，代表了社会化占有的生产关系发展的趋势。毫无疑义，历史上所有的剥削阶级都直接占有生产资料，而被剥削阶级也不同程度地与生产资料有直接的联系。奴隶作为"会说话的工具"而与其他劳动工具直接结合；农民阶级也因拥有少量生产资料而与生产资料有着直接的联系。其他阶级的阶级意识（如果有的话）都是巩固和扩大本阶级的利益，而只有无产阶级的阶级意识是"消灭阶级"，马克思也因而称无产阶级为"非市民社会阶级的市民社会阶级"②。不与生产资料发生直接联系而又是社会化大生产的实际承担者的无产阶级的大量出现，表明了社会化占有的生产关系发展的趋势，更表明了"私有制和阶级社会的解体"。三是现代无产阶级还是人类历史上第一个有文化的被剥削阶级，也是唯一可能形成阶级意识的被剥削阶级，因而是唯一可能成为革命阶级并上升为统治阶级的劳动者阶级。加上自觉的知识分子转向无产阶级革命立场以及一些破产的资产阶级分子的不断加入，都给工人阶级的队伍注入了文化的血液，使得作为劳动阶级代表的无产阶级终于打破了剥削阶级对于文化的垄断。四是现代无产阶级经历了资本主义社会化大生产那样具有严密分工、严格纪律、严酷生活的训练，成为一支可以被组织的政治力量，这就是说，现代无产阶级虽然是可以"自由"出卖劳动力的自由人，但它并没有农民阶级的散漫性和奴隶阶级的依附性。这正是工人阶级可能成为革命领导阶级的重要依据。马克思正是通过这种在矛盾分析具体化上的事实分

---

① 《马克思恩格斯文集》第 1 卷，人民出版社 2009 年版，第 262 页。
② 《马克思恩格斯选集》第 1 卷，人民出版社 1995 年版，第 14—15 页。

类，发现并抓住了上述三类事实，从而把握住了资本主义的"事实总和"或者"事实整体"，从而解决了如何认识资本主义这一最大的"实际"问题。

可见，"一切从实际出发"是马克思主义世界观的实际运用，其精神实质是善于抓住作为具体矛盾聚焦点的典型事实，以此展开对于矛盾的具体分析，因而是唯物辩证法的简明表述。

二　关于"具体情况,具体分析"

"对具体情况作具体分析"是马克思主义方法论中的又一基本命题，列宁称其为"马克思主义的活的灵魂"①。在这一问题上的主要偏差，就是把这一原则视为无党性口号，似乎"具体情况，具体分析"是任何阶级、任何政党或任何人都可以做到的一种处事技巧，或一种灵活变通的原则，而不是无产阶级及其政党特有的思想路线。实际上，这个命题不仅有严格的党性立场，而且有明确的针对性。这个命题是针对资产阶级社会所形成的抽象思维、抽象话语提出的，是打破资产阶级狭隘眼界和片面思维方法的产物。

首先，这个命题所说的"具体"，不是感性具体，而是思维具体、概念具体。关于这一方面我们通常可以看到以下两种偏向：一是用抽象的整体否定具体的部分。当戈尔巴乔夫指认"全人类的利益高于无产阶级的阶级利益"时，似乎很是理直气壮。因为无产阶级人数再多，也是人类的部分，而整体大于部分则是毋庸置疑的。但是且慢，问题在于这个"全人类的利益"，自人类历史进入阶级社会以来，它就没有现实地存在过，而现实存在的是对抗的阶级利益，或以革命阶级利益为代表的多数人利益。因此，正确的提法就不是抽象的全人类利益与具体的阶级利益相比较，而是什么阶级的阶级利益更能代表大多数人的利益，什么阶级的阶级利益代表了人类发展的未来。马克思正是在这个意义上强调无产阶级的利益高于一切。进一步说，也正是存在着阶级利益的对抗，才存在着（统治阶级）用抽象的人类利益去否定某些现实利益的情形。而一旦实现了人类大同，当个人的自由全面发展与社会的进步能够协调一致的时候，用抽象的整体利

---

① 《列宁选集》第 4 卷，人民出版社 1995 年版，第 213 页。

益去和现实的具体利益加以比较并否定后者的思维方式也就失去了根据。可见，这种抽象性思维本身就是阶级对抗社会的产物。

二是用抽象的人性否定具体的个性。作为资产阶级社会抽象思维的典型表现，就是把体现了该社会具体历史条件下的人性状况，视为是一成不变的抽象人性，并以此作为根本的价值依据。这一抽象思维方式可以达到双重功效：一是为现存的资产阶级社会辩护，使其占领"自然如此"的人性高地；另一是消解任何试图超越资本主义的努力，使其陷入"违反人性"的道义困境。但是这种把一成不变的人性视为历史的深层根据是经不起科学检验的。无论是历史科学还是自然科学都证明，人性是人类文明进化的结果，因而不同的文化背景、不同的历史阶段也就呈现出人性的不同状况。比如资产阶级话语体系中最为重要的"自我"及其引申出的人权、民主等价值，就不仅存在着东西方文化上的重大差异，而且存在着生理基础上的差异。"阿姆巴迪认为，文化神经系统科学的确促进人类的有关认识。她说，'自我/母亲'方面的发现'证明了集体主义文化中自我与（你所亲近的人）之间的强有力的重叠，以及个人主义文化中自我与他人之间的分离，因此将有关分析推进到大脑水平上是十分必要的'。尤其是，这种分析能显示出文化差异的根本性，诸如人权、民主等'普世'概念可能并不是放之四海而皆准的东西。"① 从马克思主义的观点看，人性不是社会矛盾的根源，而是其表现；不是人性创造历史，而是历史改变人性。

可见，用抽象的人性去解释社会现象，本身就是资产阶级的思想统治方式，因为资产阶级社会是真正的抽象化社会。"抽象性"在真正意义上构成了资本主义社会的本质。就经济过程而言，资本主义市场经济使得劳动抽象化，"劳动一般"正是这种状况的写照。与此相应的就是人的抽象化以及思维方式的抽象化，而抽象观念的统治则是社会的自我认同方式。由此我们就可以知道，为什么不能用所谓"普世价值"去解读我国的抗震救灾行动，而必须唱响"社会主义好、共产党好、伟大祖国好、改革开放好、人民军队好、各族人民好"这六好。把本来属于社会主义制度性因素的成就归结于抽象人性（所谓"人类大爱"一类）和"普世价值"（所谓"人权的力量"一类），除了制造混乱和别有用心，没有其他可能。用抽象

---

① 美国《新闻周刊》网站 2010 年 2 月 18 日文："西方的大脑，东方的大脑"，作者沙伦·贝格利。

的人类爱心去解读当代中国的救灾成果，不仅不符合中国今天的事实，也不符合中国历史的事实。至少近代以来，我国民众的爱心就常常无从表现。鲁迅笔下国民的那种冷酷、麻木、涣散、愚昧，绝不是文学上的夸张，而是历史的真实。因此，即便是爱与人同在，我们也还是不得不去具体分析在什么样的历史条件下，这种爱可以表现、可以弘扬，而在什么样的历史条件下，这种爱会被压抑、扼杀乃至扭曲。这样，我们就不能不突破"爱"和人性的空洞议论，去面对具体的历史矛盾和问题，从中得到真理性的认识。

因此，要做到"具体情况，具体分析"，首先需要能够进行具体分析的认识和实践主体，即能够摆脱资产阶级社会"抽象性"的社会力量。在马克思主义看来，这种社会力量就是现代无产阶级。我们在前面已经阐明，尽管现代无产阶级也处在资产阶级社会的异化和拜物教的魔咒中，但其历史地位决定其不仅具有揭示现代社会真相的要求，而且具有认识并实践现代社会发展规律的条件，因而最终必然能够冲破资产阶级的思想牢笼，成为自己解放自己的社会力量。

其次，需要提出可以进行具体分析的"问题"，这就是马克思主义强调的"改变世界"的问题。没有改变世界的追问，必然会把存在的东西作为当然的前提，其讨论问题就必然只在解释现象上兜圈子，而与真正的现实相隔阂。这就不可能达到对于世界的规律性认识，具体分析也就无从谈起。"这些哲学家没有一个想到要提出关于德国哲学和德国现实之间的联系问题，关于他们所作的批判和他们自身的物质环境之间的联系问题。"因此，"哲学家们只是用不同的方式解释世界，而问题在于改变世界。"①

再次，需要能够进行具体分析的具体概念。概念具体是指能够正确把握和历史再现客观存在的思想范畴，这就决定了它必然是以对立统一为特征的矛盾概念，而不是孤立、静止的范畴。"要做到具体，首先要创立能够'具体分析'的世界观、历史观和方法论，以及相应的概念、范畴，这就是唯物辩证法、历史辩证法及其基本范畴，最为主要的是'生产关系'、'工人阶级'、'共产党'等核心范畴。有了生产关系的概念，人类社会的矛盾运动规律才得以发现，生产力和生产关系的矛盾运动这一社会变革的源泉才得以揭示，对于不同社会形态的区分以及深入每一社会形态的具体

① 《马克思恩格斯选集》第 1 卷，人民出版社 1995 年版，第 66、61 页。

分析才得以可能。有了'工人阶级'的概念，超越资本主义社会的人类解放才有了现实的实践形式，冲破资产阶级社会'抽象性'的具体分析才有了实践的历史主体，批判资产阶级'普世价值'才有了实质性的具体内容。有了'共产党'的概念，真正区别于一切旧式政党的、人民群众自己解放自己的最高政治形式才得以确立，工人阶级作为自为阶级和历史主体的领导作用才得以实现，足以与资产阶级世界观抗衡的共产主义思想体系才得以实践。可见，'对具体情况作具体分析'不是任何人、任何思想体系都能做到的，其实质就是实事求是。它是马克思主义和工人阶级世界观的特质和活的灵魂，其锋芒所向，直指资产阶级社会的抽象性，根本颠覆了作为'普世价值'的资产阶级思想统治。"①

最后，具体分析还是一个不断认识新情况、解决新矛盾的过程。如果说概念具体在于其能够再现事物的过程性存在的话，那么把握具体概念就必须深入到现实的矛盾性关系中。不深入到事物的矛盾内部认清矛盾的主次及主次方面，认清矛盾的发展规律，就不可能做到具体情况具体分析，而这"深入"就要求我们要通过科学实践、实验总结、实际调查等方式去进入实际。如果说"一切从实际出发"强调的是事物的客观真实性、规律性的方面，那么，"具体分析"则强调的是事物在思维中的准确再现。只有把握思维的进程是从抽象上升到具体，并通过具体这一许多规定的综合，才能在思维中再现实在和具体现实。"后一种方法显然是科学上正确的方法。具体之所以具体，因为它是许多规定的综合，因而是多样性的统一。因此它在思维中表现为综合的过程，表现为结果，而不是表现为起点，虽然它是现实的起点，因而也是直观和表象的起点。在第一条道路上，完整的表象蒸发为抽象的规定；在第二条道路上，抽象的规定在思维行程中导致具体的再现。"②

可见，"具体分析"有两个过程：一个是深入实际，这其实是一个拆分实际、梳理问题、发现本质的过程；另一个是解决实际，这其实是一个综合整理、形成思路、解决问题的过程。因此，"具体分析"就是用具体概念还原现实，其实质是体现理论的彻底性，抓住事物的根本，形成可以说服人并用以指导实践的科学理论。所以，"具体分析"和"一切从实际

---

① 侯惠勤：《我们为什么必须批判"普世价值"观》，《马克思主义研究》2009 年第 3 期。
② 《马克思恩格斯全集》第 12 卷，人民出版社 1962 年版，第 751 页。

出发"一样，都是唯物辩证法和历史辩证法的概括和体现，但前者更为强调的是理论自身的创新发展、理论把握现实的能力，而后者则更强调认识和行为的客观制约性以及对于客观规律的遵从。

三　关于"历史和逻辑相一致"

"历史和逻辑相一致"是马克思主义方法论的又一基本命题。前面的两大命题可以说都是根本属性判断，而这个命题的独特性就在于它是矛盾关系性判断。矛盾关系性判断的复杂性就在于它不仅要论证对立面的统一，而且要论证相统一的基础。如同"思维与存在的同一性"存在着唯物论和唯心论两种不同的回答一样，历史和逻辑相一致也不仅存在着能否一致的分歧，而且存在着如何统一的分歧。实际上最早提出这个方法论原则的是黑格尔，他提出这个方法原则主要是为了解决"理性"把握历史规律的可能性的问题。

黑格尔把对历史的认识分为下述三类：一是原始式的历史记录，即试图通过具体叙事方式而再现具体真实的历史。这种纯客观叙事的历史只能对历史作表象的、局部的认识，最多做到故事真实，而不能达到对于历史整体的认识，因而不能达到历史的真实。二是反思式的历史，即从一定的思想观念出发，对历史事实进行鉴别评价取舍。各种史论性质的著作便是这类历史认识的表达。但此类历史往往是主观性的表现，因为它总是观念先行，所以不能客观地再现历史的整体。三是哲学的历史，即通过逻辑的方式再现历史，也就是历史和逻辑相一致，这是整体性地把握历史真实的唯一方式。

历史和逻辑相一致不是直观的结果，而是思维的创新。从现象上看，历史和逻辑存在着内在的冲突：历史是多线条的，而逻辑则是单线条的；历史是感性的、跳跃的和充满偶然性的，而逻辑则是理性的、环环相扣和由必然性支配的；如此等等。黑格尔为解决这一难题，进行了两个设定：一是设定其站在历史的制高点（终点）上面对历史，因而其逻辑再现的历史是以往的历史。正因为如此，黑格尔的历史观不预言未来，而只是回溯和反思历史，是在黄昏才起飞的"密纳发头上的猫头鹰"。对此，我们过去单纯地将其视为黑格尔哲学的保守性，现在看来这并不完全。面向过去、而不愿面向未来，固然有其保守的一面，但黑格尔因此也回避了历史的多线条和逻辑单一性的冲突，因为尽管历史是多样乃至多元的，但已经过去的、成为现实的历史却是单一的，换言之，历史的多样性是就其未来和可能性来说的，而不是从其现实性上说的。另一是设定其逻辑为辩证逻辑，而非形式逻辑。黑格尔认为哲学概念不是单质的，而是异质性的统一体，即每个范畴都是包含着矛盾的对立统一体。由于概念自身存在着"差别的内在发生"，存在着自我发展的源泉，因而其本身就不是僵死的、凝固的，而是活生生的、不断过渡、转化和自我更新的。正是这种具有历史过程性的、动态的辩证逻辑，成为追踪现实历史和再现历史真实的理论基础。如果说黑格尔较为成功地解决了历史和逻辑可以一致的问题的话，那么他并未解决两者如何一致的问题。当他把逻辑人格化，以逻辑过程取代历史发展时，就不可避免地要受到历史的惩罚，其逻辑体系必然难逃在历史的真实进程中解体之命运。

马克思是如何解决这一难题的呢？马克思站在彻底的唯物主义立场上，打破了黑格尔为求得逻辑上的自恰而自我封闭的理论立场，使哲学不是面对以往的历史，而是面向未来、向实践开放，把历史和逻辑相一致奠立在唯物史观的基础上。这就需要面对历史和逻辑相对立的方面，从对立中揭示其相一致的根据。可见，在马克思看来，历史和逻辑相一致就是揭示历史的客观逻辑，是以逻辑的方式再现历史发展的客观规律。因此，不了解马克思主义的全部理论精华，历史和逻辑相一致就是空话。我们这里仅就马克思如何克服历史和逻辑的对立，作一简要的阐发。概括地说，马克思就此提出了三大原则：

一是"通过批判旧世界发现新世界"[1] 的原则。在面向历史未来的多种可能性中，如何确定其客观趋势及未来社会的基本特征，靠人道理想（如费尔巴哈）不行，靠逻辑精神（如黑格尔）也不行，只能靠解剖旧世界去发现新世界。必须指出，马克思在这里用的是"批判"，但不是通常意义上的否定性研讨，其精神实质是我们在前面说过的"具体分析"，即着眼于历史必然性的批判、寻找其产生、发展和灭亡的具体条件。因此，"从批判旧世界中发现新世界"的原则也可称为必然性批判原则。黑格尔曾把这种辩证批判视为历史必然性的具体展开。"这种具体的普遍性包括着它自身一切发展出来的形态和方面，在这些形态和方面里，精神是并且

---

① 《马克思恩格斯文集》第 10 卷，人民出版社 2009 年版，第 7 页。

将成为符合理念的对象。所以精神对于它自身的思维的认识，同时就是那充满了发展的全部实在的进展。这种进展并不是通过个人思想，表现在个人意识里的进展，而乃是具有丰富形态，揭示其自身于世界史中的普遍精神的进展。"① 列宁就此作了如下评注："'现实的诸环节的总体、总和，现实在展开中表现为必然性。' 现实的诸环节的全部总和的展开（注意）＝辩证认识的本质。"② 因此，"批判旧世界"绝不是先入为主的否定，而是把旧世界纳入整个世界历史的发展进程考察，从必然推动其产生和发展的历史条件中，确定其必然被取代的历史根据以及新社会的基本特征。最终，马克思通过生产力和生产关系矛盾运动规律的发现，揭示了资本主义兴起、兴盛和衰落的历史必然性。

二是内在否定的原则。正如黑格尔指出的："发展的原则包含一个更广阔的原则，就是有一个内在的决定、一个在本身存在的、自己实现自己的假定作为一切发展的基础。这一个形式上的决定，根本上就是'精神'，它有世界历史做它的舞台、它的财产和它的实现的场合。"③ 发展的必然性可以合理地推出内在的决定性，因而着眼于必然性上的否定就一定会承认内在否定的意义。事物都是自我运动、自我实现同时也是自我否定、自我毁灭的，而且这两种倾向的推动力是一个。推动资本主义发展的内在因素既是资本主义赖以生存和发展的基础，也是其丧失历史合理性的内在根据。资本主义曾以令人吃惊的魔力呼唤出前所未有的巨大生产力，然而，"资本的发展程度越高，它就越是成为生产的界限，从而也越是成为消费的界限，至于使资本成为生产和交往的棘手的界限的其他矛盾就不用谈了。"④ 资本主义的巨大力量来自其永不停息的扩张，把一切地域和历史要素卷入自身的发展，从而真正开创了世界历史。但是，"资本不可遏止地追求的普遍性，在资本本身的性质上遇到了限制，这些限制在资本发展到一定阶段时，会使人们认识到资本本身就是这种趋势的最大限制，因而驱使人们利用资本本身来消灭资本。"⑤

这是因为，资本的活力在于剩余价值的生产，为了获取超额利润和更

---

① 黑格尔：《哲学史讲演录》第 1 卷，贺麟、王太庆译，商务印书馆 1983 年版，第 37 页。
② 《列宁全集》第 55 卷，人民出版社 1990 年版，第 132 页。
③ 黑格尔：《历史哲学》，王造时译，商务印书馆 1963 年版，第 95 页。
④ 《马克思恩格斯全集》第 30 卷，人民出版社 1995 年版，第 397 页。
⑤ 同上书，第 390—391 页。

多的剩余价值，它必须一方面不断地扩大再生产，另一方面尽可能压缩生产成本、尤其是挤压可变资本。这既是资本的本性，也是其活力所在。这样，资本在其发展中，就遇到了两个自身制造、因而自身无法克服的矛盾：一是资本的发展需要无限广大的市场，需要不断扩大的需求，然而它对于剩余价值的无度攫取又必然造成市场的不断萎缩。资本主义发展数百年始终无法解决的"两极分化"，就是这一矛盾的突出表现。另一是资本的发展需要不断的技术创新来支持，而技术创新的基础在于高素质（包括人文素质）的人，而资本的主导性逻辑恰恰使人物化，资本家成为人格化的资本，劳动者遭受物役化，拜物教作为生存方式等等，使人的异化问题日益严重。资本在摧毁了人的全面发展的同时，也摧毁了自身发展的创新基础。

三是制高点批判原则，马克思用人体解剖对猴体解剖的意义形象地说明了这一原则的方法论意义，即"人体解剖对于猴体解剖是一把钥匙"①。所谓的制高点不是黑格尔的历史终点，而是每一历史阶段和时代条件下的制高点，因此这是一个相对且持续不断的要求。认识任何事物，总是发展越成熟，才能看得越透。尤其是认识资本主义这样的世界性现象，必须要有世界历史的依据。因此，马克思主义本质上不是德国一国的产物，而是国际的产物，是英、法、德等当时最为成熟的资本主义地域的产物。但是，也不能由于资本主义后来还在发展就否定马克思批判资本主义的资格。这不仅由于资本主义是个统一体，其基本矛盾从一开始就存在，而且其不同发展阶段也有连贯性，每一阶段的相对真理都包含绝对真理的颗粒。成熟是相对的，只要是站在某一具体历史条件下的制高点去把握对象，就能获得真理性认识，就能揭示历史的某些客观趋势。我们也要站在这个相对成熟的社会形态发展阶段的制高点来进行批判。制高点原则没有剥夺任何历史条件下人们认识历史真理的权利，相反，它表明了马克思主义与时俱进的理论创新取向。

四 关于"理论与实践相结合"

"理论与实践相结合"是马克思主义方法论的又一重要的矛盾关系性

---

① 《马克思恩格斯选集》第2卷，人民出版社1995年版，第23页。

命题。这一命题比"历史和逻辑相一致"更为深入之处在于，它不仅涉及主客观关系，而且涉及主体间关系。在讨论这个马克思主义方法论的命题之前，要有一个前提性认识，那就是理论与实践既然作为矛盾关系，就必然既相互依赖、相互转化，又相互对立、相互排斥。之所以要提出这个问题，是因为现在存在着两种很普遍的偏向：一是只认为理论依赖实践，而不承认实践对于理论的依赖性；另一是认为理论和实践只有一致性，而没有相互对立和排斥。因此，解读理论和实践相结合这一命题，首先要论证两者的矛盾关系是否成立。没有这样一个前提，就谈不上两者的结合问题了。

实际上，马克思主义经典作家在强调实践的基础性地位的同时，从来不否认实践对于理论的依赖。列宁明确指出："没有革命的理论，就不会有革命的运动。""只有以先进理论为指南的党，才能实现先进战士的作用。"①邓小平在谈及马列主义、毛泽东思想的巨大作用时也留下了掷地有声的名言："没有毛主席就没有新中国，这丝毫不是什么夸张。""没有毛泽东思想，就没有今天的中国共产党，这也丝毫不是什么夸张。"②尽管理论依赖于实践和实践依赖于理论不能等量齐观，但其作为矛盾关系在具体实践中的相互依赖则是无疑的。

进一步说，人们之所以容易忽视实践对于理论的依赖性，还在于没有真正弄懂理论所具有的独特作用。人们往往片面地去理解列宁关于"实践高于（理论的）认识，因为它不但有普遍性的品格，而且还有直接现实性的品格"的论断，因而把实践视为无所不能、自满自足的力量，当然也就谈不上实践对于理论的依赖性了。但是，列宁这里讲的实践的普遍性品格只是一种可能性，其成为现实恰恰离不开理论的作用。因此，有必要谈谈为理论所独具的一些品格。理论不可替代的独特作用，概括起来有二：一是其所具有的前瞻性、预见性，使之能够成为凝聚人心、团结队伍的力量源泉，成为自觉的实践活动不可或缺的思想指导；二是其所具有的全面性、普遍性，使之能够成为对感性经验进行鉴别取舍、提炼加工的思想工具，成为把局部实践上升为规律性认识并转化为普遍性实践的唯一方式。正因为如此，理论就不仅能够反映实践的需求，而且能够通过创新实践去

---

① 《列宁选集》第 1 卷，人民出版社 1995 年版，第 311—312 页。
② 《毛泽东邓小平江泽民论世界观人生观价值观》，人民出版社 1997 年版，第 300 页。

满足这种需求。可见，自发的实践可以不依赖于理论，而自觉的实践则必然依赖于理论；重复性实践可以不依赖于理论，而创新性实践则断然离不开理论的指导。从所有的理论都无例外地依赖实践，而并非所有实践都依赖理论来看，理论和实践的相互依赖是不对等的；但在理论和实践共存的范围内，两者的相互依赖则是毋庸置疑的。

与此相应，那种认为理论和实践只有一致性而没有冲突性的偏向，其结果不是促使理论和实践相结合，而是以僵死的"同一"取代了矛盾的统一，即单方面的依从代替了相互作用。现在我们看到，理论和实践相结合不仅是实践中的难题，从理论上看也不易统一：一是理论和实践在现实依托上的差异。实践立足于直接现实性，历史的过去是其活动所无法改变的前提，其对于过去的作用只能通过创造未来去体现，因而它毫无疑义地垂青于未来；而对于实践来说，历史的过去却由于其是一种较为确定的存在而获得了理论的钟情，因为任何科学理论的对象必定以其自身的确定性为前提，因而理论即便面对未来，其依据也在于对过去的科学把握。"这样，对于任何可能的历史学来说，在知识和行动、理论和实践之间，总会有一种固有的分裂"①。

二是理论和实践在价值取向上的差异。理论作为具有一定逻辑体系的存在，是以对历史必然性的把握为其基本内容的，因而无疑地偏爱真理性的科学原则；而实践作为一种具有直接现实性的感性活动，"真"似乎已不是问题，关键在辨别"善恶"，这就需要一种理想的价值坐标，以判别人们的行为，扬善惩恶，因而无疑地偏爱"至善"原则。这样，在历史实践和理论分析中，人们都难以回避历史尺度和道德尺度的经常性冲突。

三是理论和实践在主体依托上的差异。粗看起来，理论和实践的统一实行起来并不困难："思想提供对过去的理解，以便指导我们的行动，行动则体现了思想的转化，使思想融化在我们对未来的创造"②。但是，思想和行动、过去和未来的这种统一要有个前提，即统一的历史主体的存在。如果没有这个前提，致使思想和行动分属于两部分人，就难免形成难以协调的矛盾："这是其生命活动决定着实践的男女大众与掌握着理论的少数

---

① [英] 佩里·安德森：《西方马克思主义探讨》，人民出版社 1981 年版，第 136 页。

② [美] 海尔布隆纳：《马克思主义：赞成和反对》，中国社科院情报所 1982 年版，第 51 页。

男人女人之间的关系"①。这样，在实践中，"统一"的结果往往是"一方支配一方"：或者是理论"指令"实践，即某些领导者意志操纵群众行动的方式；或者是行动支配理论，即理论成为某些盲目实践的附庸并充当其辩护工具的方式。这种"同一"，不仅不能使双方因互补而相得益彰，而且由于其失去相互钳制而必定造成危害。以上矛盾关系是我们在贯彻理论和实践相结合原则时必须时刻关注的问题。

（原载《哲学研究》2010 年第 10 期）

---

① ［美］海尔布隆纳：《马克思主义：赞成和反对》，中国社科院情报所 1982 年版，第 51 页。

自觉划清马克思主义同
反马克思主义的界限

靳辉明*

在自觉划清"四个界限"中，划清马克思主义同反马克思主义的界限更具根本性，它为划清其他几个界限提供了思想指导和理论依据。

划清马克思主义同反马克思主义的界限，判断什么是马克思主义，什么是反马克思主义，是一件十分复杂的事情，不能简单化。我们既不能把一般的学术问题当作政治问题，也不能把不同的学术观点之争、学术理论探讨中的失误视为反马克思主义。科学判断与价值判断在这里应该是统一的。划清马克思主义同反马克思主义的界限，是从本质上，而不是从枝节上进行观察，是指是否从根本上否定马克思主义、社会主义的思潮与观点。

当前，反马克思主义思潮，如宣扬马克思主义"过时论"、主张全盘"私有化"、宣扬西方价值观、鼓吹西方的宪政等，就其实质而言仍是反对党的四项基本原则。这些思潮，以理论的形式表现在各个学术领域。这些错误的理论观点，如果不予以抵制和澄清，就很难坚持马克思主义的指导地位，更谈不上用正确的理论引导人。

党的十七届四中全会强调："自觉划清马克思主义同反马克思主义的界限，社会主义公有制为主体、多种所有制经济共同发展的基本经济制度同私有化和单一公有制的界限，中国特色社会主义民主同西方资本主义民主的界限，社会主义思想文化同封建主义、资本主义腐朽思想文化的界限，坚决抵制各种错误思想影响，始终保持立场坚定、头脑清醒。"在这"四个界限"中，划清马克思主义同反马克思主义的界限更具根本性，它

＊ 靳辉明，中国社会科学院学部委员，马克思主义研究院教授、博士生导师。

为划清其他几个界限提供了思想指导和理论依据。

划清马克思主义同反马克思主义界限，判断什么是马克思主义，什么是反马克思主义，是一件十分复杂的事情，不能简单化。我们既不能把一般的学术问题当作政治问题，也不能把不同的学术观点之争、把学术理论探讨中的失误视为反马克思主义。特别是在改革开放和建立与完善社会主义市场经济体制过程中，新情况新问题不断出现，需要我们解放思想，勇于创新，提出一些马克思主义经典作家没有讲过的思想和观点。只要是有利于完善和发展社会主义制度的，我们就应该鼓励而不能视为是反马克思主义的。因此，我们的基本原则应该是，一方面鼓励大胆探索，锐意创新；另一方面对那些真正反马克思主义的观点，要旗帜鲜明地抵制和批评。只有这样，才能维护马克思主义的指导地位，使中国特色社会主义沿着正确的方向发展。

对于马克思主义，无论是过去还是现在，都有一个全面、准确地理解的问题。最重要的是坚持马克思主义的立场、观点和方法，把握马克思主义的世界观和方法论，掌握由一系列基本原理构成的马克思主义科学体系。只有从马克思主义的科学体系着眼，才能正确理解它的个别原理和个别观点。如果把马克思主义的某个方面或某些观点从它的整体中游离出来，加以片面夸大或绝对化，那就会把它变成脱离实际的僵化概念，就会损害马克思主义的科学性。这种教训，在马克思主义发展史上是屡见不鲜的。在判断马克思主义与反马克思主义的问题上，我们必须坚持马克思主义的全面性和整体性观点。首先，要以是否坚持马克思主义立场、观点和方法，是否坚持马克思主义科学体系和基本原理为标准。马克思主义科学体系，不仅包括它的各个组成部分，而且包括它在发展过程中所形成的基本思想观点。

马克思主义作为发展的理论，凝结了各个时代的科学真理和经验。比如，社会主义建设和现代化经验丰富和发展了马克思主义科学社会主义理论宝库，它自然也成为马克思主义理论体系的一部分。其次，实践是检验真理的标准，也是检验真伪的标准。反马克思主义的思潮不仅在理论上反对马克思主义的基本原理，而且在实践上反对社会主义革命和社会主义建设，否定世界工人阶级的革命斗争，损害工人阶级和广大劳动人民的根本利益。因此，科学判断与价值判断在这里应该是统一的。划清马克思主义同反马克思主义的界限，是从本质上，而不是从枝节上进行观察，是指是否从根本上否定马克思主义、社会主义的思潮与观点。

当前，反马克思主义思潮，就其实质而言仍是反对党的四项基本原则。这些思潮以理论的形式表现在各个学术领域。比如，在哲学方面，用形而上学唯心主义否定辩证唯物主义和历史唯物主义；在经济学领域，企图以西方资产阶级经济理论取代马克思主义政治经济学；在政治学领域，鼓吹多党制和政治多元化，否定共产党的领导，对共产党执政的合法性提出质疑；在历史学领域，鼓吹历史虚无主义，曲解100多年来中国人民反帝、反封建的斗争史，特别是否定20世纪中国人民的革命斗争史，等等。这些错误的理论观点，如果不予以抵制和澄清，就很难坚持马克思主义的指导地位，更谈不上用正确的理论引导人。

下面，就当前反马克思主义的几种主要观点和倾向进行剖析。

其一，宣扬马克思主义"过时论"，否定马克思主义的指导地位。

多年来，一直有人鼓吹马克思主义"过时论"观点。比如，有人说，马克思主义是19世纪创立的学说，今天早已过时了。有的人认为，马克思主义不能反映今天的实践，不能解决当前的问题，鼓吹要抛弃马克思主义。"过时论"的主要理论错误在于，借时代条件的变化否定马克思主义的普遍真理。首先，他们不是把马克思主义看成是揭示客观世界发展规律的科学，而是把马克思主义的基本原理同它的个别观点和结论混为一谈，一旦某个个别原理不能说明变化了的情况，便认为整个马克思主义"过时了"。其次，他们没有把马克思主义看成是发展的理论。宣扬马克思主义"过时论"，其目的是从根本上取消马克思主义的指导地位，"消解"和"疏离"社会主义的"正统意识形态"或"主流意识形态"。可见，这种思潮，是有着十分明显的政治诉求的。

马克思主义意识形态或以马克思主义为指导的社会主义意识形态，在我国社会主义社会中占主导地位，是由我国以公有制为基础的社会主义经济制度决定的，同时也决定于我国的社会主义政治制度和共产党在国家政治生活中的领导地位。但是，意识形态并不只具有受动性，它反过来又给我国社会主义经济制度和政治制度以巨大的、能动的反作用，支持和推动社会主义制度的巩固与发展。在社会主义社会，如果削弱马克思主义的指导地位，将会危及社会主义的存在。苏联东欧演变的沉痛教训，我们永远都不应该忘记。

其二，主张全盘"私有化"，根本否定社会主义制度。

党的十一届三中全会以来，我们党从我国国情出发，根据马克思主义一般原则，总结了社会主义在实践中的经验教训，提出以公有制为主体、多种所有制经济共同发展的基本经济制度。这是完全正确的，是符合现阶段我国国情和生产力发展水平的，是对马克思主义的丰富与发展。实践表明，这种把科学社会主义基本原则同我国具体实际相结合的经济制度，极大地推动了我国生产力的发展，增强了我国的综合国力，提高了人民的生活水平。但是，在我国改革开放过程中，有的人却极力鼓吹"私有化"，甚至否定我国"以公有制为主体"的经济制度；还有的人用抽象人性论为私有化提供理论依据，说人的本质是自私的，追求权利和金钱是"第一原动力"，等等。这种论调抹杀了社会主义同资本主义的本质区别，违背了科学社会主义的基本原则。生产资料公有制是社会主义的基本特征，决定了社会主义政治和思想文化的性质。否定公有制或公有制为主体，不仅否定了社会主义经济，否定了社会主义政治和思想文化，而且从根本上否定了社会主义性质。

马克思和恩格斯用历史唯物主义观点与方法科学阐明了私有制的发生、发展和社会本质。我们党提出以公有制为主体、多种所有制经济共同发展的理论，既坚持了科学社会主义基本原理，又发展了马克思主义原理；既注重发挥非公有制经济的作用，又保证了社会主义的方向。我们不仅应当在理论上坚持这一根本原则，而且在方针政策上要体现这一原则，使中国特色社会主义始终沿着正确的方向发展。

其三，宣扬西方价值观，否定社会主义核心价值体系。

近年来，有的人大肆宣扬资产阶级自由、民主、人权等观念是任何时代、任何民族都应奉行的"普世价值"，以此否定社会主义核心价值体系，进而否定我们的社会主义根本制度。

从理论上剖析所谓"普世价值"，不仅要从历史上阐明资产阶级的自由、民主、人权观念和抽象人道主义的产生、演变和历史作用及其在当代的表现形式，而且要剖析作为其理论基础的抽象人性论，以及从哲学上阐明人性、价值观中的个性与共性、普遍性与特殊性的关系。实际上，马克思、恩格斯在创立唯物主义历史观的时候，就指出民主、人权是历史的产物，是反映一定社会关系的理论范畴。他们认为，人们利益满足的程度和自由获得的程度总是同社会生产力发展水平相适应的。当社会生产力发展低下时，只能是一部分人的利益得到满足而另一部分人（多数人）的利益得不到满足。这就从根本上说明了在生产力发展低下和利益对抗的状态下，根本不可能存在什么真正的自由、民主等"普世价值"。

坚持用历史唯物主义的观点和方法分析问题，我们才能正确认识自由、民主、人权这些观念是历史形成的特定概念，有特定的历史内涵和政治内涵，它同人们通常所理解的人的恻隐之心、同情心和人的自然特性等人们普遍的价值和道德观念是不同的。对此，我们不能混淆。一些人之所以把西方的自由、民主、人权作为所谓"普世价值"，其意图是要从根本上否定以马克思主义为指导的社会主义核心价值体系。

其四，鼓吹西方的宪政，否定社会主义根本政治制度。

鼓吹西方"宪政"的实质和核心在于，从根本上否定我国的社会主义政治制度，特别是中国共产党的领导地位。因为，在社会主义中国，不从指导思想上否定马克思主义，不从政治上取消共产党的领导，要实现西方的所谓"宪政"是根本不可能的。

众所周知，国家政权和政治制度历来都是一个根本问题，不论资产阶级革命还是无产阶级革命，最终都是为了解决政权问题。因此，建立什么样的民主制度，国家政权和政治制度属于什么性质，只有用马克思主义立场、观点和方法分析才能得到科学的阐明。离开马克思主义的阶级分析，不仅不能认识民主、国家的根本性质，而且会使一些人浑水摸鱼，混淆是非。坚持马克思主义为指导，我们首先就要在这些带根本性的问题上划清马克思主义和反马克思主义的界限。

按照马克思主义观点，国家具有很强的阶级属性。我国的国体，是以工农联盟为基础的人民民主专政，这充分表明了我们国家的社会主义性质。与此相联系，我国的政体、政权形式，是人民代表大会制度。在这样的制度里，民主是广大人民的民主，人权是广大人民享有的权利。就其本质而言，它摒弃了以财产关系为基础的民主的局限性，成为人类历史上最进步的民主权利。当然，不可否认，由于我们的民主建设还不够完善，在体制上还存在缺陷，人民的民主权利还没有完全充分体现，这正是我们政治体制改革一直在解决的问题。而西方所谓"宪政"的鼓吹者正是利用我们存在的不足和实践中的一些问题，攻其一点，不及其余，主张在我国实行西方的政治制度。具体地讲，这就是要从根本上改变我们的国体和政体，放弃人民民主专政，放弃人民代表大会制度，实行西方的总统制、两院制和三权分立。一句话，就是要中国人民放弃半个多世纪以来浴血奋战而取得的社会主义成果，取消中国共产党的领导，建立资本主义政治制度。在这些关系中国前途命运的大是大非面前，我们必须旗帜鲜明地予以批驳。

坚持中国共产党的领导，是中国历史的选择、是中国人民的选择。只有中国共产党才能救中国，只有中国共产党才能发展中国，这已为中国近百年来的历史所证明。党的十七届四中全会提出建设马克思主义学习型政党，要求全党用马克思主义立场、观点和方法分析和解决当前面临的各种问题，把中国特色社会主义伟大事业不断推向前进。而加强社会主义主流意识形态建设，抵制和批判各种反马克思主义思潮，就是我们实现这一伟大使命的一个重要方面。只有坚持马克思主义指导，建设好社会主义的主流意识形态，中国特色社会主义才能健康发展。对此，我们任重而道远！

（原载《光明日报》2010 年 6 月 10 日）

马克思主义生态观及其现实意义

李崇富*

党的十七大提出了"生态文明"的科学概念，同时，在新世纪新阶段全面建设小康社会中，规定了"建设生态文明"和"建设资源节约型、环境友好型社会"的战略任务。2010年10月15—18日，党中央召开的十七届五中全会，以及全会通过的关于制定国民经济和社会发展"十二五"规划的建议，都高度重视"两型社会"建设，强调要"坚持把建设资源节约型、环境友好型社会作为加快转变经济发展方式的重要着力点"[①]。因此，我们在推进改革开放和中国特色社会主义事业中，应当结合当代实际，深入地研究马克思恩格斯的生态思想，构建马克思主义生态观。这对于贯彻落实科学发展观，指导生态文明和两型社会建设，毫无疑问，既具有重要的理论意义，又具有重大和不可代替的现实意义。

一　马克思恩格斯的生态思想是科学生态观的理论基础

马克思恩格斯在创立马克思主义之时，是"在批判旧世界中发现新世界"[②]的。因此，尽管他们没有专门和系统地阐述过生态观，但由于理论的内在逻辑，所以当他们在阐述自然观和实践观以及对资本主义生产方式和社会进行批判性考察中，就包含着关于生态问题的大量论述，即有丰富的生态思想。故此可以说，只要我们结合当代实际，深入地学习和挖掘、

---

* 李崇富，中国社会科学院学部委员，马克思主义研究院教授、博士生导师。

① 《中国共产党第十七届中央委员会第五次全体会议公报》，《人民日报》2010年10月19日。

② 《马克思恩格斯全集》第1卷，人民出版社1956年版，第416页。

系统地梳理和阐发马克思恩格斯的生态思想，就可以为构建马克思主义生态观，提供科学而坚实的理论基础。

首先，在马克思恩格斯的自然观中就包含有丰富的生态思想。马克思恩格斯的自然观即自然辩证法，作为他们创立的辩证唯物主义、历史唯物主义世界观的一个重要组成部分，所研究和阐明的是自然界变化发展的普遍规律。其中，就包括关于人类如何产生、人在自然界的位置、人与自然界之间关系的哲学思考和普遍本质的阐明。

马克思恩格斯在综合当时各门科学成果的基础上，认为人类是自然界长期发展和演进的最高产物。恩格斯在《自然辩证法》中指出，同整个生物界的历史进化一样，"人也是由分化而产生的。不仅从个体方面来说是如此——从一个单独的卵细胞分化为自然界所产生的最复杂的有机体，而且从历史方面来说也是如此。经过多少万年的努力，手脚的分化，直立行走，最后终于确定下来，于是人和猿区别开来，于是奠定了分音节的语言的发展和人脑的巨大发展的基础，这种发展使人和猿之间的鸿沟从此不可逾越了"。而造成这种巨大飞跃的关键是劳动。因为"手的专业化意味着工具的出现，而工具意味着人所特有的活动，意味着人对自然界进行的反作用，意味着生产。"① 恩格斯在《劳动在从猿到人的转变中的作用》的著名论文中，不仅科学地分析了从生物界的类人猿中进化出人类的历史过程和内在机理，而且得出了一个人类产生与其劳动关系的重大的哲学结论。他指出："劳动是整个人类生活的第一个基本条件，而且达到这样的程度，以至于我们在某种意义上不得不说：劳动创造了人类本身。"②

马克思主义自然观认为，类人猿通过自己由生物活动到劳动的进化，并随着劳动的产生而产生原始人以后，才开始形成了人在自然界的位置，以及人与自然关系等根本问题。对此马克思说，"人是类存在物"，"无论是在人那里还是动物那里，类生活从肉体方面来说就在于人（和动物一样）靠无机界生活，而人和动物相比越有普遍性，人赖以生活的无机界的范围就越广阔"。而这种普遍性，则是由人的劳动实践造成的。"在实践上，人的普遍性正是表现为这样的普遍性，他把整个自然界——首先作为人的直接的生活资料，其次作为人的生命活动的对象（材料）和工具——

① 《马克思恩格斯文集》第 9 卷，人民出版社 2009 年版，第 421 页。
② 同上书，第 550 页。

变成人的无机的身体"①。这就是说："当现实的、肉体的、站在坚实的圆形的地球上呼出和吸入一切自然力的人通过自己的外化把自己现实的、对象性的本质力量设定为异己的对象时，设定并不是主体；它是对象性的本质力量的主体性，因此这些本质力量的活动也必定是对象性的活动。"②

因此，人类从自然界分化出来以后，在以自己的本质力量即生产劳动改造和利用自然界的时候，就在对自然界的关系上具有了二重性，即能动性和受动性的统一。对此，马克思说，"人直接地是自然存在物。人作为自然存在物，而且作为有生命的自然存在物，一方面具有自然力、生命力、是能动的自然存在物……另一方面，人作为自然的、肉体的、感性的、对象性的存在物，同动植物一样，是受动的、受制约的存在物，就是说，它的欲望的对象是作为不依赖他的对象而存在于他之外的"。③ 人类对自然界的能动性，体现了人类在生产劳动中能够认识、改造和利用外界物的本质力量，正是在这一点上，把人同其他生命体区别开来；而人的受动性则表明，人类在自然界面前，也不能为所欲为，必然时刻依赖并受到自然界的物质环境和物质条件、生态环境和生态条件，即自然环境和自然规律的限定、支撑和制约。自然界、自然条件、自然生态和自然规律，是人类和人类社会存在、发展和进步的大背景、大前提和大舞台。马克思主义自然观及其生态思想，是为现代人类正确而自觉地认识、利用自然界和对待人与自然关系的重要的哲学基础。

其次，在马克思恩格斯的实践观中也包含有丰富的生态思想。马克思恩格斯认为，人同自然界具有三个方面的关系，即"实践关系"和以实践为基础的、并与之相辅相成的"理论关系"，以及蕴涵于其中的"价值"关系。④ 人类认识和改造自然界的实践，有一个从低级向高级发展的历史过程。人类处在一定实践水平上，既表明人类对自然规律已经有了一定的认识和利用能力，同时也往往带有一定的历史局限性和功利上的盲目性。恩格斯就是在研究自然辩证法之时，论述了人类历史上若干实践活动，由于当事人仅仅注重眼前和暂时的功利，往往无意识地违背了自然规律，由于实践的盲目性，而曾经有过受到自然界报复、惩罚的惨

---

① 《马克思恩格斯文集》第 1 卷，人民出版社 2009 年版，第 161 页。
② 同上书，第 209 页。
③ 同上。
④ 参见《马克思恩格斯全集》第 19 卷，人民出版社 1963 年版，第 405—406 页。

痛教训，从而表达了深刻的生态思想。恩格斯指出，人类在实践中"使自然界为自己的目的服务，来支配自然界"的时候，"我们不要过分陶醉于我们人类对自然界的胜利。对于每一次这样的胜利，自然界都对我们进行报复。每一次胜利，起初确实取得了我们预期的结果，但是往后和再往后却发生了完全不同的、出乎预料的影响，常把最初的结果又消除了。"① 恩格斯对此举出了几个造成生态灾难的典型事例：

1. 古代"美索不达米亚、希腊、小亚细亚以及其他各地的居民，为了得到耕地，毁灭了森林，但是他们做梦也没有想到，这些地方今天竟因此成为不毛之地，因为他们使这些地方失去了森林，也就失去了水分的积聚中心和储藏库"。②

2. 当年"阿尔卑斯山的意大利人，当他们在山南坡把那些在山北坡得到精心保护的枞树林砍光用尽时，没有预料到，这样一来，他们就把本地区的高山畜牧业的根基毁掉了；他们更没有预料到，他们这样做，竟使山泉在一年中的大部分时间内枯竭了，同时在雨季又使更加凶猛的洪水倾泻到平原上"。③

3. 当年"西班牙的种植场主曾在古巴焚烧山坡上的森林，以为木灰作为肥料足够最能赢利的咖啡树利用一个世代之久，至于后来热带的倾盆大雨竟冲毁毫无保护的沃土，而只留下赤裸裸的岩石"。④

据此，马克思恩格斯得出三点重要的有生态学意义的看法：其一，在自然界面前，"我们每走一步都要记住：我们决不能像征服者统治异族人那样支配自然界，决不像站在自然界之外的人似的去支配自然界……我们对自然界的整个支配作用，就在于我们比其他一切生物强，能够认识和正确运用自然规律"；其二，只有在实践发展的基础上，人类才能够"一天天地学会更正确地理解自然规律，学会认识我们对自然界习常过程的干预所造成的较近或较远的后果"⑤；其三，人类"耕作——如果自发进行，而不是有意识地加以控制……会导致土地荒芜，像波斯、美索不达米亚等地

---

① 《马克思恩格斯文集》第 9 卷，人民出版社 2009 年版，第 559—560 页。
② 同上书，第 560 页。
③ 同上。
④ 同上书，第 562 页。
⑤ 同上书，第 560 页。

以及希腊那样"①。马克思恩格斯的这些生态思想，至今仍有现实的指导和启发意义。

复次，在马克思恩格斯的社会形态观中还包含有更为丰富的生态思想。历史唯物主义认为，人类社会生存和发展是以其生产力的发展作为根本基础的，但同时也要受到社会经济形态，即一定生产方式所固有的基本生产关系的客观制约。马克思恩格斯在考察资本主义生产方式，特别是资本主义经济制度之时，既充分肯定了资本主义生产方式造就了社会化的生产力、工业文明、城市化和发达的市场经济，从而给人类社会带来了空前和巨大的社会进步，同时又揭示了资本主义制度所实行的残酷的经济剥削、野蛮的殖民掠夺以及它所固有的反生态性质。"生产剩余价值或赚钱，是这个生产方式的绝对规律"②；资本主义积累和殖民掠夺的历史，就"是用血和火的文字载入人类编年史"③。而正是由于生产剩余价值最大化的"这个绝对规律"的驱使，使得资本家们根本无意顾及生态环境问题。资本主义生产方式自始至终都在给人类带来种种生态灾难。

马克思恩格斯在考察资本主义剩余价值生产时，也就是在考察工人阶级生产生活状况之时，虽是无意地、但也是符合逻辑地揭示了资本主义制度及其生产方式的反生态性质。早在 1844 年 9 月至 1845 年 3 月，恩格斯就在所著的《英国工人阶级状况》一书中，通过自己的亲身经历和实地调查，以大量翔实和确切的事例，揭露和论述了资本主义工业生产所带来的骇人听闻的生态问题。在该书中，恩格斯在高度肯定从 18 世纪到 19 世纪的英国工业革命和城市化，"推动了整个市民社会的变革"，因而具有"世界历史意义"④ 的同时，详细而具体地描述了伦敦、都柏林、爱丁堡、伯明翰、格拉斯哥、曼彻斯特等工业城市，以及西约克郡和南郎卡郡的其他工业区，都毫无例外地存在广大工人群众的过劳、贫穷、饥饿、拥挤、疾病和生态问题。恩格斯在谈到约克郡西部位于艾尔河边一个名叫"里子"的工业城市时，写道："就这样一个大城市来说，是相当清洁的，但是位于该河及其支流（becks）沿岸那些地势较低的地区却是肮脏、拥挤的……这些地方的街道大多数既没有砌过，也没有污水沟，房屋盖得杂乱

---

① 《马克思恩格斯文集》第 10 卷，人民出版社 2009 年版，第 286 页。
② 《马克思恩格斯文集》第 5 卷，人民出版社 2009 年版，第 714 页。
③ 同上书，第 822 页。
④ 《马克思恩格斯全集》第 2 卷，人民出版社 1957 年版，第 281 页。

无章，有许多大杂院和死胡同，甚至连起码的保持清洁的设备也没有。所有这一切就完全足以说明这些不幸的、肮脏和贫穷的渊薮中的过高的死亡率。在艾尔河泛滥的时候（顺便说一说，这条河流象一切流经工业城市的河流一样，流入城市的时候是清澈见底的，而在城市的另一端流出的时候却又黑又臭，被各色各样的脏东西弄得污浊不堪了），住房和地下室常常积满了水，不得不把它舀到街道上去；在这种时候，甚至有排水沟的地方，水都会从这些水沟里涌上来流入地下室＊，形成瘴气一样的饱和硫化氢的水蒸气，并留下非常有害的令人作呕的沉淀物。在 1839 年春汛的时候，由于排水沟的外溢竟产生了非常有害的后果：根据出生死亡登记员的报告，本城该区本季度的出生和死亡之比是二比三"。① 这一段比较长的引文（原出自当时当地的一个名为《机工》的杂志上的材料，括号内"顺便说一说"那一段，是恩格斯的原话），真实而具体地描述了英国工业城市的严重生态问题。

马克思在《资本论》等著作中，也揭示出资产阶级从力图尽量降低成本、最大化地增加利润的动机出发，从而造成了种种生态问题、劳动条件问题，造成了对工人健康和生命的损害。他在引述 1848 年 10 月 31 日一份工厂视察员的报告中说："在这些敦厚善良的父母们的子女做工的麻纺厂里，空气中充满着原料的尘埃和纤维碎屑，即使只在纺纱车间呆上 10 分钟，也会感到非常难受，因为眼睛、耳朵、鼻孔、嘴巴里会立刻塞满亚麻的碎屑，根本无法躲避，这不能不使你感到极度的痛苦。"② 马克思恩格斯引证了大量原始材料，说明是极为恶劣的劳动和生活条件，造成了大量工人的过早死亡。而这正是资本家为了"节约"成本，而造成的对工人正常生产和生活条件掠夺的必然结果。马克思指出："这种节约在资本手中却同时变成了对工人在劳动时的生活条件系统的掠夺，也就是对空间、空气、阳光以及对保护工人在生产过程中人身安全和健康的设备系统的掠夺"。③ 而资本主义生产方式对社会所造成的生态灾难，只不过是工厂生产条件"节约"的延伸，以及在这种生产过程中人为放任的一种消极结果。

其实，在马克思看来，正是资本的这种"节约"和无限扩张，造成了

---

① 《马克思恩格斯全集》第 2 卷，人民出版社 1957 年版，第 320 页。恩格斯在标有 ＊ 号的"地下室"处加注为："必须记住：这些'地下室'不是堆东西的，而是住人的。"

② 《马克思恩格斯文集》第 5 卷，人民出版社 2009 年版，第 263 页。

③ 同上书，第 491 页。

对自然资源的最大浪费。资本主义生产方式的一个基本特点是："为生产而生产，即不顾任何事先决定和事先被决定的需要界限来发展人类劳动的生产力。"即"它是一种没有预先决定和预先被决定的需要界限所束缚的生产"。但是，"它的对立性质包含着生产的界限，而它总是力图越出这个界限。因而就发生危机、生产过剩等等"。① 在这里，马克思揭示出该社会的一个难以克服的基本矛盾，就是资本增殖和扩张的无限性，同自然资源和社会需求的有限性之间的矛盾，势必通过鼓动社会过火的、迅速更替的消费时尚，甚至通过周期性的经济危机，来使矛盾得到暂时缓解。但是，由此造成了过度的生产、生活消费对于自然资源特别是对于不可再生资源的大量破坏和浪费，致使整个世界的可持续发展难以为继。

马克思恩格斯认为，只有当人类成为自己社会结合的主人的时候，他们才能够真正成为自然界的主人。恩格斯在《社会主义从空想到科学的发展》中，指出："一旦社会占有了生产资料……个体的生存斗争停止了。于是，人在一定意义上才最终脱离了动物界，才使动物的生存条件进入真正人的生存条件。人们周围的、至今统治着人们的生活条件，现在受人们的支配和控制，人们第一次成为自然界的自觉的和真正的主人，因为他们已经成为自身社会结合的主人了。"只有当人们真正认识、掌握和善于运用自然规律和社会规律的时候，人类才有了真正的自由，才能够实现"从必然王国进入自由王国的飞跃"。②

二 马克思主义生态观的基本问题 和建构的逻辑思路

我国在新世纪新阶段"建设生态文明"，迫切地需要马克思主义生态观的指导。而我们所要构建的马克思主义生态观，也可以称为"生态文明观"。这种生态观，必须以马克思恩格斯的生态思想作为理论基础或出发点，同时借鉴吸收国外生态学和西方"生态马克思主义"的有益成果，立足于当代实际，总结现实的实践经验和科学成果，形成比较系统和科学的生态观。这种生态观，首先要正视、思考和解决的，至少包括以下三大矛

---

① 《马克思恩格斯文集》第5卷，人民出版社2009年版，第387、519页。
② 《马克思恩格斯文集》第3卷，人民出版社2009年版，第564—565页。

盾或三大问题：

其一是自然界生态系统本身的关系、矛盾和问题。这是马克思主义生态观的一个基础性问题。自然界走着自己的路。自然生态系统有自己的变化、发展和进化规律。自从几十亿年前，在地球上进化出了生命机体，就在漫长地质史上逐步发展、分化和演进出各种生物物种、各种生态系统和生态群落。生物界既同无机界的以水的三态循环、氧循环、碳循环、氮循环等为基础，以四季气候变化、日夜交替为背景，而与外界进行物质、能量和信息交换，使其个体生长发育、新陈代谢，又与其他生物物种和个体之间进行生存竞争，从而产生相互制约和相互依存的关系，并且达到一种动态的平衡、循环、繁衍和进化。例如，生物界有三大生物群落，就是植物、动物和微生物。植物吸收阳光和二氧化碳，进行光合作用，生产有机物、储存生物能量和放出（多于自己需要的）氧气；而动物大多是食草类，一般依靠植物及其果实为食，少数食肉动物则以其他相对弱小的动物为食，吸进氧气，在新陈代谢中放出二氧化碳；至于微生物，在自然界生态链的平衡和循环中，也是不可或缺的，因为它们除了帮助动物消化以外，还能够把动植物死亡的机体，加以腐烂和分解，从而成为无机界、有机界的物质循环和平衡的一个重要环节。至于各种生物物种，生态系统和生态群落之间相互斗争、相互制约、相互依存的关系，以及生态平衡和循环的具体矛盾、具体机理和具体规律，那是自然科学研究的对象，我们如知之甚少，是讲不清楚的。

从建构马克思主义生态观的意义上说，人类实践活动必须尊重、顺应、利用和维护自然生态系统的动态平衡和良性循环，而不能只顾眼前和局部的功利，违背自然生态规律，去过度地干预、开发、利用和破坏它们。

其二是人类与自然界之间的关系、矛盾和问题。这是马克思主义生态观的一个中心问题。人类作为自然界和生物界进化的最高产物，是从自然界分化出来的，又同自然界相对立。此前，西方学者提出的"人择原理"和"人类中心论"，都有一定的道理，但是也有其局限性，应该根据理论和实践的逻辑，而加以新的审视和符合历史发展的科学总结。

我们知道，在近代工业革命以前的原始社会和封建农业社会，人类与自然界之间，在总体上保持着一种自发的、低水平的、被迫的自然顺应和原始和谐。只是，随着近现代大工业和自然科学的产生，极大地提升了人类开发、利用、改造和征服自然界的能力，从而在带来工业文明的同时，也逐步激化了人与自然界之间的矛盾。有一个时期，人类普遍有一种错觉，似乎人是自然界的上帝，无所不能，可以为所欲为地征服和利用自然界。这就是"人类中心论"意识。但是，正如恩格斯所说，我们决不能违背自然辩证法的规律，"像征服者统治异族人那样支配自然界，决不能像站在自然界之外的人似的去支配自然界"。因为，"我们连同我们的肉体、血和头脑都是属于自然界和存在自然界之中的"①，我们同样要受到自然规律和生态规律的支配；人类个体来自自然界，也要回归自然界。实际上，当我们蔑视自然辩证法、蔑视自然生态规律的时候，"是不能不受惩罚的"，是不能不为由此造成的全球性、全国性的环境污染、生态失衡而付出惨重代价的。目前已经出现的全球性的突出的生态问题，至少有：

——温室气体和温室效应问题。由于近代以来矿物燃料的日益大量应用，在近地空间所积累的大量的温室气体及其温室效应，会使地球气温升高，而造成气候异常、冰川退缩，特别是南北极冰雪的大量融化，会使海平面升高。有学者估计，如果未来 100 年中，地球温度平均上升 2℃—4℃，就会使海平面上升 10 米左右。目前有 6.34 亿人口生活在海平面 10 米以下地区，将会使 180 多个国家受害。

——臭氧层正在被破坏问题。某些化学物质的使用会破坏臭氧层。臭氧层位于地面上 20—30 公里的平流层，能够吸收和挡住大部分紫外辐射，对地球上一切生物起保护作用。据科学报告，1994 年发现南极臭氧空洞面积达到 2400 平方公里。经过 20 亿年形成的臭氧层，在过去一个世纪的破坏就达 60%。目前，北半球的欧洲、北美上空的臭氧层减少了 10%—15%；西伯利亚减少了 35%。而如果没有臭氧层保护，地球上的一切生命，在太阳紫外辐射下，就难以生存和繁衍下去。

——地球上森林被过量砍伐，正造成严重的气候异常等生态问题。地球上曾有 76 亿公顷森林，到 20 世纪初只有 55 亿公顷，到 1976 年剩下 28 亿公顷。据统计，全世界每年约有 1200 万公顷的森林在消失。亚马逊热带雨林的破坏极为严重。到 20 世纪 90 年代，亚马逊热带雨林已减少 11%，达 70 万平方公里。地球上的森林大量和日益加快的消失，其后果是不堪设想的。

---

① 《马克思恩格斯文集》第 9 卷，人民出版社 2009 年版，第 560 页。

——物种正在大量灭绝，生物多样性受威胁问题。在地质史上，生物物种有过五次大灭绝。最近一次是发生在 6500 万年前的白垩纪第三纪，以恐龙灭绝为标志，其流行解释，是小行星"撞地"说，是纯粹自然的原因。现在有不少生态学家预测：目前地球上的生物物种，正在和将要面临第六次大灭绝。而这一次，主要是人为的原因，特别是工、农业过度和不当开发引起的后果。地球上的生物物种，大约有 500 万到 1000 万种。到 2000 年，已有 10%—20% 的物种，即 50 万—100 万种已经消失了。现在，每年有几千个动植物物种在灭绝，而且灭绝得越来越快。如果不采取措施的话，可能今后一年将有一万多个动植物物种会灭绝。在 2010 年 10 月 12 日召开的第 23 届国际保护生物学大会上，有位生物学家估计，21 世纪可能有 2/3 的物种将要在地球上消失。国外，另有研究报告估计和预测：现在"地球上超过一半的动植物生活在热带雨林之中。……目前所知生活在热带雨林中的动植物，到 2100 年，只有 18%（少于 1/5）到 45%（少于一半）还会继续生活在这些地区。"① 这是多么可怕的情形啊！

而更可怕的是，据说连人类本身的生存和繁衍，也正面临着严峻的问题：有关学者综合分析发现，由于多种原因，现在不妊不育的夫妇的比例占到 10%—15%，还有一定比例的新生儿有生理缺陷。如果人类生存环境不改善，再过 50 年，很多人将不能生育。美国有一位化学教授预言，到 2040 年，美国将有一半的男人没有生育能力，而这可能与第六次生物物种大灭绝有关。

此外，全球性的比较严峻的生态问题还有很多。例如，全球性气候异常，空气、水体（海洋、江河、湖泊）、耕地等环境被严重污染，土地荒漠化加剧，淡水资源短缺，等等。所以，人类正确处理自己同自然界之间的矛盾和关系，是人类社会可持续发展中的一个必须加紧解决的基本问题。

其三是社会与自然界之间的关系、矛盾和问题。这是马克思主义生态观的一个关键问题。社会源于自然界而高于自然界，社会以扬弃的形式包含着自然界。人类的社会实践，创造了一个"人化的自然界"②。但是，

---

① 《受气候和人类活动的双重影响，热带雨林动植物 90 年后将减少 80%》，《人民政协报》2010 年 8 月 12 日。

② 《马克思恩格斯文集》第 1 卷，人民出版社 2009 年版，第 191 页。

"外部自然界的优先地位仍然会保持着"①。所以，在人类社会存在着同时起支配作用的有两个系列的规律，即自然规律体系和社会规律体系。因此，人类与自然界的关系，在很大程度上，是社会形态与生物生态、社会制度与自然生态的关系、矛盾和问题。按照马克思主义观点，全球性生态问题的根本解决的社会制度前提，是消灭剥削、消灭生产资料私有制，实现共产主义社会。只有这样，才能够使人类从全世界的长远利益出发，而有计划和合乎规律地开发、利用自然资源，保护生态环境，为全体社会成员谋福利，使人类"第一次成为自然界的自觉的和真正的主人"。

在当代和今后一个时期的世界，仍将是由资本主义特别是垄断资本主义制度在总体上占主导地位的世界。因此，我们只能够局部地、有限地获得生态问题的共识，并局部地、有限地缓解生态环境问题。自从近代西欧资本主义发达国家推行殖民统治以来，他们用暴力屠杀、种族灭绝和强制移民，霸占了北美洲、南美洲和大洋洲大陆以及非洲一部分富饶土地，掌控着世界的主要能源和自然资源、市场和政治经济秩序。相对于广大发展中国家而言，现在资本主义发达国家的局部生态环境，已经不再是当年马克思恩格斯描写的那个样子。他们在比较注意本国生态保护的同时，却采取损人利己的做法，对外输出生态污染，转嫁生态灾难，包括向外国（发展中国家）转移污染严重、能耗和资源消耗多、附加值低的产业，还在大量输出生态垃圾和生态赤字，并逃避自己在解决自从近代工业化以来所造成的世界性生态问题的责任，甚至继续在推行生态殖民主义和生态霸权主义。例如，在温室气体排放、环境技术转让、海洋资源保护和利用、生物资源和基因资源的掌控，还有正在酝酿的所谓征收"碳关税"等问题上，都在采取蛮不讲理、推卸责任、歪曲事实、转移视线、反咬一口的手法，企图用以遏制中国等发展中国家兴起和进步。

所以，我们应力求在现有的世界经济政治秩序下，在努力解决本国的生态问题的前提下，要尽量在生态问题上争取获得若干国际性的共识和合作；同时，在全球性生态问题上，在事关本国和其他发展中国家的生态主权问题上，我们也要主持正义，并同各国人民一起，对生态霸权主义等错误主张，进行有理、有利、有节的斗争，以尽量缓解一些紧迫的全球性生态问题。

---

① 《马克思恩格斯文集》第 1 卷，人民出版社 2009 年版，第 530 页。

我认为，马克思主义生态观，之所以要研究、阐述和解决以上三个方面的基本问题的思路，是为了增进以下几个层次的自觉认识：

第一，我们要增进对生态规律的认识、把握和理论综合。应当明确，各种生态规律，是有关自然科学、环境科学的研究任务。而马克思主义生态观，则是要关注其进展，要从认识论和社会历史观的高度，及时进行学习、研究和理论综合，以便有助于自觉地建立和保持人与自然之间的和谐关系，从而不断提高认识，利用、保护自然生态，而不做违背生态规律，损害生态平衡的蠢事。例如，我国应加强基因工程研究，包括要抓紧转基因动植物的实验研究，但是对转基因农作物的商业种植、特别是做食品（尤其是主粮）的商业推广与食用，就应当着眼长远，为人民群众负责、为子孙后代负责、为中华民族负责，必须采取极为严肃谨慎的态度，必须依法严格管理，而不能采取急功近利、目光短浅的做法，更不能被外人所左右。因为转基因动植物，对生态系统、对人类究竟会产生何种影响，必须做封闭性试验，作长期考察，才能够逐步掌握其利弊和规律。

第二，我们要增进对生态价值和生态效益的认识、把握和理论阐明。过去，我们在社会实践中，往往仅根据其经济价值和社会价值，而强调经济效益和社会效益。马克思主义生态观还要求我们，应该在重视实践活动的社会价值和社会效益、经济价值和经济效益统一的同时，必须加强对实践活动及相关生态系统的生态价值、生态效益的认识、评估、尊重和维护。实际上，"生态价值"和"生态效益"，应是马克思主义生态观的重要概念，应当对其加强研究和阐发。

第三，我们要增进对生态公益和生态伦理的认识、把握和理论阐明。生态问题，是事关我国人民和整个人类世代生存、延续和可持续发展的自然物质基础和最基本的环境条件，应具有一视同仁的公益性。因此，珍视、保护和合理利用大大小小的生态系统，是我们全社会和全体公民的社会责任与历史责任。由生态的公益性，就势必会引出研究和践行生态伦理的因果性、必然性和重要性。我认为，生态伦理的主体是人，而生态伦理的践行对象，首先是人类本身，同时也包括其他有利于生态平衡和良性循环的一切生命机体。依法尊重一切人的生命，尊重无害（包括利大于害）于人类的一切生命，形成人与自然的和谐关系，是人们的一项伦理义务和社会责任。生态伦理应是马克思主义生态观的重要内容。

总之，马克思主义生态观，是以马克思主义世界观、社会历史观为理论基础的关于生态研究的一种系统理论，也是基于当代实践而在一个重要领域对马克思主义的继承、发展和创新。其基本的体系结构和具体内容，还需要众多的马克思主义理论工作者，加紧研究和系统阐明。

三 马克思主义生态观对建设两型社会的现实意义

科学的生态观即马克思主义生态观，是当代世界特别是我国生态文明、两型社会建设的最直接的基础理论，是坚持和贯彻党的以人为本、全面协调可持续发展的科学发展观的重要理论支撑。目前，我们全党全国各族人民在坚持科学发展，全面建设小康社会，推进中国特色社会主义事业中，所面临的人口资源环境约束在强化，问题相当严峻。因此，我们必须借助于马克思主义生态观，支持科学发展，加快转变经济发展方式，才能够加以缓解和破解。

（一）目前我国的生态环境问题相当严峻。我国是一个现代化的后发大国。尽管具有社会主义制度的优越性，但由于人口多、底子薄，现在和将来一个时期，我国的多数行业和企业，被迫处在国际分工的产业链低端。所以，我国在大规模工业化起步和初期阶段，产生一定的生态环境问题，具有难以完全避免的一面。然而，近20多年以来，由于市场经济的逐利性和监管不力，我国所付出的生态代价、所造成的生态环境问题，是相当大、相当严峻的。据报道：我国是全球污染最严重的国家之一，世界银行列出的全球污染最严重的20个城市，我国就有16个。环保部在2010年7月的一份报告中指出，2010年比2009年的环境事故增加了一倍，仅上半年就发生了102起重大和比较重大的环境事故。目前，我国空气、水体和土地的污染已经很严重或比较严重。由环保部监测的440个城市中，几乎半数出现了酸雨；有70%的河流、湖泊受到严重污染，包括长江、黄河等重要河流，以及全国第三、第五大湖的太湖、巢湖等。目前，我国只有49.3%的水源可以饮用，26.4%的水源完全不适合饮用，只能作为工业用水。到2008年，我国城市污水处理仅为66%；城市的汽车尾气、噪声、电磁、垃圾和室内有害化学物质污染，也很严重。此外，还存在森林被非法大量砍伐，水土大量流失，耕地肥力下降，北方、西北和西南地区的不少草原退化，山地石漠化，土地荒漠化、半荒漠化等环境问题还在蔓延。

虽然国家为缓解这些问题，已经作了不少努力，已取得一些局部实效，但是很多生态问题，存在利益博弈，以致积重难返，难以遏制。

环境污染严重，不仅妨碍经济社会发展，同时也影响人民的生活质量和体质健康，影响到大面积的自然生态恶化。据世界卫生组织估计，中国每年有 10 万人因直接与受污染水源有关的疾病而死亡，至于各种其他环境因素产生的疾病，就更难以估计了。同时，环境污染和过度开发对我国生物多样性、物种灭绝的影响，也不容忽视。尽管我国生物物种很丰富，拥有 1/8 的真核生物，并在保持生物多样性上，已采取不少措施，但仍难以遏制、缓解生物多样性被破坏、物种在加快灭绝的势头，其速度不亚于其他国家和地区。我国濒危物种占总量的 15%—20%，高于世界 10%—15% 的平均水平。我国十大灭绝和濒危动物有：华南虎、白鳍豚、褐马鸡、扬子鳄、黑颈鹤、四不像、大熊猫、金丝猴、藏羚羊。十分可惜的是，由于长江污染和其他生态条件的恶化，作为全世界两个唯一淡水亚种的白鳍豚和长江白豚，前者已于 2008 年 8 月 8 日被宣布绝种，而后者在 1993 年约有 2700 头，15 年后减少一半，估计仅有 1400—1200 头，离灭种已经不远了。对于我国近 20 多年出现或加剧的生态环境问题，已经到了相当严重的地步，必须采取坚决而有效的措施，加以遏制和逐步缓解。这是我国建设生态文明和两型社会，实现可持续发展的一个不可或缺的基础性条件。

（二）我国经济社会发展面临的资源环境约束在强化。我国地大物博、物产丰富，是国家建设和发展的有利条件。但如果以 13 亿多人口作分母，我国的人均资源却又相对不足，大多低于世界平均水平。现在，我国只有约 100 亿亩土地资源可供利用，人均 8 亩左右，不到世界平均水平的 1/6。其中耕地更少。目前，我国有耕地 18.2 亿亩，人均 1.4 亩，不到世界人均水平的 1/4；森林有 19.7 亿亩，人均 1.5 亩，约为世界人均水平的 1/7；淡水资源 2.8 万亿立方米，人均 2200 立方米，不到世界人均水平的 1/4，而且分布不均，常常是南涝北旱；全国 668 个城市，有 400 个缺水，100 多个严重缺水。就矿产资源而言，在世界已知的 170 多种矿藏中，我国已发现 168 种，有储量的 151 种；按 45 种主要矿产资源的潜在价值计算，我国仅次于前苏联和美国，居世界第 3 位，但人均仅为世界的第 53 位。其中，有 2/3 的主要矿产资源，近几年来出现短缺，有的处于严重短缺状况，如金、银、铜、铬、铁、钾、石油等主要矿产资源，日益供不应求，有的可能短缺 1/2 以上，特别是一些关系国民经济命脉、需求量大的矿产资源，多数矿体贫矿多、富矿少、选矿难，后备储量不足。我国资源型城市有 118 座（典型的 60 座），多年开采至今，已有 2/3 的矿山进入中老年期、1/4 的面临资源枯竭。国家发改委于 2007 年和 2008 年 3 月，根据国务院有关文件，分两批确定 44 个资源枯竭城市，需要经济转型。我国一些重要的矿产资源短缺严重，供需矛盾突出，目前只能通过大量进口来弥补。2009 年，我国进口铁矿石 6.28 亿吨，原油 2.04 亿吨，对外依存度都在 50% 以上。

与此同时，我国许多生产行业科技水平不高，创新能力不强，资源利用效率低，存在严重浪费的情况。目前，我国单位产值的能耗，是美国的 4.3 倍、德国的 7.7 倍、日本的 11.5 倍，是世界平均水平的 2 倍多。其中，我国石化、电力、钢铁、有色金属、建材、化工、纺织等 8 个行业的主要产品单位能耗，平均比国际水平高出 40% 左右。而矿产资源的综合利用效率，也低于世界平均水平，更大大低于国际先进水平。按 21 世纪初的情况估算，我国单位资源产出水平，只相当于美国的 1/10、日本的 1/20、德国的 1/6；而每立方米淡水的产出率，世界平均水平是 37 美元，日本是 55 美元，英国是 93 美元，而我国是 2 美元。尽管这里存在一定程度的汇率扭曲，但我国资源利益效率普遍较低，却是一个客观的事实。

我国近些年经济高速增长，在很大程度上是由过多、过度的资源消耗来支撑的。2009 年，我国 GDP（按当时的汇率计）占世界总量的 6% 左右。但是，我国当年钢产量 5.56 亿吨、水泥 16.3 亿吨、电解铝 1285 万吨、精炼铜 4133 万吨、煤 30.5 亿吨、化肥 6600 万吨、棉纱 2393 万吨、玻璃 5.8 亿箱，分别占同年世界产量的 46.6%、50%、60%、25%、45%、35%、46%、50%。这样大量地靠生产、消费、出口资源性和低附加值的产品，来维持我国经济的高增长，就进一步加剧了资源环境约束与国民经济发展之间的矛盾，不利于可持续发展。

（三）"两型社会"建设是一项重大的战略应对。进入 21 世纪以来，党中央提出建设资源节约型、环境友好型社会，是为了缓解和破解我国经济社会发展中的资源环境约束的一项重大而正确的战略应对。现在，党的十七届五中全会及其所通过的关于我国"十二五规划"的建议中，指出："坚持把建设资源节约型、环境友好型社会作为加快转变经济发展方式的重要着力点。深入贯彻节约资源和保护环境基本国策，节约能源，降低温室气体排放强度，发展循环经济，推广低碳技术，积极应对气候变化，促进经济社会发展与人口资源环境相协调，走可持续发展之路。"① 这样就从战略全局高度，为我国两型社会建设指明了方向。在这里，党中央把两型社会建设，作为我国"加快转变经济发展方式的重要着力点"，就意味着"资源节约"与"环境友好"具有深刻的内在联系，意味着两型社会建设是实现我国经济社会科学发展、可持续发展的一个关键性的、事关战略全局的大问题。对此，我们必须高度重视，严肃对待，抓紧落实。

我认为，我国建设"资源节约型、环境友好型社会"的基本国策，是针对全世界特别是我国资源和环境对经济社会发展约束强化的严峻情况，而作出的一项战略决策。而从其实现必要保障来看，当然要依靠在党和国家领导下所制定的长远的规划、科技的进步、完备的立法、周密的制度、有力的举措、严格的管理等社会条件的综合作用。但其中一个首要前提则是，全党全国人民必须统一认识、协调行动，必须认识到生态环境破坏和恶化、自然资源紧缺和浪费的严峻性与不可逆性，必须正确对待和兼顾局部利益与全局利益、眼前利益与长远利益、当代利益与子孙后代利益的关系，才能提高建设生态文明和两型社会的自觉性和积极性，才能有真正的科学发展、可持续发展。而统一和提高这种认识的一种重要理论基础和理论支撑，就是要努力建构、宣传和普及马克思主义生态观。

（原为 2010 年 11 月 13 日"历史唯物主义与两型社会建设理论研讨会"上所作的主题报告，后全文发表于《湖南社会科学》2011 年第 1 期）

---

① 《中共中央关于制定国民经济和社会发展第十二个五年规划的建议》，《人民日报》2010年 10 月 28 日。

马克思主义阶级理论在西方遭遇的
挑战与评价

姜　辉[*]

　　阶级理论是马克思主义的核心内容，是马克思主义理解社会形态和历史变迁的钥匙。阶级分析方法是马克思主义认识和分析问题的基本方法。如列宁所说，"阶级关系——这是一种根本的主要的东西，没有它，也就没有马克思主义"。[①] 然而，在第二次世界大战以后，特别是 20 世纪 80 年代以来，马克思主义阶级理论遭到诸种挑战，比如后工业主义、后福特主义、后现代主义等。有的人认为，马克思的阶级概念和阶级分析方法已经"过时"了，出现了话语危机、阐释危机，不能够更有效地解释和说明现代社会，要彻底抛弃"阶级"概念及方法。还有一些国外学者在马克思主义阶级理论和方法之外重新界定阶级。面对诸种争论和评价，我们应如何正确对待和运用马克思主义的阶级理论与方法呢？

一　马克思主义阶级理论在西方遭遇的主要挑战

　　马克思主义的阶级理论以历史唯物主义为依据，认为阶级是特定历史时代的经济关系的产物，同人类社会生产力发展的一定阶段相联系。马克思主义经典作家在其著述中关于阶级和阶级斗争的论述是清晰和丰富的。马克思和恩格斯在《共产党宣言》中指出："至今一切社会的历史都是阶级斗争的历史。"[②] 在阶级社会里，生产力和生产关系的社会基本矛盾通过

　　* 姜辉，中国社会科学院办公厅副主任，研究员、博士生导师。
　　① 《列宁全集》第 41 卷，人民出版社 1986 年版，第 92 页。
　　② 《马克思恩格斯选集》第 1 卷，人民出版社 1995 年版，第 272 页。

阶级与阶级之间的关系体现出来，对立阶级之间的对抗性关系最终通过阶级斗争才能解决，因而成为阶级社会发展的直接动力。处于相互对立的地位的阶级，"进行不断的、有时隐蔽有时公开的斗争，而每一次斗争的结局都是整个社会受到革命改造或者斗争的各阶级同归于尽。"① 而在资本主义社会的特点，就是"它使阶级对立简单化了。整个社会日益分裂为两大敌对的阵营，分裂为两大相互直接对立的阶级：资产阶级和无产阶级。"②

关于阶级的划分标准，马克思主义认为，"社会阶级在任何时候都是生产关系和交换关系的产物，一句话，都是自己时代的经济关系的产物。"③ 作为划分人们阶级关系和属性的根本标准，仍然是人们对生产资料的关系。列宁继承马克思的阶级理论，对阶级下了一个明确的定义："所谓阶级，就是这样一些大的集团，这些集团在历史上一定的社会生产体系中所处的地位不同，同生产资料的关系（这种关系大部分是在法律上明文规定了的）不同，在社会劳动组织中所起的作用不同，因而取得归自己支配的那份社会财富的方式和多寡也不同。"④ 判断人们的阶级属性，依据的是生产关系，主要是对生产资料的占有或非占有。在资本主义社会，划分阶级的根本依据是资本与雇佣劳动的关系。

可以说，马克思主义关于阶级和阶级划分的基本理论和基本观点是明确、清晰的，它在现代社会中遇到的挑战也明显体现在对这些基本理论和观点的质疑与否定上。从上面概括分析的关于阶级问题的争论中，我们看到，对马克思主义阶级理论的批评和否定主要有以下几个挑战点：

挑战一：认为马克思主义把阶级关系单纯归结为经济关系，特别是归结为对生产资料的关系，而忽视政治、社会、文化等的多种关系和特征。

挑战二：认为马克思主义仅仅把对生产资料的占有或非占有作为划分阶级的标准，而在实际生活中，还有劳动方式、收入、职业、生活习惯、价值观念等许多标准和关系可作为社会划分的依据。

挑战三：认为马克思主义把资本主义社会的阶级关系简单划分为资产阶级和无产阶级两个阶级的对立，而后来特别是第二次世界大战以后其他阶级阶层的形成和发展，尤其是"中产阶级"的形成和发展，证明了社会

---

① 《马克思恩格斯选集》第1卷，人民出版社1995年版，第272页。
② 同上书，第273页。
③ 《马克思恩格斯全集》第20卷，人民出版社1971年版，第29页。
④ 《列宁全集》第37卷，人民出版社1986年版，第13页。

分层和阶级划分的多元性与复杂性。

挑战四：马克思主义赋予工人阶级的地位和历史使命是没有现实根据的，对工人阶级"团结一致"地形成统一的社会整体也是与实际不符合的，战后工人阶级的分化、阶级意识的淡化、集体行动能力的下降等情况说明了这个问题。

挑战五：认为马克思主义的"阶级"概念过于主观，与现实生活中人们的社会归属和自我认同不符合，比如在现代社会中，人们很少愿意把自己归入"无产阶级"行列，而更多或者愿意归入"中产阶级"群体，或者根本不愿意确认自己的"阶级"身份。

挑战六：认为仅仅以阶级划分社会人群是不够的，甚至不是社会划分的主要维度，还有从性别、民族、宗教、文化等维度所做的更现实、更重要的社会划分。

对马克思主义阶级理论提出的以上挑战、质疑和否定的观点，虽然不是这方面立场和观点的全部，但基本的代表性立场大体上可见一斑。

二　当前西方学界对马克思主义阶级理论的不同评价

西方学术界、理论界对待马克思主义阶级理论，以及对待一般性阶级划分与阶级分析方法的具体立场、态度和价值取向，可概括为以下几种类型：

第一种：信奉和支持马克思主义阶级理论，并努力运用马克思主义的理论框架、观点和方法来解释现代社会的变化发展。

比如，美国社会学者迈克·霍特（Mike Hout）和美国经济学者迈克尔·茨威格（Michael Zweig）等人捍卫马克思主义的阶级理论和阶级分析方法，阐明其对于说明和解释现代社会的相关性和重要性，批驳那些认为马克思主义阶级理论"过时"、"无效"和"错误"的观点，并试图结合科技、经济、政治和社会的变化发展，重新阐释、补充和运用马克思主义的阶级理论。他们中有的理论很有系统性，也很深入，比如霍特等人的文章《后工业社会中阶级的继续存在》，茨威格的《工人阶级多数：美国保守最好的秘密》及其主编的《阶级与其有何相关？21世纪的美国社会》等，都是运用马克思主义分析美国社会结构和阶级结构的系统之作。总体上说，他们的理论和方法是遵循马克思主义的，许多观点和结论都是以现实发展为依据，有的见解对于我们运用和发展马克思主义阶级理论有启示价值。

迈克·霍特等人针对否定阶级相关性的观点，作出了直接回击，肯定地得出结论：在当代社会，阶级并没有死亡，否定阶级存在和阶级分析重要性的观点是主观的、片面的，没有充分的证据来证明。他们认为，在最近几十年里，随着后工业社会的兴起，发达资本主义社会的阶级结构确实发生了很大变化，但这并不等于说或证明了社会阶级正在死亡。在新的社会条件下，新的不平等源泉产生，也并不意味着原来的不平等源泉已经消失。在绝大多数国家，近几十年来体力工人减少了，但服务业的劳动力人数比例却增加了。"这些变化告诉我们，19 世纪的阶级模式已不再充分了，然而向更加复杂和多元的阶级模式的转变，并不意味着阶级正在死亡。资本主义社会里以阶级为基础的不平等的继续存在，意味着在可见的未来，阶级的概念必将也应该在社会学研究中发挥重要的作用。"[1] 霍特等人深刻地意识到，"私有财产仍以生产资料的所有权为基础"。资本主义财富和收入不平等的加剧，"几乎在所有的情况下都是通过生产资料所有权建立的"。[2] 高科技冠军比尔·盖茨、商业巨头沃尔顿等，他们之所以致富，主要是因为他们拥有生产资料。从事套利活动的银行家收取高额费用，大经理们从拥有股票中获取的远比他们的工资高很多。实践证明，收入方面由生产资料所有权决定的阶级之间的差异是非常显著的。通过各种统计数据分析，阶级结构的变化并没有改变阶级对收入的重要影响。霍特等人还对中产阶级扩大造成的影响进行了分析，认为这也不能否定阶级之间不平等的存在。在资本主义社会，有越来越多的人口更加贫困化，而且出现了"新贫穷"。长期失业或从事边缘化职业的人口不断增多，由于对居民多种收入来源的剥夺而造成的低收入地区也很多。总的来说，当代阶级结构中始终存在的上层阶级的财富和权力，底层阶级不断增长的贫穷和退步，都表明那种认为"阶级已经死亡"的观点是站不住脚的。

第二种：认为马克思的阶级理论在一定意义上有价值，但需要在基本理论框架、主要观点上进行较大的补充和修正。

---

① 迈克·霍特等：《后工业社会中阶级的继续存在》，参见戴维·李、布赖恩·特纳主编《关于阶级的冲突：晚期工业主义不平等之辩论》，重庆出版社 2005 年版，第 75 页。

② 同上书，第 67 页。

这种立场和观点的典型是当前被称为"新马克思主义"阶级分析理论的代表人物，主要有德国社会学家拉尔夫·达伦多夫（Ralf Darendorf）、美国社会学家埃里克·怀特（Erik Olin Wright）等人。新马克思主义阶级理论与马克思主义阶级理论有一定的渊源关系，其代表人物并不是全部信奉马克思主义的阶级观点，有的还持质疑和批判的态度，有的认为自己的学说和理论是"补充"、"发展"或"创新"了马克思的阶级理论。

达伦多夫根据马克思以后社会关系的变化，分析了社会结构和各社会阶级的深刻复杂变化，提出了自己的社会阶级与冲突理论。主要代表作是《工业社会的阶级与阶级冲突》和《现代社会冲突》。他认为，马克思以后西方工业社会发生的变化，一是"资本的分解"，即所有权和控制权的分离。"在把资本主义社会的变迁根源追溯到工业生产领域这一点上，马克思无疑是正确的，但是这些变迁所迈进的方向却和马克思的预期相反。"① "不具生产功能的资本家"让位给了"没有资本的管理层"，这样，马克思所预测的同质性的资本家阶级事实上并没有发展起来，资本以及资本主义已经分解了，在阶级冲突上具有三个方面的影响：一是参与社会冲突的群体构成发生了变化；二是冲突的本质发生变化，管理者不但同资本家发生冲突，也同工人发生冲突；三是冲突模式发生变化，"这一新的冲突到底还能不能被称为阶级斗争，因为劳动者已经不再和一个同质性的资本家阶级相对抗了。"② 这与马克思关心的整个社会分为两大同质的敌对阵营阶级不一样。二是"劳动的分解"，即劳动技术和分层。今天的工人阶级，远非是一个同样缺乏技能、同样赤贫的人们所组成的同质群体，历史也瓦解了劳动所占据的单一位置和它所扮演的单一角色。熟练技术工人、半熟练工人、非熟练工人组成的阶层有很大差异，其利益要求也不一致，还常常相互冲突和对立。这样，马克思所说的由于生活条件和地位的日益一致而高度团结的工人阶级，是很难出现的。三是阶级冲突制度化。资本与劳动之间的对立和冲突，不再是激烈对抗或暴力冲突，资本与劳动之间的紧张关系作为劳动力市场的结构的一条准则得到认可，并形成了合法的制度。四是"权威"的分配是社会冲突的决定性因素。马克思认为，阶级冲突的根源是财产的所有制关系，而达伦多夫则引入"权威"的概念，认

---

① ［美］戴维·格伦斯基编：《社会分层》，华夏出版社 2005 年版，第 81 页。
② 同上书，第 82 页。

为权威引起社会冲突，不同的地位有着不同的利益，占有不同的权威。他认为与生产方式的所有权相比，权威是一种更为一般性的且更具重要意义的社会关系。

美国的怀特在西方是阶级理论的著名代表人物，被视为当今新马克思主义阶级理论的最主要代表人物。他的阶级测量和阶级分析模型被认为具有创造性，试图将马克思关于阶级的定性分析与自己的定量实证分析相结合。赖特的著述很多，大多是围绕阶级和阶层这个主题进行研究。主要代表作是《阶级》（1985）、《关于阶级的争论》（1990）和《阶级盘点：阶级分析的比较研究》（1997）。他最引人注目的研究成果就是提出了"矛盾的阶级位置"理论。提出这个理论的目的，是为了在当代西方社会结构发生很大变化的条件下，补充和修正马克思关于资本主义社会两极分化的理论，同时也为了回应西方出现的"新阶级"、"新小资产阶级"、"中间阶级"等理论和观点。其主要观点是，划分阶级的标准是三种控制权：一是对金钱资本或投资的控制权；二是对物质资本或物质生产资料的控制权；三是对劳动的控制权。而控制权根据掌握程度，分为四个等级：全部控制、部分控制、少量控制、没有控制。这样在资本家阶级、小资产阶级、工人阶级之间，存在一些矛盾的阶级位置，即既占有又不占有、既控制又不控制，或部分占有、部分控制的位置。比如，在资本家阶级与工人阶级之间的矛盾阶级位置是中高层经理、技术管理者、工头、监督人员，他们对金钱资本、物质资本或对劳动有部分或较少控制权；在工人阶级与小资产阶级之间的矛盾阶级位置是半自主的雇员，半独立雇佣劳动者，他们对金钱资本和劳动没有控制权，但对物质资本有少量控制权；在小资产阶级与资本家阶级之间的矛盾阶级位置是小雇主，他们对金钱资本和物质资本有控制权，对劳动也有少量控制权，等等。

第三种：不赞成马克思主义的阶级理论，但认为阶级及阶级分析与划分本身具有持续的意义和作用。

这种立场主要以"新韦伯主义"派等其他类型阶级理论代表人物为代表。比如英国社会学家安东尼·吉登斯（Anthony Giddens）和约翰·戈德索普（John Goldthorpe）就是这样的观点和见解。吉登斯认为，马克思在阶级概念上着重强调生产资料所有权问题，由此划分出一种相对简单的阶级结构，而实际上发达社会的阶级结构要复杂得多。他认为，阶级不是实体，不存在加入一个阶级群体的问题，阶级只是一种特殊的"聚合体"，具有相似的经济地位和生活方式的特征。阶级地位取决于"市场能力"
（market capacity），占有生产资料者可能会处于更有利的地位，但工资劳动
者占有劳动力，因此二者不是单向的受控关系。无论是生产资料还是劳动
力，都可以在市场的讨价还价中起作用。马克思没有认识到"市场能力"
并不是直接来自财产所有权。市场的阶级地位是平等的，不存在谁控制谁
的问题，谁更有力量，取决于谁是"稀缺价值"（scarcity value）。① 根据
"市场能力"，资本主义社会有三个基本阶级：上层资产阶级、中产阶级和
下层阶级或工人阶级。

　　戈德索普是目前新韦伯主义阶级分析理论的著名代表，他的阶级结构
测量和阶级分类模型在社会学领域颇有影响。他不赞同马克思的阶级理论
和方法，但却强调阶级范畴和阶级分析对于当代社会研究仍具有意义。他
认为，现在许多主张阶级政治衰落的人，都是反反复复地展开"与马克思
的争论"，而这种做法却没有任何助益。"马克思主义的阶级理论和阶级政
治决定论无疑遭到了颠覆，它们在实践中受颠覆的程度要甚于在社会研究
中的情况。然而，这并没有产生什么重大的影响。马克思的阶级理论现在
不是，也不曾是惟一的阶级理论。"坚持阶级政治衰落的人，"是因为他们
对阶级和政治的思考方式远没有摆脱自己竭力攻击的马克思主义的影
响。"② 戈德索普阶级结构模型中的阶级，尽管也没有完全否定其社会关系
的意义，但主要是根据职业类别划分的，把职业视为划分不同阶级的主要
标准，这样其使用的阶级概念的含义与马克思使用的阶级概念有实质性的
区别。

　　第四种：完全否认阶级及阶级划分对于研究和阐释现代社会的意义。

　　这种立场认为，任何阶级概念和阶级分析方法都"过时"了，阶级只
是过去的传统概念，在现代社会中已经失去了阐释话语权和使用价值，没
有实际意义了。一些人认为，无论是马克思主义或新马克思主义为典型的
"强"阶级理论，还是以韦伯主义或新韦伯主义为典型的"弱"阶级理
论，抑或是试图将它们综合协调起来的诸种其他阶级理论，对于研究和解
释现代社会复杂而多变的生活来说，都没有什么特殊的价值和意义。现代

---

① 参见李强《社会分层十讲》，社会科学文献出版社 2008 年版，第 94—98 页。
② 约翰·戈德索普：《发达工业社会的阶级和政治》，参见戴维·李、布赖恩·特纳主编
《关于阶级的冲突：晚期工业主义不平等之辩论》，重庆出版社 2005 年版，第 244—245 页。

社会中形成的非阶级性划分或冲突的事实，比如民族、宗教、种族、地区的分裂或冲突等，都削弱了关于阶级的不可缺少性或中心性的观点。英国"后马克思主义"的主要代表人物拉克劳和墨菲（E. Laclau & C. Mouffe）就认为，传统马克思主义的阶级观念完全是一种本质论、决定论和还原论的理论，是后现代主义所批判的"宏大叙述"之类的具有普遍主义和本质主义特性的东西。现代资本主义的发展使"阶级"和"阶级斗争"这样的概念和范畴式微。他们认为，它们只适合于马克思生活时代的社会条件和现实，那个时代的社会在很大程度上是阶级社会。而在当代社会，由于现代社会中迅速的技术变革和晚期资本主义的深刻变化，那种以集体认同为基础的"阶级"在日趋衰落。"一个世纪之后，我们生活于其中的社会越来越不是一个阶级的社会了，因为作为马克思'阶级'理论基础的群体身份的一致性再也不存在了。我们这个时代还存在着剥削、对抗和斗争，但斗争（包括工人斗争）却越来越不再是阶级斗争了。"[1] 一些学者"建议干脆抛弃'阶级'这个词，原因是关于'阶级'的各种各样可能的政治和哲学的含义使得它对于独立的分析没有什么用处了"[2]。有的学者提出，"一旦抽除了同马克思主义的联系，'阶级'这一术语还能包含什么样的解释能力呢？"[3] 有的认为，人们的社会身份认同在现代社会中很少以阶级为标识，阶级认同在推论上的显著特征几乎是微不足道的，任何阶级理论都不能解释现代社会的重要社会变革。既然如此，与其滥用阶级的概念，不如彻底抛弃它，采用切实显然的概念。比如，有的人批评现代的阶级分析论者，既然他们已经把阶级的含义降至社会统计学意义上的职业集合的地位（比如新韦伯主义者的阶级理论），这样的理论已经成为"根本没有阶级理论的阶级分析"，那么为什么还要保留使用"阶级"这个概念呢？英国社会学家帕尔（Ray Pahl）这样讲，"我只是想表明，如果这个概念不再能够发挥什么有益的作用的话，我们就应该停止按照它假设的作用采取行动。如果天真地坚信这样的观点——即只要我们竭力坚持它，阶级最终会

---

① E. Laclau . &C. Mouffe: Hegemony and Socialist Strategy（《霸权和社会主义战略》），Verso. 1985，pp. 164 – 165. 中文版见拉克劳和墨菲《领导权与社会主义策略》，黑龙江人民出版社 2003 年版。

② 戴维·李、布赖恩·特纳主编：《关于阶级的冲突：晚期工业主义不平等之辩论》，重庆出版社 2005 年版，第 2 页。

③ 同上书，第 21 页。

再次具有主要的分析价值——并没有什么益处。"① 帕尔认为"阶级"的概念已成为童话中人人看不见、又唯恐揭穿其不存在的"皇帝的新装",呼吁"让我们给皇帝穿上衣服"。

三 正确理解及运用发展马克思主义的阶级理论

当前西方学界对阶级概念、理论和方法的质疑和挑战,首先选择的质疑和批评对象就是马克思的阶级理论。甚至有的西方学者质疑马克思从未有过明确、清晰的关于阶级的定义。其实,有的学者避而不谈阶级的定义和阶级斗争在历史上实际上是资产阶级历史学家们更早提出和论证的,而这一点马克思本人说得很清楚。他在 1852 年 3 月 5 日致魏德迈的信中就坦率而鲜明地讲:"至于讲到我,无论是发现现代社会中有阶级存在或发现各阶级间的斗争,都不是我的功劳。在我以前很久,资产阶级的历史学家就已叙述过阶级斗争的历史发展,资产阶级的经济学家也已对各个阶级作过经济上的分析。我的新贡献就是证明了下列几点:①阶级的存在仅仅同生产发展的一定历史阶段相联系;②阶级斗争必然导致无产阶级专政;③这个专政不过是达到消灭一切阶级和进入无阶级社会的过渡。"②历史事实是,马克思科学地继承吸收了资产阶级学者的研究成果,同时运用自己创立的唯物史观,赋予阶级的定义以深刻的经济社会基础,并同历史发展的客观规律紧密联系起来,论证了资本主义社会两大阶级之间不可避免的斗争及其结果,以及无产阶级推翻旧社会、建设新社会的历史使命。可以这样说,马克思主义的阶级理论之所以受到最多的批评和质疑,恰恰从反方面说明其更具系统性和影响力,当然也包括一些西方学者的阶级立场和意识形态偏见使然。

面对诸多争论要作出合理的评判,关键是全面、正确地理解马克思的阶级理论。这一基于唯物史观的阶级理论和分析方法,对于人们在当代社会结构和阶级结构发生深刻而复杂变化的条件下,透过纷繁复杂的现象看到本质,正确把握当代社会变迁中社会结构和社会关系的本来面目,从而

---

① 雷·帕尔:《皇帝是赤裸的吗?》,参见戴维·李、布赖恩·特纳主编《关于阶级的冲突:晚期工业主义不平等之辩论》,重庆出版社 2005 年版,第 118—119 页。
② 《马克思恩格斯选集》第 4 卷,人民出版社 1995 年版,第 547 页。

正确理解阶级及其意义和作用，仍然具有科学的、现实的指导意义。从这个方面来看，把握以下几点是非常重要的：

第一，要从经济关系的深刻抽象层面来界定和理解阶级。马克思主义的阶级概念，首先包含和体现的是人们在生产中的地位和相互关系，是一种理论上的抽象，而不是具体感性的职业群体、收入水平、贫富分化、性别种族差异等。阶级同经济学中诸如商品、资本、价值等概念一样，是一种抽象的规定，反映的是舍去具体现象差别的一般本质。马克思说过："分析经济形式，既不能用显微镜，也不能用化学试剂。二者都必须用抽象力来代替。"[①] 按照马克思主义的观点，划分一个阶级，并不是职业统计的人群分类，也不是按照收入多少、生活方式异同进行人群划分。马克思主义的阶级理论，运用科学的抽象力，透过物与物之间的关系，透过资本主义社会复杂的现象，揭示了资产阶级和无产阶级之间对立的阶级关系。无产阶级的本质规定性，就是不占有生产资料，只有自身劳动力而被雇佣、被剥削；资产阶级的本质规定性，就是占有生产资料，拥有资本所有权而雇佣剥削他人。正是因为阶级是一个抽象的规定，属于一个阶级的人并不必然就自觉认识到自己的阶级属性。社会学意义上以收入和生活水平划分的社会阶层与马克思理论中的社会阶级是两个不同的概念。因而，判断一个人的阶级属性，不能根据他自己的爱好和主观选择，而是经济关系中的客观地位，其中最根本的、决定性的，是占有生产资料与否，以及受此决定的人们在生产中的权力关系和分配关系。马克思主义阶级理论之所以受到西方学者诸多批评和攻击，一个重要的原因就是他们不是从深刻的抽象规定性上来理解马克思主义的阶级概念，将其简单化、表面化和庸俗化，不是把阶级视为经济关系概念，而是混淆于按照职业、收入等标准进行的人群划分。

第二，要从资本与雇佣劳动的两极对立中把握当代资本主义阶级关系的性质及变化。掌握了这一点，就能够正确理解马克思为什么以生产关系特别是对生产资料的关系为标准划分阶级，以及资本家阶级与无产阶级之间对立的根源。马克思深刻揭示了资本同劳动的对立，是"资本家和工人作为一种生产关系的两极所具有的性质"[②]，阶级对立不是人们主观设想和

---

① 《马克思恩格斯全集》第23卷，人民出版社1972年版，第8页。
② 《马克思恩格斯全集》第46卷（上），人民出版社1979年版，第254页。

选择的，而是资本主义本质关系与经济规律的客观体现。在资本主义社会表面上的平等交换中，隐藏着资本与劳动两极对立的真相。一个人不论从事什么职业、收入多少、什么性别和种族，只要他不占有生产资料而唯一出卖劳动力，就客观地属于被资本剥削和统治的雇佣劳动这一极。目前一种流行的观点，认为随着社会财富的增长和生活水平的提高、工作方式的变化，原来的大多数劳动者都步入"中产阶级"的行列了，工人阶级正逐渐消失。马克思早就对这种肤浅的观点进行了批判，他说："所谓资本迅速增加对工人有好处的论点，实际上不过是说：工人把他人的财富增殖得愈迅速，落到工人口里的残羹剩饭就愈多，能够获得工作和生活下去的工人就愈多，依附资本的奴隶人数就增加得愈多。这样我们就看出：即使最有利于工人阶级的情势，即使资本的尽快增加如何改善了工人的物质生活状况，也不能消灭工人的利益和资产者即资本家的利益之间的对立状态。"① 而且，工人增加的只是生活资料，不是生产资料。按照生活水平可以划分穷人和富人，但在资本主义社会的阶级关系下，"这里所要谈的根本不是穷人和富人之间这种无概念的关系，二是雇佣劳动和资本的关系。"② 至于职业的区分、劳动方式的变化、从体力劳动向脑力劳动的转变等，同时影响或改变劳动从属于资本的经济性质，"不管这种劳动的特性如何，不管它是简单劳动还是自乘劳动"③。马克思曾尖锐地指出，"'粗俗的'人的理智把阶级差别变成了'钱包大小的差别'，把阶级矛盾变成了'各行业之间的争吵'"④。在他看来，"如果我抛开构成人口的阶级，人口就是一个抽象，如果我不知道这些阶级所依据的因素，如雇佣劳动、资本等等，阶级又是一句空话"⑤。上面之所以多援引一些马克思自己的论述，是为了客观展示马克思关于阶级问题的深刻认识。今天，马克思曾经批评过的许多观点，又被一些自认为看到社会迅速变化而"创新"理论的人重新拾起，再次变为批判马克思阶级理论的武器。这不能不说是他们对马克思理论的无知。当前，资本主义发生的新的经济危机，越来越严重的两极分化，大规模的工人失业，"中产阶级"神话的破灭，都验证了马克

---

① 《马克思恩格斯全集》第 6 卷，人民出版社 1961 年版，第 497 页。
② 《马克思恩格斯全集》第 47 卷，人民出版社 1979 年版，第 331 页。
③ 同上书，第 97 页。
④ 《马克思恩格斯全集》第 4 卷，人民出版社 1958 年版，第 343 页。
⑤ 《马克思恩格斯全集》第 46 卷（上），人民出版社 1979 年版，第 37 页。

思阶级理论的正确性。

第三，要处理好运用阶级分析方法与其他社会研究方法的关系。承认马克思主义阶级理论的科学性和意义，坚持运用其理论和方法分析与研究社会问题，并不否认其他科学的、有益的社会分析和研究方法，马克思主义本身就是在吸收借鉴各种有益的、优秀的文明成果和知识成就的基础上形成及发展的。西方一些学者往往把马克思的阶级理论同其他相关理论对立起来，比如用韦伯主义阶级理论否定马克思主义阶级理论，用其他社会分层的方法否定或替代马克思的阶级方法等，这些态度和做法是不严肃的、简单化的。正确的态度和方法，是把它们有机结合起来，在坚持马克思主义科学指导和方法的基础上，彼此补充参照。马克思的阶级理论和方法主要是定性研究，揭示阶级关系内在的质的规定性和利益根源，特别是经济利益根源，而其他许多方法，侧重于现象分析、定量和模型研究。比如阶层分析方法，是社会学的重要方法，是显性的实证性研究方法，同阶级分析方法不同，后者是隐性的规范性研究。在分析复杂社会现象时，不可能只运用一种方法，而是多方法并用、多角度分析，才能更好地揭示本质和把握规律，研究和解决社会问题。再如，现在国外有一些关于社会不平等的研究方法，如社会流动研究，分割劳动力市场理论，关于性别、种族差异及其后果研究等，都是某一领域和角度的专门研究，值得参考借鉴，同时也是丰富马克思主义阶级理论的一种资料来源。总之，正确的做法是，在坚持马克思主义阶级理论和方法的同时，结合今天社会结构和阶级结构变化的客观实际，使之不断丰富和发展。

（原载《世界社会主义跟踪研究报告（2009—2010）》，
社会科学文献出版社 2010 年版）

用唯物史观基本原理指导
世界历史研究工作

张顺洪[*]

这次马克思主义史学理论研究室组织学习研讨马克思恩格斯关于唯物史观的八封信，很有意义。我在学习这八封信时深受启发，加深了对唯物史观基本原理的理解。关于唯物史观，恩格斯在 1890 年 9 月 21—22 日致约·布洛赫的信中做了精辟而又精彩的阐述。他说："……根据唯物史观，历史过程中的决定性因素归根到底是现实生活的生产和再生产。无论马克思或我都从来没有肯定过比这更多的东西。如果有人在这里加以歪曲，说经济因素是唯一决定性的因素，那么他就是把这个命题变成毫无内容的、抽象的、荒诞无稽的空话。经济状况是基础，但是对历史斗争的进程发生影响并且在许多情况下主要是决定着这一斗争的形式的，还有上层建筑的各种因素：阶级斗争的政治形式及其成果——由胜利了的阶级在获胜以后确立的宪法等等，各种法的形式以及所有这些实际斗争在参加者头脑中的反映，政治的、法律的和哲学的理论，宗教的观点以及它们向教义体系的进一步发展。这里表现出这一切因素间的相互作用，而在这种相互作用中归根到底是经济运动作为必然的东西通过无穷无尽的偶然事件（即这样一些事物和事变，它们的内部联系是如此疏远或者是如此难于确定，以致我们可以认为这种联系并不存在，忘掉这种联系）向前发展。否则把理论应用于任何历史时期，就会比解一个最简单的一次方程式更容易了。"①

在这封信中，恩格斯还指出，"我们自己创造着我们的历史，但是第一，我们是在十分确定的前提和条件下创造的。其中经济的前提和条件归

---

* 张顺洪，中国社会科学院世界历史研究所所长、研究员。

① 《马克思恩格斯选集》第 4 卷，人民出版社 1995 年版，第 695—696 页。

根到底是决定性的。但是政治等等的前提和条件，甚至那些萦回于人们头脑中的传统，也起着一定的作用，虽然不是决定性的作用。""但是第二，历史是这样创造的：最终的结果总是从许多单个的意志的相互冲突中产生出来的，而其中每一个意志，又是由于许多特殊的生活条件，才成为它所成为的那样。"①

恩格斯的这封信阐明了唯物史观的一些基本原理。例如，一、人们是在十分确定的前提和条件下创造历史，而不是凭个人意愿来创造历史；二、人们创造历史的决定性因素是经济的前提和条件，但其他因素也发挥着作用；三、人们创造历史的各种前提和条件是相互联系、相互作用的；四、历史发展的最终结果是许多因素形成合力的产物，即许多因素相互冲突、相互作用的结果。

唯物史观的这些基本原理，是我们从事世界历史研究工作的指导性原则。它们揭示了研究世界历史的一些基本思路和方法。这里，结合唯物史观基本原理，我想谈点今天从事世界历史研究工作应该更加注意的思路。

首先，要重视和加强世界经济史的研究。经济的前提和条件是人们创造历史的决定性因素，不深入研究和了解这个决定性的因素，我们就很难弄清历史发展的因果关系，很难弄清特定历史条件下特定事物的本质。这就要求我们要重视经济史研究。这一点应该说我国世界史学界迄今为止还是做得很不够的，推出的世界经济史研究成果还不多。而且，研究经济史的专家往往属于经济学科，而不属于历史学科。研究世界历史与研究世界经济史的专家也往往缺乏有机的联系和交流，可以说在学科和人员布局上尚未形成科学的科研创新格局。我们对世界经济史的研究还相当薄弱，需要寻找符合实际的方法和途径来整合各有关学科的科研力量，从探索人类社会发展规律的高度，设立新的科研项目，推出有影响的成果。即使是研究政治史、文化史、军事史等专题史的专家，也应该重视和了解世界历史进程中特定历史时期的经济前提和条件。这是深入研究各个领域中各种问题的必要的步骤。脱离了对特定的经济前提与条件的认识和把握，许多问题我们是弄不清楚的。如果我们不重视研究世界历史发展进程中各个时间段的经济状况，那我们就是把世界历史的核心问题边缘化了。这种边缘化现象将会阻碍我们对世界历史客观事实和发展规律的认识。

---

① 《马克思恩格斯选集》第 4 卷，人民出版社 1995 年版，第 696—697 页。

第二，要重视和加强综合性、跨学科性研究工作。在世界历史发展进程中，尽管经济是基础，但其他各种因素都对历史进程发挥着作用。研究专门史如政治史、文化史、军事史、法律史、妇女史等当然是必要的，是世界史研究的基础性工作。但是，我们要有意识地加强跨越政治、经济、文化、军事等领域，跨越国家和地区，跨越时代的综合性研究。在具体的选题立项过程中，要努力考虑一些综合性、跨学科性的问题；通过这样的研究工作，来探讨和认识那些仅仅通过孤立地研究个别领域问题的途径所难以认识到的历史现象、历史事实和历史规律。应该说，我国世界史学界开展综合性、跨学科性的研究课题还不够多。加强这样的研究工作是我们当前和今后推进科研创新的一个重要的努力方向。

第三，要培养和加强全球眼光，把世界历史当作整体史来研究。世界历史或者说人类社会的历史本来是一个整体，人类认识世界的知识也是一个整体，就像地球的大气一样没有分界线。而人们在认识世界历史时，由于历史的和时代的局限性，往往习惯于或者只能从局部来认识和考察问题。而且，学术界长期形成的条块学科布局、学科间的相互隔离状态，在很大程度制约着人们对整体的世界历史的深入研究和科学认识。这就要求我们充分意识到并自觉地突破这种认识上和学科布局上的局限性，来推动世界整体史的研究，推进科研创新。当然，研究国别史、地区史是非常必要的，也是研究世界史的基础性工作。但是，我们不能停留在国别史、地区史研究上，而是要突破国别史、地区史的局限，深入地研究和探讨整体的世界历史。我们要把国别史、地区史放在世界历史的范围内来考察，把它们作为整体世界史中的部分来考察。要根据学术研究的发展状况、发展趋势和客观条件，努力寻找一些体现整体世界史的研究主题来深入探讨。历史是许多单个的意志相互冲突、相互作用的结果。特定历史时刻世界的整体状况是该时刻各国、各地区这样的许多个"单个的意志"相互冲突、相互作用的结果。所以，要全面深入地认识这个整体状况，我们就不能孤立地研究哪一个国家或者哪一个地区的历史。如果只重视和强调某个国家或地区的历史，把它们不适当地放大，就会自觉不自觉地形成"大国史观"或者某种形式的"中心论"。这里还涉及一个学术问题，就是如何处理好中国史研究与世界史研究的关系。世界是一个整体，中国是世界的一部分。没有中国史的世界史是一部不完整的世界史，而缺乏对世界历史背景的深刻把握，中国史研究就会有很大的局限性。

第四，要培养和加强历史眼光，注意把特定历史时刻的事物放在人类历史发展长河中来考察和分析。根据唯物史观，人们是在十分确定的前提和条件下创造历史。这样的前提和条件当然不是突然出现的、从天而降的，而是历史不断发展的产物，是一种历史的积累，一种历史的延续。因此，要深刻认识一个特定历史时刻的事物，就必须把这个事物放在历史发展进程中来考察。只有这样，才能把握住历史事物发展变化的本质和规律。不言而喻，研究世界当代史的学者，就必须学点世界近现代史；研究世界近现代史的学者，就必须学点古代中世纪史。当然，不仅仅如此。世界史研究专家应该对整个世界历史有比较好的掌握，要有比较好的世界历史基础知识。我们研究世界史，要有意识地突破现有学科布局上的局限性。研究世界历史中的问题，不能在时间上割断或隔断历史，而要把特定的问题放在历史进程中来考察。认识规律性的东西，尤其需要在历史发展进程中来探究。1492 年，哥伦布成功远航美洲大陆，并不是因为突然出了一个航海高手哥伦布，而是人类历史发展到一定阶段，各种科学技术知识、各种物质条件积累到一定程度的产物。哥伦布只是历史进程中的一个特定人物而已，他正好在这个历史进程中扮演了历史前提和条件允许他扮演的角色。

以上，只是简要地强调了在世界历史研究工作中，我们应该更为重视的几点思路。历史上的每一事件就像世界历史中的一个点，它属于一条线，这条线又属于一个面，而这个面又属于一个"体"，这个"体"就是世界历史的"整体"。我们研究每个历史事件都要放在世界历史的这个整体中来考察。唯物史观的认识论和方法论是丰富多彩的，我们要在唯物史观的指导下不断丰富和完善研究世界历史的思路和方法，提高我们的研究水平。今天，我们从事世界历史研究工作的前提和条件比过去有很大的改善，而且还会不断改善。世界史工作者是大有作为的。从事世界史研究的同志尤其是青年同志要努力提高应用唯物史观指导研究工作的能力，练好多方面的基本功，不断提高认识世界历史和探讨人类社会发展规律的能力。

（原载《史学理论研究》2010 年第 2 期）

论劳动者的彻底解放和全面发展

刘国平*

　　劳动者，一个光荣、伟大的称谓。劳动者创造了世界，创造了人类历史。人类历史上的一切文明、一切科学上的伟大成就、一切人间奇迹，都是由劳动者用自己艰辛的劳动所创造、所积累的，都浸透着劳动者的血汗。然而，自阶级社会产生之后，劳动者却一直处于被压迫、被剥削的状态。劳动者所创造的财富、文明和奇迹，却与劳动者相异化。劳动者不仅不能自由、充分享受，而且成为压在劳动者身上的大山，劳动者总不得不在流血流汗中，挣扎着经受不尽的苦难，这是人类历史发展中最大的关系颠倒和最根本性的不公。

　　这种颠倒和不公，呼唤着劳动者的彻底解放。而劳动者的彻底解放又是同自身的全面发展相联系的。劳动者彻底解放和全面发展的基本含义是：消灭私有制，从而消除异化劳动，使劳动者成为自身的主人、劳动的主人、支配劳动成果的主人，成为合乎人的本性的自由、自觉和快乐的联合劳动者；并在这联合劳动中，创造真正属于自己的财富，开拓真正属于自己的历史，实现自己的全面发展；劳动者的彻底解放和全面发展，是个互为条件、相辅相成、辩证统一的长期的历史过程，只有到共产主义社会，它才能实现。劳动者通过自身的不断发展和自己不懈的斗争，实现自己彻底解放和全面发展，这是人类历史发展的必然归宿。

一　异化劳动：资本主义社会的本质

　　世界上无人不喜欢财富。而财富的本质是什么，是一般的劳动。劳动

---

* 刘国平，中国社会科学院世界经济与政治研究所编审。

者的劳动，是生产的主要要素，是财富的源泉，财富的积累，就是一般劳动的积累。劳动创造了人类、创造了人类历史。人间的一切财富、一切奇迹，都是由劳动创造出来的。然而，自阶级社会产生之后，劳动者却处在被压迫、被剥削、被统治的地位，处在社会的最底层。在奴隶制社会，劳动者成为奴隶主的奴隶，在皮鞭下劳动，没有任何人身自由；在封建社会，劳动者在封建贵族、地主的统治下，成为土地的奴隶，人身的自由只限于那小块的土地上；在资本主义社会，劳动者成为资产阶级在市场上自由买卖的商品，成为被资本家雇佣的猎取财富的工具，成为资本的奴隶，人身自由被雇佣劳动束缚在狭小的范围里。在这些社会里，由于私有制所产生的异化劳动的存在，劳动者辛苦劳动所换来的是饥饿和贫困。

历史本来应当是，劳动者的自由劳动，应该为劳动者的自由发展创造物质条件。而事实却不是这样。由于劳动者的劳动创造出了私有制，创造出了阶级，从而也创造出了劳动的异化，或者说异化劳动。马克思曾阐明了异化劳动的四个规定性，即劳动者同劳动成果的异化，劳动者同劳动的异化，人和人类本质的异化，人和人的关系的异化。而其中最基本的是劳动者同劳动果实的异化。劳动者劳动的果实，本来应当归自己所支配、所享受、并成为自身发展的物质条件；但事实却相反，劳动者的劳动果实，却变成了异己的支配劳动者自己的手段和统治自己的力量。如马克思所阐述的：劳动者为富人生产了奇迹般的东西，却为自己生产了赤贫；劳动者为富人生产了宫殿，却为自己生产了棚舍；劳动者为人类生产了美，却使自己变成畸形；劳动者用机器代替了手工劳动，却使自己的一部分回到野蛮的劳动，另一部分工人变成机器；劳动者生产了智慧，却为自己生产了愚钝和痴呆。

恩格斯也说过，是工人劳动者用自己发明和劳动创造了资本主义的伟大。在资产阶级的巨大财富和奇迹里，处处都饱含着工人劳动者的智慧、创造和辛勤劳动，饱含着工人阶级的血汗和生命。而工人劳动者用自己血汗和生命所换来的，却是无尽的贫困。因此，恩格斯把那些为资产阶级创造财富、被贬低为贱民的劳动者，视为是最伟大、最高尚、最值得尊敬的人。恩格斯在《英国工人阶级状况》中就充满了对劳动者的赞扬、歌颂和同情，对剥削他们、压迫他们的资产阶级的罪恶，进行了无情地揭露和鞭挞。他写道："目前，纺织工人的状况是最好的。在煤矿，工人们不得不为了很低的工资去做最繁重最有害于健康的工作。结果，比起其他工人，工人阶级的这一部分对富人更是满腔愤恨。因此，抢劫和捉弄比较富有的人这类事情，他们也做的特别突出。"① "只有大陆上的人们所不熟悉的那一部分英国人，只有工人、英国的贱民、穷人，才是真正值得尊敬的人，尽管他们粗野，尽管他们道德堕落。拯救英国要靠他们，他们身上还有可造之材；他们没有文化知识，但也没有偏见，他们还有力量从事伟大的民族事业，他们还有前途。"②

可见，对于劳动者来说，这种异化劳动的第一个结果是，自己变成了自己劳动成果的奴隶的同时，使整个社会，变成了金钱的奴隶。"金钱是以色列人的妒忌之神；在他面前，一切神都要退位。金钱贬低了人所崇奉的一切神，并把一切神都变成商品。金钱是一切事物的普遍的、独立自在的价值。因此它剥夺了整个世界——人的世界和自然界——固有的价值。金钱是人的劳动和人的存在的同人相异化的本质；这种异己的本质统治了人，而人则向它顶礼膜拜。"③ 看看今天资本主义社会的现实，我们会感到马克思这些论述的伟大正确。金钱剥夺了整个世界的固有的价值。金钱是人的劳动和人的存在的同人相异化的本质；这种异己的本质统治了人，而人则向它顶礼膜拜，这就是资本主义社会的本质。

总之，由于这种异化劳动的存在，使整个时代都充满了矛盾和悖论。如马克思说的："在我们这个时代，每一事物好象都包含有自己的反面。我们看到，机器具有减少人类劳动和使劳动更加有效的神奇力量，然而却引起了饥饿和过度的疲劳。财富的新源泉，由于某重奇怪的、不可思议的魔力而变成贫困的源泉。技术的胜利，似乎是以道德的败坏为代价的。随着人类愈益控制自然，个人却似乎愈益成为别人的奴隶和自己卑劣行为的奴隶。甚至科学的纯洁光辉仿佛也只能在愚昧无知的黑暗背景上闪耀。我们的一切发现和进步，似乎结果是使物质力量成为有智慧的生命，而人的生命则化为愚钝的物质力量。现代工业和科学为一方与现代贫困和衰颓为另一方的这种对抗，我们时代的生产力和生产关系之间的这种对抗，是显而易见的、不可避免的和无庸争辩的事实。"④

---

① 《马克思恩格斯全集》第 3 卷，人民出版社 2002 年版，第 417 页。
② 同上书，第 497 页。
③ 同上书，第 194 页。
④ 《马克思恩格斯选集》第 1 卷，人民出版社 1995 年版，第 775 页。

二 劳动者的彻底解放和全面发展：
马克思主义理论的核心

如果有人问什么是马克思主义，马克思主义的本质和最高境界是什么，我们可以毫不迟疑地、坚定地回答他：是劳动者的彻底解放和全面发展。马克思主义劳动者彻底解放和全面发展的理论，是伟大的理论；马克思主义者立志为劳动者彻底解放而奋斗的事业，是伟大的事业。作为马克思主义者，无论其在什么岗位上，都始终应当尊敬劳动者，永远为劳动者做主、撑腰，为劳动者的利益、为劳动者的彻底解放和全面发展而奋斗。

马克思和恩格斯虽然都出生在富人家庭，可当他们亲眼看到了劳动者被剥削、被压迫的悲惨状况、看到这种人类历史上最大的不公的时候，他们都激情满怀，决心站在劳动者的立场上，誓为劳动者的解放而奋斗。系统读一读马克思主义的经典著作就会明白，马克思和恩格斯在还是革命民主主义者的时候，就写了很多著作，反映劳动者的悲惨状况，并为劳动者撑腰，为劳动的利益呼喊。他们之所以能从革命民主主义者转变为社会主义者，从根本上说，就在于充满着劳动者的阶级感情和为了劳动者彻底解放的理想和奋斗目标；他们之所以能不畏贫苦、不畏疾病、呕心沥血战斗一生，从根本上说，也在于此。在马克思主义经典著作的字里行间，无不浸透着劳动者彻底解放的思考与奋斗；马克思主义的整个理论大厦，都是由劳动者的彻底解放和全面发展所黏合与支撑的。

马克思在哲学、经济学理论上的伟大贡献，集中表现在两个方面：一是创立了历史唯物主义，二是创立了剩余价值理论。正是这两大理论的创立，才使社会主义由空想变成了科学。而这两大理论的根基或源头，都是劳动者的劳动及其在劳动过程中所结成的一定的社会经济关系。在这种关系中，主要由劳动力所构成的生产力决定着生产关系，由生产力和生产关系所构成的经济基础决定着社会的上层建筑；在阶级社会，劳动者反抗压迫者和剥削者、争取自身解放和发展的革命斗争，始终是推动人类历史发展的根本动力；这就是马克思主义历史唯物主义的基本含义。

关于在劳动价值论基础上的剩余价值理论，它不仅阐明了劳动创造了价值，而且揭露了资产阶级剥削劳动者而获得剩余价值的秘密。如恩格斯说的："已经证明，无偿劳动的占有是资本主义生产方式和通过这种生产方式对工人进行的剥削的基本形式；即使资本家按照劳动力作为商品在商品市场上所具有的全部价值来购买他的工人的劳动力，他从这劳动力榨取的价值仍然比他为这劳动力付出的多；这种剩余价值归根到底构成了有产阶级手中日益增加的资本量所由积累而成的价值总量。这样就说明了资本主义生产和资本生产的过程。这两个伟大的发现——唯物主义历史观和通过剩余价值揭破资本主义生产的秘密，都应当归功于马克思。由于这些发现，社会主义已经变成了科学，现在的问题首先是对这门科学的一切细节和联系作进一步的探讨。"① 马克思正是从剩余价值的探讨中，揭示了资本家剥削劳动者的秘密，从而揭示了劳动者解放的道路，揭示了资本主义制度的必然灭亡。

马克思主义科学社会主义的核心，是无产阶级革命，而无产阶级革命的目的是解放生产力。然而，这一切的最终目的，都是为了劳动者的彻底解放和全面发展。劳动者是最重要、最基本的生产力，解放劳动者，就是解放最重要的生产力。或者说解放生产力，首先要解放劳动者。共产党同其他政党的根本区别，就在于它认识到了这一点，并永远为广大劳动者彻底解放和全面发展而奋斗。马克思主义者所追求和要实现的共产主义社会的本质，就是在解放生产力、发展生产力，尽快增加生产力总量的基础上，消灭剥削，消灭异化劳动，消灭两极分化，消灭劳动中奴隶般的分工，特别是脑力劳动和体力劳动的对立，最终达到共同劳动、共同富裕，实现所有人都能全面发展的那种自由人的联合体。

三 实现劳动者的彻底解放和全面发展：社会主义的使命

一种社会形态，是进步了或倒退了，其进步的程度如何，衡量的最根本的标准是什么？也许人们随口就会答道：看其是促进生产力或阻碍生产力的发展。这当然是事实，可这事实后面所包含的实质是劳动者的解放和发展。所以从本质上看，劳动者解放和发展的程度，则是人类文明和进步的根本标志。当然，劳动者解放的含义，不仅是政治解放，而且是包括经

---

① 恩格斯：《反杜林论》，《马克思恩格斯全集》第20卷，人民出版社1971年版，第29—30页。

济解放、思想、文化、道德、身体等各方面素质在内的整个人的解放。不过最重要的是政治解放和经济解放，而且经济解放是基础。

历史把劳动者彻底解放和全面发展的使命，赋予了劳动者阶级自己，赋予了这个阶级通过革命所建立的社会主义制度和将来要实现的共产主义。无产阶级推翻资产阶级统治，夺取政权、消灭资本主义雇佣劳动制度后的头一项重要任务，就是建立社会主义民主国家和社会主义民主制度。这种民主制度与资产阶级的民主制度的根本不同，就在于它是劳动人民真正当权、并实际上管理国家、管理社会的民主。通过自己的统治，在逐步消灭私有制的基础上，逐步消灭劳动异化，使劳动者得到彻底解放和全面发展。

毫无疑问，在社会主义的初级阶段，这种新建立的民主的国家、民主制度，从指导思想上说，都是以劳动人民当权为基本原则的新型的、真正民主制度。但如前所述，因为这种政权形式是刚刚从资本主义旧社会脱胎出来的，还不可避免地带有旧社会的痕迹，所以还不能完全地实现劳动人民当权这一本质，劳动人民同样也还没有成熟到完全实现这一本质的程度，所以它必然存在一定的缺陷，还必须不断进行政治体制改革，不断进行民主建设，逐步把这一本质落到实处。也就是说，社会主义民主建设的方向和目标，始终是劳动人民当权、劳动者的彻底解放和全面发展这一本质的实现。

按照马克思的阐述，劳动者彻底解放和全面发展的最高境界是：人的劳动异化的彻底消除，人对人的本质的真正占有，合乎人的本性的人的复归，即彻底的、自觉的保存了以往发展的全部财富，并以极大的积极性自觉地创造新的财富。因此，人不应当仅仅被理解为直接的、片面的享受。不应当仅仅被理解为占有、拥有。人以一种全面的方式，也就是说，作为一个完整的、全面发展的人，占有自己的全面的本质。[1] 只有这样，在劳动者彻底解放的基础上，人和自然之间、人和人之间的矛盾才能得到真正解决。到了那时，劳动者中所潜伏的巨大的生产力会如何地迸发出来，多少人间的奇迹会被劳动者的劳动所创造出来，人类的物质文明和精神文明将会发展到何等地步，也许谁也料想不到。

要实现共产主义，要把在资本主义下被异化、被商品化鄙俗、主客体

---

① 《马克思恩格斯全集》第42卷，人民出版社1979年版，第123页。

颠倒了的苦难消除，使劳动能返璞归真，成为劳动者的第一生活需要，成为一种快乐，实现劳动者彻底解放和全面发展的基础，则是个长期的、艰巨的历史任务，可能需要经过好几个历史时代。它的艰巨性和长期性，主要表现在：在推翻资本主义制度后，对社会进行根本改造的基本内容是：消灭私有制，实现联合劳动者个人所有制；消灭人的生活本身的异化，实现共产主义。这不仅是一场政治大革命，而且是一场深刻的经济和社会大革命，必须具备客观的经济基础和社会条件。

按照马克思的分析，这些条件主要是：第一，大工业的高度发达。因为在大工业中，生产工具和私有制之间的矛盾才第一次作为大工业所产生的结果表现出来；这种矛盾只有在大工业高度发达的情况下才会产生。因此，只有在大工业的条件下才有可能消灭私有制。第二，劳动者个人的全面发展。因为现存的交往形式和生产力是全面的，只有全面发展的个人才可能占有它们，使它们变成自己的自由的生活活动。所以私有制只有在个人得到全面发展的条件下才能消灭。第三，劳动者的联合。共产主义和所有过去的运动不同的地方在于：它推翻了一切旧的生产和交往的基础，并且破天荒第一次自觉地把一切自发产生的前提看作是先前世世代代的创造，消除这些前提的自发性，使它受联合起来的个人的支配。只有具备了这些条件，只有在共产主义的那种联合体中，劳动者个人才能得到彻底解放和全面发展。

中国共产党在十七大上提出了科学发展观，是马克思主义核心理论的集中体现。历史把科学发展的使命赋予了社会主义，而且只有社会主义才能够完成这一使命。因为社会主义作为实行公有制、消灭了剥削和压迫、实现共同富裕的制度，不仅有了实现科学发展的条件，而且有实现科学发展的力量和社会保障。科学发展观的提出，及其之后在全党和全国所展开的如火如荼地学习科学发展观、贯彻科学发展观、决心用科学发展观指导社会主义发展和建设工作，就是证明。从科学发展观的含义中，我们能够体会到，解放劳动者，发展劳动者，则是实现科学发展的基础和最高境界。

科学发展观的核心是以人为本，最终目的是实现人的全面发展。而以人为本的核心，是以劳动者为本。如前所述，劳动者是先进生产力和先进文明的创造者和根本动力，是社会发展事业的主体，是社会物质文明、政治文明和精神文明协调发展的推动者，因此实现生产力和社会发展，靠的是广大劳动人民聪明才智的发挥。这是马克思主义历史唯物主义的基本原理，体现了人类社会发展的根本方向、趋势和目的。以人为本的基本含义，就是以广大劳动者的利益为本，就是坚持发展为了劳动人民，发展依靠劳动人民，发展成果由劳动人民所共享和最终实现人的全面发展。这四点，既体现了我们中华文明的传承，体现了时代发展的进步精神；也体现了我们党立党为公，执政为民的要求，体现马克思主义历史唯物主义和科学社会主义的精神。这四点集中体现了劳动者是科学发展观的动力，也体现了科学发展观的最终目的。特别是劳动者通过自己的辛勤劳动所创造的发展成果由劳动者共享这一条，还体现着实现共产主义的一条最基本的原则和要求：消灭剥削和劳动异化，使劳动者用自己劳动所创造的财富永远由自己享受，归自己共同占有，并且永远不会成为剥削他人、奴役他人、占有他人劳动的权力。

总之，如胡锦涛同志在阐述科学发展观时所反复强调的，实现共产主义、实现人的全面发展，是个漫长的历史过程，只有在社会主义社会充分发展和高度发达的基础上才能实现。社会主义经济和社会发展，与人的全面发展是相互联系、同时前进的。经济社会发展是人的全面发展的前提和条件，没有经济社会发展，人的全面发展就失去了基础和保障；人的全面发展既是经济社会发展的根本目的，又是推动经济社会发展的根本动力，离开了人的全面发展，经济社会发展就失去了目标和动力。经济社会发展和人的全面发展是相互联系、相互促进的，人越全面发展，社会物质文化财富就会创造得越多，人民的生活就越能得到改善；而物质文化条件越充分，又越能促进人的全面发展。科学发展观的最终目的是人的全面发展，但实现人的全面发展是一个长期的、渐进的过程。我们应当树立人的全面发展的意识，把人的全面发展作为不懈追求，并以只争朝夕的紧迫感为此而奋斗。

（原载《世界经济年鉴 2010—2011》，经济科学出版社 2011 年版）

略论马克思主义关于民族
自决权的基本观点

郑信哲[*]

民族自决权作为民族问题的一个重要内容，是一个复杂而敏感的话题，如何正确理解和实践民族自决权，关系到民族问题的正确解决与否。自 17、18 世纪民族自决权一经提出，就伴随着资产阶级革命、社会主义革命而走到至今。在过去几个世纪中，人们对民族自决权的理解和处理有所不同，不仅资产阶级和无产阶级的理解不同，而且无产阶级内部的理解也不尽相同。其主要分歧在于，民族自决权是单纯指民族分离权，还是除分离权以外还有其他内容？在中国，一提民族自决权，许多人就认为它就是民族分离权，以致后来都不敢提民族自决权。但是，笔者认为民族自决权不仅限于民族分离权。本文将通过对民族自决权内容、马克思主义关于民族自决权的思想以及在当代发展的分析，全面正确地理解民族自决权。

一 民族自决权口号的提出

民族自决权属于资产阶级革命时期的产物。中世纪末期，封建专制制度日益腐朽，但也做垂死挣扎，企图阻止资产阶级的日益发展。孕育于封建制度内部的资产阶级，其发展是极其痛苦的，但它代替封建阶级是历史的必然。日益壮大了的资产阶级代表新的生产关系，它不满封建专制在其发展的道路中所设的种种障碍，不再安于无权地位，它们要打破封建专制制度的不合理性，建立一个适合自己发展的制度，确立资产阶级的统治权，建立统一的民族国家，为资本主义发展开辟道路。

---

* 郑信哲，中国社会科学院民族学与人类学研究所研究员、历史学博士。

然而，资产阶级知道只靠自己的力量不能马上推翻封建制度，要革命必须唤起广大民众参加这一行列。新兴资产阶级革命家为此制造舆论，提出富有鼓动性的口号，如自由、平等、民族自决、主权在民等，号召民众起来革命，冲破封建专制的束缚，创造一个新世界。17、18 世纪资产阶级革命在欧美兴起，如英国资产阶级革命、美国独立战争与法国资产阶级大革命等，革命的结果都成立了新型的资产阶级民族国家，消除封建割据，统一国内市场，促进了资本主义的发展。

列宁指出：这一时期"是资产阶级上升的阶段，一般说，这是资产阶级民主运动的时代，特别是资产阶级民族运动的时代，是迅速摧毁过时的封建专制制度的时代。"[①] 封建制度的推翻和资本主义制度的确立，是历史的进步，体现了历史发展的合理性。因而，这个时期所提出的资产阶级口号具有一定的进步意义，民族自决口号如同自由、平等、博爱等口号，在一个新的历史阶段代替旧的历史阶段的变革中，起到了唤醒、鼓励广大人民群众起来推翻封建制度的作用。当然，这些口号是不彻底的，是为资产阶级夺取政权服务的。资产阶级一旦掌握政权，这些口号便成了空话。

资产阶级革命的胜利，完成了其所担负的历史任务。正如米涅在讲述法国大革命时所说的那样，资产阶级革命"使国土消除了省份之间的壁垒，使工业不再受行会和行会监督的限制，使农业摆脱了封建领属关系，免除了什一税的重压，革命把一切都复归于一个等级、一个法律、一个民族。"[②] 资产阶级掌握了领导权，建立民族国家，统一国内市场，为资本主义发展开辟了道路。

资产阶级提出民族自决，是以民族主义为基础的。民族主义主张以自己民族为中心，抵制外来干涉侵略，建立民族国家，发展本民族经济文化。民族自决正是以这种民族主义原则为基础，自主解决民族内部问题，不干涉其他民族事务，也不允许其他民族干涉。这在资产阶级革命时期的文献和革命家言论中可以看出。例如，1791 年法国《宪法》规定："法国国民放弃所有以征服为目的的战争，对人民的任何自由决不行使武力。"1793 年《宪法》规定："法国人民决不干涉其他国民的统治，也决不允许其他国民

① 列宁：《打着别人的旗帜》，《列宁全集》第 21 卷，人民出版社 1959 年版，第 125 页。
② ［法］米涅：《法国革命史》，北京编译社译，商务印书馆 1977 年版。

干涉法国人民的统治。"美国《独立宣言》称："一国民切断过去存在于他国民之下的政治纽带，自主平等地站立于世界各强国之间"是"依据自然法与神法所赋予"的权利。① 华盛顿指出：每个国家"都有权利建立认为能使自己生活得最幸福的政府形式；只要它不侵犯别国的任何权利，对别国没有危险，任何政府都不应该干涉另一政府的内政。"林肯指出："任何民族，只要其人数足以构成实现民族独立的条件，就有权推翻、革新本国的现行政体，并建立他们采取的新政体。"② 资产阶级革命家的这些言论虽然无法摆脱其阶级局限性，但在当时却促使了"群众从封建沉睡状态中觉醒过来，反对任何民族压迫，争取人民自主，争取民族自主"的斗争。③

　　资产阶级在其上升时期，适应历史发展趋势，提出民族自决并给予比较正确的答案。但是，他们不仅没有完全解决民族问题，而且随着进入帝国主义，它抛弃了过去革命的口号，侵略和掠夺弱小民族和国家，使民族问题变得更加复杂。民族自决作为革命的资产阶级口号，已完成了自己的使命。此后，当它成为无产阶级口号时，是以更新和扩大了的面貌出现，表现为与过去完全不同的完整的真正意义的民族自决。这种变化，只是在马克思主义产生以后才出现的。

　　民族自决权在不同时代有不同的性质。资产阶级上升时期，民族自决权的主导权在于资产阶级，它是在资产阶级反对封建专制的斗争中获得解决的，即推翻封建制度，建立统一的民族国家。而在帝国主义时代，民族自决权的解决只有靠弱小民族和国家的坚持不懈的斗争。从范围上，过去民族自决权仅限于欧美国家的国内问题，而今扩大为世界性问题，是被压迫民族反对帝国主义、封建主义和国内反动派的问题。

　　民族自决权从它被提出后，经历了几个世纪的洗涤。尽管其在各个不同时代所表现的性质、内容有所不同，但笔者认为民族自决权的定义一直没有变。在资本主义时期也好，帝国主义和无产阶级时代也好，它没有离开包括分离在内的自主解决自己民族国家内部事务，决定自己命运的权利之含义。

---

　　① ［日］松井芳郎：《现代国际关系与自决权》，新日本出版社1981年版，第21—22页。

　　② 《资产阶级政治家关于人权、自由、平等、博爱言论选集》，世界知识出版社1963年版，第29、173页。

　　③ 列宁：《关于民族问题的批评意见》，《列宁论民族问题》（上），民族出版社1987年版，第237页。

二 马克思主义关于民族自决权的思想

民族自决权宣布为国际无产阶级民族问题纲领的基本原则之一，是1896 年伦敦国际代表大会的决议。该决议写道："代表大会宣布，主张一切民族有自决权。"①

马克思主义在国家建设和政权建设问题上，一般主张建立在民主集中制下统一的大国，加强无产阶级的团结。这从理论上讲，无产阶级事业需要依靠大多数人民群众的团结斗争，大国比小国更容易团结，它的影响比小国大得多，力量强得多。尤其在国际无产阶级互相联合团结中，小国比起大国的功能更是望尘莫及。

然而，建立大国，特别是许多民族联合起来的大国，需要具备一定的条件才有可能，而这个条件就是民族自决，就是每个民族应掌握自己的命运。马克思主义告诉我们，多民族要共同建立大国，这些民族首先应当是在互相平等的基础上，如果不是这样就可能是某一大民族压迫和兼并的结果。故某一民族要与他民族共同建立国家，首先必须成为自立民族。如果没有自己决定自己命运的能力，它就不能与他民族同立于平等地位上。恩格斯指出，各民族的诚恳合作，"只有当其中每个民族都在自己内部完成自主的时候才能实现。"② 恩格斯还在给考茨基的信中讲道，"欧洲有两个民族不仅有权利，而且有义务在成为国际的民族以前先成为国家的民族；这就是爱尔兰人和波兰人。他们只有真正成为国家的民族时，才更能成为国际的民族。"③

可见，马克思主义一般主张的建立统一不可分割的大国，应以民族平等为基础，而民族平等是以民族自决为原则的。马克思主义支持实现民族自决的民族运动，这是被奴役民族"对奴役他们的人进行了不断的英勇斗争，从而证明了它具有民族独立和民族自决的历史权利。"④ 民族自决是民

---

① 列宁：《论民族自决权》，《列宁论民族问题》（上），民族出版社 1987 年版，第 343 页。

② 恩格斯：《共产党宣言》1892 年波兰文版序言，《马克思恩格斯选集》第 1 卷，人民出版社 1972 年版，第 247 页。

③ 恩格斯：《恩格斯致卡·考茨基》，《马克思恩格斯选集》第 4 卷，人民出版社 1972 年版，第 429 页。

④ 恩格斯：《支持波兰》，《马克思恩格斯选集》第 2 卷，人民出版社 1972 年版，第 632 页。

族运动的目的，而民族运动的胜利就是民族自决的实现。

资本主义向帝国主义发展后，民族问题扩大了，它从过去局部的欧洲的问题扩大为包括殖民地半殖民地国家在内的整个世界性问题。随之，对民族自决问题表现出不同的态度和看法。围绕着民族自决问题，第二国际内部曾进行了激烈的争论，帝国主义也利用民族自决口号欺骗人民大众。如前所述，民族自决问题作为资产阶级革命时期的一个口号，在资本主义上升时期具有一定的进步作用。但资产阶级掌握政权以后，就背叛广大人民群众，不仅压迫剥削本国人民，而且向外扩张，侵略他国，掠夺殖民地，加深了民族矛盾，自决权不再是资产阶级口号。

帝国主义反对民族自决，反对被压迫民族的解放运动，鼓吹"兼并进步论"，说什么"兼并"可以促进被压迫民族经济政治和文化的发展，企图把整个世界踩在脚下。第二国际内部，鲍威尔等企图以"民族文化自治"取代民族自决权。"民族文化自治"是分散在各地的人以个人资格分别组成民族，建立特殊的"民族委员会"，管理其民族文化问题。这是以民族为界限的民族自治，而不是地域自治，其出发点是认为民族是与固定的地域自治无关的人们的联盟。民族文化自治是奥国民主党的民族问题纲领，它一出笼就得到第二国际修正主义分子的支持和赞扬，从而成为第二国际修正主义的民族纲领，与马克思主义民族自决权相对抗。列宁为维护民族自决权，与第二国际修正主义作斗争，批判"民族文化自治"，指出它是一种精致的民族主义。列宁指出："社会民主党反对'民族文化'（或者只是'民族'）'自治'的口号，并且反对实现这个口号的方案，因为这个口号，第一，根本违反无产阶级阶级斗争的国际主义；第二，容易使无产阶级和劳动群众受资产阶级民族主义思想的影响；第三，可能置整个国家的彻底民主改造的任务于不顾，可是只有这种改造才能保证（一般地讲这在资本主义制度下多少是可能的）民族和平。"①

帝国主义经济主义是国际社会民主党左派中否认政治民主、反对民族自决权的一种机会主义思潮，卢森堡为其主要代表。关于波兰问题，波兰社会党在 1896 年伦敦代表会议前夕，鼓吹波兰从俄国分离，主张波兰工人单干，要求第二国家在自己的纲领中承认波兰独立。这是企图把波兰无产阶级革命限制在狭隘民族主义范围内。卢森堡从当时实际出发，指出波

---

① 列宁：《民族问题提纲》，《列宁论民族问题》（上），民族出版社 1987 年版，第 197 页。

兰独立只有利于地主资产阶级，而对波兰工人阶级不利，因而坚决反对波兰党的主张。但在另一方面，她在同社会党斗争中，低估了民族运动的作用，以工人阶级联合斗争为由，从反对分离走到否定民族自决权。1903年，波兰社会党参加俄国社会民主工党第二次代表大会，在会上波兰代表根据卢森堡的观点，反对列宁的民族纲领，要求改良民族自决权，遭到反对。1908—1909年，卢森堡著《民族问题和自治》，全面阐述她反对民族自决权的观点。其主要内容为：1. 帝国主义使民族自决权"成为虚幻的东西"，是"空想"；2. 赞成民族自决权就是赞成被压迫民族中产阶级的民族主义；3. 社会民主党反对一切民族压迫，不需要特别规定民族自决权。[①]

列宁维护自决权，对卢森堡上述论点给予了彻底的批评。他认为，在帝国主义时代，民族自决权不能实现或者说是"梦想"是完全错误的。在资本主义制度下消灭资本主义固有矛盾是不可能的，但如果认为民族自决也不能实现，这是不对的。因为，1905年挪威和瑞典分离之例，足以驳倒"不能实现"的论断。从相对的政治意义上，在帝国主义时代，不单是民族自决权，就是一切根本的政治民主要求，也只是不完全的"实现"，而且不经过多次斗争，要立即解放殖民地的要求，也是"不能实现"的。但是，"社会民主党并不因此而拒绝为实现这一切要求立即进行最坚决的斗争，因为拒绝这种斗争只有利于资产阶级和反动势力。"[②]

社会民主党反对一切民族压迫是正确的，但不能因为这样而不提民族自决权。压迫民族对被压迫民族及弱小民族的压迫剥削所造成的隔阂、不满是很深的。压迫民族的无产阶级不能空洞地喊民族平等，"无产阶级应当要求受'它的'民族压迫的殖民地和民族有政治分离的自由。不这样，无产阶级的国际主义就仍然是一句空话，要想在被压迫民族的工人和压迫民族的工人之间达到相互信任或阶级团结是不可能。"[③] 列宁在同企图用"民族文化自治"替代民族自决和取消、反对民族自决权的各种机会主义倾向的斗争中捍卫了民族自决权。

在列宁时代，民族自决权变得更加重要。这是因为：从国际形势上，

---

① 北京大学国政系：《民族解放运动史》（铅印本），1980年，第261页。

② 列宁：《社会主义革命和民族自决权》，《列宁论民族问题》（下），民族出版社1987年版，第502页。

③ 同上书，第504页。

世界进入帝国主义和无产阶级革命的时代，整个人类分为压迫民族和被压迫民族这两大部分，被压迫民族自主解决自身问题日益迫切；从思想上，第二国际修正主义反对革命，反对自决权的倾向愈益明显；从行动上，真正的无产阶级革命战士不能等闲，压迫民族的无产阶级应承认和支持民族自决权，而被压迫民族的无产阶级为争取自决权，团结国际无产阶级共同斗争。正是在这种环境下，列宁坚持和发展民族自决权，使之成为无产阶级民族纲领中的基本原则。列宁指出，俄国社会民主党完全承认"每个民族有自决权，认为每个民族都可以决定自己的命运。"① 还指出俄国社会民主党人"不仅要求语言、民族等等完全平等，而且承认每个民族有自己决定自己命运的权利。"②

列宁在《我们纲领中的民族问题》一文中，解释自决权说："我们应当始终无条件地力求各民族无产阶级最紧密地联合起来。只有在个别的、特殊的情况下，我们才能提出并积极支持建立新的阶级国家的要求，或者用比较松散的联邦统一代替一个国家政治上完全的统一等等要求。"③ 这就是说，自决权是包括建立统一国家、建立独立国家以及建立联邦等三个方面的含义。这种思想在以后的许多著作中也体现出来。例如，1913 年《民族问题提纲》中，"坚持一切民族都有成立单独国家或自由选择他们愿意参加的国家的权利。"④ 1917 年向交战国建议缔约和约时提出的条件，"是毫无例外地解放一切被压迫的或无权的民族、让这些民族和其他一切民族有充分的自由来决定：他们是愿意生活在一个单独的国家内，还是愿意生活在同任何一个民族结成的联盟国家内。"⑤ "承认乌克兰人民共和国，承认它有同俄国完全分离或同俄罗斯共和国缔结建立联邦或其他类似的相互关系的条约的权利。"⑥ 1919 年，在谈到乌克兰前途时，指出"乌克兰的工人和农民要把各种制度都尝试一下（比方说他们在若干年内既实际尝试一下和俄罗斯苏维埃联邦社会主义共和国合并，又实际尝试一下和它分立

---

① 列宁：《今日俄国和工人运动》，《列宁全集》第 19 卷，人民出版社 1959 年版，第 30 页。
② 列宁：《我们纲领中的民族问题》，《列宁论民族问题》（上），民族出版社 1987 年版，第 27 页。
③ 同上书，第 21 页。
④ 《列宁论民族问题》（上），民族出版社 1987 年版，第 194 页。
⑤ 列宁：《战争与革命》，《列宁全集》第 24 卷，人民出版社 1957 年版，第 323—324 页。
⑥ 列宁：《告乌克兰人民书并向乌克兰拉达提出最后要求》，《列宁全集》第 26 卷，人民出版社 1957 年版，第 338 页。

而成为一个独立的乌克兰苏维埃社会主义共和国，又尝试一下各种形式的亲密联盟，如此等等）"①。

列宁的这些思想，用斯大林的话来概括，即"自决权就是民族能按照自己的愿望去处理自己的事情。它有权按自治原则安排自己的生活。它有权和其他民族建立联邦关系。它有权完全分离出去。每个民族都是自主的，一切民族都是平等的"②。笔者认为这是对民族自决权的最全面的解释。

至于民族自决权就是分离权的说法，是从何谈起的呢？在学术界有关自决权的争论，其主要分歧在于自决权只是分离权，还是除此之外还有其他含义？引起这种争论，也是起因于革命导师的有关论述。列宁、斯大林就自决权问题除了上述的通论以外，还有自决权就是分离权的提法。列宁指出："对我们纲领中关于民族自决的那一条，除了从政治自决，即从分离和成立国家的权利这个意义上解释以外，我们决不能作别的解释。"③

对此，笔者认为：第一，我们应把列宁、斯大林看成国际主义者。作为国际主义者不得不放眼于世界，而他们所处的时代是帝国主义和无产阶级的时代。帝国主义的一个主要特点就是加强对弱小民族的侵略和掠夺，因而在当时从世界革命的主要内容，应该说是被压迫民族摆脱帝国主义，争取民族解放的问题，承认民族自决权利就是承认其同帝国主义的分离权；第二，自决权"只是反对一切压迫的彻底表现"，其实现形式有时以分离权出现；第三，分离权只是自决权的最高形式，如列宁所说各民族"都享有自由的自决权，直到分离和建立独立国家的权利"；④ 第四，革命导师们本来就主张建立统一大国，认为大国比小国好处多，并不主张建立小国或分离，但为了平等地更好地相处，有必要主张民族自由分离，由此达到民族的自由联盟——即本质不是为了分离，而是为了联合；第五，民族自决权是一种民主要求，它适应性强，为了达到某一种目的，有时必然会出现偏重于自决权内某一内容的倾向。另外，针对第二国际修正主义反

---

① 列宁：《立宪会议选举和无产阶级专政》，《列宁全集》第 30 卷，人民出版社 1957 年版，第 240 页。

② 斯大林：《马克思主义和民族问题》，《斯大林全集》第 2 卷，人民出版社 1953 年版，第 306—307 页。

③ 列宁：《民族问题提纲》，《列宁论民族问题》（上），民族出版社 1987 年版，第 194 页。

④ 列宁：《和平谈判纲要》，《列宁全集》第 26 卷，人民出版社 1959 年版，第 327 页。

对民族自决权，反对民族解放运动，列宁特别强调民族自决权就是分离权，对于打破帝国主义殖民体系，反对帝国主义兼并政策，反击否认民族自决权的种种谬论，具有重大意义。所以，以导师提出过自决权就是分离权来论证自决权就是分离权，其理由是不充分的。

三　民族自决权在当代

应该说，民族自决权是民族平等权利的一个组成部分。所谓民族自决权，就是指每个民族都有自己决定本民族内部事务、掌握本民族命运的权利。民族的"对外自决"是要摆脱异族的统治压迫和按照自己的意志建立独立的民族国家的权利，也就是被奴役民族"对奴役他们的人进行了不断的英勇斗争，从而证明了它具有民族独立和民族自决的历史权利。"① 而随着独立民族国家的建立，自决权与国家主权相融合，尊重自决权表现为互相尊重主权，互不干涉内政的本质，即"谁也没有权利利用暴力干涉这个民族的生活。"② 民族的"对内自决"，是自由地选择社会制度和政治体制以保障民族自己发展的权利。在多民族国家，民族自决包含有每一个民族具有可以和他民族结成联盟，也可以实行自治，还可以分离建立独立国家的权利。然而，无产阶级民族自决权应服从于整个无产阶级事业和社会主义的要求。

民族自决权作为一种民主主义权利，是实现民族平等权利的一个重要前提。首先，民族之间只有在承认民族自决权的条件下，才能建立真正平等的关系。列宁指出："马克思主义者重视承认民族和语言的平等，不仅因为他们是最彻底的民主主义者。无产阶级团结的利益，工人的阶级斗争的同志般团结一致的利益也要求各民族的最完全的平等……完全平等其中也就包括否认某种语言的任何特权，包括承认各民族自决的权利。"③ 其次，各民族的平等联合，相互接近也以民族自决为基础。列宁指出："无产阶级必须进行革命斗争，来夺取政权和实行社会主义变革……只有这种变革才能永久地保证民族自决，即不是在暴力基础上，而是在各民族无产

① 恩格斯：《支持波兰》，《马克思恩格斯选集》第2卷，第632页。
② 斯大林：《马克思主义和民族问题》，《斯大林全集》第2卷，第306页。
③ 列宁：《精致的民族主义对工人的腐蚀》，《列宁论民族问题》（上），民族出版社1987年版，第395页。

阶级和劳动群众的平等和同意的基础上解放被压迫民族，实行各民族的联合和融合。"① 第三，民族自决权"只是反对一切民族压迫的彻底表现"②，而消灭民族压迫是实现民族平等的必由之路。

总之，民族自决权是反对民族压迫，实现民族平等，自己决定自己命运的民主主义权利，它的实现形式是多样的，分离权是其中之一。另一方面，"自决权是一种民主要求，它自然应当服从一般的民主利益"③，社会主义的利益高于民族自决权的利益。

第二次世界大战以后，亚非拉各殖民地国家的人民经过与殖民帝国主义的艰苦斗争，建立独立国家，实现了民族自决。从此，这些国家作为主权国家平等于西方国家，独立自主地行使民族国家主权的权利。在中国，中华各民族人民在中国共产党领导下共同反对帝国主义、国内反动派，建立了中华人民共和国。从此，中国在一方面独立平等地参与国际事务，另一方面在国内主张各民族一律平等，实行民族区域自治政策，使国内少数民族能够当家作主，管理本民族内部事务，实现了自己的命运由自己掌握的历史性转折。

如今，民族自决权已被《联合国宪章》及一系列联合国文件确立为基本人权之一，指出"人民与民族应先享有自决权，然后才能保证充分享有一切基本人权。"④ 而"一个民族自由决定建立自主独立国家，与某一独立国家自由结合或合并，或采取任何其他政治地位，均属该民族实施自决权之方式。"⑤ 此外，有关自决权利的内涵，在《联合国宪章》的起草文件中业已明确地提到"自我管理"。在 1945 年旧金山的 UNCIO 会议上，重申"只有当自决的原则意味着人民自我管理的权利而非分裂的权利时，才符合《联合国宪章》的宗旨"。自决权利因此被视为赞同自治而非成立独

---

① 列宁：《向 ISK 召开的社会党人第二次代表会议提出的提案》，《列宁全集》第 36 卷，人民出版社 1985 年版，第 395 页。

② 列宁：《社会主义革命和民族自决权》，《列宁论民族问题》（下），民族出版社 1987 年版，第 503 页。

③ 同上书，第 506 页。

④ 《联合国大会关于人民与民族的自决权的决议》，杨侯第主编《世界民族约法总览》，中国法制出版社 1996 年版，第 512 页。

⑤ 《关于各国依联合国宪章建立友好关系及合作之国际法原则之宣言》，杨侯第主编《世界民族约法总览》，中国法制出版社 1996 年版，第 351 页。

立的国家。①

当然，民族自决权一方面是"被外国奴役和殖民统治下的被压迫民族自由决定自己命运，摆脱殖民统治，建立民族独立国家的权利"，另一方面"实现民族自决权不得解释为授权或鼓励采取任何行动去全面或局部地解散或侵犯主权和独立国家的领土完整或政治统一"②。然而，一些别有用心的人把民族自决权扩大化，把自决权说成任何一个国家的任何民族的独立权、分离权，煽动民族分离主义者打着"民族自决"的口号到处兴风作浪，分离性民族主义运动盛行一时，最终导致苏联、南斯拉夫、捷克斯洛伐克等多民族国家的分裂。我们应该警惕那些打着"民族自决"旗帜，进行分裂统一国家勾当的一切敌对势力和分裂主义势力。

我们知道，当今世界基本以国家为单位所构成，维护国家主权应是处理国家关系的最高原则，民族自决权原则当然要服从国家主权原则。在单一民族国家，国家主权与民族自决权相重叠，一般没有问题。而在多民族国家，国家主权与民族自决权并不完全一致，如果民族自决权以政治分离权面目出现就不免与国家主权相冲突。所以，在统一、稳定的多民族国家里，应该尽量淡化民族自决权中的政治分离权因素，强调民族自决权中的自主管理民族内部事务的权利，加快国族构建进程，以加强国族认同来维护国家的统一。

---

① [德] 汉斯—乔基姆·海因茨：《国际法上的自治》，王铁志、沙伯力主编《国际视野中的民族区域自治》，民族出版社 2002 年版，第 212 页。
② 参见徐晓萍《有关民族自决权的几个问题》，毛公宁、王铁志主编《民族发展的若干理论与实践问题》，中央民族大学出版社 2001 年版，第 264 页。

多元文化主义与马克思主义民族理论的两点比较

王希恩*

"多元文化主义（multiculturalism）"是自 20 世纪六七十年代从西方开始流行的一个概念，在国际学术界十分火暴，我国国内讨论也已很多。关于什么是"多元文化主义"，研究者见仁见智，但本文同意这样一种解说："多元文化主义首先是一种文化观。多元文化主义认为没有任何一种文化比其他文化更为优秀，也不存在一种超然的标准可以证明这样一种正当性；可以把自己的标准强加于其他文化。多元文化主义的核心是承认文化的多样性，承认文化之间的平等和相互影响。其次，多元文化主义是一种历史观。多元文化主义关注少数民族和弱势群体，强调历史经验的多元性。多元文化主义认为一个国家的历史和传统，是多民族的不同经历相互渗透的结果。再次，多元文化主义是一种教育理念。多元文化主义认为传统教育的对非主流文化的排斥必须得到修正，学校必须帮助学生消除对其他文化的误解和歧视以及对文化冲突的恐惧，学会了解、尊重和欣赏其他文化。最后，多元文化主义是一种公共政策。这种政策认为所有人在社会、经济、文化和政治上机会平等，禁止任何以种族、民族或民族文化起源、肤色、宗教和其他因素为理由的歧视。多元文化主义强调种族平等和宗教宽容，其最终目的并非文化平等而是社会平等。在这个意义上，多元文化主义也是一种意识形态、一种价值观，其功能在于动员社会力量，推动社会改革，追求不同群体中文化和物质上的繁荣以及人类本身的自由和尊严。"①

---

* 王希恩，中国社会科学院民族学与人类学研究所研究员。

① ［英］C. W. 沃特森：《多元文化主义》，叶兴艺译，吉林人民出版社 2005 年版，出版导言，第 1 页。

既是一种文化观、历史观、教育理念、公共政策，又是一种意识形态和价值观，内容可谓庞杂，但不难发现，这些内容其实都和民族问题有关，因为它们在实践中都会落实到如何认识和处理民族关系，如何认识和处理少数民族权利和国家统一等具体的民族问题。所以，把多元文化主义归入一种民族理论并不为过。多元文化主义反映了一种合理的社会诉求，和马克思主义民族理论的一些主张相近甚至相同。然而，多元文化主义和马克思主义毕竟是两种不同性质的观念体系，辨明它们的异同，尤其在多元文化主义关注的文化和少数民族权利两个方面做出比较，无论对了解多元文化主义本身还是发展和完善马克思主义民族理论都是必要的。

一 关于文化多样性观点的比较

多元文化主义的主要理论来源之一是"文化多元论（Cultural pluralism）"，该论由美国犹太裔学者霍勒斯·卡伦（Horace Kallen）1924年正式提出。这种理论认为，当时在美国流行的"熔炉论"并不符合平等原则。美国不但是一个地理和行政上的联邦，也应是一个文化上的联邦。在民主的框架内，保持各民族的文化，美国文化将更加丰富多彩。这就提出了同一社会中的文化多样及其合理性的问题。"多元文化主义"与"文化多元论"从提出时间到理论内涵，都有诸多的不同之处，① 但一个明确的事实是两者对文化多样性观点的坚持。人们普遍认为，多元文化主义理论的核心是承认文化的多样性，承认文化之间的平等和相互影响，打破西方文明在世界的霸权地位。塞缪尔·亨廷顿将由多元文化主义带来的思想冲击称为反欧洲文明的"第三次大革命"。他明确指出："多（元）文化主义实质上是反欧洲文明……它基本上是一种反西方的意识形态。"② 其中包含的正是对于文化多样性观点的不满和抨击。

民族压迫和歧视首先表现在文化上的歧视和不平等。因此"文化多元论"和"多元文化主义"中的文化多样性内核，反映的其实是文化平等乃

① 王希：《多元文化主义的起源、实践与局限性》，《美国研究》2000年第2期。
② ［美］塞缪尔·亨廷顿：《我们是谁？——美国国家特征面临的挑战》，程克雄译，新华出版社2005年版，第143页。

至民族平等的问题，其进步意义是显而易见的。此外，在同一社会中是否民族统一、文化同质就意味着进步？文化多样性论点提出了质疑，不但在推进民族平等的政策实践上产生了积极的作用，也对人们传统文化观、历史观的改变产生了重要的影响。

马克思主义的民族平等观是全方位的，它对"民族平等"的主张不但表现在政治、经济领域，也表现在文化上的一视同仁。马克思主义较早提出了反对民族同化的问题。1929 年斯大林在其著名的《民族问题和列宁主义》一文中讲道："同化政策是马克思列宁主义的武库中绝对不容许有的，因为它是反人民、反革命的政策，是有害的政策。"① 而在同一篇文章中，斯大林同样讲道："党认为必须帮助我国各个已经复兴的民族完全站立起来，振兴和发展自己的民族文化……党支持而且将来也要支持我国各族人民的民族文化的发展和繁荣……"列宁更直接地讲到"多样性"的问题："只要各个民族之间、各个国家之间的民族差别和国家差别还存在（这些差别就是在无产阶级专政在全世界范围内实现以后，也还要保持很久很久），各国共产主义工人运动国际策略的统一，就不是要求消除多样性，消灭民族差别（这在目前是荒唐的幻想），而是要求运用共产主义的基本原则（实行苏维埃政权和无产阶级专政）时，把这些原则在细节上正确地加以改变，使之正确地适应于民族的和民族国家的差别，针对这些差别正确地加以利用。"② 这段话是列宁 1920 年在其《共产主义运动中的左派"幼稚病"》中所言，比卡伦正式提出"文化多元论"还早好几年。列宁、斯大林与卡伦的说法或有不同，但反对同化，提倡文化多样性的精神是一致的。中国共产党不但一贯重视民族文化的多样性问题，制定和实施了一整套繁荣和发展各民族文化的方针政策，而且从更高层面上论述了多样性原则。20 世纪 90 年代江泽民多次讲道："世界是丰富多彩的。如同宇宙间不能只有一种色彩一样，世界上也不能只有一种文明、一种社会制度、一种发展模式、一种价值观念。各个国家、各个民族都为人类文明的发展做出了贡献。应充分尊重不同民族、不同宗教、不同文明的多样性。世界发展的活力恰恰在

---

① 斯大林：《民族问题和列宁主义》，中国社会科学院民族研究所编《斯大林论民族问题》，民族出版社 1990 年版，第 404 页。

② 列宁：《共产主义运动中的左派"幼稚病"》，中国社会科学院民族研究所编《列宁论民族问题》下册，民族出版社 1987 年版，第 806 页。

于这种多样性的共存。"① 进入 21 世纪以后，以胡锦涛为总书记的党中央继承了这一观点，直至在党的十七大报告中出现了"尊重差异、包容多样"的理论概括。"尊重差异、包容多样"是对以往人们追求的非此即彼和同一性价值观念的突破，有着世界观上的普遍意义。

马克思主义民族理论与多元文化主义在尊重文化多样性问题上有着相当的一致，然而它们至少还有着两点深刻的不同：

其一，多元文化主义提倡相对主义，马克思主义则讲发展、讲进化。多元文化主义有一种"文化相对主义"（cultural relativism）的内涵。"文化相对主义相信没有任何一种文化比其他文化更为优秀，也不存在一种超然的标准可以证明这样一种正当性：可以把自己的标准强加于其他文化。"② 显然，正是这一论点可以使得多元文化主义能够向强势文化和强势民族说"不"，为弱势民族和文化提供了一种敢于抗争的勇气。这不论对多民族国家内的民族平等还是国际关系中公平正义的实现都是难能可贵的。然而这一理论同时所含的对于人类进步或"超然"价值的否定就难以为人们所接受了，正如一些西方学者举例所谈的一个悖论："如果并不存在超然的价值，那么自由的价值本身也不是超然的，如果自由的价值并非超然的，那么我们就没有理由非得接受将宽容和相对主义作为一种首要的善（good），如果这是一个事实，那么我们可以拒斥宽容；但自由主义坚持我们应当接受宽容，因此自由主义违反它自己的基本原则。"③

所以，文化相对主义不是一个完美的理论。应当承认，在人类各种文化之间，还是有一些共同的价值标准，有先进和落后的区别的。恩格斯讲，近代科学已经肯定证明：吃人，包括吞吃自己的父母，看来是所有民族在发展过程中都经历过的一个阶段。④ 对于吃人这类习俗，我们无论如何不能因为它是一种"文化"而否认它的落后和野蛮。马克思主义尊重不同的文化，坚持民族平等，同时也承认人类共有的价值标准，承认文化落后与先进的区别。正是这样，它在反对民族压迫、帝国主义和霸权主义的

---

① 江泽民：《在联合国千年首脑会议上的讲话》，《江泽民文选》第 3 卷，人民出版社 2006 年版，第 110 页。

② ［英］C. W. 沃特森：《多元文化主义》，叶兴艺译，吉林人民出版社 2005 年版，第 16 页。

③ 同上。

④ 恩格斯：《爱尔兰史》，中国社会科学院民族研究所编《马克思恩格斯论民族问题》（上），民族出版社 1987 年版，第 464 页。

同时，也努力提倡民族之间的交流，学习不同文明的长处；在维护少数民族和其他弱势群体权益的同时，也提倡落后向先进学习，提倡共同进步；在保护各民族传统文化的同时，也将加快少数民族和民族地区的发展作为当前和今后我国民族工作的主要任务。我们民族工作的目标不仅仅是"团结"，而是"团结进步"。

其二，多元文化主义强调"多元"和"差别"，而马克思主义则是"多元"和"一体"的统一论者。多元文化主义属于"后现代"思潮，其特点是反中心主义，突出差别和异质性。它的价值主要在于通过"多元"或"多样性"的强调，反对普遍主义对于异质文化及其群体价值的否定和正当权利的剥夺。但这一理论的开口却没有约束，它的多元化或多样性主张稍一延伸便和文化保守主义、"新种族主义"、民族主义等连通起来了。其实"文化多样性"主张就有着民族主义的理论渊源。早在 18 世纪启蒙运动时期，赫尔德（Johann Gottfried von Herder）就谈道：多样性是世界的一种基本特性，是上帝的特意安排。上帝在主观意志上并不否认任何创造物，无论它如何低劣和卑微。多样性意味着每一种文化、每一种个性都具有不可比拟的价值。[1] 赫尔德被誉为"德国民族主义之父"，[2] 他关于文化多样性的观点正是"文化民族主义"的理论基础。这里的逻辑是：民族是文化的——文化是多样的——民族也是多元的——文化是神圣的——因此民族也是神圣的。而"民族神圣"正是民族主义的基本原则之一。所以，将文化多样性作为理论核心的多元文化主义总是和民族主义相通的。当然，这里的民族主义指的是"族裔民族主义"（ethno-nationalism），而在国家民族主义（nationalism）层面，多元文化主义又是一种相悖相斥的力量，由于动摇了民族国家的统一和稳定，同样为人们所诟病。

马克思主义是无产阶级革命的理论，在思想体系上属于"世界主义"阵营。尽管马克思主义民族理论在其建立和发展过程中对于民族主义有着大量的借助和吸纳，[3] 但它和民族主义本质上是对立的。因此马克思主义

---

① ［英］埃里·凯杜里：《民族主义》，张明明译，中央编译出版社 2002 年版，第 51、56页。

② ［英］伯林：《反潮流：观念史论文集》，冯克利译，译林出版社 2002 年版，序言第 35页。

③ 参见王希恩《批判、借助和吸纳——对马克思主义经典作家关于民族主义论述的再认识》，《民族研究》2007 年第 5 期。

民族理论在尊重和提倡"多样性"、"多元化"和特殊性的同时，也尊重和提倡同一性、统一性和一体化。马克思主义经典作家将"民族化"和"多样性"作为建设社会主义的民族政策方针，也将"民族融合"设想为民族发展的最终归宿。中国共产党领导人在阐述中国特色社会主义民族理论政策时，一方面谈各民族没有高低优劣之分，都有自己生存发展的能力、优点和特点，坚决反对人为地去消灭民族差别；另一方面欢迎和提倡民族间相互亲近，相互学习，大力促进和加强相互的经济文化联系和兄弟情谊。一方面谈国家为少数民族创造更多更好的发展机会和条件，保障各民族的合法权利和利益；另一方面谈我国是各族人民共同缔造的统一的多民族国家，祖国统一是各族人民的最高利益，各族人民都要继承和发扬爱国主义传统，自觉维护祖国的安全、荣誉和利益。这些，便与多元文化主义一味强调"多元化"、"多样性"，无原则主张"分"和"异"的观点区别开来了。

二 关于民族政策主张的比较

多元文化主义不仅是一种思潮，还是一种波及世界的民族政策。1971年加拿大率先推出这一政策，随后澳大利亚、瑞典、新西兰、新加坡、马来西亚、英国、荷兰、比利时、丹麦、挪威等国也相继在不同程度上实施了这一政策。美国没有正式宣布这一政策，但实际上也在实行。多元文化主义在各国的政策表现不尽相同，但总的来说，承认少数民族（包括外来移民、原住民和非主体民族等）及其文化的平等地位，通过法律对少数民族的语言、宗教、传统习俗等给予必要的保护是其共同点。多元文化主义政策的实行标志着这些国家长期以来对少数民族实行同化、歧视政策的终结，这是人类文明的一个巨大进步。然而与马克思主义民族理论指导下的社会主义国家相比，多元文化主义民族政策的实行有着很大的被动性，因而它出现的时间要晚，内容上较简单，社会的认同度也不高。

多元文化主义是西方国家在民族关系上实践"平等"的突破，而这种突破又与这些国家被压迫民族的抗争有着直接的关系。民族平等的口号最早出现在独立战争时期的美国，但美国黑人直到19世纪中期才开始摆脱奴隶的身份。1954年美国从法律上取消了种族隔离，但种族歧视仍渗透于美国社会生活的各个方面。为争取民主权利、实现"种族平等"，1963年

3 月美国黑人牧师马丁·路德·金组织了 25 万人向华盛顿进军，同年 8 月又组织了 20 多万人在林肯纪念堂和平集会，"民权运动"由此展开。斗争使美国国会于 1964 年通过了旨在消除公共场所种族、肤色、宗教和国籍歧视的《民权法》。1968 年，马丁·路德·金突遭暗杀，美国爆发了席卷一百多个城市的抗议风暴。美国黑人的斗争得到了世界正义力量的支持。毛泽东曾于 1963 年发表声明，对美国黑人反对种族歧视的斗争给予声援；1968 年毛泽东再次发表声明指出："美国黑人的抗暴斗争，不仅是被剥削被压迫的黑人争取自由解放的斗争，而是整个被压迫、被剥削的美国人民反对垄断资产阶级残暴统治的新号角。"①

与美国黑人的斗争相呼应，美国的印第安人也于 1968 年成立了"美国印第安人运动"组织，旨在要求印第安人自治，归还他们被剥夺的土地，复兴印第安人的传统文化以及经济独立。由于印第安人的斗争，美国总统福特不得不在 1975 年 1 月 4 日签署了印第安人自决与教育援助法，这一法案被认为是对土著美利坚人最重要的法律，也是土著美利坚人作为美国社会平等一员的开始。②

除美国之外，20 世纪五六十年代以后，其他美洲国家的印第安人也开始不断建立自己的组织，多次召开国际会议，推动国际社会关心"原住民"问题；80 年代以后，又积极要求参与国家事务，以不同的方式制定自己的发展政策和策略。此外，北极圈附近的爱斯基摩人、北欧的萨米人等也以"原住民"的身份开展了争取自身权益的运动。澳大利亚土著人 60 年代以来自觉意识也大大增强，致使 1967 年澳政府承认了他们的公民权，1971 年后实行多元文化主义政策。

因而，没有以民权运动为标志的西方各国少数民族的反压迫反歧视斗争，就没有随后出现于这些国家的多元文化主义政策。据此，将多元文化主义看作是 20 世纪民权运动的结果之一，③ 是符合实际的。

相比多元文化主义，马克思主义推行的民族平等政策要早得多。早在 1913 年列宁就提出："对少数民族不能有丝毫的压制、丝毫的不公

① 《中国共产党中央委员会主席毛泽东支持美国黑人斗争的声明》，《人民日报》1968 年 4 月 16 日。

② 阮西湖：《美国——多民族移民的汇合与冲突》，郝时远、阮西湖主编《当代世界民族问题与民族政策》，四川民族出版社 1994 年版，第 113 页。

③ 王希：《多元文化主义的起源、实践与局限性》，《美国研究》2000 年第 2 期。

平！——这就是工人阶级民主的原则。"① 而当年由他为俄国社会民主工党中央委员会起草的《关于民族问题的决议草案》就专设了"关于保障少数民族权利的全国性法律"条文。② 十月革命以后，基于民族平等原则，列宁创建了社会主义的苏联，并在政治、经济和文化等各方面制定了一系列赋予少数民族完全平等权利的民族政策。中国共产党自建党开始就以马克思主义民族理论为指针，在创建革命政权初期即已提出自己的民族政策原则。1931 年制定的《中华苏维埃共和国宪法大纲》规定："在苏维埃政权领域内的工人、农民、红军士兵及一切劳苦民众和他们的家属，不分男女种族（汉、满、蒙、回、藏、苗、黎和在中国的台湾、高丽、安南人等）宗教，在苏维埃法律面前一律平等，皆为苏维埃共和国的公民。"在努力帮助弱小民族脱离帝国主义和国内反对派压迫统治的同时，"苏维埃政权更要在这些民族中发展他们自己的民族文化和民族语言。"③ 这些政策原则在当时尤其在抗日战争时期的根据地建设中得到具体实施。中华人民共和国成立后，以民族平等为基石的民族政策不断得到完善和发展。

多元文化主义虽然涉及多方面的内容，但以它为理论基础的政策却不是一种全面的民族政策，而主要是一种文化政策。这种政策的内容一般包括：修改公立学校中历史和文学课程，给少数民族的历史和文化贡献以更多的承认；为移民和其他少数民族的子女开设双语教育的项目；修改工作时间或其他规则以适应少数民族的宗教和习俗；制定法规以禁止工作场所和其他地方的种族歧视性言行；通过公众教育项目进行反种族主义教育，对警察、社会工作者和卫生专业人士进行文化多样性培训；资助少数民族文化研究，为移民提供母语使用的扫盲课程；对有区别性体貌的少数群体给予教育、培训或就业上的优惠等。④ 这些政策的实施对象主要是移民（也适应于如美国黑人这样的少数人群体），因此有的研究者将其当作"移民多元文化主义"政策。当然，多元文化主义作为一种理念，也对文化之

① 列宁：《工人阶级和民族问题》，中国社会科学院民族研究所编《列宁论民族问题》（上），民族出版社 1987 年版，第 184 页。
② 列宁：《关于民族问题的决议草案》，中国社会科学院民族研究所编《列宁论民族问题》（上），民族出版社 1987 年版，第 222 页。
③ 《中华苏维埃共和国宪法大纲》，中共中央统战部编《民族问题文献汇编》，中共中央党校出版社 1991 年版，第 166 页。
④ ［加］威尔·金里卡：《少数的权利——民族主义、多元文化主义和公民》，邓红风译，上海世纪出版集团 2005 年版，第 167 页。

外的其他民族政策产生了重大影响，如美国于 1965 年通过选举权法等取消了南方各州对黑人投票权的阻止，通过选区的调整使黑人居民能选出自己的官员和议员，通过"肯定性行动"要求与联邦政府有关的机构对于少数民族在就业方面给予照顾，在高等教育入学方面给予优惠等。

与多元文化主义相比，马克思主义民族理论指导下的民族政策内容要丰富得多。马克思主义把民族问题看作社会总问题的一部分，认为民族问题的表现和解决涉及政治、经济、文化等各个领域，因而从一开始，社会主义国家的民族政策就是一套全方位的政策。它涉及应对不同民族结构的国家体制、少数民族的应有权利、民族关系的准则、国家和国内民族的关系、少数民族经济文化的发展方针等。这些政策体系在各国或有不同。比如在国家体制上，前苏联是基于民族国家联合的联邦制，中国是民族与区域因素相结合的民族区域自治；在各民族的权利问题上，前苏联根据各族的人口多少和发展状况分为民族、部族、部落，据此又分别具有建立"民族共和国"、"自治区"的不同资格，而中国无论人口多少，发展程度高低都称"民族"，都具有平等的政治权利。在发展民族地区经济文化、宗教信仰自由、尊重少数民族风俗习惯和语言文字等方面各国也都有自己不同的政策内容。不能说这些政策都是正确的，因为前苏联的倒台、东欧剧变都有民族问题的因素，中国民族政策也有着尚需完善发展的地方。但可以肯定的是，在尊重少数民族权益，促进民族平等的政策和体制建设方面，马克思主义指导下的社会主义国家是走在西方前面的。

还需指出的是，尽管西方在维护少数民族权利方面并不"先进"，但即便在民族平等方面迈出步伐的多元文化主义也并未得到西方社会应有的认可。亨廷顿对美国多元文化主义的发展历程回顾说：20 世纪 70 年代开始的多元文化主义运动，"想要用主要与种族相联系的各种文化来取代美国主流的盎格鲁—新教文化。它在 20 世纪 80 年代及 90 年代初取得巨大成功，显赫一时，但随后遇到了反击，发生了 20 世纪 90 年代的文化战。当 21 世纪开始的时候，多（元）文化主义是否还成功，有多大成功，尚需拭目以待。"① 1995 年一项包括日本、菲律宾、澳大利亚、新西兰、美国、英国、荷兰、俄罗斯、加拿大、挪威、瑞典、爱尔兰、前东德、前西德、

---

① ［美］塞缪尔·亨廷顿：《我们是谁？——美国国家特征面临的挑战》，程克雄译，新华出版社 2005 年版，第 142 页。

奥地利、意大利、西班牙、匈牙利、波兰、捷克、斯洛文尼亚、保加利亚、拉脱维亚、斯洛伐克等24个国家（地区）在内的关于文化多样性看法的国际调查显示，48％的人认为各个群体保持自身的传统是有益的，46％的人赞成应有促进少数群体保持其自身风俗习惯的政策。① 显然，前者是赞成文化多样性的数字，后者是赞成用民族政策来促进文化多样性的数字，而这两个数字显示的状况都不乐观。但值得注意的是，这些数字在各个国家并不一致。一个明显的倾向是，在实行了多元文化主义政策的西方国家，包括美国、加拿大、澳大利亚、新西兰等，"缺乏对帮助少数群体保持文化的政策的支持。而且他们对文化多样性有益于社会的观点也持谨慎的态度"。而俄罗斯、波兰、捷克、斯洛文尼亚等东欧国家则在这两项的支持度上明显高于西方国家，其中俄罗斯赞成文化多样性的比例为75％，赞成用民族政策促进文化多样性比例为82％，是上述24国（地区）中最高的。②

对此可以有不同的解释，但毋庸置疑的是，在西方，尽管以多元文化主义为标志的对于少数民族平等权利的认同已有了大的推进，但这种认同尚不能说已经非常普遍。而在俄罗斯等东欧国家，尽管社会主义制度在此得到了颠覆，但长期的马克思主义意识形态影响，在对待少数民族文化和其他权益上的平等意识，在处理民族关系上的政策意识，还是依然如旧。

（原载《科学社会主义》2010 年第 2 期）

---

① 联合国教科文组织编：《世界文化报告——文化的多样性、冲突与多元共存》，关世杰等译，北京大学出版社 2002 年版，第 226 页。

② 参见同上书，第 226 页，表 20。

马克思主义宗教观及其当代中国语境

——左中右的分野与超越

黄　奎[*]

马克思主义是在同形形色色的非马克思主义、反马克思主义的思潮的斗争中形成、发展和壮大的。马克思主义宗教观的形成、发展和壮大，同样如此。对于世界历史、中国历史、尤其是中国近现代史的不同看法，对于世界发展前景、中国未来发展前途的不同看法，都会对如何看待中国的现状产生这样那样的影响；同时，必然会对如何看待宗教问题、如何看待马克思主义宗教观在当代中国的地位、作用问题产生这样那样的影响。

本文坚持马克思主义的立场、观点、方法，坚持人类社会发展的合目的性与合规律性相统一、历史与逻辑相统一的原则，自觉站在中华民族伟大复兴、社会主义必然战胜资本主义、共产主义理想最终必将在全世界得到实现的价值立场，以马克思主义宗教观为指导，力求历史地、辩证地看待当代中国面临的宗教问题。

一　关涉宗教问题的当代中国语境

当代中国晚近若干年来在社会结构、社会组织形式、社会利益格局等方面发生深刻变化，中国民众思想活动的独立性、选择性、多变性、差异性明显增强。与经济全球化进程中各种思想文化相互激荡的国际大背景相呼应的是，中国社会内部的核心价值观和意识形态的变迁使得信仰多元化景观在当今中国渐趋成为不争的事实——制度化传统宗教、弥散型民间宗教及民间信仰历久弥新，意欲有为；新兴宗教及可疑的膜拜团体甚或邪教

---

* 黄奎，中国社会科学院世界宗教研究所副研究员、哲学博士。

潜滋暗长，蠢蠢欲动。与"淡化意识形态"、"告别革命"①、"不争论"的主流语境相左的无神论话语形态，则变得日益不合时宜，日渐陷入疑似鸡肋般的边缘化困局。

现在是历史的延续，是未来的起点。存在决定意识，社会存在决定社会意识。有人的地方，就会有左中右。对于任何社会问题，一般都会有左中右的视角、视阈或视野，有相应的左中右的话语（下文将以"左视"、"中视"、"右视"相区别）。

（一）左视话语：刻舟求剑

左视话语认为，人类文明的进化、中国社会的进步，与对宗教有神论的批判密不可分，而对宗教有神论的批判必然意味着对于社会现实的批判，因为宗教有神论归根结底不过是社会现实的某种曲折映射和超现实表述而已。与人类文明以科学理性为主旋律的历史进程相对照，与1840年鸦片战争爆发至今170年来中华民族救亡图存、强国富民的历史进程相对照，将宗教有神论比喻为鸦片、劣质酒、慢性毒药或"锁链上的花朵"，远未过时。

左视话语指出，当代中国晚近若干年的社会变迁，在取得显著成就的同时也付出了沉重、甚至是沉痛的代价——物欲横流，道德沦丧；贫富悬

---

① "告别革命"说所要"告别"的"革命"，在西方语境中，主要指法国大革命（"道德理想国的覆灭"）和俄国十月革命（包括苏俄时期、斯大林时期的所谓"红色恐怖"）；在中国语境中，则主要指中国"文化大革命"（"文化大革命"的负面效应几乎使革命沦为一个贬义词），旁及中共建国后发动的历次政治运动中的冤假错案，甚或溯及近代以来无法与暴力绝缘的辛亥革命、义和团运动、太平天国运动等。由此不难推断，少数知识精英鼓噪、后为整个社会所默认的"告别革命"说，表达的其实是对暴力革命的恐惧和所谓"身处太平盛世尤其应当珍视生命"这样一个深层心理学事实。与今人从上到下对革命普遍厌倦甚或恐惧形成鲜明对照的是，身为职业革命家和革命领袖的毛泽东在垂暮之年将其一生高度概括为"革命"和"继续革命"两件事。而早在1968年，毛泽东就曾指出："我们已经取得了伟大的胜利。但是，失败的阶级还要挣扎。这些人还在，这个阶级还在。所以，我们不能说最后的胜利。几十年都不能说这个话。不能丧失警惕。按照列宁主义的观点，一个社会主义国家的最后胜利，不但需要本国无产阶级和广大人民群众的努力，而且有待于世界革命的胜利，有待于在整个地球上消灭人剥削人的制度，使整个人类都得到解放。因此，轻易地说我国革命的最后胜利，是错误的，是违反列宁主义的，也是不符合事实的。"（摘自《建国以来毛泽东文稿》第13册，中央文献出版社1998年版，第15页）毛泽东关于中国革命胜利与否的"宏大叙事"型论断是否成立，盛行多年的"告别革命"说能否成为不刊之论，无疑都还需要经受"全球视野"暨"长时段"的检验，好在"汤武革命，顺乎天而应乎人"之类的古训所在多有，相信与历史、现实密切相关的未来最终会给出答案。

殊，两极分化；贪腐公行，暗娼遍地；环境污染了，人心也污染了，曾经的纯真年代再也回不去了。从毛泽东时代的为人民服务、为真理而斗争，逐渐蜕变为后毛泽东时代的为人民币服务、为利益而斗争；从毛泽东时代的公而忘私、"斗私批修"、"狠斗私字一闪念"、"破除资产阶级法权"①，逐渐蜕变为后毛泽东时代的假公济私、损公肥私、化公为私、"公鸡下私蛋"、"掌勺者私占大饭锅"、不追究企业家"原罪"；从消灭娼妓、把鬼变成人，逐渐蜕变为笑贫不笑娼、把人变成鬼；从剥削不但可耻而且有罪、劳动最光荣，逐渐蜕变为剥削不但有理而且有功，甚或"以剥削压迫他人为荣、以受剥削受压迫为耻"②。从"消灭私有制"、"剥夺剥夺者"、"埋葬帝修反"、"解放全人类"，逐渐蜕变为"按生产要素分配"、"与国际接轨"、哭着喊着乞求做"世界公民"、共建和谐"中美国"（Chimerica）或"中美共治"③。

左视话语指出，当前我们所面临的内部宗教乱象和外部宗教渗透固然有这样那样的内因和外因、主因和次因，但"苍蝇不叮无缝的蛋"，其根本原因在于晚近若干年社会变迁的最大受益者——既得利益集团的不作

---

① "资产阶级法权"是马克思用以描述社会主义经济特征的一个概念。他认为，在社会主义经济关系和社会关系中，由于实行等量交换的按劳分配原则，因此还存在着类似资本主义社会那种形式上平等而事实上不平等的属于资产阶级性质的法定权利。"破除资产阶级法权"源自1958年"大跃进"时期毛泽东的提法，但他稍后的说法其实是"限制"而非"破除"："资产阶级法权只能破除一部分，例如三风五气，等级过分悬殊，老爷态度，猫鼠关系，一定要破除，而且破得越彻底越好。另一部分，例如工资等级，上下级关系，国家一定的强制，还不能破除。资产阶级法权有一部分在社会主义时代是有用的，必须保护，使之为社会主义服务。"（《毛泽东在中共中央政治局扩大会议上的讲话记录》（1958年11月23日），引自《毛泽东传（1949—1976）》，中央文献出版社2003年版，第904页）1974年毛泽东明确提出要对那些可以"为社会主义时代服务"但"跟旧社会没有多少差别"的资产阶级法权（如八级工资制、按劳分配、货币交换等）"在无产阶级专政下加以限制"。（《毛泽东关于理论问题同周恩来谈话记录》（1974年12月26日），引自《毛泽东传（1949—1976）》，中央文献出版社2003年版，第1714页）近年来有中国学者认为，毛泽东时代对"资产阶级法权"的批判和限制，使中国社会呈现十分扁平化的结构而非森严的等级制，未出现任何势力强大的"分利集团"，直到20世纪80年代初中国的不平等程度仍远远低于世界平均水平（World Bank, 1997）。有外国著名学者甚至认为，与苏联的失败相对照，中国改革成功的原因之一在于毛泽东的"文化大革命"打破了凝固的制度，使当时的中国不存在任何强势"分利集团"，为日后的改革扫平了道路（Mancur Olson, 2000）。参见王绍光《坚守方向、探索道路：中国社会主义实践六十年》，《中国社会科学》2009年第5期。

② 在特定地域、特定时段，据说曾出现"翻身农奴把歌唱"演变为"翻身农奴主把歌唱"的怪现象。

③ 坊间和互联网上甚或闪现如下惊人言论：中国最好能成为美国第51个州，不用改名，还叫"神州"……

为、乱作为或胡作非为加剧社会不公，导致意识形态领域乱象纷呈，社会大众心态严重失衡——明代王阳明所云"破山中贼易，破心中贼难"，可谓古训信然、于今尤甚。在当下这个贪官、奸商、刁民和乡愿大行其道、几乎人人心中都有贼的年代，要想实现"天下无贼"的理想或梦想，真是难于上青天。理想与现实的巨大反差使主流意识形态之说服力、感召力日渐衰微，社会变迁中的弱势群体或"失败"阶层因致富无门、贫病无着，只能无奈地仰望星空，不少人满怀对现实的困惑、愤懑、失望以至于绝望投入宗教甚或邪教的怀抱（如"法轮功"现象）。宗教在当下，似乎比任何时候都更像是"被压迫生灵的叹息，无情世界的感情（或心境）"。"宗教热"应运而生，而披着宗教外衣的境外敌对势力在这样的大背景下乘虚而入，更增加了"宗教热"的复杂性和可疑性。

左视话语认为，当代中国的"宗教热"是社会变迁的副产品，是社会矛盾和精神危机日益深化的产物，是人心污染的产物，是社会生活领域和思想文化领域日趋混乱的一个缩影，甚或可以认为是"封资修"思潮泛滥肆虐若干年的必然产物或伴生物。"宗教热"的主要原因在于，冷战结束和苏联、东欧的崩解使国际共产主义运动目前处于低潮，中国在国际垄断资本的压力下也不得不主动"和平演变"。在后毛泽东时代，由政治权贵、经济寡头、文化乡愿构成的"铁三角"既得利益集团①、权贵买办集团将权力与资本相榫接、再缀饰以文化，在所谓"互利共赢"、"同一个世界，同一个梦想"的自欺欺人的虚幻想象中，心甘情愿

---

① 在 20 世纪中国政治语境中，"既得利益集团"一词最早可能出自《毛泽东读社会主义政治经济学批注和谈话》。毛泽东认为："我们的社会主义社会，即使消灭了旧的剥削阶级，资产阶级影响还会长期存在，阶级意识形态还会长期存在。社会主义社会的发展过程中，还有一个问题值得注意，这就是'既得利益集团'的问题。每一个时期，总会有这样一部分人，保持旧制度对他们有利，用新制度代替旧制度对他们不利。他们安于已有的制度，不愿意改变这种制度……任何一种新制度的建立，总要对旧制度有所破坏，不能只有建设，没有破坏。要破坏，就会引起一部分人的抵触。"毛泽东此时理解的"既得利益集团"还只是苏联赫鲁晓夫时期的"高薪阶层"。1974 年初出现"领导干部'走后门'送子女参军、入学"等问题，平等主义诉求贯穿终生的毛泽东以"开后门来的也有好人，从前门来的也有坏人"的批示加以淡化，固然是担心"走后门"问题影响当时的"批林批孔"大局，同时也显示官僚特权阶层已成尾大不掉之势，即使"乾纲独断"如毛泽东亦难免投鼠忌器。南斯拉夫的德热拉斯所著的《新阶级》（1957）一书对于官僚特权阶层的揭露，也凸显了社会主义社会可能隐含的异化风险。晚近若干年在中国社会变迁中所形成的既得利益集团，以官商勾结、权钱交易、利益共谋为主要特征，实际上是一种新的特殊利益集团或分利集团。

成为国际垄断资本的附庸①，对外热衷于"与国际接轨"、"拥抱普世价值"②，对国际垄断资本妥协退让，苟且偷安，乃至卖国求荣，"宁赠友邦，不予家奴"，使国家形象蒙尘；对内利用制度缺陷巧取豪夺、竭泽而渔，逼良为娼、逼良为盗，权贵醉生梦死、倚红偎翠，黎民呻吟于水火、辗死于沟壑，民生多艰、民怨沸腾、民变蜂起之危局愈演愈烈。中国社会的内部矛盾早已尖锐到没有任何底线共识可言。既得利益集团对于底层民众脑子里究竟在想什么早已不感兴趣，对于如何增强理论上的说服力和人格上的感召力无计可施，也根本不抱什么奢望。另一方面，让社会各阶层之间形成落差和矛盾以分而治之的古代御民术也成为当今的社会治理策略，而宗教有神论的麻醉和欺骗作用对于缓和社会矛盾、使相关人群暂时忘却痛苦功效显著，宗教受到既得利益集团的默许、赞许乃至扶持便是很自然的事了。助推"宗教热"早已成为既得利益集团愚民以逞的重要手段之一。

左视者强调，私有制是万恶之源，中国当下的诸多社会问题或怪现状几乎都与晚近若干年来社会变迁中的私有化程度不断加深有关。阶级话语本来是马克思主义话语体系的核心话语之一，阶级分析法本来是马克思主义分析社会问题的基本方法之一（阶层分析只能补充而无法代替阶级分析），却在和谐语境中被逐渐边缘化，而宗教话语则日渐突出，因为宗教固有的麻醉功能、疑似有助于缓和社会矛盾的功能，至少在理论上能帮既

---

① 中国的外贸依存度从改革开放之初的 9.7％ 上升到目前的 60％，远高于世界平均水平，使得中国经济逐步沦为半依附型隐性殖民地经济。在中国的国民经济当中，28 个主要产业已经有 21 个被外资全面把持。参见 2010 年 3 月 1 日《人民日报》。

② 美籍日裔学者弗朗西斯·福山在 1989 年夏提出了"历史终结论"，声称世界历史将终结于西方的自由民主制度，苏联东欧社会主义阵营的败亡宣告了资本主义制度及其核心价值观（如自由、民主、宗教、人权等）的"不战而胜"，这种核心价值观被吹嘘成超阶级、超国度、超时空，普遍适用于全人类、全世界，因与基督宗教的普世观念有关联，而被诩称为所谓"普世价值"，喧嚣一时。马克思主义的基本常识认为，有文字记载以来的人类历史是一部阶级斗争的历史，意识形态、价值观、伦理道德有着鲜明的阶级性，不同的阶级有不同的价值观和伦理道德，根本就不存在超时空、超阶级、对剥削阶级和被剥削阶级、对狼和羊、对所有阶级都普遍适用的价值观。恩格斯说："一切以往的道德归根到底都是当时的社会经济状况的产物。而社会直到现在是在阶级对立中运动的，所以道德始终是阶级的道德。"（《马克思恩格斯选集》第 3 卷，第 134 页）以人们熟知的"切勿偷盗"为例，在未来消灭了私有制、消灭了阶级、"偷盗动机已被消除的社会里"，如果有人把"切勿偷盗"宣布为道德原则，就只会遭到嘲笑了。"普世价值"论的鼓噪者以"普遍人性"为"普世价值"的心理基础和逻辑预设，声称自由、民主、宗教、人权等是"普遍人性"的天然需求，问题在于"人的本质并不是单个人所固有的抽象物，在其现实性上它是一切社会关系的总和"，人的本质、人性从来都是具体的、历史的、有阶级性的，超时空、超阶级的所谓"普遍人性"乃至"普世价值"只能是自欺欺人的梦呓或别有用心的意识形态谎言。

得利益集团分忧。宗教固然有可能在短期或局部产生小"喜乐"或小"和顺"效应，因此受到默许、鼓励或纵容而形成的"宗教热"现象则必然会在中国社会酿造龃龉、不和、矛盾乃至分裂、冲突等长期性、全局性的后果。现在当然远非"消灭私有制"、"剥夺剥夺者"、"与传统观念彻底决裂"的年代，但利用宗教来构建和谐社会的做法无异于饮鸩止渴、病急乱投医。要根本扭转中国社会当下的宗教有神论猖獗的乱局，逐步消除中国社会当下的"宗教热"乱象，关键在于抑制国际垄断资本对华恶意扩张态势，遏阻国内权贵资本主义发展势头，削弱既得利益集团，限制"资产阶级法权"，改造日趋畸形的社会结构，调整远非公平正义的利益格局，为亿万劳苦大众创设体面、有尊严的工作生活条件，恢复马克思主义政党的优良传统，重构真正有助于中华民族伟大复兴和人类进步事业的当代中国主流意识形态，以亡羊补牢式的"宏大叙事"（Grand Narrative）和科学话语帮助歧路迷途者回归理性和常识。

关于党员信教问题，左视话语认为，"党员可以信教"将使无神论政党名存实亡，思想上的混乱将导致党在组织上不可避免的分崩离析，邓小平曾精辟概括的中共独有的政治优势（一靠理想二靠纪律）最终将荡然无存，党土崩瓦解、国家四分五裂的悲惨局面不难想见，中国将重蹈前苏联的覆辙。种种事例表明，一些沦为腐败分子的党员领导干部，之所以信教或乞灵于宗教有神论甚或邪教，主要是企图使其腐败所得获得神祇的保佑，其思想根源在于理想信念动摇，放弃世界观改造，最终沦为宗教有神论的俘虏。这些"信教党员"型腐败分子的所作所为对党的形象和声誉正在造成严重的负面影响。因此，对于党员信教问题绝不能姑息养奸，必须重申党的无产阶级先锋队的性质，坚持"思想入党重于组织入党"的原则，必要时采取相应的整党甚或清党措施，肃清害群之马，纯洁党的组织。

点评左视话语

左视话语在利益格局高度分化、思想情感多元杂陈的时代，仍执著追求意识形态的纯洁性、大一统和高度一致，希图以主流意识形态征服人心、抵御宗教侵蚀和渗透，这种曲高和寡的乌托邦幻想，精神固然可嘉，却无异于刻舟求剑。

（二）中视话语：以毒攻毒

中视话语认为，宗教本身如同一把双刃剑，关键在于用剑者如何趋利避害、为我所用。欲构建和谐社会、实现国家长治久安，必须对宗教采取羁縻与怀柔并举的策略，活学活用"神道设教"的古典智慧。

中视话语认为，逾30年改革开放已使中国社会发生深刻的变迁，中国目前正处于重要的战略机遇期，同时也处于风险凸显期（有人喻称为"改革与革命赛跑"①），因为来自国际、国内的风险和压力正与日俱增。中国的崛起、中华民族的伟大复兴是任何外部势力无法阻止的，但与外部世界的竞争和冲突也是无法避免的。在全球化趋势日益加深的时代背景下，包括宗教在内的各种思想文化相互激荡、相互影响，意识形态和价值观日趋多元化，乃是大势所趋、人心所向。因此，处理好宗教问题的关键在于如何确立本国的核心价值观，使现有宗教与核心价值观相协调，以确保宗教的"无害化"和良性发展，并着力弘扬宗教中有利于构建和谐社会的积极因素，抑制其消极因素，以确保国家的政治安全与文化安全、社会的长治久安及民族利益的最大化。

中视话语认为，中国目前正处于现代化建设的关键阶段和重要的社会转型期，而中国的现代化道路与西方又有很大的不同。欧美通过扩张海外殖民地、对殖民地原住民进行残酷的剥削压榨和血腥的原始积累来实现工业化和现代化的外向型历史老路，中国已不可能再走，现代化起步阶段的原始积累以及各种问题和危机（例如污染产业）无法向外转移，只能在内部自我消化；而中国广大农村的剩余劳动力所构成的庞大而廉价的人力资源，恰恰为中国特色的内向型现代化道路提供了丰厚的"人口红利"。让一部分人先富起来的社会变迁需要有人付出代价，利益格局高度分化甚或两极分化可能是当下难以避免的阶段性特征。② 暂时富不起来或根本不可

---

① 参见何增科等《中国政治体制改革研究》，中央编译出版社2008年版。

② 针对改革开放进程中的两极分化倾向，邓小平曾多次警告："社会主义的目的就是要全国人民共同富裕，不是两极分化。如果我们的政策导致两极分化，我们就失败了；如果产生了什么新的资产阶级，那我们就真是走了邪路了。"（《一靠理想二靠纪律才能团结起来》，《邓小平文选》第3卷，人民出版社1985年版，第110—111页）"如果导致两极分化，改革就算失败了。"（《改革是中国发展生产力的必由之路》，《邓小平文选》第3卷，人民出版社1985年版，第139页）"如果搞资本主义，可能有少数人富裕起来，但大量的人会长期处于贫困状态，中国就会发生闹革命的问题。"（《吸取历史经验，防止错误倾向》，《邓小平文选》第3卷，人民出版社1987年版，第229页）"社会主义最大的优越性就是共同富裕，这是体现社会主义本质的一个东西。如果搞两极分化，情况就不同了，民族矛盾、区域间矛盾、阶级矛盾都会发展，相应地中央和地方的矛盾也会发展，就可能出乱子。"（《善于利用时机解决发展问题》，《邓小平文选》第3卷，人民出版社1990年版，第364页）

能富起来、甚或备受歧视和欺凌的弱势群体的心灵痛苦，通过诉诸或皈依宗教一般而言可以获得某种程度的抚慰和缓释，潜在的社会矛盾与冲突常因宗教的魔力而化解于无形，宗教固有的镇痛剂、缓压器功能对于构建和谐社会当然有益无害，宗教在逻辑上和事实上因此而成为一种重要的"社会资本"。

中视话语认为，看待宗教问题的关键在于转换脑筋，与时俱进。甚至认为，普通民众对于腐败和剥削义愤填膺，往往诉诸道义谴责，而认识不到权力寻租（即腐败）和资本寻租（即剥削）对于促进经济社会发展的正当性与合理性（前者乃市场经济条件下的交易成本）、积极作用和进步意义（后者可以创造就业机会）。有人因为现在环境污染了（无非多了几个癌症患者）、人心也污染了（或许有助于增强人的生存竞争能力），便对"发展是硬道理"（发财是硬道理）颇有微词，但"枪杆子里面出政权"又何尝不是硬道理，又何尝不曾造成无辜的伤亡、留下永久的遗憾？社会的革命或变迁总要付出代价和成本，历史是残酷的，也是辩证的，应该以历史的、发展的眼光看问题。在人类历史的现阶段，在中国当前的形势下，宗教的发生和发展有其历史必然性、合理性与正当性，能否引导和驾驭之，以趋利避害、为我所用，是检验执政者睿智与否的试金石。

中视话语认为，现在是国家全能主义日渐淡出的时代，政府已经不可能是"全能政府"，不可能对社会承担"无限责任"，而只能负责对社会公共事务的管理。政府职能缺位或无法完全覆盖的地方，难免会出现某些社会问题。因此，政府不是万能的，主流意识形态更不是万能的。在主流意识形态之外，在无神论之外，出现一些另类的、非主流的思潮，出现一些宗教有神论的声音，甚至某种程度的"宗教热"，满足特定人群在特定时期的特定需要，自然有其存在的合理性，只要不公开挑战现存秩序，设法掌控或羁縻即可，完全不必大惊小怪，为之兴师动众。认识和处理宗教问题的关键，在于能否转换脑筋，创新思维，"以人为本"，变废为宝，以毒攻毒，"化腐朽为神奇"。宗教可姓封，也可姓资，甚至可能姓社。① 如有必要，可以利用正教来对付邪教，利用土教来对付洋教。

---

　　① 参见潘岳《我们应有怎样的宗教观——马克思主义宗教观必须与时俱进》，2001 年 12 月 15 日《华夏时报》或 2001 年 12 月 16 日《深圳特区报》。作者时任国务院经济体制改革办公室副主任。

中视话语乐观地宣称，今天的中国早已不是一百多年前愚昧落后、政治上腐朽专制的中国，也不是三十多年前贫穷僵化、经济上濒于崩溃的中国。现在是中华民族历史上五千年未有的太平盛世，是"做鬼也幸福"、做人就更幸福的年代；"今天是个好日子"，天天都是好日子；发生一些地震、洪水之类的"天灾"①也不怕，因为"天佑中华"、"大爱无疆"②。社会上大多数人是幸福的和比较幸福的，这是当今社会的主流；可能还有少数或极少数心理不平衡、总感觉不幸福的"失败者"，他们如果能因为宗教信仰而安静下来，对于社会的稳定与和谐当然是一件好事。

中视话语强调，不管姓资姓社，不管姓公姓私，不管中国外国，不管唯心唯物，不管有神无神，不管黑教白教，凡是有助于巩固既得利益和现存秩序的，就是好东西，就有利用价值。古往今来，"神道设教"、"政教共谋"也好，"天人两分"、"政教分离"也罢，取舍标准是而且只能是能否维护既得利益或地位。有神无神的事不必当真，没有永恒的原则，只有永恒的利益。无论如何，宗教在当代中国的政治语境中仍然属于统战范畴。"非我族类，其心必异。"害虫益虫二分法是古今中外执政者看待和处理宗教问题的要害，居高临下，以毒攻毒，分而治之，方能永远立于不败之地。

关于党员信教问题，中视话语认为，对党威胁最大的不是党员信教问题，甚至也不是宗教问题，而是党自身的执政能力问题及境内外敌对势力的颠覆破坏问题。在市场经济背景下、经济全球化时代，再提意识形态纯洁性已经不现实了。现有的七千多万党员远非铁板一块，要营造党内的团结和谐气氛，也不适合把党员信教问题提得太尖锐，否则必然会出现整党、清党以至党内分裂的问题。总之，党员信教问题只要不是太出格，睁

---

① 2008 年汶川地震使"地震是检验房屋质量的唯一标准（或终极标准）"之类的"恶搞"式名言风行一时，电影《2012》式的末日想象更给灾害社会学增添了新的思维素材。1975 年辽宁海城地震以"辽人忧地"（毛泽东语）的方式得到成功预报和最大限度避震，1976 年河北唐山地震在人类地震史上创伤亡最烈纪录，但河北青龙县震区却基于被压制的有限预报信息成功避震、无一伤亡（曾获联合国有关组织高度赞扬），雄辩地说明地震短临预报并非绝无可能。

② "天谴"固然是别有用心的胡说，而"天佑"是基于同样思维逻辑的胡说。"天无私覆，地无私载，日月无私照。""天行有常，不为尧存，不为桀亡。"爱的对立面是恨。"世界上没有无缘无故的爱，也没有无缘无故的恨。"爱和恨都是有阶级性的。"在阶级社会，每一个人都在一定的阶级地位中生活，各种思想无不打上阶级的烙印。"人是有阶级性的，不能只讲抽象的人性，不讲阶级性。

一只眼、闭一只眼算了，"难得糊涂"才能换来全党的和谐、进而全社会的和谐。无神论宣传教育与宗教信仰自由政策都是政治手段、权宜之计，无所谓好坏、对错，而能否及如何维护既得利益格局和现存秩序，才是问题的关键。

点评：毛泽东时代以平均主义、理想主义和意识形态纯洁性为核心内容的乌托邦诉求以失败告终，后毛泽东时代则走向另外一个极端——实用主义、功利主义、机会主义大行其道，成为晚近若干年社会变迁的核心价值观和核心思维方式。以毒攻毒可以奏效于一时，但玩火者必自焚，为达目的、不择手段的实用主义、功利主义、机会主义做法是不可能持久的。

（三）右视话语：爱屋及乌

右视话语认为，宗教是人类学常数，是人类天性使然，没有宗教的社会是不正常的社会；宗教信仰自由和宗教宽容是基本人权和社会权利——因为《世界人权宣言》（1948）断言："一个人人享有言论和信仰自由并免于恐惧和匮乏的世界的来临，也被宣布为普通人民的最高愿望。""人人有思想、良心和宗教自由的权利；此项权利包括改变他的宗教或信仰的自由，以及单独或集体、公开或秘密地以教义、实践、礼拜和戒律表示他的宗教和信仰的自由。"《公民权利和政治权利国际公约》（1966）规定："（1）人人有权享有思想、良心和宗教自由，此项权利包括维持或改变他的宗教或信仰的自由，以及单独或集体、公开或秘密地以礼拜、戒律、实践和教义来表明他的宗教或信仰的自由。（2）任何人不得遭受足以损害他维持或改变他的宗教或信仰的自由的强迫。（3）表示自己的宗教或信仰的自由，仅只受法律所规定的以及为保障公共安全、秩序、卫生或道德、或他人的基本权利和自由所必需的限制。（4）本公约缔约国承诺，尊重父母（如适用时）、法定监护人保证他们的孩子按照他们自己的信仰接受宗教和道德的自由。"

右视话语认为，当今中国与过去相比尽管有很大进步，但总体上仍然处于开明专制的后封建社会，仍然处于牧养臣民、顺民、良民而非培养公民的"训政"阶段，距离民主"宪政"阶段还很遥远。与此种社会状况相适应的中国宗教，总体上仍然处于"迷途羔羊"般的、甚或混沌未开的历史阶段，从根本上说是为统治者的愚民政策服务的。在当代中国，只有"穿过共产主义的红色海洋"，争取"自由的信仰空间"，建立神圣的跨国性的信仰共同体或信仰联盟，才能成为真正的"世界公民"。

右视话语如此攻讦中国现行的宗教事务管理模式：国家通过登记许可制度，赋予特定宗教团体以合法性，并给予其一定的政治资源配额以换取其政治上的效忠和拥戴。由于排斥竞争、禁止宗教市场由来已久的天然博弈，因此国家与所谓"合法宗教团体"之间事实上形成一种利益共谋关系。这种利益共谋关系的存在，不仅与真正意义上的政教分离和宗教信仰自由背道而驰，而且可能会使国家本身的合法性与正当性受到质疑，从而引发潜在的对于国家的认同危机，同时也违反列宁关于宗教团体应当成为"完全自由的、与政权无关的志同道合的公民联合会"①的教导。

关于宗教政治化问题，右视者举例称，如果说将北京奥运会吉祥物定为"福娃"（寓意"五福临门"）、开幕时间定为 2008 年 8 月 8 日晚 8 时（寓意"发发发"或"一路发"）之类的国家级迷信尚有顺乎民俗、与民同乐之美意或苦衷，因而无可厚非的话，那么安排佛指舍利赴港台供奉观瞻之类的政府行为或国家行为，饱受"利用宗教搞统战"之类的诟病就是理所当然的事了。至于某些学界名流公开吹捧阿谀这种名为宗教、实为迷信的政治化行为，并对唐代韩愈《谏迎佛骨表》的主张百般责难，那就更是等而下之的事了。

右视话语认为，20 世纪 70 年代末至今，中国以疑似"低人权、低福利、高污染"②为特征的"中国特色社会主义""摸着石头过河"已逾 30 年，但很多中国人还不明白"河对岸"只能是以美国为代表的西方文明。事实上，只有西方文明才能代表人类文明演进的方向，而基督教与西方文明存在着本质的、必然的联系，没有基督教甚至不会产生近代科学。基督教关于人的原罪性和有限性的学说，为社会契约、权力制衡和法制体系的建立，提供了最初的思维诱导和最终的理论依据。"中国人离上帝有多远，离民主就有多远。"基督教在某种意义上就是西方文明的精髓。因此，中国要融入全球化历史进程和国际主流社会，就必须向先进的西方文明学

① 参见列宁《社会主义和宗教》，《列宁全集》第 12 卷，人民出版社 1987 年版，第 132 页。

② 参见秦晖《"中国奇迹"的形成与未来——改革三十年之我见》，2008 年 2 月 22 日《南方周末》。

习，就必须虚心吸纳、皈依乃至委身具有"普世价值"①、"放之四海而皆准"的基督教文明。只有用基督教文明改造中国的国民性，彻底摆脱中国文化传统中固有的愚昧落后迷信因素，努力促成公民社会的发育和成熟，和国际接轨，才有可能把中国建设成为一个全球化时代的民主宪政国家。正因为基督教文明放之四海而皆准，因此试图用无神论来阻遏基督教在华传播福音，只会是徒劳地螳臂挡车。

关于党员信教问题，右视话语认为，禁止党员信教或禁止宗教徒入党，不利于中共执政能力建设。鉴于越南、古巴允许党员信教，列宁也曾灵活地默许宗教信徒入党，因此中共在党员信教问题上应当"解放思想"，在"允许红色资本家入党"、"允许红色宗教徒入党"的同时，对党员实行人性化管理，允许党员信教，给党员的精神领域留下一点私人空间（甚或可使少数民族党员离退休后的晚年生活摆脱因无神论立场所带来的孤独感的困扰），不仅有助于增强中共的代表性，巩固其执政地位，而且有助于构建和谐社会，有助于中共与时俱进。

点评右视话语

右视者以世界公民自居、自许或自诩，在民族国家区隔远未过时、世界大同愿景遥遥无期的当下，将基督教对于西方文明的复杂历史作用理想化，将属于历史范畴的政教分离原则绝对化，已由一般性的崇洋媚外心理

① "普世价值"论最为晚近的例子来自美国总统奥巴马2010年11月10日在印度尼西亚的演讲："……某些价值观是普世皆准的。没有自由的繁荣只不过是另一种形式的贫困而已。因为有些理想是人类所共有的——有自由了解你们的领导人是否对你们负责，不会因为与他们意见不同而遭到关押；有机会接受教育并能有尊严地工作；有信奉宗教的自由，不必担惊受怕也不会受到限制。这些都是必须在世界各地得到遵守的普世价值观。"11月11日，有记者问及所谓"缺乏自由的繁荣是另一种形式的贫困"是否暗指中国，中国外交部发言人仅简略而克制地回应以"我们希望有关国家尊重各国走符合本国国情的发展道路"。问题的尖锐性在于，如果自由是绝对的、无条件的、超时空的，那么当一个儿童向我们提问："狼有吃羊的自由，羊有没有不被狼吃的自由？"我们该怎么回答呢？半黑半白血统的奥巴马或许还有数典忘祖的自由，因为他似乎忘了几百年前的非洲黑人并没有拒绝被贩卖为奴隶的自由。如果考虑到此前11月3日美国为缓解金融危机而推出的第二轮量化宽松货币政策（quantitative easing strategy，简称QE2）所标志的西方强权在嫁祸于人、以邻为壑、经济掠夺方面的普世性，考虑到此前10月8日中国的一个刑事罪犯（此人早年靠鼓吹中国应做西方三百年殖民地而暴得大名，现正因颠覆国家罪而在监狱服刑）获得2010年度诺贝尔和平奖、身为政治流亡者的"藏独"头子达赖获颁1989年度诺贝尔和平奖所宣示的西方强权在政治遏制、文化侵略方面的普世性，那么任何一个足够诚实和理智的中国人都不难看出，"普世价值"论在当代国际政治语境中实际上意味着对"中国特色"、"中国道路"正当性的断然否定，"普世价值"论所表达的其实是以美国为首的西方强权妄图垄断和称霸世界的勃勃野心。

"积淀"为对西方信仰形态和价值观的"爱屋及乌"情结，但只要不与为虎作伥者为伍，似乎也无需苛责。

二 超越左中右的分野，奏响马克思主义宗教观中国化的主旋律

上述关涉宗教问题的左中右不同话语，在当代中国的社会转型期和风险凸显期自然有其存在的市场，甚至某种或偏颇或片面或极端意义上的"合理性"，从而构成马克思主义宗教观中国化研究无法回避的思维素材、理论靶标和特定语境，成为与"主旋律"相伴随的背景"杂音"、"噪音"。

在左中右话语"喧哗与骚动"的时代背景下，我们应当高屋建瓴，超越左中右的分野，在最大限度消弭杂音、噪音的基础上，奏响马克思主义宗教观中国化的主旋律。以下是笔者若干粗浅的不成熟的见解：

1. 应当完整准确地阐述马克思主义经典作家论著中关于宗教问题的基本观点（包括重要概念、基本观点、主要结论），联系其得以产生的特定时空背景（19 世纪的西欧、20 世纪初的俄罗斯）进行历史的辩证的分析，以求得对于马克思主义宗教观的正确理解和全面把握，并特别注重对马克思主义原典、尤其是对"那些过去不够重视而今天看来特别具有理论和现实意义的基本观点"作新的发掘和发挥。例如马克思在《资本论》中对商品拜物教的剖析和批判，显然有助于我们深入研究经济全球化背景下和市场经济条件下的宗教问题。针对国际、国内宗教问题的现状，我们在马克思主义宗教观及其中国化形态的研究中，应当实事求是地、创造性地回答如下问题：哪些是必须长期坚持的马克思主义宗教观的基本原理？哪些是需要结合新的实际丰富和发展的马克思主义宗教观的理论判断？哪些是必须破除的对马克思主义宗教观的教条式的理解？哪些是必须澄清的附加在马克思主义宗教观名下的错误观点？

2. 当代西方解释学关于文本阅读时局部与整体之间的理解循环理论，值得我们研究和借鉴。一般而言，要真正理解某一文本的局部，必须先把握文本的整体；而要真正把握文本的整体，又必须以真正理解文本的局部为前提。如此循环往复，方能推进以至达成对于文本的真正理解。在经典作家各自关于宗教问题的基本观点与整体性的马克思主义宗教观之间，在

马克思主义宗教观与唯物史观之间，在马克思主义宗教观中国化形态与马克思主义中国化形态之间，显然均存在一个文本的局部与整体的阅读理解循环问题。

3. 如果将"宗教和谐"理解为数学上的一个函数的话，那么政治、经济、文化这些变量的任何增减损益，都会使最终的"宗教和谐"函数值发生变化。我们的目标可能并不在于如何获得函数的最大值，而在于优化函数本身，使政治、经济、文化等变量的表达方式（或"发生作用"的方式）优化配置，最终获得一个相对稳定的"宗教和谐"函数值区间。相反的情况是，函数表达式本身存在缺陷，在一般情况下看不出来，但在特殊情况下政治、经济、文化等变量稍有变动，函数表达式由于"对初始条件的敏感依赖"，将使"宗教和谐"函数值陷入灾难性的突变和混沌之中，出现始料不及的"蝴蝶效应"①。由此不难理解，政治、经济、文化等要素或主要变量的优化配置是何等重要，而政治、经济、文化之外其他变量（如民族）的存在亦远非可有可无。2008年拉萨"3·14"事件、2009年乌鲁木齐"7·5"事件等较为晚近的例子，或许有助于我们理解"宗教和谐"函数的复杂性。

4. 马克思主义宗教观及其中国化形态的研究工作，应当自觉为党和国家工作大局服务。由于"我国正处于并将长期处于社会主义初级阶段，由于经济体制深刻变革、社会结构深刻变动、利益格局深刻调整、思想观念深刻变化，由于发展不平衡、不协调、不可持续问题短期内难以根本解决，人民内部各种具体利益矛盾难以避免地会经常地大量地表现出来"。② "在新的历史条件下，我们要坚持马克思主义的立场、观点、方法，全面认识宗教在社会主义社会将长期存在的客观现实，全面认识宗教问题同政治、经济、文化、民族等方面因素相交织的复杂状

---

① 蝴蝶效应（The Butterfly Effect）是指在一个动力系统中，初始条件下微小的变化能带动整个系统的长期的巨大的连锁反应。这是一种混沌现象，可比喻为亚洲蝴蝶拍拍翅膀，将使美洲几个月后出现比狂风还厉害的龙卷风。蝴蝶效应通常用于天气、股票市场等在一定时段难以预测的比较复杂的系统中，以说明事物发展的结果对初始条件具有极为敏感的依赖性，初始条件的极小偏差将会引起结果的极大差异。蝴蝶效应在社会学界一般用来说明：一个坏的微小的机制，如果不加以及时地引导、调节，会给社会带来非常大的危害，戏称为"龙卷风"或"风暴"；一个好的微小的机制，只要正确指引，经过一段时间的努力，将会产生轰动效应，或称为"革命"。

② 参见新华社北京2010年9月29日电，中共中央政治局就正确处理新时期人民内部矛盾问题研究进行集体学习。

况，全面认识宗教因素在人民内部矛盾中的特殊地位，努力探索和掌握宗教自身的规律。"① 面对主流意识形态感召力日渐弱化、社会主义核心价值体系亟待构建完善的现实语境，在"新中国成立以后培育的以破私立公、为人民服务为特征的革命传统"② 已大为淡化的时代背景下，"全面认识宗教因素在人民内部矛盾中的特殊地位"无疑具有特别重要的意义。

5. 马克思主义宗教观中国化的历时态演进和共时态拓延，可以借鉴古今中外关涉宗教问题的一切有价值的感性积累和理性思考、经验教训和损益得失，但应当是批判性借鉴、辩证扬弃而非食洋不化、泥古不化。例如，西方历史语境中生成的"政教关系"范畴及其分析框架，事实上并不完全适合以"大一统"为历史传统、制度惯性和路径依赖的中国，盲目照搬照抄无异于削足适履、作茧自缚。在当代中国，无论是谈论政教分离、政教冲突，还是研讨政教合作、政教和谐，无论怎样辩说，最终都跳不出西方国家的话语窠臼或思维陷阱。1840 年鸦片战争至今 170 年来，中华民族基本解决了"挨打"、"挨饿"的问题，现在仍然面临"挨骂"的问题。中国的执政者在宗教人权问题上无论怎么做、怎么改良、怎么委曲求全，都很难符合以美国为首的西方国家的标准。因此唯有打破西方的话语霸权，戳穿所谓"普世价值"的神话，坚持对宗教问题进行历史的、阶级的、具体的分析，才有可能摆脱在全球化语境中"被动挨骂"、"动辄得咎"的困境。

6. 中国共产党作为执政党应当全面贯彻宗教信仰自由政策，切实维护公民宗教信仰自由的权利，在利益主体多元化、利益诉求多样化的年代，坚持弘扬主旋律、宽容差异、包容多样的原则，最大限度地团结一切可以团结的力量，调动一切积极因素，努力构建和而不同、互动共存的和谐社会。中国共产党作为马克思主义政党在世界观上则必须保持自己的本色和特质，固守建设性的无神论立场。如果允许党员公开信教，那么主流意识形态将会出现一个危险的缺口，信教党员中不同的情感偏好、利益偏向日积月累也会使得执政党在宗教问题上无法真正做到一视同仁、公平正义。

---

① 参见新华社北京 2007 年 12 月 19 日电，中共中央政治局就当代世界宗教和加强中国宗教工作进行集体学习。

② 参见陈奎元《开创人文社会科学理论研究新局面》，2010 年 8 月 10 日《中国社会科学报》。

另一方面，在民族国家作为国际竞争的基本政治单元远未过时的当下，利用宗教进行政治渗透也是西方敌对势力对华推行"西化"、"分化"战略、实施"政治转基因"工程的重要组成部分。中国从古至今的政治传统是"以吏为师"①，官吏为人师表的社会作用即使在今天也是不容忽视的。如果党员领导干部带头信教，② 那么势必引领社会上更多的人成为宗教信徒。可以预见的宗教热、难以避免的宗教歧异纷争及相应的社会治理成本骤增，很可能会给中国的未来蒙上一层阴影。因此，在西强我弱的时代背景下，在国内不和谐因素依然不容忽视的社会情境中，应当慎重对待、稳妥处理党员信教问题。

7. 马克思主义宗教观及其中国化形态的研究应当具有国际视野和世界眼光。中国的发展离不开世界。在可以预见的未来，中国的国家目标和政治愿景将是对内致力于推动科学发展和促进社会和谐，对外致力于推动建设持久和平、共同繁荣的和谐世界。要实现这样的目标愿景，在经济全球化进程日甚一日的时代背景下，可能需要"跳出中国看中国，跳出地球看地球"的新思维和大智慧。一直被认为"放之四海而皆准"的马克思主义在 20 世纪经历过辉煌和顿挫，在 21 世纪正面临着全新的机遇和挑战；其中马克思主义中国化波澜壮阔的历史进程，中国革命、建设和改革近 90 年的历史实践及成败得失在全球范围更是举足轻重，举世瞩目。中国共产党人已经清醒地认识到："实践永无止境，探索和创新也永无止境。世界上没有放之四海而皆准的发展道路和发展模式，也没有一成不变的发展道路和发展模式。我们既不能把书本上的个别论断当作束缚自己思想和手脚的教条，也不能把实践中已见成效的东西看成完美无缺的模式。"③ 旨在实现中华民族伟大复兴、推进人类文明进步事业的"中国特色"、"中国道路"、"中国创造"，在未来毫无疑问还会有新

---

① 语出韩非《五蠹》："明主之国，无书简之文，以法为教；无先王之语，以吏为师。"另见李斯："若有欲学者，以吏为师。"（《史记·李斯列传》）隋唐以降的科举取士、官吏选拔制度及宋明时期得到强化的儒家伦理，进一步强化了中国古代"以吏为师"的政治文化传统。20 世纪中国革命和建设历程中所形成的诸如"干部带头，先干一步，以身作则"等革命传统，在历史惯性意义上自然也可理解为"以吏为师"的古典传统在现代的某种延续。

② 在被认为几乎全民信教的少数民族地区，少数民族党员及党员领导干部为密切联系群众而参加带有宗教背景的民族节庆活动或民俗活动，一般不会被视为信教行为。

③ 参见胡锦涛《在纪念党的十一届三中全会召开三十周年大会上的讲话》（2008 年 12 月 18 日），新华社 2008 年 12 月 19 日。

的发展、新的表现形态，而马克思主义宗教观及其中国化形态在"万变不离其宗"的同时，也必将在未来的社会变革和思想创新中获得新的、更有生命力的发展。

（原载《马克思主义宗教观研究》2010 年专辑）

唯物史观与新中国马克思主义史学的理论发展

曹守亮*

20 世纪 20 年代以来，以唯物史观为指导的中国马克思主义史学不断扩大影响，在三四十年代与实证主义史学、相对主义史学已成鼎足之势，到五六十年代逐渐成为学术界的主流。在 60 年的发展进程中，新中国史学一方面以唯物史观为指导，成功实现了 20 世纪以来的第二次飞跃，取得了前所未有的进步；另一方面也走过一些弯路，遭遇过一些失误和挫折。与此同时，不同时代均有人对唯物史观给予了各种各样的评价，提出了不同看法。不同思想观点的切磋、交锋成为中国马克思主义史学不断发展的重要学术动因。这也构成中国马克思主义史学的重要内容。深入研究唯物史观与新中国马克思主义史学的相互影响，认真总结其中的经验教训无疑是很有意义的。

一 新中国初期学习唯物史观热潮与中国马克思主义史学的理论初创

对旧史学的改造成为新中国初期中国历史学的重要任务。为此，中国史学界做了大量工作。1949 年，《学习》杂志创刊。1951 年，《新史学通讯》和《历史教学》、《文史哲》杂志创刊。1954 年，《历史研究》创刊。这些杂志在促进唯物史观的广泛传播方面发挥了重要作用。从五十年代初开始，中国大量翻译了马克思、恩格斯、列宁、斯大林等的著作，《马克思恩格斯全集》、《列宁全集》、《斯大林全集》和《毛泽东选

---

* 曹守亮，中国社会科学院当代中国研究所助理研究员。

集》等著作的出版是当时社会科学工作的基本建设，也是中国马克思主义史学工作的基本建设。中国新史学研究会于 1949 年 7 月 1 日正式成立，该研究会将"学习并运用历史唯物主义的观点和方法，批判各种旧历史观，并养成史学工作者实事求是的作风，以从事新史学的建设工作"① 为宗旨。中国史学会于 1951 年 7 月举行正式成立大会，著名历史学家郭沫若任主席、吴玉章、范文澜为副主席。1950—1954 年中国科学院历史研究所、近代史研究所成立，与此同时，一些地方研究机构也纷纷建立。1952 年全国高等学校的院系调整对这一时期马克思主义史学的发展产生了重要影响。"在院系调整以前，有些资产阶级的教授们还是妄图霸占大学历史学的讲坛，拒绝马克思主义历史学进入大学"，经过调整高等学校院系、建立和改造科研院所，"马克思列宁主义历史学进入了大学和研究机关，并且取得了支配地位。在全国各地的历史学研究机构和各高等学校的历史系中，一般都插上了马列主义的旗。"② 中共中央于 1953 年成立的"中国历史问题研究委员会"则把"学习马恩列斯关于历史唯物主义的基本著作"作为其重要的任务之一。《苏联共产党（布）历史简明教程》和艾思奇的《辩证唯物主义和历史唯物主义》、《大众哲学》等书在这一时期被多次再版和重印。所有这些措施都在唯物史观的学习中发挥了重要作用。

学术界还开展了一系列的知识分子改造运动和思想批判运动，这些运动虽存在一定程度的过火倾向，但对清理封建没落思想和资产阶级意识形态、对于强化马克思主义唯物史观的学习，却发挥了重要作用。新中国成立初期学术界兴起的唯物史观学习运动，不仅使马克思主义史学家有了新的进步，而且也使得一批非马克思主义的史学家开始学习马列主义，并且尝试运用唯物史观指导自己的学术研究。这其中的有一部分转变为马克思主义的史学家，如吴晗、陈垣、白寿彝、任继愈等即是其中的代表。中国马克思主义史学正是在对唯物史观的学习和对旧史学改造的过程中逐步确立了主导地位。马克思主义史学之所以能够在 20 世纪下半叶成为中国史学的主流，首先是其科学性所决定的。③

---

① 中国史学会秘书处编：《中国史学会五十年》，海燕出版社 2004 年版，第 4 页。
② 翦伯赞：《历史科学战线上两条路线的斗争》，《翦伯赞史学论文选集》第 3 辑，人民出版社 1980 年版，第 13 页。
③ 林甘泉：《新的起点：世纪之交的历史学》，《历史研究》1997 年第 4 期。

中国历史学的发展在这一时期遇到了难得的机遇。从 20 世纪 50 年代初期到 60 年代中期，中国史学界提出了许多重大的历史理论问题，并展开了热烈的讨论。影响较大的问题有：中国古史分期问题、农民起义和农民战争问题、资本主义萌芽问题、封建土地所有制问题、汉民族形成问题、历史主义与阶级分析观点的关系问题、中国封建社会长期延续问题、亚细亚生产方式讨论问题、历史人物评价等。在这些争鸣中，不仅广大史学研究者各抒己见，而且也吸引了许多业余的历史爱好者发表自己的见解，整个史学界呈现出生机勃勃的喜人景象。虽然当时参与者的研究水平参差不齐，对一些问题的认识最终未能达成共识，但参加讨论的各方为了说明问题，不遗余力地学习马克思主义唯物史观的理论，努力发掘中国历史的新材料，并进行重新的阐述，这些都为唤起人们对马克思主义理论的学习热情，深化人们对其科学性的认识，起到了强有力的推动作用，从而为马克思主义史学指导地位的确立奠定了坚实的理论和方法论基础。对此，有论如此评价：20 世纪五六十年代，"历史学界对中国历史上的一系列重大问题全面地展开了讨论、商榷、辩难，使人们对中国历史有了全新的认识，其成就、功绩之大，在中国史学发展史上前所未有。"① 评价之高，也可以说是前所未有的。指导思想的改变与大量研究成果的取得，一方面标志着中国马克思主义史学确立了主导地位，另一方面也填补了许多以往中国历史研究中的空白，将中国马克思主义史学进一步推向前进。

在对重大历史理论问题深入探讨的同时，这一时期的马克思主义史学家对一些史学理论问题的认识也达到了一个新高度。比如对史料的认识。中国马克思主义史学家在批评"史料即史学"的观点的同时，也深化了史料在历史研究中地位和作用的认识。胡绳在 1956 年就批评了把马克思主义唯物史观与史料工作对立起来的观点："轻视史料学家的工作是错误的。因为历史发展的科学规律的认识必须建立在丰富的确实的史料的基础上，所以在有的情况下，史料学的研究成果，甚至对于解决某个历史问题起着决定性作用。决不能把马克思主义的历史研究和史料工作看做是互相对立的。史料学家也需要学习马克思主义，把辩证唯物主义和历史唯物主义的

---

① 瞿林东：《历史学的理论成就与中国史学史研究的发展》，《中国社会科学报》2009 年 7 月 23 日。

观点和方法同史料学上的知识专门结合起来，那就能够更能提高史料工作的水平。"① 尚钺在 1957 年提出要以唯物史观的严肃科学性分析史料，认为这是马克思主义史学区别于其他史学的重要特征之一。他认为："运用史料还要严肃的掌握阶级性，马列主义告诉我们：历史科学就是严肃的党性科学，所以必须掌握阶级观点，因为不严肃掌握阶级观点，就要犯大的原则上的错误，同时我们搞历史的人是知道的，过去历史记录权不掌握在人民群众手里，掌握在奴隶主阶级手里，掌握在封建主阶级手里，掌握在资产阶级手里，因此我们运用过去史料，要不严格地批判地来看这些史料，就很容易落到地主阶级和资产阶级那个迷魂阵里边去。"② 将理论与史料研究专门结合起来，以及史料的阶级性分析理论等思想都丰富了对于史料的认识。这一时期马克思主义史学工作者对史料工作是提到相当重要的位置上来认识的，有的学者将史学遗产的整理工作看作"一种有意义的工作"，主张要区分精华和糟粕，③ 甚至有的学者还提出了马克思主义考据学的观点。④ 这样的认识在当时起到了耳目一新的作用，代表了马克思主义史学理论发展的新水平，同样也标志着中国马克思主义史学主导地位的真正确立。

当然，这一主导地位的确立在当时也并不是轻而易举的，而是经过了与旧史学和错误倾向反复斗争才确立下来的。生吞活剥、照搬照抄成为这一时期学习唯物史观过程中不可忽视的问题。比如有些文章一般都引用马克思列宁主义经典作家的词句，却很少联系中国的历史实际。当时就有学者对此提出了批评："洋洋数万言，仔细一看，不知他们说的是中国呀还是罗马、希腊或则别的国家，也许放在哪里都可以用。把中国两个字扣去，可放到古代罗马上，也可以放到希腊上，这就是旁的国家啰，因为马列主义是普遍真理么。"⑤ 1963 年 3 月 13 日，翦伯赞对新中国成立以来北京大学学习唯物史观的情况进行了系统总结：在充分肯定学习成绩的基础

① 胡绳：《社会历史的研究怎样成为科学》，《胡绳集》，中国社会科学出版社 2003 年版，第 156 页。

② 尚钺：《关于研究历史中的几个问题》，《尚钺史学论文选集》，人民出版社 1984 年版，第 33 页。

③ 参见白寿彝《谈史学遗产》，《中国史学史论集》，中华书局 1999 年版，第 435—445 页。

④ 参见吕振羽《怎样学习历史》，《吕振羽史论集》，上海人民出版社 1981 年版，第 613 页。

⑤ 尚钺：《关于研究历史中的几个问题》，《尚钺史学论文选集》，人民出版社 1984 年版，第 23 页。

上，指出仍有"少数的同志对于马列主义理论的学习有些放松，甚至有忽视马列主义理论的倾向"，并且深入分析了三种忽视马列主义理论学习的情况。① "文化大革命"时期的"影射史学"更是将这一弊病运用到政治斗争领域，并发挥到了极致。这种研究模式在表现出鲜明特色的同时，也恰恰反映出人们对唯物史观认识上所存在的不足。此时，史学界存在的对唯物史观囫囵吞枣式的学习，机械、教条主义的运用是应该批评的，但因此指责当年的这些学者是西欧中心论者却是值得商榷的。这一时期人们对唯物史观的学习和认识一般是注解式的，很少对唯物史观的正确性和合理性产生疑问，因而在此基础上所作的反省和总结也多是学习唯物史观的态度和方法方面的。认识和学习的一般规律决定了以唯物史观替代具体的历史理论研究倾向在学习初期是难以完全避免的。由此可见，对于唯物史观的学习和运用是一个长期的过程，即使在马克思主义占据了意识形态主导地位之后，也还需要人们锲而不舍地为之付出艰辛的努力，才能不断提升研究和运用唯物史观的境界和水平。

二　唯物史观与20世纪80年代中国马克思主义史学的理论成就

新时期以来，伴随着对庸俗史学的抛弃，人们也开始反省历史学的过去和现状，禁不住发出"史学危机"的呼声，这在史学界迅速形成一股强有力的"史学危机"思潮。这股思潮的出现无疑对史学界产生了重大影响，一方面它有利于更好地将史学界"拨乱反正"工作推向深入，另一方面也反映出当时史学界存在的一些简单化和矫枉过正倾向。1980年4月8日，时任中国社会科学院院长的胡乔木，在中国史学会第二次代表大会开幕式上强调了学习马克思主义理论的重要性，他指出正是由于对马克思主义理论掌握得不够，所以导致很大的片面性和很多的武断。② 学术界在对这股思潮给予批评的同时，也对唯物史观进行了重新学习和研究。

---

① 翦伯赞：《巩固地确立马列主义、毛泽东思想在教学与科学研究中的指导地位》，《翦伯赞史学论文选集》第3辑，人民出版社1980年版，第133页。

② 胡乔木：《关于史学工作的几个问题》，《胡乔木与中国社会科学院》，人民出版社2007年版，第378页。

第一，20 世纪 80 年代初，在总结新中国马克思主义历史学的理论基础上，探索历史研究的"中间环节"、"中间层次"，促进了对唯物史观地位和作用的深入认识。有的学者在 1983 年就指出，"我们必须重新学习马克思主义历史理论，必须在系统地全面掌握和运用马克思主义历史理论上下功夫。"① 应该说这里提出的马克思主义的历史理论是一个比较宽泛的概念，既包括了唯物史观的基本原理，还包括马克思主义的经典作家研究历史所形成的具体的观点和理论。随着新中国史学研究总结的深入，人们对史学理论形态又有了新的认识。"抽象与具体、理论与实践这两极之间，越是缺乏中间层次，上升的难度也就必然越大。这种现象的存在，是否表明，在具体的历史资料和抽象的理论观点之间，还需要加强乃至增添某些中间环节，以减少种种失误的可能呢？"② 对此，有的学者指出："中间环节的缺少带来很多弊病，或用理论公式剪裁历史，或把历史往理论模式里充填等情况，盖源于此。"③"相对历史唯物主义的抽象理论，中介理论包含更丰富的内容，具有更多的规定性，因而是具体的理论，相对更为具体的历史实际，中介理论则又是抽象的"。④ 这里，通过对"中间层次"、"中间环节"的分析，不仅认识到历史理论的重要性，认识到基本理论和史料之间的"中间层次"、"中间环节"是历史研究所必需的，而且也深化了对唯物史观的认识。随着研究的深入，史学界对一般历史研究中的"中间层次"、"中间环节"作"历史理论"和"史学理论"的界定和区分，这更体现了这一研究的新进展，这为后来历史理论和史学理论学科的发展开辟了道路。⑤

第二，"史学概论"研讨与编写热潮的出现是马克思主义的历史认识论繁荣发展的具体表现。史学界出现的编写和讨论历史学概论的热潮，对历史研究工作自身理论展开了热烈探索，主要表现形式是对历史认识论和史学概论学科理论的探讨，实质上也可看作对唯物史观的重新认识和解

---

① 瞿林东：《重新学习马克思主义历史理论》，《史学史研究》1983 年第 2 期。

② 《历史研究》编辑部编：《建国以来史学理论问题讨论举要》，齐鲁书社 1983 年版，第 3 页。

③ 关捷、戴文柏：《史学概论与史学理论——史学理论建设中的一个问题》，中国社会科学院历史研究所史学史研究室编：《历史科学的反思》，中州古籍出版社 1987 年版，第 182 页。

④ 同上。

⑤ 陈启能：《历史理论与史学理论》，《光明日报》1986 年 12 月 3 日。瞿林东：《史学理论与历史理论》，《史学理论》1987 年第 1 期。

读。1984 年，宁可对历史认识问题给予了系统阐述。"历史认识是主体和客体相互作用的产物，它的核心问题是如何使主观的历史认识同客观历史过程一致起来，如何正确地科学地反映客观历史"，"它要回答的问题不是客观历史是什么，而是怎样才能正确地阐明客观历史。简言之，它不是直接研究历史的规律，而是研究如何探寻历史的规律，也就是研究历史认识的规律和方法。"① 葛懋春对历史认识作了深入探讨，"研究历史认识，不仅应当从本体论、认识论方面研究主体和客体之间的关系，而且应当从方法论方面，即从如何以正确的方法反映历史客观规律方面研究主体和客体之间的关系。这就是历史认识中认识论与方法论相统一的问题。只有两方面都得到正确说明，历史认识才算得到解决。"② 对历史认识研究的深化有力促进了史学界对史学概论学科地位的思考。葛懋春主编的《历史科学概论》和白寿彝主编《史学概论》比较典型地反映出 20 世纪 80 年代初期史学界对唯物史观的探索情况，可视为这一阶段代表性的著作。从历史唯物主义和历史科学的关系看，历史科学概论是历史唯物主义和历史科学的中介、桥梁、过渡环节，其认识论、方法论"是十分靠近历史唯物主义的一个层次"，其研究对象除唯物史观之外，在"历史科学研究中实际遇到的带有普遍意义的方法论问题"③，相当于马克思主义史学的认识论。④ "在历史唯物主义和研究客观历史过程的历史学各分支学科之间，除去历史唯物主义基本原理的具体化或各分支学科研究成果的理论化这一环节或层次外，还需要有一个研究历史认识一般形式的层次或环节，还需要建立一门分支学科。"⑤ 总之，通过对史学概论和历史认识等问题的研究，使得这一时期史学界对历史认识的研究取得了重大突破，甚至有的学者认为，直到今天仍未被超越。⑥ 因而，这不仅奠定了 20 世纪 80 年代的历史认识论研

① 宁可：《什么是历史科学理论——历史科学理论学科建设探讨之一》，《历史科学的反思》，中州古籍出版社 1987 年版，第 14 页。

② 葛懋春、项观奇：《关于历史科学概论的对象、体系之浅见》，《历史科学的反思》，第 57 页。

③ 同上书，第 59 页。

④ 关捷、戴文柏：《史学概论与史学理论——史学理论建设中的一个问题》，《历史科学的反思》，中州古籍出版社 1987 年版，第 187 页。

⑤ 宁可：《什么是历史科学理论——历史科学理论学科建设探讨之一》，《历史科学的反思》，中州古籍出版社 1987 年版，第 15 页。

⑥ 王和：《〈历史研究〉五十年论文选·序言》，社会科学出版社 2005 年版，第 4 页。

究在中国当代史学史上的地位,① 而且也对唯物史观的认识更加全面和系统。

第三,唯物史观指导下的历史理论研究取得了突破性进展。白寿彝主编《中国通史·导论卷》结合中国历史的实际对唯物史观的基本原理作了系统的阐述,是这一时期学习和研究唯物史观的重要理论著作之一。②《中国通史·导论卷》在阐发关于历史发展的地理条件问题、关于人的因素和科学技术与社会生产力的关系问题、关于国家和法的问题,以及关于社会意识形态、生产关系和阶级关系问题、中国与世界的关系问题上,"既有对历史唯物主义原理的深入阐述,又有中国历代史家对相应理论问题的认识,还有如何运用马克思主义历史唯物主义原理去探索中国历史的整体论断。从而既体现了同一理论问题在认识史上的发展过程,又显示出马克思主义历史唯物主义理论在认识史上的新阶段,还使马克思主义历史唯物主义原理同中国历史具体实际有机结合起来。"③ 同时该书在附录一中所胪列的中国历史上的 346 个重要问题,则充分体现出编者在唯物史观指导下探索中国历史理论的领域和方向。该书的最大特色,"就在于坚持用马克思主义的基本原理分析问题,以对中国历史实际的新概括,去丰富马克思主义历史理论宝库。"④

三 20 世纪 90 年代以来,中国史学对唯物史观认识的新境界

20 世纪 90 年代,中国史学有了长足的发展,对唯物史观的认识也发展到新阶段,但受苏东剧变的影响,学术界对唯物史观冲击和质疑的思潮有所抬头。在纷繁复杂的思潮中,当属以否定唯物史观及其指导地位的历史虚无主义思潮影响最大。为了厘清人们思想中的困惑和误区,中国马克

---

① 参见张剑平《新时期历史认识论研究的新成就》,瞿林东主编:《史学理论与史学史学刊》2007 年卷,社会科学文献出版社 2007 年版,第 95—106 页。

② 白寿彝主编:《中国通史·导论》,上海人民出版社 1989 年版,陈其泰《理论方向和开拓精神》,《群言》1990 年第 1 期;高敏:《读白寿彝先生主编之〈中国通史〉导论卷》,《史学史研究》1990 年第 1 期;吴怀祺:《马克思主义社会形态理论与新时期的通史编纂——再读多卷本〈中国通史·导论〉卷》,《史学史研究》1997 年第 2 期等文章。

③ 高敏:《读白寿彝先生主编之〈中国通史〉导论卷》,《史学史研究》1990 年第 1 期。

④ 陈其泰:《理论方向和开拓精神》,《群言》1990 年第 1 期。

思主义史学对其指导思想的反省更为自觉，反映出学术界对唯物史观丰富内涵的深入挖掘，提升了人们对唯物史观的辩证认识，也反映出中国马克思主义史学的发展水平。

首先，是对唯物史观在史学研究中的地位和作用有了更为辩证的认识。对这一问题的认识，中国马克思主义史学经历了曲折的发展历程，既有成功的经验，又有深刻的教训。改革开放前，史学界在相当大的程度上存在着一种将唯物史观替代具体的历史理论的简单化倾向，在一定程度上遮蔽了对历史研究和史学研究的理论探索。改革开放后，一方面人们拓宽了对唯物史观研究的深度和广度，讨论的问题既包含唯物史观的基本理论问题，又包括以前很少涉及的所谓"禁区"或"敏感问题"，人们对唯物史观在史学研究中指导地位的认识更为科学；另一方面，一些人对唯物史观的地位和作用也提出了质疑，甚至有少数人以"拨乱反正"、"正本清源"为名，极力宣扬西方的意识形态，鼓吹全盘西化，唯物史观又一次面临着严峻考验。对此许多学者表达了自己的认识，提出了相应的对策。正如瞿林东所指出："纠正对于唯物史观的简单化、公式化的搬用，并不是由此证明唯物史观的根本原则不可以用来指导研究历史，更不是证明研究历史必须脱离唯物史观的指导。所谓'拨乱反正'、'正本清源'，最终要明确什么是'正'、什么是'源'，并把这个'正'、这个'源'坚持下去。"① 还有学者强调：马克思主义史学工作者应当"对新的实践进行理论概括，不断丰富唯物史观的概念、方法和理论范畴，使其随着社会的进步而进步，随着科学的发展而发展。只有这样，马克思主义史学工作者才能正确回应唯物史观所面临的严峻挑战，真正做到坚持唯物史观的指导。"② 如何看待中国史学发展的多元化趋势与指导思想的关系，也是一个颇能彰显学术界对唯物史观认识水平的问题。诚如有的学者所指出的那样："唯物史观作为一种有效地解释历史的理论和方法论并没有过时，并且在中外史学研究领域继续发挥着其他各种历史观念所不能替代的作用。当前中国历史观念的深化，首要问题就是如何继承、发展和创造唯物史观，进一步认识和发掘唯物史观基本原

---

① 瞿林东：《中国史学：20世纪的遗产与21世纪的前景（论纲）》，《中国史学的理论遗产》，北京师范大学出版社2005年版，第208页。
② 本刊记者：《坚持唯物史观指导 繁荣中国历史科学——中国社会科学院史学理论座谈会侧记》，《史学理论研究》2003年第1期。

理的科学价值，同时借鉴当代国外各种历史观念的正确理念和科学方法，用以补充和丰富唯物史观，形成有中国特色的历史学理论体系。"① 对唯物史观在历史研究中地位和作用的认识，充分显示出中国马克思主义史学进一步走向成熟。

其次，步入 21 世纪，人们对唯物史观具体内容的认识更加理性化和学术化，体现出自觉的发展意识。2004 年 4 月，中共中央组织实施的马克思主义理论研究和建设工程启动。李长春在讲话中指出，马克思主义理论的研究和建设，"正处于承前启后，继往开来，与时俱进的重要时期"，今天进行马克思主义研究和建设就是要回答"哪些是必须长期坚持的马克思主义基本原理，哪些是需要结合新的实际加以丰富发展的理论判断，哪些是必须破除的对马克思主义的教条式的理解，哪些是必须澄清的附加在马克思主义名下的错误观点，用科学的态度对待马克思主义。"② 这成为"新时期马克思主义史学理论研究的又一重要推动力"③，"更加明确地指出了中国哲学社会科学发展的正确方向，已经发挥出并将继续发挥出巨大的理论力量和学术力量"④。唯物史观不再被看作一字不可更改的"圣经"，而是被当作与时俱进的开放的理论体系，这在事实上说明，人们对唯物史观的认识已经达到一个新的认识水平。这一时期，强调社会生产力对历史发展的推动作用已成学术界的共识，阶级和阶级斗争的理论不再是高高在上，而是被放在一个较为恰当的位置，对唯物史观的理解也不再是简单的一两句话，而是作为一个体系，一个不断发展的过程，系统地、全面地、联系地考察历史的运动变化过程，成为此期理论创新的亮点。这一时期中国史学已不再局限于经典文献的个别章句及其诠释，也不再引经据典地打经典仗，而是把唯物史观作为一个开放的、不断发展的理论体系，并以唯物史观为指导，从历史实际出发，实事求是地研究和解决问题，体现了一种发展和创新的精神，更体现出一种构建中国特色马克思主义史学理论体系的自觉意识。朱佳木的《坚持和发展唯物史观与构建社会主义和谐社

---

① 罗炳良：《清代乾嘉史学的理论与方法论》，兰州大学出版社 2004 年版，第 144—145 页。
② 新华社：《中央实施马克思主义理论研究和建设工程工作会议召开》，《光明日报》2004 年 4 月 29 日。
③ 于沛：《马克思主义史学理论研究的丰硕成果》，《人民日报》2009 年 7 月 17 日。
④ 瞿林东：《历史学的理论成就与中国史学史研究的发展》，《历史研究》2009 年第 5 期。

会》和《加强对唯物史观的理论研究是史学理论工作者的历史使命》两文①则在一定程度上体现了唯物史观研究的新趋势和方向。这一时期针对学术界对唯物史观的种种不同声音②也达成了一种共识："从学术发展的角度看，存在对它（指唯物史观——引者注）各种形式的挑战是正常的。作为一个科学的理论体系，唯物史观是不可超越的，也不畏惧这些挑战，正确地回应这些挑战，是马克思主义理论丰富、发展的前提。"③ 这在相当程度上表明，对唯物史观的重新审视和深入研究应当成为中国特色马克思主义史学理论的重要内容。

再次，史学界对唯物史观的基本原理进行了深入探索。早在20世纪80年代就有学者对唯物史观的基本原理提出了不同的看法，并且在整个思想界产生了相当大的影响。2001年11月，"唯物史观与21世纪中国史学研讨会"在北京举行。2002年4月，"唯物史观与社会科学研究研讨会"引起了学术界的关注。2007年10月，"唯物史观与历史评价"学术对话会在复旦大学召开。瞿林东认为，人们坚持唯物史观是因为它的真理性优势，并从四个方面论述唯物史观怎样推动了20世纪中国史学的发展：（一）唯物史观要求研究整体历史；（二）唯物史观告诉人们历史是个有序的自然发展过程，而对历史规律的探讨才成为可能；（三）唯物史观要求人们用辩证的观点、方法看待人类社会历史的发展；（四）唯物史观最鲜明地提出了人民群众对于推动历史发展的巨大作用。④ 李文海考察了唯物史观给史学带来的巨大转变：（1）把历史从过去主要描述政治兴衰、王朝更替的所谓"相斫书"，转变成把社会作为一个生产力与生产关系、经济基础与上层建筑矛盾统一的有机整体进行研究的历史过程；（2）把历史发展从过去看作是"分久必合，合久必分"的循环往复过程，转变成看作是一个不以人的意志为转移、由低级向高级发展的有客观规律可循的历史过程；（3）把历史从过去的"帝王将相的家谱"，转变成以人民群众的生产斗争和阶级斗争为主体，同时也充分重视杰出人物的作用的各种社会合力共同进行的创造性活动；（4）对于思想、文化等精神活动和精

① 《历史研究》2007年第2期和《中国社会科学院院报》2007年9月4日。

② 参见刘方现《近年来围绕唯物史观的争鸣》，《历史教学》2005年第3期。

③ 中国史学会秘书处编：《中国史学会五十年》，海燕出版社2004年版，第440页。

④ 瞿林东：《唯物史观与中国史学发展》，《南开学报》2002年第2期。《关于坚持唯物史观的几点思考》，《高校理论战线》2002年第6期。

神成果，改变了过去从观念到观念、就精神论精神的研究方法，把社会意识看作是社会存在的反映，把思想、观念、意识的产生、发展和变化，同社会的物质生活条件紧紧地联系起来。[①] 此外，宁可、林甘泉、漆侠、庞卓恒等学者均对唯物史观及其具体内容给予了新探索。[②] 改革开放以来，尤其是20世纪90年代以来，史学界对唯物史观进行了新的诠释和开掘，既充分肯定了马克思主义唯物史观的科学性和在历史研究中的指导地位，又与时俱进地丰富和发展了唯物史观的重要内容和多重含义。把握唯物史观的精髓，把马克思主义基本原理与中国历史研究实际相结合，并进行创造性发挥，使新时期马克思主义史学具有了鲜明的中国特色和时代特点，这本身就是唯物史观的态度。

四 21世纪以来唯物史观指导下中国马克思主义史学理论的新进展

新世纪以来，中国史学以唯物史观为指导，不断进取，深入研究，在既有的研究领域取得了丰硕的成果，同时也开辟了一些新的领域，产生了许多新的学术增长点，充分展示出马克思主义史学蓬勃发展的新气象。这主要表现为新的研究对象的确立、研究领域的拓展、研究方法的创新、学科理论体系的构建等方面。

首先，是环境史和生态史研究的兴起。现代学科意义上的环境史学在中国学术界迅速崛起，并不断扩大影响的事实表明环境史学正日益成为中国历史学繁荣发展的学术增长点。如何加强中国的环境史研究和学科建设，是当前中国史学界值得认真思考和对待的一个问题。中国环境史研究，一方面使学术界摆脱了以往批判"地理环境决定论"所留下的阴影，在反思"地理环境决定论"缺陷的同时，探讨地理环境对社会历史发展进程的影响；另一方面是借鉴国外学界的学科理念、研究方法，赋予"环境"新的、丰富的内涵，从人与自然的双向、动态关联层面上直接展开环

---

① 李文海：《坚持唯物史观，认识和把握中国国情——学习华岗史学思想的一点体会》，《安徽史学》2004年第1期。

② 参见宁可《史学理论研讨讲义》，鹭江出版社2005年版；林甘泉《我仍然信仰唯物史观》，《人民日报》1998年6月20日；漆侠《坚持以马克思主义为指导治史、执教、育人》，《河北大学学报》（哲学社会科学版）1990年第3期。

境史研究。后者注重考察人类活动对环境演变的作用，以及环境变迁对人类生产、社会生活乃至于人类发展前景的影响。① 与此同时，也有学者注意到中国环境史研究的新发展路径，他指出："我们应该从中国环境史中吸取教训，中国环境史比任何其他非欧洲国家的环境史都要记录完整。"② 类似这样的观点恰恰指出了中国环境史和生态史研究的一个出路。中国环境史学的真正建立应该以唯物史观对环境的辩证认识为指导，以中国历史上具体的环境问题研究的基本研究对象，借鉴外国环境史学的研究，形成中国自己的特色，进而把中国环境史放在全球环境史的阐述框架中，形成"中国的世界环境史学派"③。环境史学在一定程度上正体现了马克思主义关于地理条件与人类社会关系的辩证思想，建立中国马克思主义环境史学在相当程度上为中国环境史学指明了进一步发展的方向。以唯物史观为根本理论和指导思想，借鉴西方环境史的跨学科研究方法，从人与自然互动的角度探讨包括中华文明在内的整个人类文明史，形成马克思主义环境史研究范式，当是中国环境史研究的理想途径。④

其次，是社会经济史研究领域的拓展。美国著名历史学家伊格尔斯在总结 20 世纪历史学的发展道路时，指出 20 世纪中叶社会史研究模式已成为研究的重要模式。⑤ 无疑，这一研究旨趣在中国当代史学界也更加鲜明地表现出来。区域经济史、民俗个案、民间宗教、道德信仰、特定群体、政府与民间的博弈以及特定制度职业的研究分析等最具典型性。此外，中国历史上的"三农"问题、社会保障、灾害救助、疾病预防等问题的研究，也丰富了新社会经济史研究的内容。有学者把这一研究领域称之为"经济—社会史"⑥，这种研究者主观上以小见大的新社会史的研究理路，已经为史学界相当的史学工作者所接受，并且取得了可观的成果，显示出历史学研究发展的一个充满生机与活力的发展趋势。中国社会史研究学科的目标，就是以本学科的理论方法提出解释中国社会历史变迁的一般性理论，从而为人们认识及探索人类社会历史变迁提供具

① 参见陈新立《中国环境史研究的回顾与展望》，《史学理论研究》2008 年第 2 期。

② 亚得西姆·纳得考：《环境史中的欧洲道路问题》，《史学月刊》2004 年第 10 期。

③ 包茂宏：《环境史：历史、理论和方法》，《史学理论研究》2000 年第 4 期。

④ 参见梅雪芹《马克思主义环境史学论纲》，《史学月刊》2004 年第 3 期。

⑤ 杨雁斌：《世纪之交的史学盛会——"记 20 世纪的历史学"国际学术研讨会概览》，《国外社会科学》2001 年第 5 期。

⑥ 侯建新主编：《经济—社会史：历史研究的新方向》，商务印书馆 2002 年出版。

备一定普遍意义的、可资借鉴的知识成果。① 进入 21 世纪以来，社会史与政治史的关系成为众多社会史研究者重新思考的重大理论问题。② 建构一种既能还原历史真相，又能充分反映历史发展复杂性的新革命史框架，在相当大程度上成为社会史研究者正在思考的重要课题。从社会史的视角多方面地、自下而上地开展中国革命史的研究，必将进一步丰富对中国革命史的认识。③ 这种新革命史框架的建构无疑为唯物史观与中国社会史研究实际的进一步结合，提供了广阔的空间。基于此，借鉴中国马克思主义史学研究视野中的社会史研究，很可能成为中国当代社会史研究的趋势之一。无论对新社会史研究视域中具体问题的研究，还是对新社会史研究的反省与总结，都已经成为中国史学在新时期繁荣发展的重要表现之一。对新社会史的关注和研究无疑为中国马克思主义史学的进一步发展开拓新的研究领域。

再次，是中国边疆史地研究的新进展。近代以来，外国列强的入侵使中华民族的国家观念、边疆意识空前觉醒，继而得到巨大发展，形成了中国近代史学史上著名的边疆史地学派。20 世纪五六十年代，史学界针对边疆问题、民族问题进行了较为系统和深入的研究，取得了不少成果。全国范围内的民族调研和民族识别工作与汉民形成问题的讨论就是在这一时期开展的，极大地促进了中国边疆史地研究的发展。至于形成边疆史地学这样一门专业性比较强的学科，则是进入新时期以来的事了，其标志是 1983 年中国边疆史地研究中心的成立。新世纪以来，边疆史地研究由于其政治性、民族性和对策性很强，也使其日益成为国际性的新领域，获得了较快的发展。在众多学者的努力下，在综合民族史和历史地理研究中相关研究成果的基础上，不断把这一学科建设推向前进。进入 21 世纪，中国边疆学获得迅速发展，展现出良好的发展势头，其中一个重要的表现是，重视学科理论和基础理论的建设。"中国边疆理论问题包括陆疆、海疆与边界的理论问题，通过中西理论的比较、历史与现实的贯通以及理论与实际的结合，探索中国边疆历史发展与统一多民族国家形成的规律，形成以马克

---

① 李长莉：《社会史研究瓶颈如何突破》，《中国社会科学报》2009 年 10 月 15 日。
② 赵世瑜、行龙、常建华：《走向多元开放的社会史——中国社会史研究 30 年的回顾与前瞻》，《光明日报》2009 年 3 月 24 日。
③ 常利兵、马维强：《对中国社会史研究理论与方法的反思与展望》，《光明日报》2008 年 11 月 23 日。

思主义为指导的、有中国特色的边疆学理论体系。"① 构建系统的边疆学理论体系是新世纪这一课题研究者的新目标。2004 年，马大正对当代中国的边疆问题进行了新探索，具有较强的启发意义。他从多层含义展开对当代中国边疆进行了系统的界定，其中有的观点还具有方法论的色彩，② 从事实上提出了中国边疆研究的方法和原则问题：第一，要运用历史主义的方法研究中国边疆问题；第二，要站在中华民族的立场上进行中国边疆研究；第三，将边疆史和民族史研究结合起来。厉声则将改革开放以来，从马克思主义经典作家的著作中寻找理论源泉，更好地运用马克思主义唯物史观指导中国边疆史地的研究看作是中国边疆史地研究的第三次研究高潮的重要表现之一。③

复次，中华人民共和国史研究的兴起。中华人民共和国史的研究最早可以追溯到 20 世纪 50 年代，严格意义上的共和国史研究是从 1978 年中共十一届三中全会后开始的。1981 年中共十一届六中全会通过的《关于建国以来党的若干历史问题的决议》在很大意义上可以看作是对共和国史的集体探研，具有重大的政治意义和学术意义。经中共中央书记处批准，中央宣传部部署，编辑出版了大型共和国史研究丛书《当代中国》，该书历时十余年，先后有十余万学者、干部参加编纂。该书按照部门、行业、省市、专题分为 150 卷，约 1 亿字、3 万多幅图片，在一定程度上可以看作是共和国史研究的奠基之作。薄一波撰写的《若干重大决策与事件的回顾》（中共中央党校出版社 1991、1993 年版）是回忆并带有研究性质的有关中国当代史的专著，分上、下两卷，共分 43 个专题，分别论述了 1949 年到 1966 年间党和国家有关经济和社会发展的一些重大决策的形成过程，以及一些重大事件的来龙去脉。这部书是将个人的回忆和档案材料结合起来进行研究的产物，被誉为"在我国党内是一个重大的创举"。共和国史研究的基础性的史料不仅包括大量的已出版的共和国主要领导人的选集、文集、文稿、年谱、日记、传记、回忆录和口

---

① 马大正：《思考与行动——以边疆研究深化与边疆中心发展为中心》，《中国边疆史地研究》2001 年第 1 期。

② 马大正：《关于当代中国边疆研究中的几个问题》，《旌勇里国史讲座》第 1 辑，当代中国出版社 2004 年版，第 316 页。

③ 厉声：《30 年来中国边疆史地研究学科的繁荣与发展——兼述中国边疆史地研究的第三次研究高潮》，张海鹏主编：《中国历史学 30 年（1978—2008）》，中国社会科学出版社 2008 年版，第 170—183 页。

述史，而且还包括一些地方档案、田野调查史料、社会调研报告等。比较重要的有《建国以来重要文献选编》（1949—1966 年）和《中华人民共和国经济档案资料选编》（1949—1957 年）。2009 年 10 月，由中国社会科学出版社出版的"中华人民共和国史论丛"首批推出九种，在相当大程度上可以看作共和国史研究成果的一次系统展示。此外，中央还设立了专门从事编纂和研究共和国历史的机构——当代中国研究所，并批准成立了全国性的学术团体中华人民共和国国史学会，创办了专门学术杂志《当代中国史研究》和国史学术年会制度。共和国史研究逐渐成为21 世纪中国马克思主义史学的重要分支学科，展现出蓬勃发展的良好势头。

最后，全球史研究蓬勃发展。全球史兴起于 20 世纪下半叶，传入中国则是八九十年代的事情了。中国的全球史研究受到了国际史学界的影响，同时也得到了中国学者的重视，获得了长足的发展。2005 年 10 月全球史教学国际研讨会在首都师范大学召开，与会国内学者 200 余人，足见这一问题在中国受到的关注程度之高。有的学者把从"由分散到整体发展"的角度探究，即具备用"整体史"或"全球史"的观点研究人类历史的做法，称作整个中国世界史研究的第三个发展阶段。① 有的学者批评了以往的世界史研究中"以民族国家为单位考察世界历史"的研究思路，倡导努力"开创有中国特色的全球史研究和教学体系"。② 这类全球史研究一方面把目光投向超越民族国家局限的环境变迁、物种交换、疾病传播、移民迁徙等一向被忽略的领域；另一方面将民族、国家之间、地区之间的互动作为叙述的重点，自觉抵制"欧洲中心论"，主张建立"全球普适的历史话语系统"，重新书写人类整体的历史。③ 有的学者主张将全球视野下的个案研究与原始资料运用结合起来，使得全球史研究更加具有可操作性。④ 还有的学者提出让各个国家、各种背景、各种文化传统的史学家，都来参与世界史和全球史的研究工作，只有这样才能建立一个真正的世界

---

① 王玮：《"全球史观"和世界史研究》，《郑州大学学报》（哲学社会科学版）2003 年第 1 期。

② 本特利、刘新成等：《探讨：如何在互动中建构世界历史》，《光明日报》2009 年 2 月 23 日。

③ 刘新成主编：《全球史评论·发刊词》第 1 辑，商务印书馆 2008 年版，第 1—2 页。

④ 刘文明：《什么是全球史·译后记》，北京大学出版社 2009 年版，第 144 页。

历史体系。① 毋庸讳言，倡导以唯物史观为指导结合中国历史学研究的实际构建全球史，是其中的一个重要发展趋势，由此必然会出现一个使全球史更加丰富多彩、全球史研究更加欣欣向荣的新局面。②

新时期以来的中国马克思主义史学在对指导思想运用问题的反思、新问题的发掘、新研究领域的拓展，以及研究方法的借鉴与创新等方面有了长足的发展。这些新发展均是建立在多学科交叉融合发展的基础上的，同时，又均对历史学的基本理论，尤其是唯物史观作出了新认识，并以之为指导加以探索。这也在相当意义上展现出唯物史观及其指导下的中国马克思主义史学所具有的鲜活生命力和时代意识。"中国马克思主义史学理论的发展道路，是运用唯物史观的普遍原理探索中国的历史实际并不断前进的道路，是坚持革命性与科学性相结合正确方向的道路，是勇于摒弃错误、不断向更高的理论高峰攀登的道路。"③ 在不断变化的历史形势下，唯物史观及其指导下的中国马克思主义史学既能够客观地反省过去、总结历史，又能够经受考验和冲击，勇敢开拓和创新，这充分反映了中国马克思主义史学正在逐步走向成熟。

（原载《史学理论研究》2010 年第 1 期）

---

① 参见马克垚《困境与反思："欧洲中心论"的破除与世界史的创立》，《历史研究》2006年第 3 期；于沛《全球史：民族历史记忆中的全球史》，《史学理论研究》2006 年第 1 期。

② 参见于沛、郭小凌、齐昭印、林中泽、程美宝、吴晓群、陈新等在《学术研究》2005 年第 1 期"全球史观对中国史学的影响"笔谈中发表了对于全球史观的看法。李世安、俞可平、杨雪冬、刘德斌、刘军等则在《史学理论研究》"全球化与全球史观"笔谈中倡导坚持马克思主义的全球史观。

③ 陈其泰：《传统思想的精华何以通向唯物史观》，《史学理论与史学史学刊》2007 年卷，社会科学文献出版社 2007 年版，第 80 页。

后 记

《中国社会科学院马克思主义研究文集》（2010）一书，是中国社会科学院实施马克思主义理论学科建设与理论研究工程的成果之一。

中国社会科学院自 2009 年启动实施的马克思主义理论学科建设与理论研究工程，是落实党中央对中国社会科学院的"三个定位"（马克思主义的坚强阵地，哲学社会科学研究的最高殿堂以及党中央国务院的思想库、智囊团）的要求，巩固马克思主义在哲学社会科学领域指导地位的一项重要举措。

为了更好地反映中国社会科学院马克思主义研究的最新成果，按照相关文件精神，由院马工程领导小组办公室主任、马克思主义研究院院长程恩富教授负责，院马工程领导小组办公室每年组织编撰《中国社会科学院马克思主义研究文集》，收录本年度全院范围内专家学者最具代表性的、已发表或未发表的马克思主义研究文章。今年是第一次出版。

在本书的编撰出版过程中，马克思主义研究院潘西华博士和中国社会科学出版社领导及田文同志做了大量具体工作，院各单位积极支持配合，入选的论文作者予以授权，在此致以诚挚的谢意！

编 者
2011 年 6 月 8 日